BEIJING
ANQUAN
SHENGCHAN
NIANJIAN

北京安全生产年鉴

2011

北京市安全生产监督管理局
北京煤矿安全监察分局 编

北京燕山出版社

图书在版编目（CIP）数据

北京安全生产年鉴.2011/北京市安全生产监督管理局，北京煤矿安全监察分局编.— 北京：北京燕山出版社，2011.12

ISBN 978-7-5402-2660-2

Ⅰ.①北… Ⅱ.①北…②北… Ⅲ.①安全生产-北京市-2011-年鉴 Ⅳ.①X931-54

中国版本图书馆CIP数据核字（2011）第262511号

书　　名：**北京安全生产年鉴（2011）**
编　　者：北京市安全生产监督管理局
　　　　　北京煤矿安全监察分局
责任编辑：胡　芳
出版发行：北京燕山出版社
社　　址：北京市宣武区陶然亭路53号
邮　　码：100054
印　　刷：北京丰印诚印务有限公司
开　　本：787×1092　1/16
字　　数：880千字
印　　张：38
版　　次：2011年12月北京第1版
印　　次：2011年12月北京第1次印刷
ISBN 978-7-5402-2660-2
印　　数：1000册
定　　价：218.00元

◥ 6月13日，全国人大副委员长陈昌智（右起三）在国家安全生产监督管理总局局长骆琳和北京市安全生产监督管理局（北京煤矿安全监察分局）局长张家明陪同下，参加安全生产咨询日宣传活动。

◪ 6月13日，全国人大副委员长陈昌智（左起四）在国家安全生产监督管理总局局长骆琳和北京市安全生产监督管理局（北京煤矿安全监察分局）局长张家明和副局长蔡淑敏陪同下，参加安全生产咨询日宣传活动。

国家安全生产监督管理总局局长骆琳到北京市检查安全生产工作。

5月21日，国务院安委会督察组组长、国家安全监管总局副局长杨元元（左二）带队检查昌平区安全生产工作。

国家安全生产监督管理总局副局长、煤监局局长赵铁锤（右起三）检查北京市安全生产工作。

11月26日，国家安全生产监督管理总局副局长王德学参加第四届北京安全文化论坛。

6月13日，北京市副市长苟仲文在全国安全生产月咨询日活动现场向安全生产工作人员赠书。

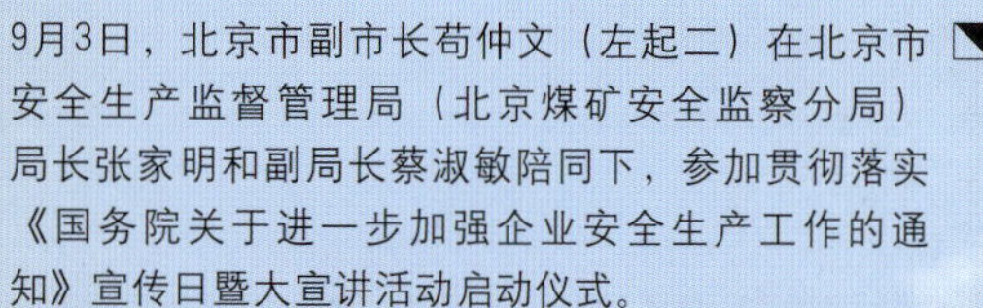

9月3日，北京市副市长苟仲文（左起二）在北京市安全生产监督管理局（北京煤矿安全监察分局）局长张家明和副局长蔡淑敏陪同下，参加贯彻落实《国务院关于进一步加强企业安全生产工作的通知》宣传日暨大宣讲活动启动仪式。

8月12日，北京市副市长苟仲文（左起二）检查液化气厂安全生产。

3月12日，北京市安全生产监督管理局（北京煤矿安全监察分局）局长张家明做客“城市零距离”，介绍安全生产工作。

北京市安全生产监督管理局（北京煤矿安全监察分局）局长张家明、副局长丁镇宽率检查组到北京普莱克斯实用气体有限公司检查安全生产。

1月7日，北京市安全生产监督管理局（北京煤矿安全监察分局）局长张家明检查烟花爆竹仓库安全。

9月9日，北京市安全生产监督管理局（北京煤矿安全监察分局）局长张家明检查非煤矿山安全生产。

4月22日，北京市安全生产监督管理局新闻发言人、副局长蔡淑敏接受北京电视台采访。

7月21日，北京市安全生产监督管理局新闻发言人、副局长蔡淑敏主持召开安全生产新闻发布会。

北京市安全生产监督管理局副巡视员刘岩（左起三）检查企业安全生产工作。

北京市安全生产监督管理局副巡视员孟玺泉在工作中。

北京市安全生产监督管理局副巡视员唐明明（左起一）检查烟花爆竹销售网点安全。

6月9日，北京市安全生产监督管理局（北京煤矿安全监察分局）督察组检查矿山安全生产工作。

落实企业安全生产主体责任建议征集活动颁奖暨座谈会。

北京市安全生产监管监察系统工作会。

9月3日，北京市贯彻《国务院关于进一步加强企业安全生产工作的通知》宣传日暨“大宣讲”活动启动仪式。

11月26日，第四届北京安全文化论坛在昌平区召开。

5月13日，北京市安全生产月活动动员部署电视电话会议。

6月13日，全国安全生产月宣传咨询日活动在北京市举行。

6月18日，安全生产大型公开课活动首场讲座在经济技术开发区举行。

4月30日，北京市安全生产委员会召开会议布置安全生产工作。

9月29日，北京市安全监管监察系统第一届艺术节。

9月29日，北京市安全监管监察系统第一届艺术节。

6月28日，北京市“安全在我身边”演讲比赛。

北京市安全生产监督管理局局长张家明为演讲比赛获奖选手颁奖。

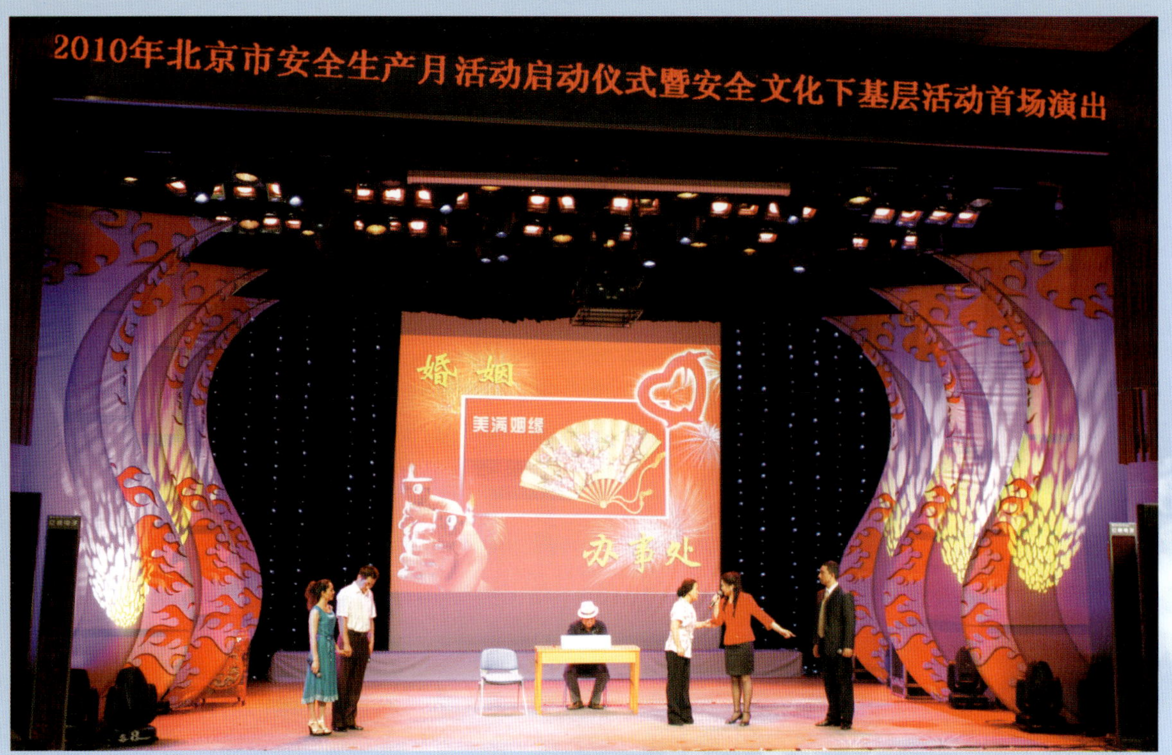

6月1日，北京市安全生产月活动启动仪式暨安全文化下基层活动首场演出。

7月6日，北京市安全文化下基层活动走进开发区。

4月21日，邀请新闻媒体参加安全生产检查。

北京翠微大厦举行安全演习。

北京市安全生产监督管理局指导商（市）场开展人员密集场安全应急演练。

3月10日，首都安全生产志愿者在北京西客站设立安全生产宣传咨询台。

《北京安全生产年鉴》编纂委员会

《北京安全生产年鉴》编辑部

编辑说明

一、《北京安全生产年鉴》，是一部连续出版发行，系统汇集上个年度北京市安全生产监督管理的大型专业工具书，由北京市安全生产监督管理局（北京煤矿安全监察分局）编制，编辑部设在北京市安全生产协会。

二、本年鉴坚持深入学习贯彻科学发展观，体现与时俱进，开拓创新，遵照实事求是的原则，科学、客观地反映北京市安全生产的实际情况。

三、本年鉴采取文章体与条目体相结合，以条目体为主，设有图文并茂公益彩图、特载、安全生产大事记、安全生产监督管理、安全生产统计资料、安全生产事故案例、北京市安全生产监督管理局机关建设、市纪律检查委员会驻市安全生产监督管理局纪检监察、人物、附录、索引。

四、本年鉴主体部分为"安全生产监督管理"，记述主要内容有市、区县安全生产工作和安全生产活动，占全书的60%以上。"安全生产监督管理"与"安全生产大事记"形成纵横互补；又与"特载"市委市政府领导有关安全生产工作部署、重要指示，市安全生产监督管理局局长的讲话、报告和年度中市政府、市政府办公厅颁布的有关安全生产方面的重要法规；市安全生产委员会下发的规范性文件；有关安全生产方面地方性标准等，形成立体结构。

五、2011年版《北京安全生产年鉴》主体部分的原"危险化学品安全监管"本着个性大于共性宜分的原则分成两类，即"危险化学品安全监管"、"烟花爆竹安全监管"；原"煤矿安全监管监察"、"非煤矿山安全监管"本着共性大于个性宜合的原则合并为"矿山安全监管监察"；原"事故隐患排查治理"改为"安全生产事故隐患排查治理"；"职业卫生与预防"改为"职业安全健康"；增加"安全生产标准化"。此外，还增加了"市安全监管局事业单位和社会团体安全生产工作"，并将原企业（集团）安全生产工作归并到主体部分。

六、从本年度2011版年鉴，刊号改为以编纂年度为准，2011版编纂内容仍然与2009年连续记载。

七、本年鉴自2008年创刊，此后，按年度每年编纂出版发行一部汇集上年度北京市安全生产方面信息的年鉴。

《北京安全生产年鉴》编辑部

目　录

特　载

安全生产大事记

安全生产监督管理

企事业单位、社会团体安全生产工作

安全生产统计资料

安全生产事故案例

机关建设

纪检监察

人　物

附录

索引

特　　载

文　　选

在北京市贯彻落实《国务院关于进一步加强企业安全生产工作的通知》精神电视电话会议讲话摘录

北京市人民政府市长　郭金龙

2010年8月20日

企业是安全生产的主体、内因和根本，各区县、各部门、各单位要充分认识国务院提出进一步加强企业安全生产工作的重大意义，进一步增强紧迫感、责任感和使命感，以对党、国家和人民高度负责的态度，扎实做好企业安全生产工作。各级各类企业要进一步强化“安全责任重于泰山”的思想，更加自觉地履行安全生产主体责任，共同维护首都安全形势稳定向好的良好局面。

要把贯彻落实《通知》精神作为当前和今后一段时期加强首都安全生产工作的中心任务，各区县、各部门特别是各级各类企业要认真组织开展学习活动，全面落实《通知》要求和各项安全生产政策法规，对照职责范围，逐项梳理，抓紧制订和部署本地区、本系统、本行业的具体落实措施。有关部门要及时、动态跟踪了解《通知》贯彻落实情况，认真组织开展专项监督检查和工作指导。

要以落实国务院会议和文件精神为契机，按照建设中国特色世界城市的要求，时刻牢记“首都工作无小事”，以更高标准、更严要求，认真做好企业安全生产各项工作，推动首都安全生产迈上新台阶。要狠抓企业安全管理，实行严格的安全标准核准制度；狠抓安全生产薄弱环节，加大安全隐患排查治理力度；狠抓技术保障能力建设，完善应急救援体系；狠抓安全监督，严格安全生产考核和责任追究，形成安全生产综合监管与行业监管指导相结合的工作机制。

在贯彻全国安全生产电视电话会议上的讲话提纲

北京市人民政府副市长 苟仲文

2010年1月18日

刚才，国务院召开了全国安全生产电视电话会议，中共中央政治局委员、国务院副总理张德江同志出席会议并做了重要讲话，对今年"安全生产年"活动以及进一步深化、拓展、落实安全生产"三项行动"和"三项建设"各项工作措施提出了明确要求。下面，我就贯彻落实会议精神提三点要求：

一、加强领导，认真贯彻落实全国安全生产电视电话会议精神

各区县、各部门、各单位一定要把张德江副总理的重要讲话和全国安全生产电视电话会议精神迅速传达贯彻到基层单位和生产一线中去，主要领导要带头学习，亲自研究、亲自部署，切实把思想和行动统一到党中央、国务院的部署和要求上来。要根据张德江同志的讲话精神，认真回顾总结近年来安全生产工作状况。一方面要分析问题和原因，另一方面要研究工作的创新点和突破点。总要求是：按照全国安全生产电视电话会议确定的安全生产工作奋斗目标、总体要求和重点任务，坚持"安全第一、预防为主、综合治理"的方针，完善法制、健全体制、优化机制，突出加强重点行业领域安全生产工作，扎实推动生产经营单位落实主体责任，坚决遏制重特大事故，努力实现全市安全生产形势持续稳定好转。

春节后市安委会还要召开大会，对贯彻落实全国会议精神和开展2010年全市安全生产工作，进行全面部署。

二、认清形势，明确"安全生产年"各项工作目标和任务

（一）经过努力，2009年全市安全生产状况继续保持总体稳定

据统计，2009年全市共发生生产安全、道路交通、火灾、铁路交通事故1049起，死亡1157人，与2008年相比减少11起22人，分别下降1%和1.9%。全市安全生产事故死亡总人数占全年控制考核指标的87%，各类相对指标均控制在国务院安委会下达的考核指标内。其中：工矿商贸就业人员10万人生产安全事故死亡率为1.34，比国务院安委会考核指标低0.43；道路交通万车死亡率为2.44，比国务院安委会考核指标低0.44。

（二）分析生产安全事故的特点，存在的主要问题和原因

在肯定成绩的同时，更要清醒地看到我们在安全监管上存在的差距和问题，认清面临的严峻形势。从本市去年生产安全事故情况看，有以下特点：

一是事故总量仍然较大。较大事故与年度控制考核指标持平，特别是生产安全较大事故超过了指标。央视火灾，燃气泄漏爆炸，有限空间中毒窒息等事故触目惊心，在全国都产生了较大的影响。

二是城市运行维护保养事故高发态势逐步显现，共发生24起，死亡38人，死亡人数占生产安全死亡总数的30.9%。其中：发生有限空间中毒窒息事故7起，死亡19人，包括发生一次死亡3人以上较大事故2起，死亡10人。

三是中小企业安全管理状况应引起高度重视，由于中小企业从业人员素质不高，安全生产管理基础薄弱，易引发生产安全事故。去年发生的生产安全事故中，有90%发生在中小企业。

四是农村和城乡接合部地区，非法违法工程建设导致的事故突出。去年10月18日至11月30日，本市连续发生4起农村违法非法建设施工事故，造成8人死亡，15人受伤。其中有3起事故均是以个人名义在承租土地上雇用社会流动人员进行施工造成的。

通过分析事故，再次反映出一些地区和单位安全责任不落实，防范措施不严密，隐患排查不认真、治理不彻底，企业安全基础不牢固，政府和部门执法不严格、监管不到位，部分行业（领域）安全监管（管理）职责存在空缺和缝隙等问题。

（三）研究制订“安全生产年”工作方案和工作要点

我们一定要清醒地看到当前安全生产工作面临的挑战，进一步采取措施，扎实做好安全生产工作。对此，请各区县、各部门、各单位要按照全国安全生产电视电话会议精神，就继续开展“安全生产年”活动，提出具有针对性和操作性的贯彻实施意见，尤其要把贯彻会议精神与建设世界城市的发展定位和“三个北京”的战略任务有机结合起来，使全市安全生产工作思路更清晰、目标更明确、重点更突出。请各区县、市政府有关委、办、局将2010年实施“安全生产年”的工作方案和工作要点于2月1日前报市安全生产委员会办公室。

三、抓好当前工作，做好春节和“两会”期间安全生产工作

2010年春节、“两会”临近，按照会议要求和市委、市政府的统一部署，大家要积极行动起来，为全市人民群众欢度春节和迎接“两会”创造安定、欢乐、祥和的社会环境，要切实做好以下工作：

（一）严格落实安全生产责任

各区县政府和安全监管、交通、建设、市政、质监、商务、旅游、园林、民防、消防等有关部门，要充分认识做好春节、“两会”期间安全生产工作的重要性，认真履行安全监管和管理职责，切实做好春节和“两会”的安全生产工作，严防各类安全事故的发生。各级政府主要领导和各有关部门的主要负责人要亲自研究、及早部署春节和“两会”期间安全生产工作，制定有针对性的工作方案，并层层抓好安全责任制的落实，做到任务明确、责任到人、措施到位。春节和“两会”期间，凡因责任不落实、管理不到位、隐患整改不及时，造成生产安全事故的，将按照有关规定严肃追究有关领导和责任人员的责任。

（二）突出抓好重点行业和领域的安全监管

结合事故隐患排查治理和专项整治行动，在春节、“两会”期间组织力量对重点行业、重点单位、重点部位，进行安全检查和督察。

一是加强人员密集场所安全监管工作。要以防范火灾、拥挤踩踏等群死群伤事故为重点，做好人员密集场所隐患排查和监督检查工作。要重点检查人员密集场所“三合一”、“多合一”单位，消除消防安全隐患；要加强对各种文化、体育、娱乐等大型活动的组织管理，制订人员疏散方案和应急预案；要加强对宾馆饭店、车站、学校、商场、集贸市场以及体育场馆等人员密集场所的消防安全检查，确保疏散通道、安全出口畅通，保持消防设备设施齐全完好，严防火灾事故。

二是加强对交通运输及水、电、气、热等生产经营单位的安全检查。要认真做好“春运”期间的运力安排和旅客疏导工作，重点抓好雪、雾、风等恶劣天气情况的运输安全，落实安全责任和事故防范措施。加强对车辆等运输工具的维修保养和对司售人员的安全教育，严禁超载、超限、超速和无证、无照运营以及疲劳、酒后驾驶。严禁携带易燃、易爆、剧毒等危险物品进站上车，确保“春运”安全有序。要继续加强公路危险路段专项整治，加大对非法客运车辆的打击力度。要加强电力、通讯、供水、供气、供热等公共设施和居民生活设施的安全检查，保障春节、“两会”期间城市基础设施的安全运行和居民正常的生活秩序。

三是加强对危险化学品、民爆器材和烟花爆竹等易燃易爆物品生产经营单位的安全检查，严防危险化学品泄漏、运输事故和民用爆炸物品爆炸事故的发生。要严格对易燃易爆危险品、剧毒和放射性物品的安全管理，加强对重大危险源的24小时监控。春节前后是烟花爆竹事故的易发期，各单位要依照《烟花爆竹安全管理条例》、《烟花爆竹安全管理规定》等法规，严格审批条件，严格质量监督，加强对烟花爆竹批发、零售网点的安全监管和动态监控，制定烟花爆竹事故燃放方案和应急预案，有效维护燃放秩序。

四是切实抓好矿山安全监管工作。对于煤矿，要高标准完成安全监督监察计划和小煤矿整顿关闭任务，做好节日期间停产后的复产验收工作。对于非煤矿山，要继续加强露天矿山、地下矿山、排土场安全监管，坚持落实尾矿库安全生产管理的各项制度和措施。

五是严格落实建筑施工安全监管措施。重点做好建筑施工现场“防火、防冻、防滑、防中毒、防坍塌”工作，对深基坑开挖、大型起重设备、临时用电及临建设施等重点部位和重点环节加强监控。建设、农业、水利、交通等行业主管部门，要重视农村基础设施建设中的安全生产监管工作，认真研究解决工作中出现的新问题。

六是进一步强化液化石油气安全监管。要坚决查处在充装、储存、销售、运输和使用过程中发现的违法行为。要采用科技和信息化手段，建设液化石油气等有害气体无线监控系统，对各企业单位和出租房有害气体进行实时监测，努力改善公共安全状况。

（三）强化安全生产应急管理工作

加强春节、“两会”期间的值班工作，认真落实值班工作的各项制度，严格执行24小时领导带班制度，值班人员要熟悉业务、坚守岗位，对发生的事故和突发事件，要按规定及时报告并妥善处理。要根据《北京市突发公共事件总体应急预案》及其他安全专项预案的要求，落实各项应急措施，强化信息沟通和事故应急响应联动机制。特别是做好当前冰雪低温天气条件下应急管理和安全生产工作，确保城市安全运行和人民生命财产安全。春节、“两会”期间，安全生产应急救援队伍必须保证24小时值班备勤和抢险救援物资、设备的完备有效，确保能够随时处置各类突发事件。

同志们，2010年的安全生产工作面临许多新情况、新形势和新任务，让我们在党中央、国务院和市委、市政府的领导下，振奋精神，开拓进取，转变作风，扎实工作，不断开创安全生产工作的新局面。

在全市安全生产工作会议上的讲话

北京市人民政府副市长　苟仲文

2010 年 3 月 3 日

这次全市安全生产工作会议的主要任务是：深入学习贯彻国务院安委会全体会议、全国安全生产电视电话会议以及市委十届七次全会、全市“两会”精神，总结回顾2009 年工作，深入分析安全生产形势，研究部署2010 年工作任务。刚才，家明同志通报了 2009 年全市安全生产工作情况，部署了 2010 年重点工作。海淀区政府、市住建委、首钢集团做典型发言。表彰了 2009 年安全生产工作先进单位和先进个人。

下面，我讲三点意见。

一、2009 年全市安全生产工作取得突出成绩

2009 年，是新中国成立 60 周年，是建设“人文北京、科技北京、绿色北京”起步之年。党中央、国务院和市委、市政府高度重视安全生产工作，胡锦涛总书记、温家宝总理以及刘淇书记、郭金龙市长多次作出重要指示。各地区、各部门和各单位深入贯彻落实科学发展观，紧紧围绕中央和市委提出的“保增长、保民生、保稳定”的任务，全面加强安全生产工作，扎实开展“安全生产年”活动，以确保实现“平安国庆”为目标，以新中国成立 60 周年庆祝活动安全生产保障为主线，大力推进“三项行动”和“三项建设”，狠抓各项措施的落实，全市安全生产工作取得了明显成效，安全生产形势保持了良好局面。

（一）国庆 60 周年安全生产保障工作坚强有力

全面维护首都社会安全稳定，保证新中国成立 60 周年庆祝活动顺利进行，是一项重大政治任务，也是安全生产工作的重中之重。各级领导高度重视，刘淇书记、郭金龙市长对实现“平安国庆”目标提出明确要求，并亲自带队检查安全生产工作落实情况，各位副市长结合分管工作，深入工矿企业、重点地区、人员密集场所检查指导工作。全年市安委会召开了 24 次会议，密集研究部署安全生产保障工作。各区县政府和各行业主管部门从本地区、本部门实际出发，细化保障措施，全面落实责任。各生产经营单位特别是重点国有大型企业讲政治、顾大局，严格落实安全生产主体责任，积极开展自查活动，排查消除各类安全生产隐患。在各地区、各单位和各部门的共同努力下，60 周年庆祝活动期间，全市没有发生有影响的安全生产事故，为国家重大庆典活动的顺利进行作出了贡献。

（二）安全执法、治理和宣传教育“三项行动”成效显著

去年，国务院部署开展安全生产“三项行动”，市委、市政府高度重视，市政府办公厅专门下发文件，市安委会召开工作会议，对“三项行动”工作提出具体要求。市安委会成立协调工作领导小组，下发《关于进一步开展安全生产“三项行动”的通知》，制定安全生产执法行动、治理行动、宣传教育行动实施方案。在市安委会的统一组织协调下，全市各地区、各部门、各单位按照市政府和市安委会的部署，结合各自实际，相继开展了“雷霆行动”、“合围攻坚行动”、有限空间作业安全生产专项检查、液化石油气安全生产

大检查、地下空间安全生产大检查等一系列声势浩大的专项治理行动，成效明显。“雷霆行动”和“合围攻坚行动”消除了7.2万余件火灾隐患；地下空间安全生产大检查工作历时2个月时间，全市共检查地下空间2.2万多处，发现各类安全问题隐患2885项，实施行政处罚65起，罚款33.87万元，停业整顿71处，关闭取缔22处，社会反响强烈。

在“三项行动”中，共检查各类生产经营单位约50万家次，打击各类非法、违法行为2.1万起（处），依法关闭、取缔不符合安全生产条件的企业2270家。排查发现隐患企业（设施）近34万家（处），整改96.5%；排查发现重大隐患218项，整改95.9%，为安全生产形势的稳定好转创造了条件。

（三）法制体制机制、安全保障能力、监管监察队伍“三项建设”得到加强

经过充分调研论证和积极沟通，《北京市安全生产条例》的修订已列为市人大常委会2010年立法计划项目，启动了修订工作。市政府制定颁布了《北京市生产安全事故报告和调查处理办法》。结合机构改革，市安委会成员单位的“三定方案”中，进一步明确了安全监管职责。针对安全监管的薄弱环节，及时制定出台了《高处悬吊作业安全生产规定》、《有限空间作业安全生产规范》、《楼宇内生产经营单位安全生产规范》等规范性文件。

充分发挥安委会作用，在目标考核、安全监管、执法检查等方面建立了协调联动机制。健全完善了安委会重要情况通报制度、重大事项协商制度、重点工作调度制度。制定了《安全生产综合考核办法》，启动了对区县安全生产工作的考核。

开展乡镇、街道委托执法试点，推动安全监管重心下移。市政府办公厅下发《关于进一步加强乡镇街道安全生产监管工作的意见》，明确了加强乡镇街道安全生产工作的原则、内容和方式，初步建立了委托乡镇、街道执法的工作格局，壮大了安全监管监察力量。

一年来，安全事故继续下降。全市各类事故起数和死亡人数，与2008年相比减少11起22人，分别下降1%和1.9%。全市安全生产事故死亡总人数占全年控制考核指标的87%，各类事故均控制在进度目标内。重点行业领域安全生产状况进一步改善。工矿商贸从业人员10万人生产安全事故死亡率为1.34，比国务院安委会考核指标低0.43；道路交通万车死亡率为2.44，比国务院安委会考核指标低0.44。危险化学品、金属非金属矿山、铁路交通等事故均较大幅度下降，未发生农业机械死亡事故。绝大多数地区安全生产形势稳定好转。

这些成绩的取得，是市委、市政府正确领导的结果，是各地区、各部门和各单位艰苦努力的结果，凝结着各级领导和安全生产工作者的心血和汗水。在这里，我代表市政府，对一年来安全生产工作取得的成绩表示衷心的祝贺，对大家付出的辛勤劳动表示诚挚的感谢！对今天获得表彰的先进单位和先进个人表示祝贺和感谢，希望你们继续振奋精神，再接再厉，为首都北京的安全生产形势稳定好转作出新的更大的贡献！

二、清醒认识安全生产面临的严峻形势

在肯定成绩的同时，也要清醒地看到，安全生产工作与党和人民、与市委、市政府的要求还有很大差距，仍然存在许多突出问题和薄弱环节，安全意识有待进一步加强，安全责任和监管需要进一步落实，安全生产基础仍不牢固，安全生产总体水平还不高，稍有松懈，就会出现反弹。

一方面，今年面临的安全生产形势依然严峻，主要表现在：

一是事故总量仍然较大，部分行业领域生产安全事故突出，尤其是较大事故总数超标，涉险事故时有发生。2009年，全市共发生道路交通、生产安全、火灾、铁路交通死亡事故1049起，死亡1157人，事故起数和死亡人数继续保持了双下降，但是作为首都，事故总量仍然偏大，特别是在一些领域事故呈现多发和高发态势。比如，城市运行维护保养事故高发态势逐步显现，发生了24起事故，死亡38人。火灾事故超过全年控制指标，全市因火灾事故累计死亡32人，同比增加3人，上升10.3%。而且，全年发生一次死亡3人以上较大事故19起，死亡72人，与国务院安委会下达的控制考核指标持平。此外，发生了近20起重大涉险事故，险些酿成重大恶性事故。比如：1月9日，外埠一家油墨公司油墨车给新华社印刷厂倒墨过程中，储墨罐发生爆炸，幸未造成人员伤亡；5月5日，武警总队工地液化石油气罐爆炸，有数十人受伤；9月25日，新街口一家新疆餐馆液化石油气泄漏爆燃，也有10余人受伤。

二是有些事故重复发生，损失巨大，影响恶劣。去年一年，较大交通事故、煤气爆燃事故、有限空间窒息事故、火灾事故多次发生，造成了不良社会影响。多年没有发生过的连环车祸，也发生一起，死亡7个人；煤炭盗采，一次死了3个人，如果不是侥幸的话，有可能酿成恶性事故；央视大火损失巨大，名列国家安全监管总局向社会公布的重特大生产安全事故责任单位名单中；通州7月3日发生了死亡6人和牺牲一名消防战士的有限空间中毒窒息较大事故。这些事故造成的影响是非常触目惊心的，在社会上引起了比较大的反响。

三是安全生产责任落实不到位，特别是企业主体责任落实不好。从事故调查处理和执法检查反映出来的情况看，生产经营单位存在主体责任不落实的问题，主要是安全责任制不能落实到一线岗位，安全生产教育培训流于形式，安全投入不足；设备设施维修保养不到位或存在缺陷，安全隐患反复出现；从业人员安全素质和安全意识有待进一步提高，48.1%的生产安全事故是由作业人员“三违”作业造成的；中小企业生产设备落后，技术工艺滞后，从业人员素质不高，安全生产管理基础薄弱；部分企业劳动用工不规范，个别企业所招用临时人员，未经安全教育培训直接上岗作业。

从监管层面来看，主要是存在着“重审批、轻监管”的倾向，安全管理缺位的情况还比较普遍，部分行业领域安全监督管理职责不清，导致安全监督管理责任落实上存在缝隙。机构改革新“三定”方案实施后，一些部门对新增的安全监管职责研究、重视程度不够，尚未形成有效的安全生产工作机制。属地安全监管力度仍需增强，基层乡镇（街道）安全监管力量仍然薄弱，工作力度有待进一步加强。

另一方面，今年安全生产工作压力巨大。2008年成功举办了奥运会，2009年新中国成立60周年庆祝活动取得圆满成功。去年，全市地区生产总值达到11865.9亿元，人均地区生产总值超过1万美元，首都经济社会发展进入到了新的发展阶段。市委十届七次全会要求，要以更高的标准，瞄准建设国际城市的高端形态，从建设世界城市的高度，提高科学发展的水平、规划建设的档次和服务管理的水准，加快实施“人文北京、科技北京、绿色北京”发展战略，在更高的起点上完成建设“繁荣、文明、和谐、宜居”首善之区的目标，使首都发展建设与国家和人民的需求相适应。

今年，是全面完成“十一五”规划任务的最后一年，是集中精力推动科学发展、全面推进“三个北京”建设的重要之年，也是建设世界城市的起步之年。首都经济社会的大发展，使安全监管监察工作又面临新的考验。

一是基础设施建设规模庞大。今明两年政府投资了1400亿元，带动社会投资1万亿元。这些投资绝大部分用于固定资产投资和基础设施建设，大部分项目将集中在2010年启动。预计2010年在六大领域有200个重点建设项目，总投资约5800亿，当年完成投资约1400亿。又比如，要加快推进12条地铁轨道交通建设，在建里程108.5公里，几条线路将穿越城区，施工环境复杂、难度很大；整体启动城乡接合部50个难点村的改造整治工程，加快中心城内227个村的改造，大量拆除工程可能会造成事故多发；南城行动计划的启动、重点新城开发建设速度的加快、多条高速路和城市快速路的集中建设等，这些给安全监管监察工作带来巨大压力。

二是经济形势景气刺激中小企业生产经营日益活跃。2010年，整体经济形势将会好转，市场需求增加，一些中小企业扩大规模、超产增值的冲动强烈，极易产生忽视安全生产管理的现象。根据历年事故分析，中小企业基础管理薄弱，安全投入不足，劳动用工不规范，事故隐患较多，极易引发生产安全事故。一些地区涉危企业相对集中，存在着“厂中厂”、“村中厂”，违规出租厂房和变相非法生产等情况，安全监管难度较大。

尤其是在2008、2009年，由于奥运和国庆庆典等大型政治活动，全市采取了包括特殊管控的一系列有效措施，全社会予以了高度关注和鼎力支持，安全生产形势稳定好转，成果空前。今后。随着重大活动的减少，容易出现麻痹、松懈和厌战的情绪，放松管理、放松监管的现象将会出现。

三是超大型城市在运行过程中安全压力增加。目前，全市机动车超过400万辆，高速公路通车总里程达884公里，轨道交通通车里程达228公里，车辆和人员流动性大，特别是外埠以及过境车辆都存在较大安全隐患。旅游、商业、文化、体育等人员密集场所增多，重大节日和重要时段安全压力大。此外，本市有地下空间1.82万处，建筑面积超过3000万平方米。同时，从对地铁运营、地下空间经营场所、轨道交通建设工程安全生产管理状况调查评估的情况看，薄弱环节很多、隐患不同程度大量存在。

四是矿山安全监管监察工作不容忽视。随着能源市场需求增加和矿山证照的到期，煤矿、非煤矿山会出现超能力、超强度、超定员组织生产的现象，特别是门头沟、房山区已依法关闭取缔的小煤矿可能会“死灰复燃”，非法开采，安全生产执法、治理难度增大。

总体来说，2010年我市经济形势将好于去年，但是转变发展方式、调整经济结构的任务十分艰巨。同时，市场需求扩大、施工项目多等因素，将给安全生产工作提出新的要求，带来新的挑战。

三、扎实做好“安全生产年”各项工作

党中央、国务院和市委、市政府对安全生产工作提出了明确的要求。在去年中央经济工作会议上，胡锦涛总书记要求，“要牢固树立安全发展理念，健全和落实各项安全生产制度，强化安全监管责任，有效防范和坚决遏制重特大安全事故。”温家宝总理强调，要“加强安全生产管理”。

在今年1月8日全国安全生产电视电话会议上，张德江副总理要求，要重点抓好“三个突出”、“三个加强”：突出预防为主，着力做好事故超前防范；突出加强监管，继续严厉打击非法违法生产经营行为；突出落实责任，严格安全问责制度；加强宣传教育和队伍建设，提高各类人员安全素质；加强安全基础工作，不断提高安全保障水平；加强协作联动，推进安全生产综合治理。

在市委十届七次全会上，刘淇书记要求，“要树立安全发展理念，健全安全生产制度，加强安全监管，坚决防范和遏制重特大事故”。在今年1月25日全市“两会”上，郭金龙市长要求，安全生产工作要“健全安全生产问责制度，创新监管方式，加大交通运输、建筑施工、有限空间作业、地下经营空间、危险化学品、人员密集场所等重点行业和领域监管力度，有效防范和坚决遏制重特大安全事故。”

2010年，全市安全生产工作总体要求就是，深入贯彻落实科学发展观，按照党中央、国务院和市委、市政府以及安全监管总局的部署要求，坚持安全发展理念，坚持“安全第一、预防为主、综合治理”方针，继续深入开展“安全生产年”活动，完善法制、健全体制、优化机制，突出加强重点行业领域安全生产工作，扎实推动生产经营单位落实主体责任，坚决遏制重特大事故，努力实现安全生产形势持续稳定好转。

（一）突出预防为主，加强重点行业和领域的安全监管，全力压减事故总量，坚决遏制重特大事故

各区县、各部门、各单位要把全力压减事故总量，坚决遏制重特大事故作为首要的工作任务摆在突出位置，明确重点行业领域，采取强有有力的措施，切实把事故压下来。要以防范火灾、拥挤踩踏等群死群伤事故为重点，突出做好人员密集场所隐患排查和监督检查工作。要以小煤矿整顿关闭、非煤矿山尾矿库排土场专项治理、危险化学品生产企业及涉危企业日常监管为重点，进一步加大高危行业领域的安全监管力度。要以从事有限空间作业、高处悬吊作业的单位和从业人员为重点，不断提高其准入门槛，通过采取执业资质准入措施，由经过许可、具备专门资质的专业化公司，承担相应的高危作业。要以事故多发易发领域和安全生产工作中存在的薄弱环节、突出问题为重点，根据重要时期和季节性特点，集中力量、深入扎实地开展安全专项整治，特别要盯住工作不力的地方和企业，加强督促检查，确保整改到位、不走过场，对不具备安全生产条件的企业，该退出的要坚决退出，该关闭的要坚决关闭。要以城市道路以及水、电、气、热等生产经营单位安全监管为重点，狠抓道路交通、市政设施、公共场所等危及城市运行安全的隐患项目，保障城市基础设施的安全运行和居民正常的生活秩序。

（二）突出加强监管，抓好安全生产法规制度建设

要加大安全生产的监管力度，依法对生产经营单位实施严格的监督检查，深化监督检查内容，坚持经常性的监督检查，注重监督检查的实效性，绝不能走过场，绝不能流于形式。各级安全监管监察部门和负有安全监管职责的行业管理部门，要严格监管，不断加大安全生产执法力度。切实加强制度建设，市安全监管局要牵头组织修订好《北京市安全生产条例》，安委会各成员单位要积极支持，大力配合。同时，要充分利用《条例》修订创造的法制环境，加强立法统筹，构建与《条例》相配套、能衔接的本市安全生产法规制度

体系。要继续完善安全隐患排查治理工作机制，规范隐患排查治理工作，加大隐患排查治理力度。要继续完善安全生产委员会工作机制，推动议事协调功能向主动化、规范化、高效化发展，充分发挥委员会在牵引全局工作、解决疑难重大问题上的综合协调作用。

（三）突出落实责任，严格安全问责制度

要把安全生产责任落实到政府、落实到部门、落实到企业、落实到每一个岗位和员工。一是要牢固树立责任意识和主管意识。责任意识，就是要有主动精神，积极主动地抓安全生产工作，同时，还要从法规规章和文件规定的角度来审视自己应该承担的责任。简单地说，就是事前的责任落实和事后的责任担当。主管意识，就是各地区、各部门和各单位在安排任何一件工作，在抓任何一件事情的时候，必须首先讲安全，把安全放在第一位，各级政府主要领导和各有关部门的主要负责人、各生产经营单位的主要负责人要亲自研究、亲自部署，层层抓好安全责任制的落实，做到任务明确，责任到人，措施到位。各级分管负责人、专兼职安全工作者要恪尽职守、精通业务，切实履行好主管职责。二是要严格落实企业安全生产主体责任。各类生产、经营企业是安全生产的责任主体，企业法人代表是企业安全生产的第一责任人。企业负责人要对本企业涉及安全生产各方面的工作负起主要责任。要加大安全投入，加强安全生产培训。要加强一线班组建设，一线班组是安全生产工作的最终落实者，如果一线班组做不好，其他的安全管理都会归“零”。三是严格落实地方各级政府安全监管责任。进一步强化地方政府安全生产行政首长负责制，重点抓好区县、乡镇街道政府安全责任的落实；统筹区域经济与安全生产协调发展，加强安全生产基层和基础建设，研究制定和落实安全生产长效机制。四是要严格安全目标责任考核。各相关部门和地方各级政府要健全落实安全生产“一岗双责”制度，认真执行党政领导干部安全生产问责制，对发生的事故，严肃查处，对违法违规、失职渎职的，无论涉及到谁，都要严肃追究责任，绝不姑息。要在完善对区县政府考核的基础上，对政府相关部门安全监管责任落实情况实施考核。

（四）加强安全生产基层基础工作，不断提高安全保障水平

一要高度重视科技在促进安全生产中的重要作用。充分发挥首都科技创新和人力智力资源优势，深入研究安全生产中急需解决的重大、难点问题，有效利用科技手段提升我市安全生产监管能力上台阶。加快推进物联网、互联网、3G等技术的应用步伐，抓住重点行业领域的关键环节、关键部位，利用信息化手段加强检测监控，帮助生产经营单位和各级安全监管部门切实加强安全管理和监督；充分调动和发挥企业在科技创新、技术改造、科技成果推广应用的主体作用，将科技成果推广工作作为加强安全生产保障能力建设、实现安全生产状况明显好转的重要抓手，不断改善企业安全生产条件，提高安全生产技术水平，实现安全生产状况明显好转。二要继续开展安全培训。要加大对安全监管人员，特别是一线执法人员的业务培训；继续抓好企业负责人、安全管理人员的培训，加强新进人员岗前培训工作，全面实行特种作业人员培训持证上岗制度；加大对高危行业和中小企业一线操作人员的培训。三要积极培育扶持安全生产培训、评价和检验检测等中介机构以及行业协会，充分发挥各行业协会和中介机构的作用。

四要加强安全生产宣传工作。既要抓好安全生产月各项宣传活动，又要将安全宣传日常化，进一步营造加强安全生产的社会舆论氛围。五要按照安全生产有关法规规定，健全机构、配备人员装备，加强监管力量。六要抓紧做好“十二五”规划的编制工作，明确落实安全生产重点建设项目。要大力实施安全技术改造，加快推广一批先进适用可靠的安全生产监测、控制以及处置的技术和装备，提高安全生产信息化水平。七要大力推进安全生产标准化工作。健全安全生产标准体系，开展岗位达标、专业达标和企业达标活动。八要加强应急救援工作。完善应急预案，组织应急演练，整合应急救援力量，加强企业自救队伍建设。九要积极推进建立健全安全生产责任保险和工伤保障制度建设。

同志们，新的一年安全生产工作任务繁重而艰巨。我们要在市委、市政府坚强领导下，进一步振奋精神、坚定信心，求真务实、开拓创新，努力工作，狠抓落实，不断开创我市安全生产工作的新局面。

全市安全生产电视电话会议上的讲话摘录

北京市人民政府副市长　苟仲文

2010年11月16日

同志们，刚才安委会办公室，市消防局，市住房城乡建设委，市商务委通报今年以来安全生产情况，张家明同志也传达了郭金龙市长就安全生产作出的要求。下面我就全市安全生产工作和当前要解决的主要内容讲三点意见：

第一，要深刻吸取吉林、上海火灾事故的教训，全力做好首都的安全生产工作

11月5日，吉林市一商厦大火造成19人死亡，昨天上海一民居公寓发生特大火灾，造成53人死亡。这两起火灾都是给人民群众的生命财产造成了巨大的损失，直接威胁到人民群众的生命安全。两起事故的教训是惨痛的，就两起事故来看，北京的安全生产形势也不容乐观。刚才几个委办都对今年的安全生产情况进行了通报，特别是我们在建设经营场所还有一些生产场所都不同程度地发生了较大事故，有些事故还是很侥幸。刚才也讲到有的火灾虽然死亡人数很少，但是逃亡人数很多，如果逃亡人数逃不出去就是重特大事故。吉林市这场事故是19个人死亡，其实中间还有80个人是在楼顶，一些退休人员、老年人员学习舞蹈，在进行娱乐活动，在事故发生的时候跑到顶楼经消防人员抢救逃生，如果逃生放到上海这次火灾上，这80人也难以幸免，核心我认为还是不能出事故，固然我们要加强一些救生的本领的培训，但是情况是千变万化。这次上海的逃生很多人是从脚手架上滑下来的，呆在里面的反而出问题，跑到楼顶上更出现问题，所以火灾无情。今年出现安全情况大概还是老一套，我前几次都讲过，不讲不行，好像讲了还不行，但是还得讲，这些教训还是这么几个方面：

（1）城市发展速度太快，我们的监管和管理跟不上，死角太多，前面有个会议也讲到，我们现在抓在建工程的安全，但是翻建工程、装修工程的安全还是一个空白，一旦有空白就要出事。

（2）一些部门、一些单位监管不到位，屡禁不止，有措施不落实，清华学堂是北京市刚刚发布了文物场所安全监管要求措施之后隔了两天发生的火灾，也就是说这些措施是你发你的，他干他的。措施都停留在文件的传递上，一些要求仅仅停留在口头上。包括吉林市19个人死亡的大火，它本身就有很多自身监管不到位的地方。吉林这场大火发生之后，对这条街进行安全检查就发现了几十处有违规情况。北京市有3个人被堵在污水管线中致死，这就是违规操作。开发区的建设工地塔吊倒塌，这在全国都是少有的，在北京也是闻所未闻的，至少这几年没有听说。塔吊倒塌这样的问题可能还会再发生，刚才我问家明，移动的塔吊叫做汽车吊，每个区县都可能有一些汽车吊的聚集场所，大部分都是从周边城市来的，相当一部分没有资质。所以地下经营空间也好，经营场所也好，在建工地也好，人员密集场所也好，安全监管措施不到位这是安全生产工作的问题。

（3）企业安全生产责任没有落实到位，一些企业重生产轻安全，安全管理薄弱，一线安全人员的责任淡薄。这还是老问题，现在正在贯彻落实国务院发的23号文件，这个文件的主旨就是抓安全生产企业的主体责任，其实这个问题抓的是很准的，但是现在问题是看准了抓不到，就是说企业还是无视安全生产主体责任。这次上海也好，吉林也好，还有我们出现的这些事故也好，都是企业一线施工人员造成的。刚才说清华学堂是用碘钨灯取暖照明，都是一线施工人员违规操作、违规施工，蛮干造成的。前几天还有把3个人烫死，就是下井去关阀门，结果没有关好，相当于80度的烫水把3个人淹死了。这些问题分析来分析去，就是三个方面，一个作为政府监管缺失，第二是企业没有负起责任，第三是一线员工违规操作。今天再给大家强调一下，别人生大病我们也要吃重药，别人生小病自己要锻炼身体，增强免疫力，不能在同一个地方跌倒多次，不要别人在这个石头上摔倒了我们还在那块石头上摔倒，所以希望大家举一反三，吸取教训，把下一步安全生产工作做好。

第二，强调层层发动，切实在全市范围内能够开展安全生产大检查

要求各个行业，各个区县，各个部门，就围绕着你所在人多的地方，有易燃易爆品的地方，有危化品的地方，空间狭小地段，外空间作业的地方要展开检查，所有的部门，所有的单位都应该在安全检查方面出重拳、下大力气。我们现在已经有很多分工了，我以前也讲过，你不要认为分工跟你没有关系，不出事肯定跟你没有关系，但是出事一般来说都能够找到责任人的，谁也跑不了，所以希望大家不要推诿，不要踢皮球，不要站在旁边当旁观者，主动地走到安全生产的检查氛围中间来。是自己的把它做好，是别人的帮一把，提一个醒，把安全生产的各项要求和措施落实好。

第三，要抓好第四季度的安全生产工作

第四季度的安全生产工作有特殊性，它是一个冬季的问题，是中央几个重要会议要开的时节，另外也是我们几大节日来临的时节，第四季度很特殊，气候特殊，同时第四季度也是很敏感的时节，所以大家要认真抓好安全生产工作。刚才市安全监管局、住建委、消防局、商委作了发言，市安委会就下一步工作作了布置，大家要根据自己部门的实际情况，是大部门、大行业就大抓，是小部门、小行业就细抓，真正把工作负起责任来。这里再强调几个方面。

（1）要通过进一步推动企业主体责任的落实，来抓好企业层面和一线层面执行安全生产工作力度。行业主管、区县也好，安全生产工作要通过企业和一线工人来落实，我们不能代替他来完成安全生产工作，但是要督促他们，监督他们，甚至要责令他们来加强安全生产工作。“国务院23号文件”是一个好的抓手，而且市里也有了进一步推动的措施，各区县、各部门、各行业，把推动企业主体责任的落实作为进一步抓好安全生产工作的抓手。

（2）按照郭市长的要求，进一步抓好“三地”的安全生产工作。刚才家明在传达郭金龙市长要求的时候，特别提到要突出对地下空间及地下空间建设、地下空间生产活动的安全监管问题，所有的一切就是要服从安全，不管是经营也好，是建设也好，还是有什么样的一些特殊，都得服从安全。这里要求各区县要高度关注地下空间的安全生产，特别要指出的就是很多地下空间出租住人的尤其要注意。今天再大声呼吁一下，要借年底学校放假、民工回家等等这样一个时间，彻底地清理一下地下出租住人的问题，而且这个问题希望各区县，各部门把它做细做实。

刚才郭市长的讲话里，我的理解是要向怀柔学习，你按不动的地方，这里是不是有利益链，是不是有什么利益在里面起作用，那要责问一下这个利益是谁的，是政府的利益我们不要，是个人的利益，监察部门、审计部门等有关部门要过问。地下空间的建设、经营、生产活动一定要有序、有监管的进行。对于地下空间出租的原则上要彻底清理。有些地下空间就那么一个通道，还做饭。地下空间居住的人都是学生和农民工，如果在首都这方面出了问题，伤害的是普通老百姓，我们没有办法跟全国人民交代。所以从政治上、从经济上都得不偿失，希望再次给大家敲一个警钟，在清理地下出租居住场所方面要下大力气抓一下。

（3）进一步做好打击违法非法工作。打击非法违法工作这是治理安全生产领域长期形成的抓好安全生产形势的重要环节，而且这项工作要求都很具体，但是摆在大家面前的就是要抓落实，把各项专项行动、专项活动落到实处，所以希望年初布置的打击非法违法这项工作要继续抓紧抓实。而且我们只要抓一下就有效果，像地下空间，去年抓了，到现在为止总体上事故大幅度下降，外空间作业抓了以后也是事故下降50%，煤气泄漏爆燃的事故去年到今年专项抓了以后也是大幅度地下降，就是说只要抓就有效果，所以希望大家在打击非法违法和相关不正常经营的活动当中加大力度。

在贯彻落实《国务院关于进一步加强企业安全生产工作的通知》动员部署大会上的讲话

北京市安全生产委员会副主任、北京市安全生产监督管理局局长　张家明

2010年8月18日

按照会议安排，下面由我传达《国务院关于进一步加强企业安全生产工作的通知》文件精神，明确下一步学习宣传《通知》精神的主要工作措施。

一、国务院《通知》的核心内容

（一）《通知》的主要特点

《国务院关于进一步加强企业安全生产工作的通知》是继2004年国务院《关于进一步加强安全生产工作的决定》之后的又一重要文件，是指导推动安全生产工作的规范性、指导性、纲领性文件。《通知》共分9个部分32条，在提出总体要求、明确主要任务的基础上，分别从企业安全管理、政府安全监管、行业安全准入、政策引导、技术保障、应急救援、考核和责任追究、经济发展方式转变8个方面，对企业和安全生产各方面工作提出了全面系统的要求。体现了继承与创新的统一，治标与治本的统一，企业主体责任与政府监管责任的统一，当前与长远的统一。

（二）《通知》提出的新措施（共10项）

一是建立重大隐患治理，政府逐级挂牌督办和公告制度。规定重大隐患治理由省市级安监部门或行业主管部门挂牌督办。

二是建立事故查处督办制度。要求依据事故等级和职责权限，由国务院安委会和地方各级安委会对事故查处情况实行层层挂牌督办，并予以公告，接受社会监督。

三是建立企业安全生产信用挂钩联动制度，即严格意义上的“黑名单”制度。在项目核准、用地审批、证券融资、银行贷款等方面予以限制和制裁。

四是实行企业负责人责任事故任职资格终身否决制度。规定发生重大以上责任事故并负有主要责任的企业负责人，终身不得担任本行业的矿长（厂长经理）。

五是赋予企业现场带班人员、班组长和调度人员在紧急情况停产撤人的决策权和指挥权。取消了逐级请示、层层传达的过程，有效避免事故损失扩大的情况发生。

六是建立安全生产专项投入制度和长效投入机制。提高煤矿等高危行业安全费用提取标准，探索建立与企业安全发展水平同步提高的安全费用提取投入机制，并积极稳妥推行安全生产责任保险制度。

七是扶持发展安全产业，强制推行先进适用的技术装备。明确了先进适用技术装备推广应用的具体内容和完成时限。

八是对政府部门安全生产工作职责做出了新的界定和进一步完善。要求强化安全生产监管部门对安全生产的综合监管职责，全面落实公安、交通、国土资源、建设、工商、质检等部门的安全生产监督管理职责及工业主管部门的安全生产指导职责。

九是建立国家安全生产应急救援基地和队伍。提出了组建安全生产应急救援“国家队”的任务。

十是提高事故死亡赔偿标准。从2010年1月1日起，对因事故死亡的一次性工亡补助标准，按上一年度全国城镇居民平均人均可支配收入的20倍计算。

（三）《通知》明确的重点内容

一是严格企业安全生产管理，重申和强调了企业干部现场带班制度；强调和重申了职工安全培训和高危行业从业人员资格制度，落后技术、工艺和装备淘汰制度，企业安全生产技术负责制等。

二是强化政府安全监管，建立健全安全生产联合执法机制；严格高危行业行政许可制度，加强“三同时”审批和安全监管；落实企业安全生产属地管理；严格安全生产目标考核和责任追究，严肃查处事故等。

三是加强安全生产基础建设和基础工作，加强应急管理，建立预警机制；加快推动安全生产技术研发和科技进步；加强安全生产专业技术、技能人才的培养，加强安全生产中介机构监管，加强社会监督和舆论监督。

二、贯彻落实国务院《通知》的工作安排

（一）加强组织领导

市政府成立由苟仲文副市长挂帅的宣传贯彻《通知》的领导小组，各区县和相关部门也要成立领导机构，召开专题会议研究制定贯彻实施意见。对于《通知》明确的有关重大事项，要加强协调、落实责任、提出措施、加快推动落实工作。

（二）迅速动员部署

各区县、各部门、各单位学习宣传和贯彻落实国务院《通知》要做到“三个到位”。一是传达《通知》精神要到位，做到各级各部门和各类生产经营单位都了解，企业从业人员都知道；二是企业对照整改要到位，加强监督检查，指导督促所有企业特别是高危行业企业，逐条对照《通知》要求，认真找差距，切实抓整改；三是研究制订政策措施要到位，市有关部门要根据《通知》要求，进一步明确工作任务，加快出台相关配套政策措施和实施办法。

（三）广泛深入宣传

市安委会制定专项宣传方案，并印发各区县和有关部门。通过电视、电台、报纸、网络等媒体开设针对性强、可读性强的学习宣传栏目。在全市范围开展《落实企业安全生产主体责任建议征集活动》，建立社会特约监督员队伍。使安全生产执法监管人员对《通知》熟知率达到100%；重点行业和领域从业人员对《通知》知晓率达到100%。

（四）强化安全监管

根据《国务院安委会关于集中开展严厉打击非法违法生产经营建设行为专项行动的通知》要求，从8月初至10月底，在本市煤矿、非煤矿山、交通运输、建筑施工、危险化学品、烟花爆竹、民用爆炸物品、冶金等行业和领域，特别是将轨道交通建设、地下管线、地下空间列为重点，集中开展严厉打击非法违法生产经营建设行为专项行动。

（五）完善制度措施

市安委会将组织有关部门，研究制定贯彻落实国务院通知精神，关于进一步加强企业安全生产工作的决定，从领导责任，隐患治理，安全培训，安全达标等方面，进一步规范企业生产经营行为。对存在不经培训上岗、无证上岗的企业，依法停产整顿，情节重的要依法予以关闭，对在规定时间内未实现达标的企业责令停产整顿；对整改逾期未达标的，依法予以关闭。

同时，加快对《北京市安全生产条例》、《市政府工作部门安全监管（管理）职责》的修订工作。制定完善重大隐患治理和重大事故查处督办、领导干部现场带班、先进适用技术装备强制推行、安全生产长期投入、企业安全生产信用挂钩联动、现场紧急撤人避险、高危企业安全生产标准及准入、工伤事故死亡职工一次性赔偿和企业负责人职业资格否决等项制度。

（六）加强检查督察

指导、督促企业认真做好国务院《通知》的学习贯彻工作。11月份，市安委会将对政府、行业部门和企业贯彻落实《通知》工作进行专项督察，并将其纳入年度安全生产综合考核的重要内容，切实提高贯彻《通知》的执行力，加强和改进企业安全生产工作。

北京市安全生产工作情况汇报

北京市安全生产委员会副主任、北京市安全生产监督管理局局长　张家明

2010年9月27日

尊敬的赵铁锤局长，国务院安委会督导组各位领导：

上午好！今天，赵铁锤局长率国务院安委会办公室第一调研督导组，亲临北京市检查指导工作。通过此次督导，将会进一步推动我市安全生产工作的深入开展。

下面，我代表北京市安全生产委员会向国务院安委会办公室督导组简要汇报我市安全生产工作情况，重点汇报《国务院关于进一步加强企业安全生产工作的通知》和张德江副总理讲话精神的贯彻落实情况、“打非”专项行动开展情况和今年以来较大以上生产安全事故的查处情况。

一、精心组织，周密部署，深入贯彻国务院《通知》和张德江副总理讲话精神，集中开展打击非法违法生产经营建设行为专项行动

市委、市政府高度重视国务院《通知》和张德江副总理重要讲话的贯彻落实工作。刘淇书记批示，“全市各地区、各部门、各单位要务必抓好国务院《通知》的贯彻落实。对于安全生产工作，全市上下决不能有丝毫的松懈，安全这根弦要绷得紧而又紧、工作措施要细而又细、监管力度要强而又强。要牢固树立‘安全第一’思想，牢记首都的示范作用和影响力，从严、从实、从细，切实把属地、行业、综合监管和企业主体责任真正落实、经常落实和处处落实，确保首都城市运行安全平稳。”郭金龙市长强调：“国务院《通知》是新形势下加强企业安全生产工作的纲领性文件。当前和今后一个时期，要把贯彻落实《通知》精神作为加强首都安全生产工作的中心任务，加大工作力度，积极组织实施，推动各项要求落到实处、见到实效。”

市政府成立了由苟仲文副市长任组长的领导小组，加强组织领导工作，在全市范围内掀起了学习贯彻国务院《通知》精神的热潮，集中开展严厉打击非法违法生产经营建设专项行动。

（一）精心部署，迅速贯彻落实国务院《通知》和“打非”专项行动

根据7月7日国务院第118次常务会议有关精神以及7月20日全国安全生产（季度）视频会议工作部署，我市迅速筹备贯彻落实国务院《通知》的动员部署工作，启动《通知》实施意见和宣传教育方案的制订工作。市安全监管局党组于7月22日专题学习国务院《通知》精神，研究制订宣传、实施工作方案。

8月13日市安委会召开专题会议，部署国务院《通知》贯彻落实工作，研究制定《北京市关于集中开展严厉打击非法违法生产经营建设行为专项行动的工作方案》。同日，市政府办公厅下发《转发国务院关于进一步加强企业安全生产工作有关文件的通知》，要求全市充分认识国务院《通知》对于加强安全生产工作的重大意义，深刻领会精神实质，落实企业安全生产主体责任。

8月20日，市政府召开全市电视电话会议，郭金龙市长、国家安全监管总局杨元元副局长、苟仲文副市长分别就贯彻落实《通知》精神和“打非”专项行动做了重要讲话，要求全市各区县、各部门、各

单位深入开展学习和宣贯活动，狠抓安全生产各项措施的落实。电视电话会议共设23个分会场，包括各级政府及有关部门、中央在京企业、市属企业集团（总公司）共1600人参加了会议。

8月27日，苟仲文副市长主持召开市安委会专题会议，就贯彻落实《通知》精神有关问题进行专题研究，统一思想，进一步部署工作。

8月30日，市安委会召开贯彻国务院《通知》精神宣传工作会议，对全市宣传贯彻工作进行了具体部署。并下发了《〈国务院关于进一步加强企业安全生产工作的通知〉宣传教育培训工作方案》。

（二）狠抓落实，制订国务院《通知》的实施意见

按照张德江副总理8月19日在国务院安委会全体会议上的重要指示，抓紧研究制定配套的制度性、标准性、政策性实施办法和规定。我市正在组织制订贯彻落实国务院《通知》的实施意见，拟以市政府的名义印发施行。实施意见要与我市安全生产监管监察创新成果、安全生产“十二五”规划编制过程中的前瞻性研究成果、安全生产监管监察工作实际和安全生产综合监管定位相结合，提出有针对性、操作性强的政策措施。目前，已完成了实施意见的起草工作，经进一步征求意见，修改完善后，提请市政府常务会审议通过后印发。

（三）细化方案，集中开展“打非”专项行动

根据国务院安委会《关于集中开展严厉打击非法违法生产经营建设行为专项行动的通知》（安委［2010］5号）要求，结合工作实际，市安委会及时制定了“打非”专项行动的总体实施方案。本次“打非”专项行动明确由各区县政府统一组织实施，并制定具体实施方案；市政府有关部门明确专项行动的内容和工作目标，分别制定相关行业（领域）专项行动实施方案。市、区县安委会加强综合协调和检查督察工作，推动各项工作的展开。“打非”专项行动主要范围是：煤矿、非煤矿山、交通运输、建筑施工、危险化学品、烟花爆竹、民用爆炸物品、冶金等行业和领域。重点打击内容是：共性的非法违法生产经营建设行为以及具有行业和领域特点的非法违法生产经营建设行为。结合首都特点，我市还把轨道交通、地下管线、地下空间非法违法生产经营建设和非法盗采煤炭资源的行为，作为这次“打非治违”的重中之重。

（四）广泛动员，大力开展宣传教育工作

一是举办了北京市贯彻国务院《通知》宣传日暨“大宣讲”活动启动仪式。9月3日，在丰台区居然之家集团广场隆重举行北京市贯彻国务院《通知》宣传日暨“大宣讲”活动启动仪式。副市长苟仲文，国家安全生产宣传教育中心副主任李建国，市政府有关委办局领导，丰台区领导出席活动。目前，“大宣讲”和巡回演讲活动已在海淀、平谷等区县组织开展6场次，活动将持续到今年年底。

二是对全市局级领导进行专题辅导。9月15日上午，市委组织部、市安全监管局在市委党校举办学习贯彻国务院《通知》精神专题辅导报告会。国家安全监管总局新闻发言人黄毅应邀作报告。市委、市政府各部门分管领导，各区、县政府分管领导，市属企业（集团）、总公司分管领导，市委党校在校学员，各区县街道乡镇、重点企业负责人参加了辅导报告会。

三是启动了以“落实企业主体责任，保障首都安全发展”为主题的征集建议活

动。召开新闻发布会，邀请北京电视台、新华社等10余家新闻媒体，对活动有关情况进行宣传报道，得到了广大市民的热情响应。

四是做好国务院《通知》宣传品的开发制作和发放工作。市安全监管局组织制作了宣传画、挂图、展板、单行本等宣传品，发放到各区县和重点企业。目前，已设计制作并发放国务院《通知》单行本10万册、宣传画6万张、挂图7000套、展板40套，受到了各区县、企业的普遍欢迎。

（五）加强督导，推动国务院《通知》贯彻落实工作和“打非”专项行动的深入开展

9月中旬，市安委会办公室组织市政府有关委、办、局成立8个督导组，深入各区县，通过听取汇报、与区县政府及其行业部门座谈，走访街道办事处和乡镇政府、抽查企业等形式，对国务院《通知》的贯彻落实情况、“打非”专项行动和“安全生产年”活动开展情况，进行了督导，并与区县政府交换意见，提出了工作建议。

目前，各区县、各部门、各单位按照市政府和市安委会的工作部署，采取有力措施，切实加强安全生产工作。据不完全统计，8月20日至9月20日，全市共组织国务院《通知》宣传贯彻活动1.74万次，共发放国务院《通知》宣传材料183.98万份，参加安全生产宣传教育活动222.81万人，落实国务院《通知》的新闻报道5059篇。全市在“打非”专项行动中，共检查煤矿、非煤矿山、交通运输、建筑施工、危险化学品、烟花爆竹、民用爆炸物品、冶金等行业（领域）37.79万次，查处问题和隐患25.26万起，其中，停业整顿企业668个，关闭取缔生产经营单位284个，共实施经济处罚1829余万元。

二、以科学发展观为指导，着力构建服务城市建设和运行的安全监管长效机制

近年来，我市安全生产工作坚持“安全第一、预防为主、综合治理”的方针，按照“求创新、谋发展，强基层、打基础，完善法制、健全体制、优化机制，着力提高安全生产监管能力”的思路，扎实工作，狠抓落实，“安全生产年”的各项重点工作稳步推进；从建设世界城市的高度，谋划和推进安全生产长效机制建设，取得了新进展和新突破，制度化、规范化、系统化的监管体系已经初步形成。

今年以来，我市安全生产状况继续保持平稳。1至8月份，全市共发生道路交通、生产安全、火灾、铁路交通死亡事故641起，死亡722人，与2009年同期相比，事故起数减少26起，下降3.9%，死亡人数减少20人，下降2.7%。其中：发生道路交通事故536起，死亡601人，同比减少20起9人，分别下降3.6%和1.5%；发生生产安全死亡事故72起，死亡84人，同比减少2起6人，分别下降2.7%和6.7%；发生火灾死亡事故11起，死亡15人，同比减少10起11人，分别下降47.6%和42.3%；发生铁路交通死亡事故22起，死亡22人，同比增加6起6人；未发生农业机械死亡事故。1至8月份，除较大事故已达到全年控制指标数以外，各类事故的总死亡人数占年度指标的55.1%，控制在进度目标内。其中：道路交通事故占年度指标的56.1%；生产安全事故占年度指标的50.9%；火灾事故占年度指标的46.9%；铁路交通事故占年度指标的55.0%。

（一）健全法律规章体系

近年来，我市不断加强安全生产法律法规和规章制度建设，先后制订并出台了

《高处悬吊作业安全生产规定》、《有限空间作业安全生产规范》等 22 个规范性文件。

一是做好《北京市安全生产条例》修订工作。按照更加符合首都城市功能定位、充分反映城市运行安全生产特点、具有前瞻性和可操作性的原则，经反复征求意见，形成了《北京市安全生产条例》修正案（草案）。目前，已通过首都之窗网站完成了对社会公众 20 天的公开征求意见程序，完成了对 55 个政府部门的意见征询程序，吸取了国务院《通知》精神实质，召开市政府立法专家委员会会议听取了专家意见，已于 9 月 14 日市政府第 74 次常务会审议并原则通过。目前，已提交市人大常委会进行后续立法程序。

二是制定事故调查处理工作制度。制定了《北京市生产安全事故报告和调查处理办法》、《北京市生产安全事故报告和调查处理办法释义》和《北京市社会影响较大的一般生产安全事故调查处理暂行规定》。同时，编写了《2004 - 2009 年度生产安全责任事故典型案例选编》。

三是编制安全生产“十二五”规划。成立了领导小组，印发了规划编制总体工作方案。《规划》立足首都发展的新阶段、新要求，紧紧围绕建设“人文北京、科技北京、绿色北京”和世界城市的发展战略，研究提出北京市“十二五”时期安全生产发展总体目标、主要任务、重点工程和保障措施。

同时，我们结合安全监管实际，正在研究制订《危险化学品仓库建设和储存安全规范》、《北京市危险化学品重大危险源安全监管办法（试行）》、《北京市生产安全事故风险安全监管办法（试行）》、《职业健康监督员管理办法》等 10 多个法规文件。

（二）完善安全监管体系

一是强化安委会在安全监管中的积极作用。在坚持安委会各项制度基础上，进一步扩展并强化了安委会的统筹协调、议事决策和监督评价功能，健全完善了重要情况通报、重大事项协商、重点工作调度等制度。每季度分析和预测安全生产形势，定期召开安委会全体会议和专题会议，研究安全生产重要议题，讨论重要文件，部署安全生产专项整治以及重大节日、重要活动期间安全生产工作等。

二是搭建市安全监管多渠道沟通对话的互动平台。制定了《关于建立本市安全生产综合监管工作制度的指导意见》，确立了形势分析预测、工作例会、联席会议、情况通报、联合发文、督察检查、约谈函告等 10 项安全生产综合监管工作制度，初步探索出在综合监管体制框架内，安全生产综合监管部门与行业监管部门互动互补的工作模式。

三是推广安全质量标准化活动。成立了安全生产标准化领导小组、研究小组和专家顾问组，培育了 19 家标准化安全生产复评机构，制定了《非煤矿山安全管理规范》、《机械、冶金、建材和企业用电四个安全管理导则》和《北京市机械、冶金、建材、纺织等行业与非煤矿山安全质量标准化工作指南》，汇编标准 1194 条，指导企业的安全生产标准化工作。目前，全市有 11 家企业达到国家一级标准化企业，99 家企业通过市级标准化中介机构的复评，约有 300 家企业正在咨询复评。

四是加强对重大事故隐患的监管。进一步明确行业、属地和有关部门、单位的隐患治理责任，理清了隐患排查、上报、审核、治理、验收工作流程，明确了市级财政隐患治理资金支持的条件，强化了资金使用、工程建设风险约束机制。开通了隐患排查治理信息化管理系统，实现重点企业隐患网上自查自报。今年，通过现场勘验和综合评审，确定了5项（600余处）重大隐患为2010年第一批市级挂账生产安全隐患，纳入市政府挂账督办体系，初步安排市级财政隐患治理资金8000万元。

五是实施企业安全生产诚信警示制度。把社会诚信管理机制引入安全生产领域，促进守信受益失信惩戒为核心的安全生产诚信制度建设，制订《北京市企业安全生产违法行为警示信息管理办法》，提出了对列入“警示名单”的企业实施重点监管，并明确了实施重点监管的措施。

六是加强安全生产考核培训工作。将电力通讯高处安装维修、城轨电动列车司机和信号工、有限空间作业纳入本市特种作业考核范围。目前已完成相应的教材及题库编制工作。组织完成4期特种作业人员安全技术考试、2期高危行业相关人员安全资格计算机化考试和14期轨道交通施工人员安全生产知识考试。并组织开展好“安全生产月”活动。

（三）构建监督评估体系

一是跟踪城市重点建设，实施安全生产定向服务。比如，针对我市城南行动计划全面启动和城乡接合部建设50个重点村改造实际，研究制定了《加强本市重点建设施工安全生产监管工作意见》、《城南行动和城乡接合部建设安全生产综合监管工作方案》，对区县政府和市行业管理部门、安全生产专项及综合监管部门提出工作要求，定期分析预测建设施工安全生产形势，召开建设施工安全生产联席会议，对生产安全事故进行预警，分析问题，研究对策，强化政府监管。

二是盯住事故易发领域，开展调查评估。继2009年开展的地铁运营、地下空间经营场所、轨道交通建设工程安全生产调查评估工作之后，今年又对农村房屋建设、水利建设、公路建设领域等相关建设施工领域实施安全生产调查评估工作，进一步增强了工作的主动性和有效性。

三是制订市政府有关部门安全生产综合考核实施意见。根据市政府有关部门“三定”方案，确定了涉及安全监管工作的有关政府部门，结合我市安全监管工作的实际，组织起草了《关于对市政府有关部门安全生产综合考核的实施意见》和《市政府有关部门安全生产综合考核细则》。

四是完善区县政府安全生产工作综合考核工作。2009年市政府对18个区县政府和北京经济技术开发区实施了安全生产综合考核。为进一步增强考核的导向性、针对性和可操作性，今年对区县政府安全生产考核细则进行了修订，在考核内容和评分权重上作了较大的调整，经市政府批准，下发施行。

（四）建设执法监察体系

一是编制执法检查任务书。按照国家总局24号令的规定，编制执法计划，形成了以10项重点执法任务为核心的《2010年北京市安全生产执法检查重点任务计划》。截至目前，已先后完成了烟花爆竹、危险化学品、非煤矿山3个专项执法检查；组织实施了综合楼宇综合整治行动；市建设、交通等10个行业部门，完成了对通州区的集中执法督察；结合四城区合并调整，组织开展交叉执法工作；全面推进城南保障行动、液化石油气整治督察、综合楼宇检查等工作。今年以来，共检查生产经营单位2.29万个，其中危险化学品生产经营单位4632个，非煤矿山486个，烟花爆竹储存零售单位5063个，工业企业1766个，人员密集场所2677个，建筑施工工地1213个，其他行业企业

7082个；发现各类问题和隐患3.7万项，下达责令改正指令书1.08万份，强制措施决定书286份，立案处罚1166起，处罚金额904.52万元。

二是强化安全许可，严格市场准入。按照有关规定，我市现有17项安全生产许可内容。依据国务院《通知》精神，市安全监管部门严格安全生产准入前置条件，研究制订规范性文件。国务院国发21号文件中规定下放的三级矿山救护队资质认定和四级矿山救护队资质认定2项许可工作，我市已全面部署展开，相关规范性文件也正在制订中。

三是加强矿山安全执法监察工作。全市24个小煤矿已在6月底前全部关闭，协调、解决了煤矿关闭资金补偿、农民再就业、矿山生态修复、发展经济产业项目等重点难点问题。开展安全质量标准化监察和考核，抓好煤矿班组建设，扎实开展对煤矿安全生产值班、派班等6项制度的监督检查。大力推广、运用物联网技术，努力实现对井下矿井甲烷、一氧化碳等动态监测，实现数据实时发布、实时报警和综合查询，不断提高预警能力。同时，进一步明确非煤矿山整合关闭工作思路，提出整合关闭的目标、任务、范围，明确了矿山的准入门槛，提高非煤矿山生产能力和技术水平。

四是着手打造专业化、规范化、正规化的执法队伍。组织开展全市执法人员的执法技能培训，利用培训光盘、电子课件、视频讲座等多种方式提高培训的覆盖面。目前正在统一全市执法队伍职能、进一步梳理执法任务和塑造执法新形象、构建新的执法格局，研究制定执法检查流程、执法行为规范。

五是充分发挥"12350"举报投诉电话的作用。"12350"举报投诉电话是依靠和发动群众监督安全生产、发现事故隐患的重要手段。2009年12月底，我市开通"12350"安全生产举报投诉特服电话号码后，实行了全天24小时人工接听，开通举报投诉及网络举报，受理、分拣、转办、督办、办结均可在信息平台上办理，基本实现了办理流程的信息化。本着"有据必查，查实必究"的原则，在短期内迅速提高了"12350"的震慑力，在排查治理事故隐患、打击违法违规行为方面发挥了重要作用。1至8月份，全市19个统计地区共受理投诉举报1206件，已办结1047件。

（五）构筑监管保障体系

一是提升安全生产信息化水平。经过一年多的努力，我市安全生产信息化"京安"工程已初具规模，市、区、街乡、企业四级网络运转正常，市、区、街乡三级监管信息平台初步建成并投入使用，逐步形成全市安全生产信息化统筹规划、统一标准、共同建设、分级使用、资源共享的工作格局。围绕安全生产中心工作，相继建设、整合了综合指标等19套业务系统，形成了专项业务管理、重点行业领域监管和行政办公三大类业务系统，在行政许可、隐患排查治理、指标统计分析、危险化学品交易流向、应急管理、举报投诉和协同办公等核心业务工作中发挥了重要作用。截止到2010年8月底，北京市安全监管信息平台总点击量达到78万余次，平均每日点击量近2135次。平台注册的各类生产经营单位达到3万余家，全市各级安全监管部门2210人利用该平台开展业务。

二是完善安全生产综合指标数据统计系统。规范数据统计工作流程，统一了数据报送渠道，解决了一数一源、一源多用的问题，实现安全生产市、区（县）两级资源共享。每月收集采集230余张表格，完成30张以上的综合汇总表格，用图形、图表等形式每月统计发布全市安全生产统计分析数据。初步建立安全生产形势分析机制，定期编制《安全生产综合指标数据统计手册》、《安全生产数据季报》、《安全生产形势分析报告》等，为领导决策提供全面、翔实的依据。

三是加大安全生产科技推广应用力度。今年以来，我市在烟花爆竹集中配送、零售等环节中，探索应用电子标签技术对烟花爆竹流向进行监管，着力解决许可及许可后的监管以及烟花爆竹的流向、销售及存储等难点问题。在危险物品集中储存、统一配送方面，探索利用物联网技术加强对危险品监管的新模式，配合有关部门和单位开展危险化学品集中交易等重大项目的可行性研究，确立了《外埠进京危化品运输车辆监控技术研究示范》和《应用物联网的安全生产应急关键技术研究》等科技项目，组织科研机构开展研究和示范应用。开展“北京市安全生产技术支撑中心建设方向调研”，初步确定技术支撑中心建设方向和建设模式。

三、深刻吸取教训，严肃查处生产安全事故

今年以来，我市共发生2起较大生产安全事故，共造成7人死亡。处理情况如下：

（一）北京诺和兴水务建设工程有限公司“3·23”较大生产安全事故

3月23日14时，北京诺和兴水务建设工程有限公司在怀柔区庙城镇郑重庄地区排水工程工地，组织作业人员开挖沟槽作业过程中，局部土方发生坍塌，造成沟槽内作业的3名人员被埋压窒息死亡。经调查，该起事故为责任事故，依法追究刑事责任2人，给予行政处罚32.6035万元，行政处分3人，停止项目部经理职业资格一年、暂停事故单位在北京水利建设工程市场投标资格90天。

目前，已对北京诺和兴水务建设工程有限公司及其法定代表人履行了处罚程序，罚款已全部缴齐，对其他责任人员和责任单位的处理正在落实当中。

（二）京煤集团长沟峪煤矿“6·13”较大生产安全事故

6月13日，京煤集团长沟峪煤矿井下煤仓埋压事故，造成3人死亡。经调查，事故调查组认定该起事故为责任事故。对事故直接责任人依法追究刑事责任；对安全副矿长给予撤职处分；给予矿长14.38万元经济罚款和行政记大过处分；给予该矿29万经济罚款；对京煤集团和昊华公司相关负责人给予了相应的处罚。

此外，我市对7月份发生的2起影响较大的生产安全事故进行严肃处理：

一是7月14日，北京地铁15号线段顺义站基坑钢围檩及钢支撑坠落，造成2名作业人员死亡、8人受伤。初步判定该起事故属于生产安全责任事故。目前，正在进行深入的调查，将按照有关规定，对建设、监理、第三方监测、设计等相关单位及人员依法实施高限处罚。

二是7月19日，东三环西辅路发生自来水管挖破漏水，并导致相邻燃气管线破裂泄漏，造成较大社会影响，部分道路交通中断，周边居民和部分单位用水、用气受到影响。根据安全生产有关法律、法规的规定，对北京华澳再创通信工程有限公司等4家单位分别处以暂扣安全生产许可证的处罚，行政罚款28万元，对相关责任人也分别提出了处罚建议。

上述较大生产安全责任事故及查处情况，已通过新闻发布会向社会公布。目前，市有关部门正在制订事故查处挂牌督办制度。

四、下一步工作

现在距年底还有3个月的时间，我们将以此次调研督导为契机，做好以下工作：

（一）以深化“安全生产年”活动为主线，全力推进重点工作

按照国务院关于“安全生产年”活动“三个突出”、“三个加强”的工作要求和市委、市政府的工作部署，深化“三项行动”和“三项建设”各项工作措施。进一步加大工作力度，狠抓制度建设和监管体系建设，进一步完善我市安全生产长效机制建设的方法、手段和内容。

（二）以贯彻落实国务院《通知》精神为中心，进一步推动企业主体责任的落实

深入贯彻落实国务院《通知》精神，特别要组织好中小企业负责人的学习培训活动，将《通知》精神落实到基层的各个班组，各个岗位。发布实施《北京市市政府贯彻落实通知的实施意见》，进一步落实企业安全生产主体责任。

（三）以“打非”专项行动为突破口，治理、关闭一批非法违法行为严重的企业

重点是开展多部门联合执法检查行动，指导、协调各区县开展“打非”专项行动，将“打非治违”工作引向深入。要将“打非治违”的工作和效果纳入安全生产综合考核内容，力促“打非治违”取得扎实效果。

（四）以构建安全生产长效机制为目标，探索建立服务世界城市建设的安全生产监管新格局

按照科学化、规范化、制度化、系统化的目标，以建设世界城市、服务世界城市的思维和目光，全面实践、全面审视、不断完善我市安全生产监管监察体系，尽快建立一套与世界城市建设和“三个北京”建设相适应的安全生产新格局、新模式，推动安全生产形势的稳定好转。

（五）以更加严格的安全监管和执法检查为手段，坚决防范和遏制各类重大事故

继续加大安全监管和执法检查力度，全力做好第四季度安全生产工作。进一步做好国庆、元旦等节日期间安全生产工作，切实加强冬季安全生产工作，坚决防范和遏制各类重特大事故的发生。

各位领导，近年来，北京市在安全生产方面做了大量的工作，并取得了成效。但必须清醒地认识到，我们的工作离党中央、国务院的要求还有差距，我们一定要不断努力，狠抓工作落实，为确保首都的安全和稳定，作出我们应有的贡献。

汇报完毕，不妥之处，请批评指正。

坚定信心　齐心协力
努力实现“十二五”安全生产的良好开局

北京市安全生产委员会副主任、北京市安全生产监督管理局局长　张家明

2011年1月23日

今天，召开全市安监系统工作会议，主要任务是：全面总结2010年工作，深刻分析“十二五”时期安全生产面临的新形势，对“十二五”起步之年的工作进行

部署，统一思想，提高认识，动员全系统广大职工坚定信心，同心协力，扎实工作，努力实现“十二五”安全生产工作的良好开局。

刚才，陈清同志通报了2010年全市安全生产形势。根据市局党组研究的意见，我讲三个方面的问题。

一、2010年安全生产工作取得新的进展和成效，全面完成了“十一五”规划目标，全市安全生产状况总体稳定

市委、市政府始终高度重视安全生产工作。刘淇书记、郭金龙市长和苟仲文副市长等市领导多次作出重要指示和批示，对充分认识安全生产工作的极端重要性和全面加强安全生产工作，提出了全面系统和具体明确的要求。2010年，刘淇书记专题听取了安全生产工作汇报，郭金龙市长多次发表重要讲话，市政府常务会和市政府专题会9次听取和研究安全生产工作，仲文副市长主持召开了14次安委会大会和安委会专题会，书记、市长等市领导每逢重大节日和重要活动，都亲自带队深入重点地区和重点领域检查指导安全生产工作，国务院3次督察本市的安全生产工作，市政府下发《关于进一步加强企业安全生产工作的通知》（京政发［2010］40号），出台了一系列更加严格、更加管用的政策措施。就加强安全生产工作，市政府和市政府办公厅下发了6个重要文件，市安委会先后下发了16个文件。所有这些，都有力地指导和推动了安全生产工作的开展。

2010年，全市各级安全监管部门认真贯彻落实市委、市政府和市安委会的决策部署，以加强法制体制机制建设为重点，强化监管，严格执法，加强基础建设，各项工作取得了新进展。一年来，我们重点抓了8个方面的工作：

（一）狠抓制度规范，安全生产法规制度建设取得重要成果

法律法规和标准制度是依法治安的基础，是构建长效工作机制的重要保障，我们始终高度重视法规制度建设。

一是《北京市安全生产条例》修订工作进展顺利。《条例》修订草案在完善监管体制，强化主体责任落实，实施更加有利于安全生产的经济和科技手段，有效保障城市运行安全方面，调整增加了很多内容。草案已经市政府常务会审议，并顺利完成市人大常委会会议第一审。

二是规章标准建设深入推进。研究制定了《生产安全事故调查处理工作程序》、《工业制造业安全生产管理规范》、《职业健康管理员管理办法》、《危险化学品重大危险源安全管理办法》，制定颁布了《危险化学品仓库建设及储存安全规范》、《油储罐机械化清洗安全施工规范》等3个地方标准，全年共完成18个规范性文件及地方标准的制定和颁布实施工作。

三是贯彻落实国务院23号文件扎实有效。全市召开大会进行部署，开展了面向社会公众的意见建议征集活动，制定印发了《北京市人民政府关于进一步加强企业安全生产工作的通知》，《通知》紧密结合本市城市安全生产特点，体现了多个方面的制度创新。

（二）找准监管定位，安全生产综合监管机制基本建立

经过多年的艰苦探索，综合监管已经形成了年初有计划、过程有制度、实现有手段、年终有考核的良性循环。

一是职责定位更加明确。安全监管部门通过综合分析安全生产形势，定期向本级政府报告安全生产工作，指导协调、监督检查本级政府有关部门和下级政府履行安全生产监督管理职责以及组织对本级政

府有关部门和下级政府的综合考核，更加有效地履行安全生产综合监管职责，这些都已写入《条例》修订草案中。

二是运行机制更加顺畅。第一，安委会办公室的监督检查、指导协调和综合调度作用发挥顺畅。通过制定安委会《议事规则》，规范了安委会的工作程序；通过开展安全生产数据统计分析，完善《安全生产形势分析制度》，召开4次安全生产形势分析会，加强对行业和区县安全监管工作的指导。第二，规范和固化了综合监管工作制度。制定《安全生产综合监管工作制度的指导意见》，确立了形势分析预测、联席会议、情况通报、约谈函告等10项综合监管工作制度。第三，联席会议协调作用愈加明显。通过建立煤矿整顿关闭、执法、人员密集场所监管、危险化学品监管等专业领域的联席会议，指导协调推动了相关领域的安全生产工作。

三是综合监管手段更加丰富。第一，坚持综合督导。根据年度执法计划和重大任务开展等情况，市安委会办公室适时组织有关部门，开展对区县和政府部门落实安全监管责任以及完成重大任务的情况进行综合督导，提出意见建议，推进监管责任的落实。第二，坚持开展调查评估。2009年、2010年相继开展了地铁建设、地下空间经营场所、地铁运营、农村房屋建设、水利工程、公路工程等领域的安全状况评估，明确了在这些领域各行业部门的安全监管职责以及监管重点和监管措施。基于评估结果，市政府下决心将地下人防工程全部用于公益事业；市住房城乡建设委下发了普通地下室安全管理规定，开展了轨道交通建设安全生产专项整治；市财政安排34亿资金支持地铁运营公司用于改善安全条件。第三，坚持约谈制度。对于事故多发的行业领域和区县，认真分析事故发生的原因和监管中存在的问题，举一反三，总结分析该行业或区县安全监管中存在的突出问题，面对面地提出加强安全生产工作的建设性意见。第四，坚持用执法牵动行业部门。通过制定年度全市安全生产执法计划，统筹各行业的安全生产执法工作，达到调动行业开展安全监管工作的主动性，安全生产执法“一盘棋”的局面已初见成效。第五，坚持主动协助配合。通过主动的配合来督促和推动行业部门加强安全生产工作。2010年，配合市市政市容委、市住房城乡建设委、市民防局等部门，加强对地下管线、餐饮业液化石油气，建筑施工、地铁建设和地下空间使用的安全管理工作。

四是安全生产综合考核不断加强。2009年，市安委会有效地开展了对区县政府的综合考核。2010年，又出台了《关于对市政府有关部门安全生产综合考核的实施意见》，将考核结果与评优评先挂钩。我们相信通过考核，将会促进各行业部门和属地政府的安全生产工作，对于促进全市安全生产形势稳定好转必将起到积极的作用。

（三）创新监管思路，重点行业领域安全生产状况不断改善

重点行业领域安全生产状况的好坏，直接关系到全市安全生产形势的总体情况。2010年，采取了一系列有效措施加强监管。

一是小煤矿实现整体退出。通过深入调查研究，印发《小煤矿2010年整顿关闭工作方案》，积极协调各有关部门加大政策支持力度，2010年6月底前，平稳、有序、安全地关闭了我市24个小煤矿。二是非煤矿山监管更加规范。制定下发《金属非金属矿山安全监管暂行办法》，进一步规范非煤矿山安全生产有关问题。开

展了尾矿库和非煤矿山安全生产状况调查评估，发现了问题，找到了对策。全市露天矿山已基本普及了中深孔爆破开采技术。三是危险化学品监管水平不断提高。着手制定《危险化学品交易市场建设方案》，旨在将“交易、储存、配送、回收”集为一体，以确保危险化学品流通环节得到有效监控。认真吸取“6·29”房山仓库火灾事故教训，各区县组织开展危险化学品储存仓库安全专项整治，进一步摸清了全市危化品储存仓库基本情况。烟花爆竹在各区县的严密监管下，没有发生死亡事故。四是作业场所职业卫生监管成效明显。积极推动职业健康管理员岗位建设，培训职业健康管理员1200多人。开展粉尘与高毒物品危害专项治理，检查生产经营单位2561家，处罚157.3万元。五是城市运行安全生产保障取得进展。2010年以来，在加强传统高危行业领域安全监管工作的同时，加强了人员密集场所、城市基础设施运行、城市维护保养作业、地下空间经营场所等与城市安全运行相关领域的监管工作，取得了显著成绩。针对2009城市维护保养领域有限空间作业事故多发的情况，印发《关于进一步加强有限空间作业安全监管工作的通知》，各区县安监部门按照统一部署，开展专项整治，检查有限空间作业单位7679家次，行政处罚60家，停业整顿3家。并将有限空间作业纳入特种作业进行规范管理，通过这些有效措施，有限空间事故下降42%。

圆满完成了世博会“城市最佳实践区”北京展示平台、中国馆北京展区在建设、试运行、运行期间的安全生产保障任务。

（四）严格依法行政，安全生产执法检查、事故调查处理力度不断加大

一是不断强化安全生产执法工作。首先，按照总局20号令的要求，总结几年来安全生产执法经验，把握安全生产的重点领域、关键时节和特点规律，制定了以10项重点执法任务为内容的年度执法计划及实施方案。通过制定和实施年度执法计划，统筹全市安全生产执法工作，提高了执法效能，使全市的执法形成了合力。执法计划中，将城南行动安全生产保障执法作为重要内容，成效显著。其次，创新执法模式。探索开展委托街道（乡镇）执法的方式，开展委托执法试点，充分调动基层街道（乡镇）的积极性，提高执法检查的覆盖面；采用联合执法、综合执法的模式，整合行政执法资源，协助和配合行业主管部门开展执法工作。第三，加强执法队伍建设。为充实和加强执法力量，研究组建执法监察总队的必要性和可行性。各区县安监部门都根据实际，积极争取，在本级党委、政府的支持下，加大监管和执法队伍建设。第四，加强举报投诉制度建设。2009年底，我市在全国率先开通“12350”安全生产举报投诉电话，组建北京市“12350”安全生产举报投诉中心，为打击安全生产领域非法违法生产经营行为，发挥了重要作用。2010年共接报3843件，其中举报投诉类1499件，按照逢举必查，查实必纠，纠其必严的原则，办结1390件，处罚70件，处罚金额127.2万元。

据统计，2010年，全市各级安全监管部门共检查各类生产经营单位45780个，发现问题和隐患85866项，下达责令改正指令书26177份，经济处罚3525余万元。

二是依法开展生产安全事故调查处理。严格按照“四不放过”的原则，严肃认真查处每一起生产安全事故，并将事故调查处理情况及时向社会公布，接受社会监督。据统计，全年共调查处理生产安全

发生各类安全生产死亡事故1062起，死亡1176人，同比2009年，事故起数上升1.2%，死亡人数上升1.6%。略有所上升，但各项指标均未超过国务院安委会下达的年度控制考核指标。

2010年工作成绩的取得，标志着安全生产“十一五”规划指标的圆满完成。与“十五”期末的2005年相比，实现了“三个显著下降”。一是事故总量显著下降。2010年全市共发生各类安全生产死亡事故1062起，比2005年的1718起下降38.2%。二是事故死亡人数显著下降。2010年事故死亡人数1176人，比2005年的1916人下降38.6%。三是反映安全生产总体水平的四项相对指标显著下降。亿元地区生产总值生产安全事故死亡率由2005年的0.26下降到2010年的0.085，下降了67.3%；工矿商贸从业人员10万人生产安全事故死亡率由2005年的2.21下降到2010年的1.45，下降了34%；道路交通万车死亡率由5.86下降到2.03，下降了65%；煤矿百万吨死亡率由1.74下降到1.568，下降了10%。

经过五年的努力，本市安全生产环境明显改善，安全生产法规体系基本确立，安全生产监管体系趋于完善，安全生产保障能力快速提升，城市运行安全保障切实加强，社会公众安全意识明显增强，有力地保障了2008年北京奥运会成功举办和新中国成立60周年庆祝活动顺利进行，圆满完成了本市《安全生产“十一五”规划》确定的各项目标任务，为首都经济社会发展和城市运行营造了良好的安全生产环境。

这些成绩的取得，是在市委、市政府坚强正确领导下，各区县、各部门和各单位密切配合、共同努力的结果，是全系统广大干部职工不懈努力和勤奋工作的结果。在此，我谨代表市安委会和市安全监管局，对同志们所付出的辛勤劳动表示衷心的感谢和崇高的敬意！

回顾2010年和“十一五”时期的安全生产工作，我们有六点体会：一是必须坚持用科学发展观统揽全局，牢固树立安全发展理念，坚持“安全第一，预防为主，综合治理”的方针。二是必须坚持解放思想、实事求是、与时俱进，努力把握城市运行安全生产规律，不断推动安全生产法制体制机制的创新。三是必须坚持依法治安方略，健全并认真执行安全生产各项规章制度，从严执法，敢抓敢管。四是必须坚持积极主动、敢于担当，不推责、不懈怠的思想，充分发挥综合监管的核心作用，统揽全市安全生产工作，着力提升安全监管能力。五是必须坚持实施科技兴安战略，充分发挥科技的支撑和引领作用，从根本上提升监管监察能力和企业安全保障能力。六是必须坚持抓基层、打基础，通过加强监管推动企业安全生产主体责任的落实，夯实安全生产基础，从源头上防范和遏制事故的发生。这些都是我们工作的经验总结，必须要在以后的工作中坚持并发扬光大。

二、充分认清形势，切实增强贯彻落实“十二五”时期安全生产工作思路、目标任务的责任感和使命感

2010年和“十一五”时期的安全生产工作虽然取得了积极进展和明显成效，但必须清醒地认识到，本市的安全生产工作与党中央、国务院对做好首都工作的要求和人民群众的期待相比，与建设中国特色世界城市的目标相比，还有不小的差距，事故总量仍然偏大，较大事故时有发生，安全生产保障能力存在不足，同时，我们的安全监管工作还存在一些薄弱环节。主要表现在以下几点：

一是监管模式和监管方法以及监管能力还不能完全适应建设世界城市的需要；二是随着全系统干部队伍的不断壮大，人员的不断扩充，执法能力、监管能力都还需要进一步提高；三是要进一步有效降低事故总量，就必须探索运用科技手段来加强和改进安全生产工作；四是随着安全监管监察任务的不断增加，工作范围的不断拓展，体制机制的不断创新，处室之间、市区两级之间如何发挥团队精神，更加密切地协同配合，还需要进一步研究。

1月12日，在全国安全生产电视电话会议上，张德江副总理指出，从全国安全生产工作来看，还存在“五个不够”的问题：安全发展意识不够强；安全法治手段不够多；安全工作基础不够牢；安全整治措施不够实；安全管理和监管不够严。张德江副总理指出的“五个不够”，完全符合实际，切中要害。在我市安全监管工作中也不同程度的存在，必须要高度重视，认真研究，加以解决。

“十二五”时期是全面建设小康社会的重要战略机遇期，是深化改革开放、加快转变经济发展方式，实施人文北京、科技北京、绿色北京战略，建设中国特色世界城市的攻坚阶段，也是安全生产状况实现根本好转的关键时期。这一时期本市的安全生产工作将面临更大的挑战：

一是经济发展方式转变的步伐不断加快。本市将按照“优化一产、做强二产、做大三产”的发展思路，加大产业结构调整的力度，一大批高耗能、高污染、落后产业将被逐步淘汰，煤矿、非煤矿山、危险化学品生产等传统高危行业安全生产比重相对下降，生产性服务业、高新技术产业、现代制造业等高端产业将蓬勃发展，新能源、新材料、新工艺、新装备将广泛应用，这些将会带来新的危险因素，安全生产监管对象必将更加复杂，监管范围不断扩大，监管的技术含量不断提高。

二是城乡一体化发展进程不断加快。“十二五”期间，本市将加快世界城市建设，实现城乡经济社会发展一体化的新格局。为推进这一目标的实现，将加快通州国际新城、顺义、亦庄等新城建设，加大地铁轨道交通建设力度（到2015年要建成并运行19条），优化交通设施建设，东、西二环等地下隧道、大兴首都二机场的建设，城乡接合部重点村的改造，城南行动计划的实施、新农村建设等，大规模基础设施建设工程，都必将给安全生产监管和应急保障工作带来巨大压力。同时，随着城市化进程的加快发展，低素质从业人员和企业对员工安全技能要求的矛盾仍将继续存在，安全管理难度将进一步加大，增加了全市安全生产工作的不确定性。

三是城市运行领域安全生产情况日趋复杂。北京作为特大型城市，全市生命线系统庞大复杂，燃气、热力、电力、自来水等10大类地下管线纵横交错，局部设备设施老化，高负荷运转使用，轨道线路运营繁忙，一旦发生重特大事故，将给城市运行带来严重灾难。城市主要道路已处于超饱和状态，机动车迅猛增长与道路交通承载能力之间的矛盾日益加剧，道路交通事故控制难度将进一步加大。中心城区建筑密集，高楼防火、高处作业、有限空间作业、维护保养作业、人员密集场所等安全问题日益凸显。所有这些也是我们综合监管所面临的新问题。

四是关爱生命、关注健康的社会氛围日渐浓厚。随着经济社会发展，人民群众生活、文化水平的不断提高，公众对自身生命健康权益的保护意识不断增强，对生产、生活环境的安全需求日益增长，社会对安全生产的关注度和期望值不断提高，安全生产工作的关注度和压力将会进一步加大。

同时，我们也要看到，“十二五”时期安全生产工作也面临着重大机遇：党中央、国务院和市委、市政府对安全生产工作越来越重视，为我们抓好安全生产工作提供了坚强保障。国务院23号文和市政府40号文的发布以及《北京市安全生产条例》（修订）的即将出台，为我们开展工作创造了有利的法治环境；各区县党委政府、各有关部门和企业对安全生产工作重视程度进一步提高，安全发展理念不断深入人心，为加强安全生产工作奠定了坚实基础。尤其是经过“十一五”时期的建设发展，北京奥运会和新中国成立60周年庆祝活动的成功举办以及全市安监系统的共同努力和艰苦探索，本市安全监管监察正在从运动式、被动式的监管模式向法制化、制度化、长效化的监管模式转变，从粗放式、经验型的监管模式向科学化、精细化的监管模式转变，并且取得了一定的成效。这些都是我们继往开来、实现新跨越的活力之源。

我们一定要强化机遇意识，坚定信心，增强使命感、责任感，始终保持良好的精神状态，敢于负责，敢于担当，敢于迎难而上，努力推进安全生产监管监察工作的创新发展。“十二五”时期，全市安全生产工作的总体目标是：安全生产监管监察法制体制机制进一步完善，监管监察能力进一步提高，重点行业领域安全生产状况进一步改善，事故总量进一步下降，重特大事故发生得到遏制，职业危害得到有效治理，公众安全素质进一步提升，全市安全生产形势实现根本性好转。

具体奋斗目标是：亿元地区生产总值生产安全事故死亡率下降38%以上，工矿商贸从业人员10万人生产安全事故死亡率下降21%以上，较大以上事故起数下降15%，煤矿百万吨死亡率控制在0.8以内；火灾事故10万人口死亡率控制在0.35以内；道路交通万车死亡率降至1.7；特种设备万台设备事故死亡率控制在0.38以内。

市政府已将《安全生产“十二五”规划》作为本市的专项规划，纳入到本市经济社会建设发展“十二五”规划体系之中。市局目前已经拿出了规划草案，正在征求各方面的意见建议，3月中旬左右将正式向社会发布实施。

三、突出重点、狠抓落实，扎实做好2011年安全生产各项工作

2011年是实施“十二五”规划的开局之年，是加快实施人文北京、科技北京、绿色北京战略、建设中国特色世界城市的重要之年，还将迎来建党90周年。做好2011年的工作对于实现“十二五”安全生产良好开局，促进首都经济社会又好又快发展，具有重要意义。

国务院1月12日召开全国安全生产电视电话会议，张德江副总理要求，2011年要以贯彻落实《国务院关于进一步加强企业安全生产工作的通知》精神为核心，以强化企业安全生产主体责任为重点，继续深入开展“安全生产年”活动，重点抓好“三深化”、“三推进”。一要深化企业主体责任落实，全面加强安全管理和监督。二要深化依法监管，持续打击非法违法行为。三要深化煤矿、非煤矿山、交通运输、建筑施工、烟花爆竹、危险化学品、民爆物品、工矿商贸以及消防等行业领域安全专项整治。四要推进科技进步，加快安全技术装备研发推广应用和应急救援基地建设。五要推进安全达标，加强企业班组安全建设、安全宣传教育和培训，强化安全基层基础。六要推进长效机制建设，制定“十二五”安全生产规划，落实和完善政策措施，构建安全防范体系。1月13日，在全国安全生产工作会议上，骆琳局长要求，2011年的安全生产工作要贯彻落实张德江副总理的要求，开拓进取，狠抓落实，确保实现“十二五”时期安全生产工作的良好开局。

贯彻落实国务院和国家总局会议及市十三届人大四次会议精神。2011年，本市安全生产工作的总体思路是：以邓小平理论和“三个代表”重要思想为指导，深入贯彻落实科学发展观，认真贯彻党的十七届五中全会和市委十届八次全会精神，牢固树立安全发展理念，突出“城市安全保障”主题，打造“北京保障”品牌，围绕全面健全完善安全生产法制体制机制这条主线，进一步健全完善法规标准体系、综合监管工作体系、执法监察体系、宣传教育和培训体系、职业卫生监管体系，努力提升安全监管监察能力和企业安全保障能力，实施科学化、精细化监管，推动企业主体责任落实，全力压减安全生产事故，有效遏制重特大事故，为建设中国特色世界城市提供有力保障。

概括起来就是：突出一个主题，打造一个品牌，围绕一条主线，完善五个体系，提升两个能力。

重点要抓好以下八个方面的工作：

（一）进一步健全完善本市安全生产法规标准体系

2010年12月初，刘淇书记在听取安全生产工作汇报时指出：“首都的标准就是要高于全国其他省市的标准，要进一步提高门槛，使其真正符合首都城市运行的特点。只要是符合城市发展的特点、只要是城市发展的需要、只要是城市安全运行的需要，在遵循有关法律法规的基础上，针对城市运行过程中的每个行业和领域，都要制定符合本市特点，且切实可行的法规规章。”刘淇书记的重要指示，为本市安全生产法规标准建设提出了更高的标准，指明了努力的方向。

一是积极配合市人大常委会及早出台修订后的《北京市安全生产条例》。按照市人大常委会的工作安排，继续深入调研国内外大城市安全生产立法情况，充分吸收国内外先进大都市的安全管理理念和经验做法，努力达到刘淇书记要求的国内没有、与国际大都市先进经验接轨的水平。《条例》出台后，要组织开展宣传贯彻工作。

二是充分利用《条例》创造的立法空间和市政府40号文件明确的相关制度建设内容，加快规章、标准和规范性文件的制定修订。要对过时的标准和规范性文件进行废止，对不符合实际的进行修订完善，对没有的、需要补充的加快研究制定。要指导、督促相关行业部门制定符合本行业特点的技术标准。要研究制定《有限空间作业安全规程》、《烟花爆竹零售网点储存安全技术要求》、《危险化学品罐储安全技术要求》、《生产安全事故风险管理办法》等标准和规范。着手研究制定《职业卫生“三同时”监督管理办法》、《职业卫生技术服务机构管理办法》等职业卫生监管的规范。

三是组织实施《北京市“十二五”时期安全生产规划》。《规划》颁布实施后，要利用多种渠道推动《规划》在各行业、各领域、各企业的贯彻实施。要制定完善相关配套措施，分解细化各项任务，纳入综合考核内容。

四是修订部分安全生产许可办法和实施细则。要贯彻落实《国务院关于加强法治政府建设的意见》（国发［2010］33号）精神，结合本市特点，修订危险化学品生产经营、评价和培训机构、特种作业考核、矿山开采等行政许可办法和实施细则，进一步提高准入门槛，进一步落实政府安全生产监管职责和企业主体责任。认真研究部分安全生产行政许可下放区县的可行性和实施办法。积极推进许可工作的信息化，逐步实现行政许可的网上办理。要为实施职业卫生安全许可作好各项准备。

（二）进一步健全完善综合监管工作体系

当前，随着传统高危行业领域安全监管力度的不断加大，这些领域的事故总量相对稳定了下来，但一些新兴领域特别是城市运行领域安全监管的重要性越来越凸显。在人员密集场所、城市基础设施运行、地下空间经营场所、地铁运营与建设、城市维护保养、中心城区深基础施工和高层建筑施工防火的安全保障任务越来越繁重，进一步完善综合监管体制，加强综合监管，对于加强这些领域的监管更加重要。今年要在三个方面进一步完善综合监管体系。

一是继续加强和改进安全生产委员会办公室工作。要加强制度建设，对安委会办公室的工作程序、工作环节、工作机制进行规范，使安委会办公室工作进一步标准化、规范化和制度化。要进一步调动各成员单位利用安委会平台解决安全生产重大疑难问题的积极性。要改进和完善综合指标统计分析制度，不断提高数据指标的准确性、及时性和完整性，逐步扩展形势分析的内容，提高形势分析的科学性和针对性。

二是坚持并完善综合监管工作制度。结合新修订《条例》和市政府40号文件的要求，研究制定《关于进一步加强安全生产综合监管工作的意见》。制定对相关行业领域安全生产状况进行调查评估的实施办法，完善调查评估机制，规范调查评估工作。今年我们将组织开展对建材家具等大市场安全生产状况的评估，对物业管理安全状况进行调研，并对已完成的6项评估进行跟踪，督促有关部门认真落实。同时，城市基础设施运行、城市维护保养、中心城区深基础施工和高层建筑施工防火的安全监管也要提上议事日程，加强研究，提出有针对性的措施。要继续加强对有限空间作业、高处悬吊作业的监管。

三是深化综合目标考核工作。研究制定《安全生产控制考核指标管理办法》，提升控制考核指标的透明度和督促作用。启动安全生产考核评价体系信息化建设，实现对区县政府、市政府有关部门工作情况的动态掌控。细化综合考核内容和标准，加大奖惩力度，完善安全生产综合考核工作。

（三）进一步健全完善执法监察体系

市政府40号文件要求，要加强执法监察队伍建设，完善执法统筹协调机制，健全执法部门之间信息互通共享制度，逐步建立层级清晰、任务明确、协调有序、执行有力的安全生产执法监察新格局。

一是建立相对独立的执法监察队伍。筹组市安全生产执法监察总队，负责全市安全生产执法形势分析，编制全市安全生产执法计划，协调调度全市各安全生产执法机构的执法工作。

二是完善执法监察统筹协调机制。要正确处理安全生产业务管理部门和执法部门的关系，市局执法和区县执法的关系，安监系统执法和行业部门安全生产执法的关系，研究制定安全生产执法统筹协调制度，建立顺畅的执法协调配合机制。首先，要合理界定执法权限，明确执法责任，推进综合执法，减少执法层级，提高基层执法能力。其次，要把管理和执法相对分离开来，各业务处室要更加专注于研究问题、制定政策。第三，要与行业部门建立执法联动机制，相互配合、相互支持，利用年度执法计划统筹调度全市安全生产执法工作，使全市的安全生产执法工作协调有序，责任明确，衔接紧密。

三是不断规范安全生产执法检查工作。首先，要推动各区县安监部门法制机构建设，深入推进委托街道（乡镇）执法工作，切实提高各级安监人员运用法律手段解决安全生产中突出矛盾和问题的能力。第二，要出台执法行为规范，制定统一的执法程序和标准，细化执法流程，明确执法环节和步骤，避免执法的随意性。第三，要根据法律法规规章的立改废情况，动态梳理和公布行政执法依据，依法界定行政执法职权，并将执法职权分解、落实到执法机构、执法岗位和执法人员。第四，要强化行政执法评议考核，开展行政执法定期评议考核、执法效果评估和社会满意度调查等活动，并将有关结果作为执法人员奖惩、晋升的重要依据。第五，要认真落实行政执法责任追究制度，研究制定行政执法监督检查办法，建立层级监督机制，强化上级部门对下级部门、本级部门对内设机构、执法机构对执法人员的监督。第六，要认真研究国家总局《安全生产监管监察职责和行政执法责任追究的暂行规定》，研究制定相应的制度规定，鼓励和保护一线执法人员。

四是强化安全生产举报投诉工作。首先，尽快下发在本市建立安全生产举报投诉工作制度的指导意见，构建举报投诉与相关委、办、局的协调机制以及与执法工作的协调配合机制。其次，要加强举报投诉中心内部制度建设，开展举报投诉信息的统计分析，把握安全生产违法违规行为的特点规律，为监管和执法提供支持。第三，要加强举报投诉信息化建设，提高举报投诉受理和办理的效率。第四，要加大对违法违规行为举报投诉的查处力度，切实做到有举必查，查实必纠，纠其必严。各区县安全监管局要指定领导负责举报投诉查处工作，主要领导要亲自过问，市局将定期对查处情况进行复查。

五是强化生产安全事故调查处理和责任追究。要建立事故调查分析制度，在事故调查过程中，注重分析事故发生的深层次问题和原因，总结各类事故的共性和规律性的问题，提高事故调查的预防功能；要建立事故分级挂牌督办制度，坚定不移地推进事故调查处理挂牌督办制度的落实。要对一个时期事故多发的区县和行业采取事故后约谈、召开现场会、发事故警示通报等形式，加大警醒、问责和督导的力度。要对瞒报、谎报、迟报事故和发生事故后逃匿等行为，依法从重从快查处。要进一步加强制度建设，积极参与《企业职工伤亡事故调查分析规则》（GB6442－86）国标的修订，为生产安全事故调查分析提供依据；研究制定《生产安全事故调查现场勘验工作暂行规则》，规范事故现场勘验。

（四）进一步健全完善宣传教育和培训工作体系

在安全生产宣传教育方面：

一是建立稳定和层次高的宣传平台。要坚持一项制度，就是新闻发布制度，研究制定安全生产新闻发布规定，明确发布内容、程序等。要办好一个活动，就是要继续办好一年一度的“安全生产月”活动。要充分利用好“两台”，继续与北京城市服务管理广播和北京电视台紧密合作，办好《安全新干线》，办好北京电视台《北京新闻》的“直击安全现场”专栏；利用好“三报”，继续办好《中国安全生产报》“首都安全专版”和《北京日报》“首都安全视点”专栏以及《北京晚报》的“12350安全伴您身边”专栏；利用好“两刊”，要和《现代职业安全》和《劳动保护》杂志协作，宣传好首都安全生产工作；利用好“两网”，加强“安全生产政务网站”建设，全力提升局政务网在社会公众中的影响力。充分利用政府首都之窗网站，开展安全生产宣传。

二是丰富新闻宣传内容。要继续以安全生产法律法规、安全生产知识、重大政策措施、重大执法活动、先进典型、成功经验做法以及曝光事故隐患等为重点，组织宣传报道。同时，要增强敏感性，发现和抓住安全生产的热点问题，开拓新的新闻点。今年，要把新修订的《北京市安全生产条例》和市政府40号文作为“安全生产活动月”的宣传重点，还要以“城市运行中的安全生产工作”为主题，举办一届水平高、层次高、影响广的北京安全文化论坛。要建立新闻宣传与业务工作的协调配合机制，紧密结合各处、室（队）和区县安全监管局的工作，增加新闻宣传内容，及时将安监系统的好做法宣传出去。

三是加强安全文化和安全社区建设。要制定《加强企业安全文化建设指导意见》以及《企业安全文化建设标准》，组织开展安全文化建设示范企业评选，推动全市企业开展安全文化创建活动。制定《北京市“十二五”时期安全文化纲要》，推进安全社区创建工作。

在培训教育方面：

经过几年来的实践和建设，培训教育的制度规范、教师教材、机构设施、考核管理逐步完善，政府主导、企业负责、市场运作的安全生产培训教育体系基本框架已经基本建立。今年，重点抓好以下几项工作：

一是切实理顺特种作业培训考核的报名、培训、考试考核、取证工作流程，方便学员培训，便于快速考核取证。

二是强化“三项岗位”人员持证上岗。特种作业人员、高危行业企业主要负责人和安全生产管理人员必须参加有资质机构专门的安全培训，考核合格后，持证上岗。开展京外特种作业证件管理试点工作，规范特种作业合格证的管理。探索研究非高危企业负责人培训的有关问题。

三是强化企业班组长及农民工安全培训，发挥各行业部门作用，创新培训方式，鼓励部门、企业编制易学、易懂适用的教材，增强安全培训的针对性。

（五）进一步健全完善职业卫生监管体系

根据中编办最近下发的104号通知要求，积极主动向市政府和有关部门汇报中编办《通知》精神，结合本市职业卫生监管实际，提出合理化建议。同时，还要抓好以下三项工作：

一是全面建立职业卫生管理员制度。制定《关于加强职业卫生管理员队伍管理的指导意见》，规范职业卫生管理员队伍建设的有关问题。继续开展职业卫生管理员培训工作，对500家重点企业职业卫生管理员进行培训，在全市重点行业和规模以上企业建立一支2000人的职业卫生管理员队伍，使职业卫生工作在基层有触角、有抓手。开展职业危害重点企业负责人职业健康管理业务培训，提高企业主要负责人落实职业卫生管理职责的能力。

二是推动企业全面建立职业卫生管理制度。以新修订的《职业病防治法》颁布为契机，大力宣传职业卫生方针政策、法律法规和职业卫生防护知识，增强企业落实主体责任的意识，推动建立职业危害告知制度、职业危害申报制度、职业危害防治责任制度、从业人员职业健康监护档案管理制度、职业危害防护设施维护检修制度等10项制度。在重点行业（领域）开展职业卫生专项整治，督促企业落实职业危害防治措施和制度建设。

三是建立职业卫生监管技术支撑体系。规范技术服务机构管理，推动现有技术服务机构能力建设；充分发挥市工伤与职业危害预防中心的作用，为职业卫生监督执法服务；鼓励大企业集团组建职业安全卫生技术服务机构，支持培育有条件科研院所、社会机构开展职业卫生服务，逐步建立起“政府主导、社会参与、市场运作”的职业卫生技术服务运行机制。

（六）切实提高安全监管监察能力

一要开展争做安全发展忠诚卫士活动，以优异成绩迎接建党90周年。要进一步加强安监队伍的思想政治建设、党风廉政建设和业务能力建设，在全系统开展以“争做安全发展忠诚卫士、创建为民务实清廉安监机构”为主题的“创先争优”活动，在全系统树立一到两个先进典型，通过表彰先进、选树榜样，把“创先争优”活动逐步引向深入。要加大干部教育培训力度，坚持干部挂职和轮岗交流，进一步完善干部考核评价体系。要关心爱护各级干部特别是基层同志的工作、学习和生活，把严格要求与关心爱护更好地统一起来。要组织好处级领导干部培训班，分期分批“走出去”，开阔视野，学习先进。要认真落实党风廉政建设责任制，深入学习贯彻《党员领导干部廉洁从政若干准则》，切实加强对领导干部的教育和监督，进一步推进廉政风险防范管理向局级领导班子和领导干部决策环节延伸，实现风险防控全覆盖。

二要强化各级干部深入一线调查研究和解决问题的意识和能力。要在全系统大力倡导调查研究的风气，结合“三进两促”活动，各级领导带头进行研究，班子成员每人要完成一篇调研报告，各处室和各区县局也要结合实际确定调研内容，完成调研报告，定期组织交流研讨会。每年将把质量高、对决策和工作有帮助的调研报告进行汇编。要努力构建全市安监工作“一盘棋”，形成上下贯通、协同配合的工作局面，市局要多到一线，听取基层的意见建议，帮助指导区县解决实际问题。要压缩会议、减少文件。布置工作时，充分考虑区县的实际情况。要在信息平台上设立局长信箱，面向全系统开放，收集全系统广大干部职工的意见建议，定期汇总研究，并认真解决。

三要加强广大监管干部业务能力培训。要致力于创建学习型安全监管机构，完善各级安监部门干部学习制度，学习宪法、通用法律知识和与履行职责相关的专门法律知识。坚持党组中心组理论学习制度，三分之一的时间学习党的理论和时事政策，三分之一的时间学习法律法规，三分之一的时间学习业务知识。深入贯彻落实《国务院关于加强法治政府建设的意见》以及市政府《关于进一步加强行政执法工作的意见》，在全系统大力营造学法、遵法、守法、用法的浓厚氛围。定期组织行政执法人员参加通用法律知识培训、专门法律知识轮训和新法律法规专题培训，并把培训情况、学习成绩作为考核内容和任职晋升的依据之一。全年计划组织12期安全培训班，重点在执法业务、危险化学品监管、职业卫生监管等方面进行培训。

四是举全系统之力推进安全生产信息化“京安工程”建设。首先，要切实做好2011年春节烟花爆竹监管仓储物联网建设工程，实现对烟花爆竹全程流向监控，对五环内零售网点实行视频监控。其次，要结合应急指挥中心搬迁建设，提升监管信息平台软硬件基础条件，建设一个高水平的应急指挥中心。第三，要进一步优化已有平台架构和功能，对已经在使用的业务系统要全面推广应用，对需要补充完善的系统要加紧研究开发。第四，要全力做好物联网示范工程建设，组织有关试点区县，在煤矿、非煤矿山、危险化学品、工业企业领域开展示范工程建设。第五，要扎实做好在全市范围内推广顺义隐患自查自报系统和行政执法检查系统工作。

要加强安全监管监察装备配备，加强市安全生产技术支撑中心建设，不断改善安全生产监管和执法条件。

（七）切实提高企业安全保障能力

国务院23号文和市政府40号文对进一步加强企业安全生产工作，提高企业安全保障能力，提出了明确而具体的措施，必须落实到位。重点要抓好以下四个方面：

一是积极开展企业安全生产标准化达标创建活动。要深入开展以“企业达标升级”为主要内容的安全生产标准化创建活动，从班组和岗位安全生产标准化这个基点抓起，推动专业和企业达标。要把安全生产标准化作为安全生产许可的重要前置条件。煤矿、非煤矿山、危险化学品生产经营企业要在年底前全部达标；冶金、有色等重点行业企业年底前全部达标，机械、建材、轻纺等其他工业企业在三年内全面达标。建筑行业、人员密集场所今年必须制定达标规划，确保三年内全面达标，逾期不达标的要依法停产整顿直至依法关闭。同时，要研究制定企业安全生产标准化五年规划和具体实施方案，指导行业、区县按步骤、分层次、有重点地做好企业达标工作。研究制定安全生产标准化咨询复评机构认定和管理办法，规范标准化咨询复评机构工作程序。研究标准化激励约束机制，协调有关部门在政府采购条件中加入标准化达标内容。

二是深化应急救援体系建设。2011年，要突出城市运行安全保障，深入研究应急救援工作的特点规律，不断提高城市安全运行应急救援工作水平。要以重大危险源安全监管为切入点，在重大危险源所在企业构建物联网监控平台，并使其监控数据与市局应急指挥中心互通。要推进企业现场处置方案建设，做到一岗一案，切实加强企业自救、互救队伍和能力的建设，提高第一时间的有效处置，减少次生灾害。要加强生产安全事故风险管理，构建本市生产安全事故风险管理体系。

三是积极推动安全产业发展。当前，通过政府强有力的监管，事故总量已经基本稳定，要进一步减少和遏制事故发生，就必须依靠科技进步，运用先进的安全生产技术和产品来进行事故预防与控制以及事故救援。因此，充分利用北京科技资源丰富、高端人才聚集等优势，大力发展安全产业，具有重要意义。2011年，是本市安全产业发展的启动之年，要积极争取国家总局将国家安全产业示范基地（园区）落户北京，研究制定启动安全生产产业链的鼓励支持政策，强制推行一批先进适用技术，利用研究成果的推广应用，推动企业安全生产水平的提高。同时，要研究制定安全产业发展规划，探索建立支持社会力量参与安全生产科技研发应用和推广工作机制。

四是启动安全生产责任保险制度建设。制定下发《关于在本市高危行业和重点领域建立安全生产责任保险制度的工作意见》，制定推进工作方案。采用政策引导、政府推动、市场运作的方式，在本市轨道交通建设、危险化学品、烟花爆竹、矿山开采、人员密集场所等重点行业领域以及城市维护保养作业中危险性较大的高处悬吊作业、有限空间作业中建立安全生产责任保险制度，充分发挥责任保险的社会管理职能，预防和化解社会矛盾。

（八）以执法计划为抓手，强化高危行业和重点领域的安全监管监察

2011年，要以强有力的执法检查，严厉打击非法违法生产建设经营行为，推动落实企业安全生产主体责任，规范安全生产秩序，及时有效地消除事故隐患，坚决遏制重特大生产安全事故，维护广大人民群众生命财产安全。全市2011年安全生产执法计划将在春节后的全市安全生产大会上印发，各区县也要结合本地区实际，按照依法行政、统筹兼顾、突出重点、严格考核、留有余地的原则，制定年度执法计划，促进执法检查责任的落实。要通过执法计划来调动行业部门的执法工作，并要对执法工作进行量化考评。今年要突出抓好以下几个方面的执法检查工作。

一是加强煤矿监管监察。认真落实《驻京煤集团安全督导工作方案》，年底前，要在京煤集团建设一个高水平的标准化样板煤矿；严格执行煤矿“三项”监察计划，严肃查处伤亡事故；督促协调相关政府部门，落实相关支持政策，做好小煤矿关闭的后续工作。

二是加强非煤矿山监管。要加大已有制度的执行力度，切实提高非煤矿山安全生产水平。要积极推进矿山整合提高，关闭一些能力差、条件差的小矿山，建立一批高水平、高标准的非煤矿山企业。要在所有运行尾矿库全部建立在线监测系统。

三是加强危险化学品监管。要制定办法，进一步提升危险化学品生产经营安全生产许可门槛，切实淘汰一些生产工艺落后、设备陈旧、安全生产条件差的企业。要将市级危险化学品许可工作部分下放区县，同时要建立对区县许可的审查备案制度。要加强涉危生产经营企业监管信息化建设，实现全市危险化学品生产经营和使用安全监管的全覆盖。扎实推进危险化学品集中交易市场建设。组织开展液氨等使用单位和危险化学品仓库安全专项整治。配合市市政市容委开展液化石油气灌装站专项执法检查。

四是加强烟花爆竹监管。要在今年1到2月份，对全市批发仓库和零售网点的安全条件保持情况及现场安全管理情况进行全面严格的执法检查，确保烟花爆竹储存、销售环节的安全。

五是加强人员密集场所安全监管。由市安委会办公室牵头协调，各相关部门和区县组织实施，采取联合执法的形式，开展对商业零售、餐饮企业、宾馆饭店、文化娱乐场所、体育运动场所和影剧院的执法检查工作，进一步巩固几年来人员密集场所整治成效，突出解决城乡结合部地区人员密集场所的安全问题。

六是加强作业场所职业危害防治。在重点行业（领域）开展职业卫生专项整治行动，积极推行职业安全卫生管理体系认证，督促企业落实职业危害因素治理措施。加大对化工、汽车制造修理、石材加工、电子等行业的监管力度，加强对传统职业危害行业的监督检查，重点对易发生尘肺、苯中毒、噪声聋的行业实施重点监管。加强对新型职业危害行业的监督检查，重点对高端制造业、电子信息产业、光机电、现代生物产业等新生行业的监管监控。

七是加强工业企业安全监管。会同有关部门组织开展冶金、有色行业专项整治，对建材行业进行安全审计。同时落实首钢停产拆迁工作机制，每月召开例会并进行检查。研究重点工业制造业、重点部位实施物联网监控的标准、设备需求，在全市规模以上企业推广。

同志们，首都北京站在了新的历史起

点上，美好前景催人奋进，让我们在市委、市政府的坚强领导下，深入贯彻落实科学发展观，坚定信心、振奋精神，继续保持和发扬肯于奉献、勇于担当、善于创新、敢打硬仗、能打硬仗的作风，埋头苦干，扎实工作，共同谱写首都安全生产工作的新篇章！

北京市人民政府关于进一步加强企业安全生产工作的通知

京政发〔2010〕40号

各区、县人民政府，市政府各委、办、局，各市属机构：

近年来，本市安全生产状况总体平稳，但事故总量仍然偏大，一些企业安全生产主体责任不落实，政府监管工作还存在薄弱环节。为进一步加强安全生产工作，全面提高企业安全生产水平，根据《国务院关于进一步加强企业安全生产工作的通知》（国发〔2010〕23号）精神，结合本市实际，现就有关事项通知如下：

一、总体要求

（一）工作要求。深入贯彻落实科学发展观，坚持以人为本，牢固树立安全发展的理念，围绕建设“人文北京、科技北京、绿色北京”和中国特色世界城市的目标，切实转变经济发展方式，调整产业结构，提高经济发展的质量和效益，把经济发展建立在安全生产有可靠保障的基础上；坚持“安全第一、预防为主、综合治理”的方针，健全监管体制，强化企业安全生产主体责任落实和责任追究；坚持依法依规生产经营，全面加强企业安全管理，健全规章制度，完善安全标准，增加安全投入，提高技术水平，夯实安全生产基础，促进本市安全生产形势实现根本好转。

（二）主要任务。以危险化学品、煤矿、非煤矿山、交通运输、建筑施工、烟花爆竹、民用爆炸物品、冶金、人员密集场所、城市基础设施、消防、特种设备等行业（领域）为重点，全面加强企业安全生产工作。要通过更加严格的目标考核和责任追究，采取更加有效的管理手段和政策措施，集中整治非法违法生产经营建设行为，压减事故总量，有效防范和坚决遏制重特大事故发生；要健全安全生产应急救援体系，在重点行业（领域）强制推行一批安全适用的技术装备和防护设施，最大程度减少事故造成的损失；要建立更加完善的技术标准体系，促进企业安全生产技术装备全面达到国家、行业和地方标准；要进一步调整产业结构，彻底淘汰安全性能低下、危及安全生产的落后产能；以更加有力的政策引导，形成安全生产长效机制。

二、严格企业安全管理

（三）健全企业安全生产责任体系。企业主要负责人对本单位安全生产工作负总责，依法保证安全投入、管理、装备、培训等措施落实到位，确保企业具备安全生产条件。企业必须明确各级管理人员的安全生产责任，逐级、逐岗签订安全责任书，做到责任无盲区、管理无死角。企业要制定完善安全生产责任考核制度，加大安全生产责任在员工绩效工资、晋级、评先评优等考核中的权重，重大责任事项实行“一票否决”。

（四）进一步明确和落实企业之间的安全生产责任。企业发包或者出租生产经营项目、场所、设备，要查验承包、承租方的相应资质，不得将生产经营项目、场所、设备发包或出租给不具备安全生产条件或者相应资质的单位或个人。发包方和承包方、出租方和承租方必须依法签订安全生产管理协议，明确各自的安全生产责任。企业必须通过合法渠道，从有资质的单位购买用于生产经营活动的危险物品，不得向不具备相应资质和安全生产条件的单位销售用于生产经营活动的危险物品。

（五）完善安全生产规章制度。企业要制定并完善安全生产基本规章制度，主要包括：安全生产例会制度、安全生产检查制度、重点场所和设备设施安全管理制度、危险作业管理制度、隐患排查治理制度、安全生产教育培训制度、作业场所职业健康管理制度、劳动防护用品配备和管理制度、应急预案管理和演练制度、事故报告和处理制度、领导干部和管理人员现场带班制度、民主管理监督制度、安全生产承诺制度、安全生产奖惩制度等。企业还要根据生产经营的性质和特点，制定适合本单位特点的其他安全生产规章制度。

（六）规范现场生产作业行为。加强对生产作业现场的监督检查，严格查处违章指挥、违规作业、违反劳动纪律的“三违”行为。从事爆破、吊装、挖掘、建设工程拆除、高处悬吊、临近高压输电线路和各类地下管线、有限空间等危险作业，必须严格执行危险作业管理制度，安排现场安全管理人员，确认安全作业条件，加强作业现场监护。

（七）及时排查治理隐患。企业要建立隐患全员排查、登记报告、分级治理、动态监控、统计分析、验收销号制度，经常性开展隐患排查，切实做到整改措施、责任、资金、时限和预案“五到位”。要建立隐患报告奖励制度，鼓励员工查找和举报隐患以及监督隐患整改。建立隐患整改效果评价制度，依靠安全生产专业人员或安全技术服务机构，对隐患进行风险评估，制定整改方案，指导整改过程，进行效果评价，确保整改到位。因隐患整改不力造成事故的，依法追究企业和企业相关负责人的责任。

（八）强化生产过程管理的领导责任。企业主要负责人和领导班子成员要轮流现场带班，加强对重点部位、关键环节的检查巡视，及时发现和解决问题，并据实做好交接。矿山企业领导带班，要与工人同时下井、同时升井，建立健全领导下井带班档案。对无企业负责人带班下井或应带班而未带班的，对有关责任人按擅离职守处理，同时给予规定上限的经济处罚。发生事故而没有领导现场带班的，对企业给予规定上限经济处罚，并依法从重追究企业主要负责人的责任。

（九）强化职工安全培训。矿山、建筑施工、危险化学品、烟花爆竹等高危行业的企业主要负责人、安全生产管理人员必须经安全生产培训机构培训，严格考核，持政府有关主管部门颁发的安全资格证书上岗；其他企业主要负责人和安全生产管理人员要在安全生产培训机构接受安全生产知识和管理能力培训，经考核合格后持培训机构颁发的证书上岗。特种作业人员必须经专门的安全作业培训，取得特种作业操作资格证书，方可上岗作业；其他从业人员由企业自主培训或委托安全生产培训机构进行培训。企业用工要严格依照劳动合同法与职工签订劳动合同。凡存在不经培训上岗、无证上岗的企业，依法停产整顿。没有对井下作业人员进行安全培训教育，或存在特种作业人员无证上岗的企业，情节严重的要依法予以关闭。

（十）保证企业安全投入。企业要在年度财务预算中安排专项资金，用于安全防护设备设施、应急救援器材装备、安全生产检查检测评估、隐患评估整改和监控、安全教育培训和应急演练等与安全生产直接相关的投入。危险化学品、煤矿、非煤矿山、交通运输、烟花爆竹等高危行业企业必须落实国家安全生产费用财务管理制度，足额提取安全生产费用。其他行业的企业要根据有关政策规定提足用好安全生产费用。

（十一）实施安全生产标准化达标工程。企业要依据法律法规和标准，建立符合自身特点的安全生产标准体系，深入开展以岗位达标、专业达标和企业达标为内容的安全生产标准化建设，每年进行一次自评，分步实现达标。2012 年底前，危险化学品生产、经营企业要达到国家三级标准。2013 年底前，煤矿企业要达到本市一级标准；非煤矿山企业、运行尾矿库要达到国家三级标准；建筑施工、人员密集场所等行业（领域）企业要达到市级标准。其他企业要在“十二五”期间达到区县级标准。各行业主管部门要制定相关行业（领域）市级标准，各区县政府要制定区县级标准。凡在规定时间内未实现达标的企业要依法暂扣其生产许可证、安全生产许可证，责令停产整顿；对整改逾期未达标的，政府要依法予以关闭。

（十二）加强作业场所职业危害防治。企业要建立健全职业健康管理机构和管理制度，积极开展职业健康安全管理体系认证。要进行职业危害因素定期检测和日常监测，完善职业危害防护设施，确保作业场所职业危害因素的强度和浓度符合国家标准。对接触职业危害的从业人员做好职业健康监护工作，为从业人员配备符合标准的职业危害防护用品，并督促从业人员正确佩戴和使用。重点行业和规模企业要配备职业健康管理员。

（十三）推进安全文化建设。要把安全文化作为企业文化建设的重要内容，建立和弘扬具有本企业特色的安全文化。以“安全生产月”、“安康杯”竞赛等群众性安全生产宣传教育活动为载体，提高职工的安全意识和安全素质，培养和规范职工的安全行为，树立与安全生产相适应的安全意识和安全价值，促进企业落实安全生产主体责任，提升企业本质安全水平。

三、建设坚实的技术保障体系

（十四）加强企业生产技术管理。强化企业技术管理机构的安全职能，切实落实企业负责人安全生产技术管理负责制，强化企业主要技术负责人技术决策和指挥权。按规定配备安全技术人员，其中要有一定比例的注册安全工程师或注册助理安全工程师。因安全生产技术问题不解决产生重大隐患的，要对企业主要负责人、主要技术负责人和有关人员给予处罚；发生事故的，依法追究责任。

（十五）强制推行先进适用的技术装备。矿山企业要制定和实施生产技术装备标准，安装完善监测监控系统、井下人员定位系统、紧急避险系统、压风自救系统、供水施救系统和通信联络系统等技术装备，并于 3 年内分步实施完成，逾期未安装的，依法暂扣安全生产许可证、生产许可证。运输危险化学品、烟花爆竹、民用爆炸物品的道路专用车辆，以及旅游包车和三类以上班线客车要安装使用具有行驶记录功能的卫星定位装置，并于 2 年内完成。在大型尾矿库安装全过程在线监控系统，大型起重机械要安装安全监控管理系统。

（十六）全面提升企业安全生产信息化水平。企业要利用信息化和物联网技术手段，全面提升监控、预警和应急处置能力，努力提高企业安全防护水平。2011年底前，煤矿、非煤矿山、危险化学品、烟花爆竹、冶金等行业（领域）企业要在北京市安全生产监管信息平台登记注册，及时、准确上报隐患、危险源、职业危害、易制毒和管控化学品流向以及事故等信息；2013年底前，利用物联网技术完成对重点设备设施、重点工艺环节、危险区域、重要岗位以及影响生产作业安全的环境状态的监控和预警处置。市政公用、人防工程使用、轨道交通建设及运营等企业，要利用信息化和物联网技术，建设并完善视频监控、远程监测、自动报警、智能识别等安全防护系统。

四、实施更加有力的监督管理

（十七）进一步完善安全监管体制。各级政府主要领导人和政府有关部门的正职负责人对本地区和本部门的安全生产工作负全面领导责任；各级政府的其他领导人和政府有关部门的其他负责人对分管范围内的安全生产工作负领导责任。进一步强化安全生产监督管理部门对安全生产工作的综合监管，指导协调、监督检查有关部门和下级政府履行安全生产监督管理职责。各有关部门要依照职责，加强对企业安全生产的监督、指导和管理，组织开展安全生产宣传教育，组织制定行业（领域）安全标准，指导督促企业贯彻落实。

（十八）进一步优化安全生产工作机制。强化安全生产委员会统筹协调、议事决策和监督考核功能。运用联席会议、约谈函告、督导检查等多种方式和手段，巩固完善安全生产综合监管与行业监管相结合的工作机制。坚持并完善重点行业（领域）安全生产状况调查评估制度，指导、督促相关行业主管部门加强监督管理工作。

（十九）进一步加大安全监管力度。在各级政府统一领导下，发展改革、经济信息化、公安、国土、住房城乡建设、市政市容、交通、农业、水务、商务、文化、工商、安全监管、质监、广电、体育、园林绿化、旅游、民防等部门，要加强对相关行业（领域）企业的监督检查，严肃查处安全生产违法违规行为，严厉打击非法生产、经营、建设等影响安全生产的行为。加强执法监察队伍建设，完善执法统筹协调机制，健全执法部门之间信息互通共享制度，构建安全生产执法工作责任体系。强化属地管理，各有关部门要对当地企业包括中央在京企业实行严格的安全生产监督检查和管理，严厉查处各类违法违规行为。

（二十）进一步加强监管力量建设。要加强各负有安全生产监督管理职责部门的监管能力建设，充实执法检查力量，加强监管人员业务技能培训，提高监管人员专业素质和技术装备水平，规范执法检查行为，提升执法检查形象和水平。进一步强化乡镇政府、街道办事处安全生产工作机构和执法检查队伍建设，加强教育培训，提高执法检查人员现场执法检查能力。努力改善基层执法检查办公条件，充实配备检查车辆及其他技术装备。建立基层执法检查人员岗位津贴和工作补贴制度，稳定一线执法检查队伍。

（二十一）强化城市基础设施建设运行安全监管。要加强对保障城市运行的水、电、气、热、交通运输及通信企业的安全监管。科学合理地确定轨道交通建设周期，严格落实勘察、设计、施工、监理、第三方监测等各环节的安全责任，坚决防止和遏制重特大事故发生。加强对地铁运营高峰大客流的安全监控，有效改善地铁运营安全条件。提高地下空间的安全使用标准；利用人防工程要实行严格的准入管理，优先公益性利用。完善地下管线保护协调配合工作机制，落实工程建设各方的主体责任，加强对地下管线规划、施工许可、占掘路、安全质量、竣工归档等监督管理，防止建设施工对地下管线的破坏，严厉打击各类破坏地下管线非法违法施工行为。

（二十二）坚持重大隐患政府挂账督办工作机制。落实“动态分类排查、动态评审挂账、动态整改销账”隐患排查治理工作制度，重大隐患由市、区县政府挂账督办，隐患治理资金原则上由主体责任单位自行筹措。建立重大隐患公告制度，加强监督检查，对拒不执行监管监察指令的企业，依法依规从重处罚。

（二十三）建立企业安全生产信用评价和警示制度。安全生产监督管理部门、其他负有安全生产监督管理职责的部门和行业主管部门要按职责分工，研究建立本市安全生产诚信企业分级标准，定期对企业安全生产标准化工作进行分级考核评价，评价结果向社会公开，并向银行业、证券业、保险业、担保业等主管部门通报，作为企业信用评级的重要参考依据。对严重违反安全生产法律法规的企业，由安全生产监督管理部门在媒体上公布名单，并向投资、国土、规划、建设、财政、金融、证券、工商等主管部门通报，依法采取严格限制其生产经营活动的措施。

（二十四）加强建设项目安全管理。强化项目安全设施核准审批，加强建设项目的日常安全监管，严格落实审批、监管的责任。企业新建、改建、扩建工程项目（以下简称建设项目）的安全设施，要与主体工程同时设计、同时施工、同时投入生产和使用。按照有关法律、法规和国家规定，建设项目在可行性研究阶段，企业要组织对建设项目进行安全生产条件论证或安全预评价；在设计阶段，企业要依据安全预评价报告进行设计，编制安全专篇；在投入生产或者使用前，企业要对建设项目的安全设施组织验收，验收合格后，方可投入生产使用。安全设施与建设项目主体工程未做到同时设计的一律不予审批；未做到同时施工的责令立即停止施工；未做到同时验收合格投入生产和使用的，责令停产停业整顿，并视情节追究有关单位负责人的责任。严格落实建设、设计、施工、监理、监管等各方安全责任。对项目建设生产经营单位存在违法分包、转包等行为的，立即依法停工停产整顿，并追究项目业主、承包方等各方责任。

（二十五）加大职业健康监督管理力度。健全职业健康监管体制，构建职业危害防治一体化监管和分工协作的监管模式。制定企业职业健康市场准入标准，完善职业健康分级分类管理模式，探索建立职业卫生安全许可制度。推进企业职业健康管理标准化工作，加强企业职业危害建设项目申报、预评价和“三同时”的监管，鼓励有条件的科研院所、企业等社会力量参与职业健康技术服务工作。

（二十六）加强社会监督和舆论监督。要充分发挥工会、共青团、妇联组织的作用，依法维护和落实企业职工对安全生产的参与权与监督权。进一步畅通安全生产的社会监督渠道，充分发挥“12350”安全生产举报投诉平台的作用，健全工作机制，有举必查，查实必究，依法严肃处理安全生产违法违规行为。充分发挥新闻媒体的监督作用，对舆论反映的客观问题要深查原因，切实整改。建立健全新闻发布制度，及时向社会发布安全生产信息，曝光违法违规行为。运用广播、电视、报刊杂志、网络等新闻媒体，加大对安全生产法律法规、方针政策和安全生产知识的宣传力度，切实提高从业人员和社会公众的安全意识和自我防护能力。大力宣传安全生产工作先进典型，推进安全社区建设。

（二十七）提高安全监管监察信息化水平。全面实施安全生产信息化“京安”工程，加强各级安全生产监督管理部门监管信息系统的开发、推广和应用，2 年内建成市、区县、乡镇（街道）三级监管信息平台，2013 年底前实现安全监管监察工作信息化。各负有安全生产监督管理职责的部门，要充分利用信息化手段，全面提升行业（领域）监管水平，尽快实现部门行政许可、执法检查等监管信息的互通与共享。实施物联网应用示范工程，提升监管技术含量和智能化水平。2011 年底前，完成煤矿、烟花爆竹批发单位、危险化学品生产企业的推广应用，完成部分制造业企业、加油站、尾矿库的试点应用；2013 年底前，完成所有矿山、运行尾矿库、规模以上制造业企业以及加油站、油库等危险化学品经营单位的推广应用。

五、建设更加高效的应急救援体系

（二十八）加强应急救援保障能力建设。整合全市应急救援资源，建立以企业自救、互救为基础，以消防部队为主要力量，以专业应急救援队伍为补充的协调有序、运转高效的安全生产综合应急救援体系。加强应急物资管理，推进市级应急救援物资中心库建设。各区县要针对区域特点，建设综合应急救援队伍。危险性较大的企业，要建立应急救援队伍或与专业队伍签订应急救援协议。

（二十九）完善安全生产预警机制。健全生产安全事故风险管理体系，重点行业（领域）企业要对生产安全事故风险实施动态监控。建立预警预报制度，负有安全生产监督管理职责的部门要定期分析研判安全生产形势，针对事故集中多发的状况和季节、气候等影响因素，及时发布预警预报信息。企业每月进行一次安全生产风险分析，发现事故征兆要立即发布预警信息，落实防范和应急处置措施。对重大危险源和重大隐患要报政府监管部门备案。

（三十）完善企业应急预案。企业应急预案要与所在区县、乡镇（街道）应急预案保持衔接，定期进行演练，以现场处置为重点修订完善。赋予企业生产现场带班人员、班组长和调度人员在遇到险情时第一时间下达停产撤人命令的直接决策权和指挥权。因撤离不及时导致人身伤亡事故的，要从重追究相关人员的法律责任。

六、严格行业安全准入

（三十一）加快完善安全生产技术标准。危险化学品、煤矿、非煤矿山、交通运输、建筑施工、烟花爆竹、民用爆炸物品、冶金、人员密集场所、城市基础设施、消防、特种设备等行业（领域）的有关主管部门，要根据首都安全生产的特殊要求，加快制定修订相关行业安全技术标准，建立健全本市安全生产技术标准体系。

（三十二）严格安全生产准入前置条件。负有行政审批职能的部门，要把符合安全生产条件作为企业准入的重要因素，对高危行业企业准入，实行严格的安全标准核准制度。危险化学品生产经营企业、非煤矿山企业，要在从业人员资格、安全生产标准化、生产规模、工艺流程、储存条件等方面，进一步提高安全准入标准；

建设工程领域，要把安全生产许可作为建筑市场准入的重要手段；交通运输行业，要严格执行安全生产准入标准，加强对专业运输车辆，特别是危险品运输车辆的准入管理。严格企业日常监管，对降低安全生产标准，不再符合行政许可条件的企业，依法撤销许可或降低资质等级，直至退出市场。

（三十三）引导规范安全生产专业服务机构发展。发挥首都高校、科研院所、专业人才集中的优势，鼓励、培育、支持、规范安全评价、安全培训、检验检测、安全生产标准化咨询复评等方面的专业服务机构发展，积极为专业服务机构参与企业安全生产工作和辅助政府监管创造条件。加强对专业服务机构的资质管理，严格审查其准入条件，加强日常监管，建立退出机制，保证专业服务机构从业行为的专业性、独立性和客观性。专业服务机构对相关评价、鉴定结论承担法律责任，对违法违规、弄虚作假的，要依法依规从严追究相关人员和机构的法律责任，并降低或取消相关资质。

七、加强政策引导

（三十四）促进安全技术装备产业发展。把安全检测监控、安全避险、安全保护、个人防护、灾害监控、特种安全设施及应急救援等安全生产专用设备的研发制造，作为安全产业加以培育，积极争取国家政策和资金支持，研究制定本市支持措施。大力发展安全装备融资租赁业务，促进高危行业企业加快提升安全装备水平。

（三十五）建立多元化、多渠道的安全生产科技投入体系。多方争取资金，加大安全生产科研投入，加强安全生产基础理论及关键技术研究。进一步落实“科技北京”行动计划的有关政策，制定政策措施，鼓励和引导企业研发安全技术和产品，积极推广应用新装备、新工艺、新标准，促进安全生产技术装备的升级换代。加大对高危行业安全技术、装备、工艺和产品研发的支持力度，推动高危行业提高机械化、自动化生产水平。

（三十六）加大安全专项投入。加强对高危行业企业安全生产费用提取和使用管理的监督检查，进一步完善高危行业企业安全生产费用财务管理制度，研究提高安全生产费用提取下限标准，适当扩大适用范围。依法加强道路交通事故社会救助基金制度建设。高危行业企业探索实行全员安全风险抵押金制度。完善落实工伤保险制度，积极稳妥地推行安全生产责任保险制度，并加大在高危行业和重点领域的推进力度，发挥保险机构在安全生产工作中的积极作用。

（三十七）提高工伤事故死亡职工一次性赔偿标准。从2011年1月1日起，依照《工伤保险条例》的规定，对因生产安全事故造成的职工死亡，其一次性工亡补助金标准调整为按全国上一年度城镇居民人均可支配收入的20倍计算，发放给工亡职工近亲属。同时，依法确保工亡职工一次性丧葬补助金、供养亲属抚恤金的发放。

八、更加注重经济发展方式转变

（三十八）制定落实安全生产规划。各区县政府、市有关部门和单位要把安全生产纳入经济社会发展的总体布局，地区发展规划和行业（领域）专项规划要明确安全生产目标，安全生产规划要纳入政府规划体系，实施严格考核。企业要把安全生产工作的各项要求落实在企业发展和日常工作之中，在制定企业发展规划和年度生产经营计划中要突出安全生产，确保安全投入和各项安全措施到位。

（三十九）强制淘汰落后技术产品。

不符合有关安全标准、安全性能低下、职业危害严重、危及安全生产的落后技术、工艺和装备要列入本市产业结构调整指导目录，予以强制性淘汰。支持有效消除重大隐患的技术改造和搬迁项目，遏制安全水平低、保障能力差的项目建设和延续。对存在落后技术装备、构成重大隐患的企业，要予以公布，责令限期整改，逾期未整改的依法予以关闭。

（四十）加快产业重组步伐。要充分发挥产业政策导向和市场机制的作用，加大相关高危行业企业重组力度，进一步整合或淘汰浪费资源、安全保障低的落后产能，提高安全基础保障能力。制定符合本市需要的化工产业发展规划，调整化工企业布局，积极推进化工园区建设，逐步实现化工产业的集中、集聚、集约化发展。针对城市特点，调整危险化学品经营格局，建设危险化学品交易市场，实现“集中交易、专业储存、统一配送”，最大限度降低城市危险化学品流通、储存风险。

九、实行更加严格的考核和责任追究

（四十一）严格落实安全目标考核。制定并完善市政府对区县政府、市有关部门和单位的安全生产综合考核制度，实施严格考核，考核结果与年度绩效、评先评优和干部晋级任用挂钩。区县政府也要进一步完善考核制度，对本地区的安全生产工作实施严格考核。发生重大、特别重大生产安全事故的，要根据国家有关规定，追究相关领导的责任。

（四十二）加大对事故企业负责人的责任追究力度。企业发生重大生产安全责任事故，追究事故企业主要负责人责任；触犯法律的，依法追究事故企业主要负责人或企业实际控制人的法律责任。发生特别重大事故，除追究企业主要负责人和实际控制人责任外，还要追究上级企业主要负责人的责任；触犯法律的，依法追究企业主要负责人、企业实际控制人和上级企业负责人的法律责任。对重大、特别重大生产安全责任事故负有主要责任的企业，其主要负责人终身不得担任本行业企业的矿长（厂长、经理）。对非法违法生产造成人员伤亡的，以及瞒报事故、事故后逃逸等情节特别恶劣的，要依法从重处罚。

（四十三）加大对事故企业的处罚力度。对于发生重大、特别重大生产安全责任事故或1年内发生2起以上较大生产安全责任事故并负主要责任的企业，以及存在重大隐患整改不力的企业，由市安全生产监督管理部门会同有关行业主管部门向社会公告，并向投资、国土、建设、银行、证券、工商等主管部门通报，1年内严格限制新增的项目核准、用地审批、证券融资等，并作为银行贷款等的重要参考依据。

（四十四）对打击非法生产不力的地方实行严格的责任追究。在所辖区域对群众举报、上级督办、日常检查发现的非法生产企业（单位）没有采取有效措施予以查处，致使非法生产企业（单位）存在的，按照国家有关规定追究有关领导的责任。

（四十五）建立事故查处督办制度。依法严格事故查处，对事故查处实行安全生产委员会挂牌督办。事故查处结案后，要及时予以公告，接受社会监督。

各区县政府、市有关部门和单位要做好对加强企业安全生产工作的组织实施，制定部署本地区、本行业贯彻落实本通知要求的具体措施，加强监督检查和指导，及时研究、协调解决贯彻实施中出现的突出问题。市安全生产委员会办公室和市有关部门要加强工作督查，及时掌握各区县、部门和行业（领域）工作进展情况，确保各项规定、措施执行落实到位。

2010年12月6日

北京市安全生产监督管理局 2010 年度行政规范性文件选登

北京市安全生产监督管理局关于发布有限空间特种作业人员培训机构资质条件的通告

京安监发［2010］69 号

为开展将有限空间作业人员纳入特种作业人员管理的工作，我局根据《中华人民共和国安全生产法》、《中华人民共和国行政许可法》以及《安全生产培训管理办法》（国家安全生产监督管理局令［2004］第 20 号）、原国家安全生产监督管理局《关于贯彻实施〈安全生产培训管理办法〉有关问题的通知》（安监管司办字［2005］17 号）等有关法律、法规及规定，制定了《北京市安全生产培训机构有限空间特种作业人员培训基本设备、设施配备标准目录》，现予发布。

凡申请本市有限空间特种作业人员培训资质的机构，可自本通告发布之日起，按《北京市安全生产培训机构资质管理办法》（京安监发［2009］32 号）和《北京市安全生产培训机构有限空间特种作业人员培训基本设备、设施配备标准目录》的规定，向我局提出申请。

没有取得相关培训资质的单位，不得从事有限空间特种作业人员培训活动，否则，由市或区县安全生产监管部门依照有关法律、法规规定处罚。

有关安全生产培训机构资质许可及管理依照国家安全监管总局和本市有关规定执行。

特此通告。

2010 年 5 月 17 日

北京市安全生产监督管理局关于印发《北京市工业制造业安全生产管理规范》的通知

京安监发［2010］91 号

各区、县安全生产监督管理局：

为进一步规范本市工业制造业生产经营单位安全生产管理，有效防范各类生产安全事故，我局组织制定了《北京市工业制造业安全生产管理规范》。现印发给你们，并请你们将此文转发至所在地的工业制造企业，督促其认真落实。

2010 年 7 月 5 日

北京市工业制造业安全生产管理规范（试行）

第一章　总　则

第一条　为进一步规范工业制造业生产经营单位安全生产工作，强化日常监督管理，有效防范各类生产安全事故，根据《中华人民共和国安全生产法》、《北京市安全生产条例》等法律、法规、规章及有关标准，结合本市实际制定本规范。

第二条　本市行政区域内的机械、冶金、有色、建材、轻工、纺织、电子、仪器仪表、印刷、烟草等加工制造行业生产经营单位（以下简称企业），应当遵守本规范。

消防、道路交通、特种设备、军工、民用爆破器材及危险化学品的安全生产管理，按照国家和本市相关规定执行。

第三条　安全生产工作坚持安全第一、预防为主、综合治理的方针。

第四条　企业是安全生产的主体，必须承担安全生产主体责任，依法履行安全生产义务。企业的主要负责人对本单位安全生产工作全面负责。

第五条　企业应当按照国家和本市有关要求，定期填报本企业安全生产有关情况。

第六条　建立本市企业安全生产诚信体系，定期公布违法违规企业名单。

第二章　企业的安全生产管理

第七条　企业应当依法设立和配备安全生产管理机构、安全生产管理人员。从业人员超过300人的企业，应当设置安全生产管理机构或者配备专职安全生产管理人员，可配备一定比例的注册安全工程师。

从业人员不足300人的企业，应当配备专职或者兼职安全生产管理人员，或者委托具有相关资质的安全生产专业技术咨询机构、注册安全工程师或者助理注册安全工程师定期为本企业提供安全生产服务。

第八条　企业应当按照国家和本市有关法律法规规定，建立健全各项安全生产管理制度体系。

（一）建立健全各级人员的安全生产责任制。包括企业主要负责人、各分管负责人、各职能部门及车间负责人、各班组长及各岗位人员的安全生产责任制度，并将安全生产责任逐级落实到各岗位人员。

（二）建立健全下列安全生产规章制度：

1. 安全生产教育和培训制度。主要内容包括组织实施的负责部门及职责，教育培训计划及内容，教育培训对象，教育培训的周期、学时以及考试、考核、存档要求等。

2. 安全生产检查及事故隐患排查治理制度。主要内容包括组织实施的负责部门及职责，检查排查的总体计划和车间班组计划以及各专项计划、重点时期计划与周期，检查排查的形式与内容，隐患整改消除的责任单位、人员与经费保障，复查验收以及记录存档等。

3. 具有较大危险因素的生产作业场所、设备设施安全生产管理制度。主要内容包括具有较大危险因素的生产作业场所、设备设施的辨识程序，作业场所、设备设施的名称、类型，危险因素的种类及范围，预防事故的措施和要求，负责部门及人员以及应急处置、救援的措施要求等。

4. 危险作业管理制度。主要内容包括制定的基本原则、危险作业的种类、易发事故的类型、安全防范措施及物资储备、负责部门和人员及审批程序等。

5. 劳动防护用品配备和管理制度。主要内容包括负责部门及职责，劳动防护用品采购、验收、配备、发放、更换、检验检测、使用、维修及日常保管等。

6. 安全生产奖励和惩罚制度。主要内容包括负责部门及职责、奖惩标准、申报及审批、奖惩程序及记录等。

7. 生产安全事故报告和处理制度。主要内容包括负责部门及职责、事故报告程序及内容、事故报告时限、现场处置、事故调查处理等。

8. 安全生产例会、职业危害、从业人员招用、三同时、应急救援管理等其他安全生产规章制度。

安全生产例会制度。应包括会议的组织形式、周期、主要内容、召集人及参加会议人员、会议纪要等。

职业危害管理制度。应包括职业危害防治责任制度、职业危害告知制度、职业危害申报制度、职业健康宣传教育培训制度；职业危害防护设施维护检修制度；从业人员防护用品管理制度；职业危害日常监测管理制度；从业人员职业健康监护档案管理制度；岗位职业健康操作规程；法律、法规、规章规定的其他职业危害防治制度。

从业人员招用管理制度。应包括负责部门及职责、从业人员来源、安全生产教育培训、保险费用交纳及解聘、辞退等。

“三同时”管理制度。应包括负责部门及职责、工作程序、工作内容及工作标准以及相关材料存档等。

应急救援管理制度。应包括应急救援组织及职责、应急预案的演练、应急队伍管理、应急物资储备等。

（三）结合本企业实际情况，制定完善各生产岗位安全生产操作规程。

（四）企业应当根据有关法律、法规和《生产经营单位安全生产事故应急预案编制导则》（AQ/T9002—2006），结合本企业的危险源状况、危险性分析情况和可能发生的事故特点，制定相应的应急预案。

第九条 企业每月至少应召开一次安全生产专题例会，研究部署安全生产问题，并形成会议纪要。

第十条 企业应当按照国家安全监管总局《生产经营单位安全培训规定》（第3号令），对从业人员进行安全生产教育和培训，对教育培训考核不合格的，不得安排其上岗作业。

（一）企业主要负责人、安全生产管理人员和从业人员每年接受的在岗安全生产教育和培训时间不得少于12学时。

（二）企业新招用的员工，上岗前必须经过厂、车间、班组“三级”教育和培训，教育培训时间不得少于24学时。

（三）从业人员在本企业内调整工作岗位或离岗一年以上重新上岗时，应当重新接受车间和班组级的安全培训。

（四）特种作业人员必须按照有关规定，接受专门的培训考核并持有效证件上岗作业。

第十一条 企业应保证安全生产方面必要的资金投入，用于安全技术应用和改造、安全设备维护更新、隐患排查治理、劳动保护用品配备、安全教育培训、安全科技成果推广使用、应急队伍和应急装备、物资储备、应急演练等方面。

第十二条 企业应当按照国家或本市有关规定，加强对重大危险源、危险化学品及其他易燃易爆物品管理。

（一）依据《危险化学重大危险源辨识》（GB18218—2009）标准，对本企业各类危险源进行辨识，登记建档，明确负责部门和管理职责。对于构成重大危险源的，应按照国家规定，定期进行检查、检测、评估，必须安装监控、报警设备设施，制定专项应急处置预案。

（二）按照《北京市涉及使用危险化学品生产经营单位安全生产监督管理办法（试行）》（京安监发［2009］119 号）要求，建立储存、使用、处置等方面的管理制度，加强对危险化学品的日常安全管理。

（三）加强对天然气、石油液化气、煤气的安全管理，指定部门、专人负责，制定管理制度和专项应急处置预案，定期进行检查、检测。生产作业场所必须加装燃气报警器并定期进行校验，确保报警装置安全有效。

第十三条　企业应当按照国家和本市有关规定，依法做好职业危害申报工作，加强职业危害的防治，制定并采取具体有效措施控制粉尘、毒物、噪声、高温、低温、高湿等职业危害，保证作业场所的职业卫生条件符合法律法规和相关标准的规定。

第十四条　企业应当加强对生产用厂房、场所、设备设施租赁的安全生产管理，租赁双方应当签订安全生产管理协议，明确双方在使用、维护及日常安全生产管理等方面的职责。

（一）企业出租的厂房、场所、设备设施，必须符合安全生产相关条件和标准。严禁出租带有安全隐患的厂房、场所和设备设施，严禁出租给不具备安全生产条件或资质的单位和个人。

（二）厂房、场所、设备设施出租企业要了解掌握承租企业的主要产品、生产工艺及主要设备设施安全运行情况，督促承租企业落实安全生产主体责任。

（三）企业承租厂房、场所和设备设施，必须核实所租用的厂房、场所和设备设施能否符合安全生产条件及有关标准要求，严禁承租带有安全隐患的厂房、场所和设备设施。

（四）承租企业应主动接受出租企业在安全生产方面的协调管理。

第十五条　企业应当定期开展安全生产检查、事故隐患排查治理工作，每季度上报事故隐患排查治理情况，发现重大事故隐患应当立即上报。对发现的事故隐患必须立即整改消除，不能立即整改消除的，要制定专门的整改治理方案，落实整改的资金、时间、责任人，尽快消除事故隐患。

第十六条　企业应当建立健全事故应急救援组织，配备必要的应急救援装备与器材，制定生产安全事故应急预案，并按照规定对应急预案进行评审和备案。企业每年至少开展一次应急演练。

第十七条　企业应当按照《安全标志及其使用规则》（GB2894—2008）和本市相关规定，在有危险因素的生产作业场所和有关设备、设施上，设置明显的安全警示标志或安全生产提示语。加强设备设施定置管理，划设安全通道、物料区域等标志、标线，创设安全生产作业环境。

第十八条　企业应当采取多种形式组织职工开展安全生产宣传活动，大力宣传安全生产法律法规和标准规范，每年组织开展“安全生产月”活动，不断提高职工的安全生产意识和操作技能。

第十九条　企业安全生产专题会议、培训教育、安全检查及隐患整改、劳动防护用品发放、应急救援演练及设备设施安全检测、鉴定报告等有关资料归档保存时间不得少于两年。

第三章　企业的“三同时”管理

第二十条　企业新建、改建、扩建工程项目（以下统称建设项目）的安全设施，必须与主体工程同时设计、同时施工、同时投入生产和使用（简称“三同时”）。

第二十一条　在建设项目可行性研究阶段，企业按照国家规定应当自行组织专家或者委托具有相应资质的安全评价机构对其相邻建筑物、地上地下等周边环境、设施以及建设项目可能存在的危险、有害因素的种类、程度等安全生产条件进行论证或安全预评价，并编制安全生产条件论证报告或安全预评价报告。

第二十二条　在建设项目设计阶段，企业应组织具有相应资质的设计单位进行设计，并编制安全专篇。

第二十三条　在建设项目施工阶段，企业应组织具有相应资质的施工单位进行施工，并与施工单位签订安全生产施工协议，明确双方的安全生产责任。

第二十四条　在建设项目竣工后，企业应当组织竣工验收，必要时可组织具有相应资质的安全评价机构进行竣工验收评价，编制安全验收报告。

第二十五条　安全生产条件论证报告或安全预评价报告、安全专篇、验收报告应长期保存。

第四章　企业的安全生产标准化活动

第二十六条　企业应成立安全生产标准化活动领导小组或推进组织，建立相应的组织保障、经费保障等制度，指定专门部门、人员负责，分解落实责任。制定符合本单位实际的活动目标、实施方案和推进措施，保障活动长期持久开展。

第二十七条　企业应按照国家、行业或本市有关标准，制定完善本单位安全生产标准和考评办法，加强对职工的安全生产标准化活动教育培训，积极开展标准化活动情况自评，确保安全生产标准化活动的正常开展。

第二十八条　企业可以根据本单位安全生产标准化活动情况，申请创建区县级、市级或国家级安全生产标准化达标企业。

第二十九条　企业每年应当对本单位安全生产状况进行一次全面系统的排查评估，了解掌握本单位安全生产整体情况。无专业力量自行排查评估的企业，可以聘请注册安全工程师或有资质的安全评价机构进行。排查评估结果应形成书面报告并归档保存两年以上。

第五章　附　则

第三十条　企业违反本规范要求构成安全生产违法行为的，各级安全生产监督管理部门依法予以处罚。

第三十一条　本规范自2010年9月1日起试行。

北京市安全生产监督管理局　北京煤矿安全监察分局关于印发《北京市矿山、危险化学品企业安全生产应急救援队伍建设管理规定（试行）》的通知

京安监发［2010］101号

各区县、北京经济技术开发区安全生产监督管理局：

《北京市矿山、危险化学品企业安全生产应急救援队伍建设管理规定》已经2010年7月19日市安全监管局第二十二次局务会议通过，现予发布，自发布之日起30日内正式施行，请将本规定转发辖区内矿山、危险化学品企业，并监督和指导企业遵照执行。

2010年7月28日

北京市矿山、危险化学品企业安全生产应急救援队伍建设管理规定（试行）

第一章　总则

第一条　为加强本市矿山和危险化学品生产、经营、储存企业（以下简称矿山和危险化学品企业）安全生产应急救援队伍建设，提高防范和应对矿山、危险化学品突发生产安全事件的应急救援能力，根据《中华人民共和国安全生产法》、《中华人民共和国突发事件应对法》、《北京市实施〈中华人民共和国突发事件应对法〉办法》、《国务院办公厅关于加强基层应急队伍建设的意见》、《国家安全监管总局关于加强基层安全生产应急队伍建设的意见》等法律法规和文件要求，制定本规定。

第二条　本规定适用于本市行政区域内矿山和危险化学品企业安全生产应急救援队伍建设管理工作。

第三条　矿山和危险化学品企业应当依法建立安全生产应急救援组织，明确安全生产应急管理机构，根据国家、本市相关法规或本规定的要求建立专职或兼职安全生产应急救援队伍，加强安全生产应急救援队伍的专业技能培训和应急演练工作，配备满足本单位突发事件应急处置需要的个人防护用品及应急救援设备、物资，不断提高安全生产应急救援能力。

第四条　鼓励矿山和危险化学品企业建立专职安全生产应急救援队伍。建立兼职安全生产应急救援队伍的矿山、危险化学品企业，必须与依照国家、本市相关法规或本规定要求建立的专职矿山、危险化学品安全生产应急救援队伍的企业签订应急救援协议，并保证协议的有效实施。

第五条　矿山和危险化学品企业的主要负责人全面负责本企业安全生产应急救援组织机构和队伍建设管理工作。

第六条　矿山和危险化学品企业应当保证安全生产应急救援队伍建设、专业技能培训、演练和个人防护用品、应急救援设备、物资配备等工作经费，满足安全生产应急救援队实际工作需要。

第七条　矿山和危险化学品企业应当为安全生产应急救援队队员办理工伤社会保险和人身伤害意外保险，并根据相关规定建立抚恤制度。

矿山和危险化学品企业专职安全生产应急救援队伍应按照国家和本市有关规定统一着装。兼职安全生产应急救援队伍应配备统一标识。

第八条　矿山和危险化学品企业专职安全生产应急救援队伍应当积极参加政府或政府部门组织开展的应急演练，增强与地方、部门、其他企业和安全生产应急救援队伍的协同作战能力。

第二章　矿山企业安全生产应急救援队伍建设

第九条　根据国务院、国家安全监管

总局和本市有关规定，市安全监管局组织指导下列矿山企业开展专职安全生产应急救援队伍建设工作：

（一）从业人员1000人以上且年产量300万吨以上的煤矿企业，或辖多家煤矿企业的总公司、集团。

（二）从业人员1000人以上且年产量100万吨以上的非煤矿山企业。

（三）其他需要建立专职安全生产应急救援队伍的矿山企业。

第十条　矿山企业专职安全生产应急救援队伍应按照《矿山救护队资质认定管理规定》（国家安全生产监督管理总局令第2号）和本市相关规定开展建设工作，取得矿山救护队资质，并在资质范围内开展应急救援工作。

第十一条　未达到建立专职安全生产应急救援队条件的矿山企业，应当建立兼职安全生产应急救援队伍，并应当与邻近取得三级以上资质的矿山救护队所在企业签订应急救援协议，建立联动机制，明确职责分工，加强联合演练，保证应急救援协议的有效实施。

第十二条　矿山企业兼职安全生产应急救援队应当以井下开采、尾矿库等重点岗位作业人员为主，队员人数不应低于本企业从业人员总数的30%，并保证作业时间兼职救援队员总数不低于全部作业人员总数的20%，最低不少于5人。

第十三条　矿山企业应为兼职安全生产应急救援队伍配备满足本企业突发事件应急处置需要的氧气呼吸器、自动苏生器、灭火器具、气体检测仪等救援装备。

第十四条　矿山企业应当具备满足兼职安全生产应急救援队员学习培训的场所和设施。

第三章　危险化学品企业安全生产应急救援队伍建设

第十五条　根据国务院、国家安全监管总局和本市有关规定，市安全监管局组织指导下列危险化学品企业开展专职安全生产应急救援队伍建设工作：

（一）从业人员700人以上且年产量3.5万吨（固、液态危险化学品）以上的危险化学品生产企业，或辖多家危险化学品生产企业的总公司、集团。

（二）液态危险化学品总储量5万立方米以上的危险化学品经营、储存企业，或辖多家危险化学品经营、储存企业的总公司、集团。

（三）其他需要建立专职安全生产应急救援队伍的危险化学品企业。

第十六条　危险化学品企业应当在按照《石油化工企业设计防火规范》、《石油库防火设计规范》等标准建立专职消防队的基础上，增加有毒有害气体防护（以下简称气防）、危险化学品泄漏处置等专业技术人员，配备满足应对本企业安全生产事故应急处置所需的装备、设施和物资储备，开展专职安全生产应急救援队伍建设工作，具备满足本企业生产安全事故应急救援专业处置需要的条件。

第十七条　危险化学品专职安全生产应急救援队伍所属企业与其他企业签订救援协议，应具备以下条件：

（一）救援人员数量不低于28人（包括队长、副队长、灭火队员、气防队员、技术员、值班员等），其中，灭火队员不应低于18人，气防队员不应低于2人。

（二）至少配备3辆以泡沫灭火剂为主的消防车辆和1辆指挥车。每辆消防车至少配备2套空气呼吸器和小型灭火器具，每2辆泡沫消防车应配备1门移动泡沫炮，每3辆消防战斗车至少配备1套断电钳、扩张器、无齿锯等破拆工具。

（三）至少配备1辆具备气防功能的救护车，车上配备担架、通讯工具、有毒有害气体检测仪、空气呼吸器、苏生器、防化服、空气压缩机以及一定数量的空气呼吸器备用气瓶和必要的维护维修器具等。

第十八条　危险化学品企业应为专职安全生产应急救援队伍配备专门的训练场所和设施，并配备车库、通讯室、办公室、值勤宿舍、器材库、会议室、学习室和必要生活设施等。

第十九条　危险化学品企业应根据企业实际，整合专职安全生产应急救援队和工艺技术部门、设备维修部门等力量，制定有效应对危险化学品泄漏事件的处置程序，并配备满足本企业实际需要的专业堵漏器材。

第二十条　未建立专职应急救援队的危险化学品企业应建立兼职应急救援队，并与邻近具备相关资质、相应能力或符合本规定第十七条要求的危险化学品专职安全生产应急救援队所在企业签订应急救援协议，建立联动机制，明确职责分工，加强联合演练，保证应急救援协议的有效实施。

第二十一条　危险化学品企业兼职安全生产应急救援队伍建设，应以生产装置、经营、储运场所等重点岗位作业人员为主，队员人数不低于本企业从业人员总数的30%，并保证作业时间兼职救援队员人数不少于全部作业人员总数的20%，最低不少于5人。

第二十二条　危险化学品企业应结合本企业安全生产特点，为兼职安全生产应急救援队配备满足本企业生产安全事故应急处置所需要的防护服（防化气密服、防火气密服、防溅气密服等）、安全带、安全绳、防酸碱面罩、防酸碱护目镜、防爆工具、防爆灯、氧气呼吸器、自动苏生器、灭火器具、气体检测仪和医疗急救箱等应急救援设备。

第二十三条　危险化学品企业应当具备满足兼职安全生产应急救援队员学习培训的场所和设施。

第四章　安全生产应急救援队伍的管理

第二十四条　矿山和危险化学品企业负责人对安全生产应急救援组织机构和队伍建设管理工作，负有下列职责：

（一）建立健全本企业安全生产应急救援组织机构。

（二）组织建立本企业专、兼职安全生产应急救援队伍，保证安全生产应急救援队伍培训、装备、物资、演练等经费投入。组织实施突发事件应对工作。

（三）组织制定并督促落实本企业安全生产应急救援队伍管理制度。组织落实应急救援协议签订工作。

（四）根据本企业生产安全事故应急救援预案，定期组织安全生产应急救援队伍开展生产安全事故应急演练。

第二十五条　矿山和危险化学品企业主管生产或技术的负责人应当作为本企业安全生产应急救援组织的重要成员，协助主要负责人开展本企业安全生产应急救援队伍专业技术指导或管理工作，履行下列职责：

（一）负责本企业安全生产应急救援队伍人员所需专业和知识结构等方面的指导或管理工作。

（二）负责本企业应急救援队伍配备应急救援装备的专业性能、数量和种类等方面的指导或管理工作。

（三）负责本企业应急救援队伍技能培训方案、演练计划和应急救援操作程序等方面的指导或管理工作。

（四）负责组织制定应急救援现场专业救援方案和防护措施等技术工作。

第二十六条　专职安全生产应急救援队伍的职责：

（一）参与本企业生产安全突发事件应急救援工作。

1. 营救受害人员，对受伤人员进行初期紧急救护。疏散、撤离、安置受到威胁的人员，配合做好现场秩序维护工作。

2. 控制危险源，标明危险区域，封锁危险场所。矿山专职救援队要配合开展送风、抽水、井下灭火等专业处置工作；危险化学品专业救援队要开展抢修设备、封堵泄漏点和危险化学品泄漏物回收、清洗、吹扫等工作，配合开展工艺紧急处理、运输车辆转移等。

3. 为救援决策工作提供专业技术资料和建议。

4. 根据救援工作需要，采取其他防止危害扩大的必要措施。

（二）开展本企业生产安全事故预防性检查，参与隐患排查工作，提出预防和整改措施。参与本企业应急预案的编制工作。

（三）按照相关规定参加应急救援培训，具备本行业领域内突发生产安全事故应急救援的专业能力。

（四）加强队伍管理，定期组织应急演练，做好人员、通讯、物资和设备等应急准备工作，具备随时应对突发事件的能力。

（五）依照本办法有关规定与相关企业签订应急救援协议，掌握相关企业应急预案，协助其开展预防性检查、制定落实专门的应急救援措施和开展生产安全突发事件应急救援工作。

（六）积极参与社会救援。

第二十七条　兼职安全生产应急救援队伍的职责：

（一）参加事故救援工作。开展突发事件先期处置工作，组织职工自救互救，维护企业内部秩序；为专职应急队伍和社会救援力量提供现场信息，配合开展救援工作；协助做好善后处置、物资发放等救援工作。

（二）参加应急救援学习、培训，掌握专业应急救援知识，具备满足本企业突发事件应急救援所需的专业技能。

（三）参与本企业安全检查、隐患排查治理和应急预案编制工作。

（四）定期组织开展应急演练，掌握企业内的交通道路、主要生产装置、重点部位等情况，做好通信、应急物资等的准备，具备随时应对突发事件的条件。

第二十八条　矿山和危险化学品企业应加强应急救援队伍的管理，制定培训、演练和考核等管理制度。专职安全生产应急救援队伍还应制定值班备勤、设备维护和预防性检查等制度。

第二十九条　专职安全生产应急救援队伍应当建立管理档案，掌握本企业和所签订应急救援协议企业的重点部位、重要设备等的详细资料、各项应急预案、专业救援程序和处置要求。

兼职安全生产应急救援队应掌握本企业各类应急预案，熟悉突发事件专业救援程序，并建立培训考核档案。

第三十条　专职安全生产应急救援队应当配备专门的值班人员和通信设备，实行24小时值班备勤。

兼职安全生产应急救援队应当建立快速通信联络机制，配备必要的通信工具，确保应急救援工作的及时性。

第三十一条　专职安全生产应急救援队伍应制定专业领域内突发事件的处置方

案，按照岗位、人员分工明确各项专业处置工作程序。同时，根据本企业实际，针对各重点部位可能发生的各类突发事件，分别制定应急处置流程，详细规定所需的救援人员、装备和操作步骤等。

第三十二条　专职安全生产应急救援队伍应制定年度培训计划，明确每周重点培训科目、范围、目标、时间、参加人员等具体内容和要求，并认真组织实施。

兼职安全生产应急救援队应根据本企业安全生产特点，制定培训工作计划，由有资质的培训机构对队员进行培训和考核，每名救援队员接受的培训时间每月不低于4小时，并建立培训档案，记录人员接受培训的情况。

第三十三条　安全生产应急救援队培训的主要内容包括：

（一）有关应急救援的法律、法规和规章，本企业应急救援相关管理制度。

（二）应急救援预案。

（三）个人防护器具的使用和安全防护措施。

（四）应急装备、工具操作规程和实际操作能力。

（五）异常情况的鉴别和紧急处置技术要求和程序。

（六）突发事件处置过程中的自救、互救知识。

（七）应急通信联络方法。

（八）应急救援案例。

第三十四条　安全生产应急救援队伍除参加本企业组织的应急演练外，应另行制定年度演练计划，开展专门的应急演练。

专职应急救援队伍每月至少组织1次现场演练；兼职安全生产应急救援队应每季度至少组织1次应急救援处置技能专项演练。

安全生产应急救援队伍应对每次演练进行总结，查找应急救援工作中存在的问题并及时改进。

第三十五条　安全生产应急救援队应开展预防性检查工作，对本企业重点部位、重要设施设备定期进行安全检查，发现问题后及时上报企业并提出整改建议。

与其他企业签订应急救援协议的专职安全生产应急救援队伍应当根据协议内容，对所签订应急救援协议的企业定期开展以防范应对突发生产安全事故为主的预防性检查。

第三十六条　安全生产应急救援队伍实施应急救援工作时，所有人员必须服从命令、听从指挥、严守纪律、忠于职守，并按下列要求开展救援工作：

（一）救援人员应佩戴齐全救援专用服装、个人防护用品和必要的救援工具后，方可进入救援现场。

（二）发挥距离事故现场近的特点，应在第一时间赶赴现场救援，最大限度减少事故损失。

在事发现场作业的兼职应急救援人员，应立即按照现场处置方案实施专业处置，最大限度控制事态的发展，并将事故第一手资料报告应急指挥人员。

（三）进入现场应进行全面勘察，制定现场救援方案，实施救援。救援工作中进行全过程勘察，及时了解现场情况变化，完善救援方案，保证救援安全，最大限度地防止次生、衍生事故的发生。

（四）按照“以人为本”的原则，首先开展被困人员的救援工作。

（五）遇到事故扩大、影响救援人员安全等突发情况时，救援人员应立即撤离现场，并报告指挥人员。

（六）现场救援结束后，应监控、检查事故现场情况，确保危险已消除。

（七）整体救援工作结束后，应编制救援工作总结报告，并协助政府部门开展事故调查。

第三十七条　矿山、危险化学品企业应将专、兼职安全生产应急救援队伍建设情况，通报所在区县安全生产监管局，主要内容包括：

（一）所在单位名称、地址和联系方式。

（二）应急救援队人员构成、设备、物资等整体情况。

（三）可实施的救援范围。

（四）救援协议签订情况。

（五）需要报告的其他情况。

第三十八条　专职安全生产应急救援队伍因企业被撤销或者分立、合并以及其他原因需撤销或者重新改造、组建的，应提前通知签订救援协议的企业，并将情况报所在区县安全生产监督管理局。

兼职安全生产应急救援队因特殊原因导致队员数量、装备等发生较大变化时，应及时将变化情况报所在区县安全生产监管局。

第三十九条　专职安全生产应急救援队伍应服从当地政府和安全监管部门的调动，根据要求及时赶赴突发事件现场开展应急救援工作。

第四十条　矿山、危险化学品企业应当定期总结安全生产应急救援队伍建设和管理情况，针对存在的问题落实改进措施，不断提高队伍应急救援能力。

第五章　附　则

第四十一条　名词解释。

（一）专职救援队：指不参加企业内生产经营活动，专门从事应急救援工作的应急救援组织。

（二）兼职救援队：指参加企业内正常生产经营活动，并定期接受应急救援培训，在突发事件发生后参与抢险处置工作的应急救援组织。

第四十二条　本办法由北京市安全生产监督管理局负责解释。

第四十三条　本办法自发布之日起30日内正式施行。

北京市安全生产监督管理局　北京煤矿安全监察分局关于印发《北京市生产经营单位生产安全事故应急预案演练管理办法（试行）》的通知

京安监发［2010］102号

各区县、北京经济技术开发区安全生产监督管理局，局（分局）各处室队、局属事业单位：

《北京市生产经营单位生产安全事故应急预案演练管理办法（试行）》已经2010年7月19日第22次局务会议通过，现予发布，自发布之日起30日内正式施行。请各区县、北京经济技术开发区安全生产监督管理局将本办法转发辖区内生产经营单位，并监督和指导生产经营单位遵照执行。

2010年8月4日

北京市生产经营单位生产安全事故应急预案演练管理办法（试行）

第一章　总　则

第一条　为加强本市生产经营单位生产安全事故应急预案演练工作，提高生产安全事故预防和应对能力，依据《中华人民共和国安全生产法》、《中华人民共和国突发事件应对法》和国家安全生产监管总局《生产安全事故应急预案管理办法》、《北京市突发事件应急演练管理办法》、《生产经营单位应急预案编制导则》等规定，结合本市实际情况，制定本办法。

第二条　本办法适用于本市行政区域内下列生产经营单位：

（一）矿山企业。

（二）危险化学品生产、经营、储存、运输企业和烟花爆竹经营单位。

（三）建筑施工单位。

（四）机械、冶金、轻纺、建材、烟草行业生产企业。

（五）下列人员密集场所经营单位和物业服务单位：

1. 建筑面积在1000平方米以上或者地下建筑面积在500平方米以上的商业零售经营单位。

2. 建筑面积在500平方米以上的餐饮经营单位。

3. 星级宾馆、饭店、度假村和旅馆等经营单位。

4. 体育运动项目经营单位。

5. 文化娱乐场所经营单位。

6. 综合楼宇物业服务单位。

（六）利用普通地下室或人防工程从事生产经营活动的单位，从事有限空间作业的生产经营单位。

其他生产经营单位生产安全事故应急预案演练工作参照本办法执行。

国家、本市对生产经营单位生产安全事故应急预案演练另有规定的，依照其规定。

第三条　生产经营单位应当按照安全生产有关法律、法规和本办法的要求，建立健全应急救援组织，制定完善应急演练管理制度，定期组织开展生产安全事故应急预案演练（以下简称“应急演练”）。

第四条　生产经营单位的主要负责人依法组织开展本单位应急演练工作。

第五条　生产经营单位应将生产安全事故应急预案作为安全生产教育和培训的一项重要内容，通过培训和演练，使全体从业人员了解和掌握本单位生产安全事故应急预案的内容和程序，特别是要加强以现场处置方案为主的应急演练，提高生产安全事故第一时间的现场处置能力。

第六条　生产经营单位要积极参加政府部门组织的应急演练，不断增强公共安全和防范风险的意识，有效提高本单位应急预案与政府部门预案、周边生产经营单位应急预案的衔接性。

第七条　安全生产监督管理部门和负有安全生产监督管理职责的政府有关部门指导、监督和检查生产经营单位应急预案演练工作。

第二章　应急演练的管理

第八条　生产经营单位应当把应急演练与生产安全事故应急预案相结合，通过应急演练，检验和完善应急预案、落实应急救援职责、磨合应急救援程序、评估应急准备工作状态，并提高从业人员突发事件现场处置自救互救能力和本单位整体应急救援能力。

第九条 生产经营单位主要负责人对本单位应急演练工作负有下列职责：

（一）组织制定并督促落实生产安全事故应急预案演练管理制度。

（二）组织制定并督促落实年度演练工作计划。

（三）组织开展并参与应急演练。

（四）保障应急演练所需经费、场所和设施等。

（五）针对应急演练发现的问题，组织制定和督促落实整改措施，完善应急预案。

第十条 生产经营单位应急演练管理制度主要内容包括：

（一）演练工作的组织管理。结合本单位应急预案中规定的应急救援组织体系和职责，明确应急演练工作的管理体系和负责部门，规定主要负责人、安全生产应急管理部门和相关管理部门以及基层车间、班组等的演练管理职责。

（二）演练的实施。结合本单位安全生产特点和应急预案中规定的演练要求，明确开展应急演练工作的总体要求和演练的计划、准备、实施、总结等各环节的工作要求。

（三）演练的保障措施。针对整体、单项等不同形式的应急演练，提出保障演练所需的人员、设备、场地、经费和演练过程中的安全等要求，并明确具体保障措施和相关部门人员职责。

（四）演练的总结和考核。明确演练总结工作的内容和要求，提出本单位相关部门和从业人员演练开展情况的考核内容和标准，建立通过演练整改问题、完善预案的工作机制。

第十一条 生产经营单位应当在制定年度安全生产工作计划的同时，制定年度应急演练工作计划，主要内容包括：

（一）年度计划开展的整体、单项演练次数。

（二）每次演练的目的、规模、参加人员范围等情况说明。

（三）演练的组织、准备、实施要求和进度安排等。

（四）演练的费用计划。

第十二条 生产经营单位开展应急演练所需费用应列入年度安全投入，由生产经营单位的决策机构、主要负责人或者个人经营的投资人予以保证。

第十三条 生产经营单位应急演练应当坚持预防与应对并举、重在预防的原则，并满足下列要求：

（一）保证全体从业人员每年至少参加1次应急演练。

（二）针对本单位生产安全事故应急预案，保证承担生产安全事故应急救援具体工作任务的从业人员，每年应至少参加1次以具体工作任务为主要内容的现场演练。

（三）新招用的人员，应通过培训和演练了解本单位的综合、专项应急预案，掌握本岗位应急处置、报警、疏散等基本技能。

（四）换岗和离岗6个月以上的从业人员，应通过培训和演练掌握本岗位生产安全突发事件现场应急处置程序和技能。

（五）生产经营单位采用新工艺、新技术、新材料或者使用新设备，应组织从业人员开展应急培训和演练，督促其掌握新工艺、新技术、新材料或新设备的安全特性和安全防护措施以及现场应急处置程序和技能。

第十四条 生产经营单位应加强专、兼职应急救援人员的应急培训和演练，组织其参加本单位整体、专项应急演练的同时，制定专门的演练计划，开展以提高其专业救援处置能力为主的应急演练，并保证专职应急救援人员每季度开展不少于1次的实战应急演练，兼职应急救援人员每年开展不少于2次的实战应急演练，

第三章　应急演练的基本要求

第十五条　生产经营单位应根据本单位综合、专项应急预案和现场处置方案，定期组织开展整体应急演练和单项应急演练，可分别采取桌面演练或实战演练的方式进行。

第十六条　生产经营单位应加强本单位重点岗位和危险区域的监控和管理，特别是应针对危险化学品贮罐区（贮罐）、库区（库）和压力管道、压力容器、尾矿库等可能存在的生产安全事故风险制定专门的应急预案，并定期开展应急演练。

第十七条　生产经营单位针对存在的可能危及本单位外部的风险制定应急预案，应将本单位预案与可能危及的外部单位及属地政府预案相衔接，并有针对性地联合开展应急预案演练。

第十八条　生产经营单位每年至少组织开展1次整体应急演练，并结合本单位安全生产工作实际，积极组织开展以现场处置方案为主的单项应急演练。

重点行业、领域内生产经营单位应结合本单位安全生产特点，增加应急演练的频次。

第十九条　矿山企业组织开展应急演练时应符合下列要求：

（一）根据本企业实际，每年适时组织开展整体应急演练。

（二）针对本企业顶板、放炮、火灾、水灾和运输等事故，开展单项应急演练。

（三）涉及井下作业的矿山企业，在每年春季复工时和汛期前，适时组织开展以处置透水事故为主的整体演练，所有井下作业人员均应参加演练，同时针对井下各作业面主要事故风险，分别组织开展以现场处置方案为主的单项应急演练。

（四）有尾矿库的矿山企业，在每年汛期前应组织以处置尾矿库溃坝、洪水漫顶等事故为主的应急演练。

第二十条　危险化学品生产、经营、储存和运输单位组织开展应急演练时应符合下列要求：

（一）根据本企业实际，每年适时组织开展整体应急演练。

（二）针对本企业火灾爆炸、危险化学品泄漏等事故，分别开展单项应急演练。

（三）危险化学品生产、经营、储存单位，应当在每年夏季前组织以防范高温天气为主的单项应急演练；在冬季前组织以处置低温冰冻引发危险化学品泄漏事故的单项应急演练。

（四）加油站每年应针对应对车辆撞击站内设施、加油车辆短时间密集加油等事故，适时组织开展单项应急演练。

（五）危险化学品运输单位在每年夏季前应组织开展处置高温引发生产安全事故的单项应急演练；根据运输实际组织开展以应对道路交通事故可能引发的危险化学品事故的现场处置专项演练。

（六）涉氯、涉氨等单位每年夏季前应组织以处置有毒化学品泄漏事故的整体演练；每季度组织开展处置涉毒作业场所人员中毒事故的单项应急演练。

第二十一条　烟花爆竹经营单位组织开展应急演练时应符合下列要求：

（一）烟花爆竹批发单位针对火灾、爆炸事故，每年适时组织开展整体和单项应急演练。

（二）烟花爆竹批发单位要在每年大规模进货前，适时组织处置烟花爆竹储存

仓库爆炸事故的整体应急演练，常年储存烟花爆竹的应当根据实际和季节变化组织单项应急演练。

（三）烟花爆竹临时销售网点每年在正式营业前应组织开展以处置火灾、爆炸事故为主的单项应急演练。

第二十二条　建筑施工单位应结合施工特点、工程进度和现场实际，每年适时组织开展整体应急演练，并开展处置高空坠落、触电、物体打击、机械伤害和坍塌事故等的单项应急演练。

第二十三条　人员密集场所经营单位和物业服务单位组织开展应急演练时应符合下列要求：

（一）根据本单位实际，每年适时组织开展以人员疏散为主的整体和单项应急演练。

（二）涉及高层楼宇的人员密集场所物业服务单位应组织使用单位共同开展以人员疏散为主要内容的整体演练。

（三）商业零售经营单位在以国家法定年节、开张、开张纪念等名义举办的促销活动前以及在举办连续营业时间超过16小时的促销活动前，应组织开展人员疏散应急演练。

第二十四条　利用普通地下室或人防工程从事生产经营活动的单位以及从事有限空间作业的生产经营单位，每年适时组织处置中毒窒息事故的整体和单项应急演练。

第二十五条　存在生产安全事故隐患的生产经营单位，在隐患未消除前，要根据隐患影响范围、可能造成事故的后果，制定相应的应急预案，并及时组织开展应急演练。

第四章　应急演练的组织实施

第二十六条　生产经营单位在开展应急演练前，应成立演练组织机构，组织协调参演部门和人员，必要时聘请专家指导，共同完成应急演练的准备、实施、评估、总结和改进工作。

第二十七条　生产经营单位应成立由安全管理、培训教育等部门管理人员组成的演练工作组，组织开展演练准备工作。矿山、危险化学品、烟花爆竹和建筑行业生产经营单位的技术负责人应参加演练工作组，负责演练方案中技术层面内容的制定或审核工作。演练准备工作主要包括以下内容：

（一）方案准备：编制演练方案、脚本，明确演练目的、背景、程序和评估标准等。

（二）人员准备：明确各级指挥人员、演练控制人员、参演人员、评估人员和观摩人员等。

（三）资金和物资准备：落实演练经费、演练器材、演练情景模型等。

（四）技术准备：包括演练场地设置、背景材料编制、通信联络保障、交通运输保障和参演人员的安全防护等。

第二十八条　生产经营单位应结合应急预案制订演练方案，明确以下内容：

（一）演练目的：从提高本单位生产安全事故自救能力出发，针对本单位生产安全事故预防和处置实际工作，明确演练要解决的问题和期望达到的效果。

（二）模拟事故背景：针对本单位危险性较大的场所、设备和岗位等，结合生产安全事故案例，明确演练所模拟的事故情况，包括事故的类型、时间地点、报警情况、事故发展态势、已造成的人员伤亡和财产损失情况和影响事故处置的其他因素等。

（三）演练的范围：包括参演部门、人员和演练所涉及的场所、设备等。

（四）演练的实施：按时间顺序制定

演练的具体实施程序，每项程序要包括实施人员、实施内容、时间安排和概要说明等。如演练实施程序复杂、涉及较多场所、参演单位和人员，为确保演练有序进行，可对演练程序进行细化后编制演练脚本。演练脚本一般采用表格形式，根据演练实际进程描述时间、场景、处置行动、指令旁白和解说词等。

（五）考核标准：根据预案和演练目标，对演练完成情况制定考核评估标准，考核评估对象包括演练整体情况、参演人员的情况和有关应急救援设备的运行情况以及演练的实际效果等。

第二十九条 生产经营单位在演练前，应充分考虑演练实施过程中可能产生的突发情况，制定演练安全注意事项或有针对性的预防措施，确保参演、观摩人员的安全。

（一）人员密集场所经营单位在演练前，要及时使用中、英文双语应急广播告知顾客，并安排专门人员维护现场秩序，避免意外情况。

（二）矿山、危险化学品、建筑施工等单位在开展现场应急演练前，应加强重点区域、设备等的防护措施，在演练现场设置警示标志，避免影响正常的生产和施工作业。

第三十条 生产经营单位演练前要明确专门的考核评估人员和程序，并对考核评估人员进行必要的培训，掌握考核评估标准、程序和要求等，以保证演练收到考核实效。

第三十一条 整体应急演练实施过程中，应分别指定演练总指挥、现场指挥和控制人员等，保证演练有序开展：

（一）总指挥：控制演练整体进程，对演练过程中出现的特殊情况做出控制、调整决策。一般由单位主要负责人或技术负责人担任。

（二）现场指挥：监控演练现场进展情况，消除演练进程提前或延迟、纠纷、设备失灵和人员不到位等问题。一般由单位主管安全生产工作的负责人或安全生产管理部门负责人担任。

（三）控制人员：负责按照演练方案向参演人员传递消息，引导演练进行，并及时向现场指挥报告演练进展情况和出现的各种问题。一般由安全生产管理部门或参与演练方案编制的人员担任。

第三十二条 应急演练实施过程中，可安排专门人员做好文字、图片和声像的记录工作，必要时安排专业人员进行拍摄记录。

第三十三条 应急演练结束后应汇总评估结果，进行现场总结点评，主要内容包括：

（一）演练开展的整体情况和收到的效果。

（二）演练组织情况。

（三）参演人员的表现。

（四）各演练程序的实施情况和评估结果。

（五）演练中存在的突出问题。

（六）结合实际演练对完善预案的建议和措施。

第三十四条 生产经营单位在演练结束后，应分析演练记录、评估材料，征求参演人员意见，对演练总体情况进行总结并编制总结报告。报告主要内容包括：

（一）演练背景信息，包括演练目标、地点、时间、气象条件等。

（二）参与演练的部门、组织和人员。

（三）演练计划和方案。

（四）演练评估情况。

（五）演练中存在的问题和原因分析。

（六）明确改进存在问题的对策措施。

第三十五条　生产经营单位组织从业人员开展以本工作岗位现场处置方案为主的单项演练时，可简化准备、实施、评估、总结等工作环节，由安全生产管理部门或教育培训部门人员制定演练方案，明确演练的目的、参演人员、主要程序和考核要求等，通过现场实际操作、抽查和问询等多种方式，检验从业人员对本岗位应急救援职责和应急技能的掌握程度，并要达到突出实战效果和提高应急技能的目的。

第三十六条　生产经营单位应针对演练中存在的问题，制定和落实完善预案、加强应急管理、改进应急设施设备等的整改措施，明确负责部门、人员、工作进度和整改费用等。

第三十七条　生产经营单位应将演练计划、方案、记录材料和总结报告等资料建立档案，妥善保存，保存期限不应少于两年。

第五章　监督检查

第三十八条　安全生产监督管理部门要加强行业主管部门及生产经营单位应急预案演练工作的指导、监督和检查。

负有安全生产监督管理职责的政府有关部门应当根据本办法，结合行业特点依法制定本行业生产经营单位生产安全事故应急预案演练管理办法实施细则，加强对本行业生产经营单位生产安全事故应急预案管理和演练工作。

第三十九条　生产经营单位应当根据本办法，加强所属下级生产经营单位生产安全事故应急预案演练管理工作，结合单位内部管理制度、要求，督促和检查所属下级单位落实应急预案管理、演练的各项要求，并将所属下级生产经营单位应急演练工作纳入内部安全生产考核的重要内容。

第四十条　政府有关部门应当依法对生产经营单位违反有关生产安全事故应急预案演练法律、法规和行业要求的行为进行监督检查和依法实施行政处罚。

第六章　附　则

第四十一条　名词解释。

（一）综合应急预案：是生产经营单位从总体上阐述事故的应急方针、政策，应急组织结构及相关应急职责，应急行动、措施和保障等基本要求和程序，是应对各类事故的综合性文件。

（二）专项应急预案：是生产经营单位针对具体的事故类别（如煤矿瓦斯爆炸、危险化学品泄漏等事故）、危险源和应急保障而制定的计划或方案，是综合应急预案的组成部分，应按照综合应急预案的程序和要求组织制定，并作为综合应急预案的附件。专项应急预案应制定明确的救援程序和具体的应急救援措施。

（三）现场处置方案：是生产经营单位针对具体的装置、场所或设施、岗位所制定的应急处置措施。现场处置方案应具体、简单、针对性强。现场处置方案应根据风险评估及危险性控制措施逐一编制，做到事故相关人员应知应会，熟练掌握，并通过应急演练，做到迅速反应、正确处置。

（四）整体应急演练：指以生产安全事故综合、专项应急预案的全部或主要程序为内容的演练，包括报警、指挥决策、应急响应、现场处置和善后恢复等多个环节，参演人员涉及预案中各级应急组织和人员。

（五）单项应急演练：指以现场处置方案中的程序为主要内容，或只涉及生产安全事故综合、专项应急预案中个别程序的演练，演练形式包括重点区域的应急处置程序、应急设施设备的使用、事故信息处置和从业人员岗位应急职责掌握情况等，参演人员主要是相关程序的实际操作人员。

（六）实战演练：指利用应急处置涉

及的设备和物资，针对事先设定的生产安全事故情景，通过实际决策、行动和操作，真实完成应急预案中规定应急处置程序的演练。实战演练通常在生产、经营现场完成。

（七）桌面演练：指利用地图、计算机模拟和视频会议等辅助手段，针对事先设定的生产安全事故情景，讨论和推演应急决策及现场处置程序的演练。桌面演练通常在室内完成。

第四十二条　本办法由市安全生产监督管理局负责解释和修订。

第四十三条　本办法自印发之日起30日后正式实施。

关于发布《北京市金属非金属矿山作业场所职业健康管理规范（试行）》的通知

京安监发［2010］112号

各区县安全监管局、卫生局、人力社保局，北京经济技术开发区安全监管局，各有关单位：

为加强本市金属非金属矿山作业场所职业健康管理，切实保护劳动者职业安全健康，市安全生产监督管理局、市卫生局、市人力社保局共同制定了《北京市金属非金属矿山作业场所职业健康管理规范（试行）》，现予发布，自2011年4月1日起施行，请遵照执行。

北京市安全生产监督管理局
北京市人力资源和社会保障局
北京市卫生局

2010年8月30日

北京市金属非金属矿山作业场所职业健康管理规范（试行）

第一章　总　则

第一条【目的依据】为加强北京市金属非金属矿山作业场所职业危害防治工作，保护金属非金属矿山从业人员的健康，依据《中华人民共和国职业病防治法》、《作业场所职业健康监督管理暂行规定》（国家安全生产监督管理总局令第23号）等有关法律法规和相关标准，结合本市实际情况，制定本规范。

第二条【适用范围】本市行政区域内，经依法批准的金属非金属矿山企业、个体经济组织（以下统称“矿山企业”）职业健康管理适用本规范。本市行政区域外，由本市负责管辖的矿山企业依照本规范执行。

第三条【方针原则】矿山企业职业健康管理应坚持预防为主、防治结合的方针，实行分类管理、综合治理。

第二章　职业健康管理要求

第四条【责任主体】矿山企业是职业

危害防治的责任主体。矿山企业的主要负责人对本单位作业场所的职业危害防治工作全面负责。

第五条【管理机构】矿山企业应当设置或者指定职业健康管理机构，配备专职或者兼职的职业健康管理人员，负责本单位的职业危害防治工作。

第六条【规章制度】矿山企业应当建立健全下列职业危害防治制度和操作规程：

（一）职业危害防治责任制度。

（二）职业危害告知制度。

（三）职业危害申报制度。

（四）职业健康宣传教育培训制度。

（五）职业危害防护设施维护检修制度。

（六）接触职业危害因素从业人员防护用品管理制度。

（七）职业危害日常监测管理制度。

（八）从业人员职业健康监护档案管理制度。

（九）岗位职业健康操作规程。

（十）法律、法规、规章规定的其他职业危害防治制度。

第七条【危害申报】存在职业危害的矿山企业，应当按照国家和本市有关规定及时、如实向所在区（县）安全监管部门进行申报，并对申报内容负责。

第八条【教育培训】矿山企业主要负责人和职业健康管理人员应当具备与本单位所从事的生产经营活动相适应的职业健康知识和管理能力，并接受安全生产监督管理部门组织的职业健康培训。

矿山企业应当对从业人员进行上岗前的职业健康培训和在岗期间的定期职业健康培训，普及职业健康知识，督促从业人员遵守职业危害防治的法律、法规、规章、国家标准、行业标准和操作规程，并做好记录，妥善保存。

第九条【用工管理】矿山企业应与从业人员签订劳动合同，并将作业过程中可能产生的职业危害及其后果、防护措施和相关待遇等如实告知从业人员，并在劳动合同中载明。对未进行离岗前职业健康检查的从业人员，矿山企业不得解除或者终止与其订立的劳动合同。

第十条【工伤保险】矿山企业应当为从业人员办理工伤保险，按时、足额缴纳工伤保险费。

第十一条【监护档案】矿山企业应为从业人员建立职业健康监护档案，并按照规定期限妥善保存。从业人员离开时，有权索取本人职业健康监护档案复印件，企业应如实、无偿提供，并在所提供的复印件上签章。

第十二条【公告栏】矿山企业应当在醒目位置设置公告栏，公布有关职业危害防治的规章制度、操作规程，职业危害事故应急救援措施和工作场所职业危害因素检测结果。

第十三条【警示标识】矿山企业应在可产生职业危害的工作场所和设备上，按《工作场所职业病危害警示标识》的要求设置职业危害警示标识和中文警示说明。

第十四条【经费保障】矿山企业应保障足够的职业危害防治经费投入，确保职业危害治理、作业场所职业危害因素检测与评价、监测分析仪器设备的配备与维护、职业危害防治知识宣传培训、职业健康监护等各项费用落实到位。

第三章　职业危害防治的基本要求

第十五条【建设项目“三同时”】矿山企业应加强职业危害源头治理，新建、扩建、改建建设项目和技术改造、技术引进项目（建设项目）职业危害防护设施应与主体工程同时设计、同时施工、同时投入生产和使用。

第十六条【技术工艺】矿山企业应依靠科技进步，采用有利于保护从业人员健康的新技术、新工艺、新材料、新产品，淘汰职业危害严重的技术、工艺、材料和产品。

第十七条【生产布局】矿山企业应优化生产布局，使有害作业与无害作业分开，作业场所与生活场所分开。存在职业危害的作业场所应当减少接触职业危害的人数和接触时间，并配备有效防护设施。

第十八条【日常监测】矿山企业应指定专人负责作业场所职业危害因素日常监测，监测工作应在正常生产情况下进行，并做好记录，妥善保存。职业危害因素监测点选择和监测周期应符合附录A的要求。

第十九条【检测评价】矿山企业应委托具有相应资质的职业卫生技术服务机构，每年至少进行一次职业危害因素检测，每三年至少进行一次职业危害现状评价。定期检测、评价结果应当存入本单位的职业危害防治档案，向从业人员公布，并向所在地安全生产监督管理部门报告。

第二十条【健康监护】矿山企业应委托具有资质的职业卫生技术服务机构，对接触职业危害的从业人员进行上岗前、在岗期间和离岗时的职业健康检查，并将检查结果如实告知从业人员。

矿山企业不得安排未经上岗前职业健康检查的从业人员从事接触职业危害的作业；不得安排有职业禁忌的从业人员从事其所禁忌的作业；对职业健康检查中发现有与所从事的职业相关的职业健康损害的从业人员，应当调离工作岗位，并妥善安置；对于已确诊的职业病患者应及时进行工伤认定及劳动能力鉴定。

第二十一条【防护设施维护】矿山企业应对职业危害防护设施进行经常性的维护、检修，定期检测其性能和效果，确保其处于正常状态，不得擅自拆除或者停止使用。

第二十二条【个体防护】矿山企业应为从业人员提供符合职业危害防护要求的个体防护用品，监督其正确佩戴、使用，定期对防护用品进行更换、维护、检修，并做好记录。

第四章　粉尘危害防治要求

第二十三条【总体要求】粉尘防治总体要求。

（一）矿山企业设计和建设时，应根据生产工艺和粉尘特性，设计和建立完善的通风、防尘供水系统，采取粉尘综合防治措施。

（二）井下和地面尘源，应结合生产工艺采用湿式作业、通风、密闭等防降尘措施。使作业地点的粉尘浓度符合国家职业接触限值的要求。

（三）接触粉尘作业人员应佩戴防尘口罩。防尘口罩的阻尘率应达到Ⅰ级标准要求（即对粒径不大于5微米的粉尘，阻尘率大于99%）。

（四）矿山企业应设有浴室、更衣室，并能满足职工洗浴要求，更衣室应有完善的通风除尘设施。

第二十四条【地下开采】地下开采矿井粉尘防治应采取下列措施：

（一）井下凿岩应采用湿式作业，严禁干打眼。开钻时，必须先开水后开风；停钻时，必须先关风后关水。

（二）爆破后、破碎、溜井放矿和装卸矿岩时，应进行喷雾洒水和通风。凿岩出渣前，应清洗距工作面10米内的巷壁。进风道、人行道及运输巷道的巷壁，每季度至少应清洗一次。

（三）矿井应保证通风系统稳定可靠，使风量、风速和作业场所空气质量符合要求。

第二十五条【露天开采】露天开采矿山粉尘防治应采取下列措施：

（一）露天矿钻机穿孔作业应采用湿式作业或安装除尘装置。

（二）露天矿穿孔、铲装、运输设备的司机驾驶室应密闭，铲装作业前应采取洒水等防尘措施。

（三）露天矿采场汽车运输道路应硬化并定期洒水、清扫，以减少二次扬尘。

第二十六条【选矿加工】选矿加工场所粉尘防治应采取下列措施：

（一）卸矿站、卸料点、破碎机进料口、给矿机、带式传送机下料口应安装连续洒水喷雾装置或集尘装置，防止扬尘。

（二）破碎机进料口应根据进料方式采用局部密闭罩或整体密闭罩，卸料口应连同输送设备设局部密闭罩或整体密闭罩并排风。

（三）带式传送机、球磨机、振动筛应密闭，设置吸尘罩并安装除尘设备，在带式传送机的落料端，应设清扫装置或喷水清洗装置。

第五章　噪声、高温危害防治要求

第二十七条【噪声防治】存在噪声危害的作业场所应采取下列防治措施：

（一）矿山企业应合理安排作业时间，从业人员每天噪声接触时间8小时的，接触限值为85dB（A）；噪声声级升高3dB（A），噪声接触时间减半，最高不得超过115dB（A）。

（二）露天矿山采矿场的钻机、电铲车、挖掘机操作室、装载车、运输车驾驶室应采取密闭隔声措施。

（三）选矿加工的原料破碎车间、筛分车间、球磨车间、分装车间应建立具有隔声功能的休息室，工作人员非巡检时间应留在休息室内。

（四）露天采场从业人员、选矿加工工作人员以及井下凿岩、运输等接触噪声人员应配戴防护耳塞或耳罩。

第二十八条【高温防治】存在高温危害的作业场所应采取下列防治措施：

（一）露天开采作业场所空气温度超过30℃，井下采掘工作面的空气温度超过28℃；机电、维修硐室等作业场所的空气温度超过30℃，应采取降温或其他防护措施。

（二）露天矿山应采用机械化作业，控制高温和热辐射的影响；调整作业时间，避开日照最强烈的时段作业；钻机、电铲车、挖掘机操作室、装载车、运输车驾驶室应安装降温装置并能够正常使用。

（三）井下采掘工作面和机电、硐室维修等作业场所应采用各种有效的隔热、通风降温措施，降低作业地点温度。

（四）高温作业场所应配备必要的防暑降温药品，给从业人员发放含盐饮料。

第六章　有毒有害气体危害防治要求

第二十九条【毒物防治】存在有毒有害气体的作业场所应采取下列防治措施：

（一）地下开采矿山应采用机械通风，并有完整独立的通风系统，使作业地点的有毒有害气体浓度符合国家职业接触限值的要求。

（二）地下开采矿山作业人员应配备自救器等应急救援设备。

（三）采空区应及时封闭，设立警示牌，需要进入时必须首先进行有害气体检查，确认安全时方可进入。需要进入闲置时间较长的巷道作业，必须先通风后作业。应及时密闭或用栅栏隔断盲道或废弃巷道，并设立警示牌。

（四）井下爆破时，人员应撤离到有新鲜风流的安全区域，回风侧挂警戒牌。爆破后，应加强通风，经通风吹散炮烟、检查确认井下空气合格后，等待时间超过

15分钟，方准许作业人员进入爆破作业地点。

第七章　附　则

第三十条　本规范中的职业危害主要指粉尘、噪声、高温、有毒有害气体等职业危害因素。

第三十一条　本规范中下列用语的含义：

金属非金属矿山，是指在依法批准的矿（厂）区范围内从事金属非金属矿产资源采矿、选矿、加工活动的场所及其附属设施，但不包括单独从事金属非金属选矿、加工的场所和建筑装饰用石的切制、加工活动。

职业危害，是指从业人员在从事职业活动中，由于接触粉尘、毒物等有害因素而对身体健康所造成的各种损害。

职业接触限值，是指从业人员在职业活动过程中长期反复接触，对绝大多数接触者的健康不引起有害作用的容许接触水平。

作业场所，是指从业人员进行职业活动的所有地点。

作业地点，是指从业人员从事职业活动或进行生产管理而经常或定时停留的岗位地点。

第三十二条　本规范自2011年4月1日起施行。

关于深入开展煤矿安全生产标准化活动的通知

京安监发［2010］116号

京煤集团：

为认真贯彻落实《国务院关于进一步加强企业安全生产工作的通知》（国发［2010］23号）和《国家安全监管总局国家煤矿安全监管局关于深入持久开展煤矿安全质量标准化工作的指导意见》（安监总煤行［2009］117号）文件精神，加强煤矿安全生产基础工作，现就我市煤矿开展安全生产标准化活动工作有关要求通知如下。

一、进一步认识开展煤矿安全生产标准化活动的重要意义

安全生产标准化是加强煤矿安全基层基础管理工作的有效措施，是提升煤矿安全生产保障能力建设的有效措施，体现了全员、全过程、全方位安全管理和以人为本、科学发展的核心理念。煤矿各级管理人员要进一步提高认识，充分认识安全生产标准化工作的重要意义，全面、深入、持久地开展煤矿安全生产标准化活动，为促进煤矿安全生产状况的持续稳定好转奠定基础。

二、指导思想和活动目标

（一）指导思想

以落实科学发展观为指导，坚持“安全第一、预防为主、综合治理”的安全生产方针，以“安全发展、以人为本、科技兴安、夯实基础”的安全生产理念为主线，进一步强化责任意识，加强全员、全过程、全方位的安全管理，健全和完善煤矿企业自我约束、持续改进的安全生产长效机制，从根本上促进煤矿安全状况持续稳定好转。

（二）活动目标

京煤集团昊华公司、煤矿（矿井）、

科段、班组和各岗位全面开展安全生产标准化活动，遏制较大以上事故，减少一般事故，安全生产事故率明显降低，基础工作得到明显提高。

按照《关于印发北京市煤矿安全生产标准化标准及考评办法的通知》（京安监发［2010］117号）的要求，2010年底前，全市煤矿70%以上达到三级以上标准，2011年底前，全市煤矿全部达到三级以上标准，2012年底前，全市煤矿50%达到一级标准，2015年，全市煤矿全部达到一级标准，50%达到国家级标准。

公司、煤矿（矿井）、科段、班组（岗位）标准化考评标准进一步健全和完善。2010年底前，建立健全公司、煤矿（矿井）、科段安全生产标准化考评标准，2011年6月底前，建立健全班组（岗位）安全生产标准化考评标准，2012年底前，煤矿科段、班组达标率达到80%以上。

三、落实企业主体责任，形成符合企业自身特点的安全生产标准化活动模式

（一）加强领导，明确责任

京煤集团昊华公司和各煤矿要成立以分管负责人为组长的煤矿安全生产标准化工作小组，明确专门的部门、专门的人员负责，分解落实责任。煤矿（矿井）、科段、班组（岗位）安排专兼职人员负责，营造全员参与安全生产标准化活动的氛围。

（二）精心部署，制定实施方案

京煤集团要结合本企业实际情况和首都安全生产的要求，研究制定本单位开展安全生产标准化活动的工作目标、实施方案和保障措施，提出年度工作计划和中长期规划，有计划、有步骤扎实开展煤矿安全生产标准化活动。

（三）进一步完善标准，建立公司、煤矿（矿井）、科段、班组四级标准及考评办法

1. 京煤集团要按照煤矿安全生产法律、法规、《煤矿安全规程》、《关于加强国有重点煤矿安全基础管理的指导意见》（安监总煤矿［2006］116号）、《煤矿安全质量标准化标准及考核评级办法（试行）》（煤安监办字［2004］24号）、《关于印发进一步建立健全煤矿安全生产事故隐患排查治理等六项制度有关问题的通知》（京安监发［2009］14号）等要求，结合北京市市级安全生产标准化矿井考评标准，制定京煤集团昊华公司安全管理和煤矿（矿井）安全生产标准化标准及考评办法。

2. 京煤集团昊华公司安全管理标准的重点是安全生产规章制度的制定和落实、岗位责任制的建立和落实、安全生产管理机构的设置、安全生产资金投入、安全生产费用的提取和使用、教育培训计划的制定、应急救援、劳动保护用品管理、劳动合同和工伤保险、职业卫生、隐患排查治理、档案管理等方面内容。

3. 煤矿（矿井）安全生产标准化标准及考核评级办法内容要围绕安全生产规章制度的制定和落实、岗位责任制的建立和落实、安全生产管理机构的设置、安全生产资金投入、安全生产费用的提取和使用、教育培训计划的制定、应急救援、劳动保护用品管理、劳动合同和工伤保险、职业卫生、隐患排查治理、档案管理等方面制定，应包括采煤、掘进、机电、运输、通风、地测防治水、安全管理等专业项目，标准中应确定各专业项目的必备条件和考核内容。安全质量标准化矿井应具备以下条件：依法取得“六证”（采矿许可证、煤矿安全生产许可证、煤炭生产许可证、矿长资格证、矿长安全资格证、营业执照）且合法有效；考核年度内实现安全考核目标（其中一级煤矿安全生产标准化矿井考核年度内未发生死亡事故）；采

掘关系正常；监测监控系统可靠有效；按规定建立防治水、防灭火、防尘系统；未使用国家明令淘汰的采煤工艺和支护方式；无超层越界开采等违法违规行为。

4. 煤矿要根据各矿安全管理的实际情况，制定科段、班组（岗位）安全生产标准化标准及考评办法。科段安全生产标准化的内容要紧密结合煤矿（矿井）安全生产标准化标准及考评办法，将煤矿（矿井）安全生产标准化的相关专业的内容分解到科段安全生产标准化标准中，并结合安全生产规章制度的制定和落实、岗位责任制的建立和落实、应急救援、领导干部跟班盯岗、安全培训、劳动保护用品的使用、职业卫生、隐患排查治理、档案管理等内容，制定科段安全生产标准化标准及考评办法。

5. 班组（岗位）安全生产标准化的内容要紧密结合班组建设的有关要求和煤矿（矿井）安全生产标准化标准及考核评级办法，重点是工作场所的安全生产标准、岗位工作规范。要通过班组（岗位）安全生产标准化建设，实现各岗位工作标准化，最终实现煤矿（矿井）安全生产标准化。煤矿要针对班组（岗位）的不同工作性质、工作内容，首先确定班组（岗位）安全生产标准化工作的试点单位，结合试点工作开展情况，不断总结经验，以点带面，分步骤、有计划逐步健全和完善班组（岗位）安全生产标准化建设，最终实现全员、全过程、全岗位参与安全生产标准化活动。

（四）建立自评机制，为安全生产标准化活动的开展提供保障

京煤集团和各煤矿要针对公司、煤矿（矿井）、科段、班组（岗位）四级安全生产标准化活动的不同特点，明确各级安全生产标准化活动的考评方式、考评频次，定期开展自评和考评工作，每年在企业内部公布考评情况。通过经常性的自评和考评，不断排查事故隐患，提高全员参与安全生产标准化活动意识，提升安全管理水平。

（五）建立激励约束机制，提升安全生产标准化活动的效果

京煤集团和各煤矿要制定出台有利于推进安全生产标准化工作的措施和奖惩制度，充分调动煤矿、科段、班组抓好安全生产标准化工作的积极性，把安全生产标准化与收入分配、干部业绩考核和使用挂钩，形成强有力的推动和约束机制，促进安全生产标准化工作的开展。

四、开展市级安全生产标准化矿井的评选活动，推动和促进安全生产标准化活动的深入持久开展

市级安全生产标准化矿井分为一级、二级、三级共三个等级。市安全生产监督管理局、北京煤矿安全监察分局、市发展和改革委每年组织开展市级安全生产标准化矿井达标活动的评选工作，定期对煤矿安全生产标准化达标情况进行公布，接受社会监督，推动全市煤矿安全生产标准化活动的开展。

凡在国家规定时间内未实现安全生产达标的煤矿，按照《国务院关于进一步加强企业安全生产工作的通知》（国发［2010］23号）的规定，依法暂扣其生产许可证、安全生产许可证，责令停产整顿；整改逾期未达标的，地方政府要依法予以关闭。

本通知自2010年10月9日起实施。

北京市安全生产监督管理局
北京煤矿安全监察分局
北京市发展和改革委员会

2010年9月9日

北京市安全生产监督管理局关于做好危险化学品经营许可现场核查工作的通知

京安监发［2010］122号

各区县、北京经济技术开发区安全生产监督管理局：

为进一步做好本市危险化学品经营许可工作，落实属地监管责任，加强危险化学品经营单位安全监管，经研究，现将有关事项通知如下：

一、自2010年9月20日起，危险化学品经营许可（甲种）现场核查工作，交由申请单位所在地的区（县）安全监管局办理，经营许可的审批工作仍由市安全监管局负责。

二、市安全监管局受理危险化学品经营许可申请后，及时通知申请单位所在区（县）安全监管局进行现场核查。区（县）安全监管局接到通知后，按照《危险化学品经营许可（甲种）现场核查管理办法》（见附件）的规定进行现场核查并出具意见。市安全监管局对申请材料和现场核查情况进行审查，依法做出是否予以行政许可的决定。

三、市安全监管局将建立通报机制，及时通报危险化学品经营许可现场核查工作中发现的问题。

四、自2010年9月20日起，经营许可证换证时，区（县）安全监管局不再出具《危险化学品经营许可证换证意见书》。

2010年9月3日

附件

危险化学品经营许可（甲种）现场核查管理办法

第一章　总　则

第一条　为进一步规范危险化学品经营许可（甲种）现场核查工作，严格做好危险化学品经营许可工作，依据《中华人民共和国行政许可法》和《危险化学品经营许可证管理办法》（原国家经贸委令第36号）等规定，结合本市危险化学品经营许可工作实际，特制定本办法。

第二条　本办法所称现场核查是指区县安全监管局按照市安全监管局的工作要求，对申报材料的实质内容进行现场检查、核实，并出具意见。

第三条　市安全监管局负责危险化学品经营许可（甲种）的审批工作，并加强现场核查工作的监督指导。

区县安全监管局负责危险化学品经营许可（甲种）的现场核查工作，并按要求提出核查意见。

第二章　现场核查的组织和程序

第四条　区县安全监管局接到市安全监管局《危险化学品经营许可（甲种）现场核查通知书》和申请单位申报材料后，

应指派2名（含）以上本机关工作人员对申请单位进行现场核查，同时对现场进行拍照。

第五条　现场核查人员应当按照《危险化学品经营许可（甲种）现场核查表》和《危险化学品经营许可（甲种）现场核查意见书》中确定的内容进行逐项核查：

（一）申请表有关内容与现场是否相符。

（二）评价报告有关内容是否与现场相符。

（三）经营储存场所是否符合相关法律法规和标准的要求。

第六条　现场核查工作完成后，核查人员要在《现场核查表》和《现场核查意见书》中签署意见，并加盖本机关公章后，连同现场照片电子版及《危险化学品经营许可（甲种）现场核查材料清单》（附件4）等材料一并报送市安全监管局监管三处，市安全监管局对申请材料和现场核查情况进行审查，按照规定程序和时限作出是否予以行政许可决定。

第三章　现场核查有关要求

第七条　现场核查工作应在接到通知后5个工作日内完成。

第八条　现场核查人员应当如实、完整填写《现场核查表》和《现场核查意见书》，并签署明确的核查意见。

第九条　对现场核查中发现的问题，按如下规定处理：认为现场与申报材料不符或不符合许可条件的，将核查意见报市安全监管局，由市安全监管局依法作出决定；发现安全生产违法行为或事故隐患的，由区县安全监管局依法处理。

第四章　现场核查的监督管理

第十条　区县安全监管局应当坚持公开、公平、公正的原则，严格按照法律、法规、规章和标准规定的条件和要求开展现场核查工作。现场核查工作不得妨碍申请单位正常的生产经营活动。

第十一条　市安全监管局将对区县安全监管局现场核查情况进行抽查，并及时通报现场核查工作中发现的问题。

第十二条　本办法自2010年9月20日开始实施。

北京市安全生产监督管理局转发国家安全监管总局关于安全生产行政处罚自由裁量适用规则和裁量标准等两个文件的通知

京安监发［2010］130号

各区县、北京经济技术开发区安全监管局，局机关各处、室、队：

现将《安全生产行政处罚自由裁量适用规则（试行）》（国家安全监管总局令第31号，以下简称《裁量规则》）和《国家安全监管总局关于印发〈安全生产行政处罚自由裁量标准〉的通知》（安监总政法［2010］137号，以下简称《裁量标准》）转给你们，并提出如下意见，请一并贯彻执行。执行中遇有问题，请及时函告我局。

一、《裁量规则》和《裁量标准》对

于安全监管部门依法实施行政处罚，合法、适当地行使自由裁量权，维护当事人合法权益，具有重要意义。各单位要高度重视，认真做好学习培训，确保每个行政执法人员掌握好、运用好两个文件。

二、各单位要认真落实《裁量规则》的要求，做好行政处罚自由裁量结果审核、案件备案审查和裁量结果公开等工作。各区县要抓紧研究制定行政处罚自由裁量审查和备案审查的具体办法，并将具体办法报我局备案。

三、《裁量规则》和《裁量标准》自2010年10月1日起实施，各单位要认真贯彻执行两个文件。本市法规、规章设定的行政处罚，在具体实施中需要自由裁量的，要按照《裁量规则》和本市有关规定并参照《裁量标准》，依法、适当地作出行政处罚。当事人有要求的，应当向其说明裁量行政处罚的理由。

四、各单位要认真贯彻执行《裁量规则》、《裁量标准》和本市关于规范自由裁量的规定，我局将通过行政复议、行政处罚案卷评查、行政执法监督检查等方式，对行政处罚自由裁量权规范的落实情况进行监督指导。

2010年9月30日

北京市安全生产监督管理局关于印发《北京市危险化学品重大危险源安全管理办法（试行）》的通知

京安监发［2010］147号

各区县、北京经济技术开发区安全生产监督管理局：

《北京市危险化学品重大危险源安全管理办法（试行）》已经2010年11月22日第35次局务会议通过，现印发给你们，请各单位将本办法转发辖区内生产经营单位，并监督和指导生产经营单位遵照执行。

2010年12月2日

北京市危险化学品重大危险源安全管理办法（试行）

第一章　总　则

第一条　为加强本市生产经营单位危险化学品重大危险源管理，预防和减少生产安全事故，保障人民群众生命和财产安全，根据《中华人民共和国安全生产法》、《中华人民共和国突发事件应对法》、《危险化学品安全管理条例》、《国务院关于进一步加强企业安全生产工作的通知》和《北京市安全生产条例》等有关法律法规，结合本市实际，制定本办法。

第二条　本市行政区域内生产经营单位危险化学品重大危险源的安全管理工作，适用本办法。

本办法所称危险化学品重大危险源（以下简称重大危险源），依据《危险化学品重大危险源辨识》（GB18218）确定。

涉及城镇民用燃气重大危险源的安全管理，不适用本办法。

第三条　重大危险源的安全管理坚持预防为主、预防与应急相结合的原则。

第四条　生产经营单位是本单位重大危险源安全管理的责任主体，负责辨识和确定本单位重大危险源，建立健全重大危险源安全管理制度，制定重大危险源安全管理技术措施和应急措施，加强重大危险源的安全管理工作。

第五条　生产经营单位主要负责人依据法定职责加强本单位重大危险源的安全管理。

第六条　市安全生产监督管理局负责本市生产经营单位重大危险源安全监管工作。

区县安全生产监督管理局负责辖区内生产经营单位重大危险源的安全监管工作。

第二章　重大危险源的辨识、评估、登记建档、备案与核销

第七条　生产经营单位应当依据国家标准和本办法，对本单位的重大危险源进行辨识，确定本单位重大危险源。

第八条　生产经营单位应当组织专家或委托具有相应资质的安全评价机构，对辨识出的重大危险源进行安全评估，并形成安全评估报告。

第九条　生产经营单位应当每两年对重大危险源进行一次安全评估；涉及剧毒化学品的，每年进行一次安全评估。

生产经营单位重大危险源具有下列情况之一的，应当重新进行安全评估：

（一）实施新建、改建、扩建工程的。

（二）生产工艺、材料以及生产过程、设备、设施等发生变更的。

（三）发生生产安全事故的。

（四）需要重新进行安全评估的其他情况。

第十条　生产经营单位组织的专家或委托的安全评价机构出具的安全评估报告应当客观公正，数据准确，内容完整，结论明确，建议措施具体可行，并对其真实性及所做结论负责。安全评估报告应包括以下内容：

（一）安全评估的主要依据。

（二）重大危险源的基本情况。

（三）危险、有害因素的辨识与分析。

（四）可能发生事故的情景、类型及危害程度。

（五）可能受影响的周边单位和人员。

（六）重大危险源技术措施分析。

（七）重大危险源应急措施分析。

（八）评估结论与建议。

（九）其他需要说明的内容。

第十一条　生产经营单位应当对重大危险源及时登记建档。

第十二条　生产经营单位应当按照国家和本市有关规定及时将本单位重大危险源及有关安全措施、应急措施报区县安全生产监督管理部门备案。

备案提交的主要材料包括：

（一）重大危险源管理制度、操作规程。

（二）重大危险源相关技术资料和图片。

（三）重大危险源安全技术、检测及监控措施。

（四）重大危险源事故应急预案。

（五）重大危险源突发事件可能对周

边环境造成的影响分析以及采取的控制措施。

（六）重大危险源安全评估报告。

（七）安全生产监督管理部门要求上报的其他情况。

第十三条　生产经营单位应当及时将经确认不再构成重大危险源的有关情况，报所在地区县安全生产监督管理部门进行核销；对重大危险源需要重新评估和外部环境因素发生重大变化的，应当及时向所在地区县安全生产监督管理部门报告。

第三章　生产经营单位重大危险源安全管理

第十四条　生产经营单位应当把重大危险源作为安全生产管理的一项重要内容，认真开展安全检查、安全教育培训、隐患治理、安全设施设备管理和作业场所危险作业安全管理等工作。

第十五条　生产经营单位的主要负责人负责组织开展本单位重大危险源的安全管理工作，保证本单位重大危险源的安全管理符合法律、法规、规章规定和国家标准的要求。

生产经营单位各分管负责人和职能部门应当组织落实职责范围内的重大危险源安全管理工作。

第十六条　生产经营单位应当明确本单位负有安全生产管理职能的部门，具体实施重大危险源安全管理工作。

第十七条　生产经营单位应当针对重大危险源辨识、登记建档和检测、评估、监控等工作，制定相应的安全管理制度，并保证各项安全管理制度的有效实施。

第十八条　生产经营单位应当建立健全涉及重大危险源全部作业岗位的安全操作规程，并保证涉及重大危险源的从业人员全面掌握本岗位的安全操作技能和在紧急情况下应当采取的应急措施。

第十九条　生产经营单位应当建立完善本单位重大危险源动态监控和预警预报体系，对本单位重大危险源实行有效监控，并保证监控设施有效运行。

生产经营单位应积极采取物联网等先进技术提高重大危险源监控、预警管理水平，并满足属地安全生产监督管理部门对相关监控信息的需求。

第二十条　生产经营单位应当明确各级监控人员及其职责，制定监控频次、内容、记录和报警处理等工作要求，对重点部位、重要设备、重要工艺参数和重点岗位等实施有效监控，确保即时接收各类报警信号并及时做出处理。发现事故征兆要立即发布预警信息，落实防范和应急处置措施。

第二十一条　生产经营单位应当依据国家相关规定对重大危险源工艺参数、危险物质、危险能量进行定期检测。针对发现的问题及时完善安全技术措施、应急措施，并将检测记录存档。

第二十二条　生产经营单位应当把重大危险源作为每月安全生产风险分析的重要内容，掌握重大危险源的运行、管理情况，及时发现问题、隐患并制定落实整改措施，实施动态管理。

第二十三条　生产经营单位应当对本单位的重大危险源、有重大危险源的建筑物、构筑物及其周边环境开展隐患排查，对发现的生产安全事故隐患要及时采取措施消除；不能立即整改的，必须落实整改措施、资金、期限、责任和相应的应急预案；在整改前或者整改中无法保证安全的，应当从危险区域内撤出作业人员，并疏散可能危及的其他人员，设置警示标志，暂时停产、停业或者停止使用。

重大事故隐患治理结束后，应当组织专家或委托安全评价机构对隐患治理情况进行评估；在整改前或者整改中无法保证安全的隐患，经评估合格后方可恢复生产经营。

第二十四条　生产经营单位应在重大危险源现场设置明显的安全警示标志。

第二十五条　重大危险源的储存设施与居民区、商业中心、公园等人口密集区域和学校、医院、影剧院、体育场（馆）等公共设施的距离必须符合国家标准或者国家有关规定。

第四章　生产经营单位重大危险源应急管理

第二十六条　生产经营单位应根据本单位重大危险源管理实际和安全评估结果，针对可能出现的突发生产安全事故，制定本单位重大危险源应急预案，主要内容包括：本单位的应急组织机构及其职责、重大危险源危险性分析、预测预警及应急处置程序、应急救援队伍及物资保障等。重大危险源应急预案应与当地政府部门制定的相关预案保持衔接。

第二十七条　生产经营单位应当制定重大危险源现场处置方案。针对涉及重大危险源的各工作岗位，逐一分析其可能出现的突发事件及后果，分别明确各工作岗位作业人员应对处置突发事件的职责、程序和要求等。

现场处置方案应明确重大危险源现场带班人员、班组长和调度人员在遇到险情时具有应急处置直接决策权和指挥权，并可在第一时间下达停产撤人命令。

第二十八条　生产经营单位应当根据《北京市生产经营单位生产安全突发事件应急演练规范（试行）》相关规定，结合重大危险源应急预案和现场处置方案组织开展应急演练，使从业人员熟练掌握紧急情况下应当采取的应急措施。

第二十九条　生产经营单位应当根据重大危险源变化情况以及应急预案演练情况，及时修订和完善应急预案和现场处置方案，并保证应急预案和现场处置方案的有效实施。

第三十条　生产经营单位应当根据《北京市矿山、危险化学品企业安全生产应急救援队伍建设管理规定（试行）》，加强本单位专、兼职应急救援队伍建设和管理工作，提高重大危险源等突发事件的专业救援处置能力。

第三十一条　未建立专职应急救援队伍的重大危险源生产经营单位，应当与邻近建有危险化学品专业应急救援队伍的生产经营单位签订应急救援协议，满足本单位重大危险源突发事件应急救援工作需要。

第三十二条　生产经营单位应当根据本单位重大危险源应急实际需要，配备危险化学品堵漏、洗消、有毒有害气体防护等应急救援装备、物资；在重大危险源现场工作岗位设立应急救援器材柜，配备必要的便携式消防器材、防爆作业工具和个体防护用品等。

第五章　监督管理

第三十三条　市安全生产监督管理局负责建立本市重大危险源安全监管体系，组织开展重大危险源监管工作，检查、指导区县安全生产监督管理局监管工作。

第三十四条　市安全生产监督管理局建立重大危险源信息管理系统，提高本市重大危险源安全监管和应急救援管理信息化水平。

第三十五条　区县安全生产监督管理局负责辖区内重大危险源的监管工作。指导和监督辖区内生产经营单位依法律法规和本办法要求，开展重大危险源日常管理工作。

第三十六条　区县安全生产监督管理局应当对生产经营单位报备的重大危险源

资料进行形式审查；对生产经营单位提出变更、核销重大危险源的，必要时可赴现场确认，并会同生产经营单位组织专家论证；将本辖区重大危险源纳入重大危险源数据库，加强日常监管工作；将本辖区重大危险源信息纳入信息管理系统，实施动态管理。

第三十七条　区县安全生产监督管理局应当按照有关规定，建立本辖区内重大危险源安全监管工作机制，及时与有关部门和街道办事处、乡镇人民政府沟通协调工作情况，重要情况应当及时报本级人民政府；做好与生产经营单位重大危险源应急预案的衔接，适时组织联合演练，保证预案的有效实施。

第三十八条　市和区县安全生产监督管理部门通过执法检查、信息化监控等方式，监督检查生产经营单位重大危险源辨识、评估、检测、监控、应急等工作实施情况、报警信息处置情况以及安全措施、应急措施的落实情况，依法查处生产经营单位的违法行为。

第三十九条　生产经营单位和从事检测检验、安全评估的安全评价机构违反本办法及有关规定的，依法给予行政处罚。

第六章　附　则

第四十条　本办法由北京市安全生产监督管理局负责解释。

第四十一条　本办法自发布之日起30日后正式施行。

北京市安全生产监督管理局2010年度行政规范性文件目录

序　号	行政规范性文件名称	发布日期
1	北京市安全生产监督管理局关于进一步做好危险化学品经营许可证换证工作的通知	2010－1－21
2	北京市安全生产监督管理局　北京煤矿安全监察分局关于发布《北京市矿山救护队资质管理办法》的通知	2010－4－28
3	北京市安全生产监督管理局关于地下有限空间作业现场监护人员必须持证上岗的通告	2010－5－17
4	北京市安全生产监督管理局关于发布有限空间特种作业人员培训机构资质条件的通告	2010－5－17
5	北京市安全生产监督管理局关于印发《北京市金属非金属矿山安全生产监督管理暂行办法》的通知	2010－6－7
6	北京市安全生产监督管理局关于印发《有限空间特种作业安全技术培训大纲及考核标准》的通知	2010－7－5
7	北京市安全生产监督管理局关于印发《北京市工业制造业安全生产管理规范（试行）》的通知	2010－7－5
8	北京市安全生产监督管理局北京煤矿安全监察分局关于印发《北京市矿山、危险化学品企业安全生产应急救援队伍建设管理规定（试行）》的通知	2010－7－28

续表

序　号	行政规范性文件名称	发布日期
9	北京市安全生产监督管理局北京煤矿安全监察分局关于印发《北京市生产经营单位生产安全事故应急预案演练管理办法（试行）》的通知	2010－8－4
10	北京市安全生产监督管理局关于加强矿泉水和地热开采安全生产工作的通知	2010－8－30
11	北京市安全生产监督管理局关于做好危险化学品经营许可现场核查工作的通知	2010－9－3
12	北京市安全生产监督管理局关于深入开展煤矿安全生产标准化活动的通知	2010－9－9
13	北京市安全生产监督管理局关于印发北京市煤矿安全生产标准化标准及考评办法的通知	2010－9－9
14	北京市安全生产监督管理局转发国家安全监管总局关于安全生产行政处罚自由裁量规则和裁量标准等两个文件的通知	2010－9－30
15	北京市安全生产监督管理局关于发布《北京市金属非金属矿山作业场所职业健康管理规范（试行）》的通知	2010－10－11
16	北京市安全生产监督管理局关于开展注册安全工程师注册管理信息系统使用试点工作的通告	2010－11－2
17	北京市安全生产监督管理局关于印发《北京市职业健康管理员监督管理办法（试行）》的通知	2010－11－30
18	北京市安全生产监督管理局关于印发《北京市社会影响较大的一般生产安全事故调查处理暂行规定》的通知	2010－12－1
19	北京市安全生产监督管理局关于印发《北京市危险化学品重大危险源安全管理办法（试行）》的通知	2010－12－2
20	北京市安全生产监督管理局关于印发《北京市生产安全事故调查处理工作程序》的通知	2010－12－7
21	北京市安全生产监督管理局关于印发《北京市非煤矿矿山企业安全生产许可证实施办法》的通知	2010－12－31

安全生产法律法规目录

法律

中华人民共和国安全生产法

中华人民共和国矿山安全法

中华人民共和国职业病防治法

行政法规

危险化学品安全管理条例（国务院令第591号）

生产安全事故报告和调查处理条例

烟花爆竹安全管理条例

易制毒化学品管理条例

安全生产许可证条例

使用有毒物品作业场所劳动保护条例

石油天然气管道保护条例

国务院关于特大安全事故行政责任追究的规定

中华人民共和国矿山安全法实施条例

中华人民共和国尘肺病防治条例

部门规章

建设项目安全设施“三同时”监督管理暂行办法

金属与非金属矿产资源地质勘探安全生产监督管理暂行规定

金属非金属地下矿山企业领导带班下井及监督检查暂行规定

国家安全生产监督管理总局关于废止《危险化学品包装物、容器定点生产管理办法》等6个部门规章的决定

安全生产行政处罚自由裁量适用规则(试行)

特种作业人员安全技术培训考核管理规定

作业场所职业危害申报管理办法

冶金企业安全生产监督管理规定

安全生产监管监察职责和行政执法责任追究的暂行规定

作业场所职业健康监督管理暂行规定

安全评价机构管理规定

生产安全事故信息报告和处置办法

非煤矿矿山企业安全生产许可证实施办法

生产安全事故应急预案管理办法

安全生产事故隐患排查治理暂行规定

安全生产违法行为行政处罚办法

《生产安全事故报告和调查处理条例》罚款处罚暂行规定

安全生产检测检验机构管理规定

注册安全工程师管理规定

危险化学品建设项目安全许可实施办法

烟花爆竹经营许可实施办法

尾矿库安全监督管理规定

非药品类易制毒化学品生产、经营许可办法

生产经营单位安全培训规定

矿山救护队资质认定管理规定

劳动防护用品监督管理规定

安全生产培训管理办法

小型露天采石场安全生产暂行规定

非煤矿矿山建设项目安全设施设计审查与竣工验收办法

烟花爆竹生产企业安全生产许可证实施办法

危险化学品生产企业安全生产许可证实施办法

危险化学品登记管理办法

危险化学品经营许可证管理办法

石油天然气管道安全监督与管理暂行规定

地方性法规和地方政府规章

北京市安全生产条例

北京市烟花爆竹安全管理规定

北京市实施《中华人民共和国矿山安全法》办法

北京市生产安全事故报告和调查处理办法

北京市人民防空工程和普通地下室安全使用管理办法

北京市关于重大安全事故行政责任追究的规定

安全生产大事记

1月

1月4日 《北京日报》头版发布了冰雪灾害天气安全生产提示。

同日 市安全监管局召开视频会，对全市危险化学品企业应对冰雪低温天气做好安全生产工作进行部署。各区县、北京经济技术开发区安全监管局主管副局长及危险化学品生产经营重点企业负责人在分会场参加了会议。

1月6日 市安委会综合考核组赴朝阳区考核2009年安全生产工作。

同日 市安委会综合考核组对昌平区安全生产工作进行综合考核。检查了回龙观镇城南街道、昌平区的沃尔玛超市、东关加油站等单位安全生产工作。

同日 市政府召开天然气供应保障工作紧急会议，市安全监管局下发《关于天然气供应保障工作紧急部署会议要求的通知》。

1月7日 副市长苟仲文组织召开本市安全生产应急抢险救援工作座谈会，并代表市委、市政府慰问矿山应急抢险救援队全体队员。座谈会由市安全监管局局长张家明主持。市应急办、市安全监管局，房山区政府，京煤集团及京煤集团北京昊华能源公司参加了会议。

同日 市安全生产第三考核组对东城区2009年安全生产工作进行了综合考核。市安全监管局、市文化局、市工商局、市环保局等有关部门参加了本次考核工作。

1月8日 副市长陈刚召开市轨道交通建设专题会，会议由市政府副秘书长徐波主持，市轨道交通建设指挥部各成员单位、北京市基础设施投资有限公司和轨道交通建设相关单位负责人参加了会议。会上，市安全监管局就开展的本市轨道交通建设安全生产管理调查评估工作进行了专题汇报，并提出下一步对轨道交通建设安全生产综合监管工作意见。

1月13日 副市长、市安委会主任苟仲文检查中石油北京燕山公司安全生产指挥中心、应急救援装备和化工一厂。同日，还检查了北京豆豆烟花爆竹有限公司仓库现场。

同日 副市长苟仲文带队对全市地下空间安全大检查落实情况进行“回头看”。市安全监管局局长张家明及市商务委、市住房城乡建设委、市公安局消防局和有关媒体一同参加了检查。

1月18日 国务院召开全国安全生产电视电话会议后，市安委会随即召开全市安全生产电视电话会议，部署本市全年安全生产工作重点。做好春节和两会期间安全生产工作，抓紧制订“安全生产年”的实施意见和工作方案。

1月20日 副市长刘敬民检查北京市烟花鞭炮有限公司储存仓库，并在仓库现场召开会议，市政府副秘书长鲁勇主持会议。

同日 市安全监管局副局长陈清召开全市机械、冶金、建材、轻纺、烟花、市属工业集团安全生产工作会。会上总结了上年工作，通报全市工业安全生产面临的形势和问题，部署了2010年安全生产工作。

1月22日 国务院安委会下发《关于下达2010年全国安全生产控制指标的通知》（安委〔2010〕1号），确定了2010年控制指标的构成及下降幅度，提出了控制指标分解与考核相关要求。市安委会办公室会同有关部门根据国务院安委会1号通知精神，做好本市安全生产控制指标的核定与分解工作。

1月25日 市安全监管局组织召开研究部署本市工业在建重大项目安全生产工作会议。市工信委、市住房城乡委、市国资委、市质监局等部门参加会议。会议对市安全监管局起草的《关于加强本市工业在建重大项目安全生产工作实施方案》讨论稿进行研讨。

1月31日 副市长苟仲文到朝阳区调研安全生产工作，听取驻朝阳区大型国资生产企业、建筑企业和商品零售企业安全生产工作。对朝阳区安全生产工作取得的成绩和创新精神给予肯定。

同日 副市长苟仲文，市政府副秘书长鲁勇，市安全监管局局长张家明、副局长丁镇宽等夜查位于顺义区的北京益利农土产杂品有限公司烟花爆竹仓库和位于昌平区的北京市昌平陶瓷杂品公司烟花爆竹批发单位。

2月

2月1日 市安全监管局召开全市安全生产监管系统视频会议，会议对危险化学品、烟花爆竹、矿山等高危行业安全监管措施和执法检查作出部署，明确节日期间停产停业企业的技防措施，防范各类事故的发生。

同日 国家安全监管总局召开全国煤矿安全生产专题视频会，会议结束后，市安全监管局、市发展和改革委立即组织房山区、门头沟区煤矿安全监管部门和京煤集团召开视频会，部署本市煤矿春节前后安全生产工作。

2月2日 市安全监管局召开春节期间全市烟花爆竹批发企业安全生产工作会。全市12家烟花爆竹批发企业主要负责人参加会议。

同日 由市政府办公厅牵头，组织市住房城乡建设委、市市政市容委、市水务局、市安全监管局及北京电力公司等13个委办局、市属专业公司对全国“两会”新增驻地的服务保障工作进行联合检查。

2月3日 全市烟花爆竹安全生产同步集中整治正式启动，18区县安全监管局按照市安全监管局的统一部署，全力投入对烟花爆竹批发仓库和零售网点的执法检查。当日，全市共出动执法检查人员553人次，检查车辆162辆次，检查销售网点732家，发现问题隐患333项，下达整改指令书121份，强制措施决定书1份，1家网点被暂扣安全生产许可证。

同日 市政府办公厅“首都应急工作者新春茶话会”，市安全监管局会同专业技术人员对临建设施施工现场组织开展了监督检查。

2月4日 副市长苟仲文带队对本市工业和危化生产企业安全生产情况进行检查。重点对本市工业企业安全生产制度、设备设施状况和消防安全进行了春节前的安全生产检查。

同日 市安全监管局事故调查组在京煤集团昊华公司培训中心召开长沟峪煤矿"1·17"事故分析会。北京煤监分局、市发展和改革委、市公安局内保局、市总工会和京煤集团及昊华公司等有关人员参加了会议。

2月6日5点45分 位于丰台区马家堡星河苑小区的北京友联共拓科贸有限公司承办的烟花爆竹零售网点发生燃烧爆炸事故。市安全监管局于当日下午召开全市烟花爆竹安全工作紧急视频会，副市长苟仲文到会并作重要讲话。

2月7日 市安全监管局局长张家明带队检查原东城区三个烟花爆竹零售网点。

2月8日 国家安全监管总局副局长孙华山在北京市安全监管局局长张家明陪同下，对原东城区两家烟花爆竹销售点进行检查。

2月9日 市安全监管局召开第一次新闻发布会，副巡视员刘岩就本市烟花爆竹举报投诉和执法检查等情况，向新闻媒体进行了通报。对媒体提出的有关问题进行了解答，并接受北京电视台的专访。

2月10日 副市长苟仲文带队赴昌平区检查烟花爆竹销售网点安全管理和加油站禁放看护工作。

2月13日 副市长苟仲文督察东方石化公司东方厂和蒙牛乳业公司节日期间安全生产工作，并慰问节日加班员工。

2月24日 市安全监管局组织专业人员，对在市委1号楼内召开的北京奥运城市发展促进会第二次全体会议筹备期间临时设施施工阶段的安全生产进行执法检查。

2月25日 全国政协常委会第八次会议期间服务安全保障，市安全监管局组织三个城区的执法人员，对周边200米内生产经营单位进行了安全生产监督检查。

2月26日 副市长苟仲文主持召开市安委会专题会议，通报2009年综合考核情况，研究部署2010年安全生产工作。

3月

3月2日 副市长苟仲文召集市安全监管局、北京京煤集团负责人参加的紧急会议。会议通报了神华集团骆驼山煤矿透水事故，研究分析本市煤矿水害防治工作。

3月3日 市安委会召开安全生产工作会，市安委会副主任、市安全监管局局长张家明代表市安委会通报了2009年全市安全生产情况，部署了2010年安全生产重点工作。

3月4日 国家安全监管总局专员刘云昌率国务院安委会办公室督导组检查坐落在开发区中芯国际集成电路制造（北京）有限公司、京东方光电科技有限公司和法美高新气体（北京）有限公司三家涉及危险化学品企业。

3月6日 国家安全监管总局专员刘云昌率国务院安委会办公室调研督导组对丰台区全国"两会"安全生产保障工作情况进行了检查。

3月9日 国家安全监管总局专员刘云昌率领国务院安办督导组到北京天海工业有限公司进行安全生产调研督导工作。

3月10日 市安全监管局召开全市矿山安全生产工作会议，对本市矿山节后复产工作进行全面部署。市发展和改革委、市公安局有关人员参加会议并讲话。市安全监管局（北京煤监分局）、市发展和改革委、市公安局有关负责人，有关区县安全监管部门、煤炭行业管理部门分管领导，各煤矿和非煤矿山所在乡（镇）分管领导、科长、煤矿驻矿安全督导员以及本市所有煤矿和非煤矿山的矿长、小煤矿主要投资人，共计220余人参加了会议。

3月12日 市安全监管局局长张家明做客北京城市管理广播“市民对话一把手”直播间，就本市安全生产工作同广大市民进行交流，并听取市民对本市安全生产工作的意见和建议。

3月22日 本市召开安全生产宣传教育工作会议，介绍分析安全生产形势，部署安全生产宣传教育工作，表彰2009年安全生产月活动先进单位和个人。国家安全监管总局宣教中心主任金磊夫、市安委会副主任、市安全监管局局长张家明、市总工会副主任霍连明等及市安委会成员单位，各区县安全监管部门和中央在京部分企业、市属大中型企业300多人参加了会议。市商务局、顺义区和北京地铁运营公司作了经验交流发言。

3月23日14时 北京诺和兴水务建设工程有限公司在怀柔区庙城镇郑重庄地区排水工程工地挖沟槽作业中，局部发生坍塌，造成作业的3人被埋窒息死亡事故。

3月24日 北京市安全生产监管监察系统2010年党风廉政建设大会在中环办公楼新闻发布厅召开。会议的主要任务是深入学习贯彻中央纪委十七届五次全会、市纪委十届六次全会暨全市党风廉政建设工作会议的精神，研究部署2010年市局党风廉政建设和反腐败工作。

3月25日 市政府法制办副主任李灵雁就《北京市安全生产条例》修订工作与市安全监管有关局领导进行沟通。市安全监管局局长张家明和法制处有关人员参加。

3月26日 国家安全监管总局专员刘云昌到首钢调研煤气安全。先后到炼铁厂、焦化厂、炼钢厂、动力厂查看高炉煤气、焦炉煤气、转炉煤气工艺流程及储存输配管控措施。

4月

4月1日 市安全监管局完成了世博会中国馆北京展区、最佳城市实践区北京展区竣工典礼安全生产保障任务。北京参博运行团队安全生产工作组在典礼举办前，组织专人对北京展区的运行进行了安全检查，督促各施工单位做好设施设备调试工作。

4月8日 市安全监管局局长张家明召开专题会议，研究工业制造业安全生产管理办法和安全生产标准化工作。会议研究了市安全监管局起草的《北京市工业制造业安全生产管理办法》（征求意见稿）和《2010年安全生产标准化工作推进方案》（征求意见稿）。

4月12日 市安全监管局派专人对“全国劳动模范和先进工作者表彰大会”涉及的宾馆进行安全生产检查。

4月14日 市安委会召开季度安全生产形势分析会。副市长苟仲文到会并讲话。

4月19日 副市长苟仲文到北京经济技术开发区，检查京东方代线建设项目施工期间的安全生产工作。

4月20日 市长郭金龙主持召开市政府专题会议，研究部署安全生产工作。市政府领导、各委办局和区县政府主要负责人参加会议，会议由市政府副秘书长鲁勇主持，会上市安全生产委员会副主任、市安全监管局局长张家明通报了全市安全生产工作情况，重点分析了安全生产面临的形势，并就下步深化“安全生产年”加强安全生产监管监察工作作了安排。

4月22日 市安全监管局召开第二次新闻发布会，新闻发言人市安全监管局副局长蔡淑敏对第一季度全市安全生产工作向新闻媒体进行通报，并就加强农民工培训工作接受了北京电视台专访。

4月28日 北京市安全监管局副局长陈清参加国家安全监管总局在安徽马鞍山市召开的2010年度全国机械、冶金等行业安全生产工作会议。

4月30日 副市长苟仲文到门头沟区，就小煤矿整顿关闭工作进行专题调研，并组织召开全市小煤矿整顿关闭工作领导小组第一次会议。会议由市安全监管局局长张家明主持，市国土局、市发改委、市财政局、市公安局、市环保局、市监察局、市规划委等17部门负责人员及门头沟区、房山区政府主要负责人参加了会议。

5月

5月1日 市安全监管局局长张家明带队对通州区长润发涂料有限公司和北京君子兰涂料有限公司进行安全检查。通州区代区长岳鹏、副区长张华、通州区安全监管局、市安全监管局办公室、危化处、执法队、宣教中心和北京电视台、《北京日报》、北京广播电台等新闻媒体一同参加了检查。

5月6日 国家安全监管总局调研组到密云县调研矿山安全生产标准化工作，实地查看了首云矿业股份有限公司安全标准化成果，听取了关于非煤矿山安全生产标准化工作的汇报。

5月11日 市安全监管局召开全市矿山安全生产暨防汛工作会议，对本市汛期矿山安全生产工作进行全面部署。有关区县安全监管、煤监部门分管负责人、安全科长，乡（镇）分管领导，京煤集团领导及全市各矿山企业的矿长等参加了会议。

5月13日 本市召开安全生产月活动动员部署电视电话会议，对2010年全市安全生产月各项工作的开展进行部署。副市长苟仲文和市安全监管局有关领导出席会议。会议由市政府副秘书长戴卫主持。市安全生产月活动组委会成员单位、各有关部门负责人，部分中央在京企业、市属企业集团负责人参加主会场会议。18区县设立了会议分会场。

5月18日 市安全监管局组织召开怀柔诺和兴水务建设工程有限公司“3·23”事故调查分析会。市公安局、市监察局、市总工会、市人力社保局、市水务局等事故调查组成员单位和怀柔区政府参加了本次会议。市人民检察院应邀列席了本次会议。

5月19日 市安全监管局召开第三次新闻发布会，新闻发言人市安全监管局副局长蔡淑敏和副巡视员汪卫国参加新闻发布会，就“将地下有限空间作业现场监护人员纳入特种作业人员管理的问题”向新闻媒体通报。

同日 国务院安委会第12督察组在国家安全监管总局副局长杨元元带领下，到北京市检查安全生产工作。中共中央政治局委员、北京市委书记刘淇，市长郭金龙会见督察组一行。

5月20日 市长郭金龙主持召开小煤矿关闭有关问题工作会议，听取市安全监管局关于本市小煤矿2010年整顿关闭工作意见的汇报。

同日 国务院第12督察组在国家安全监管总局副局长杨元元带领下，到房山区督察安全生产工作。

5月21日 国务院督察组在国家安全监管总局副局长杨元元带领下，到昌平区地铁8号线02标段施工现场进行综合督察。

5月26日 市安委会办公室会同市监察局、市政府督察室、市财政局召开市级挂账重大安全隐患治理审核会，通报市级挂账生产安全隐患治理审核情况，对下一步治理工作进行了部署。有关区县政府、市有关部门和市安全监管局相关处室负责人参加了会议。

6月

6月1日 以“安全发展，预防为主”为主题的2010年北京市安全生产月活动启动仪式暨安全文化下基层首场演出活动在大兴举行。

6月2日 副市长苟仲文召开小煤矿关闭会议，部署研究了关于小煤矿关闭工作的若干问题。

同日 北京市昌平区水务局施工总队3名作业人员在沙河镇市政污水管线第14排干20号污水井通堵过程中，因一氧化碳中毒造成2人死亡，1人受伤。

同日 市安全监管局局长张家明主持召开全市安监系统防汛工作视频会议，学习传达了市防汛抗旱指挥部第一次会议精神并对本市安监系统及矿山、工业、危化等行业防汛工作进行具体部署。各区县、北京经济技术开发区安全监管局局长等分别在主会场及各分会场参加了视频会议。

6月3日 国家安全监管总局副局长杨元元到顺义区北京现代汽车有限公司，实地考察全国安全生产月宣传咨询日活动筹备情况。国家安全监管总局办公厅主任李万疆，宣教中心主任金磊夫及市安全监管局局长张家明，顺义区区委书记张延昆、区委常委、副区长林向阳陪同考察。

6月10日 全市尾矿库漫顶事故应急演练在密云县首云矿业有限公司举行。

6月11日 副市长苟仲文率队赴首钢总公司位于河北迁安市的首钢矿业公司调研督察汛期安全生产工作。国家安全监管总局一司副司长周彬、市安全监管局局长张家明及石景山区政府、区安全监管局和有关专家参加了调研。

6月13日 京煤集团长沟峪煤矿发生井下煤压事故，造成3人死亡。

同日 围绕“安全发展，预防为主”为主题的2010年全国安全生产月咨询日活动在北京现代汽车有限公司举行。

6月18日 副市长苟仲文到京东方第8.5代线项目为建筑工人上安全生产公开课，届时拉开了本市大型公开课活动的序幕。

6月22日 市政府督察室、市安全监管局、市监察局等10个单位30人参加的市安委会联合督察组，分六路对通州区政府安全生产工作进行为期三天的督察。

6月23日 市安全监管局组织召开北京市重点行业（领域）“十二五”安全生产规划专项研究调度会。市经济信息化委、市住房城乡建设委、市市政市容委、市交通委、市农委、市水务局、市商务委、市文化局、市质监局、市园林绿化局、市民防局、市公安局消防局、市公安局公安交通管理局以及北京铁路局等14个委办局负责规划编制工作的有关人员出席会议。

6月28日 2010年北京市“安全在我身边”演讲比赛决赛在东城区图书馆隆重举行，国家安全监管总局政法司副司长彭玉敬，市安全监管局局长张家明，市总工会副主席霍连明，东城区副区长毛炯等出席并观看比赛。

6月30日 国家安全监管总局统计司

一行对京煤集团木城涧煤矿、大安山煤矿开展职业卫生统计工作调研。

7月

7月2日 副市长苟仲文到市安全监管局听取《北京市安全生产条例》修订工作的汇报。市安全监管局局长张家明及法制处负责人参加汇报。

7月5日 市安全监管局组织召开全市安全监管系统落实“6·30”电视电话会议精神专题会，全面部署下一阶段危险化学品专项整治工作。各区县及北京市经济技术开发区安全监管局主管副局长和科长参加会议。

7月7日 市政府副秘书长周正宇组织召开高速公路交通安全监管工作会议，研究高速公路交通安全等问题。

7月9日 副市长苟仲文召开上半年安全生产形势分析会，研究建设工程领域安全生产工作。

7月14日 北京地铁15号线07标段顺义站基坑钢围檩及钢支撑坠落，造成2名作业人员死亡，8人受伤事故。

同日 市安全监管局聘请原市安全监管局副局长（巡视员）李建伟、市公安局法医检验鉴定中心二部主任张伯旸（主任法医师）、原昊华公司生产技术部副部长林三义（高级工程师）、北京鑫华源机械制造有限责任公司高级工程师刘转富4名专家组成专家组，在大安山煤矿召开了“5·02”事故专家论证会，对事故发生原因进行了分析论证。市安全监管局、北京煤监分局、市公安局内保局、市发改委、市总工会有关人员参加了分析论证会。

7月20日 市安全监管局召开第四次新闻发布会，新闻发言人市安全监管局副局长蔡淑敏对上半年全市安全生产工作进行了分析，提出了下一步强化安全监管、落实安全生产责任、防止重特大事故发生的要求。

7月22日 市安全监管局召开北京市机械冶金等行业上半年安全生产工作会。市经信委、市质监局、市公安局消防局、市国资委有关领导，区县安全监管局主管副局长，部分市属工业集团安全主管领导以及有关专家参加会议。

7月23日 副市长苟仲文带领调研组，对房山区、大兴区的危险化学品经营单位开展调研。调研组共抽查了两区5家危险化学品经营单位，并随机查看了1家化工储运单位和1家民用液化气供应站的安全管理情况。

7月28日 市安委会印发《转发国务院安委会关于补充下达2010年全国安全生产相对控制指标有关文件的通知》（京安发〔2010〕11号），要求市政府有关委办局，结合实际情况贯彻落实已纳入北京市国民经济和社会发展目标体系的安全生产相对控制指标。

7月29日 市安委会牵头、市住房城乡建设委、市市政市容委、市水务局、市通信管理局组成的督察组，对昌平区有限空间专项整治工作进行督察。

8月

8月6日 市安全监管局召开会议，就进一步做好“第一届北京市安全生产科技成果表彰暨安全生产科技装备展示大会”筹备工作进行研讨，广泛听取各方意见，对下一步工作提出要求。京仪集团、梅思安（中国）公司等12家国有企业、民营企业、科研机构、行业协会等单位相关部门负责人参加会议。

8月12日 副市长苟仲文带队，对近期区县已核查过的危险化学品单位（通过安全生产“12350”进行投诉的企业）进行再检查。市安全监管局局长张家明，通州区政府副区长肖志刚和北京电视台等新闻媒体一同参加了检查。

同日 市安全监管局召开视频会，对近期下发实施的《北京市应对生产安全突发事件联动响应管理办法（试行）》、《北京市矿山、危险化学品企业安全生产应急救援队伍建设管理规定（试行）》和《北京市生产经营单位生产安全事故应急预案演练管理办法（试行）》进行讲解说明，并就贯彻落实工作进行了部署。各区县安全监管局参加视频会

8 月 13 日 市安委会召开部署《国务院关于进一步加强企业安全生产工作的通知》贯彻落实工作专题会议，研究制订《北京市集中开展严厉打击非法违法生产经营建设行为专项行动的工作方案》。

同日 市政府办公厅下发《转发国务院关于进一步加强企业安全生产工作有关文件的通知》。

8 月 17 日 市政府办公厅组织市应急办、市市政市容委和市安全监管局等 16 家有关部门对位于朝阳和海淀两区的 7 个北京首届武博会场馆驻地，进行联合执法检查。

8 月 18 日 中国职业安全健康协会会长张宝明、国家安监总局法规司副司长彭玉敬、中国职业安全健康协会秘书长伊烈、副秘书长冯志斌等到市安全监管局听取关于北京市安全社区建设工作情况的汇报。会议由局长张家明主持。

8 月 19 日 市安全监管局事故调查组在长沟峪煤矿召开了长沟峪煤矿“6·13”事故通报会。市安全监管局（北京煤监分局）、市发展和改革委、市国资委、市监察局、市公安局和京煤集团及昊华公司、木城涧煤矿、大安山煤矿、长沟峪煤矿等有关人员参加了会议。

8 月 20 日 市政府召开电视电话会议，市长郭金龙、国家安全监管总局副局长杨元元、副市长苟仲文分别就贯彻落实《国务院关于进一步加强企业安全生产工作的通知》精神和打非专项行动作了讲话。会议还设立了 23 个分会场，各级政府有关部门和中央在京企业共 1600 余人参加会议。

8 月 24 日 市安全监管局有关领导和处室参加北京熊猫烟花有限公司反恐防盗、事故应急救援演练。房山区安全监管局、上方山消防中队、韩村河派出所等参加演练观摩活动。新华社北京分社、《安全生产报》、北京电视台、《北京晨报》、千龙新闻网等新闻媒体对演练活动进行了现场采访。

8 月 26 日 市安全监管局到北京饭店及“北京市与青海省工作交流会场”临建设施进行了安全生产执法检查。

8 月 27 日 市安委会召开专题会议，贯彻落实市政府“8·20”安全生产电视电话会议精神。副市长苟仲文出席会议并讲话。会议由市政府副秘书长戴卫主持，市安全监管局局长张家明等有关领导出席会议。市发展和改革委等 30 个市安委会成员单位及区县政府和北京经济开发区有关领导参加了这次会议。

8 月 30 日 市安全监管局召开会议，总结 2010 年全市安全生产月工作，并对做好《国务院关于进一步加强企业安全生产工作的通知》宣传工作进行部署。国家安全监管总局宣教中心主任裴文田，市安全监管局局长张家明及北京市文化局等有关领导出席会议。市安全生产月活动组委会成员单位、市属各行业主管部门及市属大中型企业、区县安全生产月活动组委会成员单位、部分行业主管部门、部分乡镇、街道等主要负责人和部分新闻单位的记者 300 余人参加了会议。

9月

9月2日 市安全监管局召开第五次新闻发布会，新闻发言人市安全监管局副局长蔡淑敏就“开展落实企事业单位安全生产主体责任建议”征集活动进行新闻发布。

9月3日 北京市在丰台区居然之家广场隆重举办贯彻落实《国务院关于进一步加强企业安全生产工作的通知》宣传日暨大宣讲活动启动仪式。

9月10日 市安全监管局与市住建委、市市政市容委联合召开第六次新闻发布会，对朝阳区东三环国贸桥在建信息管道工程“7·19”事故调查处理情况进行通报；并就贯彻落实《国务院关于进一步加强企业安全生产工作的通知》精神所做的工作，向新闻媒体进行说明。

同日 市安委会成立了八个督察组深入到区县，对贯彻落实《国务院关于进一步加强企业安全生产工作的通知》和“安全生产年”活动进行督察。

9月14日 市政府第七十四次常务会审议并原则通过《北京市安全生产条例》修正草案。

9月15日 市委组织部、市安全监管局在市委党校举办学习贯彻落实《国务院关于进一步加强企业安全生产工作的通知》精神专题辅导报告会，国家安全监管总局发言人黄毅作报告。市委市政府各委办局、各区县政府、市属企业（集团）总公司有关领导和人员及市委党校在校学员参加。

9月16日 市安委会第六督察组对延庆县的安全生产工作进行督察。

9月27日 国务院安委会办公室第一督导组到本市检查指导工作。市安委会办公室副主任、市安全监管局局长张家明向督导组汇报了北京市安全生产工作。

同日 国务院安委会办公室第一调研督导组在国家安全监管总局副局长、煤矿监察局局长赵铁锤带领下，对本市贯彻落实“国务院23号文件”，集中开展严厉打击非法违法生产经营建设行为专项行动开展情况，进行为期三天的调研督导。

9月29日 市安全监管局局长张家明带领有关人员，赴天安门广场检查新中国成立61周年向人民英雄纪念碑献花篮仪式临建设施进行安全生产检查。

9月30日 副市长苟仲文国庆节前夕带队检查本市工业和危险化学品生产经营企业安全生产工作。

10月

10月3日 在朝阳区将台乡将台商务中心项目施工现场，发生一起高处坠落事故，造成现场作业人员2人死亡1人受伤。

10月9日 市安全监管局局长张家明带队为确保第十六届亚运火炬点燃及火炬传递仪式安全生产工作，对在北京天坛祈年殿举行的亚运火炬点燃暨传递启动仪式活动现场的舞台LED大屏幕进行安全生产检查。

10月15日 市安全监管局制订了为做好“中国共产党第十七届中央委员会第五次全体会议”安全生产保障工作，贯彻落实市委、市政府关于做好大会期间的安全保障工作指示精神，市安全监管局制订了专项保障工作方案，成立了安全保障工作领导小组，对会场及驻地周边200米范围内的生产经营单位进行全面排查。

10月18日 市安委会召开安全生产分析会，各成员单位和区县安委会参加会议。会议总结了前三个季度全市安全生产工作情况，通报了各地发生的事故情况，部署了下步工作措施。副市长苟仲文参加会议并讲话。

10月22日 市安全监管局执法队参

与在门头沟区举行的“鲁家山垃圾处理焚烧发电项目奠基仪式”大型活动安全生产保障工作。经执法队检查，展板配重不足，斜支撑不牢固，缆风绳材质不符合要求，责成门头沟区安全监管局下达责令整改通知书。

10月25日 市安全监管局参与在北京国际饭店会议中心举办的“北京市政府与中国航空集团公司战略合作框架协议签字仪式”和“中央企业院校重大科技成果在京转化落地签字仪式”两项活动安全保障工作。

10月27日 市安全监管局督导组对昌平区机械行业贯彻落实“国务院通知”精神和机械行业标准化实施情况进行督察。

10月28日 市安委会召开“打非治违”电视电话会议，就贯彻落实全国打击非法违法安全生产专项行动视频会议精神进行部署。

同日 首都安全生产演讲团在西城区展览路街道和大栅栏街道进行演讲，拉开了全市安全生产巡回演讲的序幕。

同日 2010年北京CBD国际商务节在国贸三区举行。为确保商务节期间的舞台、背景板、展板及贵宾席、嘉宾席临建设施的施工安全及活动现场安全，朝阳区安全监管局对搭建的临建设施下发了《施工安全要求》并派出安全生产执法人员现场全过程跟踪旁站式检查。

11月

11月3日 北京市市政第二建设工程有限公司总包承建的怀柔新城中高路排水工程污水管线顶管作业工地，作业人员对顶进的污水管线实施破管加装顶帽过程中，已破碎管体部位上方土体发生冒落，造成3名作业人员被困管道内窒息死亡。

11月12日 位于北京经济技术开发区科创6街（东区B3M3地块）北京浩渺汇丰医药科技有限公司生产楼等三项工程施工现场，6名作业人员在实施塔式起重机安装作业过程中，塔式起重机发生倾覆，造成现场安装人员3人死亡2人受伤。

11月16日 为保障11月17日上午中共中央政治局委员、北京市市委书记刘淇，市长郭金龙出席市政府与中粮集团签署战略合作框架协议仪式的安全生产工作，市安全监管局赴北京国际饭店对临建设施进行检查，针对检查出的问题责成施工单位立即进行整改。

同日 市政府召开常务会议研究全市安全生产工作和《北京市政府有关部门安全生产综合考核实施意见（试行）》，市长郭金龙主持会议并讲话。

11月17日 市安全监管局督察昌平区粉尘与高毒物品危害专项整治。

11月18日 市安全监管局、市卫生局等组成联合督察组对房山区粉尘与高毒物品危害治理专项行动进行督察。肯定了房山区在职业卫生监管专项行动等方面所做的工作，同时指出存在的问题和整改要求。

11月24日 市安全监管局召开第七次新闻发布会，新闻发言人市安全监管局副局长蔡淑敏向新闻媒体通报了《北京市企业安全生产违法行为警告办法》制订实施有关情况，解答了媒体提出的问题，并接受北京电视台专访。

11月26日 以“落实企业主体责任，服务世界城市建设”为主题的第四届北京安全文化论坛在中国石油大学开幕。国家安全监管总局副局长王德学出席并致辞。

12月

12月2日 市安全监管局调研组赴密

云县就物联网建设，地下矿山监测监控系统、井下人员定位系统、压风自救系统、供水施救系统和通讯联络系统建设工作进行调研。

12月4日 2010年世界单板滑雪北京赛在国家奥林匹克体育中心举行。市委书记刘淇，市长郭金龙，国际奥委会执行委员、市场开发委员会主席杰哈德·海博格与近万名观众共同观看比赛。市安全监管局会同市体育局、市公安局、市公安消防局对活动临建设施进行了实地检查，高大架子进行了专家论证和联合验收。

12月13日 市安全监管局召开第八次新闻发布会，新闻发言人市安全监管局副局长蔡淑敏就《北京市人民政府关于进一步加强企业安全生产工作的通知》向媒体发布，副局长汪卫国在现场解答了媒体的提问。

同日 副市长苟仲文在首钢召开首钢停产工作指挥部第一次会议。会议听取了指挥部综合协调、安全停产、职工安置、社会维稳等工作安排的汇报。市安全监管局汇报了“首钢（北京地区）安全停产督导工作方案”。

12月14日 国务院安委会第十督察组由全国总工会副主席张明启带队，对本市安全生产工作进行督察。市长郭金龙会见了督察组一行。

12月15日 市安全监管局召开第一届北京市安全生产科技成果表彰大会。大会围绕着解决安全生产重点、难点问题，涌现出一批科研成果和应用示范工程。

12月21日 市安委会第三考核组对房山区安全生产工作进行综合考核。

12月24日 由市安全监管局、市商务局、市民政局等市安委会成员单位有关人员组成的市安全生产综合考核组，赴顺义区进行综合考核。

12月27日 上海世博会总结表彰大会在人民大会堂隆重举行。中国中央总书记、国家主席、中央军委主席胡锦涛等国家领导人到会并发表重要讲话。为做好大会的安全生产保障，北京市安全监管局制定了专项保障方案，成立了组织机构，并组织东城区、西城区和海淀区安全监管局对会场及驻地周边200米范围内的生产经营单位进行了全面排查。

12月29日 中共中央总书记、国家主席、中央军委主席胡锦涛在中共中央政治局委员、北京市委书记刘淇的陪同下，前往朝阳区管庄路保障性住房常营项目建设区进行考察。为保证建设区临建篷房设施的安全，12月28日下午，市安全监管局会同市住房和市城市建设委对篷房进行安全生产检查。

同日 市政府与国家电网公司签署联合推进坚强智能电网建设战略合作协议。市委书记刘淇出席签约仪式，市长郭金龙，国家电网公司党组书记、总经理刘振亚在签约仪式上讲话。市安全监管局对签约仪式背景板、签到牌等临建设施进行安全生产执法检查。

12月30日 市安全监管局召开第九次新闻发布会，新闻发言人市安全监管局副局长蔡淑敏就安全生产举报投诉电话“12350”开通有关情况向媒体发布。

同日 地铁15号线通车仪式在望京西站举行。中共中央政治局委员、北京市委书记刘淇等领导参加仪式活动，为保障仪式活动临建设施安全，12月29日，市安全监管局赴活动现场对LED大屏幕、主席台、记者台等临建设施进行检查。

安全生产监督管理

综　述

2010年，全市安全监管系统认真贯彻落实市委、市政府的决策部署，深化法制体制机制建设，夯实基层基础工作，强化监管，严格执法，全市安全生产形势持续稳定好转。全年共发生各类安全生产死亡事故1062起，死亡1176人，同比2009年，事故起数上升1.2%，死亡人数上升1.6%，各项指标均未超过国务院安委会下达的年度控制考核指标。

（一）狠抓安全生产法规制度建设

《北京市安全生产条例》修订工作进展顺利，草案已经市政府常务会审议，并顺利完成市人大常委会会议第一审。研究制定了《生产安全事故调查处理工作程序》、《危险化学品重大危险源安全管理办法》，制定颁布了《危险化学品仓库建设及储存安全规范》、《油储罐机械化清洗安全施工规范》等3个地方标准，全年共完成18个规范性文件及地方标准的制定和颁布实施工作。贯彻落实《国务院关于进一步加强企业安全生产工作的通知》文件扎实有效，开展了面向社会公众的落实企业安全生产主体责任建议征集活动，结合北京实际，制定印发了《北京市人民政府关于进一步加强企业安全生产工作的通知》。

（二）健全安全生产综合监管机制

经过多年的艰苦探索，综合监管已经形成了年初有计划、过程有制度、实现有手段、年终有考核的良性循环。制定了安委会《议事规则》，规范了安委会的工作程序。开展安全生产数据统计分析，完善《安全生产形势分析制度》，召开了4次安全生产形势分析会，加强对行业和区县安全监管工作的指导。根据年度执法计划和重大任务开展等情况，市安委会办公室适时组织有关部门，对区县和政府部门落实安全监管责任以及完成重大任务的情况进行综合督导，提出意见建议，推进监管责任的落实。开展了农村房屋建设、水利工程、公路工程等领域的安全状况评估，明确了在这些领域各行业部门的安全监管职责以及监管重点和监管措施。加强安全生产综合考核，出台了《关于对市政府有关部门安全生产综合考核的实施意见》。

（三）加强重点行业领域监管

煤矿方面，2010年6月底前，关闭了24个小煤矿，实现小煤矿整体退出。非煤矿山监管方面，制定下发《金属非金属矿山安全监管暂行办法》，进一步规范非煤矿山安全生产有关问题。危险化学品监管方面，着手制定《危险化学品交易市场建设方案》，旨在将“交易、储存、配送、回收”集为一体，以确保危险化学品流通环节得到有效监控，组织开展危险化学品储存仓库安全专项整治，烟花爆竹在严密监管下，没有发生死亡事故。作业场所职业卫生监管方面，积极推动职业健康管理员岗位建设，培训职业健康管理员1200多人，开展粉尘与高毒物品危害专项治理。城市运行安全生产保障方面，加强了人员密集场所、城市基础设施运行、城市维护保养作业、地下空间经营场所等与城市安全运行相关领域的监管工作，取得了显著成绩。

（四）加大安全生产执法检查和事故调查处理力度

不断强化安全生产执法工作，按照总局20号令的要求，制定了以10项重点执法任务为内容的年度执法计划及实施方案。创新执法模式，探索开展委托街道（乡镇）执法的方式，开展委托执法试点。加强执法队伍建设，充实和加强执法力量，研究组建执法监察总队的必要性和可行性，加强举报投诉工作。据统计，2010年，共检查各类生产经营单位45780个，发现问题和隐患85866项，下达责令改正指令书26177份，经济处罚3525余万元。全年共调查处理生产安全死亡事故119起，已结案100起，向司法机关移送追究刑责的61人，行政罚款1600余万元。全市各区县、各行业、各单位认真贯彻落实“打非”工作部署，扎实开展打击非法违法生产经营建设行为专项行动，行动期间，全市共出动人员22.761万人次，检查生产经营单位13.963万家次，责令停业整顿1303家，取缔无证无照等违法经营2674个（户），专项行动成效显著，非法盗采煤矿资源、普通地下室安全隐患、无照无证非法经营等安全生产突出问题得到了一定程度的解决。

（五）加强安全生产宣传和培训工作

全年召开新闻发布会9次，在中央及市属新闻媒体刊播稿件2589条，在昨日市情和北京信息上刊登242条；精心组织了以“坚持安全发展，落实安全责任，服务世界城市建设”为主题的安全生产月活动，组织了全国安全生产月宣传咨询日、“安全在我身边”演讲比赛、首都安全生产巡回演讲和安全生产大型公开课等宣传活动；成功举办了第四届北京安全文化论坛。全年共举办各类监管干部培训12个班次，培训1000余人次；组织特种作业人员安全技术考试27期，考试合格共20.54万人；组织高危行业主要负责人和安全管理人员安全资格考试4期，合格4322人；组织烟花爆竹零售单位负责人安全资格考试，合格907人。完成了电力通讯高处安装维修、城轨电动列车司机和信号工培训教材和考核题库的编制工作，为培训考核工作的及时开展提供了保证。

（六）推进安全生产先进技术的运用推广

组织举办了第一届科技成果表彰会，展示了首都安全生产科技成果。在烟花爆竹配送、零售等环节应用电子标签技术加强流向监管。深入推进安全生产信息化建设。制定了《安全监管信息系统建设指导意见》、《区县安全生产信息化平台建设技术规范》等管理规定，有13个业务系统在线运行应用，3个系统试运行，3个系统正在开发完善，启动了安全生产物联网示范工程建设。

（七）推进安全生产标准化及应急管理工作

制定了《关于在全市深入开展安全生产标准化活动的意见》，明确了推进安全生产标准化工作的职责、机制、目标、措施以及激励政策。印发《北京市企业安全生产违法行为警示办法》，建立了“黑名单制度”，将诚信管理引入安全生产领域。研究制定了市区两级安监部门应急响应管理办法，构建了应急救援联动机制，增强了突发事件应对处置能力。编制了《生产经营单位生产安全事故应急演练规范》，明确了企业开展演练的组织、制度和形式等内容。制定了矿山、危化企业专兼职应急救援队伍建设管理办法，推进本市尾矿库及所在地乡镇政府编制一对一的应急预案。

（八）加强安监队伍建设

市安全监管局机关内设机构不断完善，人员不断充实。开展了干部轮岗和交流，多渠道培养干部，3名处级干部到区县挂职，1名区县副局长到市局机关挂职。党风廉政建设继续深化，全系统各级安监干部，认真学习和实践《党员领导干部廉洁从政行为若干准则》，排查廉政风险点，制定风险防控措施，形成了一个有效的立体防控体系。机关工会的桥梁纽带作用充分发挥，通过组织文化艺术节，活跃了文化生活。

北京市安全生产监督管理局（北京市煤矿安全监察分局）安全监管监察

安全生产综合监督管理

【做好安全生产控制考核指标分解工作】 按照国务院安委会关于落实安全生产控制指标的工作部署，以市安委会的名义下发文件，向各区县、各有关部门全面分解落实各类控制考核指标，加强跟踪检查和监督考核。将指标纳入国民经济社会发展规划和调控目标体系，纳入市委组织部对区县功能定位和绩效考核指标体系及首都综治委绩效考核体系。通过分解落实控制考核指标，强化区县政府和行业管理部门的安全监管工作，推动区县属地责任和行业监管责任的落实。同时，坚持控制指标区县与部门“双进入”的体制，不断完善铁路交通、生产经营性道路交通、相对控制考核指标等管理内容。

1月22日，国务院安委会下发《关于下达2010年全国安全生产控制指标的通知》（安委［2010］1号），确定了2010年控制指标构成及下降幅度，提出了控制指标分解与考核的相关要求。为强化安全生产的监督和管理，严格安全生产责任制的考核，做好贯彻落实工作，市安委会办公室会同市有关部门，根据国务院安委会《通知》要求和市政府领导的指示精神，依据职责做好2010年本市安全生产控制指标的核定分解工作。

（张玉红）

【市安委会下达控制考核指标】 经市政府批准，4月27日，市安委会印发《关于下达2010年全市安全生产控制考核指标的通知》，将2010年全市安全生产控制考核指标下达至各区、县人民政府，市政府有关委办局，有关单位，要求各单位、各部门认真贯彻落实。

按照党的十七大提出的“坚持安全发展，强化安全生产管理和监督，有效遏制重特大安全事故”总体要求和市委市政府关于安全生产工作的重要部署，2010 年全市安全生产控制考核指标继续保持稳步下降，力求取得更大进展。2010 年全市安全生产控制考核指标体系，由总体控制考核指标、绝对控制考核指标、相对控制考核指标和较大事故起数控制考核指标 4 类 15 个指标构成。

总体控制考核指标：全市各类安全生产事故（指工矿商贸、道路交通、火灾、铁路交通、农业机械）死亡总人数控制在 1311 人以内。

绝对控制考核指标：工矿商贸（生产安全）事故死亡人数控制在 165 人以内（含特种设备事故），其中：建筑事故死亡人数控制在 100 人以内，煤矿事故死亡人数控制在 8 人以内；道路交通事故死亡人数控制在 1072 人以内，其中：生产经营性道路交通事故死亡人数控制在 303 人以内；火灾事故死亡人数控制在 32 人以内；铁路交通事故死亡人数控制在 40 人以内；农业机械事故死亡人数控制在 2 人以内。

相对控制考核指标：亿元国内生产总值生产安全事故死亡率；工矿商贸就业人员 10 万人生产安全事故死亡率；煤矿百万吨死亡率；道路交通万车死亡率；10 万人口火灾死亡率。

较大事故起数控制考核指标：全市工矿商贸（生产安全）、道路交通、火灾、铁路交通、农业机械较大事故控制在 18 起以内。

（张玉红）

【安全生产控制考核指标实施措施】 全市安全生产控制考核指标的工作要求和实施措施：一是，各区县、各部门、各单位要采取有效措施，全力压减各类事故，坚决遏制重特大事故，推进全市安全生产状况的持续稳定好转。二是，各区县政府对本地区各项控制考核指标实施属地管理，市政府有关部门根据安全监管（管理）职责，对本系统控制考核指标实施监督管理。各区县、各部门要迅速分解落实安全生产控制考核指标，层层落实安全生产目标和任务，将安全生产控制考核指标分解落实到基层单位。要建立完善安全生产综合考核的激励约束机制，把安全生产控制考核指标的落实情况纳入各级领导和企业负责人政绩、业绩的考核内容。三是，市安全生产委员会办公室负责组织实施全市安全生产控制考核指标工作，督促、检查各区县政府和各有关部门安全生产控制考核指标的落实情况，定期通报并向社会公布各项指标的进展和落实情况。市安全监管局、市公安局公安交通管理局、市公安局消防局、市农业局、北京铁路局做好控制考核指标的统计工作，分别于每月后 3 日前，将安全生产控制考核指标落实情况，报市安全生产委员会办公室。

（张玉红）

【安全生产相对控制指标完成情况】 7 月 28 日，市安委会印发《转发国务院安委会关于补充下达 2010 年全国安全生产相对控制指标有关文件的通知》（京安发［2010］11 号），要求市政府有关委、办、局，结合实际情况，贯彻落实。《通知》指出，安全生产相对控制指标是安全生产控制指标体系的重要内容，并已纳入北京市国民经济和社会发展目标体系。安全生产相对控制指标包括：亿元国内生产总值生产安全事故死亡率、工矿商贸就业人员 10 万人生产安全事故死亡率、道路交通万车死亡率、煤矿百万吨死亡率、10 万人人口火灾死亡率、特种设备万台死亡率 6 项。《通知》要求各区县、各部门、各单位要重视相对控制指标的落实工作。市安全监管局、市质监局、市公安局消防局、市公安局交管局要根据通知要求，每季后3日内，将分管行业和领域的相对控制指标实施情况，报市安委会办公室。2010年，北京市亿元国内生产总值生产安全事故死亡率0.10，工矿商贸就业人员10万人生产安全事故死亡率1.68，道路交通万车死亡率2.33，煤矿百万吨死亡率2.241，10万人口火灾死亡率0.18，特种设备万台死亡率0.47。

（张玉红）

【制发安全生产形势分析制度】 市安委会办公室制发《安全生产形势分析制度》（京安办发［2010］19号），要求各区县、各部门做好综合研判，不断提升安全生产形势分析预测能力。

一是坚持月度控制指标统计和季度控制指标分析相结合，坚持地区分析与行业分析相结合，不断完善安全生产综合指标体系，增强综合指标信息化系统功能，提高整体工作效率。

二是以综合统计指标体系为核心，构建安全生产统计工作格局。依照《北京市安全生产综合统计管理办法》在全市安全监管系统内建立安全生产统计工作体系，设置统计机构，落实主管领导和具体负责人员，明确各工作职责和任务。

三是坚持“月统计、季分析”工作机制，提高安全生产统计分析质量。每月统计发布全市安全生产统计分析数据，每季度通过认真分析各类重点监测数据，定期编制《安全生产综合指标数据统计手册》、《安全生产数据季报》、《安全生产形势分析报告》等，准确、及时、有效地为局领导和相关部门提供统计分析材料。

四是完善综合指标信息化系统，提高整体工作效率。按照“再造全新工作机制”的理念构想，研究开发综合指标信息化系统。在系统设计过程中，对每一项数据指标进行逐一分析，研究各个指标之间的相互逻辑关系，增加报表数据逻辑比对功能，有效地减少了人工填报的误差率。

五是创新工作方法，做好安全生产统计应用。积极运用科技优势，逐步提高安全生产数据采集质量，不断提高数据指标的准确性、及时性和完整性。建立数据会商机制，定期召开全市安全生产监管监察系统数据会商会议，统一梳理评估数据，编制《安全生产统计资料》、《2009年综合统计数据年报》。引入科学的理论分析方法，努力做到客观、真实分析安全生产形势。

（张玉红）

【安全生产控制考核指标完成情况】 2010年，全市共发生道路交通、生产安全、火灾、铁路交通、农业机械死亡事故1062起，死亡1176人，事故总量与2009年相比略有上升，增加13起19人，上升1.2%和1.6%。

发生交通死亡事故884起、亡974人，与去年同期相比，事故起数减少17起，下降1.9%，死亡人数减少7人，下降0.7%。发生火灾5307起，其中死亡事故26起，死亡32人。与2009年相比，火灾起数减少308起，下降5.49%；死亡人数同比持平；受伤人员下降76%，直接财产损失下降74.39%。发生铁路交通死亡事故32起，死亡33人，同比增加11起12人，分别上升52.4%和57.1%，死亡人数占全年控制指标的82.5%。发生农机死亡事故7起，死亡1人，生产安全死亡事故119起，死亡136人，同比增加18起13人，分别上升17.8%和10.6%。

【副市长主持召开安全生产工作会议】 2月26日，副市长苟仲文主持召开市安全生产委员会专题会，研究2010年安全生产工作。会议通报了2009年综合考核情况，重点研究讨论了《北京市安全生产工作报告》和2010年重点工作。苟仲文在讲话中充分肯定了2009年市安委会各成员单位在落实市委、市政府工作部署，开展安全生产工作方面所取得的成绩。同时，从安全生产面临形势和首都经济社会发展给安全生产工作带来的压力，对当前安全生产所面临的严峻形势进行了深入分析，对下一步工作提出了要求。一是加强安全生产综合监管、协调、督促工作，增强预测和预警能力，积极推动重点行业和领域安全生产工作；二是强化宣传教育，提升科技维安的保障能力，进一步落实企业主体责任；三是保持警惕，抓好近期安全生产工作。

（张玉红）

【全市安全生产工作总体部署】 3月3日，市安委会召开安全生产工作会议，通报2009年全市安全生产工作和安全生产综合考核工作情况，表彰安全生产先进单位和个人，部署2010年安全生产工作。市安全生产委员会主任、副市长苟仲文出席会议并讲话。会上，市安全生产委员会副主任、市安全监管局局长张家明作了安全生产工作报告。张家明指出，2009年全市各级安全监管部门，扎实开展“安全生产年”活动，以确保实现“平安国庆”为目标，以新中国成立60周年庆祝活动安全生产保障为主线，大力推进“三项行动”和“三项建设”，狠抓各项措施的落实，全市安全生产工作取得了明显成效，安全生产形势保持了良好局面。针对2010年工作，张家明提出6点要求：一是以深入开展“安全生产年”活动为契机，推进首都安全生产工作取得新成效；二是突出城市运行安全保障，强化重点行业领域安全监管和专项整治；三是发挥安全生产委员会作用，增强安全生产综合监管工作效能；四是进一步加大监督检查力度，严格责任追究和事故查处；五是夯实管理基础，推进企业安全生产主体责任的落实；六是实施5项“固基强安”工程，全面落实各级安全生产责任制。

苟仲文指出：市场需求扩大、施工项目多等因素，将给安全生产工作提出新的要求，带来新的挑战。2010年全市安全生产工作要注意抓住“六个重点”，要以防范火灾、拥挤踩踏等群死群伤事故为重点，突出做好人员密集场所隐患排查和监督检查工作；要以小煤矿整顿关闭、非煤矿山尾矿库排土场专项治理、危险化学品生产企业及涉危企业日常监管为重点，进一步加大高危行业领域的安全监管力度；要以从事有限空间作业、高处悬吊作业的单位和从业人员为重点，不断提高其准入门槛，由经过许可、具备专门资质的专业化公司，承担相应的高危作业；要以事故多发易发领域和安全生产工作中存在的薄弱环节、突出问题为重点，根据重要时期和季节性特点，集中力量、深入扎实地开展安全专项整治；要以城市道路以及水、电、气、热等生产经营单位安全监管为重点，狠抓道路交通、市政设施、公共场所等危及城市运行安全的隐患项目，保障城市基础设施的安全运行和居民正常的生活秩序；要增加安全科技投入，利用先进适用的科技手段，推广应用信息化技术，实行安全生产“网格化”管理，不断提高安全监管监察工作水平。

会议对全市14个安全生产综合考核先进单位和119名安全生产先进个人进行了表彰。

（张玉红）

【召开二季度安全生产形势分析会】 4月14日，市安委会召开安全生产形势分析会，专题分析一季度安全生产形势，研究2010年控制考核指标分解落实工作，部署二季度安全生产工作。市安委会各成员单位、各区县政府主管领导参加了会议。会上，市安委会办公室、市住房城乡建设委、市市政市容委、市公安局消防局、市公安局交管局分析了全市相关行业和领域安全生产形势，各单位就有关安全生产工作进行了座谈讨论。会议由市政府副秘书长戴卫主持，副市长苟仲文出席会议并讲话。苟仲文肯定了一季度各成员单位、各区县政府在落实市委、市政府工作部署，开展安全生产工作方面所取得的成绩。同时，对当前安全生产所面临的严峻形势进行了分析，对下一步工作提出了要求。一是各单位要把安全生产工作放在第一位来抓，正视目前存在的问题，进一步落实企业安全生产的主体责任和政府监管责任，进一步加大安全生产监督检查力度；二是清醒认识当前形势，分析特点，有针对性地采取措施，有目标地开展工作；三是要在“严、细、实”上下工夫，增强敏感性，提早做好安全防范工作，特别是对事故反映出的问题要进行研究，提出解决办法和实施有效措施。

（张玉红）

【召开半年安全生产形势分析会】 7月9日，副市长苟仲文召开全市安全生产形势分析会议，专题分析上半年安全生产形势，研究建设工程领域安全生产工作。会议由市安委会副主任、市安全监管局局长张家明主持。市安全生产委员会办公室首先通报了2010年上半年全市安全生产形势，市住房城乡建设委、市交通委、市公安局消防局、市公安局交管局分别就本行业（领域）安全生产情况进行了分析，提出了下一步工作思路。2010年1月至6月份，全市共发生道路交通、生产安全、火灾、铁路交通死亡事故447起，死亡506人，与去年同期相比减少15起4人，分别下降3.2%和0.8%。上半年事故总量下降趋势减缓，控制指标实施平稳，较大事故突出，部分区县事故同比上升。经分析，下半年首都城市发展给安全生产工作带来新挑战，夏季特点将成为事故多发的重要因素，一般性事故和建筑业事故应引起高度重视并列入防范的重点。会上，苟仲文指出：上半年各地区、各部门通过扎实的工作，各类事故略有下降，部分领域的安全生产工作得到进一步加强，值得肯定。但是部分行业和领域事故多发，监管工作还存在一定盲区。下半年，各区县、各部门要坚决落实各项安全生产工作措施，针对季节特点做好事故预防工作，对上半年事故突出的行业和企业开展专项整治，加大安全生产监督检查力度，全力压减事故，维护首都的安全稳定。

（张玉红）

【召开四季度安全生产形势分析会】 10月18日，市安委会召开安全生产形势分析会议，专题研究分析前三季度安全生产形势，部署第四季度安全生产工作。会议由市安委会副主任、市安全监管局局长张家明主持，副市长苟仲文出席会议并讲话。会上，市安委会办公室通报了前三季度全市安全生产情况，分析了全市安全生产形势，部署了下一步重点工作任务。市住房城乡建设委、市公安局消防局、市公安局交管局分别通报了本行业领域安全生产事故情况，分析了当前安全生产形势，提出了对策措施。会议还对《北京市企业安全生产违法行为警示办法》进行了研究。提出，由于受经济增长和季节性等因素影响，四季度安全生产工作将面临较大压力。全市各区县、各部门、各单位要按照国务院关于“安全生产年”活动“三个突出”、“三个加强”的工作要求和市委、市政府的工作部署，进一步加大工作力度，结合各部门工作特点和四季度气候特点，切实加强安全监管工作；要深入贯彻落实国务院《通知》精神，将《通知》精神落实到基层的各个班组，各个岗位；要以“打非治违”专项行动为突破口，治理、关闭一批非法违法行为严重的企业，力求“打非治违”取得扎实效果；继续加大安全监管和执法检查力度，进一步做好元旦等节日期间安全生产工作，做好冬季安全生产工作，严格安全生产综合考核，坚决防范和遏制各类重特大事故的发生。苟仲文在讲话中指出，各单位要时刻保持清醒头脑，进一步分析安全生产存在的问题，在下一步工作中，集中精力、把握规律、提升水平，全力做好四季度的安全生产工作。重点抓好国务院《通知》和“打非治违”专项行动的落实工作，尽快制定和推出配套措施，将工作抓实、抓细、抓好。要加大安全生产监督检查力度，全力压减事故，圆满完成全年安全生产各项工作任务。市发展和改革委、市教委、市公安局等市安委会成员单位主管领导和各区县政府主管领导参加了这次会议。

（张玉红）

【下发做好冰雪低温安全生产工作紧急通知】 1月初，市安全监管局部署做好冰雪低温天气安全生产工作。下发《关于做好应对冰雪低温天气安全生产工作的紧急通知》（京安监发［2010］1号）。要求各单位加强组织领导，落实各项防范措施，及时排查消除各类事故隐患。要督促生产经营单位切实加强生产作业现场的安全管理，对涉及油、气（汽）、水及危险化学品的容器、储罐、管道等生产装置设施和仪器仪表进行防冻、防滑、防泄漏检查，做好生产、储存设施和输送管线的保温工作，确保在安全条件下组织生产经营活动。降雪期间应当暂时停止矿山、危险化学品及建筑施工等室外露天作业，暂时停止危险区域动火、有限空间和起重等危险作业。要采取有效措施，切实加强危险化学品运输安全监管工作。

（张玉红）

【部署冰雪低温天气安全生产工作】 1月4日上午，市安全生产监管局局长张家明主持召开专题会议，对冰雪低温天气下的安全生产工作进行部署。会议决定对有关企业冰雪低温天气下的安全生产工作进行现场督导检查，确保冰雪低温天气下的生产供应。要求加强应急值守工作，对13支应急救援队伍的备勤情况进行检查，确保装备、车辆、物资、通信设备准备到位，随时准备出击抢险。同日下午，召开视频会议，对加油站、油库、危险化学品生产企业以及具有化工工艺的使用单位提出了具体要求。

（张玉红）

【检查燕化、东方化工管线保温防冻工作】 市安全监管局副局长丁镇宽带队，分两组对燕山石化、东方化工和普莱克斯气体公司等重点化工企业进行检查。检查组要求各企业要进一步做好管线保温、管架防风、露天防滑作业、运输、应急队伍和物资储备等工作，加强安全巡检，及时发现和消除安全隐患，切实做好特殊时期的安全生产工作。从检查情况看：燕山石化强化各级值班，动员全体人员清除生产区和主干道积雪；加强原料和产品进出厂的协调，保持物流畅通，及时调整产品结构和装置负荷，保障首都成品油市场供应。东方化工厂乙烯、环氧乙烷装置停产检修，定期进行防冻检查，启动了非常态应急预案，全厂总动员，在装置一线采取防冻、除雪和防滑等措施，完善装置的保温系统，切实做好管线、仪表、阀门和消防设施的保温，确保安全生产。普莱克斯气体有限公司及时调用储备的融雪剂，运输车辆更换低温柴油，认真做好运输过程的安全生产，保障全市医用氧的安全供应。

（张玉红）

【落实天然气供应保障工作】 按照1月6日市政府天然气供应保障工作紧急会议精神，市安全生产监督局迅速下发《关于落实天然气供应保障工作紧急部署会议要求的通知》，要求各区县充分认识当前本市天然气供应的严峻形势，认真部署和开展安全生产监管工作，积极配合开展属地内天然气供应保障整体工作；要结合工作实际，研判属地内事故风险，加强值守应急，确保信息渠道畅通，检查应急物资储备、应急队伍管理情况，做好应对突发生产安全事故的各项应急准备工作。

（张玉红）

【召开安全生产电视电话会议】 1月18日，国务院在北京召开全国安全生产电视电话会议后，市安委会随即召开全市安全生产电视电话会议，贯彻全国安全生产电视电话会议精神，部署全年重点工作。副市长、市安委会主任苟仲文出席会议并讲话，要求加强领导，贯彻落实全国安全生产电视电话会议精神；认清形势，明确“安全生产年”各项工作目标和任务；抓好当前，做好春节和“两会”期间安全生产工作。会议要求各区县、各部门、各单位高度重视，结合实际认真做好贯彻落实工作，抓紧制订“安全生产年”的实施意见和工作方案，及时上报市安委会办公室。会议由市政府副秘书长鲁勇主持。市安委会各成员单位负责人和部分重点企业主要负责人在市政府主会场参加会议；各区县主要领导和分管领导以及有关部门主要负责人在各区县政府分会场参加会议。

（张玉红）

【召开安全生产监管系统视频会议】 2月1日，市安全监管局召开全市安全生产监管系统视频会议，部署春节、“两会”期间安全生产工作。局长张家明要求统筹、整合全市安全生产执法力量，集中高频率地开展烟花爆竹专项执法检查，对发现的问题必须当日进行整改；凡发现批发、零售单位储存、销售非法产品的，坚决予以取缔。要启动重要节日期间应急预案，对全市生产安全事故应急救援队伍进行全面检查，补充、完善应急救援物资，确保应急救援设备良好。

（张玉红）

【召开市安委会专题会议】 2月26日，副市长苟仲文主持召开市安全生产委员会专题会，研究2010年安全生产工作。会议通报了2009年综合考核情况，重点研究讨论了《北京市安全生产工作报告》和2010年重点工作。苟仲文在讲话中充分肯定了2009年以来市安委会各成员单位在落实市委、市政府工作部署，开展安全生产工作方面所取得的成绩。同时，对安全生产工作所面临的严峻形势进行了深入分析，对下一步工作提出了要求。一是加强安全生产综合监管、协调、督促工作，增强预测和预警能力，积极推动重点行业和领域安全生产工作；二是强化宣传教育，提升科技维安的保障能力，进一步落实企业主体责任；三是保持警惕，抓好近期安全生产工作。

（张玉红）

【副市长召开紧急会议】 3月2日，副市长苟仲文召集市安全监管局、北京京煤集团负责人参加的紧急会议，会议通报了神华集团骆驼山煤矿透水事故，研究分析了本市煤矿水害及防治工作，苟仲文要求：全市煤矿企业要认真开展水害隐患排查，小煤矿要把水害隐患的排查情况作为复工的重要条件之一，水害隐患排查不到位，不准复工。要在认真开展水害排查的同时，对提升运输、防火等可能引发重大事故的环节、部位加大检查和管理力度，确保不发生生产安全事故。

（张玉红）

【市长召开市政府专题会议】 4月20日，市长郭金龙主持召开市政府专题会议，研究部署安全生产工作。市政府领导，市政府各委、办、局和各区县政府主要负责人参加了会议。会上，市安全监管局局长张家明通报了全市安全生产工作情况，重点分析了安全生产面临的形势，并就下一步深化“安全生产年”加强安全生产监管监察工作作出安排。与会领导同志指出，各区县、各部门的一把手要高度重视安全生产工作，建立安全生产形势分析会商机制，利用科技手段加强安全监管。要抓住隐患整改不放松，通过12350群众投诉举报电话，加大排查治理力度。针对城市运行和建设反映出的安全生产问题，有关部门要出台相应的政策措施，重点加强包括农村建设、重大工业在建项目在内的建设工程安全监管工作。市长郭金龙在会上强调，安全生产工作关系到人民群众的根本利益，关乎民生。对此，各级领导要认真吸取以往的事故教训，抓安全生产必须警钟长鸣、常抓不懈。要健全责任体系和规章制度，规范责任主体的安全生产行为，完善安全生产长效机制。要按照首善之区的要求实施安全监管，深化专项整治，严格行业准入标准，推进信息化建设，加强安全生产基层基础工作。

（张玉红）

【市安委会召开研究执法检查实施方案会议】 4月28日，市安委会召开专题会议，请市安委会有关成员单位和部分企业研究讨论《北京市安全生产专项执法检查实施方案》，研究地铁运营、轨道交通建设和地下空间生产经营单位安全生产调查评估建议的落实情况。会议由市安委会副主任、市安全监管局局长张家明主持，副市长苟仲文出席会议并讲话。市安全监管局副局长蔡淑敏参加了会议。苟仲文肯定了各成员单位一个时期以来所做的工作。并对下一步提出要求。一是认真贯彻落实市政府专题会议和国家安全监管总局视频会议精神，健全完善安全生产长效机制，深化专项整治，严格行业准入标准，加强安全生产基层基础工作。二是深入开展安全生产大检查，扎实推进安全生产治理行动，要充分发挥“12350”投诉举报电话的监督作用，对群众举报的各类隐患，要及时核查，严肃处理。要精心组织开展“安全生产月”活动。三是加强“五一”小长假和上海世博会期间本市安全生产工作，强化检查督察，特别要加强节日期间安全生产值守应急，严格值班制度，保证信息通畅，确保能够随时处置各类突发事件，坚决遏制有影响的安全生产事故的发生。

（张玉红）

【检查节日期间地铁安全运营】 5月2日，市安全监管局副局长蔡淑敏到地铁复兴门站检查安全运营情况，并向值守在岗的工作人员表示节日慰问。“五一”当天本市地铁客流量迅猛增长，共安全运送乘客559万人次，比去年同期大幅度增长，创本市地铁开通以来单日运送乘客量的历史新高。市安全监管局对地铁公司上下各级加强安全检查、落实安全责任所采取的各项工作措施给予了充分肯定，对公司每月开展反恐怖爆炸、列车临时清人、突发大客流等14项应急演练，给予了高度评价，认为值得其他领域在建立安全生产常态化工作机制中借鉴和推广。市安全监管局提出：地铁的安全运营成为城市经济社会发展中的重要方面，地铁载客量越来越大，是一个人员高度密集的公共场所，做好地铁的安全运营责任重大。作为城市大容量、快速公共交通工具，地铁运营的安全压力大，加强对乘客进行严格、细致的安检、监控、疏散等建设十分必要，要进一步完善机制，抓好各项安全责任的落实；要进一步加强对工作人员特别是新上岗人员的教育培训，不断增强他们的责任心和应对突发事件的处置能力。

（李玉祥　刘　曦）

【市安委会召开贯彻落实“国务院23号通知”会议】 8月13日，市安委会召开专题会议，贯彻落实《国务院关于进一步加强企业安全生产工作的通知》（国发［2010］23号）精神，研究讨论《北京市关于集中开展严厉打击非法违法生产经营建设行为专项行动的工作方案》，通报《北京市安全生产条例》修订工作情况。会议研究了《北京市关于集中开展严厉打击非法违法生产经营建设行为专项行动的工作方案》（讨论稿），通报了《国务院关于进一步加强企业安全生产工作的通知》动员部署大会筹备情况以及《北京市安全生产条例》修订工作情况。与会单位就会议议题进行了认真讨论。会上，苟仲文要求各地区、各部门、各单位，要加强领导，精心组织，营造声势，大力宣传贯彻国务院23号通知，将文件精神传达到每一个企业，要达到振聋发聩的效果，有效落实企业安全生产主体责任。要按照国务院安委会通知要求，集中开展严厉打击非法违法生产经营建设行为专项行动，由各区县政府组织实施，市政府有关部门要明确专项行动的内容和标准，加强监督检查，全力遏制重大事故。苟仲文还就《北京市安全生产条例》修订工作提出要求。会议由市政府副秘书长戴卫主持，市发展和改革委等30个市安委会成员单位负责人，各区县主管领导参会。

（张玉红）

【市安委会召开“打非治违”电视电话会议】 10月28日，在全国打击非法违法安全生产专项行动视频会议后，市安全生产委员会迅速召开全市电视电话会议，就贯彻落实全国打击非法违法安全生产专项行动视频会议精神进行部署，并就下一阶段全市的“打非治违”工作进行了再部署、再动员。市政府副秘书长戴卫出席会议并讲话。戴卫强调，全市下一阶段的“打非治违”工作，要抓好四个重点：一是各区县、各有关行业部门和单位要在前一阶段工作的基础上，以深挖深查、补漏补缺为重点，要在“打”和“治”上狠下功夫。二是在区县政府统一领导下，立即组织开展联合执法行动和检查督察活动，依法关闭取缔一批无证无照生产经营和建设单位。三是专项行动结束后，各区县、各有关行业主管部门还要适时组织开展“回头看”活动，继续保持对非法违法严厉打击的高压态势，巩固和发展专项行动的成果。四是要做好抓反面典型方面的工作，用依法严惩的典型案例说话。每个区县都要抓住几个情节恶劣、后果严重、影响很坏的非法违法典型，公开处理，依法严惩，以起到教育和震慑作用。会议由市安全生产委员会办公室副主任、市安全监管局副局长蔡淑敏主持。市发展和改革委、市经济信息化委、市公安局、市国土局、市住房城乡建设委、市市政市容委、市交通委、市工商局、市民防局、市安全监管局等部门主管领导及相关处室负责人在市政府主会场参加会议，各区县安委会、北京经济技术开发区管委会负责人以及相关部门主要负责人在各区县（开发区）分会场参加了会议。

（张玉红）

【部署安全生产检查工作】 4月，市安委会以通知形式转发了国务院安委会关于立即开展全国安全生产大检查的有关文件，成立了安全生产大检查领导小组，制定了检查方案，及时部署、推动全市安全生产大检查工作。并对各区县、各部门提出了工作要求，即加强组织领导，立即开展安全生产大检查，制定工作方案，确保安全生产大检查取得实效，加强协调配合，做好安全生产信息报送工作。此次大检查突出了五个方面特点：一是检查中突出安全生产状况不够稳定、安全生产基础相对薄弱的地区和行业领域。二是检查方案突出实际情况，做到有侧重、有特色、有实效。三是与年度执法计划相结合，做到重点检查与日常监管并重。四是充分发挥了“12350”投诉举报电话的监督作用，对群众举报的各类非法违法行为，做到有举必查，查实必究。五是讲求实效，对问题较多、隐患严重的单位，依法予以严厉处罚，绝不姑息迁就。

（张玉红）

【部署汛期安全生产工作】 市安委会办公室于5月6日《转发国务院安委会办公室关于切实做好汛期安全生产工作有关文件的通知》（京安办发［2010］20号），要求市安全生产委员会各成员单位，各区县安全生产委员会，有关单位，按照《国务院安委会办公室关于切实做好汛期安全生产工作的通知》（安委办［2010］9号）精神，结合“安全生产年”活动和安全生产大检查工作，认真贯彻落实。

（张玉红）

【部署全市安全生产督导工作】 9月9日，市安委会办公室印发《关于开展安全生产督导工作的通知》（京安办发［2010］54号），决定从9月10日至20日，在全市开展贯彻落实国务院23号文件、推进“打非”专项行动督导检查工作。市安委会办公室组织有关部门对区县政府进行督导。共组成8个督导组，每组督导两个区县，每个区县督导检查时间为一天。督导主要采取听取汇报、与区县政府及其行业部门座谈，走访街道办事处和乡镇政府、抽查企业等形式，并与区县政府交换意见。市发展和改革委等24个部门和单位作为督导组成员，参加督导工作。督导内容包括，“8·20”全市安全生产电视电话会议落实情况，《〈国务院关于进一步加强企业安全生产工作的通知〉宣传教育培训工作方案》落实情况，《国务院安委会关于集中开展严厉打击非法违法生产经营建设行为专项行动的通知》贯彻落实情况，“安全生产年”活动开展情况以及重大隐患排查治理情况。要求各区县、各有关部门要高度重视并积极配合做好督导工作，研究细化具体工作方案，明确督导工作内容和程序，集中力量，按时完成督导工作。

（张玉红）

【贯彻“国务院23号通知”宣传日启动仪式】 为贯彻全市“8·20”动员部署电视电话会议精神，9月3日，本市贯彻国务院《通知》宣传日暨“大宣讲”活动启动仪式在丰台区北京居然之家集团广场隆重举行。副市长苟仲文，国家安全生产宣传教育中心副主任李建国，市安全监管局局长张家明、副局长蔡淑敏，丰台区副区长高朋出席活动。全市各区县安全监管局负责人、大型企业负责人、丰台区企业代表等500人参加活动。苟仲文宣布全市贯彻国务院《通知》精神“大宣讲”活动启动。要求全市认真贯彻全市电视电话会议和郭金龙市长的重要指示精神，集中宣传《通知》精神，深入宣讲《通知》内容，增强贯彻执行《通知》的自觉性、主动性和坚定性，要以本次活动为起点和契机，把学习、宣传、贯彻《通知》作为当前和今后一个时期的一项重要工作任务来抓。要采取多种形式，加强宣传，确保将《通知》贯彻落实到基层企业、落实到生产一线、落实到每一个企业员工，做到企业覆盖率100%、员工知晓率100%。“大宣讲”活动宣讲员、中国地质大学罗云教授围绕《通知》重要内容进行了宣讲。北京居然之家投资控股集团负责人向全市发出了认真贯彻落实国务院《通知》精神，强化安全生产工作，落实企业安全生产主体责任的倡议。与会领导向企业代表赠送了安全生产宣传书籍，并和参会人员共同在贯彻落实国务院《通知》的条幅上签名。

（张玉红）

【学习贯彻“国务院23号通知”报告会】 9月15日，学习贯彻《国务院关于进一步加强企业安全生产工作的通知》专题报告会在市委党校举行。国家安全监管总局党组成员兼总工程师、新闻发言人黄毅应邀作报告。市委、市政府各委办局分管领导，各区、县政府分管领导，市属企业（集团）、总公司分管领导，市委党校在校学员，各区县街道乡镇、重点企业负责人以及全市安全生产监管监察系统处以上干部等600余人现场聆听了报告。报告会由市安委会副主任、市安全监管局局长张家明主持。黄毅从《通知》出台的背景、《通知》对安全生产提出的总体要求、《通知》的主要特点、《通知》有关的政策规定等四个方面对《通知》进行了权威、深度的解读。

（张玉红）

【印发市委书记、市长重要指示通知】 为加强安全生产工作，全面提高企业安全生产水平，市安委会印发了《转发刘淇书记郭金龙市长对贯彻落实〈国务院关于进一步加强企业安全生产工作的通知〉精神重要指示的通知》（京安发［2010］13号），要求各区、县人民政府，市政府各委、办、局，各市属机构，认真学习领会市领导重要指示精神，进一步增强做好安全生产工作的责任感、紧迫感和使命感，进一步细化、强化各项工作措施，把国务院《通知》和市领导重要指示的各项要求落到实处，扎实有效地推进“打非治违”专项工作，有效防范和坚决遏制重特大事故。

此外，市安全监管局加强国务院《通知》精神的宣传贯彻工作，精心制作了宣传画、挂图、展板、单行本等宣传品，并发放到各区县安全监管局、企业代表及相关协作单位。截至9月21日，共发放《通知》单行本10万册、宣传画6万张、挂图7000套、展板40套。

（张玉红）

【全市深入开展“打非”专项行动】 8月27日，市安委会印发《关于〈北京市集中开展严厉打击非法违法生产经营建设行为专项行动工作方案的通知〉》（京安发［2010］12号），要求各区县、各部门贯彻执行。集中开展打击非法违法生产经营建设行为专项行动工作方案是根据《国务院安委会关于集中开展严厉打击非法违法生产经营建设行为专项行动的通知》（安委［2010］5号）文件精神，按照市政府的要求而制定的。《方案》中明确指出，此次“打非”专项行动的主要范围是：煤矿、非煤矿山、交通运输、建筑施工、危险化学品、烟花爆竹、民用爆炸物品、冶金等行业和领域。重点打击内容是：共性的非法违法生产经营建设行为以及具有行业和领域特点的非法违法生产经营建设行为，特别是把打击轨道交通、地下管线、地下空间非法违法生产经营建设和非法盗采煤炭资源的行为作为重中之重。“打非”专项行动由各区县政府统一组织实施。《方案》要求市政府有关部门要结合行业（领域）实际情况，明确专项行动的内容和标准，做好指导和配合工作，及时研究、协调解决专项行动中出现的突出问题。市、区县安全生产委员会办公室要加强专项行动的综合协调和检查督察工作，及时掌握工作进展情况，推动各项工作的展开。《方案》中规定，此次“打非”专项行动从8月1日至10月31日，各区县、各行业（领域）开展严厉打击非法违法生产经营建设行为。

（张玉红）

【深入开展“打非”专项行动】 10月21日，市安委会办公室印发《关于进一步贯彻落实国务院〈通知〉精神继续集中开展打击非法违法生产经营建设行为专项行动的通知》（京安办发［2010］65号），根据市安委会会议精神和市政府领导指示，结合本市安全生产工作实际，就贯彻落实《国务院关于进一步加强企业安全生产工作的通知》集中开展严厉打击非法违法生产经营建设行为专项行动，进一步提出工作要求。继续强力推进安全生产“打非”专项行动，务必打到实处、见到实效，并按照全国安全生产电视电话会议的统一部署，将“打非”专项行动延长到11月底。做好阶段性工作总结，及时报送《通知》贯彻落实和“打非”专项行动的工作成效及开展情况。

（张玉红）

【市安委会召开落实全国“打非”行动会议的电视电话会】 10月28日，在全国打击非法违法安全生产专项行动视频会议后，市安委会召开全市电视电话会议，就贯彻落实全国打击非法违法安全生产专项行动视频会议精神进行部署，并就下一阶段全市的“打非”工作进行了再部署、再动员。市政府副秘书长戴卫出席会议并讲话。戴卫指出，全市下一阶段的“打非”工作，要抓好四个重点：一是各区县、各有关行业部门和单位要在前一阶段工作的基础上，以深挖深查、补漏补缺为重点，要在“打”和“治”上狠下功夫。二是在区县政府统一领导下，立即组织开展联合执法行动和检查督察活动，依法关闭取缔一批无证无照生产经营和建设单位。三是专项行动结束后，各区县、各有关行业主管部门还要适时组织开展“回头看”活动，继续保持对非法违法经营建设行为严厉打击的高压态势，巩固和发展专项行动的成果。四是要做好抓反面典型方面的工作，用依法严惩的典型案例震慑。每个区县都要抓住几个情节恶劣、后果严重、影响很坏的非法违法典型，公开处理，依法严惩，以起到教育和震慑作用。

会议要求，各区县、市政府有关部门、各单位要迅速将全国视频会议精神向所在区县、部门、单位主要领导汇报，并传达到街道乡镇、基层单位和企业，研究制定下一阶段工作方案、采取有效措施，按照有关继续集中开展打击非法违法生产经营建设行为专项行动的通知要求，及时统计上报“打非”工作的进展情况和具体成效。各区县要建立健全“打非”工作信息周报和月报制度，每周一要上报上一周的“打非”工作情况。

在“打非”行动期间，全市共责令停

业整顿非法违法企业1303家，取缔无证无照等违法经营单位2674个（户），炸封填埋非法采矿点201个（次），查扣、销毁非法运输车辆118辆，捣毁、收缴盗采设备237套（台），处置危险化学品236.95吨，抓获非法盗采资源嫌疑人379人次，移送公安机关处理368人次。

（张玉红）

【部署安全生产“打非”联合执法检查工作】 11月9日，市安全生产委员会办公室召开会议，部署安全生产“打非”专项行动联合执法检查工作。会议明确，11月中旬，市安全生产委员会办公室统筹安排市政府18个委办局，组成7个联合执法检查组，深入各区县，对危险化学品（烟花爆竹）、人员密集场所、地下空间、建设施工、地铁建设、地下管线、矿产资源、工业制造业等行业领域进行重点联合执法检查。会议要求，要结合前段“打非”中发现的问题，在“打”字上下真功夫，牢牢抓住“依法惩处”这个要害，依法关闭取缔一批无证无照生产经营建设单位，以扎实的联合执法检查，推动“打非”专项行动深入开展。同时，要充分发挥新闻媒体的作用，营造有利于对非法违法生产经营建设行为实施严厉打击的社会舆论氛围，对非法违法行为和不法分子形成震慑，确保“打非”工作取得实际效果。会议由市安全生产委员会办公室副主任、市安全监管局副局长陈清组织召开，市公安局、市住房城乡建设委、市国土局、市交通委等18个部门有关负责人参加了会议。

（张玉红）

【印发“打非”联合执法检查通知】 11月10日，市安委会办公室印发《关于开展“打非”专项行动联合执法检查工作的通知》（京安办发［2010］68号），决定11月中、下旬，在全市安全生产重点行业领域开展“打非”专项行动联合执法检查工作，并将《北京市“打非”专项行动联合执法检查工作方案》印发至各区县安委会和市安委会有关成员单位，要求各单位结合实际贯彻落实。要求各区县组织开展本辖区联合执法检查工作，市政府相关部门要组织好本行业领域联合执法检查工作，于11月11日至25日，由市安全生产委员会办公室统筹安排，根据《北京市集中开展严厉打击非法违法生产经营建设行为专项行动工作方案》中确定的主要范围和内容，组成7个联合执法检查组，重点对危险化学品、烟花爆竹、人员密集场所、地下空间、建设施工、地铁建设、地下管线、矿产资源、工业制造业等行业领域进行联合执法检查。在前段开展“打非”工作的基础上，通过对重点行业和领域的联合执法检查，推进“打非”工作的深入开展，进一步加大执法检查力度，依法关闭取缔一批无证无照生产经营建设单位，进一步增强“打非”的教育和震慑作用，确保国务院安委会“打非”工作决策部署、目标任务的全面实施和顺利实现，有效防范和坚决遏制重特大事故发生。

（张玉红）

【吸取事故教训部署全市安全生产工作】 11月16日，市安委会紧急召开全市安全生产电视电话会议，动员全市各地区、各部门、各单位和广大职工，认清安全生产严峻形势和艰巨任务，深刻吸取近期吉林、上海发生的重特大火灾事故教训，加强安全生产工作，坚决遏制重特大事故，促进全市安全生产形势的持续稳定好转。副市长苟仲文出席会议并讲话。会上，市安委会副主任、市安全监管局局长张家明传达了市政府常务会上市长郭金龙关于安全生产工作的重要指示，市安委会办公室副主任、市安全监管局副局长陈清通报全市安全生产情况以及吉林、上海重特大火灾事故情况，分析安全生产形势，明确下一步工作措施和主要任务；市公安局消防局、市住房城乡建设委、市商务委分别就加强行业领域安全生产工作、防范事故提出工作措施。

会议由市政府副秘书长戴卫主持。市安委会各成员单位和北京经济技术开发区管委会主管领导在主会场参加会议；各区县政府主管领导、区县安委会成员单位及乡镇街道和重点企业负责人在分会场参加了会议。

（张玉红）

【稳步推进“安全生产年”活动】 市政府办公厅印发《转发市安委会办公室关于深入开展“安全生产年”活动实施意见的通知》（京政办发［2010］14号），确定了27项重点工作，明确了责任部门和完成时间，要求各单位做好组织实施，及时反馈落实情况。市安委会办公室于7月8日制定印发《关于做好“安全生产年”活动及隐患排查治理信息统计报送工作的通知》（京安办发［2010］27号），建立数据统计月报告、季度总结通报和日常信息报送的制度，动态掌握各区县、各有关部门工作推动落实情况。加强沟通，做好统筹协调。定期召开安委会专题会议，及时研究、协调解决“安全生产年”活动中出现的突出问题。充分调动各级政府和部门的积极性，分阶段、有目标地把“安全生产年”各项工作任务落到实处。

7月13日，印发《关于做好“安全生产年”活动实施意见落实工作的通知》（京安监办发［2010］33号），制定《安全生产年活动重点工作任务分解任务表》，明确了责任部门和完成时限，将每项工作任务具体落实到责任人，要求严格按照规定的时限完成工作任务。

通过深入开展“安全生产年”活动，进一步推动隐患排查治理工作，打击安全生产非法违法行为，加大事故隐患整治力度，强化安全生产基层基础工作，为首都社会稳定和经济发展创造了良好的安全生产环境。据统计，2010年全市各地区、各部门、各单位共检查各类生产经营单位约184396次，共开展打击各类非法、违法行为的执法行动17316起（处），实施行政处罚13774次，行政罚款约3842.98万元。共排查治理隐患企业单位257415家（处），累计落实整改治理资金近2279.28万元。其中排查发现一般隐患151800项，已整改141175项，整改率为93.0%；排查发现重大隐患72项，已整改销号61项，整改率为84.7%，有11项重大隐患全部纳入治理计划，落实治理目标任务和治理措施。

（张玉红）

【部署液化石油气公共服务用户加装安全辅助设备设施消除安全隐患活动】 1月8日，市安全生产委员会印发《关于开展液化石油气公共服务用户加装安全辅助设备设施消除安全隐患活动的通知》（京安发［2010］1号）在全市开展液化石油气公共服务用户加装安全辅助设备、消除安全隐患的活动。通知要求，北京市行政区域内使用液化石油气供应炊事、洗浴、采暖用气的单位，应加装可燃气体浓度报警器、紧急事故自动切断阀等安全辅助设备，并针对所属液化石油气供气设施和用气场所不符合安全规范和技术标准的情况进行整改。明确此次活动由市、区两级市政行业主管部门牵头，相关部门配合，街道办事处和乡镇政府组织实施。按照宣传动员和调查摸底、整改隐患和加装安全辅助设备设施、重点地区加装安全辅助设备设施，重点地区实施工作总结四个阶段组织实施。

（张玉红）

【部署地质灾害引发生产安全事故防范应对工作】 市安委会办公室印发《关于切实做好地质灾害引发生产安全事故防范应对工作的通知》（京安办发［2010］46号），要求各区县，各有关安委会成员单位认真贯彻落实《国务院办公厅关于进一步加强地质灾害防治工作的通知》（国办发明电［2010］21号）以及《国家安全监管总局关于切实做好地质灾害引发生产安全事故防范应对工作的紧急通知》（安监总明电［2010］28号）文件精神，并充分认识当前地质灾害引发生产安全事故防范应对工作面临的严峻形势，深化隐患排查治理，确保不留死角，进一步加强监测预警工作，进一步强化应急处置工作。

（张玉红）

【建立安全生产综合统计指标体系】 建立安全生产综合统计指标体系是掌握北京市安全生产工作状况、监测北京市安全生产发展变化、评价安全生产工作管理水平的一项系统工程，是政府制定安全生产工作计划、政策研究和科学决策必不可少的工具和手段。北京市安全生产综合统计指标体系建设工作，由市安全生产监督管理局和北京市统计局共同实施，由北京市劳动保护研究所具体承担。从2009年4月至6月底，着手建立该指标体系以来，历经对数据收集整理，初步确定核心统计指标框架阶段以及完善统计指标框架，开展安全生产统计调查设计，构建安全生产形势分析模型，确定安全生产动态综合指数的阶段。在2010年6月至12月底，该指标体系的建设工作已进入第三阶段，即安全生产动态综合指数已逐步成熟，并在全市范围内推广应用，实现全市安全生产形势的动态发布。

（张玉红）

【国务院安委会办公室转发北京市安委会议事规则】 为进一步健全完善市安全生产委员会工作机制，充分发挥安全生产委员会作用，北京市安委会办公室制定了《北京市安全生产委员会议事规则》，对工作例会、公文处理、形势分析与事故通报、督促检查、考核奖励等内容进行了全面规范，便于更好地利用安全生产委员会平台协调安全生产事务，开展安全生产工作。2010年1月11日，国务院安全生产委员会办公室向全国转发了该《议事规则》，要求各地区结合实际，充分发挥安全生产委员会职能作用，强化指导协调，监督检查，不断加强和改进安全生产工作。

（张玉红）

【市安委会表彰安全生产优秀区县和先进个人】 市安委会办公室会同市人力社保局于2月10日印发《关于开展2009年度安全生产先进个人评选表彰工作的通知》（京安办发［2010］6号），决定开展2009年度安全生产先进个人的评选表彰（先进单位的评选根据北京市安全生产综合考核结果确定），并对评选的范围、名额、条件、程序和要求、组织领导机构等进行了明确规定。

市安委会组织开展安全生产考核及安全生产表彰活动，协调23个相关市安委会成员单位，组成6个考核组，对区县（开发区）安全生产工作进行安全生产综合考核和评价，并通过工作函的形式分别提出了加强安全生产工作的指导性工作意见。利用全市安全生产大会之机，对全市14个优秀区县和119名安全生产先进个人进行了表彰。

市安全生产委员会于2月26日印发《关于2009年度安全生产综合考核先进单位的决定》（京安发［2010］3号），根据第四十一次市政府常务会审议通过的《北京市安全生产综合考核办法（试行）》和北京市安全生产委员会办公室《关于开展安全生产综合考核工作的通知》（京安办发［2009］58号）文件精神，在对各区县政府、北京经济技术开发区管委会开展安全生产综合考核工作的基础上，经市政府批准，决定授予海淀区政府等14个单位“北京市安全生产工作2009年度先进区县”的称号。

市安委会办公室会同市人力社保局于3月1日联合印发了《关于表彰2009年度北京市安全生产先进个人的决定》（京安办发［2010］9号），决定授予韩波等119名为“北京市安全生产先进个人”称号。

（张玉红）

【制发安全生产综合考核细则】 为使《2010年各区（县）政府安全生产综合考核细则》在科学性、全面性、针对性以及可操作性上有新的突破，4月28日，市安全监管局召开座谈会，听取了对安全生产综合考核细则的修订意见和工作建议。与会人员结合2009年综合考核工作实践提出了切实可行的修改意见建议。使考核细则更趋科学、合理。

市安委会于9月29日以通知（京安发［2010］14号）形式印发《2010年各区（县）政府安全生产综合考核细则》。12月20日前，各地区2010年度综合考核自评报告，报市安全生产委员会办公室。市安全生产委员会办公室定期组织市有关部门对各地区开展安全生产综合考核工作的情况进行检查，届时组织进行考核评议工作，并向市政府报告检查和综合评议结果。

（张玉红）

【市政府常务会议研究安全生产工作】 11月16日下午，市政府召开常务会议，研究本市安全生产有关工作及《北京市政府有关部门安全生产综合考核实施意见（试行）》。市委副书记、市长郭金龙主持会议。会议研究了本市安全生产有关工作及《北京市政府有关部门安全生产综合考核实施意见（试行）》。会议强调，2010年以来，本市安全生产形势不容乐观。要警钟长鸣，举一反三，落实主体责任，切实抓好安全生产工作。会议指出本市已进入火灾高发期，要针对气候特点，突出防火安全。同时，还要突出地下空间以及其他领域的安全生产工作。狠抓地下空间安全，既包括轨道交通等地下空间建设的安全，也包括地铁运营等地下空间生产生活的安全。要高度重视地下空间经营问题，下决心解决地下空间出租房问题。各区县要紧绷安全生产这根弦，从“安全为天”的高度，狠抓制度，狠抓基础，狠抓监督，全面做好安全生产工作。有关部门要相互配合，在全市开展一次普遍的冬季消防公益宣传。要健全和细化安全生产奖惩机制，加大考核，扎实做好安全生产工作。

（张玉红）

【开展年度安全生产综合考核工作】 12月10日，安全生产委员会办公室印发《关于开展年度安全生产综合考核工作的通知》（京安办发［2010］74号），至各区县人民政府，北京经济技术开发区管委会及市安委会有关成员单位。通知指出，市安委会根据市政府第四十一次常务会审议通过的《北京市安全生产综合考核办法（试行）》，定于12月20日至30日，对各区县2010年安全生产工作进行综合考核。市安全生产委员会成立安全生产综合考核工作领导小组，加强对安全生产综合考核工作的组织领导。市安全生产委员会办公室组织有关成员单位成立7个考核组，分别对各区县进行考核。根据《北京市安全生产委员会关于印发北京市安全生产综合考核办法（试行）的通知》（京安发［2009］5号）和《北京市安全生产委员会关于印发〈2010年各区（县）政府安全生产综合考核细则〉的通知》（京安发［2010］14号）等文件要求，重点对安全生产工作目标和年度重点工作任务完成情况及安全生产控制指标落实情况进行考核。通知要求各区县高度重视安全生产综合考核工作，按时报送年度安全生产综合考核自评情况，作好迎检准备。并要求各有关部门和单位要密切配合，集中力量开展考核工作。

（张玉红）

【国务院安委会第十二督察组来京督察】 按照《国务院安委会关于立即开展全国安全生产大检查的通知》（安委办明电［2010］1号）和《国务院安委会办公室关于开展安全生产督察的通知》（安委办明电［2010］46号）文件要求，5月19日至21日，国务院安委会办公室副主任、国家安全监管总局副局长杨元元带领国务院安委会第12督察组来京检查安全生产工作。期间，中共中央政治局委员、北京市委书记刘淇、市长郭金龙会见了督察组一行，就进一步加强北京市安全生产工作进行了座谈，刘淇发表了重要讲话，对加强安全生产工作提出了要求。督察组在京期间，深入丰台、房山等区县政府和首钢总公司、南车集团二七车辆厂、燕山石化公司和北京轨道交通8号线施工现场，检查指导安全生产工作。检查结束后，国务院安委会督察组和市政府召开由市安全生产委员会部分成员单位负责人、区县政府负责人、市属企业集团和中央在京企业主要负责人参加的督察情况通报会。会上，督察组通报了检查情况，肯定了北京市安全生产工作的主要成绩，指出了存在的问题，提出了加强安全生产工作的建议。

副市长刘敬民代表市政府向国务院安委会对北京市的一贯支持和关心表示感谢。他表示，要从科学发展观的高度来重视督察组反馈的检查意见，举一反三来迅速解决安全生产领域当中存在的问题；要继续深化安全生产年的活动，进一步推进专项治理工作；进一步强化工作重点，切实抓好当前汛期、高温等季节性的安全生产工作。

刘淇在会见督导组时指出，北京作为首都，安全生产是第一责任，要充分认识到安全生产不仅关系到北京市人民生命和财产的安全，关系到社会的和谐稳定，也关系到经济协调发展。刘淇强调，北京市安全生产工作要想进步，必须高度重视安全生产监督工作，要坚持走法制化道路，把各项安全生产工作纳入法规的范围，实现法制化、制度化；要创新综合执法的工作机制，强化综合监管职能；要依靠科技进步，积极探索用科技手段开展安全生产工作；要吸收国际先进经验，与世界同步发展，为建设“世界城市”和“人文北京、科技北京、绿色北京”做好安全保障。

（张玉红）

【国务院安委会办公室第一调研督导组来京】 9月27日，国务院安委会办公室副主任、国家安全监管总局副局长、国家煤矿安全监察局局长赵铁锤带领国务院安委会办公室第一调研督导组，对本市贯彻落实国务院23号通知精神、集中开展严厉打击非法违法生产经营建设行为专项行动开展情况，开始为期三天的调研督导工作。

9月27日上午，调研督导组听取了市

安委会副主任、市安全监管局局长张家明关于贯彻落实国务院通知精神、“打非治违”开展、较大以上生产安全事故查处情况以及安全生产监管工作情况的汇报。朝阳区副区长阎军就辖区安全生产工作及国务院通知贯彻落实、“打非治违”开展等情况也向调研督导组进行了汇报。市政府副秘书长戴卫主持了这次会议。市发展和改革委、市经济和信息化委、市监察局、市公安局、市国土局、市环保局、市住房城乡建设委、市市政市容委、市交通委、市工商局、市质监局、市安全监管局（北京煤监分局）、市民防局、市公安局消防局、市公安局交管局、北京铁路局等部门主管领导参加了这次会议。会后，调研督导组现场检查朝阳区危险化学品生产企业的安全生产工作。

9月29日下午召开的调研督导情况通报会上，督导组向北京市政府反馈了安全生产调研督导意见，赵铁锤肯定了北京市安全生产工作，并提出了加强安全生产的建议和要求。副市长苟仲文代表市政府和市安委会向国务院安委会、国家安全监管总局、国家煤矿安全监察局对北京市的一贯支持和关心表示感谢。他表示，要高度重视督导组反馈的意见，以此次调研督导为契机，深入贯彻落实国务院《通知》精神，集中开展“打非”专项行动，继续深化“安全生产年”的各项工作，切实抓好国庆节期间和四季度的安全生产工作，确保首都的安全和稳定。市政府有关委、办、局，朝阳区、房山区政府和部分重点企业的负责人参加了会议。

（张玉红）

【国务院安委会督察组来京检查指导工作】 12月14日至17日，国务院安委会第十督察组由全国总工会副主席张鸣起带队，对本市安全生产工作进行督察。12月14日上午，市长郭金龙会见督察组，代表市政府向督察组来京检查督察表示欢迎，并就加强安全生产进行座谈。郭金龙指出，首都安全无小事，安全生产重于泰山。随着经济社会的发展，既要重视煤矿、建筑、危险化学品、交通运输等传统安全，也要重视地下空间、地下管线和人员密集场所等涉及公共安全的非传统安全。要深刻吸取事故教训，落实安全责任，加大隐患治理力度，营造安全生产氛围。希望通过督察组的指导检查，有针对性地加强和改进安全生产工作。在随后召开的督察组检查北京市安全生产工作汇报会上，市安委会副主任、市安全监管局局长张家明首先代表市政府向督察组汇报北京市安全生产工作情况。重点汇报了贯彻落实“国务院23号通知”和全国安全生产电视电话会议精神情况；国家有关重点专项治理和“打非”专项行动工作部署的贯彻落实情况；今冬明春安全生产工作安排部署情况和明年工作安排建议等内容。市住房城乡建设委、市市政市容委、市交通委、市民防局、市公安局消防局分别汇报本系统安全生产工作。张鸣起对北京市安全生产工作给予了肯定。市政府副秘书长戴卫主持了会议，市政府有关部门的负责人和各区县安委会有关负责人参加了此次会议。

12月17日，国务院安委会督察组就督察的有关情况交换意见。副市长苟仲文、副秘书长戴卫及市政府有关委办局、各区县政府等单位负责人出席会议。督察期间，市长郭金龙会见了督察组一行，并就北京市安全生产情况进行了座谈。督察组先后听取了北京市政府及石景山区、大兴区政府安全生产工作情况汇报，实际检查了燕山石化公司、石景山万达广场、石景山西山风林社区的消防安全，检查了大兴区北人印刷机械有限公司卷筒纸胶印机制造分公司，大兴魏善庄烟花鞭炮有限公司仓库，地铁6号线和9号线轨道交通等8家企业和人员密集场所以及一些在建的施工现场。

（张玉红）

【市领导带队检查安全生产工作】 1月13日上午，副市长苟仲文带队对全市地下空间安全大检查落实情况进行检查。检查组先后检查了海淀区统杰法宝（北京）超市有限公司紫竹桥店、中关村广场购物中心及其物业北京城科第一太平物业管理服务有限公司。通过检查，各单位对安全生产工作高度重视，安全设备设施配备较为齐全，总体安全管理情况良好。苟仲文强调，地下空间经营单位要高度重视日常安全生产工作，要在完善硬件条件的基础上，大力抓好人员教育培训工作，加强对人员的动态管理，进一步细化各项工作措施，重点做好落实工作。市安全生产监管局、市商务委、市住房城乡建设委、市公安局消防局有关人员一同参加了此次检查。下午，检查组对房山区中石化北京燕山公司和北京市逗逗烟花爆竹有限公司进行安全生产检查。检查了燕山石化安全生产指挥中心、应急救援装备和化工一厂，重点查看了化工一厂液化气球罐区，结合中石油兰化1月7日事故教训听取了燕山石化防范措施汇报。检查组要求，加大重点部位重点环节的检查力度，突出抓好隐患排查治理，采取措施积极应对严寒冰冻不利天气，切实加强安全生产工作。在逗逗烟花爆竹有限公司仓库现场，检查组重点检查了烟花爆竹电子标签工作进展情况，观看了工作人员操作读写器读取电子标签流向信息的示范。要求各烟花爆竹批发企业要高度重视安全生产工作，加大电子标签张贴工作力度，抓好烟花爆竹流向管理工作。

（张玉红）

【副市长夜查烟花仓库和零售网点】 1月31日夜晚，副市长苟仲文、副秘书长鲁勇带领有关部门负责人，突击检查部分烟花爆竹批发仓库和零售网点夜间值守应急情况。市安全监管局局长张家明、副局长丁镇宽及有关执法人员陪同检查。针对夜查情况，苟仲文指示：吸取近期湖南和内蒙发生的烟花爆竹着火爆炸事故和本市南六环路烟花爆竹运输车着火爆炸事故教训，举一反三，查找管理中的问题，强化监管手段，坚决杜绝类似事故发生。批发单位和零售网点要加强值守，做好应急预案，配齐应急设备，时刻保持高度警惕。做好烟花爆竹流向登记管理工作，推广运用电子标签，严厉打击非法烟花爆竹。各级安全监管部门要反复对烟花爆竹批发单位和零售网点进行检查，要查制度、查设施、查值守、查非法、查应急。

（张玉红）

【市安委会节日检查】 春节、“五一”、“十一”等重要节日期间，市安全监管局领导带队，对本市煤矿、非煤矿山、危险化学品、烟花爆竹等单位和人员密集场所进行安全检查，发现问题立即责令整改，及时复查并通过新闻媒体予以曝光。检查的重点是：节日期间煤矿安全生产情况，非煤矿山安全生产情况，烟花爆竹销售网点、加油站安全生产情况，春节期间庙会、游园灯会的安全生产情况，企业职业卫生情况，商业零售、餐饮、宾馆、文化娱乐、体育运动场馆等五类人员密集场所（地下经营）的安全生产情况，危险化学品事故应急救援物资储备情况及安全生产情况，市级应急救援队伍的值班备勤情况。各检查组对发现的安全隐患和问题，下达了限期整改指令书，并进行了整改复查。

（张玉红）

【市安全监管局检查烟花爆竹仓库】 1月7日，市安全监管局局长张家明率队到北京市烟花鞭炮有限公司魏善庄仓库进行检查，重点查看了北京市烟花鞭炮有限公司关于烟花爆竹电子标签工作的进展情况，并与企业就电子标签的张贴、信息录入、保密性等进展过程中遇到的问题进行了沟通并提出要求：要克服困难加快进度，在烟花爆竹配送工作开始前完成库存烟花爆竹电子标签张贴工作；要加强电子标签信息的保密工作，严防假冒电子标签扰乱市场；要加强张贴现场的安全管理工作，操作人员要严守操作规程，轻挪轻放，杜绝发生生产安全事故。

（张玉红）

【区县危险化学品经营单位安全生产工作调研】 7月23日，副市长苟仲文带队，对房山区、大兴区的危险化学品经营单位开展调研，市安全监管局副局长丁镇宽、副巡视员唐明明陪同调研。调研组共抽查了5家危险化学品经营单位、1家化工储运单位和1家民用液化气供应站的安全管理情况。从检查结果看，危险化学品经营单位均取得了危化经营许可证，安全许可条件保持较好，但也存在部分单位安全教育培训内容、学时未达到《北京市安全生产条例》的规定要求，个别单位存在库区周边烟头较多、消防器材配备不足，未使用专用车辆运输等问题。苟仲文副市长要求：继续做好安全生产许可工作，严格管控许可准入关；同时，各单位要认真贯彻落实市政府“6·30”电视电话会议精神，进一步强化对危险化学品经营单位的安全监管，及时排查问题及隐患，督促企业落实安全管理主体责任。

（王燃然）

【副市长带队检查节日安全生产工作】 为加强节日期间的安全工作，按照市政府的统一部署，9月30日，副市长苟仲文带队检查了本市工业和危险化学品生产经营单位。检查组先后检查了北京东进世美肯科技有限公司和英资莱尔德无线通信技术（北京）有限公司两家企业。从检查情况看，两家企业在安全管理工作上差距较大，北京东进世美肯科技有限公司操作间管理混乱，库房管理不到位以及未对国务院23号文件及时进行宣传贯彻落实等问题，被当即责令暂时停产整顿。英资莱尔德无线通信技术（北京）有限公司操作车间、危化品管理安全管理严格有序，对国务院23号文件及时进行了宣贯，材料张贴上墙，学习气氛浓厚，特别是在培训教育工作上有特色，及时性、针对性、实用性强。为此，苟仲文给予充分肯定。同时，对节日期间的安全生产工作作了指示。市安全监管局副局长陈清、副巡视员唐明明、市经济信息化委副主任王学军、市质量技术监督局副局长张巨明、市公安局消防局副局长骆原、北京经济技术开发区管委会副主任赵昕昕、北京电视台等新闻媒体参加了检查。

（王燃然）

【市纠风办督导组对市安全监管局执法检查工作进行督导】 8月12日，市纠风办督导组一行4人，对市安全监管局执法检查工作进行了督导。督导组参加了对崇文门新世界综合楼宇内生产经营单位开展安全生产执法检查，重点抽查了崇文门新世界物业、北京易喜新世界百货有限公司和便宜坊崇文门店等3个生产经营单位，发现上述3个单位存在有特种作业人员上岗未穿防护鞋等安全隐患13项，市安全监管局依法下达限期整改指令书3份。

（王燃然）

【上海世博会北京展览展示工程建设实现安全生产“零事故”】 按照市领导的要求，为保证上海世博会中国北京展区施工过程中的生产安全，在北京参博运行团队中成立了由市安全监管局牵头负责的安全生产工作小组。按照“全程进驻、严格监督、安全第一、预防为主”的工作原则，安全生产工作小组会同消防部门，针对展览展示工程建设期间焊接作业多、临时用电多、相邻作业多的“三多”特点，对临时工程及设施建设进行了认真细致的隐患排查，共消除隐患和问题75项。通过规范作业现场安全行为，加大安全管控，强化特种作业人员资质审验，严把进场关，严管作业面，严查操作证，保障了北京馆及城市最佳实践区国奥村案例展示区如期完工，安全交付使用，期间未发生任何安全问题，圆满完成了对北京馆和国奥村案例展示区施工建设的保驾护航任务。北京市参与2010年上海世博会运行团队办公室在工作简报中（第36期）高度肯定市安全监管局的安全生产工作，并将相关情况向市委、市政府有关领导进行了汇报。

（王燃然）

【召开市属工业安全生产工作会】 1月20日，市安全监管局组织召开了全市机械、冶金、建材、轻纺、烟草等行业市属工业集团安全生产工作会。会议全面总结了2009年工作情况，对全市工业安全生产面临的形势和问题进行了通报，对2010年工作进行部署。市属工业企业集团参会人员也分别发言，总结工作、明确思路。副局长陈清出席会议并讲话。市工业信息化委、市国资委主管处室负责人和京城机电、汽车、首钢、金隅、纺织、一轻、隆达、京仪、电子、工美、北京烟草专卖局安全生产管理部门负责人参加了会议。

（赵　昕）

【召开部署工业在建重大项目安全生产监管工作】 1月25日，为贯彻落实1月21日市政府“关于工业在建重大项目安全生产部署会”会议精神，市安全监管局组织召开研究部署本市工业在建重大项目安全生产工作会议。市工业信息化委、市住房城乡委、市国资委、市质监局等部门参加了会议。会议对市安全监管局起草的《关于加强本市工业在建重大项目安全生产工作实施方案》（讨论稿）进行了研讨，各单位结合本部门工作职责对进一步加强在建重大项目安全工作提出了意见和建议。市安全监管局副局长陈清参加会议并讲话。

（赵　昕）

【首钢搬迁期间安全生产监管工作专题研究】 1月28日，为进一步加强首钢搬迁调整期间的安全生产监管工作，市安全监管局有关部门会同石景山区安全监管局、首钢总公司就首钢搬迁调整期间安全生产工作进行了专题研究。会上，首钢总公司介绍了2010年搬迁调整总体情况，对安全工作中面临的问题进行认真分析，并制定采取了相应的安全技术应对措施，努力防范各类生产安全事故。石景山区安全监管局将首钢搬迁调整工作作为今年安全监管工作重要内容，认真研究，超前谋划，积极履行属地监管职责。会议要求，2010年是首钢搬迁调整工作关键之年，安全生产面临巨大的挑战和压力，首钢总公司要进一步加强组织领导，制定详细的安全生产工作方案和专项工作应急预案，加强对煤气、氧气等危险品及重点设备设施的安全管理，强化职工安全教育培训和日常安全检查，继续加大安全隐患排查整改力度，确保搬迁调整期间的安全生产；石景山区安全监管局要制定专门的安全监管工作方案，加强监督检查，切实落实属地安全监管责任。

（赵　昕）

【副市长召开安全生产工作座谈会】 1月31日，副市长苟仲文在朝阳区政府召开安全生产工作座谈会，市政府副秘书长鲁勇主持了会议。市安全监管局局长张家明、副局长陈清和市经济信息化委、市住房城乡建设委、市商务局、市国资委、市公安局消防局、朝阳区政府及区有关部门以及部分企业负责人参加了会议。会上，朝阳区政府就本区安全生产工作情况进行了汇报，北京第一机床厂、北京建工集团、蓝岛大厦等10家企业就进一步做好安全生产工作先后进行了发言。苟仲文指出，当前本市安全生产形势依然严峻，抓好安全生产工作面临很大的压力和挑战，特别是针对新一轮建设高潮的兴起，各部门、各企业一定要加强安全生产管理，落实监管责任，强化班组建设，采用科技手段提高安全监管水平，加强安全立法工作，切实提高安全生产水平。同时强调，春节、全国“两会”即将来临，各地区、各部门、各单位要认真履行安全监管职责，加强烟花爆竹、人员密集场所、危险化学品等重点行业（领域）的安全监管，加强安全检查，努力营造平安、祥和的喜庆氛围。

（赵　昕）

【国家安监总局专员到首钢调研煤气安全】 3月26日，国家安全监管总局专员刘云昌就冶金企业煤气安全工作到首钢炼铁厂、焦化厂、炼钢厂、动力厂进行调研。刘云昌专员详细了解并查看了高炉煤气、焦炉煤气、转炉煤气工艺流程以及储存、输配管控措施，指出，煤气安全是冶金企业安全生产的重要内容，首钢正处在拆迁调整时期，要切实做好职工的稳定工作，狠抓各项安全生产制度和应急保障措施的落实，处理好部门间的衔接工作，确保安全生产。

（赵　昕）

【机械、冶金等行业安全生产形势分析会】 4月19日，市安全监管局组织召开全市机械、冶金、建材、轻纺、烟草等行业季度安全生产形势分析会。会议总结了第一季度全市工业企业安全生产情况，查找分析了存在的问题和不足，部署了二季度重点工作任务，并下发了北京市安全生产标准化工作要点。

（赵　昕）

【副市长检查在建设项目施工安全生产】 4月19日，副市长苟仲文到北京经济技术开发区，检查京东方八代线建设项目施工期间安全生产工作。市安全监管局副局长陈清和市经济信息化委、市住房城乡建设委、市国资委、市质监局、市公安局消防局及经济技术开发区管委会等部门的主管领导陪同检查。在现场检查建筑施工工地安全生产情况后，苟仲文又先后听取了中建三局（总包）项目部、京东方公司关于安全生产管理情况汇报。市住房城乡建委、市安全监管局及经济技术开发区管委会就相关工作安全监管情况进行了汇报。苟仲文对项目建设单位和施工单位自开工建设以来面对恶劣天气条件，在保质量、保进度、保安全等方面做出的努力给予肯定，同时也指出了工作中存在的问题。他强调，在项目建设过程中，各单位要按照国家和本市有关规定，严格执行建设项目申办程序，认真履行各种手续，防止违规现象发生；中建三局、城建集团、京东方等企业要进一步强化社会责任，带头遵守国家法律、法规，认真落实主体责任，同时加强企业内部安全管理，将安全生产的各项要求落实到一线班组、操作岗位；针对全市在建工业重大项目，各部门、各企业要高度重视，加强日常安全监管（管理），落实企业主体责任和行业、属地安全监管责任，以安全促发展。

（赵　昕）

【召开部署冶金机械等企业安全监管工作会议】 5月31日，市安全监管局副局长陈清召开会议，传达贯彻国家安全监管总局“全国冶金机械等安全监管工作会议暨安全生产标准化现场会”会议精神，部署冶金、机械等企业煤气安全管理专项检查和建设项目安全设施“三同时”的摸底调查工作。各区县安全监管局主管副局长参加会议。

（赵　昕）

【研究工业重大建设项目安全评估工作】 7月21日，市安全监管局召开研究工业重大建设项目安全评估工作会议。市经济信息化委、市住房城乡建设委、市国资委、市质监局和市公安局消防局等部门有关处室负责人参加了会议。会上，市安全监管局介绍了开展工业重大建设项目安全评估的重要意义和安全监管情况，各部门就工业重大建设项目施工中存在的问题进行了分析，就安全评估的组织形式、评估企业的确定、评估内容及标准等方面问题进行了研究，在此基础上制定工业重大建设项目安全评估标准。

（赵　昕）

【机械冶金等行业半年工作会议】 7月22日至23日，市安全监管局召开北京市机械冶金等行业半年安全生产工作会。市安全监管局副局长陈清出席会议并讲话。市经信委、市质监局、市公安局消防局、市国资委有关领导，区县安全监管局主管副局长，部分市属工业集团安全主管领导以及有关专家参会。会议通报了工业制造业安全生产形势，总结了上半年工作，并部署了下半年重点任务。各区县安全监管局主管副局长就企业基础台账建立情况、安全生产标准化活动进展情况、执法检查及冶金企业专项检查部署开展情况、“三同时”摸底调查工作部署开展情况以及其他创新性工作等情况进行了座谈交流。部分市属工业集团安全主管领导也就上半年企业安全生产监控、检查、管理等情况，安全生产标准化开展情况以及下半年重点工作任务进行了汇报交流。市经信委、市质监局、市公安局消防局及市国资委有关领导就安全生产工作进行了发言。专家们对企业的安全生产工作也提出了针对性意见和建议。

（赵　昕）

【召开机械冶金等行业安全监管工作会】 11月4日至5日，市安全监管局召开机械、冶金、轻纺、建材、烟草等行业安全生产监管工作会。副局长陈清出席会议并讲话，各区县安全监管局主管副局长参加了会议。会议通报了安全生产监管工作情况，介绍了企业安全生产违法行为警示办法的主要内容，部署了第四季度工作任务，研讨了2011年机械、冶金等行业安全生产重点监管工作，同时，密云、平谷、通州、朝阳、顺义等区县就企业台账建立完善、冶金、有色金属、煤气安全管理专项检查、建设项目安全设施“三同时”摸底调查、安全生产标准化和物联网建设等有关情况进行了交流发言。

（赵　昕）

【召开首钢（北京地区）安全停产工作会】 11月30日，为进一步落实企业安全生产主体责任制，稳步推进首钢（北京地区）安全停产工作，市安全监管局在首钢总公司召开安全停产工作会议，市经信委、市公安局、市公安消防局、市环保局、市国资委、市质监局、石景山区政府以及首钢总公司有关部门负责人参加了会议。会上，首钢总公司汇报了安全停产及保障工作的进展情况；市安全监管局介绍了《关于首钢（北京地区）安全停产工作方案》，并就本方案听取了与会者意见和建议。会后，各有关部门还对首钢总公司冷轧镀锌薄板厂气体保护站进行了实地检查。

（赵 昕）

【副市长召开首钢停产工作指挥部会议】 12月13日，为稳步推进首钢北京厂区安全停产工作，副市长苟仲文在首钢总公司召开首钢停产工作指挥部第一次会议，指挥部全体成员单位参加了此次会议。会议听取了停产指挥部综合协调、安全停产、职工安置、社会维稳等工作组有关工作进展情况以及工作计划和安排的汇报。市安全监管局汇报了“首钢（北京地区）安全停产督导工作方案”。苟仲文肯定了停产工作指挥部的阶段性工作，并提出四点要求。一是要高度重视停产工作，积极参加，认真履职。二是指挥部各成员单位要准确定位，强化企业主体责任，协助首钢做好停产工作。三是要及时沟通，及时决策，加强工作针对性，做好应急突发处置工作。四是指挥部各工作组要尽快完善方案，抓落实。

（赵 昕）

【市安委会召开开发区安全生产情况通报会】 12月23日，市安全生产委员会召开开发区安全生产情况通报会。副主任、市安全监管局局长张家明出席会议并讲话。副主任、市安全监管局副局长陈清通报了开发区的安全生产情况，特别是对京东方八代线建设工程等建筑施工方面存在的问题进行了通报。市住房城乡建设委、市经济信息化委、市质监局及市公安消防局等成员单位领导出席会议。会议通报了开发区生产安全事故情况以及通过事故调查处理和安全检查发现的四个方面问题。一是参建单位安全生产主体责任不落实；二是项目安全管理不到位；三是施工现场管理混乱；四是后勤生活区的液化气管理等安全问题。针对上述问题，通报要求各有关单位应在下一步工作中切实采取有力措施，严厉查处违法违规行为。

张家明在讲话中强调，此次会议的目的，就是要通过通报情况、暴露问题引起各方的高度重视，进一步采取有效措施，推动企业落实主体责任。建筑企业特别是京东方八代线建设工程参建单位，要立即排查风险点，拿出具体措施，加强特种作业等重点环节的管理，坚决杜绝转包行为，严格规范分包行为。企业管理层面，要高度重视现场安全管理，把安全意识真正融入到现场管理的每一细节中，勿将安全当儿戏。有关部门要加强检查督导，对措施不落实的、隐患问题严重的，该处罚的处罚，该停产的坚决停产。要通过现场会、通报会、“黑名单”等形式依法严肃查处各类违法行为。通过以上措施，实现开发区安全生产特别是京东方八代线建设工程安全生产形势的好转。会议决定，自即日起，由市安全监管局牵头，联合市住建委、市经信委、市质监局及市公安消防局等部门及开发区管委会成立专项督导组，建立“检查——整改——执法”循环往复的每月循环检查督导机制。第一次检查定为“检查整改周”，对检查出的问题责令整改；第二次检查定为“执法监察周”，对整改不到位的依法予以严肃处理，高限处罚，强力促进企业主体责任真正落到实处。开发区管委会领导、有关部门以及京东方八代线重点建设项目有关单位参加了会议。

（赵 昕）

【部署全国“两会”驻地周边安全生产检查工作】 3月4日，市安全监管局组织召开会议，对全国“两会”驻地周边生产经营单位联合检查工作进行部署。会上，传达了市委“2·26”会议精神，通报了前一阶段对全国“两会”驻地周边生产经营单位排查和检查情况，对全国“两会”期间联合检查工作进行了部署。市商务委、市住房城乡建设委、市旅游局、市体育局、市文化执法总队、市公安局消防局和东城、西城、宣武、朝阳、海淀、丰台等区县安全监管局有关领导参加了会议。

（王燃然）

【国务院安委会办公室督导组检查丰台区全国“两会”安全生产工作】 3月6日，国家安全监管总局刘云昌专员率国务院安委会办公室调研督导组对丰台区全国“两会”安全生产保障工作情况进行了检查。市安全监管局副巡视员刘岩、执法队、丰台区政府及有关部门人员陪同检查。督导组听取丰台区政府关于《全国“两会”安全生产保障工作的汇报》后，实地检查了北京大中电器有限公司六里桥店、北京福泰宫酒楼、北京鸿坤国际大酒店三家位于“两会”代表驻地周边的生产经营单位。从检查情况看各单位整体情况良好，但也发现个别值守人员对应急处置程序不太熟悉，部分部位缺少应急照明等问题，市安全监管局已责成生产经营单位立即进行整改。

（王燃然）

【对密云县安全生产综合考核】 1月6日，按照《北京市安全生产委员会安全生产综合考核组工作安排》，市安全监管局、市文化局、市工商局、市环保局等有关部门负责人组成的考核组，对密云县安全生产情况进行了综合考核。考核组听取了密云县政府2009年安全生产工作汇报，并分3个小组分别查阅了县政府及安委会2009年有关文件、会议纪要等档案资料，实地察看了密云镇政府和鼓楼街道办事处及威克冶金矿山公司。考核内容包含组织领导、责任落实、隐患治理、应急管理、宣传培训、事故处理、重点工作等七个方面。市安全监管局对密云县政府2009年的安全生产工作给予了充分肯定。

（李玉祥　刘自杰　刘　曦）

【启动市政府有关部门安全生产综合考核工作】 2010年，为进一步完善全市安全生产综合考核工作，按照市政府第四十一次常务会议精神和市安委会《北京市安全生产综合考核办法》的要求，2010年，启动了对市政府有关部门的安全生产综合考核工作。研究制定了《北京市政府有关部门安全生产综合考核实施意见（试行）》和《市政府有关部门安全生产综合考核细则》，明确了考核对象、考核方法、考核内容、评定标准、实施步骤等，并于11月16日市政府第七十八次常务会议讨论通过。

（戴贺霞）

【全面促进政府部门安全生产监管职责落实】 根据市政府第四十一次常务会议精神，市安全监管局组织开展了对市政府有关部门的综合考核工作。一是制定并印发《北京市政府有关部门安全生产综合考核实施意见（试行）》。确定了市住房城乡建设委、市市政管委等17个部门作为首次综合考核的对象，设置了组织领导、责任落实等10项考核项目，27个考核内容，全面系统地对市政府有关部门安全生产监管工作情况进行考核。经反复征求意见进行修改完善后，在市政府第七十八次常务会议上审议通过实施。二是建立综合考核奖惩机制。按照市长郭金龙关于加大安全生产考核奖惩力度的指示要求，会同市政府督察室、市监察局、市财政局、市人力社保局制定了《北京市政府有关部门安全生产综合考核奖惩办法》，建立了奖惩机制。三是制定考核实施方案并组织开展考核工作。制定《2010年市政府有关部门安全生产综合考核实施方案》，并有计划组织开展了2010年度市政府有关部门安全生产综合考核工作。通过开展综合考核，督促市相关部门落实安全生产职责，同时规范安全生产综合监管工作。

（戴贺霞）

【建设施工领域安全生产调查评估工作】 2010年，市安全监管局针对事故多发、安全生产基础相对薄弱的农村房屋建设、水利建设、公路建设领域，会同市住房城乡建设委、市水务局、市农委，聘请专业机构开展了“北京市相关建设施工领域安全生产管理调查评估”工作。通过对建设项目现场检查、评估分析，开展问卷调查、专家咨询、座谈研讨、政策研究、事故分析等方式，掌握了相关建设领域安全生产状况，深入分析查找了安全生产存在的问题，研究提出了加强相关建设领域安全生产工作的意见和建议。

（戴贺霞）

【跟踪落实地下空间安全生产调查评估建议】 4月份，市安全监管局会同市住房城乡建设委、市商务委、市规划委、市文化局、市旅游局、市体育局、市民防局、市公安局消防局、市质监局等部门，召开专题会议，就认真落实市政府专题会议《关于进一步加强地下空间安全使用管理的意见》的督办意见，提出了工作要求，并请各部门拿出落实方案和工作计划。市民防局已将人防工程的开发利用纳入到专项治理工作中，在年审时对安全条件提出了专项监管措施。其他相关部门建议对现有的规章及规范进行修订完善，以适应实际工作要求。

（戴贺霞）

【跟踪落实地铁运营安全生产管理调查评估建议】 2010年，市安全监管局跟踪《地铁运营安全管理调查评估反馈意见》（以下简称反馈意见）的落实情况，地铁运营安全管理水平进一步提升。突出体现在市交通委《关于提高轨道交通既有线运输能力和安全服务水平》工作方案顺利通过市政府市长办公会议审议，由此启动了总投资45.53亿元的新一轮改造工程；拆除了5号线东单站南换乘通道内自动步道，有效扩大了换乘通道内的乘客安全疏散面积，对知春路站增建换乘通道，预计工期83天，缓解大客流矛盾；对四惠等客流量大的车站，增设了导流围栏和防冲撞装置；完成地铁1号线、2号线、13号线、八通线加装屏蔽门工程可行性研究等。

（戴贺霞）

【跟踪落实地下空间经营场所安全生产管理调查评估建议】 2010年，通过开展跟踪落实地下空间经营场所安全生产管理调查评估建议工作，进一步强化了本市地下空间安全管理工作。特别是，市民防局全面评估了人防工程安全风险，摸清了风险控制点的种类、数量和状况。出台了《北京市人防工程平时使用标准（试行）》和《进一步推进人防工程优先公益、严格限制出租住人的通知》。明确规定全市所有的人防工程从8月1日起不再批准住人使用。在全市“打非治违”专项行动中，共检查了人防工程5985处，发现擅自使用的160起、擅自改变主体结构或拆除人防工程设施设备8起，擅自改变用途60起。停业整顿23处，关闭取缔62处，消除安全隐患1285处。

（戴贺霞）

【开展相关建设施工领域安全生产调查评估工作】 2010年，市安全监管局针对事故多发、安全生产基础相对薄弱的农村房屋建设、水利建设、公路建设领域，会同市住房城乡建设委、市水务局、市农委，聘请专业机构开展了“北京市相关建设施工领域安全生产管理调查评估”工作。通过对建设项目现场检查、评估分析，开展问卷调查、专家咨询、座谈研讨、政策研究、事故分析等方式，掌握了相关建设领域安全生产状况，深入分析查找了安全生产存在的问题，研究提出了加强相关建设领域安全生产工作的意见和建议。

（戴贺霞）

【研究公路建设、水利建设施工领域安全生产管理调查评估工作】 6月11日，市安全监管局召开北京市公路建设、水利建设施工领域安全生产管理调查评估工作座谈会，市交通委、市水务局、公路建设单位、水利建设单位、北京安捷公司有关负责人员和相关专家参加了会议。会上，市交通委、市水务局有关负责人分别介绍了各自行业建设管理体制和相关实施部门的情况；市安全监管局介绍了公路建设、水利建设检查标准和检查表格编制的依据和内容；与会人员对检查标准和检查表格进行了讨论，并提出意见。

（戴贺霞）

【跟踪落实市轨道交通工程建设安全生产管理调查评估建议】 2010年，结合2009年轨道交通建设安全生产管理状况调查评估工作，市安全监管局制定了《北京市轨道交通建设安全生产管理调查评估工作的反馈意见》，组织了专题会议向市有关部门和建设单位进行了反馈，督促相关部门将落实调查评估建议与全年工作紧密结合，要求制定整改落实意见。轨道交通工程建设安全生产管理取得了突出成效：一是市住建委通过召开经验交流会等方式，推广优秀企业劳务用工管理模式，规范施工企业劳务用工的专业化管理，同时，建立三级安全评估机制，通过日常抽查和专家专项检查，对各施工标段的安全状况进行评估，确定不同等级，对不合格单位进行重点监督。二是市规划委构建以“一个体系”为纲要，“五项制度、三大平台”为措施的轨道交通勘察设计质量监管框架体系的建设。建立轨道交通质量安全生产管理制度以及轨道交通勘察设计技术交流平台、勘察设计监管联动平台、勘察设计科技推动平台等的建设工作，形成严密的保证与监管体系，实现对轨道交通勘察设计质量的保证。

（戴贺霞）

【召开进一步落实“三地”领域安全生产工作专题会议】 9月17日，市安全监管局召开座谈会，专题研究进一步落实“三地”（地下空间、地下管网、地铁运营）领域安全生产工作。会上，市安全监管局通报了市领导《关于“三地”领域安全生产调查评估意见跟踪落实情况的报告》上的批示。同时，部署了“三地”领域安全生产工作的重点工作任务，并提出工作要求。与会单位结合本部门、本行业的实际工作情况，分别对《关于强化“三地”领域安全生产工作的落实意见（征求意见稿）》有针对性地提出了修改意见，并共同交流讨论了如何进一步落实“三地”领域安全生产工作。

（戴贺霞）

【印发关于强化“三地”领域安全生产工作的意见】 11月，市安委会办公室印发了《关于强化“三地”领域安全生产工作的意见》。分别从工作目标、工作任务、工作要求三个方面，要求相关部门要采取强有力的工作措施，督促生产经营单位及时排查、消除“三地”领域安全生产隐患，做到安全生产监管有力，安全生产管理有序。全力压减“三地”领域生产安全事故，为首都经济发展和城市建设创造良好的安全生产环境。

（戴贺霞）

【赴市水务局研究安全生产工作】 6月9日，市安全监管局局长张家明率队前往市水务局，就进一步加强本市水务行业安全生产监督管理工作，与市水务局主要领导进行专题研究座谈。会上，市安全监管局分析了水务行业安全生产面临的严峻形势，指出了水利建设施工生产安全事故暴露出的问题，提出了加强水务行业、特别是水利建设施工、雨（污）管线维护作业安全生产工作的意见。市水务局充分认同市安全监管局提出的意见，并明确了下一步水务安全生产监管工作的具体措施。

【召开建设施工安全生产联席会议】 7月15日，市安全监管局召开了建设施工安全生产联席会议，进一步研究部署建设施工领域安全生产监管工作。会上，市安全监管局通报了本市建设施工安全生产监督管理工作情况，针对目前存在的建设项目管理体制不顺、建设项目安全管理工作不足、部分领域存在监管空白等问题，提出了下一步加强建设施工领域安全生产工作的意见。会议针对怀柔区“3·23”排水沟槽边坡坍塌事故、密云县“6·11”雾灵山庄配套工程工地架体坍塌事故、特别是“7·14”地铁15号线2死8伤事故，指出了当前安全生产存在的问题，要求各相关部门和区县安全监管部门务必深刻汲取事故教训，要以高度的责任感和使命感，切实履行行业监管和综合监管职责，加强配合，密切协作，消除监管缝隙，督促企业全面落实安全生产主体责任。

（戴贺霞）

【对地铁10号线二期工程违规穿越新兴桥有关参建单位进行安全生产约谈】 12月9日，市安全监管局会同市住房城乡建设委、市交通委路政局联合组织召开了地铁十号线二期工程有关参建单位负责人安全生产约谈专题会。会议针对地铁十号线二期穿越新兴桥违规施工问题，全面查找地铁建设风险工程安全管理存在的问题，深刻分析原因，认真提出整改意见，督促地铁建设各参建单位认真落实安全生产主体责任，切实加强地铁建设安全生产工作。会上，首先由被约谈的中铁隧道集团、北京希地环球建设工程顾问有限公司、北京城建勘测设计院及北京市轨道交通建设管理有限公司等负责人分别针对地铁十号线二期穿越新兴桥违规施工问题，汇报了施工单位、监理单位、第三方监测单位及建设单位在地铁建设风险工程安全管理方面存在的问题及下一步整改措施。市交通委路政局、市住房城乡建设委的相关负责同志分别就加强地铁建设施工风险工程管理工作与地铁建设施工安全生产工作提出了相关意见和要求。最后，市安全监管局从安全生产综合监管的角度，对下一步加强轨道交通建设工程安全生产工作提出了强化首都意识、强化责任意识、强化工作落实三点意见。

（戴贺霞）

【对地铁10号线二期十二标工程穿越新兴桥违规施工情况的通报】 12月，针对地铁10号线二期十二标工程穿越新兴桥违规施工的有关情况，市安委会办公室向有关成员单位，轨道交通建设各参建单位印发了通报，要求相关单位，进一步做好轨道交通建设安全生产工作。

（戴贺霞）

【启动北京市工程建设领域突出问题专项治理安全监督管理工作】 年初，按照市专项治理领导小组关于工程建设领域突出问题专项治理工作的部署和要求，市安全监管局制定了《北京市工程建设安全监督管理专项工作实施方案》和《北京市工程建设安全监督管理专项治理排查阶段工作方案》等文件，明确各成员单位和局内相关处室的工作任务，专项治理范围、工作原则、实施步骤和工作要求等。市安全监管局组织召开市工程建设安全监督管理专项治理工作成员单位、市政府相关部门动员部署会及区县安全监管局动员部署会，专题研究部署本市工程建设安全监督管理专项治理相关工作。

（戴贺霞）

【开展工程建设领域突出问题安全专项治理联审督察】 2010 年，按照《北京市工程建设安全监督管理专项治理排查阶段工作方案》的工作部署，市安全监管局组织专项治理工作组成员单位组织对重点工程和发生事故的工程项目，进行了联审督察。其中，对海淀区北京电影学院摄影棚综合楼工程、花园北路 1 号、2 号住宅楼、人防和地下车库工程、宣武区宣武体育中心二期工程、大兴区京沪高铁（北京段）、朝阳区福临家园等项目进行了抽查，没有发现严重的安全生产违法违规问题，安全生产状况总体良好，事故查处情况符合相应要求。

（戴贺霞）

【开展安全专项治理事故处理情况专项排查工作】 2010 年，市安全监管局通过对北京市工程建设领域专项治理工作信息填报系统的 6555 个建设项目进行了排查。经排查，在政府部门的安全生产监管和企业安全生产管理工作方面，没有发现工程建设项目存在严重的安全生产违法违规问题。在事故调查处理情况方面，工程建设项目中共发生死亡 3 人的较大生产安全事故 1 起，死亡 3 人以下一般生产安全事故 35 起（其中，死亡 2 人的 1 起，死亡 1 人的 34 起）。对上述事故的调查处理中没有发现严重违法违规问题。

（戴贺霞）

【中央检查组检查本市专项治理等工作情况通报会】 4 月 19 日，市委常委、市纪委书记马志鹏、常务副市长吉林共同在北京会议中心 9 号楼主持召开会议，听取中央扩大内需促进经济增长政策落实暨治理工程建设领域突出问题检查组通报在京检查有关情况。对于中央检查组检查本市中央扩大内需政策落实和专项治理工作整体情况中发现的问题和提出的整改建议，马志鹏、吉林作了重要指示，要求各区县、各部门对照中央检查组查找出来的问题进行认真整改，细化整改的措施和责任，不但要对具体项目中的问题进行整改，更要在治本上多下功夫，进一步强化长效机制建设。

按照全市统一安排部署，由市安全监管局牵头组织开展的本市建设工程安全专项治理工作已完成第二阶段排查工作，并得到市专项治理工作领导小组的充分肯定。

（戴贺霞）

【召开二季度轨道交通建设施工安全生产情况通报会】 7 月 8 日，市安全监管局会同市住房城乡建设委组织召开了北京市轨道交通建设工程 2010 年第二季度安全质量监督执法情况通报会，通报执法检查发现的问题，对 9 号线 08 标中铁十九局避免一起重大安全事故情况进行通报表扬，同时对 2010 年上半年安全质量管理先进单位进行了表彰。市住房城乡建设委通报了二季度检查中发现的问题，对存在问题突出的单位给予通报批评；市安全监管局通报了 2010 年以来建设工程领域生产安全事故情况及安全生产检查情况，指出了存在的问题，并提出了工作意见。

（戴贺霞）

【市轨道交通建设指挥部安全工作委员会召开季度例会】 2010年，市政府副秘书长、市轨道交通建设安全委员会主任徐波每季度主持召开了市轨道交通建设安全工作例会，市安全监管局副局长陈清以及市轨道交通建设指挥部安全工作委员会各成员单位委员、轨道交通建设单位主管负责人参加了会议。会上，市住房城乡建设委、市规划委、市公安局消防局、市公安局轨道交通建设项目治安办、市质监局、市市政市容委、市水务局分别对上个季度轨道交通建设安全生产形势进行了分析评估；市轨道交通建设管理公司、东直门快轨公司汇报了轨道交通建设下半年安全生产工作计划；市轨指安委会汇报了安委会各成员单位上个季度安全管理工作的情况和下个季度安全工作要点。陈清汇报了市安全监管局下个季度关于轨道交通建设安全生产综合监管工作的安排：一是继续跟踪落实《北京市轨道交通建设安全生产管理调查评估工作的反馈意见》。二是全面加强建设工程安全生产综合监管工作，从落实指导协调制度、落实联席会议制度、落实安全检查制度、落实事故通报和责任追究制度四个方面，有效开展轨道交通建设工程安全生产综合监管工作。

（戴贺霞）

【印发实施加强重点建设施工安全生产监管工作意见】 2010年，市安全监管局针对建设工程领域事故多发的实际和安全生产面临的严峻形势，研究制定了《北京市安全生产委员会关于全面加强本市建设工程安全生产监管工作的意见》。对区县政府和市行业管理部门、安全生产专项及综合监管部门提出工作要求，并强化建设、勘察、设计、施工、监理等参建单位的安全生产工作，突出强调加强事故多发领域的安全生产监督管理工作。通过全面加强安全生产行业管理、专项监管和综合监管，落实企业安全生产主体责任，有效遏制重特大生产安全事故，全力压减一般生产安全事故。

（戴贺霞）

【研究制定城南行动和城乡接合部建设安全生产综合监管工作方案】

2010年，市安全监管局根据安全生产法律法规等有关规定和市委、市政府关于加强安全生产的一系列要求，制定实施城南行动计划工作方案，通过深入落实形势分析制度、联席会议制度、联合检查制度、调查评估制度、事故通报制度等，全面履行重点建设工程安全生产综合监管职责。每季度分析预测建设施工安全生产形势，对生产安全事故进行预警；每季度召开建设施工安全生产联席会议，分析问题，研究对策，强化政府监管；组织对城南行动、城乡接合部建设安全生产联合检查，集中通报检查情况；开展相关建设施工领域调查评估，进一步强化行业监管作用；严厉查处生产安全事故，依法追究有关责任人的责任。通过采取强有力的措施，进一步加强“城南行动”和“城乡接合建设”等重点项目的安全生产保障工作。

（戴贺霞）

【加强“春运”和“两会”道路交通安全生产工作】 年初，结合全国接连发生多起较大道路交通事故和重大营运船舶安全事故的情况，针对“春运”和“两会”重要时期，市安全监管局印发了《北京市安全生产委员会办公室关于进一步加强“春运”和“两会”期间交通运输安全生产工作的通知》，进一步指导行业部门和区县政府加强本市道路交通运输和水上运输安全生产工作，有效防范和坚决遏制重特大事故发生。

（戴贺霞）

【强化本市冬季安全生产工作】 11月份，结合吉林省吉林市商业大厦发生“11·5”重大火灾，市安全监管局印发了《北京市安全生产委员会办公室关于加强冬季安全生产工作的通知》。要求各地区、各部门和各单位要深刻吸取吉林“11·5”重大火灾事故教训，充分认识做好冬季安全生产工作的重要性，切实加强冬季安全生产工作的组织领导，深化打非”专项行动，全力加强人员密集场所、危险化学品、道路交通、建筑施工等重点行业和领域的安全生产监管工作。同时，要求安监、公安等部门依法严厉查处各类安全事故。要认真查明事故原因，严肃追究有关责任单位和人员的责任，对于失职渎职的要依法追究行政责任；对于构成犯罪的，要移交司法机关依法追究刑事责任。

（戴贺霞）

【组织开展物业服务领域安全生产状况调研】 2010年，市安全监管局会同市住建委、市消防局等部门开展了物业服务领域安全生产状况调研工作，组织制定了物业服务单位安全检查表，确定了评估标准和评估方法，共对50家物业服务单位安全管理工作情况进行了专题调研。在认真疏理法规政策相关要求的基础上，了解掌握目前物业服务安全管理状况，分析存在的问题，并研究制定了加强物业服务领域安全生产工作的意见，完成了物业服务领域安全生产状况调研报告。

（戴贺霞）

【召开行业安全生产综合监管工作会议】 1月12日至13日，市安全监管局副局长陈清主持召开了本市行业安全生产综合监管工作会议，会议总结回顾了2009年安全生产监管工作情况，对2010年行业的安全生产工作提出了具体的工作意见。参会单位就如何做好安全生产监管工作进行了沟通和交流，研究了全年的重点工作，明确了全年安全生产监管工作的指导思想、工作目标、工作重点，为做好全市重点行业领域的安全生产监督管理工作奠定了基础。

（戴贺霞）

【研究地下空间安全使用管理工作座谈会】 8月24日，市安全监管局组织召开地下空间安全使用管理工作座谈会。市安全监管局副局长陈清出席会议并讲话，市民防局副巡视员许金宝出席会议。会上，市安全监管局传达了市委市政府刘淇、郭金龙、黄卫等关于加强全市人防工程管理工作的重要批示。市民防局介绍了落实市领导重要批示精神所开展的工作和起草《北京市民防局关于进一步加强平时人防工程安全管理工作的意见》和《北京市人防工程使用标准》两个文件的有关情况。市住房城乡建设委对普通地下室的安全管理工作，分别就现状、存在问题、改进措施等方面做了情况通报。与会单位结合本部门、本行业的实际工作情况，分别对民防局的两个文件有针对性地提出了修改意见，共同交流讨论了如何进一步加强地下空间使用安全管理工作。

（戴贺霞）

【专题研究铁路工程建设安全生产工作】 7月15日，市安全监管局组织召开座谈会，专题研究本市铁路工程建设安全生产工作。会上，市安全监管局通报了2010年以来国家铁路工程建设重点项目京沪高铁、京石高铁等建设施工事故多发的情况以及铁路工程建设安全生产监管存在的突出问题，分别听取了北京铁路局建设处和铁道部工程质量安全监督总站北京监督站关于本市铁路工程建设项目施工进展情况、铁路工程建设安全生产行业监管工作开展情况的介绍。最后，市安全监管局提出了加强铁路工程建设安全生产综合监管的具体工作意见，要求铁路部门要紧紧抓住“7·7”架体坍塌涉险事故，深刻分析原因，查找监管漏洞，采取有力措施，坚决查处抢工期、赶进度、违规违章冒险作业等行为，有效防止铁路工程建设施工生产安全事故。

（戴贺霞）

【对部分专业运输货运企业安全管理工作进行约谈】 7月26日，市安全监管局会同市交通委运输局、市公安局交管局有关处室，对中石油天然气北京分公司等10家专业运输货运企业进行安全管理工作约谈。中石油天然气北京分公司等10家专业运输货运企业分别汇报了本单位开展安全生产、交通管理及运输安全管理工作情况。市交通委运输局在指出当前专业运输货运企业运输安全存在突出问题的同时，要求企业要进一步加强对驾驶人员操作规程的安全教育培训工作；市公安局交管局安监处针对专业运输货运企业交通安全管理的现状，要求专业运输货运企业要高度重视对道路交通安全工作的组织领导，找准问题，切实加强涉牌、闯红灯、酒后驾驶以及超速等四种严重违法行为的专项整改，进一步加强交通安全管理工作长效机制建设；市安全监管局传达了《国务院关于进一步加强企业安全生产工作的通知》精神，通报了市政府有关部门对专业运输货运企业开展专项联合执法工作有关情况，并进一步强调指出，专业运输货运企业在安全生产方面还存在着许多薄弱环节，要求各专业运输企业要针对通报的专项联合检查中发现的问题，举一反三，全面自查，自觉吸取经验教训，认真梳理本单位安全生产中存在的突出问题，并逐项进行整改，避免此类问题的重复出现；进一步完善安全生产责任体系，对重要、高危险作业岗位要明确主要领导、管理人员及现场作业人员的安全生产职责，建立全覆盖的安全生产管理制度及操作规程，完善安全生产应急救援预案并认真组织开展安全生产应急演练；加强特种作业人员的安全管理，切实增强从业人员的安全责任意识，必须做到持有效作业证上岗，坚决防范各类伤亡事故的发生。

（毛宇权　戴贺霞）

【开展农机安全生产联合行动】 2010年，为进一步落实农业部和国家安全生产监管总局关于深入开展“创建平安农机、促进新农村建设”活动的工作要求。市安全监管局会同市农委、市农业局、市公安交通管理局共同组织开展了“创平安农机，促安全生产”为主题的联合行动。四部门共同召开了动员部署会议，联合下发了实施方案，建立了北京市农机安全联合整治工作机制。

（戴贺霞）

【中小学校舍安全工程综合监管工作】 按照市中小学校舍安全工程领导小组的要求，市安全监管局定期参加市中小学校舍安全工程工作例会。不断加强沟通配合，掌握工作动态，针对校舍安全工程中发生的生产安全事故，及时与市住建委和市教委进行情况沟通，从综合监管的角度对工程施工安全提出工作要求。会同有关部门开展中小学校舍安全工程施工的联合检查，强化建设单位安全生产管理工作的落实。

（戴贺霞）

【加强地铁运营安全生产综合监管工作】 2010年，市安全监管局加强地铁运营安全生产综合监管工作。重点开展以下工作：一是按照局折子工程安排及时了解地铁运营安全工作进展情况，市安全监管局与有关部门沟通研究大客流对地铁运营安全工作的影响，并向市政府提出《高峰大客流对地铁运营安全工作影响的报告》；二是高度关注新一轮地铁消隐改造工程进展情况，督促行业主管部门落实市政府决策部署，及时消除安全隐患，确保运营安全；三是配合交通运输部门开展了地铁站内设置售报点论证工作和地铁运营安全管理地方标准制定工作。

（戴贺霞）

【专题研究道路交通动态监管和国家部际联席会议督察落实情况】 8月4日，市安全监管局组织召开道路交通安全监管工作会议和国家部际联席会议，督察北京市创建“平安畅通区县”工作中，发现永定门长途客运站有关问题的复查及报告工作。市交通委、市公安局交管局有关人员参加了专题会。会上，市安全监管局传达了《国务院关于进一步加强企业安全生产工作的通知》精神以及《国务院安委会办公室关于道路交通动态监管试点工作进展情况的通报》有关要求。三部门就道路交通动态监管有关数据的统计报送工作、加快推进道路交通动态监管和信息共享工作及国家部际联席会议督察北京市创建“平安畅通区县”工作中发现的永定门长途客运站有关问题的复查及报告工作进行了研究讨论。通过研讨，会议确定了有关工作安排。一是建立工作机制，市交通委、市公安局交管局定期报送道路交通动态监管有关数据，并进一步研究确定全面推进本市道路交通动态监管的工作模式；二是全面督促企业进行整改，并组织对企业整改情况进行复查，及时报送整改工作开展情况。

（毛宇权 戴贺霞）

【召开研究解决民航安全隐患协调会】 12月10日，市安全监管局接到民航华北地区空中交通管理局《关于侵占民航通信设施构筑房屋情况的函》，反映北京蟹岛种植养殖集团在其4座天线塔下非法建设房屋设施，对正常空管通信产生安全隐患。针对此情况，12月13日，市安全监管局召开紧急会议，协调解决安全隐患消除问题。朝阳区政府、朝阳区农委、金盏乡业务部门以及民航华北地区空管局有关负责人参加了会议。会上，民航华北地区空管局、朝阳区政府有关业务部门分别介绍了安全隐患的有关情况。朝阳区政府表示，民航运行安全关系重大，区政府及有关部门将协调解决非法建筑的拆除工作，及时消除安全隐患问题。经会议研究，由朝阳区政府及有关业务部门会同民航华北地区空管局实地对安全隐患情况进行调查核实，并尽快消除安全隐患。有关情况及时报告市安全监管局。经市安全监管局对安全隐患消除情况的跟踪了解，此项安全隐患已经及时消除。

（戴贺霞）

【对商务系统安全生产工作暨构筑“防火墙”工程进行督导检查】 11月17日，市安全监管局副局长陈清率队对商务系统安全生产工作及构筑“防火墙”工作情况进行督导检查。市政府督察室、市公安局消防局及市安全监管局等有关负责人参加了督导检查。会上，市防火委员会通报了近期全国火灾情况。市商务委有关领导汇报了商务行业“防火墙”工程工作开展情况。双方还专门就如何进一步开展安全生产工作进行了交流和沟通。会后，督导检查组还查看了市商务委开展构筑“防火墙”工程的相关档案资料。督察组充分肯定了商务系统的安全生产及消防工作开展情况，指出市商务委对安全生产和消防安全工作高度重视，工作措施到位，成效明显。但针对当前安全生产和消防安全形势严峻的状况，市安全生产监管局副局长陈清提出抓好落实、抓好建设、抓好隐患、抓好防控四点具体工作意见。

（戴贺霞）

【开展道路交通动态监管试点工作】 2010年，市安全监管局定期组织召开工作会议，研究解决存在突出问题，不断推进工作有效开展，确保试点工作圆满完成。本市市级道路交通动态监管平台已基本建成，区县级动态监管平台建设正在推进。全市11688辆化危车、长途班线、旅游包车全部安装GPS，安装率达到100%。市内营运的车辆GPS安装率达到96%。动态监管设备上线率和完好率达到80%以上。

（戴贺霞）

【专题研究普通地下室安全监管工作】 8月16日，市安全监管局赴市住房城乡建设委进行专题座谈，研究普通地下室安全监管工作。会上，市安全监管局提出了对于普通地下室安全生产监管工作的意见。一是针对市安全监管局去年开展的地下空间经营场所安全生产调查评估工作以及“11·3”市政府办公会议要求，建议市住房城乡建设委应进一步落实市政府152号令的规定，通过加强物业单位的管理和普通地下室的备案工作，强化普通地下室安全管理工作；二是根据近期市领导对人防工程使用的批示精神和国务院安全生产委员会近期组织开展的打击非法违法生产经营建设专项行动，就普通地下室的安全管理工作进行了沟通，交换了意见。

（戴贺霞）

【铁路工程建设安全生产工作座谈会】 7月13日，市安全监管局组织召开部分区县安全监管局座谈会，专题研究本市铁路工程建设安全生产工作。丰台、大兴、房山区安全监管局主管负责人参加了会议。会上，市安全监管局通报了2010年以来国家重点工程项目京沪铁路、京石铁路等建设施工事故多发的情况以及铁路工程建设安全生产监管存在的突出问题，分别听取了丰台、大兴、房山区关于铁路施工建设生产安全事故调查处理情况、安全生产综合监管工作开展情况、存在的问题及加强铁路工程建设安全生产工作的建议。针对本市铁路工程建设安全生产工作状况，市安全监管局提出了加强铁路工程建设安全生产综合监管的具体工作意见。

（戴贺霞）

【研究地铁运营安全管理调查评估意见推动落实工作】 3月9日，市安全监管局召开专题工作会议，与地铁公司有关部门研究推动落实有关工作。会上，地铁公司汇报了《北京地铁运营安全生产管理调查评估2010年整改计划实施方案》，并就有关问题进行了说明，整改工作方案确立了整改工作的目标和任务，建立了相应的组织领导机构并对整改方法和措施进行了明确。市安全监管局有关负责人对地铁公司高度重视调查评估工作反馈意见，及时制定并按计划推进工作落实给予了肯定。同时，针对整改实施方案的有关内容提出了工作意见。

（戴贺霞）

【研究怀密线高压天然气工程设计方案】 3月12日上午，市安全监管局参加了市规划委组织召开的怀密线高压天然气工程设计方案研究会。会上，市规划委有关负责人介绍了怀密线高压天然气工程概况。顺义区、密云县、怀柔区政府就选址、占地、沿线拆迁等方面提出了意见。市发改委、市市政市容委就用气量提出了要求；市园林绿化局提出保留永久绿化带，沿线铺设需要距离京城高速50米以外；市消防局提出要与重点建筑物保持安全距离。市安全监管局结合规划方案，从安全生产综合监管角度提出具体意见。

（戴贺霞）

【召开道路交通安全生产工作专题会议】 3月23日，市安全监管局召开道路交通安全生产工作会议，专题研究本市道路交通事故控制工作和安全动态监管工作。市公安局交管局、市交通委及交通委运输局有关处室领导参加了会议。会议传达了《国务院安委会办公室关于近期三起重大道路交通事故情况的通报》精神，并对本市成为全国道路交通安全动态监管试点地区有关工作进行了明确。同时，与会各部门专题研究了全力压减道路交通事故的措施，形成了以下工作意见：一是做好GPS道路交通安全动态监管工作，研究对GPS的管理办法，通过推动GPS动态安全监管建设，强化动态监管工作，压减道路交通事故；二是进一步完善联合执法工作机制，交管部门及时反馈道路交通事故隐患严重违法企业情况，开展有针对性的联合执法；三是采取有力措施督促远郊区县政府加大道路交通安全隐患排查治理工作力度，消除隐患，提高本质安全水平；四是道路交通主管部门在道路建设中，建立安全设施与道路建设“三同时”制度，道路在投入使用时，安全设施必须到位，从源头上消除安全隐患。

（毛宇权）

【召开地下空间经营场所安全生产工作协调会】 4月1日，市安全监管局组织召开了本市地下空间经营场所安全生产工作协调会，专题研究《关于进一步加强本市地下空间经营单位安全生产工作的意见》。会议要求，一是全面落实市政府第152号令规定，坚持和巩固已有的地下空间安全使用管理综合协调机制，细化工作职责，进一步完善政府监管体制和安全生产责任体系。二是采取多种手段，突出重点，加大对地下空间经营场所的安全生产监管工作力度。三是认真落实市政府专题会议精神，结合自身职责，细化措施和任务，制定加强本行业或领域的地下空间安全使用管理工作的意见，并报送市安全监管局。

（戴贺霞）

【召开市物业管理安全生产状况及对策研究专题会议】 5月28日，市安全监管局召开市物业管理安全生产状况及对策研究专题会议，市住房城乡建设委、市质监局、市公安局消防局和北京中安质环技术评价中心相关同志参加了会议。会上，市安全监管局介绍了开展物业服务企业安全生产状况调研的背景以及调研对安全生产工作的重要性，就调研方案、调研问卷等内容征求了与会部门的意见。与会部门的人员一致认为开展物业服务企业安全生产状况调研是非常必要的，并表示将结合实际工作认真研究调研问卷有关内容，进一步补充完善调研内容，及时向市安全监管局进行反馈，使得本次调研工作取得实效。

（戴贺霞）

【研究高速公路安全监管工作】 6月29日，市安全监管局与市公安局交管局召开专题会议共同研究高速公路安全监管工作。会上，市安全监管局对市公安局公安交通管理局拟定的《关于加强高速公路交通安全管理的意见》提出有关工作建议，并结合市安全监管局安全生产综合监管工作职责就加强高速公路安全生产工作，督促政府有关部门和高速公路产权单位落实安全生产监管责任和主体责任提出了有关工作意见。

（戴贺霞）

【召开专业运输单位道路交通安全工作专题会议】 7月5日，市安全监管局召开专业运输单位道路交通安全生产工作会议，专题研究本市专业运输单位道路安全监管专项联合执法和道路交通动态监管工作。市公安局交管局、市交通委运输局有关处室负责人参加了会议。会议通报了全国道路交通动态监管试点工作现场会会议精神，研究了加强专业运输单位道路交通安全专项联合执法工作。会议确定了以下工作内容：一是由市公安局交管局提出全市道路交通违法和事故多发专业运输单位名单，由市安全监管局牵头组织市公安局公安交通管理局、市交通委运输局于7月中旬对部分交通违法突出和事故多发的专业运输单位进行专项联合执法检查；二是由市公安局交管局牵头组织全市性的专业运输单位安全工作会议，市安全监管局、市公安局交管局、市交通委运输局三部门联合通报专项执法检查工作情况，并对交通违法突出和事故多发的专业运输单位采取挂黄牌、停车整顿以及其他行政处罚措施；三是拟由市安全监管局以市安办名义对交通运输部、公安部、国家安全监管总局《关于进一步加强和改进道路客运安全工作的通知》进行转发，并提出有关工作要求。

（毛宇权）

【组织召开农村房屋建设安全工作座谈会】 7月6日，市安全监管局在大兴区组织召开了农村房屋建设安全工作座谈会。会上，市安全监管局介绍了开展本市农村房屋建设安全生产调查评估工作的基本情况和主要内容；大兴区安全监管局、部分乡镇政府和村委会主要负责人分别介绍了本区域农村房屋建设安全工作开展的基本情况，农村房屋建设属地管理、行业管理和综合监督管理等方面存在的突出问题，并对下一步农村房屋建设安全工作提出了很好的工作意见和建议；参会人员就农村房屋建设安全工作中存在的问题和难点进行了充分的研讨。

（戴贺霞）

【高速公路交通安全监管工作会议】 7月7日，市政府副秘书长周正宇组织召开高速公路交通安全监管工作会议，研究高速公路交通安全等问题。市安全监管局副局长陈清参加会议并提出意见。会上，市公安局交管局通报了《关于加强高速公路交通安全管理的意见》和《关于高速公路交通安全管理工作的调研报告》等文件，参会单位进行了认真研讨。陈清从综合监管角度提出以下意见：一是本市安全生产形势虽然平稳，但较大以上安全生产事故多发，必须要采取有效措施落实企业的安全生产主体责任，全力压减事故；二是要将事故控制指标进行层层分解，落实到单位，严格目标管理；三是针对上述文件提出了具体修改意见。

（戴贺霞）

【加强地下管线安全运行综合监管工作】 2010年，市安全监管局印发了《关于落实〈市政府办公厅加强施工安全管理防止发生破坏地下管线事故的通知〉的实施意见》，进一步加强地下管线安全运行综合监管工作。一是切实加强安全生产综合监管，防止施工破坏地下管线等城市基础设施事故。运用安全生产联席会议、约谈函告、督导检查等方式和手段，加大对建设施工安全生产监管力度，督促进一步完善落实地下管线等城市基础设施安全防护工作机制；二是依法加大对施工单位破坏地下管线等城市基础设施行为的查处力度。加强与相关部门的信息沟通，建立工作联动机制，组织开展对工程建设项目的安全生产联合执法检查；三是依法严厉查处违反安全生产法律法规破坏地下管线等城市基础设施的典型事故。根据《北京市社会影响较大的一般生产安全事故调查处理暂行规定》，对于施工过程中造成城市生命线被破坏，造成严重社会影响的，将严格按照“四不放过”的原则，对造成严重社会影响的破坏地下管线的生产安全事故严肃予以处理，以切实保障地下管线等城市基础设施正常运行。

（戴贺霞）

危险化学品安全监管监察

【安全生产许可证核发】 截至12月31日，全市取得安全生产许可证的危险化学品生产企业共81家，比上年增加4家，同比增加5.2%。2010年，市安全监管局共受理安全生产许可证申请企业13家。其中首次申请企业2家（北京高盟新材料股份有限公司燕山分公司和北京华腾天海环保科技有限公司），变更申请企业6家，延期申请企业5家。

（魏志钢）

【经营许可证核发】 截至12月31日，全市取得危险化学品经营许可证的单位共2428家，比上年减少15家，同比减少0.6%。其中，持有甲证（经营剧毒或成品油）的单位1271家，持有乙证（经营除剧毒和成品油以外的其他危险化学品）的单位1151家。2010年，市安全监管局共受理危险化学品经营许可证（甲证）申请单位912家。其中首次申请单位23家，变更申请单位113家，延期换证申请单位776家。

（魏志钢）

【建设项目安全许可】 2010年，市安全监管局共审查危险化学品建设项目9项。其中，设立安全审查项目2项，分别为中国石油化工股份有限公司北京燕山分公司异丙苯单元节能改造项目和空分装置技术改造项目；安全设施设计审查项目5项，分别是中国石化集团资产经营管理有限公司北京燕山石化分公司炼厂气变压吸附分离及提纯液体CO2装置项目、中国石油化工股份有限公司北京石油分公司康庄油库改造项目和中国石油化工股份有限公司北京燕山分公司的间苯二甲酸装置5万吨/年扩能改造项目、间二甲苯扩能改造及配套工程、3万吨/年溴化丁基橡胶项目；安全设施竣工验收项目2项，分别是中国石油化工股份有限公司北京石油分公司的环北京成品油管道工程和长辛店油库至首都机场航空煤油管道工程。

（魏志钢）

【易制毒化学品许可】 截至12月31日，全市取得一类非药品类易制毒化学品经营许可证的企业共3家，与上年持平；取得二类、三类非药品类易制毒化学品生产备案证明的企业14家，比上年增加1家；取得二类、三类非药品类易制毒化学品经营备案证明的企业400家，比上年减少27家。

（魏志钢）

【经营许可证换证调整】 2010年，为合理安排甲种经营许可证换证时间，避免集中换证现象，进一步做好经营许可证换证审批工作，市安全监管局对甲种经营许可证换证工作进行了调整。第二季度（4月1日至6月30日）到期且许可条件未发生变化的单位申请换证时，市安全监管局颁发临时经营许可证，许可证有效期一年。第四季度（10月1日至12月31日）到期且许可条件未发生变化的单位申请换证时，市安全监管局颁发临时经营许可证，许可证有效期两年。

（魏志钢）

【危险化学品储存专项整治】 2010年，为吸取“6·29”房山仓库火灾事故教训，排查事故隐患，规范危险化学品仓库安全生产条件，市安全监管局下发了《关于调查上报危险化学品经营单位储存基本情况的通知》（京安监办发［2010］32号）和《关于开展危险化学品储存仓库安全专项整治工作的通知》（京安监办发［2010］96号），在对全市危险化学品经营单位储存状况进行调查的同时，开展了危险化学品储存仓库安全专项整治工作。经调查统计，全市各区县、经济技术开发区共有危险化学品经营单位（不含加油站、油库）1282家。其中，化工商店39家，气体经营单位186家，建材市场50家，票据经营单位881家，其他的储存经营单位126家。上述单位共有库房574个，其中危险化学品库房总面积67531平方米，非危险化学品库房总面积82459平方米。共有危险化学品储罐1414个，总容积64162立方米。专项整治工作自2010年7月15日起，至10月31日止。通过专项整治，共检查带有危险化学品储存仓库的单位416家，发现问题隐患161项，下达整改指令书79份，责令停业整顿的15家，实施行政处罚35起，33家单位因搬迁、不具备安全条件等原因主动退出危险化学品储存经营活动。通过整治工作，进一步摸清了全市危化品储存仓库基本情况，强化了危化品仓库储存单位主要负责人安全意识和管理水平，切实提高了危化品储存仓库的本质安全。

（魏志钢）

【非经营性加油站专项整治】 2010年，市安全监管局以市安全生产委员会办公室的名义发布了《关于开展非经营性加油站整治工作的通知》，决定对全市非经营性加油站开展整治工作。通过专项整治工作，进一步规范了全市非经营性加油站的安全条件，提高了本市非经营性加油站的本质安全水平。

（魏志钢）

【危险化学品交易市场建设】 2010年，为探索建立符合首都功能定位的危险化学品安全监管模式，解决本市危险化学品流通环节存在的“交易散、储存难、运输乱、回收少”的问题，市安全监管局在对本市危险化学品行业生产、经营、储存、运输、使用、废弃回收等环节进行深入调研的基础上，提出通过建立集交易、储存、配送、回收为一体的危险化学品交易市场，实现危险化学品的“集中交易、专业储存、统一配送、统一回收”。为此，市安全监管局协调市化工集团和市一商集团，确定由两大集团分别成立危险化学品交易市场。截止年底，两大集团已经成立筹备组，起草实体公司章程，落实交易场所，筹建电子交易平台，进行实体公司的工商注册准备。

（魏志钢）

【应急救援物资管理】 2010年，市安全监管局对全市应急救援物资储备库现状进行了调研，并形成了《北京市危险化学品事故应急救援物资储备库现状调研报告》。在充分调查研究的基础上，组织起草了《危险化学品事故应急救援物资配备指导意见》和《危险化学品事故应急救援物资储备库管理制度》，在进一步修改、完善的基础上将于翌年发布实施。两个文件的制定，将实现对区县的精确指导，进一步提升全市危险化学品事故应急处置能力。

（魏志钢）

【部署企业应对冰雪低温天气工作】 1月4日，市安全监管局召开全市安全监管部门视频会，会议针对危险化学品企业如何应对冰雪低温天气做好安全生产工作进行了部署，并对加油站、油库、危险化学品生产企业以及具有化工工艺的使用单位提出了具体要求。并对加强值班、信息报送和现场处置等提出了具体要求。会议要求：要认清强降温气候条件下安全生产工作的重要性，落实应对冰雪低温天气视频会议精神；各区县安全监管局要迅速将视频会议精神传达到辖区范围内危险化学品生产经营企业、烟花爆竹批发企业以及涉危企业，要切实加强特殊天气条件下的安全监管工作；要落实企业安全生产主体责任，各企业要将开展隐患排查和安全生产工作紧密结合，对易出现问题的部位进行检查，确保冰雪低温条件下安全生产工作。

（魏志钢）

【应对雨雪天气安全检查】 1月4日，市安全监管局副局长丁镇宽带队，对燕山石化、东方化工厂和普莱克斯气体有限公司等重点化工企业进行安全检查。面对近几年来最恶劣的雨雪天气，各单位均采取应对措施，做好安全生产工作。燕山石化领导和员工24小时在岗值班；动员全体人员清除深生产区和主干道积雪；加强原料和产品进出厂的协调，保持物流畅通，及时调整产品结构和装置负荷，保障首都成品油市场供应。东方化工厂乙烯、环氧乙烷装置停产检修，定期进行防冻检查，启动了非常态应急预案，全厂总动员，在装置一线采取防冻、除雪和防滑等措施，完善装置的保温系统，切实做好管线、仪表、阀门和消防设施的保温，保障安全生产。普莱克斯气体有限公司及时调用储备的融雪剂，运输车辆更换低温柴油，做好运输过程的安全生产，保障全市医用氧的安全供应。

（魏志钢）

【市领导检查危化企业】 1月13日，副市长、市安委会主任苟仲文检查中石化北京燕山公司和北京市逗逗烟花爆竹有限公司。苟仲文检查了燕山石化安全生产指挥中心、应急救援装备和化工一厂，重点查看了化工一厂液化气球罐区，听取了燕山公司结合中石油兰化1月7日事故教训采取防范措施情况的汇报。在逗逗烟花爆竹有限公司仓库现场，苟仲文重点检查了烟花爆竹电子标签工作进展情况，观看了工作人员操作读写器读取电子标签流向信息的示范。他要求各烟花爆竹批发企业要高度重视安全生产工作，加大电子标签张贴工作力度，抓好烟花爆竹流向管理工作，为首都的安全稳定作贡献。

（魏志钢）

【国务院安委办督导组检查危化企业】 3月4日，国家安全监管总局专员刘云昌率国务院安委办督导组检查了亦庄开发区危化企业。督导组检查了中芯国际集成电路制造（北京）有限公司、京东方光电科技有限公司和法美高新气体（北京）有限公司三家涉危企业。督导组采取听汇报、查现场和随机提问等方式对三家企业进行了仔细的检查，重点听取了企业关于化学品管理（装卸、储存、使用）以及应急处置方面的工作汇报，并检查了企业的剧毒品仓库、工作现场等场所。在剧毒品仓库，督导组仔细检查了剧毒品的储存设备、泄露报警设施和出入库管理等情况。督导组对企业的安全生产管理机构建设、安全管理制度落实、化学品管理、人员培训、职业健康监控以及应急预案制定和演练等安全生产工作表示了肯定，并建议企业要根据实际情况增强相关人员危化品防护知识水平。

（魏志钢）

【组织制定地方标准】 2010年，市安全监管局组织制订了三项地方标准，分别是《危险化学品仓库建设及储存安全规范》、《石油储罐机械化清洗安全施工规范》和《阻隔防爆储罐及阻隔防爆撬装式加油（气）装置验收规范》。上述三项标准均为强制性地方标准，分别规范了油罐清洗、危险化学品储存和阻隔防爆装置行业（领域）安全生产条件，对提高危险化学品安全技术、行政许可工作和执法检查具有重要意义和作用。10月20日，三项地方标准通过了北京市技术质量监督局组织的评审，并将于翌年发布实施。

（魏志钢）

【检查小化工企业】 5月27日，市安全监管局副局长丁镇宽带队到大兴区检查小化工企业安全管理工作。检查组对北京海弘涂料有限公司等四家小化工企业进行了检查。现场检查了安全设备设施使用、仓储、职工安全防护，重点查看了职工体检资料，询问了负责人安全投入、职业健康检查情况及应对夏季高温、高湿、雷电频繁等天气采取的措施情况。检查组对大兴区小化工企业危险化学品的安全生产监管工作给予了肯定，对下一步加强小化工安全生产管理提出了更高的要求，要求企业根据市区两级《关于加强高温雨季危险化学品安全管理工作的通知》，做好高温雨季期间危险化学品安全生产工作，避免引发危险化学品事故。

（魏志钢）

【督察汛期危险化学品安全生产工作】为贯彻落实市长郭金龙在全市防汛抗旱指挥部第一次会议上的讲话精神，6月4日至11日，市安全监管局副局长丁镇宽带队对大兴区、房山区和通州区汛期危险化学品安全生产工作进行了督察。期间，共检查了东方化工厂等15家危险化学品生产企业和4家烟花爆竹批发企业。在督察工作中，督察组听取了大兴区、房山区安全监管局及部分企业的工作情况汇报，查阅了相关资料，实地检查了危化品生产储存场所和烟花爆竹仓库，与部分企业负责人和安全管理人员进行了座谈交流。对检查中发现的北京极易化工厂应急喷淋清洗设施损坏、北京市熊猫烟花有限公司仓库存放部分过期烟花爆竹和存放不符合销售标准的烟花爆竹（存放B级组合烟花）问题和隐患，督察组责成有关区县局督促以上企业立即进行整改。督察组强调指出，各区县、各部门、各单位要高度重视汛期的安全生产工作，要认真贯彻落实郭金龙市长在全市防汛抗旱指挥部第一次会议上的讲话精神，确保危险化学品和烟花爆竹的汛期生产安全。

（魏志钢）

【调研建材市场危化品储存情况】 6月23日、24日，市安全监管局副局长丁镇宽带队对丰台区、朝阳区部分建材市场进行了调研。调研的单位有东方家园建材城、京开五金建材批发市场、民和兴建材市场、民乐建材市场、金来胜发建材市场、居然之家建材城和城外诚家居广场等。丁镇宽了解了每家建材城经营危险化学品（油漆、稀料等）经营情况，询问了现场工作人员，查看了经营现场和部分建材城的危险化学品储存仓库。建材市场经营的涂料类商品中，水溶性产品占大多数，油性产品仅占小部分。调研的7家建材市场的经营现场均无危险化学品实物，只是摆设空桶。建材市场经营危险化学品分为两种类型，一种是建材市场自身经营危险化学品，领取危险化学品经营许可证。第二种是建材市场自身不经营危险化学品，对商户出租柜台，建材市场作为一个整体领取一个危险化学品经营许可证，各商户不领取危险化学品经营许可证。在调研的7家建材市场中，第一种类型为2家，其中1家有危险化学品储存仓库。第二种类型为5家，其中2家有危险化学品储存仓库。

（魏志钢）

【督导危化品储存专项整治】 房山“6·29”火灾事故以后，市安全监管局召开了全市安全生产工作会议，并正式下发了《关于开展危险化学品储存仓库安全专项整治工作的通知》，对生产经营单位储存仓库整治工作进行了部署。为抓紧落实会议和《通知》精神，7月12日至14日，市安全监管局副局长丁镇宽带队，对房山区、大兴区、通州区危险化学品经营单位储存专项整治工作进行了督导。三个区都召开了危险化学品企业安全生产工作会，通报了事故情况，制定了专项整治方案，部署了专项检查工作。督导组共对3个区的9家危险化学品经营单位进行了检查。从检查情况看，各企业都有健全的规章制度，储存区都有视频监控系统，储罐都有喷淋装置，有灭火器、有围堰。但检查中也发现一些问题，如储存方式不规范，消防设施不齐全，生活区与储存区不分隔等。督导组要求各区县一定要按照国家有关规范标准，认真进行整治，对散放的要集中入库，生活区和储存区必须明显分隔，全面规范本市危险化学品储存条件。

（魏志钢）

【部署危险化学品安全生产工作】 7月29日，市安全监管局组织召开了全市安全监管系统危险化学品安全生产工作紧急视频会议。会议通报了大连输油管道爆炸火灾事故、南京原塑料四厂可燃气体管道泄漏爆燃事故、贵州宜化化工有限责任公司管道气体泄漏爆炸事故、四川广元东山公园游泳池氯气泄漏事故和新疆库尔勒煤气罐爆炸事故等几起危险化学品事故情况，并对下一步本市加强危险化学品安全生产工作进行了部署。一是各区县要深入开展危险化学品安全生产执法检查行动，结合暑期、汛期的气候特点，全面排查治理危险化学品安全生产隐患，确保重点企业、重点场所、重点部位的安全；二是要督促企业切实加强危险化学品的生产、储存装置及烟花爆竹仓储设施的防雷、防静电工作，确保防雷、防静电设施完好有效；三是要督促企业做好危险化学品露天生产设备、设施的安全工作，露天存放储罐要严格实行喷淋降温制度，确保喷淋装置完好运行，同时要加强巡检，发现异常情况立即处置；四是督促企业做好危险化学品储存安全工作，严格落实危险化学品储存制度和规范；五是要督促生产和使用氨气、氯气等有毒气体的企业采取有效措施，严加防范各种跑冒滴漏现象；六是安全监管部门要积极配合交通运输监管部门，加强对危险物品运输单位的安全监管，确保危险化学品的运输安全；七是危险化学品生产经营单位要建立预防为主、持续改进的企业安全自我约束机制，严格落实安全生产责任制。加大对安全生产的投入，采用先进工艺技术，改造陈旧老化设施设备，促进企业的安全技术升级；八是各企业要结合雨季汛期特点，采取各项有效措施，应对雷电、洪水、塌方等各种突发情况；九是各企业要切实加强化工企业暑期、汛期检修期间的安全管理工作，动火及进入有限空间等危险性较大的作业，必须按规定办理相应的审批手续，配备专人现场监护，配备相应救援器材；十是各区县安全监管局和各危险化学品生产经营单位要加强应急值守，实行24小时值班和领导带班制度，保证通讯联络畅通，加强危险化学品事故应急处置能力。会议要求各区县、各相关企业要贯彻视频会议精神，迅速行动，立即开展安全大检查，逐步构建危险化学品安全监管长效机制，扎实做好本市危险化学品安全监管工作。

（魏志钢）

【整合涉危管理系统】 自2009年8月市安全监管局启用涉及使用危险化学品单位安全管理系统以来，有效推动了信息化在危险化学品安全监管工作中的应用，提高了工作效能。系统将企业基本信息、危化品使用种类、数量、主要用途、储存方式、从业人员资质情况全部纳入管理范围。2010年，市安全监管局对涉危系统使用情况进行了总结和分析，并在利用现有成果的基础上，将全市危险化学品生产、经营单位全部纳入了涉危管理系统。系统整合工作完成后，将实现对生产、经营、使用单位的统一管理，充分发挥信息化在危险化学品安全监管工作中的作用。截至2010年底，涉危单位安全管理系统中市、区、街乡用户共有367家，企业用户9857家。总登录量为112236次。全市涉危单位共有6947个仓库和10037个储罐，面积和容积分别为400465平方米和132926立方米，使用危险化学品59510.34吨。

（魏志钢）

【研究制定危化企业从业人员标准】 为解决本市危险化学品企业从业人员素质参差不齐，特别是一些中小危险化学品生产经营单位的从业人员不具备岗位必需的安全生产知识和操作技能，安全生产意识差等问题。市安全监管局决定制定本市危险化学品从业人员准入标准。2月24日，市安全监管局印发了《关于对危险化学品生产经营单位从业人员基本情况进行调查的通知》（京安监发［2010］23号），用了两个月的时间对全市范围内危险化学品单位从业人员基本情况进行了普查，并形成了《北京市危险化学品生产经营单位从业人员调查报告》。在充分调研的基础上，市安全监管局研究起草了《北京市危险化学品生产经营单位从业人员安全生产准入条件》。《准入条件》针对企业主要负责人、分管安全负责人、安全生产管理人员和关键岗位作业人员，在学历、专业、从业相关行业工作年限等方面分别提出了要求。

（魏志钢）

【督导区县危化企业安全生产工作】 9月15日、17日，市安全监管局副局长丁镇宽带督导组对房山区和丰台区危化企业安全生产工作进行了督导。督导组分别听取了房山区政府、丰台区政府及有关部门的关于认真学习贯彻国务院通知精神、深入开展打击违法非法生产经营建设行为专项行动的汇报，查阅了有关资料档案；到房山区阎村镇政府和丰台区太平角街道办事处进行了实地督导检查；并对房山区化工四厂、北京腾飞物资供应处、北京燕房华兴仓储有限公司及丰台区北京气体服务供应站四家危险化学品生产经营单位贯彻落实国务院文件精神的情况进行了现场检查了解。督导组肯定了房山区和丰台区政府及有关部门对国务院文件精神的贯彻落实工作，同时指出：要高度重视国务院23号文件的宣贯工作，采取多种措施进一步强化落实安全监管工作；要继续抓好“打非”工作，区安委会要充分发挥统筹协调作用，各职能部门各司其职、加强配合、发挥合力，确保“打非”工作成效；要进一步完善和强化乡镇、街道执法力量建设，在基层执法人员队伍专业化、现场检查检测设备现代化、教育培训系统化等方面要务求实效，不断完善市、区、乡镇（街道）三级监管力量。

（魏志钢）

【市领导检查危化生产企业】 9月30日，副市长苟仲文带队检查了位于亦庄开发区的北京东进世美肯科技有限公司，该单位是一家韩国独资企业，于2009年10月取得了危险化学品安全生产许可证。在检查中发现，该单位存在以下问题：1. 对《国务院关于进一步加强企业安全生产工作的通知》（国发［2010］23号）贯彻落实工作不到位；2. 生产车间控制室环境混乱；3. 危险化学品库房内存放普通商品；4. 部分物料外包装无中文安全标签；5. 应急处置物资储备不科学。针对上述问题，市安全监管局责成亦庄开发区安全监管局下达执法文书，责令该单位立即停业整顿，并要求该单位做好以下工作：一是在全公司范围内深入开展贯彻落实国务院23号文件的宣传培训活动，大力营造学习贯彻国务院文件的良好氛围，掌握文件规定的各项工作要求；二是全面开展安全生产自查整改工作，加强对车间、库房、办公场所、控制室等场所的安全、环境管理力度，突出细节管理，全面提升安全管理水平；三是加强危险化学品储存库房安全管理力度，严格做到危险化学品与普通物品分库存放、腐蚀品集中存放、物料外包装必须附有中文安全标签，同时要求该单位储备专用固态中和剂，提高对酸液泄漏的应急处置能力。

（魏志钢）

【国庆期间危化企业和加油站安全检查】 10月4日，市安全监管局副局长丁镇宽带队对海淀区国庆期间危险化学品安全生产工作进行了检查，并实地检查了中石化北京海淀西苑加油站和北京亥普北分气体工业有限公司。在中石化北京海淀西苑加油站，检查组检查了加油站的各项证照、人员持证上岗情况、节日期间领导值班情况、事故应急救援预案和各项规章管理制度，调阅了图像监控信息，查看了现场加油情况。从检查情况看，该加油站管理规范，各项安全管理措施到位，主要负责人24小时在岗带班。在北京亥普北分气体工业有限公司，检查组听取了企业关于节日期间安全保障、应急管理等情况的汇报，查看了节日期间领导值班记录，检查了危险化学品气瓶储存库房，并询问企业贯彻“国务院23号通知”的有关情况。该公司为中美合资公司，节日期间企业停止经营，每天均有一名公司领导值班，应急队伍和应急救援物资随时处于待用状态，现场管理规范。检查组要求各企业要始终把安全生产工作放在第一位，切实增强安全意识和责任意识。各级管理人员要加强安全检查和应急值守，确保节日期间危险化学品安全。

（魏志钢）

【督导危化企业专项整治工作】 11月24日，市安全监管局副局长丁镇宽带队对大兴区开展危险化学品储存仓库安全专项整治工作、非经营性加油站整治工作及针对上海“11·15”特大火灾事故安全检查情况进行督导。督导组听取了大兴区安全监管局有关工作情况的汇报，详细地询问了专项整治等重点工作的开展情况。大兴区重视危险化学品安全专项整治工作，联合区安委会相关成员单位推动各项工作落实。一是区安全监管局印制了《危险化学品储存仓库安全专项整治验收意见单》下发到所有属地安全生产监管部门，共检查危险化学品生产经营单位94家次，下达执法文书19份，其中：强制措施决定书4份，责令改正指令书15份，此次整治企业累计投入整改资金39.6万元；二是按照全市工作方案的要求，对辖区内19座非经营加油站进行严格审查整改。其中5座加油站已按要求进行了安全评价，消除了发现的安全隐患，完善了各项安全管理制度，制订了事故应急救援预案、配备了消防器材。6座加油站自行申请关闭，8座加油站正在进行整改。三是针对易燃易爆危险化学品进行摸底排查，明确监管重点。上海“11·15”特大火灾事故发生后，大兴区安全监管局把全区生产经营易燃易爆危险化学品的单位确定为监管重点，召开专门会议，及时传达国务院有关文件通知精神，要求企业加强安全生产工作，针对天干物燥，静电聚积的特点，开展隐患排查，要对各管线的阀门、法兰进行检查，严防因天气寒冷引发事故。督导组对北京市辛利宏精细化工科技发展有限公司、北京市烟花鞭炮有限公司魏善庄仓库进行了抽查。两家单位按要求进行了安全评价，完善了各项安全管理制度，消除了危险化学品储存仓库安全专项整治中发现的安全隐患，对“国务院23号通知”进行了贯彻学习，并针对上海“11·15”特大火灾事故开展有针对性的演练，提高了企业的防灾救灾能力。

（魏志钢）

【对通州区危险化学品“打非”专项工作检查】 11月23日，市安全监管局副局长丁镇宽带队对通州区危险化学品“打非”专项行动工作情况进行了检查。市环保局、市质监局、市公安局消防局等部门参加了检查。通州区政府对打击安全生产非法违法行为专项行动高度重视，制定下发了《关于进一步贯彻落实国务院〈通知〉精神继续集中开展打击非法违法生产经营建设行为专项行动的通知》及《集中开展严厉打击非法违法生产经营建设行为专项行动工作方案》，成立了由主管副区长任组长，区安全监管局局长任副组长的“打非”专项行动工作领导小组。召开了由各有关部门主管领导和各乡镇、街道办事处主管乡镇长、安全科长参加的全区打击非法违法从事危险化学品和烟花爆竹生产经营活动工作会议，会议贯彻传达了国务院安委会办公室和市安委会文件精神，部署了全区危险化学品和烟花爆竹“打非”专项工作。检查组对北京红狮漆业有限公司进行了检查，并对前期打非行动中因非法经营危险化学品被查处的北京豪威上配科技发展有限公司、北京宝威恒兴商贸有限公司进行了“回头查”。检查组对通州区打非治违工作给予了肯定，并强调要以这次行动为契机，进一步强化相关部门联动机制，加大对违法违规生产经营行为的打击力度，加强日常安全检查督察，巩固打非工作成果，严防非法违法行为反复出现。

（魏志钢）

【督察房山区危化仓储安全生产工作】 11月25日，市安全监管局副巡视员唐明明带队对房山区危险化学品仓储安全专项整治工作、非经营性加油站整治工作和落实国务院办公厅《关于进一步做好消防工作坚决遏制重特大火灾事故的通知》开展的安全生产大检查情况进行了督导检查。房山区安全监管局高度重视危险化学品安全专项整治工作，制定下发《危险化学品企业安全专项整治方案》，联合区安委会相关成员单位推动各项工作落实，并多次聘请专家赴现场指导。督察组对北京润福通商贸公司（所属油库、非经营加油站）、北京燕化集联公司和北京益中化工有限公司两家危险化学品生产企业进行了检查。督察组发现北京益中化工有限公司剧毒品储存仓库存在的包装桶标识不清、摆放不规范等问题，责令该企业限期整改，并要求房山区安全监管局督促该企业做好隐患整改工作。

（魏志钢）

【对危险化学品生产经营单位进行抽查】 4月至5月，市安全监管局在全市范围内集中开展危险化学品生产经营单位安全生产专项执法检查活动。4月26至30日，市安全监管局检查组完成了对朝阳、海淀、丰台、房山、通州、昌平、大兴7个区危险化学品生产经营单位和建材城经营企业的抽查。共检查生产经营单位38家，其中危险化学品生产经营单位27家，建材城经营企业11家，被抽查的企业安全生产管理工作比较到位，问题隐患较往年相比明显下降。但检查中也发现危险化学品库房存放杂物、物品码放不符合安全要求，重点部位缺少安全警示标志、设备设施缺少安全防护等问题隐患51项，下达责令改正指令书13份。

（王燃然）

【召开研究工业企业粉尘爆炸防范措施会议】 3月2日，市安全监管局有关部门会同有关企业安全生产负责人和专家进行了座谈，专题研究防范粉尘爆炸事故安全措施。会议通报了河北省抚宁县骊骅淀粉股份有限公司淀粉燃爆事故情况。据专家介绍，粉尘存在于多种行业和领域，在煤炭开采、粉末冶金、粮食加工、食品生产、木材加工及家具制造、合成染料及涂料、新型洗涤剂、农药制造、棉毛纺织等产品的生产加工过程中产生的粉尘均存在爆炸危险。据了解，本市煤矿、粮食、纺织、建材等行业，为预防粉尘事故采取了相应的控制措施，全力防范事故发生。专家建议：一要采取技术措施，减少粉尘的产生或聚积，使工作场所的粉尘浓度降低至爆炸极限以下；二是加强现场管理，及时清扫作业环境和除尘设备，消除或控制火源；三是要提高岗位从业人员对粉尘爆炸危险的认识，增强安全规范操作的意识，强化对粉尘产生、控制、消除等环节设备设施的隐患排查，积极消除各类隐患。

（赵　昕）

【市局开展工业企业重大危险源安全审计工作】 3月29日，市安全监管局有关部门会同朝阳、丰台、石景山、通州、大兴、顺义等区县安全监管局及有关专家对9家工业企业重大危险源安全状况进行了联合审计。安全审计的内容：一是重大危险源登记、建档及备案情况；二是重大危险源监控设备设施安全运行情况；三是重大危险源安全生产管理制度的建立及日常管理情况；四是重大危险源事故应急预案的制定及演练情况；五是重大危险源从业人员安全教育培训情况等方面。

（赵　昕）

【对顺义区工业企业粉尘防爆工作进行检查】 4月23日，市安全监管局到顺义区安全监管局听取了工业企业粉尘爆炸事故防范工作有关情况，并对位于杨镇的中美食品公司和红旗饲料公司粉尘防爆措施落实情况进行了现场检查。市安全监管局《关于进一步加强工业企业粉尘爆炸事故防范工作的通知》（京安监发［2010］38号）下发后，顺义区安全监管局开展企业粉尘工作摸底排查，建立了本区工业企业粉尘工作台账，并开展了专项检查或抽查。据统计，目前该区有粉尘爆炸危险的企业43家，主要集中在面粉、饲料、木材及家具制造业等行业。从现场检查的两家企业情况看，企业对粉尘爆燃危害有一定的认识，日常注重车间通风和粉尘清扫，车间环境比较整洁。同时存在不足，企业的安全管理较弱，安全管理人员不稳定、业务知识欠缺，不清楚国家或行业有关安全标准，日常管理不够规范等。对此，检查人员要求企业要充分认识工业粉尘爆燃的危害性和严重性，按照国家或行业标准要求，加大安全投入，完善监控设施和监控手段，加强日常检查和安全管理，开展安全生产标准化活动，努力提升企业本质安全水平，有效防范粉尘燃爆事故。

（赵　昕）

烟花爆竹安全监管监察

【烟花爆竹经营许可证核发】 2010年，市安全监管局完成了10家烟花爆竹批发单位换证许可工作，包括燕龙、熊猫及远郊区县供销社体系的8家批发单位。全市共有12家批发单位，34栋库房，库房总面积29459平方米，限制储存量339.8吨。2010年，全市16个区县安全监管局共许可零售烟花爆竹网点1837个，比去年的2418个网点减少24%。其中五环路内597个，比去年的671个网点减少11%；五环路外长期零售网点51个。

（李怀峰）

【部署春节烟花爆竹安全监管工作】 1月6日，市安全监管局组织召开2010年春节烟花爆竹安全监管工作部署会。会议对全市安全监管系统2010年春节烟花爆竹工作进行了部署。会上，公布了本市2010年烟花爆竹安全管理工作方案，明确了相关部门职责、工作要求和时间安排，并对其他有关工作进行部署。会议要求：一是各区县安全监管局要重视2010年春节烟花爆竹安全监管工作，要明确责任分工，狠抓工作落实；二是要克服冰雪低温天气不利条件，切实保障行政许可、配送销售等工作顺利开展；三是严格出入库产品的流向登记管理，实现本市烟花爆竹产品的可追溯管理；四是要加大执法检查力度，严肃查处违法违规行为，尤其是要严厉打击合法烟花爆竹销售点销售非法烟花爆竹的行为。

（李怀峰）

【检查烟花鞭炮有限公司】 1月7日，市安全监管局局长张家明带队检查了北京市烟花鞭炮有限公司魏善庄仓库。检查组重点查看了北京市烟花鞭炮有限公司关于烟花爆竹电子标签工作的进展情况，并与企业就电子标签的张贴、信息录入、保密性等进展过程中遇到的问题进行了沟通。北京市烟花鞭炮有限公司组织了32人分4个小组对库存的约8万箱烟花爆竹张贴电子标签，张贴工作正紧锣密鼓地进行之中。北京市熊猫烟花有限公司和北京市逗逗烟花爆竹有限公司的电子标签张贴工作也正在进行之中。

（李怀峰）

【市领导检查烟花鞭炮有限公司】 1月20日，副市长刘敬民检查了北京市烟花鞭炮有限公司烟花爆竹储存仓库，并在仓库现场召开会议，市政府副秘书长周正宇主持会议。刘敬民首先检查了烟花爆竹仓库，现场询问了烟花爆竹订购、储存、电子标签、视频监控等情况，随即在仓库召开了会议。三家烟花爆竹批发企业依次汇报了2010年烟花爆竹备货、储存、销售、配送等工作进展情况；市安全监管局汇报了烟花爆竹销售、储存安全监管工作情况；市交通委汇报了烟花爆竹运输安全监管工作情况；市质监局汇报了烟花爆竹质量监督情况；大兴区政府汇报了魏善庄仓库外围安保工作准备情况。刘敬民对各单位2010年烟花爆竹工作表示肯定，并提出要求，一是各单位要进一步增强烟花爆竹工作的责任感和紧迫感，以只争朝夕的态度做好2010年春节烟花爆竹工作；二是加大烟花爆竹打非力度，努力实现非法烟花爆竹“不能运进来、不能销出去、不能放开来”；要加强执法检查力度，防范非法烟花爆竹运进北京；要发动群众，打掉非法销售点；要宣传群众，不要购买非法烟花爆竹；三是切实落实责任制，细化部门责任、属地责任以及执法检查责任，尤其是要加大对建筑工地的检查力度和频次，防范类似央视配楼火灾事故发生；四是批发企业要重视烟花爆竹仓储、运输环节的安全工作，确保不发生事故。

（李怀峰）

【检查朝阳区烟花爆竹零售网点】 1月31日，市安全监管局副局长丁镇宽带队对朝阳区烟花爆竹销售网点进行了安全检查。检查组检查了北京共飞商贸有限公司第五分公司、东华居小吃店和北京月福汽车装饰有限公司等3个单位承办的烟花爆竹销售网点。经检查，三家公司全部按照朝阳区安全监管局的要求搭建了由防火材料制作的活动板房，按照要求配备了灭火器、防爆电器，现场有专人守护。检查组要求朝阳区安全监管局在零售网点搭建工作完成后，要对所有零售网点进行安全检查，重点检查销售板房与周边建筑物的安全距离是否符合要求，销售网点周边是否存在高压线，烟花爆竹是否超量存储，灭火器材是否齐全并在有效期内，人员是否持证上岗等，确保零售网点在春节期间不发生任何生产安全事故，确保零售网点不销售非法烟花爆竹。

（李怀峰）

【市领导夜查烟花爆竹销售单位】 1月31日夜晚，副市长苟仲文、副秘书长鲁勇带领市安全监管局，对部分烟花爆竹批发仓库和零售网点夜间值守应急情况进行了检查。市安全监管局局长张家明、副局长丁镇宽等陪同检查。检查了位于顺义的北京益利农土产杂品有限公司烟花爆竹仓库和位于昌平的北京市昌平陶瓷杂品公司烟花爆竹批发单位；位于朝阳区的北京月福汽车装饰有限公司大屯店烟花爆竹销售网点。针对夜查情况，苟仲文作出重要指示，一是要吸取湖南、内蒙发生烟花爆竹爆炸事故和本市南六环路烟花爆竹运输车着火爆炸事故教训，要举一反三，查找管理中的问题，强化监管手段，坚决杜绝类似事故的发生；二是批发单位和零售网点要加强值守，尤其要加强夜间值守，要考虑天气变化，也要防止坏人破坏，要做好应急预案，配齐应急设备，时刻保持高度警惕；三是要做好烟花爆竹流向登记管理，积极推广运用电子标签，严厉打击非法烟花爆竹，查处本市通州区京东环城烟花爆竹批发仓库储存非法烟花爆竹事件，严肃处理相关责任人，对于销售非法烟花爆竹的批发单位和零售网点，要坚决吊销烟花爆竹经营许可证，触犯刑律的，要依法追究刑事责任；四是各级安全生产监督管理部门要加大检查力度，要指定专人负责，成立专门的检查组织，从现在开始，要反复对烟花爆竹批发单位和零售网点进行检查，要查制度、查设施、查值守、查非法、查应急。各部门要密切配合、振奋精神、继续努力、严细工作，要把今年的烟花爆竹安全工作做好，保证市民过一个喜庆、祥和、平安的春节。

（李怀峰）

【召开全市烟花爆竹批发企业工作会】 2月2日，市安全监管局召开春节期间全市烟花爆竹批发企业安全生产工作会。副局长丁镇宽出席会议并讲话，相关处室及全市12家烟花爆竹批发企业主要负责人参加会议。会议传达了国家安全监管总局《关于加强烟花爆竹经营环节安全监管工作的紧急通知》和市安全监管局《关于研究烟花爆竹流向监控管理工作专题会会议纪要》精神，通报了北京京东环城烟花鞭炮有限公司储存非法烟花爆竹案件情况和南六环路烟花爆竹运输车起火燃烧事故情况，通报了近期市领导、局领导以及市区两级安监部门执法检查情况，对执法检查中发现的合法烟花储存仓库存储查缴的非法烟花爆竹、产品码放超高墙距过近、培训检查记录不完善、进入库区人员未着防静电服、电子标签张贴不到位、超量配送超量存储等问题进行了点名通报批评，要求各烟花爆竹批发企业要严格落实各项工作要求，切实加强安全生产工作，排查事故隐患，确保2010年春节期间烟花爆竹储存、销售安全。通报了前一阶段对烟花爆竹批发、零售单位执法检查情况，并对发现的问题进行了通报。与会的12家批发企业主要负责人依次汇报了安全管理情况、库存和配送情况以及春节期间安全值守部署情况等。全市烟花爆竹批发企业累计出动1500车次，对1558家零售网点配送了25万余箱烟花爆竹产品。各批发企业高度重视安全生产工作，均制定了春节期间安全值守值班制度，加强了安全巡查频次和力度。

（李怀峰）

【检查崇文宣武烟花爆竹零售网点】 2月4日上午，市安全监管局副局长丁镇宽带队对原宣武区和原崇文区的三家烟花爆竹零售网点进行了安全检查。在宣武区，检查组检查了位于枣林前街的北京华强经贸有限公司和位于虎坊路的北京顺增恒汽车装饰部两家烟花爆竹零售网点，其中北京顺增恒汽车装饰部已经上货，正在进行烟花爆竹码放。检查组要求该零售网点负责人按照市、区两级安全监管部门的要求做好安全工作，不发生任何事故，不销售假冒伪劣烟花爆竹。宣武区共批准烟花爆竹零售网点37个，全部采用统一样式、统一材质的活动板房。区政府出资46.8万元，为所有零售网点安装了图像监控系统，实现了政府相关部门对零售网点的时时监控。在崇文区，丁镇宽副局长检查了位于祈年大街的北京益得利顺商贸有限公司烟花爆竹零售网点，该网点尚未上货。崇文区今年共批准烟花爆竹零售网点34个，三分之一为轻型钢板销售大棚，三分之二为水泥板销售大棚。检查组要求崇文区安全监管局对烟花爆竹零售网点开展持续安全检查，及时消除各种事故隐患。

（李怀峰）

【检查顺义平谷烟花爆竹零售网点】 2月5日，市安全监管局副局长丁镇宽率队对平谷区和顺义区的烟花爆竹零售网点进行了安全检查。平谷区和顺义区地处五环以外，烟花爆竹已经开始上市销售，检查组抽查了北京东高村张秋伶日杂商店零售网点、北京绿谷建军百货店零售网点、北京腾达永顺车行零售网点、北京鑫源保洁有限公司零售网点、北京满仓养殖技术咨询中心零售网点和北京段振妮百货商店零售网点。经检查发现，部分网点周边有烟头、照明设施未采用防爆灯具、产品码放杂乱等现象，检查组责令其立即整改。检查组对区县安全监管局提出进一步要求，要加大对烟花爆竹销售、储存单位的检查力度，要彻底消除事故隐患，从严要求，从细微处着手，抓好烟花爆竹销售、储存安全工作。

（李怀峰）

【召开全市烟花爆竹安全紧急视频会议】 2月6日5时45分，位于丰台区马家堡星河苑小区的北京友联共拓科贸有限公司承办的烟花爆竹零售网点发生燃烧爆炸事故。为吸取本次事故教训，市安全监管局于当日下午召开了全市烟花爆竹安全工作紧急视频会议，副市长苟仲文参加并做了重要讲话。市安全监管局和市烟花办负责人，各区县主管安全生产副区长、安全监管局局长以及烟花鞭炮批发单位、部分烟花爆竹零售网点负责人参加会议。会议首先通报了事故情况，并宣读了《北京市安全生产监督管理局关于加强烟花爆竹零售网点安全工作的紧急通知》；丰台区安全监管局汇报了事故发生后全区采取的紧急应对措施；平谷区汇报了加强零售网点安全管理的措施和整改措施；市烟花办通报了全市查获的非法烟花爆竹运输、储存、销售案件，并提出具体工作要求；市安全监管局部署了近期工作。苟仲文在讲话中强调：要深刻吸取事故教训，举一反三，深挖不足；各部门要组织力量对烟花爆竹零售网点进行“严防死守”，对网点周边环境要严加看护；要有防止极端人员恶意制造事故的安全防范意识；做好春节期间烟花爆竹安全“决战”。市安全监管局局长张家明对会议作了总结：一是烟花爆竹零售网点主要负责人要珍惜获得的销售机会，按照规定做好安全工作，不为非法利益所动，不销售非法烟花爆竹；二是要为首都市民的安全负责，要做好网点周边安全工作，网点周边要划出安全警戒线，警戒线范围内严禁抽烟等行为；三是主动配合相关部门的安全执法检查，对发现的其他烟花爆竹零售网点违法行为，要通过12350热线积极进行举报，这既是权力，也是责任；四是烟花爆竹零售网点夜间必须安排2人值守，其中一人巡视。会后，各烟花爆竹零售网点要开展自查，要按照相关要求进行整改。对存在隐患拒不整改或不及时整改的，将受到依法处罚。会后，苟仲文对宣武区的北京华强经贸有限公司第一超市和蒋建国个体经营户经营的烟花爆竹零售网点进行了安全检查。

（李怀峰）

【国家安全监管总局检查本市烟花爆竹安全监管工作】 2月8日，国务院安委会办公室副主任、国家安全监管总局副局长孙华山率队检查本市烟花爆竹安全监管工作。市安全监管局局长张家明、副局长丁镇宽陪同检查。检查组一行抽查了位于东城区北京利微晓虎商贸中心零售点、北京和平丽仁美容美发中心零售点和位于北京市朝阳区的北京江腾科贸有限公司零售点、北京广义居商店零售点共4家烟花爆竹零售网点。在检查中，检查组详细询问了烟花爆竹零售网点负责人有关安全管理的规定、安全知识和应急措施，查看了正在销售的烟花爆竹产品情况，了解了烟花爆竹产品流向跟踪管理落实情况。孙华山强调要进一步贯彻落实好全国安全生产电视电话会议和安全生产工作会议的精神，做好春节和“两会”期间的安全生产工作，加强对烟花爆竹批发企业和零售网点的监督管理，落实好零售网点周边的安全防护措施，做好现场管护、夜间值守检查等工作，有效防范伤人、火灾等事故发生，为首都市民过一个欢乐祥和的春节作出贡献。

（李怀峰）

【市领导调研河北省三河市烟花爆竹销售情况】 2月10日，市政府副秘书长周正宇带领市公安局、市安全监管局到河北省三河市调研烟花爆竹销售情况。调研小组在燕郊地区查看了4个烟花爆竹销售点。周正宇副秘书长详细询问了网点审批、人员安全资质、进货来源、销售品种等情况。河北省按照国家安全监管总局的要求对零售网点进行审批，所调研的4个网点都是临时许可证，主要负责人都进行了安全培训和考核，所有摊点统一从土产公司批发进货。根据河北省的规定，零售摊点可以销售B、C、D级产品。在现场，调研组看到了在北京不许销售的二踢脚等产品，没有看到礼花弹等A级产品。据摊点负责人反映，由于近几年北京市有不少居民在燕郊买房居住，因此，到摊点买烟花爆竹的也有北京人，但不好区分是否当地居民。周正宇希望河北省有关部门和零售摊点负责人继续严格产品规格、品种、质量等，严格进货渠道，配合北京市做好烟花爆竹安全管理工作。

（李怀峰）

【部署元宵节烟花爆竹安全工作】 为落实“2·23”市政府元宵节烟花爆竹安全管理工作部署会议精神，2月24日，市安全监管局组织召开了全市安全监管系统视频会议。市安全监管局副局长丁镇宽、副巡视员刘岩及相关处室在主会场参加会议，各区县安全监管局主管副局长及相关人员在分会场参加会议。刘岩首先通报了春节期间全市烟花爆竹执法检查情况，并对元宵节期间烟花爆竹执法检查工作和全国“两会”期间安全保障工作进行了部署。

（李怀峰）

【对烟花爆竹销售储存单位全覆盖检查】 2月1日以来，全市安全监管部门强化执法频次，保持高压态势，突出工作重点，严格执法检查，及时消除隐患，对烟花爆竹销售网点和储存单位进行了全覆盖检查。全市共检查烟花爆竹销售（储存）单位8689家次，出动检查人员7469人次，出动车辆2491次，发现问题和隐患2061项，下达“责令改正指令书”766份，下达“强制措施决定书”20份，行政处罚79家，处罚金额12.91万元，暂扣“烟花爆竹经营（零售）许可证”13个。

（李怀峰）

【部署烟花爆竹回收工作】 2月24日，市安全监管局召开了未销售完的烟花爆竹回收工作会议，对烟花爆竹回收工作进行了部署。副局长丁镇宽、副巡视员唐明明出席会议并讲话，市交通管理局、城八区安全监管局主管副局长、三家烟花爆竹批发企业主要负责人参加了会议。市交通管理局首先对回收工作期间烟花爆竹专用运输车的行车路线和危险化学品运输通行证相关事宜进行了通报，要求各批发企业在3月2日前原则上完成五环路内销售网点烟花爆竹回收运输任务，要求通行证已过期车辆及时到市交通管理局北苑办事处更换新的通行证，各企业烟花爆竹运输车要按照通报要求避开“两会”代表驻地以及在规定时间范围内进行烟花爆竹运输。三家烟花爆竹批发企业随后分别汇报了2010年烟花爆竹回收工作实施方案，据三家批发企业预估计，全市将回收烟花爆竹约6万多箱，三家企业共配备了85台危险化学品专用运输车辆用于烟花爆竹回收工作，按照市安全监管局要求，均制定了优先运输五环内尤其是“两会”代表驻地相关区域烟花爆竹的回收。

（李怀峰）

【检查烟花爆竹回收工作】 3月1日，市安全监管局对市烟花鞭炮有限公司、熊猫烟花和逗逗烟花3家批发单位储存仓库的回收情况进行检查。按照本市烟花爆竹回收工作的总体安排，3家批发单位均制定了详细的回收工作方案，开展了人员培训和车辆检修工作，并于3月1日零时开始全面投入烟花爆竹回收工作。至3月1日中午12时“两会”代表驻地、行车沿线周边及城四区的烟花爆竹销售网点的烟花爆竹回收完毕，提前完成了第一阶段的回收工作。第二阶段回收工作于3月2日下午结束，届时五环路内烟花爆竹零售网点的回收工作将全部完成；全市2400余家的烟花爆竹回收工作在3月3日全部完成。通过检查，所有回收的1.8万箱烟花爆竹产品已经全部入库储存，无露天堆放。市安全监管局要求3家批发单位要按照工作方案，快速安全地做好回收工作，同时要针对天气情况，注意做好回收烟花爆竹的清理、干燥、堆垛、码放等工作，切实做好仓库的安全储存。

（李怀峰）

【烟花爆竹回收工作安全顺利结束】 3月7日，2010年春节全市烟花爆竹回收工作结束。全市共出动烟花爆竹回收车辆336车次，实现回收7.8万余箱。全市12家烟花爆竹批发企业正在对回收的烟花爆竹产品进行整理分类并码放入库储存。正月十五下午两点，市安全监管局紧急召开了全市安全监管系统及三家批发企业参加的视频会，对节后烟花爆竹回收工作进行再部署。根据视频会议要求，各区县安全监管局和各烟花爆竹批发单位积极部署周密组织回收工作，3月1日0时，回收工作正式开始，至3月1日17时，“两会”代表驻地周边区域零售网点回收工作全部结束，3月2日，五环路内零售网点回收工作全部结束，3月7日，五环路外远郊区县零售网点回收工作全部结束。这次回收，各批发单位在区县安全监管局的配合下，积极优化回收方案，统筹安排运输路线，有效减少运输次数，确保了烟花爆竹回收工作安全、快速、高效完成。2010年春节全市烟花爆竹共备货约82.2万余箱；配送76.3万余箱；销售68.5万余箱，比2009年销售的54.8余万箱约增加了25%；全市12家烟花爆竹批发企业尚有库存13.7余万箱。至此，2010年元旦春节烟花爆竹批发、销售安全管理工作圆满结束。

（李怀峰）

【探索烟花爆竹直销管理新模式】 根据副市长苟仲文关于探索烟花爆竹零售实行直销、减少从源头到终端消费者之间环节的指示要求，4月21日上午，市安全监管局副局长丁镇宽召开会议，对烟花爆竹安全管理新模式进行探讨，副巡视员唐明明参加会议。禁改限五年来，烟花爆竹零售网点销售储存安全管理问题越发引起各级领导和社会各界的关注。零售网点的安全管理水平参差不齐，比起专业的直销经营者，其安全意识、安全管理水平均存在不小的差距。经与会人员讨论，达成初步意见，准备在2011年烟花爆竹零售经营工作中实行三家烟花爆竹批发企业直销经营，批发企业必须保证派出至少一名所属职工常驻自己的直销零售网点，并全权负责所在零售网点的销售储存安全生产工作，批发企业负总责。

（李怀峰）

【全市安全监管系统烟花爆竹工作会】 4月22日、23日，市安全监管局组织召开全市安全监管系统烟花爆竹安全生产工作会，对2010年元旦春节烟花爆竹销售储存安全管理工作进行总结，并对禁改限五年来发现的急需改进的工作进行探讨和研究。市安全监管局副局长丁镇宽、副巡视员唐明明出席会议，各区县安全监管局主管副局长等参加会议。2010年元旦春节期间，各区县均高度重视烟花爆竹安全管理，做了大量细致周密的工作，制定方案、严格许可、加大宣传、开展联合检查、层层签订责任书。会上，部分区县对自己的创新工作进行了发言。

（李怀峰）

【召开烟花爆竹安全管理紧急工作会】 8月16日9时45分，黑龙江省伊春市乌马河区华丽实业有限公司（鞭炮厂）发生爆炸。8月17日下午，市安全监管局紧急召开了烟花爆竹批发企业安全管理工作会议，三家烟花爆竹批发企业的主要负责人参加了会议。会议首先通报了“8·16”事故初步情况，并结合本市烟花爆竹安全管理工作实际情况，对下一步工作进行了部署。要求各企业要吸取“8·16”事故教训，结合企业自身情况和高温雨季不利条件，从企业安全意识、责任制度落实、软硬件设备设施等方面展开全方位的自查自纠工作，查找并消除事故隐患，从点滴处着眼，不留不漏死角，有效提升企业本质安全。

（李怀峰）

【烟花爆竹批发企业应急演练】 8月24日15时，市熊猫烟花公司组织开展了“2010年消防、反恐、防盗、应急救援演练”。演练包括两项内容，首先模拟了安保人员通过监控视频发现两名可疑人员在1号库房准备实施盗窃破坏活动，立即通知巡逻人员赶往现场将其制服，并向110报警，将可疑人员拘捕。随后模拟了巡逻人员在1号库发现火情，立即通过中控室向值班领导汇报，并拉响警报启动应急预案，灭火组、警戒组、疏散组、救援组赶赴现场实施初期灭火与救援工作，随后上方山消防中队人员到达现场实施灭火救援，几分钟后成功扑灭火灾。

（李怀峰）

【研讨烟花爆竹零售网点规划设置工作】 9月1日，市安全监管局组织召开专题会议，针对烟花爆竹零售网点规划布局和选址相关工作进行了研讨，市公安局治安总队、市工商局、市公安消防局、市公安交通管理局、市城管执法局等部门参加会议。会议对零售网点规划布局相关工作进行了讨论，最终达成两点意见：一是与会各部门依据职责分工和各自管辖领域的法律法规要求，提出烟花爆竹零售网点规划设置的具体意见，由市安全监管局牵头负责相关意见的汇总及《北京市烟花爆竹零售网点统一规划布局及选址工作的指导意见》的拟写工作；二是《指导意见》形成后，经征求意见，由市烟花办报请市政府批准，以市烟花办或市政府名义下发各区县政府。

（李怀峰）

【烟花爆竹地方标准制定工作会】 9月7日，市安全监管局副局长丁镇宽主持召开烟花爆竹零售网点规划设置安全要求地方标准制定工作会。烟花爆竹零售网点规划设置一直缺少统一的标准和规范，在全国范围内，尚属于空白。市安全监管局此次提出制定烟花爆竹零售网点规划设置地方标准，目的在于对全市烟花爆竹零售网点的规划设置进行统一规范。参会人员对北京市地方标准的修订程序及时间规划进行了沟通，确定了合作机制。丁镇宽指出，对烟花爆竹零售网点规划设置制订地方标准，有利于促进烟花爆竹安全管理工作，符合首都安全发展要求；制订地方标准，既要注重安全第一，又要兼顾首都特点；具体的标准制订工作要严格按照市质量技术监督局的通知要求，周密实施，稳步推进。

（李怀峰）

【国庆节前检查烟花爆竹经营单位】 9月28日下午，市安全监管局对北京市熊猫烟花有限公司、北京市逗逗烟花爆竹有限公司以及长期零售网点北京京东聚缘超市进行了检查。检查人员听取了企业关于国庆节期间加强应急值守做好安全生产工作的汇报，询问了企业关于电子标签流向监控管理系统和烟花爆竹安全生产物联网管理系统硬件设备安装和改造的工作进展情况，并实地检查了烟花爆竹仓库的安全管理状况。检查中发现，两个公司的仓库尚未安装温湿度检测系统和入侵检测系统，逗逗公司存在烟花爆竹产品堆垛杂乱、垛距和通道距离不符合要求等现象，检查人员责令其立即整改，并将整改情况报安全监管部门。在长期零售网点北京京东聚缘超市，检查人员仔细察看了烟花爆竹储存和经营情况，要求该零售网点加强节日期间以及销售旺季来临时的应对措施。市安全监管局对房山区烟花爆竹安全生产监管工作表示肯定，并要求被检查的两个单位切实做好相关硬件设备的安装和调试，确保10月底与全市烟花爆竹物联网管理系统完成对接；要加快烟花爆竹电子标签及其管理系统的开发工作，切实加强烟花爆竹流向监控管理；要加强应急值守，做好仓库区的巡查工作，切实做好国庆节期间烟花爆竹安全生产工作。

（李怀峰）

【部署烟花爆竹批发企业物联网建设工作】 10月11日，市安全监管局副巡视员唐明明主持召开烟花爆竹批发企业物联网建设工作调度会，北京市烟花鞭炮有限公司、北京市熊猫烟花有限公司、北京市逗逗烟花爆竹有限公司以及物联网建设单位参加了会议。会议议定：一是北京市烟花鞭炮有限公司负责进一步协调组织远郊区县烟花爆竹批发企业仓库的物联网建设工作，统一将各远郊区县批发企业的监控系统接入北京市烟花鞭炮有限公司，再与全市烟花爆竹物联网监控系统进行对接。其中，密云檀州烟花鞭炮有限公司仓库因地处僻远，不具备接入全市物联网系统的条件。二是市安全监管局于10月15日前组织相关专家进行研究论证，提出烟花爆竹仓库温湿度检测系统的技术标准。三是鉴于将烟花爆竹产品出库时间实时写入RFID电子标签过程中存在很大困难，决定不再将出库时间写入电子标签，出库时间统一反映在烟花爆竹流向监控系统中。四是烟花爆竹仓库温湿度检测数据需保留一周，以备待查。五是三家烟花爆竹批发企业负责在烟花爆竹销售期内的每日15时前利用烟花爆竹流向监控系统报送配送数据和各自品牌产品全市销售数据。唐明明副巡视员强调指出，各批发企业要以高度的政治责任感去完成烟花爆竹物联网管理系统的建设工作，充分认识烟花爆竹物联网建设工作的紧迫性，保持与物联网建设工作技术支撑单位的紧密联系，确保各项工作按时完成。

（李怀峰）

【部署2011年烟花爆竹工作】 11月5日上午，市安全监管局组织召开了全市安全监管系统2011年春节烟花爆竹工作动员部署会。会议公布了《北京市2011年春节烟花爆竹销售（储存）安全工作方案》，对2011年春节烟花爆竹销售（储存）安全管理工作进行了动员和部署，并重点对即将采取的8项新举措进行了讲解。8项新举措为：零售网点统一规划、统一销售大棚材质，对零售单位实行视频监控管理，利用信息技术对批发单位实行物联网管理，严格流向登记管理，积极推行安全生产责任保险制度，建立信誉考核机制，推行零售单位承诺书制度和全市烟花爆竹零售网点统一编号。会议指出，2011年春节烟花爆竹销售（储存）安全管理工作要抓好“三个落实到位”，一是将领导的指示精神落实到位；二是将企业的主体责任落实到位；三是将安全监管措施落实到位。

（李怀峰）

【检查房山区烟花爆竹批发仓库】 11月25日，市安全监管局副巡视员唐明明率队检查了房山区烟花爆竹仓库安全管理工作。检查组首先听取了熊猫和逗逗两家公司在人员培训、仓储管理、库房改造、货源配送、直销准备以及日常管理工作等几方面的情况汇报，并进行了现场检查。针对存在的问题以及下一步重点工作，检查组提出如下要求：一是强化工作人员的安全培训教育，增强安全意识、提高责任心。特别是烟花爆竹运输车辆的司机和押运员，要确保证件齐全，技术过硬，通过“以老带新”的方式，保证运输环节的安全。二是强化仓库的安全管理工作。要加强仓库的温湿度监控、严格按要求码垛摆放，并严控存储数量、科学统计货物流向。三是规范配送工作。对零售网点的配送要严格限量配货，确保零售网点存储烟花数量符合规定要求。

（李怀峰）

【检查全市烟花爆竹批发仓库】 12月7日、9日和11日，市安全监管局副局长丁镇宽、副巡视员唐明明率队，分两个小组对全市烟花爆竹批发仓库进行了集中安全检查。面临经营许可换证的烟花爆竹批发企业均完成了安全评价，并按照烟花爆竹经营（批发）许可的条件要求，提交了相关材料。市安全监管局以经营许可换证为契机，着眼于烟花爆竹批发仓库本质安全水平的提升，对8家烟花爆竹批发企业仓库进行了安全检查。通过检查发现，各批发单位均能重视烟花爆竹安全管理工作，能够落实各项安全管理规范，安全状况总体良好。但也存在一些问题，例如北京市熊猫烟花有限公司5号库存在输电线路未采取埋地敷设、北京市怀欣合花炮有限公司存在围墙和仓库距离小于5米等问题，市安全监管局检查人员依法要求企业立即整改。

（李怀峰）

【烟花爆竹零售网点视频监控系统建设】 12月15日，市安全监管局副巡视员唐明明主持召开专项会议，研究部署2011年春节烟花爆竹零售网点视频监控系统建设工作。城六区及大兴区安全监管局主管副局长和危化科长参加会议。会议传达了市领导关于烟花爆竹零售网点视频监控方案的批示精神，就方案调整情况向各区县进行了说明，并对下一步市区两级工作安排进行了部署。

（李怀峰）

【检查通州区烟花爆竹工作】 1月14日，市安全监管局副巡视员刘岩带队到通州区烟花爆竹批发仓库（北京京东环城烟花鞭炮有限公司）实地检查通州区烟花爆竹工作开展情况。通州区安全监管局将烟花爆竹列为近期重点工作，把爆竹零售网点的许可审批和网点的日常管理紧密结合。刘岩要求通州区安全监管局继续将各项举措落到实处，配合“12350”举报热线，积极查处举报热线受理的烟花爆竹隐患问题，做到当日受理，当日查处，当日反馈。

（王燃然）

【完成烟花爆竹批发企业检查工作】 1月12日至21日，市安全监管局执法队联合有关区县安全监管局对全市12家烟花爆竹批发企业（以下简称仓库）进行了执法检查。从检查的总体情况来看，各仓库安全状况良好，企业负责人和管理人员安全意识逐步提高，安全投入进一步加大。检查中也发现个别仓库存在产品墙距过近、存储超高，培训和检查记录不完善等问题，执法人员责令立即进行整改，并责成区县安监部门核实整改情况。

（王燃然）

【对3个区烟花爆竹销售（储存）单位进行抽查】 2月4日，市局执法监察队分成3个检查组对石景山区、门头沟区、房山区的烟花爆竹销售（储存）单位进行抽查。抽查批发仓库4家，零售网点18家，责成相关区安全监管局下达责令改正指令书5份，石景山区的2家销售网点因超量存储被依法下达强制措施决定书。抽查结束后，市局检查组将抽查情况向各区主管领导进行了通报。

（王燃然）

【夜查烟花爆竹零售网点】 2月8日，市安全监管局成立两个检查组，对海淀区和石景山区开展烟花爆竹夜间安全执法检查，重点抽查烟花爆竹零售网点安全管理现状和夜间值守情况。截至到9日凌晨1点30分，共抽查销售网点16个，查出烟花爆竹异地储存、销售网点夜间单人值守，部分网点夜间值守人员无证上岗、照明电器使用不规范等不安全隐患总计15项，责成联合参加执法检查的区安全监管局下达责令改正指令书6份，暂扣2个“烟花爆竹经营（零售）许可证”。

（王燃然）

【对烟花爆竹销售网点进行检查】 2月28日，市安全监管局局长张家明、副巡视员刘岩带队对城八区和大兴区烟花爆竹销售网点进行了抽查。市局分三个检查组，共检查销售网点20家，查看了大兴魏善庄仓库，下达限期整改文书1份。从总体情况看，销售网点人员配备和安全许可条件等基本符合要求。但检查中也发现一些问题，一是部分销售网点还存在主要负责人不在岗位，二是易燃物未及时清理，灭火器过期等问题，针对问题检查人员责令销售网点立即进行整改。市局执法监察队、宣教中心和城八区、大兴区安全监管局以及北京电视台、《北京日报》、北京人民广播电台等新闻媒体参加了检查。

（王燃然）

【完成烟花爆竹安全资格考试】 2010年，组织完成1期烟花爆竹批发单位安全资格考试，考试报考163人，实考134人，合格126人，合格率94%。组织完成1期烟花爆竹零售单位负责人安全资格考试，考试报考1486人，实考1208人，合格869人，合格率72%。

（赵争春）

【首次开展有限空间作业人员特种作业安全技术考试】 6月21日，本市率先将有限空间作业人员纳入特种作业管理范围，组织首批有限空间特种作业报考人员进行安全技术理论和实操考试。本次考试报名60人，实考60人，全部考试合格。6月24日，市安全监管局预防中心为考试合格人员办理了有限空间作业操作资格集中申请。

（赵争春）

矿山安全监管监察

【推进小煤矿整顿关闭工作会议】 4月30日，副市长苟仲文到门头沟区，就小煤矿整顿关闭工作进行专题调研，并组织召开全市小煤矿整顿关闭工作领导小组第一次会议。会议由市安全监管局（北京煤监分局）局长张家明主持，市国土局、市发展和改革委、市财政局、市公安局、市环保局、市监察局、市规划委等17部门负责人员及门头沟区、房山区政府主要负责任参加了会议。苟仲文指出，2010年是本市小煤矿整顿关闭关键之年，必须认清严峻形势，进一步增强责任感、使命感、紧迫感和危机感，进一步坚定做好小煤矿整顿关闭工作的信心和决心，全力以赴完成好2010年小煤矿整顿关闭工作任务。

（董　伟）

【南窖乡煤矿关闭工作调研】 5月27日，市安全监管局（北京煤监分局）副局长贾太保带领市国土局、市发改委、市财政局有关人员赴房山区南窖乡调研小煤矿关闭工作。乡党委书记王永年介绍，南窖乡两个小煤矿的关闭工作正在按照区政府的部署和要求有序进行，正在拆除井下的设备，6月10日前完成两个小煤矿的井口封闭工作。市发改委、市财政局、市国土局有关人员就如何对房山煤矿关闭工作给予支持、如何加强打非工作提出建议和要求。

（董 伟）

【市长主持召开研究小煤矿关闭会议】 5月20日下午，市长郭金龙主持召开会议，听取了市安全监管局关于本市小煤矿2010年整顿关闭工作意见的汇报。会议指出，市政府相关部门和区政府要切实提高认识，坚决落实国家发改委等部门《关于下达“十一五”后三年关闭小煤矿计划的通知》精神，加强协调配合，深入研究制定相关政策措施，积极稳妥地做好本市整顿关闭小煤矿工作。会议要求：市安全生产委员会要切实发挥统筹协调作用，协同市发改委、规划、国土、农委、人力社保等相关部门和区政府，认真研究制定关闭小煤矿的配套政策措施，积极培育替代产业，妥善解决当地群众就业问题，做好相关社会保障、困难救助工作，解决其生产生活中的困难；要深入细致开展宣传教育工作，努力赢得群众的理解支持，确保整顿关闭小煤矿工作顺利开展，维护社会和谐稳定。由市发改委、市农委负责，会同门头沟区政府、房山区政府研究提出关闭小煤矿地区人口疏解的工作方案。在关闭小煤矿、非煤矿山工作中，市国土局、市规划委要坚持分类指导原则，积极争取中央部门的政策支持，充分挖掘相关区县土地利用潜力，合理安排人口搬迁用地指标，积极促进替代产业发展。

会议原则同意市安全监管局关于本市小煤矿2010年整顿关闭工作意见的汇报，由其根据会议意见进行修改完善后组织实施。

（董 伟）

【印发“小煤矿整顿关闭工作方案”】 5月，为贯彻落实国家发改委等部门《关于下达“十一五”后三年关闭小煤矿计划的通知》精神，做好本市小煤矿整顿关闭工作，市政府办公厅印发了《北京市2010年小煤矿整顿关闭工作方案》，对2010年小煤矿整顿关闭工作进行了部署。规定了小煤矿整顿关闭的实施步骤和期限，明确了关闭的标准和要求。

（董 伟）

【调研房山区小煤矿关闭工作】 6月1日下午，市安全监管局局长张家明带队到房山区就小煤矿关闭工作中存在的困难和急需解决的问题进行了调研。房山区政府已经印发了关闭18个小煤矿的通知，4个产煤乡镇均召开了煤矿整顿关闭会议，18个小煤矿已于5月31日前全部停止了生产。会上，史家营、南窖、霞云岭三个乡镇主要负责人分别汇报了在小煤矿关闭工作中存在的一些问题和困难，并提出了支持政策建议。市发改委、市财政局、市民政局、市人力社保局有关人员就如何对房山煤矿关闭工作给予支持提出建议和要求。张家明建议：要落实5月20日市政府专题会议精神。小煤矿整顿关闭工作是一件涉及社会稳定、产业转型的大事，区、乡镇政府和有关部门要进一步统一思想，高度重视此项工作，要进一步振奋精神、坚定信心，转变作风、真抓实干，克服各种困难，一手抓整顿关闭，一手抓社会稳定，圆满完成2010年小煤矿整顿关闭工作。要认真落实市长郭金龙的指示精神，在完成小煤矿整顿关闭工作的同时，要采取有效措施解决好山区群众的生活问题，要制定合理的政策，确保山区群众能够看得见、摸得着。要加强沟通协调，进一步细化需市政府支持的政策和建议。针对小煤矿整顿关闭工作中存在的问题，区政府要进一步细化需要市政府支持的政策和建议。要深入调研、超前谋划，确保社会安全稳定。要密切关注非法盗采动态，始终保持高压态势。随着小煤矿的彻底关闭，受暴利驱动，非法开采行为可能会更加猖獗，打非工作将面临更加严峻挑战，对此，区政府和市有关部门要做好思想上、工作上准备工作，要制定更加严密的工作措施，加强日常巡查，强化联合执法工作机制，始终保持高压态势，严防死灰复燃。

市安全监管局（北京煤监分局）、市发改委、市财政局、市民政局、市人力社保局有关人员参加了调研，房山区副区长卢国懿及区安全监管局、区发改委、区财政局、区人力社保局、区民政局、区国土分局及史家营乡、南窖乡和霞云岭乡的负责人参加了座谈会。

（董　伟）

【副市长召开小煤矿关闭专题会】 6月2日，副市长苟仲文在市政府召开了关于小煤矿关闭工作专题会。房山、门头沟两区分别汇报了小煤矿关闭工作的进展情况以及急需市政府支持解决的问题，市安全监管局（北京煤监分局）就小煤矿安全监管监察情况和小煤矿整顿关闭工作有关情况进行了汇报，市财政局参加了会议。苟仲文就小煤矿关闭工作和落实5月20日市政府专题会要求进行了再部署：（一）5月20日市长郭金龙主持召开专题会精神必须落到实处。市政府就小煤矿关闭工作召开专门会议，就是表明了市政府关矿的决心，两区政府必须认真贯彻执行。（二）小煤矿关闭工作进入了攻坚阶段，要进一步完善和坚持小煤矿关闭工作机制。区委、区政府主要领导要负起责任，冲到一线，要深入调研，提前把问题了解清楚，把矛盾和问题化解在基层；要建立小煤矿整顿关闭工作专刊，及时反映整顿关闭工作情况。（三）稳定压倒一切。目前就全国来看，群体事件较多，小煤矿关闭工作必须要保证稳定，要增强忧患意识、责任意识，提前做好防范工作。（四）关闭小煤矿必须关严、关死，打非工作要常抓不懈。领导要主动承担一些责任，动用一切可能的手段，要断水、断电、断路，要有超常规的措施，保证小煤矿的关闭做到关严、关死。最后，苟仲文对近期工作进行了安排：（一）房山、门头沟区要制定小煤矿关闭工作中保持稳定的工作方案，要把问题梳理清楚，制定相应的措施。（二）6月3日召开有关委办局工作协调会，进一步研究两区提出的问题，提出解决意见。

市安全监管局、北京煤监分局、市财政局、房山区政府、门头沟区政府有关负责人参加了会议。

（董　伟）

【副市长召开小煤矿关闭政策落实会议】 6月3日，副市长苟仲文在市政府组织有关委办局召开了关于小煤矿关闭工作支持政策专题会。市安全监管局（北京煤监分局）根据房山、门头沟两区的汇报材料及近期调研了解的情况，就两区小煤矿关闭工作的进展和需要支持的政策等有关情况进行了汇报，与会的各委办局结合本单位的职能提出了相关支持政策建议。苟仲文就如何落实小煤矿关闭支持政策进行了部署：（一）要研究新情况，应对新问题。小煤矿关闭工作进入了攻坚阶段，这次关闭小煤矿是全面、彻底关闭，规模大、问题多，要解决许多历史遗留问题，各相关部门要针对关矿补偿、遣散从业人员、安置失业下岗人员、帮扶伤残困难人员等问题分门别类认真研究，尽快拿出支持政策意见。（二）制定支持政策要有依据，既要保持连续性，也要在不改变原则的前提下转变观念有所创新，加大对小煤矿关闭支持的力度。就煤矿关闭和善后处理、维护社会稳定，可尽快拨付一笔资金。（三）要把矿区稳定工作放在一切工作的首位。近期召开打击非法盗采维护矿区安全稳定专题工作会。小煤矿全部关闭后，大量外地从业人员的遣散可能带来社会稳定等问题，要认真研究，做好应对措施，防止出现群体事件。同时，要防止关闭煤矿死灰复燃和私挖盗采。（四）要进一步研究对两区的支持政策。1. 由市发改委牵头和市国土局共同研究解决型煤加工和燃气配送等问题。2. 市民政局负责研究解决关闭煤矿群众生活困难的有关问题。3. 市人力社保局负责研究解决关闭煤矿失业下岗人员安置和尘肺病、伤残、抚恤等供养人员及困难群众的补助帮扶政策问题。4. 市园林绿化局要研究增加看山护林就业岗位问题。5. 市国土局负责研究增加打击非法开采经费的有关问题。6. 市经济信息化委负责研究产业转型和替代产业给予经费支持的问题。7. 市科委负责研究特色种植养殖、生态修复和新能源开发利用方面支持的问题。

总之，各部门要高度重视这次小煤矿整顿关闭工作，这项工作很不容易，市政府各有关部门要尽可能多地给两区经济和政策上的支持。市安全监管局（北京煤监分局）、市财政局、市发改委、市国土局、市科委、市经济信息化委、市民政局、市人力社保局、市园林绿化局、市信访办有关负责人参加了会议。

（董 伟）

【常务副市长召开小煤矿整顿专题会】 6月4日下午，常务副市长吉林、副市长苟仲文组织召开整顿关闭小煤矿专题会议，研究小煤矿关闭工作的有关问题。会上，市安全监管局（北京煤监分局）汇报了本市小煤矿关闭工作基本情况、关闭过程中需要研究和解决的问题，并提出了工作建议。市财政局汇报了近年来对两区煤矿关闭补助政策和资金落实情况，并提出了对今年关闭煤矿矿井填埋、善后处理、提前关闭补偿费用意见。

会议议定以下事项：一是关于补偿费用问题。原则同意市安全监管局（北京煤监分局）、市财政局提出的矿井关闭填埋、善后处理、提前关闭矿井补偿费用的方案。二是关于煤炭供应问题。煤炭供应不仅是产煤乡镇存在的问题，也应考虑全市的煤炭供应问题，京煤集团应承担一定责任，政府可以给予一定补贴。三是关于矿山修复问题。市国土局要研究现有的土地使用政策，可以采取谁治理谁使用谁维护的方法，尽快更好地解决矿山修复问题。

（董 伟）

【副市长到房山区调研煤矿关闭工作】 7月19日，副市长苟仲文到房山区专题调研小煤矿关闭、“打非”工作和从业人员尘肺病问题。参加调研的有市维稳办、市信访办、市安全监管局（北京煤监分局）、市国土局、市发改委、市财政局、市公安局、市卫生局、市民政局、市经信委、市科委、市总工会等单位的有关负责人。会议听取了房山区、门头沟区政府关于煤矿关闭、打击非法开采、从业人员尘肺病问题等情况的汇报，与会部门负责人汇报了近期工作开展情况，并提出了工作建议。会上，苟仲文肯定了房山区、门头沟区小煤矿关闭工作所取得的成效并指出：尘肺病问题的出现与关矿没有关系，关矿前也存在这个问题，只不过这个问题在关矿后显现了，但也不排除有人在背后“推波助澜”；关闭前制定了工作预案，预测到了可能出现的“打非”、人员安置、尘肺病等三大突出问题，这三大问题都在政府的掌控之中。尘肺病问题不是关闭小煤矿造成的问题，而是煤矿开采这个行业的职业危害问题，今天不面对，明天也要面对；要站在维护从业人员合法权益的角度，以对人民高度负责的态度，来解决尘肺病问题，躲避或无视都是不负责任的态度，都是不可取的。会议决定：（一）关于打击非法开采工作，由市国土部门牵头，安监、公安、法制部门和两区政府配合再进一步研究“打非”的措施。（二）关于冬季取暖用煤问题，由市发展和改革委组织两区政府及市有关部门深入细致研究，制定切实可行的方案，真正解决冬季山区农民的取暖用煤问题。（三）关于支农惠农政策问题，市安全监管局组织市经信委、市农委针对关闭煤矿较多的乡镇研究制定支持政策，市经信委要对产煤乡镇发展二三产业方面、市农委要对发展沟峪经济给予更多的政策支持。（四）关于解决尘肺病问题，房山、门头沟区政府要直面尘肺病问题，要组建解决应对尘肺病问题的领导机构，建立工作机制。要告知小煤矿从业人员，通过正常途径反映问题，如果体检诊断出矽肺病，是可以依法享受工伤保险待遇的。反之，如果趁机作乱、无理取闹，捞取私利，政府对这些人也要依法处理。市政府有关部门积极支持配合两区政府做好相关工作。（五）关于编制长远工作规划，市发改委、市经信委、市国土局要结合“十二五”规划的编制工作，研究制定人口搬迁、产业结构调整、“打非”、等长远工作规划。

市信访办、市维稳办、市安全监管局（北京煤监分局）、市国土局、市发改委、市财政局、市卫生局、市民政局、市经济信息化委、市科委、市公安局治安总队、市总工会、房山区、门头沟区有关人员参加了会议。

（董　伟）

【督察关闭的24个小煤矿】 9月7日至10日，根据《北京市2010年小煤矿整顿关闭工作方案》的要求，房山、门头沟区政府对辖区内的小煤矿进行了关闭和公告，并分别组织有关部门对已关闭小煤矿的关闭工作完成情况进行了检查验收。市安委会办公室组织市安全监管局（北京煤监分局）、市国土局、市公安局、市发改委、市工商局、北京市电力公司等部门，按照《特别规定》和京政办发［2010］22号文规定的关闭要求，对24个小煤矿的关闭情况进行了联合督察。从督察情况看，24个煤矿均对从业人员进行了遣散，相关证照已注销或变更，矿井井口都已经按照要求进行了封闭，供生产用的动力电源和通信线路已经切断，基本符合要求；用于转产及看山护林需保留的房屋及变压器已经报区政府批准。但有部分煤矿存在井口外轨道未完全拆除、已拆除的生产设备未处理等问题，矿井地貌尚需恢复。对于督察中发现的问题，督察组向区、乡政府提出了工作建议，市安委会办公室将向房山、门头沟区政府通报督察情况，并报送市政府及有关部门。

（董　伟）

【督察已关闭煤矿整改情况】 12月16日至17日，市安委会办公室组织市发改委、市国土局、市公安局、市工商局、北京市电力公司等有关部门对房山区2010年已关闭煤矿存在问题的整改落实情况进行了督察。督察组首先听取了房山区有关部门、史家营乡、南窖乡政府关于煤矿关闭情况、存在问题整改落实情况及关闭后存在的问题等情况汇报，随后，督察组对史家营乡今年关闭的12个煤矿中的北京安吉煤矿等6个煤矿及南窖乡今年关闭的北京众福煤矿等2个煤矿进行了抽查。通过检查发现，房山区政府、各相关乡镇政府对关闭煤矿存在的问题重视，制定措施落实人员和责任，进行整改。房山区史家营乡2010年已关闭煤矿煤场存煤尚余80余万吨，南窖乡2个煤矿尚余4万余吨存煤待清理，按照区政府规定，所有煤场存煤将于翌年3月底前清理完毕。

（董　伟）

【对南窖乡煤矿安全生产工作进行督导】　3月11日至12日，北京煤监分局对南窖乡的煤矿安全生产工作进行了督导，并检查了北京市众福煤矿和鑫华双安煤炭有限公司。监察人员重点对煤矿复产验收工作情况、从业人员培训情况、有关文件会议精神落实情况等进行了检查。南窖乡政府成立了以乡长为组长的煤矿复工验收工作领导小组，明确规定了复产程序、复产条件，并提出了具体的工作要求。北京鑫华双安煤炭有限公司正在进行井下维修，还没有报请乡煤矿安全管理部门验收；北京市众福煤矿已通过乡煤矿安全管理部门验收，12日区安全监管局进行了复产验收。监察人员要求乡煤矿安全管理部门要加强对所属煤矿的监督检查，严防安全管理松懈滑坡，防止超能力、超强度、超定员组织生产。煤矿企业要全面落实安全生产主体责任，严格执行安全生产规章制度，确保安全生产。

（董　伟）

【对霞云岭乡煤矿安全生产工作进行督导】　4月14日至15日，北京煤监分局对霞云岭乡的煤矿安全生产工作进行了督导，并检查了北京市四马台煤矿、北京唐上煤矿和北京市堂上瑞祥煤矿。监察人员重点对煤矿复产验收工作情况、从业人员培训情况、有关文件会议精神落实情况等进行了检查。霞云岭乡政府成立了以乡长为组长的煤矿复工验收工作领导小组，明确规定了复产程序、复产条件，并提出了具体的工作要求。监察人员要求乡煤矿安全管理部门要加强对所属煤矿的监督检查，严防安全管理松懈滑坡，防止超能力、超强度、超定员组织生产。监察人员对3个煤矿复产验收情况、职工安全教育培训、职业危害预防进行了检查，针对存在的问题，分别下达了责令改正的监察指令。监察人员还要求煤矿企业要全面落实安全生产主体责任，严格执行安全生产规章制度，进一步做好“五控制”工作，确保安全生产。

（董　伟）

【指导木城涧煤矿作业规程的编制】　12月9日，北京煤监分局到木城涧煤矿对作业规程的编制情况进行检查指导。对河南义煤集团先进管理经验进行了宣讲。监察人员查阅了综采一段、综采二段、机采二段的作业规程和有关措施，对规程中存在的问题提出了修改意见，同时，向矿、段编制审批规程的技术人员及管理人员讲解了作业规程编制的有关规定和要素以及作业规程审批的注意事项。

（董　伟）

【煤监分局监察人员与煤矿领导下井带班】　12月21日夜班，北京煤监分局监察员与木城涧煤矿带班领导一起到大台煤矿井下带班，此次带班的工作面为采掘八段84队，夜班工作任务是清理工作面、加强支护，为停产培训作准备。

（董　伟）

【煤矿安全生产许可证变更】　3月15日，北京京煤集团有限责任公司、北京昊华能源股份有限公司木城涧煤矿、北京昊华能源股份有限公司大台煤矿、北京昊华能源股份有限公司长沟峪煤矿分别向北京煤矿安全监察分局提出申请变更安全生产许可证，经过对申请人提交的相关文件、资料审核后，办理了安全生产许可证变更手续并换发了新的安全生产许可证。

（庄过兵）

【煤矿安全生产许可证延期】 10月下旬至12月中旬，北京煤矿安全监察分局对北京京煤集团有限责任公司、北京昊华能源股份有限公司，北京昊华能源股份有限公司木城涧煤矿、北京昊华能源股份有限公司大台煤矿、北京昊华能源股份有限公司大安山煤矿和北京昊华能源股份有限公司长沟峪煤矿申请的安全生产许可证延期申请情况进行了审查。经审查，上述企业及煤矿全部符合延期条件，北京煤矿安全监察分局向其颁发了安全生产许可证。

（庄过兵）

【检查门头沟房山煤矿企业】 1月12日至20日，北京煤监分局组织京煤集团通风和机电运输方面的专家对门头沟、房山区小煤矿进行检查。检查组检查了北京平安煤矿、北京西达么煤矿、北京市翁窑煤矿、北京市台西煤矿“一通三防”及提升运输系统有关资料，井下提升绞车及工作面的现场管理情况。针对检查中发现的井下密闭封闭不严、回采工作面反坡口未用风筒弯头、部分采空区在图纸上未标注等问题，下达了责令改正的现场处理决定书，要求上述煤矿整改情况由煤矿安全监管部门进行验收。

（庄过兵）

【检查南窖乡煤矿安全管理】 1月19日，市安全监管局（北京煤监分局）对南窖乡安全管理工作进行监督检查。检查组听取了南窖乡政府有关煤矿安全生产工作的情况汇报，对南窖乡党委、政府在煤矿安全生产工作中采取的一系列工作措施给予了肯定，对基层党委、政府加强煤矿管理工作提出了建议。

（庄过兵）

【对长沟峪煤矿专项检查】 2月2日，北京煤监分局对长沟峪煤矿提升运输系统开展专项检查。检查组主要检查了井下提升绞车深度指示装置完好情况，提升绞车传动设备护罩、护栏安装情况，“一坡三挡”使用情况，下部车场设有躲避硐室情况，提升时执行“行车不行人、行人不行车”规定情况，绞车司机、信号工、把钩工等作业人员持证上岗情况等。针对保险销数量不足、-410米挡车器手把距离轨道近等问题，检查人员提出了整改建议。

（庄过兵）

【部署煤矿水害排查工作】 3月2日下午，副市长苟仲文组织召开了市安全监管局、京煤集团负责人参加的紧急会议。会议通报了神华集团骆驼山煤矿透水事故，研究分析了北京市煤矿水害及防治工作。苟仲文要求：一是市安全监管局要迅速将神华集团骆驼山煤矿透水事故情况通报到北京市所有煤矿企业，督促煤矿企业认真汲取事故教训，提高对防治水害的认识。二是全市煤矿企业要开展水害隐患的排查，小煤矿要把水害隐患的排查情况作为复工的重要条件之一，水害隐患排查不到位，不准复工。三是京煤集团要在开展水害排查的同时，对提升运输、防火等可能引发重大事故的环节、部位加大检查和管理力度，确保不发生生产安全事故。

（庄过兵）

【部署煤矿火灾隐患排查工作】 为吸取河南省煤矿“3·15”火灾事故教训，3月16日，市安全监管局（北京煤监分局）专题部署本市煤矿开展火灾隐患排查工作。会议对排查工作作出如下部署：一是排查煤矿企业主体责任是否落实；二是井下电缆、电气设备等是否符合煤矿安全规程的规定，井下使用电气焊等明火作业的必须制定安全措施并符合有关规定；三是是否对职工进行火灾事故应急、救护、逃生等方面的教育培训；四是是否制定了完善可行的应急救援预案。

（庄过兵）

【对霞云岭乡安全管理检查】 3月25日，北京煤监分局对房山区霞云岭乡政府煤矿安全监管工作进行了检查指导。监察人员主要检查了乡政府安全生产组织领导、安全生产责任制、安全生产会议、对煤矿进行监督检查、隐患排查、近期文件的落实情况和煤矿复工验收工作情况等。针对检查中发现的每月检查计划不细、重点不突出，煤矿密闭管理台账报送不及时等问题，监察人员提出了整改意见和建议。

（庄过兵）

【督导安岳煤矿】 4月13日，北京煤监分局对房山区史家营乡北京市安岳煤矿的安全生产情况进行督导检查。监察人员对煤矿复产验收情况、密闭管理、火工品使用和井下工作面的现场管理等情况进行了检查。针对检查中发现的工作面支护问题、记录填写问题、密闭台账管理等问题，下达了责令立即整改的现场处理决定书，并提出了整改要求。

（庄过兵）

【对小煤矿“五控制”贯彻情况进行检查】 针对房山区小煤矿采矿许可证在是年5月底到期的实际情况，为严防小煤矿安全管理松懈、滑坡，坚决遏制生产安全事故，5月5日至6日，北京煤监分局对房山区史家营乡北京市大村煤矿和北京市翁窑煤矿贯彻“五控制”（控制下井人数、控制工作面个数、控制开采强度、控制生产能力、控制爆炸物品使用）情况进行了检查。

（庄过兵）

【防治水、防灭火检查】 5月12日，北京煤监分局对房山区南窖乡北京市众福煤矿图纸管理，防治水、防灭火相关资料及井口出入井登记等情况进行了检查。

（庄过兵）

【长沟峪煤矿隐患排查和防治水检查】 6月10日、11日，市安全监管局联合市发和改委，对京煤集团长沟峪煤矿落实隐患排查制度和汛期防治水工作情况进行检查。针对事故隐患排查治理有统计未进行分析，井巷出水点位置及水量在采掘工程平面图上标注不齐全，降水量资料台账中审核人未签字，+20米水平水泵房一接线盒失爆等问题，监察人员下达了责令改正的现场处理决定书。

（庄过兵）

【调研京煤集团安全生产工作】 6月22日，市安全监管局局长张家明带队到京煤集团长沟峪煤矿进行调研，目的是如何吸取事故教训，研究影响安全工作的深层次问题，进一步遏制事故的发生，全力做好煤矿安全生产工作。张家明对京煤集团所做的工作给予了肯定，要求京煤集团切实吸取事故教训，抓住一线的班组建设和安全标准化建设两个重点，作好三方面的深入研究：一是要深入研究一线班组的培训和煤矿日常管理的关系；二是要深入研究班组里面安全和生产的关系；三是要深入研究进一步提高管理水平的办法。

（庄过兵）

【到木城涧煤矿联合检查】 6月30日至7月1日，市安全监管局（北京煤监分局）联合市发展和改革委、市国资委等部门对京煤集团木城涧煤矿安全生产责任制、相关管理制度的建立和落实情况进行了检查。

（庄过兵）

【大安山煤矿检查】 8月11日至12日，北京煤监分局对京煤集团大安山煤矿开展了重点监察。检查人员主要检查了煤矿安全生产责任制度、安全生产每日分析会制度等21项制度的建立、落实情况，井下现场管理情况。针对检查中发现的问题，下达了现场处理决定书，并提出了整改意见。

（庄过兵）

【爆炸物品管理检查】 8月下旬至9月初，北京煤监分局对京煤集团长沟峪煤矿和大台煤矿开展了爆炸物品管理专项监察。检查人员重点检查了爆炸物品使用安全管理责任制、爆炸物品管理制度、库房管理情况及库存情况等。针对检查中发现的问题，下达了限期整改的监察指令，并提出了整改意见。

（庄过兵）

【国家煤监局对大台煤矿调研】 10月22日，国家煤矿安全监察局副局长黄玉治到京煤集团大台煤矿进行调研。黄玉治肯定了京煤集团加强安全管理，坚持科技兴安所做的各项工作。

（庄过兵）

【专项督察领导带班下井】 10月27日至28日，北京煤监分局对京煤集团长沟峪煤矿、木城涧煤矿和大台煤矿开展了煤矿领导带班下井制度执行情况的专项监察。针对检查中发现的缺少领导带班下井的任务、未做到井下交接班和未建立领导带班下井检查台账等问题，下达了立即整改的监察指令，并提出了整改意见。

（庄过兵）

【井下防灭火专项督察】 11月2日至4日，北京煤监分局对京煤集团长沟峪煤矿进行了井下防灭火安全专项监察。针对检查中发现的问题，下达了立即整改的监察指令。

（庄过兵）

【召开煤矿安全生产专题会】 11月12日，针对京煤集团煤矿事故多发的严峻形势，市安全监管局（北京煤监分局）到京煤集团就煤矿安全生产问题召开了专题会。会议要求：一是要强化培训，进一步提升全员素质。二是要认真细致，严格落实隐患排查治理各项工作要求。三是要落实责任，切实做好矿领导下井带班等项工作。

（庄过兵）

【聘请专家对煤矿安全许可检查】 11月16日至20日，北京煤监分局聘请了煤科总院和开滦集团3位专家，对大安山煤矿和木城涧煤矿安全许可现场进行了审查。针对检查中发现的未按照作业规程的要求安装移架同步喷雾装置、提升绞车钢丝绳排列咬绳、电缆吊挂不规范、运输大巷道岔处未设置警冲标等问题，下达了立即整改的监察指令。

（庄过兵）

【督导长沟峪煤矿】 12月16日，北京煤监分局督察工作组到昊华公司长沟峪煤矿进行督察。督察工作组重点检查了京煤集团、昊华公司对各煤矿落实督察工作任务的安排情况，同时要求长沟峪煤矿要对照督察工作中列出的八项内容，明确牵头人，完善方案，确定完成时间。

（庄过兵）

【“两会期间”检查大台煤矿】 3月3日，北京煤监分局对北京昊华能源股份有限公司大台煤矿“两会”期间安全生产及复工情况进行检查。检查组听取了煤矿“两会”期间安全保障工作采取的措施以及春节停复工工作情况的汇报，对“两会”期间措施的执行情况、煤矿复工工作程序以及在复工验收时发现问题的整改情况进行了检查。对发现的问题，下达了监察整改指令。

（庄过兵）

【调研京煤集团煤矿复工情况】 3月11日，市安全监管局（北京煤监分局）到京煤集团调研煤矿安全生产工作。调研组对京煤集团所属煤矿停产复工验收工作、“两会”安保措施的制定、柔掩采煤工艺改革、探索综采工艺在急倾斜煤层的使用等给予了肯定，并对进一步做好“两会”安保和今后的安全生产工作提出了建议。

（庄过兵）

【双安煤矿复工检查】 3月19日，北京煤监分局对北京鑫华双安煤炭有限公司复工情况进行了抽查。检查人员听取了煤矿复产验收工作情况汇报，针对+410米水平大巷发现烟头、+410米水平北一9槽配电室两个馈电开关未接地、个别工作面通风不到位等问题和隐患，下达了责令立即改正的现场处理决定书。

（庄过兵）

【四马台煤矿复工检查】 3月26日，北京煤监分局对北京市四马台煤矿复工情况进行了抽查。检查人员听取了煤矿复产验收工作情况汇报，对四马台煤矿复工方案、复工措施、图纸管理、隐患排查及井下现场管理、配电室馈电开关辅助接地等情况进行了检查。针对图纸管理和隐患排查存在的问题，下达了责令立即改正的现场处理决定书。

（庄过兵）

【调研煤矿班组建设】 1月12日，市安全监管局副局长贾太保赴京煤集团昊华公司，调研班组建设工作。京煤集团昊华公司将班组建设工作列为2010年公司确定的11件大事之一，贯彻落实全国学习推广“白国周班组管理法”郑州会议精神，成立了由昊华公司总经理为组长的领导小组，由行政部门主导，工会、共青团等部门共同参与，全面加强班组建设工作。市总工会、市发展和改革委参加了调研。

（贾　宏）

【学习推广“白国周班组管理法”】 7月7日，京煤集团为进一步落实国家安全监管总局等五部门《关于学习推广“白国周班组管理法”，进一步加强煤矿班组建设通知》精神和全国煤矿学习推广“白国周班组管理法”会议精神，在北京昊华能源股份有限公司木城涧煤矿组织举办了白国周班组管理法报告会。在报告会现场，全国劳动模范白国周结合自己的工作经验和体会，围绕亲情管理、安全管理、技术管理等方面，向大会介绍了如何做好一名班组长的专题报告。中平能化集团工会办公室乔明翰结合白国周班组管理法的学习，介绍了该公司强化班组建设的经验和作法。

（贾　宏）

【煤矿教育培训专项监察】 10月27至28日，为进一步做好煤矿教育培训工作，北京煤监分局对京煤集团昊华公司长沟峪煤矿和木城涧煤矿开展了教育培训的专项监察。检查人员主要检查了两个煤矿年度教育培训计划的制定和落实、安全生产规章制度和安全生产操作规程的培训、特种作业人员持证上岗等情况，同时，对段队教育培训档案管理及新工人培训等情况进行了抽查。针对检查中发现的对新工人培训没有签到原始记录、培训档案管理不规范等问题，下达了“责令改正”的现场处理决定书，并提出了整改意见。

（贾　宏）

【非煤矿山的行政许可】 2010年，全市金属非金属矿山94家，地质勘探企业44家，共受理行政许可申请33件，其中初次申请的9件，延续申请的6件，变更申请的18件。经过审查发证的33家，其中金属非金属矿山21家。针对许可工作共组织现场审查50余次，出动工作人员及专家近200人次。

（陈震西）

【非煤矿山许可及监管座谈会】 1月25日，市安全监管局组织召开座谈会，通报了2010年非煤矿山安全监管重点工作，听取有关区县安全监管局、企业对《北京市非煤矿山企业安全生产许可证管理办法》及相关配套文件的修改意见，并在矿用设备检验检测机构、地质勘探企业备案制度、企业复工培训要求、应急救援演练等方面进行了讨论。海淀区、朝阳区、丰台区、房山区、门头沟区、顺义区、昌平区、怀柔区、石景山区、密云县等10个区县安全监管局和有关企业代表参加了会议。

（陈震西）

【矿山“三同时”项目评审】 5月26日，市安全监管局组织专家对密云云冶公司提交的《北京云冶矿业有限责任公司生产矿山建设综合项目之资源回收工程初步设计安全专篇》进行了审查，重点审阅安全设施设计专篇、安全预评价，就相关等问题进行了现场质询，并提出修改意见。该项目有关设计、评价修改后通过专家评审。

（陈震西）

【调研矿山废石、尾砂再利用情况】 1月13日，市安全监管局组织有关处室赴密云冶金矿山公司调研矿山废石、尾砂再利用情况。近年来，矿山企业为彻底消除尾矿库、排土场这两种危险源，实现废物利用、节省土地资源，促进循环经济，开展对排土场废石、尾矿库尾砂的再利用研究实验工作。自2005年开始，密云冶金矿山公司陆续投资近2亿资金，建设了12条废石加工生产线，到2011年，实现了矿山废石“零”排放，并开始逐步消纳原有废石。预计利用8到10年的时间，排土场危险源将彻底被消除。同时鼓励企业对选矿工艺进行改进，减少入库尾砂，并在矿山继续试验完善现有尾矿砂利用技术，力争实现尾矿砂的“零”排放。

（陈震西）

【调研水泥用石灰岩矿山整合工作】 1月28日，市安全监管局调研组赴北京金隅集团公司调研水泥用石灰岩矿山整合工作。调研人员听取了金隅集团水泥产业发展规划、石灰岩开采的设想以及下一步对石灰岩资源整合工作思路。共同研究分析了本市石灰岩开采的现状和存在的问题，探讨了石灰岩开采企业整合的途径、方法，就如何推动石灰岩开采上规模、上技术、上水平，促进矿山安全、环保、节约发展进行了深入的讨论。调研组指出在矿山开采上要发展先进生产力，要使用先进的技术和装备，要规模开采；要推动矿山企业从劳动密集型转变为技术密集型、从粗犷管理型转变为科学管理型，从使用粗壮的劳动人员转变为使用高素质从业人员。

（陈震西）

【调研房山区非煤矿山整合工作】 3月12日，市安全监管局到房山区大石窝镇调研非煤矿山整合工作。调研人员现场查看了三家典型的汉白玉、大理石、红砂岩开采企业，对企业的生产状况、安全管理等进行了全面了解，并听取了大石窝镇政府和房山区下一步总体规划的汇报。同时要求房山区对稀缺资源，要注重开发与保护，要以产业调整为契机，深入研究，认真规划，合理布局，努力做好企业整合和产业升级，做到不安全不保留，不环保不保留，不能促进地方农民就业和经济发展不保留。矿山处、房山区安全监管局参加了此次调研。

（陈震西）

【调研尾矿库调查评估和非煤矿山先进技术应用工作】 4月13日上午，市安全生产监管局到中国安全生产科学研究院，就尾矿库调查评估工作进展情况和非煤矿山先进技术应用工作进行调研，并与该院总工程师张兴凯及矿山所有关人员进行了座谈。调研中，首先听取了该院矿山所关于尾矿库调查评估工作进展情况和非煤矿山安全生产方面的先进技术应用情况汇报，并进行了座谈研讨。随后参观了该院的非煤矿山实验室。

（陈震西）

【督察区县非煤矿山整顿关闭工作】 4月14日至16日，市安全监管局、市国土局、市公安局、市工商局等部门组成的市安委办督察组对房山区、门头沟区、昌平区、怀柔区2009年度非煤矿山关闭工作情况进行了督察。督察组首先听取了房山区2009年非煤矿山整顿关闭工作情况和2010年非煤矿山整顿关闭工作思路汇报。随后，督察组分两组抽查7家已关闭矿山。从现场抽查情况看，多数矿山已基本关闭到位，但还有少数矿山供电设施未拆除完毕，部分矿山地貌还需进一步恢复和治理。

（陈震西）

【推动物联网技术在矿山的应用】 下半年，市安全监管局立足于推动矿山企业尾矿库采用先进的在线监测监控物联网技术，提高尾矿库本质安全水平。该项工作前期在密云5座尾矿库进行试点，期间市安全监管局多次对密云县尾矿库在线监测监控系统建设情况进行调研，并组织首都经济贸易大学、北京矿冶研究总院、航天集团下属长峰科技工业集团公司等科研机构对尾矿库在线监测和地下矿山六大系统建设情况进行座谈和论证。截至2010年底，密云县5家矿山企业的5座运行尾矿库全部完成在线监测监控系统建设，大大提高了尾矿库防灾御险能力。

（陈震西）

【对大兴区安全生产工作进行综合考核】 1月5日，按照市安全生产委员会安全生产综合考核统一安排，市安全监管局考核组对大兴区2009年度安全生产工作进行综合考核。考核组听取了大兴区2009年安全生产工作情况的汇报，并对区政府、乡镇政府和企业进行了检查。详细查阅了区政府及安委会2009年度安全生产工作文件、会议纪要、工作台账、事故案卷等相关资料，并实地抽查了榆垡镇政府及北京市阳都化工厂安全生产工作开展情况。在听取区政府有关2009年度安全生产工作汇报后，考核组对区2010年安全生产工作提出了具体要求。

（陈震西）

【开展节前非煤矿山安全检查】 2月2日，市安全监管局对房山区非煤矿山安全生产工作进行检查，听取了区县局对近期安全生产工作开展情况的汇报，并随机抽查了1家位于房山区周口店镇已停产的非煤矿山企业目前停产状况，现场对企业提出了停产期间以及开复工前整改的具体要求。

（陈震西）

【非煤矿山安全监管座谈会】 3月17日下午，市安全监管局召开了非煤矿山安全监管工作座谈会，传达新修订的《国家安全监管总局关于开展金属非金属地下矿山安全生产大检查工作的通知》精神，并对大检查工作进行具体部署，要求各有关区县安全监管局，要做到监督、指导、服务三到位。落实责任，确保大检查工作取得实效；督促企业进一步落实自查主体责任；做到对照检查内容逐条进行排查，把检查内容落到实处。

（陈震西）

【赴木城涧煤矿考察学习】 3月31日，为推动各有关区县和企业学习地下矿山安全管理工作先进经验，进一步加强金属非金属地下矿山安全生产基础工作。市安全监管局组织石景山区、密云县安全监管局和首钢总公司、首钢矿业公司、密云冶金矿业公司及部分地下矿山有关人员共20余人赴京煤集团昊华公司木城涧煤矿考察学习。考察学习活动主要围绕矿山监测监控系统运行、六项制度执行情况、安全生产标准化和安全文化建设情况等四方面，对木城涧煤矿的调度室、宣传教育室以及井下掘进工作面光面爆破现场进行了实地考察。

（陈震西）

【金属非金属地下矿山安全生产工作会】 4月2日下午，市安全生产监管局召开全市地下矿山安全生产工作会议。会上通报了近期国内多起煤矿和非煤矿山事故，听取了密云县冶金矿山公司和首钢矿业公司在建地下矿山安全生产情况，并对下一步如何深刻吸取事故教训，举一反三，防患于未然，特别是就本市非煤地下基建矿山如何做到“三落实、五检查、五健全”工作进行了研讨。会上要求各有关单位：一是要落实责任，二是要开展“五检查”活动，三是要健全“五个制度”，四是要组织开展一次全员培训。石景山区、密云县安全生产监管局，首钢总公司、密云矿山公司及有关矿山企业相关负责人参加了会议。

（陈震西）

【汛前尾矿库安全检查】 为确保全市尾矿库平安度汛，市安全监管局制定了《尾矿库汛前安全检查工作方案》，从5月5日开始，对本市全部9座运行尾矿库和8座已闭库尾矿库进行汛前安全检查。检查发现，各运行尾矿库现状较好，并且都已制定度汛方案，储备了防汛物资，制定完善了汛期领导带班制度，开展应急救援演练；已治理的尾矿库都已落实监管责任主体，由地方镇政府开展日常监督检查。对检查中发现的问题已责令企业立即整改，同时要求属地安全监管部门加大汛期价差力度。

（陈震西）

【对尾矿库安全现状调查评估报告进行评审】 2010年初，市安全监管局委托中国安全生产科学研究院开展的北京市尾矿库安全现状调查评估工作。5月18日，中国安全生产科学研究院已基本完成《评估报告》的编写，并主持召开了专家评审会，对《北京市尾矿库安全现状调查评估报告》进行了评审。会上，评审专家组听取了中国安全生产科学研究院对项目主要内容所作的介绍，并对评估项目所出具的报告进行讨论、评审。评审结果为同意通过《调查评估报告》。国家安全监管总局监管一司有关领导参加了评审会议，并提出了修改建议

（陈震西）

【副市长到首钢督察汛期安全】 6月11日至12日，副市长苟仲文率队赴首钢总公司位于河北迁安市的首钢矿业公司调研督察汛期安全生产工作。国家安全监管总局和市安全监管局有关领导和人员参加调研。调研组一行首先对首钢矿业公司的矿山采场、尾矿库、排土场进行了现场检查，随后召开座谈会，听取首钢矿业公司近期安全生产工作情况汇报，有关专家对检查中发现的问题进行了通报。

（陈震西）

【汛期尾矿库和地下矿山安全检查】 7月7日至8日，市安全监管局组织尾矿库和地下矿山方面有关专家对密云县尾矿

库和地下矿山开展安全检查。检查组听取密云县五座在运行尾矿库安全负责人关于汛期度汛方案和措施的汇报，并由有关专家就各尾矿库的度汛方案和措施进行了点评，提出具体改进意见。随后，检查组对威克冶金有限责任公司尾矿库、首云矿业股份有限公司尾矿库、放马峪铁矿尾矿库和首云矿业股份有限公司地下矿山生产系统进行了现场检查。密云县安全监管局、密云县冶金矿山公司有关负责人参加了检查。

（陈震西）

【金属非金属矿山、尾矿库汛期安全检查月活动】 为落实国家安全监管总局、国家防汛抗旱总指挥部办公室联合下发了《关于做好矿山、尾矿库等汛期安全生产工作的通知》（安监总应急［2010］113号）有关要求及副市长夏占义在市防汛抗旱指挥部第二次会议上的重要讲话精神，市安全监管局从8月上旬开始，在全市金属非金属矿山开展汛期安全检查月活动。检查月活动采取聘请专家随机抽取的方式对分布在全市7个区县的94座金属非金属矿山和9座运行尾矿库进行抽查。

（陈震西）

【对首钢矿业公司矿山隐患治理工作进行检查】 10月27日至28日，市安全监管局组织对首钢矿业公司地下矿山落实企业领导带班下井工作以及下属水厂铁矿河西排土场隐患治理工作进行检查。检查组听取了杏山铁矿领导带班制度建立和落实情况，并就“六大系统”建设工作进行了座谈，随后对井下现场和河西排土场整改治理情况进行了检查。要求企业在没有完成治理工作前，加强对排土场边坡的监测、巡查。

（陈震西）

【加强非煤矿山制度建设】 2010年，市安全监管局组织修订了《北京市非煤矿矿山安全生产许可证实施办法》、《北京市金属非金属矿山安全生产监督管理暂行办法》，起草并印发了《北京市采掘施工和地质勘探企业安全生产监督管理办发》、《非煤矿山企业领导带班下井制度》等文件，进一步丰富了本市非煤矿山安全生产法律、法规和文件体系。

（陈震西）

【部分非煤矿山安全生产检查结果】 2010年，市安全监管局对全市120家非煤矿山企业中的24家进行了安全生产专项执法检查。共发现各类安全问题和隐患47项，下达整改指令书13份，占检查单位数的54.2%，行政处罚2家，占检查单位数的5.%，下达强制措施决定书1份，占检查单位数的4.2%

（陈震西）

【对非煤矿山开展专项执法检查】 5月31日至6月11日，市安全监管局会同有关区县对非煤矿山开展了专项执法检查。全市共检查非煤矿山102家，发现作业现场浮石未及时清理，安全警示标志缺失，阶段边坡角、工作平台不符合安全要求等隐患363项，下达责令改正指令书82份，责令2家非煤矿山暂时停产整顿，对6家单位实施了行政处罚。

（王燃然）

安全生产事故隐患排查治理

【制定隐患治理实施办法】 根据《安全生产事故隐患排查治理暂行规定》（国家安全生产监督管理总局第16号令）、《关于进一步加强安全生产事故隐患排查治理工作的意见》（京政办发［2009］21号）文件精神，市安委会制定《北京市市级挂账生产安全隐患治理实施办法（试行）》（以下简称《实施办法》）。经市政府同意，于3月10日印发通知（京安发［2010］5号），要求各区县、各有关部门贯彻执行该《实施办法》。以文件形式进一步落实了行业监管、属地监管和有关部门、单位的隐患治理责任，理清了隐患排查、上报、审核、治理、验收工作流程，明确了市级财政隐患治理资金支持的条件，强化了资金使用、工程建设风险约束机制，保证重大隐患治理效果。

（张玉红）

【市级挂账生产安全隐患整治工作任务】 经市政府同意，市安委会印发《关于落实2010年第一批市级挂账生产安全隐患整改治理工作任务的通知》（京安发［2010］9号），根据《市政府办公厅转发市安委会办公室关于进一步加强安全生产事故隐患排查治理工作意见的通知》（京政办发［2009］21号）文件精神，审核确认2010年第一批市政府挂账生产安全隐患7项（含2009年度遗留2项），其中按照主体责任单位分类，具备主体责任单位的2项，主体责任单位灭失的5项；按照分布区域分类，门头沟区2项，朝阳、石景山、房山、平谷、延庆各1项；按照行业领域分类，具备行业主管部门的5项，难以确定行业主管部门的2项。通知并就落实隐患整改治理工作任务有关事项提出要求，要求隐患整改治理的相关责任单位认真履行工作职责，加快整改工作节奏，加强日常监管和过程监管，强化隐患整改治理督察考核，建立信息报送机制，完善隐患治理档案。

（张玉红）

【审核市级挂账重大隐患治理项目】 5月26日，市安委会办公室会同市监察局、市政府督察室、市财政局召开市级挂账重大安全隐患治理审核会，通报市级挂账生产安全隐患治理审核情况，对下一步治理工作提出部署要求。有关区县政府、市有关部门和市安全监管局相关处室负责人参加了会议。会议对房山区废弃矿山采场、延庆县废弃矿山采场、门头沟区废弃小煤井安全隐患、平谷区废弃水井和朝阳区废弃沼气池等5项安全隐患治理工作进行了研究，与会人员就落实整改责任、加强安全监管和推进治理工作提出了意见和建议。会上，市安全监管局副局长陈清对下一步隐患治理工作提出工作要求：各区县、各部门要重视市级挂账隐患治理工作，加大隐患整改协调、调度力度，进一步完善隐患排查治理工作机制，落实属地监管、行业监管职责，推动落实隐患主体单位的责任。要严格隐患治理程序，按照市政府办公厅关于《进一步加强安全生产隐患排查治理的工作意见》和市安委会《市级挂账重大生产安全隐患治理实施办法》的要求，进一步规范隐患审核、治理、督促检查、验收销账、资金管理等流程，完善基础档案管理，落实“三动态”工作原则。要以务实的精神做好隐患治理工作，充分利用市安委会工作机制，定期通报隐患排查治理情况，及时掌握和协调解决隐患治理过程中发现的重大问题，落实现场指导督促制度，提高财政支持资金使用效益，保证治理效果，力争年内彻底消除市级挂账生产安全隐患。

会后，各有关单位将迅速落实会议决定的事项，并提请市政府批准，将以上隐患列入市级挂账督办体系进行整改治理。

（张玉红）

【部署重大隐患治理项目的落实工作】 7月15日，市安全监管局、市财政局联合召开本年度重大隐患治理项目工作部署会。朝阳、石景山、房山、门头沟、平谷、延庆等区县安全监管局、财政局分管领导及业务负责人参加了会议。会议通报了2010年市级挂账隐患治理工作任务分工落实情况，并对市级挂账隐患治理应当重点关注的程序、环节提出了明确、细致的要求。市财政局对项目资金落实、资金分担比例进行了说明，并对区县资金配套、评审材料准备以及财政资金使用管理提出了要求。市财政投资评审中心对财政投资预算评审程序进行了介绍，并就项目评审材料准备提出了要求。

（张玉红）

【召开市级挂账隐患治理工作总结部署会】 12月2日，市安全监管局组织召开2010年市级挂账隐患治理调度会暨2011年隐患治理项目申报部署会。各区县安全监管局主管领导及具体负责人参加了会议。会议首先听取了朝阳等6个区县关于重大隐患治理项目进展情况的汇报。截至12月，平谷区435处废弃水井隐患治理工程已完工，并通过区级验收；房山区16处废弃矿山采场隐患治理工程，除河北镇段因涉及北京铁路局办理施工手续问题暂未开工外，基本已完成主体工程；石景山区南马场水库隐患治理工作，自2010年6月30日水库开闸放水以来，危险等级已降低，9月18日大坝除险加固工程已开工，预计翌年5月全面竣工；门头沟区181处废弃矿硐隐患治理工程，已完成15处，为确保工程质量，考虑气候因素，计划翌年3月15日后再行施工；延庆县废弃矿山采场安全隐患，因财政评审因素，变更为结算评审，目前已完成工程招标，计划翌年3月底开工；朝阳区11处废弃沼气化粪池隐患属既定的跨年度治理项目，现已完成工程设计，近期提交财政评审。会议在肯定相关区县隐患治理工作努力与付出的同时，指出了隐患治理项目运作中存在的问题和不足。一是沟通协调不到位，项目实施启动慢；二是材料准备不充分、财政评审周期长；三是动态申报机制不完善，项目运转缺乏连续性。

会议重点从申报原则、申报条件、资金分担比例、申报时限等方面就2011年重大隐患治理项目申报工作进行了详细部署，并提出了工作要求。一是要高度重视，积极推进。要主动汇报，取得区县政府主管领导支持，要积极协调，落实区县预留配套资金。要指派专人负责，保持工作的连续性。二是要认真、细致做好前期工作。隐患治理项目经初步审核同意后，各区县应立即着手开展隐患现状评价、隐患治理方案或勘察设计方案的敲定以及项目初步概算编制等工作。三是要常态化管理，做好项目储备。要把隐患治理和执法检查、专项整治、行政许可、举报投诉和企业自查自报等工作结合起来，在区县层面做好项目储备。四是要严格工作标准、把握工作节奏，按期完成工作任务。项目确定后，各单位要加强过程监管，确保治理工程质量，不留后患。要严格履行工程招投标手续，落实工程监理。要严格财政资金管理使用。要合理把握工作节奏，确保按期完成治理工作任务。

（张玉红）

【加强市政府挂账生产安全事故隐患整改调度工作】 3月11日，市安全生产委员会办公室组织召开调度会议，专题研究石景山区南马场水库隐患治理工作。市水务局、石景山区水务局、石景山区安全监管局有关负责人出席会议。会议听取了石景山区水务局、区安全监管局关于南马场水库隐患治理工作进展情况的汇报。南马场水库大坝经鉴定为三类坝，存在安全隐患，考虑加固修复无法达到治理效果等因素，石景山区政府决定选址新建大坝。

截至3月份，大坝选址工作已完成，进入地质勘察阶段，但尚未完成项目初步设计。石景山区已将南马场水库隐患治理工作列为2010年区政府折子工程，要求年底前完成。鉴于该项隐患治理进度比较缓慢，为确保年底前完成隐患治理任务，会议提出以下工作要求：一是落实属地监管责任。石景山区政府要完善相关应急预案，落实监控保障措施，保持水库低水位运行，防止隐患治理期间发生事故。二是制定治理计划。按照年底前彻底消除隐患的要求，制定隐患治理工作计划，倒排工作时限，明确相关部门和单位的责任。三是尽快完成项目初步设计。设计方案经市水务局审核认可后，报市安委会办公室。项目建设涉及的征地、规划、立项、预算评审、招投标等工作力争同步推进。四是建立健全隐患协调工作机制。石景山区政府要成立专门领导小组，有效推进隐患治理工作。要每月上报隐患治理进展情况，充分估计相关环节可能遇到的困难和阻力，确保隐患治理工作进展顺利。五是强化督促指导。市水务局、市安全监管局要加大督促、指导和沟通力度，及时协调解决隐患治理过程中出现的疑难问题。

（张玉红）

【调度石景山区南马场水库隐患治理工作】 4月15日，市安全生产委员会办公室召开调度会议，专题研究石景山区南马场水库隐患治理工作。会议由市安委会办公室副主任、市安全监管局副局长陈清主持。石景山区政府、市水务局有关负责人出席会议。会议听取了石景山区政府关于南马场水库隐患治理工作进展情况的汇报。南马场水库为小二型水库，1979年建成，责任单位为石景山区水务局，水库大坝为浆砌石拱坝，建成后即频繁出现漏水现象，1992年、1999年两次加固均未能彻底解决。2008年，石景山区水务局委托市水利规划设计院对大坝进行鉴定，结论为挡水坝存在质量问题，大坝结构不安全，属三类病险水库大坝。石景山区政府考虑在彻底消除隐患的基础上，结合社会经济发展需求，决定扩大库容面积，在下游新建水库大坝。目前，大坝初步选址已确定，正在进行地质勘察，下一步完成科研编制和初步设计，预计翌年上半年完成整体工程。

会议同时就南马场水库隐患治理涉及的工程技术、工程项目建设手续、财政资金支持以及需要协调解决的其他重要问题进行了充分研讨，并提出以下工作要求：一、石景山区政府要吸取相关事故教训，以确保人民生命财产安全的高度，主动增强消隐除险意识。二、市、区两级政府部门要共同努力，加强联系沟通，加快隐患治理工作进度。市安全监管局要加强调度协调，牵头协调隐患治理过程的突出问题，协调落实市级财政支持资金。市水务局要按照水利工程基本建设程序，组织专家对设计方案进行评审，对工程建设过程开展质量监督。石景山区政府要积极做好隐患治理的相关组织协调和群众工作。三、要对南马场水库隐患治理工作进行细致解析，摸清涉及的各个环节和程序，明确职责分工；要倒排“工期”，明确各项工作的具体责任人和工作时限；要抓好关键环节。要尽快完成地质勘探的前期工作，为后期可研编制、初步设计、资金评审、规划、立项等工作提供便利。要加快办理相关工程建设手续，充分预判规划、立项、占地等环节可能存在的困难；要抓紧协调相关部门和单位，疏通渠道，争取资金；要加强监控。石景山区政府要完善相关应急预案，落实监控保障措施，加强坝体检查巡视，保证水库低水位运行，防止隐患治理期间发生事故。

（张玉红）

【做好往年市级挂账生产安全隐患整改销账工作】 经市政府同意，市安委会办公室于4月1日印发《关于2009年度市级挂账生产安全隐患整改销账的通知》（京安办发［2010］16号），平谷区9座黄金尾矿库等15项市级挂账生产安全隐患已完成整改任务并通过验收，予以销账；门头沟区龙口灰场、石景山区南马场水库2项市级挂账隐患需跨年度治理，请有关区县和部门落实治理方案，抓紧整改销账。

（张玉红）

【组织专家研究论证隐患治理工作】 6月12日，市安全监管局聘请中国市政工程华北设计研究院（城镇燃气设计规范国家标准管理组）、公安部天津消防研究所（建筑设计防火规范国家标准管理组），并组织市市政市容委、市交通委、市规划委、市公安局消防局、市燃气集团、市公交集团以及朝阳区有关部门就南湖渠输配站燃气储罐与站外临时公交场站防火间距安全性问题进行了专题研究论证。

会议研究认为，储配站内可燃气体储罐与站外建筑的防火间距应执行《建筑设计防火规范》（GB50016—2006）表第4.3.1条的规定。由于南湖渠输配站天然气储罐的总容积为40万m^3，大于《建筑设计防火规范》（GB50016—2006）表第4.3.1条规定的最大总容积10万m^3，其与站外建筑、构筑物的防火间距没有明确规定。

会议同时认为，《建筑设计防火规范》国家标准管理组（公安部天津消防研究所）正进行规范的局部修订，并已送国家有关部门审查。《建筑设计防火规范》（局部修订送审稿）经大范围广泛征求意见和深入论证，相关技术参数设定代表全国最高水准，虽未正式批准施行，但对南湖渠输配站燃气储罐与站外临时公交场站防火间距安全性论证具有极强的指导意义。

会议根据标准适用问题形成的共识，形成了以下议定事项：一是根据《建筑设计防火规范》（局部修订送审稿）表第4.3.1条规定，可燃气体储罐总容积10万m^3~30万m^3，距离明火或散发火花的地点，防火间距应为40米。而南湖渠输配站储罐外壁与站外临时公交场站距离37米，可初步认定其防火间距安全性存在较大隐患。二是下一步由市安全监管局将相关专家论证情况上报市政府，建议列为市级挂账安全隐患，督促有关部门协调解决。三是关于临时公交场站堵塞南湖渠输配站消防通道的问题，由朝阳区安委会办公室负责督促落实，尽快消除隐患。

（张玉红）

【组织专家评审石景山南马场水库隐患治理工程设计方案】 8月11日，市安全监管局、市水务局组织有关水利工程建设专家对《石景山区南马场水库除险工程实施方案设计报告》进行了评审。与会专家和代表实地查勘了南马场水库大坝现场，听取了北京市水利规划设计研究院工程设计汇报，并进行了质询和讨论。会议形成了以下意见：

一、南马场水库存在防洪能力不足、大坝坝体渗漏严重等问题，经安全评价为三类坝，进行除险加固是必要的。

二、同意设计方案按照小（2）型水库加固，防洪标准20年一遇洪水设计，100年一遇洪水校核，工程等级为Ⅴ等，主要建筑物等级为5级，抗震烈度按照Ⅷ度设计。

三、基本同意大坝加固设计方案及建设内容。坝顶中部增设溢流段，上游坝面增设钢筋砼防渗体并进行坝基帷幕灌浆，下游坝面贴防冲刷砼，坝体下游河道增设防冲设施及其他附属设施。

四、建议对泄水管进行改造，确保泄水安全；根据地质情况，对下游防冲设施进一步优化；优化坝顶挑流坎设计；制定超标准洪水应急预案。

市防汛办、石景山区水务局、石景山区安全监管局相关负责人参加了专家评审。

（张玉红）

【现场审核房山区重大生产安全隐患】 4月13日，市安全监管局联合市交通委（市路政局）、北京铁路局成立联合检查组，对房山区上报的重大安全隐患进行现场审核。隐患主要内容是矿山关闭后遗留的山体、采场、危石影响公路、铁路交通安全。联合检查组实地查看了磁陈铁路河北镇东庄子村及李各庄村段、108国道佛子庄乡班陈路段、区级公路南窖乡南窖村路段隐患情况。其中：磁陈铁路东庄子村段铁路上方山体需及时处理，避免坍塌，附近石灰厂废料靠近铁路路基，填埋排水沟，需及时清理。磁陈铁路李各庄村段隧道口上方山体可能下滑坍塌，附近新建道路高于铁路线无相应防护措施，铁路安全避让线已被填埋，需及时治理。

108国道佛子庄乡班陈路段山体风化破碎，路口下方即为公交车站，遇大风、暴雨气候，易发生伤亡事故。区级公路南窖乡南窖村路段存在废弃窑厂，因年久失修，存在垮塌风险，应及时拆除。

经现场勘察初步判断，联合检查组认为多数点段符合重大安全隐患条件，可纳入市级挂账督办体系，但108国道佛子庄乡班陈路段应补充核实隐患形成原因、危害程度、前期治理情况等，避免隐患治理项目重复申报。联合检查组要求房山区在事故隐患治理过程中，应当采取相应的安全防范措施，防止事故发生。现场审核后，市安全监管局会同市交通委（市路政局）、北京铁路局及市国土资源局等有关部门和专家，按照《北京市市级挂账生产安全隐患治理实施办法》有关要求，对隐患内容、整改责任主体进行详细确认，督促房山区政府加快制定治理方案，落实各项治理措施。

（张玉红）

【建立隐患排查治理信息化系统】 为规范全市安全生产隐患排查工作，完善隐患报送渠道，提高工作效率，市安全监管局组织开发了隐患排查治理信息化系统，2010年3月份该系统初步建成，5月1日进入试运行阶段，自6月1日起系统进入正式运行阶段。市安全监管局组织召开系统推广试运行动员会，对试运行工作进行部署。按照统筹安排、分级培训的原则，协调处会同信息中心组织开展全面培训，累计培训814人次。截至目前，共有955家生产经营单位实现了生产安全隐患网上自查自报，主要分布在全市230个街乡，涵盖煤矿、非煤矿山、危险化学品、烟花爆竹、建筑、冶金、轻工等行业企业。

（张玉红）

【深入开展安全生产隐患排查治理工作】 市安全监管局加大工作力度，安全生产隐患排查治理工作取得新成效。

一是不断推进隐患排查治理规范化。经市政府同意，市安委会办公室于2010年4月印发了《北京市市级挂账生产安全隐患治理实施办法（试行）》，以文件形式进一步落实了行业监管、属地监管和有关部门、单位的隐患治理责任，理清了隐患排查、上报、审核、治理、验收工作流程，明确了市级财政隐患治理资金支持的条件，强化了资金使用、工程建设风险约束机制，保证重大隐患治理效果。

二是采取信息化手段，推动生产经营单位隐患排查治理主体责任的落实。初步建成生产安全隐患排查治理信息化系统，2010 年 3 月份正式上线试运行。组织召开了系统推广试运行动员会，对试运行工作进行部署。按照统筹安排、分级培训的原则，组织开展了全面培训，累计培训 814 人次。信息化系统的运行，对于督促规模企业自主排查上报事故隐患，落实治理措施，具有十分重要的作用。

三是以“安全生产年”活动为契机，大力推动隐患排查工作。全市共排查生产经营单位 24.5 万家次，发现各类隐患 28.8 万处，已整改消除 27.2 万项，整改率 94.4%，生产经营单位累计落实整改治理资金近 2.1 亿元。发现重大隐患 72 项，已整改完成 61 项，其余已全部纳入各级单位和部门治理计划，落实治理目标任务和治理措施。

四是抓好重大隐患治理项目。按照“动态分类排查、动态评审挂账、动态整改销账”市级挂账隐患整改治理工作机制，2010 年上半年，市安全监管局组织公路、铁路、水务、市政市容等部门对有关单位上报的重大隐患进行了现场勘验和综合评审，确定将朝阳区废弃沼气池、平谷区废弃水井等 5 项（600 余处）重大隐患列为 2010 年第一批市级挂账生产安全隐患，纳入市政府挂账督办体系，并对符合相关条件的给予一定比例资金支持。2010 年，实际安排市级财政隐患治理资金 6500 万元。

（张玉红）

【完成工程建设领域突出问题安全隐患排查、整改工作】 2010 年，按照市专项治理领导小组关于工程建设领域突出问题专项治理的工作要求，市安全监管局组织专项治理工作组成员单位、市政府相关部门及区县安全监管局，对全市统计上报的 6555 个建设项目进行了排查、梳理和整改工作，同时按时完成了北京市工程建设领域专项治理信息系统的信息填报工作。

（戴贺霞）

安全生产应急救援

【生产安全事故和突发事件应急响应管理办法】 2010 年，市安全监管局修订下发了《生产安全事故和突发事件应急响应管理办法》，结合实际改进和明确了事故信息报送程序和值守安排，根据市级预案中规定市安全监管局的工作职责，梳理了主责、配合和其他三个级别的响应程序，进一步明确了安全监管系统应急响应范围、响应条件和各级应急人员的职责。

（王　平）

【生产安全事故应急预案演练管理办法】 2010 年，市安全监管局制定下发了《生产经营单位生产安全事故应急预案演练管理办法》（京安监发［2010］102 号）。对重点行业、领域内生产经营单位演练工作组织、制度建设、保障措施和重点内容等提出了管理要求，并对演练计划、准备、实施、总结、改进各个环节进行了系统规定，该办法中重点强调了生产作业现场处置方案的演练要求，以促进基层单位应急演练管理工作水平和突发事件自救能力的提升。

（王　平）

【安全生产应急救援队伍建设管理规定】 2010 年，市安全监管局为贯彻落实国务院、国家安全监管总局关于加强基层应急队伍建设有关文件精神，制定下发了《北京市矿山、危险化学品企业安全生产应急救援队伍建设管理规定》。该规定明确提出了企业专、兼职应急队伍的建设条件、对应急队伍的管理、应急队伍的职责、制度建设、专业培训、演练、救援等具体要求，以系统指导基层矿山、危险化学品生产经营单位应急救援队伍建设管理工作。

（王　平）

【矿山救护队资质认定管理办法】 2010 年，市安全监管局制定下发了《北京市矿山救护队资质认定管理办法》。该办法根据国家安全监管总局相关规定，梳理细化了本市专业矿山救护队的建设条件和资质申请、审核等程序，规范了本市矿山应急救援队管理工作。

（王　平）

【防范自然灾害引发生产安全事故应急预案】 2010 年，市安全监管局制定下发了《防范自然灾害引发生产安全事故应急预案》。预案中梳理了自然灾害可能引发的生产安全事故风险，明确了安全监管系统自然灾害预警信息的接收、报送、响应和处置等程序，规范了市、区县安监系统应对自然灾害的工作机制，完善了安全生产应急预案体系。在今年本市低温冰雪天气、防汛应对工作中取得了实效。

（王　平）

【突发事件应急演练规范编制工作会议】 2010 年，市安全监管局组织召开《生产经营单位生产安全突发事件应急演练规范》编制工作会议，邀请市应急办副主任单青生到会指导，在会上充分听取相关委办局的修改意见，并结合行业领域安全生产特点，从加强演练程序性、突出监管力度和文字表述等方面对规范作出了修改，从而推进规范的制定和下发工作。

（王　平）

【启动应急预案的修订编制工作】 2010 年，市安全监管局根据市应急委要求，结合北京市突发事件总体应急预案的修订发布，组织开展了矿山、危险化学品、烟花爆竹和尾矿库 4 项市级专项和部门应急预案的修订工作。落实了技术支持、资金保障等工作，预案修订工作按照计划正在修订中。

（王　平）

【研究风险管理、预案编制修订工作会议】 8 月 4 日，市安全监管局副巡视员唐明明主持召开会议，就落实市政府工作要求，做好 2010 至 2011 年度风险管理、预案编制修定工作进行了研究部署。

（王　平）

【应急预案备案信息系统建设工作会】 8 月 6 日，市安全监管局召开会议，就安全生产应急预案备案信息系统建设工作，与部分区（县）安全监管局进行了研究探讨。各区县局结合工作实际，对备案系统提出了改进建议，对系统操作简捷、实用给予了肯定，并表示将继续扎实推进预案备案工作，提前做好备案情况报送准备工作。

（王　平）

【部分市属企业应急预案备案工作会】 8 月 10 日，市安全监管局会同市国资委召开会议，对部分市属企业应急预案备案工作进行了指导和部署。会上市安全监管局介绍了预案备案的工作程序和要求，并针对去年备案工作中存在的问题，要求企业重点做好预案响应分级、危险性分析和应急队伍、物资等内容的编制工作，增强预案的实用性、衔接性，并向各企业提供了详细的备案指导文件和相关法规材料。市国资委综合处要求各企业根据要求完成备案工作。

（王　平）

【安全生产应急预案备案信息系统培训会】 10月21日，市安全监管局召开会议，组织区县安全监管局就安全生产应急预案备案信息系统使用进行了培训，并提出了预案信息报送工作要求，推动了今年生产安全事故应急预案备案整体工作顺利完成。

（王　平）

【指导门头沟区应急预案备案工作】 10月28日，市安全监管局同门头沟安全监管局召开会议，对门头沟辖区内36家矿山、危险化学品发证单位应急预案备案工作进行了培训，并提出了工作要求。

（王　平）

【应急移动指挥通讯系统应急演练】 2月9日，市安全监管局为确保春节、全国“两会”等重要时期安全生产应急保障工作需要，开展了应急移动指挥通讯系统演练活动。演练在昌平区进行。通过移动指挥车将烟花爆竹销售点管理情况传输回应急指挥大厅，市安全监管局副巡视员唐明明通过移动指挥通信系统逐项检验了卫星通信、视频会议、CDMA和海事卫星电话等系统功能，同时也对现场和指挥大厅“前后”方的应急协调联动机制进行了检验。

（王　平）

【防灾减灾日活动】 结合“5·12”防灾减灾日活动，市安全监管局组织区县安全监管部门和市级安全生产应急救援队积极开展了以矿山、危险化学品突发事件为主的应急演练。据统计，各区县安全监管局共组织开展应急演练188次，昊华、燕化、东方三支应急队伍组织开展应急演练26次。

（王　平）

【尾矿库突发溃坝事件综合应急演练】 6月10日，市安全监管局会同密云县安全监管局组织开展了本市尾矿库突发溃坝事件综合应急演练。本次演练对企业应急预案和乡镇政府预案以及企业和政府“一对一”的应急预案落实情况进行了同步检验，收到了预期效果。

（王　平）

【油品储罐火灾事故实战应急演练】 6月18日，中石化北京燕山分公司开展了油品储罐火灾事故实战应急演练。市安全监管局副巡视员唐明明观摩演练后指出：本次演练达到了预期效果，对提升企业整体应急救援能力有着积极作用。并强调燕化公司作为高危险行业，应急管理工作时刻都不能放松，要不断加强应急救援队伍建设和应急物资储备工作，为“平安北京”作出贡献。

（王　平）

【部署重大危险源企业、政府部门“一对一”应急预案编制工作】 6月10日，市安全监管局就推进本市重大危险源企业、政府部门“一对一”应急预案编制部署了相关工作。会上市安全监管局介绍了密云县首云矿业公司尾矿库“一对一”预案编制试点经验，宣读了工作方案，要求本市涉及尾矿库的6家企业及所属乡镇政府开展尾矿库重大危险源预案编制工作，并在年内完成预案编制、专家评审和备案等工作。

（王　平）

【推进应急队伍建设与管理】 2010年，市安全监管局开展本市矿山、危险化学品专业应急救援队建设和管理工作，编制起草了市级安全生产应急救援队伍建设办法和管理办法2项规范性文件。队伍建设办法明确了市级队伍在人员、装备和场所等方面的建设标准，提出了队伍资质审核、管理的要求；队伍管理办法结合实际提出了队伍制度建设、值守备勤、装备管理和培训演练等方面的管理要求。2项文件已报市应急办，计划翌年正式实施。

（王　平）

【副市长检查慰问安全生产应急救援队】 2月13日，副市长苟仲文带队检查了北京东方石化安全生产应急救援队春节期间值班备勤和有关企业安全生产情况，慰问了坚守一线的员工。市安全监管局局长张家明、副巡视员唐明明等陪同了检查慰问活动。

（王　平）

【赴昊华能源股份有限公司矿山救护队调研】 3月10日，市安全监管局副巡视员唐明明就市级安全生产应急救援队建设和管理工作到京煤集团昊华能源股份有限公司矿山救护队进行了调研。调研围绕矿山救护队伍资质认定、进行预防性检查和救援服务费用标准、救援投入费用计算、救援队伍装备配备与更新、队员商业保险、队伍日常培训和演练、现场指挥管理、伤亡队员补偿和现场指挥风险、承担企业自救和参加社会救援比例等方面内容进行了深入探讨。

（王　平）

【市应急办调研应急救援队伍建设】 3月16日，市应急办副主任樊宇应邀带队到市安全监管局调研，副巡视员唐明明组织相关人员参加了调研。围绕市级应急救援队伍建设和《国务院办公厅关于加强基层应急队伍建设的意见》（国办发〔2009〕59号）的贯彻落实等工作，深入探讨了本市应急救援队伍建设、应急救援联动机制等的现状和发展方向，重点就13支市级安全生产应急救援队伍管理体制交换了意见，并就生产安全事故实际救援工作中存在的救援队员人身保险抚恤、救援经费补偿及救援交通、设备保障等问题进行了研讨。

（王　平）

【矿山救护队在矿山救援技术竞赛取得好成绩】 9月7日至10日，国家安全监管总局、中华全国总工会、共青团中央和安徽省人民政府共同举办了第八届全国矿山救援技术竞赛。市安全监管局组织北京昊华能源公司矿山救护队参加了本次竞赛，在理论考试、灾区模拟侦查、医疗急救3个集体项目和综合体能、呼吸器操作2个个人项目中，取得了团体总成绩第18名（共32支队伍）的较好成绩，罗小强荣获个人综合体能第24名（共64人），何国金荣获GB4呼吸器第10名（32人），受到了通报表彰。

（王　平）

【副市长慰问矿山救护队】 9月30日，副市长苟仲文带队检查慰问了京煤集团昊华矿山救护队，市安全监管局副局长陈清、副巡视员唐明明陪同慰问并检查了队伍紧急集合情况、应急物资库、应急车辆及值班室、培训室、宿舍等，询问了队伍的管理、食宿情况，对队伍各项应急准备工作给予了肯定，并向坚守一线的全体值班备勤队员表示慰问。

（王　平）

【矿山救护队质量达标顺利通过检查】 2010年，国家安全监管总局矿山救援指挥中心矿山救护队质量达标互检工作小组到本市检查矿山救护队质量达标情况。京煤集团昊华公司矿山救护队作为本市唯一支国家二级资质矿山救护队接受了检查，并通过达标。

（王　平）

【开展生产安全事故风险管理体系建设工作】 2010年，生产安全事故风险管理体系建设工作由市安全监管局牵头，市政府16个委办局配合。在梳理监管职责多次征求市交通委、市住建委等相关部门意见的基础上，制定了工作方案，明确了建筑、交通和人员密集场所等行业主管部门职责以及环保、质监等部门的配合职责，风险管理工作以通过风险识别、评估、控制和监控等工作环节，对重点行业领域生产安全事故风险开展评估、控制和监控，在翌年年底前建立有效的风险管理机制，推动风险管理体系建设工作。

针对矿山、危险化学品、人员密集场所、特种设备和建筑施工场所等高危行业和重点领域生产经营单位，市安全监管局重点提出了对事故风险源实施监控、检测、评估等管理要求，以进一步推动生产经营单位主体责任的落实。同时，办法提出了市安全监管局统筹组织、相关委办局依职责实施管理的工作机制。

（王　平）

【提升处置突发事件的应急救援指挥决策能力】　2010年，市安全监管局在分析总结现有应急指挥平台应用功能的基础上，结合应急工作发展实际需要，提出了升级改造具体内容，明确了值守应急、重大危险源监管、应急视频监控、应急管理、应急救援辅助决策、应急演练六大模块的系统架构，提出了向区县安全监管系统延伸、完善视频监控、充实应急救援数据信息和增加辅助决策功能等建设内容，以全面提高突发生产安全事件的应急救援指挥决策能力。

（王　平）

【推进重大危险源信息系统建设】　2010年，以物联网技术运用为重点开展重大危险源信息系统建设。依托矿山、危险化学品和工业企业等行业物联网技术运用成果，市安全监管局明确了生产安全突发事件视频监控需求，统一纳入到重大危险源信息系统，以有效提高突发事件预警和响应处置能力。同时，在信息系统建设中，细化重大危险源备案、普查、核销等管理环节，推进建立市局统筹组织、区县局审查、企业填报的管理机制。

（王　平）

【应急预案备案信息系统升级改造】　2010年，市安全监管局完成了应急预案备案信息系统升级改造。使系统具备了企业网上填报、区县局审查上报和市局汇总分析的功能，形成了矿山、危险化学品等企业行政许可相关信息以及区县安全监管局应急预案的数据库，提升了应急预案管理水平。

（王　平）

【应急移动指挥系统改造项目通过验收并投入使用】　市安全监管局完成了应急移动指挥系统改造项目，并进行了验收。以应急移动指挥车为主开展了系统改造工作，通过一年地试运行，各项功能达到预期目标，经专家审验后，9月份正式投入运行。

（王　平）

【安全生产应急管理工作会】　4月27日至28日，市安全监管局组织召开了2010年全市安全生产应急管理工作会。会上市安全监管局副巡视员唐明明总结了2009年全市安全生产应急管理工作，部署了2010年工作任务，通报2009年事故接报情况，与会人员研究讨论了《北京市安全生产应急响应管理办法》、《北京市矿山救护队资质认定管理办法》、《北京市矿山危险化学品企业安全生产应急救援组织建设管理规定》、《北京市生产经营单位生产安全事故应急演练规范》等全市拟出台的一批有关应急管理规范性文件。

（王 平）

【参加“6·29”事故应急处置】 2010年，房山区“6·29”事故现场应急救援工作中，市安全监管局组织开展现场救援工作，及时调动燕化、东方应急救援队赴现场实施专业处置，为及时控制消除火灾发挥了重要作用；通知周边区县安全监管局做好应急物资的调动准备，随时支援现场救援工作；派应急移动指挥车赴现场，及时采集、传输现场图像信息；及时、连续将现场工作信息报送市应急办。

（王 平）

【召开视频会议部署应急管理工作】 8月12日，市安全监管局组织各区县安全监管局召开视频会议，对近期下发实施的《北京市应对生产安全突发事件联动响应管理办法（试行）》、《北京市矿山、危险化学品企业安全生产应急救援队伍建设管理规定（试行）》和《北京市生产经营单位生产安全事故应急预案演练管理办法（试行）》进行了讲解说明，市安全监管局副巡视员唐明明在会上就贯彻落实工作进行了部署。

（王 平）

安全生产执法监察

【地下空间经营场所安全生产执法检查】 1月13日上午，副市长苟仲文带队对全市地下空间安全大检查落实情况进行“回头看”。检查组首先检查了海淀区统杰法宝（北京）超市有限公司紫竹桥店，对该单位经营场所安全出口、疏散通道、安全指示标识、消防器材等方面进行了检查，未发现明显问题隐患。随后检查组对中关村广场购物中心及其物业北京城科第一太平物业管理服务有限公司进行了检查。中关村广场购物中心是集餐饮、综合百货、超市等业态于一体的地下综合性购物中心，检查组详细了解了该单位在落实全市地下空间大检查行动中采取的有关工作措施，认真查看了消防中控室、高压配电室等重点部位的设备运行及人员值守情况，并对突发事件的应急处置流程及装备等方面进行了检查询问。通过检查发现，该单位对安全生产工作重视，安全设备设施配备较为齐全，总体安全管理情况良好，检查组对个别通道内摆放花车等问题责令该单位改正。苟仲文强调，地下空间经营单位要高度重视日常安全生产工作，要在完善硬件条件的基础上，大力抓好人员教育培训工作，加强对人员的动态管理，进一步细化各项工作措施，重点做好落实工作。市安全监管局局长张家明、副巡视员刘岩、市商务委、市住房城乡建设委、市公安局消防局和有关媒体一同参加了检查。

（王燃然）

【对本市工业企业进行节前安全生产执法检查】 2月4日，副市长苟仲文带队对本市工业和危化生产企业的安全生产情况，重点对企业春节期间安全生产保障情况、设施设备的安全状况等进行检查。检查组对北京北开电气股份有限公司的安全生产制度、设备设施状况和消防安全三方面进行了检查。发现组装车间气瓶储存区无防倾倒措施、车间疏散通道标识不清，存在安全隐患，当场提出了整改意见。对法美高新气体有限公司的安全会议记录、员工安全培训考核记录和安全隐患整改报告进行了检查，了解了该公司应急处置队伍的建设情况。对普莱克斯半导体气体有限公司的消防器材使用管理、厂区消防通道、生产环境、污染物排放和危险品防泄漏措施等情况进行了检查。检查中，苟仲文详细询问了各企业落实安全生产责任制和应急值守等方面的情况。他指出，企业一定要按市政府的部署，认真做好安全生产工作，在节前彻底排查各类安全隐患，确保不出事故，这既是对企业自身负责，也是对社会负责。随后，检查组还抽查了大兴区一家烟花爆竹零售点。市安全监管局局长张家明、副局长丁镇宽及市经信委、国资委、环保局、质监局、公安局消防局有关领导陪同进行检查。

（王燃然）

【元旦期间安全检查】 1月3日，市安全监管局副局长丁镇宽带队对宣武区人员密集场所、地下空间安全生产工作进行了检查。检查组检查了北京菜市口百货股份有限公司和华普超市，实地检查了消防中控室、消防通道、安全出口、库房等重点部位，并对节日领导值班情况、规章制度的落实情况、应急预案的演练、人员教育情况进行了检查。从检查的情况看，两家单位对安全生产工作都比较重视，对节日期间的安全工作进行了部署，落实了节日期间领导带班制度，对重点区域、重点岗位进行了自查。但是检查中也发现两家商场之间安全生产协议内容不全面、安全管理人员不到位、职责不清、货物堆放过高等问题。针对上述问题，检查组责令两家单位立即进行整改，并责成宣武区安全监管局督促其落实。

（魏志钢）

【对重点餐饮经营业联合执法检查】 2月5日，由市商务委牵头，组织市安全监管局、市公安局消防局对位于丰台区的郭林家常菜、湘鄂情餐饮有限公司进行了联合检查。联合检查组重点抽查了各单位与物业管理公司之间的安全协议签订情况，员工的安全教育培训、消防设施设备的维护以及应急处置、节日期间值班值守制度的执行情况等。检查发现，各单位安全硬件设施的维护保养情况基本较好，但员工的安全教育培训普遍存在欠缺，对防火、应急处置等基本常识掌握还不熟练；另外，在检查中还发现，湘鄂情餐饮有限公司无单独的中英双语应急广播系统。对此，联合检查组责令有关单位立即对存在的问题进行整改。丰台区商务委、安全监管局、消防支队共同参加了联合检查；北京电视台、北京城市管理广播等媒体记者跟随检查组进行了报道。

（王燃然）

【检查丰台区节日期间安全生产工作】 2月18日（农历正月初五）上午，市安全监管局副巡视员刘岩带队到丰台区检查节日期间安全生产工作。检查组对莲花池公园东广场的庙会历史展架、北侧的第二届水仙雕刻展、中部的民间手艺展卖专区以及北京东方慧仁商店烟花爆竹零售网点和附近的大中电器六里桥店进行了检查。上述两家单位各项制度健全、落实到位，消防设施、器材完好，自查记录完善。检查中也发现该爆竹零售网点存储区存放大量拆解的空纸箱，大中电器安全出口大门开启方向提示错误、保温布帘影响大门外开等隐患，要求企业立即整改。市局执法监察队、宣教中心、丰台区安全监管局、北京电视台、《北京日报》、《北京晚报》、北京城市广播等媒体参加了检查。

（王燃然）

【对全国“两会”代表驻地及行车沿线周边生产经营单位联合执法检查】 3月9日，为落实市政府关于做好全国“两会”服务保障工作的要求，市安委会办公室组织市有关行业部门，分成两个检查组，对东城区、宣武区全国“两会”代表驻地及行车沿线周边生产经营单位进行联合执法检查。共检查生产经营单位6家，其中，商业零售2家、宾馆饭店1家、文化娱乐1家、体育运动1家、物业单位1家，各单位总体情况良好，但也发现安全管理制度不完善、高压配电室单人值班、特种作业证件过期、地下室宿舍设置上下床、应急照明不能正常工作等问题和隐患16项，下达执法文书6份。市住建委、市商务委、市旅游局、市体育局、市公安局消防局、市文化执法总队参加了本次的联合执法检查。

（王燃然）

【对全国“两会”代表驻地周边生产经营单位联合执法检查】 3月10日，市安委会办公室组织市有关行业部门，对西城和海淀两区全国“两会”代表驻地周边生产经营单位进行联合执法检查。共检查生产经营单位7家，其中，体育运动2家、宾馆饭店1家、文化娱乐1家、餐饮1家、物业单位2家，发现高压配电室单人值班、部分喷淋缺少集热罩、应急预案内容不完善等问题和隐患11项，下达执法文书6份。市住建委、市商务委、市旅游局、市体育局、市公安局消防局、市文化执法总队参加了本次的联合执法检查。

（王燃然）

【对大中电器公司联合检查】 4月3日，市安全监管局执法队会同市商务委执法队对北京大中电器有限公司进行了联合检查。在听取大中电器有限公司就清明节期间的促销活动安全保障工作的汇报后，联合检查组实地抽查了中塔门店和六里桥店的落实情况。其中，中塔门店存在疏散指示标志遮挡，中控室值班人员职责不清，填写虚假记录，配电室绝缘工具未按期检测，部分人员培训不到位等问题。针对检查发现的问题，市局执法队下达了整改指令书，责令限期整改。同时，要求大中电器公司总部针对问题，立即下发紧急通知，部署各门店全面开展自查，确保节日期间的安全生产。

（王燃然）

【“五一”期间进行安全执法检查】 5月1日，市安全监管局局长张家明带队对通州区长润发涂料有限公司、北京君子兰涂料有限公司等2家危险化学品生产单位进行了安全检查。总体看，两家单位安全生产制度基本健全，节日期间均有领导带班值守，现场管理整体较好。但在检查北京君子兰涂料有限公司时，发现该单位存在教育培训和检查等制度落实不到位，个别特种作业人员证件过期，库房安全警示标志不足等问题，市安全监管局责成其限期进行整改。通州区代区长岳鹏、副区长张华、通州区安全监管局、市安全监管局办公室、危化处、执法队、宣教中心和北京电视台、《北京日报》、北京广播电台等新闻媒体一同参加了检查。

（王燃然）

【对综合楼宇生产经营单位开展联合检查】 5月25日，根据群众举报反映丰台区一楼宇内多家生产经营单位存在突出安全隐患，市安全监管局联合市住建委、市商务委、市体育局、市公安局消防局、市文化执法总队对举报场所内的超市、台球厅、地下网吧、商场及消防中控室等部位进行了突击检查。经查，该隐患问题严重，存在多处安全通道被堵占、疏散指示标识损坏和数量严重不足、部分消防栓被遮挡、消防栓柜门损坏、违规在地下泵房潮湿环境设立消防喷淋配电柜、消防中控室设立床铺、部分人员未持证上岗及作业证过期、地下网吧员工休息室违规设立上下床、安全通道宽度不足等突出问题14项。市安全监管局依法对该楼宇的产权（物业）单位北京鑫华鑫星商场做出了暂时停业整顿的强制措施。责令产权单位北京鑫华鑫星商场、使用单位北京速航台球俱乐部有限公司、北京宏宇网苑上网服务有限公司、北京美廉美连锁商业有限公司马家堡店等4家单位立即全部停业整顿。北京电视台、《北京日报》、北京城市广播等六家媒体参加了检查。

（王燃然）

【对商业零售企业开展联合检查】 6月10日，根据安全生产月“直击现场”执法检查安排，市安全监管局副巡视员刘岩带队，联合市商务委，对朝阳区东方盛泽双龙顺超市有限公司楼梓庄店、宣武区天超仓储超市有限公司宣武分公司等2家超市进行了突击检查。检查发现，朝阳区东方盛泽双龙顺超市有限公司楼梓庄店存在将滚梯作为安全出口、部分安全通道宽度不够、部分安全指示标识设置错误、一层消防栓被圈占、配电箱及周边被圈占、货物码放超高且与灯管安全距离不足、防火卷帘下堆放货物等问题，现场隐患严重。宣武区天超仓储超市有限公司宣武分公司存在安全出口封闭上锁并被改作库房使用、卖场内部分安全疏散通道被杂物挤占、疏散楼梯内堆放商品及杂物、主通道宽度不符合规定、部分安全指示标识被遮挡、餐饮部位的安全疏散通道设置多处桌椅占用通道、餐饮后厨油烟罩未及时清洗等严重问题。针对检查发现的问题，市安全监管局执法队依法对以上两家单位下达了强制措施决定书，责令两家单位暂时停业整顿，并立即清场进行整改。局宣教中心及北京电视台、《北京日报》参加了检查活动。

（王燃然）

【对建筑施工单位安全生产“直击现场”执法检查活动】 6月11日，根据安全生产月“直击现场”执法检查安排，市安全监管局联合市住房城乡建设委对大兴区、丰台区的2家建筑施工单位进行了突击检查。中铁天丰建筑工程有限公司1号厂房等6项工程项目存在作业面及临边缺少防护、现场缺少安全通道，大模板及钢管等物料堆放混乱、不稳固，临时用电不规范、群塔作业安全措施不到位，现场作业人员不按规定佩戴安全带、安全帽，现场安全管理混乱等严重隐患，市安全监管局依法下达强制措施决定书，责令该单位暂时停工整顿。北京建工集团有限责任公司北京地铁9号线二标项目规章制度比较健全，作业面防护、物料堆放比较规范，个人防护佩戴较为齐全，大型机械、临时用电管理比较规范，现场检查时未发现明显隐患。市安全监管局执法队、宣教中心，丰台区、大兴区安全监管局以及新华社、北京电视台、北京人民广播电台、《北京日报》等新闻媒体参加了检查活动。

（王燃然）

【对地下空间及液化石油气经营单位开展联合检查】 根据安全生产月“直击安全现场”执法检查工作安排，6月12日，市安全监管局联合市民防局、市市政市容委，对怀柔区地下空间经营场所、昌平区液化石油气经营单位进行了安全生产大检查。怀柔区唐韵山庄酒店与昌平区北京仁和鼎盛燃气昌平液化气储罐站两家单位在安全生产主体责任制落实方面基本到位，但也存在个别疏散通道安全指示标识不全，应急照明设备数量不足，储罐站操作区域的个别设备安全警示标识不清，部分上岗人员安全生产培训不到位等问题。执法人员责令以上两家企业对现场查出的问题立即整改。市安全监管局宣教中心、北京电视台、北京城市管理广播、怀柔区和昌平区安全生产监管局参加了检查活动。

（王燃然）

【对家具制造企业开展安全生产执法检查】 根据安全生产月“直击安全现场”执法检查安排，6月14日，市区安全监管局组成联合检查组，对家具制造企业进行执法检查。石景山区的北京东方金利家具有限公司因存在作业现场安全管理无序、安全生产制度建立不完善、现场安全防护不到位、部分工人未佩戴劳动防护用品等突出问题，区安全监管局依法对该公司下达限期整改通知书。海淀区金隅集团下属的天坛股份有限责任公司现场悬挂安全操作规程，物料码放较为规范，个人防护佩戴齐全，未发现明显隐患。市安全监管局宣教中心及北京电视台、北京城市服务管理广播、《北京晚报》等媒体参加了检查。

（王燃然）

【开展“直击现场”执法检查】 根据安全生产月“直击现场”执法检查安排，6月15日，市区安全监管局对崇文区北京华爱体育文化发展有限公司和东城区北京南国餐饮管理有限公司金宝街店的安全生产状况进行了抽查。两家单位安全管理比较到位，建立了安全生产各项制度，加强了安全培训教育。但也存在个别救生员证件过期、危险化学品存放没有设置专门库房、部分应急灯无反应、个别消火栓被遮挡等问题。执法人员依法下达了责令限期改正指令书。市安全监管局宣教中心及北京电视台、《新京报》、北京城市服务管理广播等媒体参加了检查活动。

（王燃然）

【开展端午节期间安全生产“直击现场”活动】 根据安全生产月“直击现场”执法检查安排，6月16日，市安全监管局联合市文化执法总队，对西城区文化娱乐场所生产经营单位安全状况进行抽查，并对前期暂时停业的双龙超市紫南店安全生产条件的保持情况进行回访。西城区北京一片天互联网上网服务有限公司因存在部分应急照明损坏、安全疏散通道被挤占、疏散指示标识设置不连贯、现场有网民吸烟等问题隐患，被市安全监管局和市文化执法总队执法人员分别下达了责令改正指令书。朝阳区双龙超市紫南店（北京东方盛泽双龙顺超市有限公司楼梓庄店）安全状况保持良好，动态隐患问题没有重复出现。

（王燃然）

【安全生产月“直击安全现场”执法检查】 为做好全国第9个安全生产月执法检查工作，落实属地监管、行业监管和企业主体责任，市安委会高度重视，组织开展了15期“直击安全现场”执法检查活动。在此期间，对全市14个区县开展了安全生产执法检查。检查领域涉及危险化学品、非煤矿山、工业企业、建筑施工、地下空间、液化石油气、商业零售、体育运动、餐饮、文化娱乐9个行业共计19家单位。发现隐患45项，下达责令改正指令书7份，4家单位被责令停业整顿。

（王燃然）

【对东城西城两区开展交叉执法检查】 为做好本市行政区划调整期间的安全生产工作，进一步落实属地安全监管责任，确保行政区划调整工作的顺利进行，市安全监管局制定了《2010年行政区划调整期间安全生产执法检查工作方案》，按照方案要求，市安全监管局组织原东城区、西城区、崇文区和宣武区安全监管局在7月至8月期间对新的东城区和新的西城区开展了交叉执法检查活动。此次交叉执法检查主要针对危险化学品生产经营单位以及商场超市、宾馆饭店、地下空间等人员密集场所，共出动检查人员197人次，共检查生产经营单位62家，其中危化经营单位16家，人员密集场所46家（地下空间8家），发现并督促企业整改安全隐患问题149项，依法下达限期整改指令书42份，华润超级市场有限公司北京王府井华润万家好来超市、板长寿司餐饮管理（上海）有限公司北京王府井分店等2家单位因存在主疏散通道宽度不符合要求，疏散通道作为临时周转库房被挤占，安全指示标志设置错误、疏散指示不足并有损坏等严重隐患，被责令暂时停业整顿。

（王燃然）

【再查被投诉举报单位】 8月12日，副市长苟仲文带队，对近期区县已核查过的北京东光明化工有限公司、北京科龙科贸有限公司通州分公司、北京燕飞月商贸有限责任公司所属危险化学品经营单位，北京固诺工贸有限公司等4家危险化学品生产经营单位进行再检查。同日，检查组还抽查了北京市通州互益化工厂、北京市通州通达液氨供应站、北京东方禾日工贸有限公司等三家单位。检查发现，北京市通州互益化工厂存在作业人员不按规定穿戴防护用品，车间通风不畅等问题，北京市通州通达液氨供应站存在大量烟头的现象等问题，检查组已责令其进行整改。苟仲文指出，要充分运用好群众举报的线索，定点精确打击，加大执法力度，严厉处罚违法行为；使群众举报成为“眼线”、“利剑”，提高对安全生产非法违法的威慑力，提升安全生产举报投诉的公信力。市安全监管局局长张家明、副局长丁镇宽、通州区政府副区长肖志刚及北京电视台等新闻媒体参加了检查。

（王燃然）

【对液化石油气领域安全生产专项整治行动】 按照《液化石油气督导检查的通知》（京安办发53号）要求，9月15日，由市市政市容委、市安全监管局及市质监局组成联合督导组，对丰台区液化石油气整治及安全设备设施加装工作进行督导检查。督导检查组首先听取了丰台区液化石油气餐饮经营单位加装安全辅助设备设施试点工作的汇报，针对丰台区工作的推进情况、试点单位情况进行了交流，并查看了网络化管理的试运营情况。随后，督导检查组前往试点餐饮企业进行现场检查。经现场演练，被查单位安装的安全辅助设备运转正常，达到了相关技术标准要求。下午，督导检查组针对北京兴氧乙炔厂（经营液化石油气）前期存在的12项安全隐患整改落实情况进行了全面复查。经查，企业高度重视安全隐患整改工作，针对安全隐患采取了各项整改措施。如建立健全岗位责任制，完善门禁制度，封堵了储罐区缺口，硬化了厂区环形消防通道，整改基本到位。督导组针对企业的下一步安全生产工作提出要求：一是企业要进一步落实主体责任，二是安全生产工作的落实重在平时，要保持住良好的安全生产工作状况。

（王燃然）

【对昌平区安全生产工作进行督导检查】 9月17日，市安全监管局副局长蔡淑敏率第一督导组对昌平区安全生产工作进行了督导。督导组第一组赴小汤山镇政府进行督导检查，听取了镇政府关于学习贯彻国务院通知精神，深入开展打击违法非法生产经营建设行为专项行动的汇报，查阅了有关资料。第二组、第三组分别到北京中兴盛业新技术有限公司、北京城乡一建北航沙河校区项目进行了现场检查，查阅了有关文件，对现场员工进行了询问。最后，督导组听取了昌平区政府、区安全监管局和区住建委有关工作情况的汇报，并就督导情况进行了意见反馈。蔡淑敏肯定了昌平区的安全生产工作。昌平区副区长洪波、市发展和改革委、市工商局及昌平区安全监管局等部门有关人员参与了此次督导检查行动。

（王燃然）

【城南在建工程重点项目安全生产执法抽查】 9月19日，按照市安委会《2010年北京市安全生产执法重点任务计划》的要求，为进一步做好本市南部地区重点在建工程的安全监管工作，市安全监管局与市住房城乡建设委组成联合督察组，对丰台区开展了联合执法抽查。联合督察组在听取丰台区安全监管局、区住房城乡建设委对辖区内城南建设在建工程项目安全监管工作的汇报后，随机抽取了3家重点在建项目进行了现场检查。检查发现，被检查单位总体安全生产状态较好，安全防护基本到位，但是个别单位的施工现场仍有一些问题比较突出。例如：北京中旺振宇建设工程公司“北京12中科丰校区项目”存在临电总配电箱无漏保、二级箱无分路断路器，外架与结构间的安全防护不到位，电梯井内堆放建筑垃圾，新入场工人安全教育培训学时不足，缺少劳保用品发放记录等问题，联合督察组责令其局部停工整顿。北京电视台、北京电台、《北京日报》、《京华时报》等新闻媒体随同进行了检查。

（王燃然）

【参加文化娱乐场所联合执法检查活动】 9月8日至16日，市安全监管局执法监察队配合市文化局组成联合检查组，对东城、朝阳、海淀、门头沟、顺义、平谷等6个区的12家文化娱乐场所的安全生产管理制度编制情况、企业开展安全生产月活动的情况、配合综治部门开展整治工作情况以及对《国务院关于进一步加强企业安全生产工作的通知》的学习、贯彻落实情况等4方面的工作进行了检查。经查，各区文化行业主管部门对贯彻落实国务院通知和文化娱乐场所经营单位编制安全生产管理制度导则工作重视，专门召开了会议进行研究部署，并结合区域内文化行业特点，制定了有针对性的宣贯措施；营业场所内的应急广播、应急照明、配电室及消防中控室管理比较规范，制度落实基本到位。但也发现个别单位疏散通道被堵塞、缺少疏散指示、配电室管理混乱等问题隐患20余项，市安全监管局依法下达了6份执法文书。

（王燃然）

【城南在建工程重点项目安全生产执法检查】 为推进本市南部地区重点在建工程的安全监管工作，按照市安委会统一部署，9月20日、21日，市安全监管局与市住房城乡建设委组成联合检查组，对大兴区、房山区的城南在建重点工程持续联合执法抽查。共抽查大兴区龙信建设集团“西斯莱公馆”、房山区青岛建筑集团“绿城百合公寓”等4处在建工地，发现问题及隐患21项，主要表现为：外架操作面未满铺脚手板、通风井口无防护措施、部分特种作业人员资格证书逾期未复审等。针对上述问题，联合检查组责令各施工单位立即进行整改，并要求属地监管部门进一步加大对辖区内在施工地的安全检查力度，对逾期整改不到位的，要依法严肃处理。

（王燃然）

【机械行业安全生产专项执法检查】 10月25日至11月1日，按照《2010年北京市安全生产执法重点任务计划》（京安发［2010］4号）和《2010年机械行业专项执法检查实施方案》要求，市安全监管局对朝阳、海淀、丰台等10个区县的机械行业企业开展了执法检查，重点检查了国务院23号文件宣贯情况、企业安全生产规章制度制定与执行情况、企业设施设备防护和用电情况等内容。本次检查共抽查机械企业27家，实施安全生产标准化活动的企业安全管理得到加强，安全生产的基础与条件得到改善，安全管理水平得到提升；但也发现部分企业存在规章制度不健全，机械防护、用电管理不到位，现场作业有违章现象，教育培训不扎实等问题107项，市安全监管局依法下达了15份责令整改指令书。

（王燃然）

【对5件举报事项进行核查】 11月11日，市安全监管局检查组对“12350”安全生产举报专线近期受理的“海淀区皂君东里一居民楼供暖锅炉房二层装修期间动用明火”等5件投诉事项进行了核查。经核查，3件属实、2件不属实。检查组对举报属实的3单位分别下达了责令改正指令书和暂时停业整顿强制措施决定书。北京电视台卫视频道、生活频道、公共频道和北京城市广播等媒体参加了检查。

（王燃然）

【开展对特种作业专项执法检查】 12月7日至10日，按照《关于开展特种作业管理情况专项执法检查的通知》的要求，市安全监管局在全市范围内开展了为期四天的特种作业管理情况专项执法检查。共检查工业企业、建筑工地、人员密集场所等3个行业（领域）的生产经营单位45家，发现未建立健全特种作业人员工作档案、未制定特种作业人员劳动防护用品发放制度、特种作业人员资格证书逾期未复审、无证上岗或持伪造证件上岗等问题隐患69项，下达责令限期改正指令书28份，强制措施决定书1份，拟对8家问题严重单位立案处罚。本次检查共涉及电工作业类、金属焊接切割作业类、高处作业类、制冷作业类等特种作业人员584人，其中23人特种作业证件存在过期失效现象，28人未取得特种作业操作证，8人持有伪造的特种作业操作证上岗作业。

（王燃然）

【抽查市人代会驻地周边安全生产保障情况】 1月22日，市区两级安全监管部门联合对市人代会驻地周边的中石油中友联盟石化有限责任公司加油站进行了抽查，发现未定期组织应急演练，部分卸油口锁具损坏未及时更换，执法人员依法下达了责令整改指令书。

（王燃然）

【对市人代会新闻中心场地安全生产检查】 1月22日下午，市安全监管部门对市人代会会议新闻中心临时用电施工现场进行了安全检查。在指导其规范安全施工的同时，检查人员指出其存在配电箱工作零线未按标准压接等5项安全问题。

（王燃然）

【对全国“两会”新增驻地的服务保障联合执法检查】 2月2日，由市政府办公厅牵头，组织市住房城乡建设委、市市政市容委、市水务局、市安全监管局及北京电力公司等13个委办局、市属专业公司对全国“两会”5个新增驻地的服务保障工作进行了联合检查。市安全监管局副巡视员刘岩带队参加了联合检查工作。重点对消防中控室、配电室、员工地下住宿区等重点部位以及应急处置演练情况进行了抽查，发现重点部位缺少应急照明，部分宾馆中控室应急广播操作不熟练、应急处置演练反映迟缓，员工地下住宿区管理较差、违规设置上下铺、人均住宿面积低于安全规范的要求等问题28项。

（王燃然）

【首都基层应急工作者新春茶话会临建设施安全生产监管】 按照2月3日市政府办公厅“首都基层应急工作者新春茶话会”工作协调会的有关精神，2月3日至8日市安全监管局会同专业技术人员，根据施工进度及时间节点，对临建施工现场组织开展了监督检查工作。针对检查中发现的灯光架缺少杆件支撑、背景板缺少钢丝绳拉拽、LED大屏幕底部无重物压仓等措施导致的结构失稳问题，逐一向施工单位进行了通报，并组织人员进行复查，督促其落实整改措施，保证施工的安全及质量。

（王燃然）

【全国政协常委会第八次会议安全生产保障】 按照市政府办公厅关于做好十一届全国政协常委会第八次会议期间服务保障工作的要求，市安全监管局组织3个城区的执法人员，对周边200米内生产经营单位进行了安全生产监督检查。各检查组针对冬季安全生产工作特点及会场、驻地周边企业分布情况，主要查看了有关单位动火、用电、燃气使用的安全状况，安全出口、疏散通道保持畅通的状况，特种作业人员及劳动防护用品的管理情况等。截至2月25日，完成了对上述单位的全面检查，发现部分单位存在电气线路敷设不符合标准、疏散指示标识缺失、员工安全培训不符合要求等动态问题126项，无重大生产安全隐患，依法责令36家单位进行了整改。为加强本次全国政协常委会议期间会场及驻地周边的安全管控提供了保障。

（王燃然）

【对北京奥促会临建设施安全执法检查】 2月24日至25日，市安全监管局执法监察队组织专业人员，对在市委一号楼内召开的北京奥运城市发展促进会第二次全体会议筹备期间临时设施施工阶段的安全进行执法检查。针对临时设施搭建特点，查看了临时设施的安装结构、作业现场的安全防护、特种作业人员的管理等情况，对现场发现的大型背景板缺少重物压仓、易燃涂料未专区储存、空压机（压力容器）操作人员未持证上岗作业等问题提出了整改意见，并要求北京奥运城市发展促进会进一步加强对施工队伍的安全管理，督促施工单位按照施工规范落实整改措施。同时，将相关情况向市委办公厅有关负责人进行了汇报。

（王燃然）

【世博会中国馆北京展区、最佳城市实践区北京展区竣工典礼安全生产保障】 4月1日，上海世博会中国馆北京展区、最佳城市实践区北京展区举行了竣工典礼仪式。为保障活动的顺利举办，北京参博运行团队安全生产工作小组在典礼举办前，组织专人对北京展区的运行状况进行了安全检查，督促各施工单位抓紧做好有关设施设备的调试工作。特别是针对中国馆北京展区二层LED屏操作平台内施工垃圾清理不及时，部分施工用电接线不规范，易构成安全隐患的情况，责令立即进行了整改，确保典礼仪式举办期间的安全。

（王燃然）

【“全国劳动模范和先进工作者表彰大会”驻地安全生产执法检查】 4月12日至13日，市安全监管局派专人参加了“全国劳动模范和先进工作者表彰大会”驻地联合执法检查工作，对会议涉及的9家宾馆安全生产情况进行了检查。参加联合检查的还有东城、西城、海淀城区政府以及市住房城乡建设委、市旅游局、市市政市容委等12个行业主管部门。市安全监管局重点对驻地宾馆的安全用电、消防中控应急值守、高压变（配）电室运行管理、餐饮后厨日常安全管理情况进行了检查。经查，各宾馆安全生产总体状况较好，硬件设施齐备。但部分宾馆安全生产日常管理有待加强。

（王燃然）

【参加北京首届武博会场馆驻地联合执法检查】 为进一步做好8月28日至9月4日在京举办的首届世界武博运动会筹备阶段的服务保障工作，按照市政府办公厅制定的《2010年北京首届世界武博运动会比赛场馆和驻地外围服务保障联合检查工作方案》的总体部署，8月17日市政府办公厅组织市应急办、市市政市容委和市安全监管局等16家市有关部门，对位于朝阳和海淀两个区内的7个武博会场馆驻地，进行联合执法检查。

（王燃然）

【北京市青海省工作交流座谈会临建设施安全执法检查】 8月26日，市安全监管局对北京饭店“北京市与青海省工作交流会”会场临建设施进行了安全检查。针对检查中发现的支撑架体底部无连接（地梁）、纵向缺少斜支撑易造成结构失稳等问题，逐一向施工单位和北京饭店进行了通报，并下达了责令改正指令书，同时要求北京饭店督促施工单位做好整改工作。截至8月26日14时，现场存在的各类问题及隐患已全部消除。

（王燃然）

【向人民英雄纪念碑献花篮仪式活动安全生产保障】 9月29日至10月1日，市安全监管局局长张家明带领有关人员，赴天安门广场检查新中国成立61周年向人民英雄纪念碑献花篮仪式临建设施。张家明要求，临时架要严格按照核定人数使用，不能超员；建设、施工单位派员进行不间断检查；在活动期间，施工单位要做好应急保障。

（王燃然）

【对超级联盟汽车街道赛临建设施安全执法检查】 10月2日，市安全监管局副局长蔡淑敏率队赴顺义区检查“2010年超级联盟方程式汽车大奖赛中国北京顺义街道赛”临建设施安全生产情况。顺义区副区长赵贵恒、区安全监管局局长高士虎等参加了检查。检查组在听取区政府关于举办此次活动总体情况介绍后，询问了搭建工作的进度和安全保障措施情况，查看了承建单位提供的资质及施工方案等有关材料，同时指出施工方案要经过第三方评审论证、关键数据要给出计算依据和公式等两个问题。在施工现场，检查组对临建看台、过街天桥等临建设施的结构稳定性及安全防护措施进行了重点检查。针对检查出的问题，检查组指出：支架底部游托螺旋杆要增加横向连接杆件，架体中间部位要增加横向水平支撑；所有架体斜支撑应对应连续设置；过街天桥踏板应增加固定装置。同时责成顺义区安全监管局下达责令改正指令书，督促落实整改。

（王燃然）

【做好“中国共产党十七届五中全会”安全生产保障工作】 10月15日，为做好“中国共产党第十七届中央委员会第五次全体会”安全生产保障工作，贯彻落实市委、市政府关于做好大会期间服务保障的工作指示精神，市安全监管局制定了专项保障工作方案，成立了由分管局领导任组长的安全保障工作领导小组。西城区、海淀区安全监管局对会场及驻地周边200米范围内的生产经营单位进行了全面排查，细致分类，建立了基础台账，共检查生产经营单位153个，查处隐患和问题312个，下达行政执法文书142份，并及时督促存在问题的单位落实整改措施，确保驻地周边的安全稳定。会议召开前市局还将组织西城区、海淀区安全监管局对会场及驻地周边生产经营单位进行重点抽查，并在会议召开期间协同区县开展动态巡查，以巩固前期全面检查成效，确保会议的顺利进行。

（王燃然）

【亚洲运动会火炬点燃暨火炬传递活动启动仪式安全生产保障】 10月9日至12日，市安全监管局及有关专家，对在天坛祈年殿举行的亚洲运动会火炬点燃暨传递启动仪式活动现场的舞台及LED大屏幕进行了安全生产保障。10月9日，市安全监管局在现场检查时发现，活动的舞台使用材质与设计不符，也未按照设计方案进行搭建等问题，责令施工单位立即拆除，按照方案重新搭设。10月11日晚，临建设施重新搭建完毕，经检查，活动的舞台和LED大屏幕等临建设施稳固，符合安全要求。

（王燃然）

【京西宾馆周边生产经营单位执法抽查】 10月12日，市安全监管局联合海淀区安全监管局对京西宾馆周边生产经营单位进行抽查。抽查结果表明：经过区安全监管局前期全面排查，各生产经营单位总体安全生产状况良好，存在问题的单位落实整改措施比较到位，建立了定人定岗、排班巡查制度等。但个别单位也存在一些安全生产问题。如北京辣老五兄弟酒楼有限公司地面防滑措施欠缺、过道偏窄，执法人员已责令其立即整改，并要求要针对问题举一反三，在各个环节逐一落实。

（王燃然）

【“鲁家山垃圾分类处理焚烧发电项目奠基仪式”安全保障】 10月22日，市安全监管局参与了在门头沟区举办的“鲁家山垃圾分类处理焚烧发电项目奠基仪式”大型活动保障工作。经查，发现展板配重不足、斜支撑不牢固、缆风绳材质不符合要求等问题，执法队责成门头沟区安全监管局下达了责令改正通知书，并要求检查人员盯守整改。同时，将检查情况向门头沟区政府、活动主办单位市市政市容委进行了反馈，要求协助落实整改。检查当日17时，市安全监管局会同门头沟区安全监管局对整改情况进行了复查验收，问题全部得到整改。

（王燃然）

【北京国际饭店两项重大活动的安全保障】 10月25日，市安全监管局参与了在北京国际饭店会议中心举办的“北京市政府与中国航空集团公司战略合作框架协议签字仪式”和“中央企业院校重大科技成果在京转化落地签约仪式”两项大型活动保障工作。在“北京市政府与航空集团战略合作框架协议签字仪式”搭建现场，检查人员针对检查发现的展板配重不足、立柱斜支撑不牢固、铅丝绑扣松动等问题，责令负责搭建的北京天创广告有限公司立即整改，要求在三个小时内按照要求整改完毕。在“科技项目在京落地项目签约仪式”搭建现场，检查人员针对搭建材料与《设计方案》不符合、背景板宽与实际不符、立柱横向连接少、剪刀支撑数量不合要求等问题，责令负责搭建的绿字公关顾问（北京）有限公司立即整改，要求四个小时内整改完毕。检查当日24时，检查人员对整改情况进行了复查验收，问题全部得到整改。

（王燃然）

【市政府与中粮集团签约仪式活动安全保障】 11月17日上午，市政府与中粮集团签署战略合作框架协议，中共中央政治局委员、市委书记刘淇出席签约仪式，市委副书记、市长郭金龙在仪式上讲话。11月16日，为做好活动的安全生产保障工作，按照市委办公厅的要求，市安全监管局赴北京国际饭店，对市政府与中粮集团签约仪式临建设施进行了安全检查，针对背景板存在缺少支撑、稳定性不够的问题，责成施工单位立即进行整改，并在现场具体指导，至晚上12时，签约仪式的背景板加固完成。

（王燃然）

【世界单板滑雪北京赛安全保障】 12月4日晚，2010世界单板滑雪北京赛在国家奥林匹克体育中心体育场举行。市委书记刘淇，市委副书记、市长郭金龙，国际奥委会执行委员、市场开发委员会主席杰哈德·海博格与近万名观众共同观看比赛。为确保活动现场临建设施的安全，搭建前，市安全监管局要求对滑雪赛道搭设的高大架子要做专家评审论证，架子搭建完毕，要开展联合验收。12月4日，市安全监管局赴奥体中心，会同市体育局、市公安局、市公安消防局对活动临建设施进行了实地检查，经查，高大架子进行了专家论证和联合验收。针对滑雪赛道缝隙处水平防护不到位，舞台踏步不稳定，音响吊点不足等问题，市安全监管局责令搭建单位立即进行整改，至14时，所有问题均进行了整改，确保了世界单板滑雪赛的顺利举办。

（王燃然）

【亚洲残疾人运动会火种采集仪式临建设施安全生产执法检查】 亚洲残疾人运动会火种于12月3日上午在北京中华世纪坛成功采集。12月1日，为做好活动的安全生产保障工作，市安全监管局赴中华世纪坛，对火种采集仪式现场LED大屏及音响架的支撑、配重、结构稳定等进行了检查。检查中发现LED大屏与支撑架连接点的连接材料强度不足；音响架受力吊点应增加副吊点及配重；音响架上端横架与结构架未按规范连接等问题。针对发现问题对相关搭建单位下达了责令改正指令书。12月2日，经复查，现场问题已整改完毕。保障了火种采集活动的顺利进行。

（王燃然）

【“人文北京摄影作品展”开幕式临建设施安全保障】 12月16日、17日，市安全监管局聘请专业技术人员对定于17日上午由市委宣传部在首都博物馆主办的“人文北京摄影作品展”现场临建设施进行安全检查。经查，现场临建设施背景支撑未按安全标准设置、压仓配重数量不足，存在较为明显的问题及隐患。为保障施工及活动期间的安全稳定性，责令搭建单位对不符合安全的临建设施予以拆除，并重新进行施工安装。至17日上午8时30分，整改工作已按要求全部完成，保障了当日活动的顺利举办。

（王燃然）

【上海世博会总结表彰大会安全生产保障】 上海世博会总结表彰大会12月27日上午在人民大会堂隆重举行。中共中央总书记、国家主席、中央军委主席胡锦涛等国家领导人到会并发表重要讲话。为贯彻落实市委、市政府的指示精神，做好本次大会的安全生产保障工作，市安全监管局制定了专项保障方案，成立了组织机构，并组织东城区、西城区和海淀区安全监管局对会场及六处驻地周边200米范围内的生产经营单位进行了全面排查。会议期间，共出动检查人员345人次，检查生产经营单位504个，查处问题和隐患431个，下达行政执法文书105份，并督促存在问题的单位落实整改措施，确保驻地周边企业的生产安全。

（王燃然）

【总书记考察保障性住房建设现场临建设施安全生产执法检查】 12月29日上午，中共中央总书记、国家主席、中央军委主席胡锦涛冒着严寒，在中共中央政治局委员、北京市委书记刘淇等陪同下，前往朝阳区管庄路保障性住房常营项目建设区进行考察，同时了解民生工作落实情况，看望慰问基层干部群众，代表党中央向全国各族人民致以新年的祝福。按照市委办公厅的通知要求，为确保“朝阳区管庄路保障性住房常营项目建设区”棚房临建设施的安全，12月28日下午，市安全监管局赴常营项目丽景园小区，会同市住房和城乡建设委，对棚房进行了实地检查，经查，棚房存在支撑点垫木松动等问题，责令搭建单位立即进行整改，确保了国家领导人考察活动的安全。

（王燃然）

【市政府与国家电网公司签约仪式活动安全生产保障】 12月29日下午，市政府与国家电网公司签署联合推进坚强智能电网建设战略合作协议。中共中央政治局委员、市委书记刘淇出席签约仪式。市委副书记、市长郭金龙，国家电网公司党组书记、总经理刘振亚在签约仪式上讲话。市委常委、常务副市长吉林主持签约仪式。市领导吕锡文、李士祥、赵凤桐、苟仲文、陈刚，市政府秘书长孙康林出席。为确保签约仪式临建设施的安全，按照市委办公厅的通知要求，12月29日上午，市安全监管局赴北京饭店，对签约仪式背景板、签到牌等临建设施进行了安全检查，针对高大背景板稳定性不够的问题，现场督促搭建单位进行整改，29日下午13时，问题已进行整改，确保了签约仪式的安全进行。

（王燃然）

【地铁15号线通车仪式活动现场临建设施安全生产保障】 12月30日，地铁15号线通车仪式在望京西站举行，中共中央政治局委员、北京市委书记刘淇等市领导参加了活动仪式。按照市委办公厅的通知要求，为确保活动仪式临建设施的安全，12月29日，市安全监管局赴活动现场对LED大屏幕、主席台、记者台等临建设施进行了检查。检查人员对记者台防护围栏应确保稳定，防止人员坠落等提出具体要求，责令搭建单位立即进行整改，当晚，提出的问题已整改完毕。活动仪式顺利举行。

（王燃然）

【考核朝阳区安全生产工作】 1月6日，按照市安全生产委员会综合考核工作安排，市安全监管局副巡视员刘岩带领第六考核组对朝阳区2009年度安全生产工作进行了综合考核。考核组首先集中听取了朝阳区2009年安全生产工作情况的汇报，考核组分成三个小组对区政府、街道办事处和企业进行了考核。市商务委、市民防局、市旅游局参加了本次考核工作。至此，第六考核组完成了对延庆县、怀柔区、朝阳区的考核任务。

（王燃然）

【督察海淀区安全生产工作】 按照市安办统一部署，5月18日，市安全监管局副局长蔡淑敏带队对海淀区安全生产大检查工作开展情况进行了督察。督察组听取了海淀区政府和紫竹院街道办事处工作汇报，查阅了相关工作台账，抽查了一家餐饮企业。并就督察情况向海淀区政府进行了反馈。

（王燃然）

【督察通州区安全生产工作】 6月22日至24日，市安全监管局副局长蔡淑敏带领市安委会督察组，对通州区安全生产情况进行了集中执法督察。期间，督察组听取了通州区政府安全生产工作情况的汇报；5个专业执法组对人员密集场所、建筑施工工地、危化品交通运输、有限空间和危险化学品生产经营单位进行了抽查；督察组对区政府及有关部门档案资料、管理台账进行了查阅。

（王燃然）

【向通州区反馈督察情况】 6月30日，市安委会督察组对通州区集中执法督察情况进行了反馈。市安全监管局、市政府督察室、市监察局、市总工会、市住房城乡建设委、市市政市容委、市交通委、市商务委、市质监局和市公安局消防局参加了反馈活动。督察组对通州区为期三天的集中执法督察情况进行了通报。通州区区长岳鹏、副区长肖志刚参加了会议。

（王燃然）

【督察东城区液化石油气整治工作】 9月17日，市市政市容委、市安全监管局及市质监局会同有关专家组成联合督导组，对东城区液化石油气整治及安全设备设施加装工作进行了检查。督导检查组在听取了东城区市政市容委关于液化石油气领域整治工作开展情况的汇报后，随机抽取了簋街地区的3家餐饮企业。检查发现"北京榕达餐厅"、"北京市东城小洞天火锅城"、"北京市东城区桃源酒家"等3家单位存在气瓶间未设置排风设施、存放杂物，违规在后厨操作间存放和使用液化气瓶、连接软管超长、钢瓶没有年检标牌、气瓶间液化气气化箱无产品合格证等问题隐患。检查结束后，督导检查组责令存在问题的餐饮企业立即着手开展整改工作，制定专项措施，解决存在的问题及隐患；加强对本单位员工安全使用液化石油气的教育培训，提高安全操作技能；慎重选择具备资质的供气单位提供的钢瓶，从源头上加强液化石油气安全使用的管理工作。

（王燃然）

【督察大兴区安全生产工作】 9月26日至28日，市安委会办公室组织市住房城乡建设委、市交通委、市监察局、市政府督察室、市总工会、市文化局、市广电局、市质监局、市文化执法总队和市公安局消防局等11个部门组成了综合督察组，对大兴区安全生产情况进行了为期3天的集中督察。督察期间，督察组听取了区政府安全生产工作汇报；分成4个专业组抽查了危险化学品、交通运输、建筑施工和文化娱乐场等行业（领域）生产经营单位的安全生产情况；查阅了大兴区政府及西红门镇和林校路街道办事处有关安全生产工作的文件与资料。同时，综合督察组还就落实国务院23号文件和严厉打击安全生产非法违法建设情况进行了督察。

（王燃然）

【向大兴区反馈督察情况】 10月19日，市安全监管局局长张家明、副局长蔡淑敏带队赴大兴区政府对督察情况进行反馈。市安全监管局副局长蔡淑敏首先代表市安委会督察组就督察情况进行了通报。肯定了大兴区近年来在安全生产工作中取得的成绩。同时指出了存在的问题，一是大兴区进入大建设、大发展阶段，安全监管压力骤增；二是中小企业为主的产业结构致使安全监管压力加大；三是事故总量仍然偏高；四是企业主体责任未得到有效落实，隐患较为突出；五是非法违法生产建设行为仍然存在。大兴区区长李长友、副区长常红岩在讲话中分别对市安委会督察组提出的意见表示感谢，表示要将本次督察情况向区委常委会进行汇报，制定具体措施全面落实整改。对全区安全生产工作进行再部署，推进安全生产工作上水平、上台阶。市安委会督察组各成员单位、大兴区各有关行业部门参加了通报会。

（王燃然）

【对顺义区“打非治违”行动检查】 11月23日，市安全监管局赴顺义区，继续开展“打非治违”专项行动，先后检查了北京威廉顺塑胶制品有限公司和顺发拉法基水泥有限公司。经查，北京威廉顺塑胶制品有限公司存在机械传动、运转部位大量缺少防护装置，危险化学品库房不符合要求，乱接电线，现场噪声职业危害严重、物料堆放混乱，易燃物聚集区缺少消防设施等问题；北京顺发拉法基水泥有限公司存在高压配电室、维修用电管理混乱，吊装作业未设置警戒区域、粉尘严重等问题。上述两家生产经营单位因问题严重，被依法责令暂时停产整顿。市安全监管局要求顺义区安全监管局对上述单位采取有力措施，确保隐患及时消除，同时要对辖区内生产经营单位进行排查，确保冬季安全生产

（王燃然）

【督察丰台区安全生产执法工作】 按照市安委会《2010年北京市安全生产执法重点任务计划》（京安发［2010］4号）的要求，市安委会自11月24日至26日，对丰台区安全生产情况进行集中执法督察。本次集中执法督察由市政府督察室、市监察局、市总工会、市住房城乡建设委、市商务委、市旅游局、市公安局消防局、市安全监管局等8个部门组成5个执法督察组。督察范围主要是区政府及相关行业部门、高危行业和重点领域。重点抽查危险化学品生产经营储存、建筑施工、宾馆饭店、商业零售等4个行业（领域）的生产经营单位。市安全监管局副局长蔡淑敏，丰台区副区长李丽萍及市、区两级参加集中执法督察的相关部门负责人参加。

（王燃然）

【向丰台区反馈督察情况】 12月13日，市安委会办公室副主任、市安全监管局副局长蔡淑敏带队赴丰台区政府对督察情况进行反馈。蔡淑敏首先代表市安委会督察组就督察情况进行了通报。督察组肯定了丰台区近年来在安全生产工作中取得的成绩。同时指出了四个方面的问题，一是建筑施工领域违章作业和安全防护问题突出；二是人员密集场所应急保障能力有待提高；三是部分企业未建立健全安全管理制度；四是部分企业存在严重违规行为。最后，针对下一步工作，提出建议。丰台区副区长高朋表示要将本次督察情况向区委常委会进行汇报，制定具体措施全面落实整改存在的问题。并以本次督察为契机，对全区安全生产工作进行再部署。

（王燃然）

【综合考核丰台区安全生产工作】 按照市安全生产委员会综合考核工作安排，12月28日，市安全监管局副巡视员刘岩带领市安全生产第六综合考核组对丰台区2010年度安全生产工作进行了综合考核。考核组在集中听取了丰台区2010年度安全生产工作情况汇报后，分为三个小组分别对区政府、乡镇（街道）和生产经营单位进行了现场考核。市商务委、市旅游局、市民防局等部门以及市安全监管局应急工作处参加了这次考核工作。

（王燃然）

【对密云、房山工业企业安全生产检查】 1月22日，市安全监管局会同相关区县安全监管局对密云县朗坤服装公司、房山区多维联合彩钢集团和北京和平安金属结构厂等企业进行了节前安全生产检

查。检查发现，房山区和平安全金属结构厂安全生产管理十分薄弱、生产作业条件差，车间粉尘问题突出，职工劳动防护用品配备不齐。对此要求企业立即停产整顿，并责成房山区安全监管局督促企业整改，验收合格后方可重新恢复生产。

（赵　昕）

【检查宣武区“两会”驻地周边企业安全生产工作】　3月9日，市安全监管局有关部门会同宣武区安全监管局对全国“两会”宣武区驻地周边重点生产经营单位进行了抽查。检查人员查看了星光印刷厂的安全生产档案材料并检查了生产车间和库房。总体情况看，星光印刷厂安全管理意识较高，重视“两会”期间的安全管理工作，坚持了重要时期领导值班带班制度。但在检查中也发现一些问题，例如：安全生产管理制度不健全，责任制不完备，培训记录不规范，危险化学品没有定置存放，使用程序不规范。为此检查人员提出三点整改意见，一是在两会期间，加强应急值守，强化对日常安全工作的管理，并要有规范的记录。二是进一步健全完善各项安全管理制度、操作规程；三是要规范对使用存放危险化学品的管理，加强库房防火管理，切实消除问题及隐患，确保生产经营活动的安全。

（赵　昕）

【检查东城区“两会”驻地周边企业安全生产工作】　3月10日，市安全监管局会同东城区安全监管局对全国“两会”宣武区驻地周边重点生产经营单位进行了抽查。检查人员先后听取了图文印刷厂和《中国青年报》印刷厂负责人关于“两会”安全生产保障工作情况，询问了当前企业安全生产工作中存在的问题以及采取的针对措施，并现场检查了印刷车间安全生产情况。总体看来，两家企业对“两会”安全保障工作比较重视，结合工作实际，积极采取措施，努力防止安全生产事故。区安全监管局多次到两家企业进行安全检查，对存在问题下达隐患限期整改通知书，并对企业隐患整改情况进行了复查。从现场情况看，存在的主要问题一是印刷车间通风不畅，油墨气味较大；二是噪音较大，需要进一步治理。

（赵　昕）

【检查昌平区工业制造业打非治违情况】　按照《北京市“打非”专项行动联合执法检查工作方案》的部署，11月19日，市安全监管局副局长陈清带队对昌平区工业制造业打非治违专项行动工作情况进行了检查。市经济信息化委、市质监局、市公安局消防局等部门负责人参加了检查。昌平区政府对打击安全生产非法违法行为专项行动高度重视，制定了《昌平区打击安全生产非法违法行为专项行动方案》及《昌平区打击非法违法生产经营建设行为专项行动细则》，成立了由主管副区长为组长、区安委会成员单位主管领导为组员的专项“打非”领导小组。区安监、质监、环保、公安、消防、交通、文委、商务、旅游、国土等部门认真履行行业监管和综合监管职责，认真开展了以危险化学品生产经营、人员密集场所、地下空间、网吧、宾馆、饭店、交通运输车辆等为重点的安全大检查，有力打击了违法违规生产行为，消除了一批安全隐患。

在检查中，检查组先后对位于北七家镇的北京豪莱欧家具有限公司、北京卓诚恒信彩色印刷有限公司、北京多彩印刷有限公司等企业生产作业现场的安全生产状况进行了检查，并仔细查看了企业安全管理制度的制定落实情况。通过检查看到各企业虽然对安全工作的重视程度有较大提高，但在安全管理制度和现场管理方面仍然存在一定差距，如缺少相应的安全管理制度或制度内容不完善、操作性差，个别设备缺少安全防护罩，劳动防护用品佩戴不规范等。对此，检查人员要求各企业针对检查发现的问题立即整改，并责成区安全监管局督促指导，及时复查。

（赵　昕）

【开展“打非”专项行动联合执法检查】　11 月 17 日至 18 日，市安全监管局会同市住房城乡建设委、市交通委，分别在顺义区和大兴区开展了“打非”专项行动联合执法检查。联合检查组对北京建工集团、北京市政路桥集团，中建八局集团、南通二建集团 4 家施工单位的工程安全生产管理情况进行了检查。经查，4 家施工单位安全生产管理总体情况良好。但是，检查中还是发现了一些问题，如：个别施工单位存在项目经理变更手续不完善、专职安全管理人员不足以及资格证书过期未审；个别特种作业人员证件过期未审；个别单位存在设备设施管理不到位，检查维修保养记录不全面等。联合检查组针对检查出的问题填写了现场检查记录，要求存在问题的单位立即进行完善安全管理资料、调配安全管理人员等工作，将提出的问题进行逐项整改的同时，举一反三，全面自查，并将整改报告报送市住房城乡建设委。

（戴贺霞）

【对京沪高铁（北京段）安全生产进行联合检查】　4 月 14 日，市工程建设安全监管专项治理工作组对中铁十七局京沪高铁（北京段）项目进行安全生产联合检查。本次检查以发生了生产安全事故的建设项目为重点，检查事故调查处理情况是否严格公正，被查单位对事故责任人的追究处理情况，吸取事故教训采取的措施等，对被查单位进行了解剖麻雀式的安全检查。从联合审查整体情况看，中铁十七局京沪高铁项目（北京段）基本符合安全生产工作要求，没有明显的违法违规现象。但也存在一些不足：一是通过发生的事故反映出安全管理上还是存在不足；二是高压线下及周边施工安全管理有待加强；三是施工人员安全意识和安全培训实际效果仍需加强；四是施工现场安全管理和投入有待提高。联合检查组责令施工单位针对指出的问题，迅速整改，并提出具体要求。

（戴贺霞）

【对专业运输货运企业安全工作进行专项联合执法】　7 月 21 日，由市安全监管局牵头，会同市公安局交管局、市交通委运输局及交通执法总队相关处室对高强混凝土公司、北京第六建筑公司混凝土搅拌站、北京易成－拉法基混凝土公司、北京第五建筑工程公司混凝土搅拌站以及北京辰业液化石油气站，开展了专业运输企业安全管理专项治理突击行动。通过检查，专项联合检查组认为企业安全管理整体工作普遍混乱。主要表现为：在安全生产管理方面，企业安全生产规章制度缺失，安全生产责任制形同虚设，未在有较大危险因素的生产经营场所和有关设施设备上设置安全警示标志，特种作业人员未持证上岗、部分特种作业证件过期，电焊机等重要用电设备缺少防护、无二次防漏电保护，电插座及照明设备未采取防爆措施，液化石油气贮存、充装设备无检测记录，报警装置无有效证明；在道路交通安全管理方面，企业未有效落实北京市道路交通安全防范责任制的要求，交通安全管理制度不完善，安全管理责任制不落实，交通违法信息统计缺失，道路交通事故及违法行为问题突出；在运营资质管理方面，企业未按照有关规定逐车建立行车安全档案，车辆及驾驶员安全管理不到位，其中，北京易成－拉法基混凝土公司发生一起全责亡人道路交通事故。针对上述问题，联合检查组各部门分别提出了隐患整改工作要求并下达了有关执法文书。对于北京市第五建筑工程公司混凝土搅拌站存在的安全隐患，市安全监管局下达了责令整改指令书，鉴于高强混凝土公司、北京第六建筑公司混凝土搅拌站、北京易成－拉法基混凝土公司以及北京辰业液化石油气站存在重大安全隐患，市安全监管局下达了强制措施决定书，责令企业暂时停产整顿。

（毛宇权　戴贺霞）

【人员密集场所“打非”专项行动联合执法检查工作】　11月18日，市安全监管局、市商务委和市公安局消防局组成联合督导组，对朝阳区人员密集场所进行“打非”专项行动联合执法检查工作。督察组分为安监、商务、消防三个工作组，分别对朝北大悦城物业服务单位和部分商户进行了安全生产及消防安全情况检查。经查发现，大悦城物业服务单位未与商户等部门签订安全生产协议，安全生产职责不清，应急预案缺乏可操作性，安全培训流于形式，配电室管理不到位，缺乏安全生产岗位责任制，特种作业人员未持证上岗。此外，消防部门检查发现，金钱豹没有消防合格验收意见书，擅自营业。对上述问题，相关部门依法下达了执法文书。最后，督察组提出要求：一是产权单位、物业服务单位及商户应依法办理相关行政许可手续，手续不齐全，不得擅自营业。二是各单位依法经营，认真吸取教训，严格管理，开展安全生产自查工作。三是朝阳区安全监管局加大对该单位安全监管力度，确保该单位整改落实到位。

（戴贺霞）

【“十一”黄金周安全工作布置情况进行检查】　9月27日、28日，市安全监管局、市商务委、市文化执法总队、市公园管理中心等部门组成联合检查组，对颐和园、圆明园、北京植物园、地坛公园、金鼎轩酒楼有限公司地坛店、三利百货商场等单位在“十一”黄金周期间的安全布置工作情况进行了检查。从检查情况看，大多数单位对安全工作比较重视，提前对“十一”黄金周期间的安全生产工作进行了部署和安排。但个别单位还存在着一些问题，如：圆明园、三利百货商场、金鼎轩酒楼有限公司地坛店等单位不同程度地存在未制定“十一”黄金周期间安全保卫工作方案和假日期间领导带班制度；特殊工种作业人员证件过期未检等问题；针对这些问题，检查组对三家单位下发了《整改通知书》，责令其立即整改。市安全监管局检查人员要求被检单位要进一步完善、细化“十一”黄金周安全生产工作方案，落实各级安全生产责任制和各类应急预案，加强员工的安全教育，严格值班和领导带班制度，切实把安全生产的各项措施落到实处，确保不发生各类安全事故。

（戴贺霞）

【对滑雪场进行安全生产联合检查】　11月17日至24日，市安全监管局、市体育局、市质监局、市公安局消防局和市公安局治安管理总队等部门组成市级联合执法检查组，对延庆县的石京龙、八达岭滑雪场，密云县的云佛山、南山滑雪场，怀柔区的怀北滑雪场，平谷区的渔阳滑雪场和昌平区的雪世界、军都山滑雪场进行了开业前的执法检查工作。从检查的情况来看，各滑雪场能够按照文件的要求，结合滑雪场开业前的各项准备工作，开展了安全生产隐患排查各项工作。但是，在检查中发现个别滑雪场安全生产工作不到位、不落实的行为，例如：密云县的南山滑雪场、昌平区的雪世界滑雪场存在安全生产管理制度不健全、员工安全教育考核工作不到位、特种作业人员无证上岗等问题，针对滑雪场存在的问题，区县安监部门下达了限期整改指令书。

（戴贺霞）

【检查崇文区人员密集场所安全生产工作】 1月2日，市安全监管局副局长陈清带队对崇文区地下空间人员密集场所安全生产工作进行了检查。检查组先后检查了乐天超市有限公司崇文门店和北京新世纪钱柜餐饮娱乐有限公司，实地检查了消防中控室、消防通道、安全出口、库房等重点部位，并对规章制度的落实情况、应急预案的演练、人员教育情况进行了检查。从检查的情况看，两家单位对安全生产工作都比较重视，对节日期间的安全工作进行了部署，落实了节日期间领导带班制度，对重点区域、重点岗位进行了自查。但是检查中也发现乐天超市有限公司崇文门店存在着挤压通道、通讯设备老化、消防设施损坏及应急演练、安全教育培训、安全检查不到位等问题。针对上述问题，检查组责令该单位立即进行整改，并责成区有关部门督促其落实。市安全监管局副局长陈清针对存在的问题提出了具体要求，特别是通讯设备老化、通信不畅等问题要彻底整改，不能立即整改的，要制定措施，确保生产经营活动的安全有序。

（戴贺霞）

【对轨道交通建设施工安全工作进行联合检查】 3月3日至5日，市安全监管局与市重大办、市住建委、市市政市容委、市卫生局、市公安局消防局、市公安局内保局等部门组成联合检查小组，对本市轨道建设工程施工单位安全生产工作情况进行检查。从此次检查的9家施工单位的总体情况看，各单位对安全生产工作比较重视，均设置了安全生产管理机构，制定了安全生产管理制度和安全生产责任制，与工程分包单位、劳务施工队伍签订了安全生产管理协议，组织开展了安全生产教育、培训、考核工作，编制了相应的应急预案。但是，在检查中还是发现个别单位存在安全生产管理制度不完善，例如：未制定危险作业管理制度和劳动防护用品配备和管理制度，编制的生产安全事故报告和处理制度中的内容与目前实施的《生产安全事故报告和调查处理条例》的要求不相符，编制的应急预案以及应急演练记录不规范等问题。针对这些问题，检查人员要求存在问题的单位立即进行整改，并将整改情况按照要求统一上报市重大办。

（戴贺霞）

【对五条地铁施工单位安全生产进行联合执法检查】 4月19日至23日，按照市重大项目建设指挥部关于开展《北京市轨道交通建设工程“安全优胜杯”2010年度检查工作方案》的工作要求，市重大项目办、市安全生产监督局、市住建委、市市政市容委、市卫生局、市公安局消防局、市公安局内保局等七部门组成联合检查小组，按照各自职责，对本市轨道建设工程6号线、8号线、10号线、亦庄线、大兴线施工单位安全工作情况进行检查。市安全监管局从此次检查的总体情况看，各单位均设置了安全生产管理机构，制定了安全生产管理制度和安全生产责任制，与工程分包单位、劳务施工队伍签订了安全生产管理协议，组织开展了安全生产教育、培训、考核工作，编制了相应的应急预案。但是，从此次检查的 14 家施工单位，检查出的 61 条问题来看，大多数单位普遍存在以下问题：未制定危险作业管理制度和劳动防护用品配备和管理制度，编制的生产安全事故报告和处理制度中的内容与目前实施的《生产安全事故报告和调查处理条例》的要求不相符，编制的应急预案缺乏相应的演练记录，特种作业人员证件过期等问题。针对这些问题，市安全监管局检查人员对存在问题的施工单位下发了现场检查记录，要求其立即进行整改。

（戴贺霞）

【督察东城、延庆安全生产工作】 9 月 15 日至 16 日，市安委会第六督导组对东城区和延庆县进行了督导。督导组分别听取了东城区政府、区商委、崇文门外街道和 2 家企业以及延庆县政府、市政市容委、体育局和张山营镇政府的工作汇报，并对东城区便宜坊集团以及延庆县中材科技风电叶片股份有限公司进行现场检查。

（刘卫坤）

【开展年度安全生产综合考核】 按照市安全生产委员会《关于开展年度安全生产综合考核工作的通知》要求，12 月 24 日、30 日，市安全监管局、市交通委、市环保局、市总工会组成的第五综合考核组采用听取汇报、查阅资料、走访街道乡镇、抽查企业等形式，分别对通州区、平谷区 2010 年度安全生产工作进行了综合考核。

（刘卫坤）

职业安全健康

【五次有限空间监管工作调研】 1 月 12 日，市安全监管局到排水集团管网分公司调研有限空间安全生产工作。听取了公司汇报，并现场对管网分公司有限空间防护设备设施进行了查看。公司有限空间作业一线班组进行了现场作业演练。3 月 11 日，市安全监管局对西城区中大物业管理有限责任公司、安恒泰物业管理有限公司有限空间安全管理工作进行了调研。3 月 16 日，市安全监管局到市住房城乡建设委调研物业区域内有限空间监管工作。4 月 28 日、30 日，市安全监管局先后到市政路桥管理养护集团、高碑店污水处理厂就本市地下有限空间作业纳入特种作业管理的人员范围进行调研。9 月 11 日，对门头沟区粪便无害化处理厂和北京市自来水集团门城污水处理有限公司有限空间安全生产工作进行了调研。

（刘卫坤）

【召开有限空间作业专业化管理研讨会】 2 月 26 日，市安全监管局召开了有限空间作业专业化管理研讨会，市市政市容委、市水务局、市排水集团以及区县环卫中心参加了会议。市安全监管局通报了本市有限空间事故发生情况以及 2010 年有限空间监管措施。参会人员就有限空间作业存在的问题，如何规范有限空间作业市场，制订行业准入标准，开展特种作业人员培训等问题进行了研讨。

（刘卫坤）

【副市长调研有限空间安全生产工作】 3 月 2 日，副市长苟仲文到电力电缆公司和燃气集团调研安全生产工作。苟仲文分别观看了电力电缆公司运行监控系统和燃气输配管网远程管理系统大屏幕，听取了两单位网络系统运营状况、隧道有限空间作业管理、应急队伍建设、城市管网场站分布及运行情况的汇报，并现场查看了应急队伍和应急设备。苟仲文指出，要高度重视信息化管理工作，从管理和技术两个方面双管齐下，进一步完善现有监控运行体系，扩大网络覆盖面，提升对监控网络的运行管控能力。

（刘卫坤）

【参加市政管线工作会议】 3月4日，市安全监管局参加了市市政市容委组织召开的2010年全市市政管线工作会议。市发展和改革委、市公安局、市规划委、市住房城乡建设委、市交通委、市水务局、市广电局、市通信管理局和各区县市政市容委以及市燃气、热力、排水、电力等24家地下管线权属单位100多人参加了会议。会上，市市政市容委对2009年全市地下管线和井盖设施管理工作进行了总结，并对2010年全市地下管线和井盖设施管理重点工作进行了部署。市安全监管局介绍了2009年本市有限空间安全监管工作情况，并重点通报了有限空间专项治理工作方案和要求。

（刘卫坤）

【召开有限空间安全监管联席会】 3月23日，市安全监管局召开有限空间安全监管联席会议，市市政市容委、市住房城乡建设委、市发展和改革委、市水务局、市通信管理局、市广电局参加了会议。会上，市安全监管局通报了2009年有限空间事故情况，分析了事故原因和监管存在问题，对2010年有限空间安全监管重点工作进行了动员部署，并对行业部门有限空间安全监管（管理）工作提出了建议和要求。

（刘卫坤）

【培训有限空间监管干部】 为提升有限空间监管干部业务水平，4月16日，市安全监管局在北京经济管理干部学院举办了有限空间监管干部培训班，市局执法队，各区县有限空间监管干部共115人参加了培训。培训班上，市安全监管局分析了本市有限空间安全生产形势，介绍了近三年本市有限空间事故发生情况，说明了事故发生的原因，并对有限空间专项治理行动重点检查内容和环节进行了讲解。随后，劳保所专家介绍有限空间作业操作规程，对有限空间作业常用防护设备设施和个人防护用品进行了介绍。

（刘卫坤）

【召开有限空间行业准入立法论证研讨会】 4月29日，组织研讨污水井、化粪池有限空间作业行业准入问题。市市政市容委、市水务局、市市政路桥养护集团、市劳动保护科学研究所参加了会议。会上，市安全监管局对近年有限空间事故情况进行了分析，论证了将污水井、化粪池作业实行行业准入的必要性和可行性；市市政路桥养护集团介绍了本市排水管道养护管理的历史沿革和排水管道养护维修作业的工作准则；市市政市容委、市水务局分别从行业监管角度，对本行业实行专业化资质准入工作的可行性进行了论述。

（刘卫坤）

【印发《关于进一步加强有限空间作业安全监管的通知》】 6月11日，市安全监管局通过市政府办公厅印发《关于进一步加强有限空间作业安全监管的通知》，进一步强化企业主体责任，要求作业单位认真落实国家标准和《北京市有限空间安全生产规范》的各项要求，强调各单位内部开展临时性有限空间作业时，如不具备相应安全生产条件，应委托相关专业部门进行作业，不得将有限空间作业发包给不具备安全生产条件的单位或个人；同时强调有关部门要进一步加强对市政工程建设、污水井疏通、化粪池清理、密闭设备等重点领域有限空间作业的监管，要求各行业主管部门积极履行自身监管职责，建立联动机制，形成监管合力。

（刘卫坤）

【开展有限空间特种作业试点工作】 5月17日，制定下发《关于地下有限空间作业现场监护人员必须持证上岗的通告》，率先将从事化粪池、粪井、排水管道及其附属构筑物运行、保养、维修、清理等地下有限空间作业活动的现场监护人员纳入特种作业管理范围。要求上述有限空间现场监护人员必须经专门的安全技术培训，取得特种作业操作资格证书，方可上岗作业。为推进《关于地下有限空间作业现场监护人员必须持证上岗的通告》的贯彻执行，5月24日，市安全监管局召开了全市宣传贯彻《通告》视频会。市住房城乡建设委、市市政市容委、市水务局，市排水集团、市环卫集团、市养护集团、各区县安全监管局及各有关部门参加了会议。会上，市安全监管局对《通告》的主要内容，有限空间现场监护人员纳入特种作业的范围，设置现场监护人员的有关法律依据以及有限空间作业的管理措施进行了介绍。截至2010年底，全市共有1973人参加了培训，其中1520人取得了有限空间特种作业资格证书。

（刘卫坤）

【学习交流有限空间管理经验】 8月23日，市安全监管局赴深圳，与香港职业安全健康局交流有限空间安全管理问题。中国职业安全健康协会、北京市劳动保护研究所、北京市城市系统工程研究中心有关人员陪同调研。会上，香港职业安全健康局高级顾问黄妙泉先生，系统介绍了香港有限空间监督管理情况。

（刘卫坤）

【录制《有限空间安全生产操作规程》宣传片】 12月3日，市安全监管局会同北京市劳动保护科学研究所录制了《有限空间安全生产操作规程》宣传光盘，普及有限空间作业安全生产基础知识。

（刘卫坤）

【召开有限空间工作总结会】 12月8日，市安全监管局召开了全市有限空间工作总结会，市发展和改革委、住房城乡建设委、市政市容委、水务局、广电局、通信管理局以及燃气集团、热力集团、环卫集团等16家行业部门和企业集团参加了会议。会上，市安全监管局通报了2010年有限空间安全生产事故发生情况，并对有限空间工作进行了总结。各相关部门介绍了本行业2010年有限空间工作开展情况，并对有限空间监管工作存在的问题以及下一步监管对策进行了研讨。

（刘卫坤）

【开展有限空间专项治理工作】 4月1日，市安全监管局通过市安委会印发《北京市有限空间安全生产专项治理工作方案》。4月2日，市安全监管局召开了有限空间安全生产专项治理工作会，会上传达了职业健康监督管理工作现场会的会议精神，通报了2009年有限空间事故发生情况，分析了原因，并对2010年有限空间安全生产专项治理工作进行了安排部署。4月至8月，按照“谁主管谁负责，谁作业谁负责及条块结合，属地管理”的工作原则，集中行业和属地监管力量，在全市范围开展了有限空间专项执法检查。专项行动中，全市共检查有限空间作业单位7679家次，发现隐患或问题2655条，下达执法文书1838份，行政处罚60起，停业整顿3家。

（刘卫坤）

【有限空间专项治理督察】 6月29日，市安全监管局组织召开了有限空间专项督察工作筹备会，7月20日至29日，联合市发展和改革委、市住房城乡建设委、市市政市容委、市水务局、市广电局和市通信管理局7个部门组成督察组，采用听取汇报、查阅文件、现场检查、集中反馈的形式，重点围绕有限空间制度建立、防护设备设施配备、警示标志、特种作业培训、教育培训等内容，分别对海淀区、朝阳区、大兴区、丰台区、昌平区5个区有限空间专项治理工作进行了专项督察。督察组分为5个专项督察小组，分别对排水、环卫、燃气、热力、市政工程、物业单位、电力通信、广电等行业共59家有限空间生产经营单位进行了现场检查。同时邀请了多家媒体，开展了“直击现场”活动。督察中共发现安全隐患62处，下达责令改正通知书16份，并责成区安全监管局和相关行业部门进行复查。

（刘卫坤）

【开展粉尘与高毒物品专项治理工作】 8月16日，市安全监管局下发了《关于认真做好粉尘与高毒物品危害治理专项行动检查复查阶段相关工作的通知》，对检查复查阶段的各项任务提出了进一步要求；8月25日，市安全监管局会同市卫生局、市人力社保局、市总工会，召开了专项行动中期交流会；9月2日，市安全监管局会同市劳动保护科学研究所对怀柔区古诺凡希家具有限公司和鑫霸印务有限公司职业健康情况进行了调研；11月16日至24日，市安全监管局与市卫生局、市人力社保局、市总工会组成联合督察组，分别对海淀区、昌平区、房山区、平谷区、密云县5个区县粉尘与高毒物品危害治理工作开展情况进行了督察。市人大代表佟丽华和市政协委员刘凝应邀参加了督察。督察采用听取部门汇报、查阅文件资料、深入企业检查、集中反馈意见等方式进行，主要围绕专项行动动员部署、企业自查自改、重点企业治理、检查复查等情况进行。据统计，在全市专项治理行动中，共检查复查企业2940家次，发现问题和隐患9446项，督促企业落实整改资金3164.9万，行政处罚157.3万元。

（刘卫坤）

【参加总局职业健康监督员试点工作总结会】 3月5日，国家安全监管总局在北京召开职业健康监督员试点工作总结会，北京、吉林、辽宁安全监管局及北京职安健业科技中心参加了会议。市安全监管局介绍了本市初步建立2000人监督员队伍及报名、培训、考试、发证一整套管理模式的经验。三省市和技术支撑单位对如何推进监督员制度化、科学化、法制化规范化管理，建立长效的培训、考试、考核管理机制等问题进行了讨论。

（刘卫坤）

【参加总局职业健康技术支撑体系建设研讨会】 3月16日，国家安全监管总局在北京召开职业健康技术支撑体系建设研讨会。北京、河北、辽宁、上海、江苏、大连、通州、安徽凤阳等14个省、市、区、县安全监管局，中国安科院、职业安全卫生研究所、湖南有色冶金劳保研究院等7家职业健康技术服务机构参加了研讨会。市安全监管局介绍了本市职业健康技术支撑体系建设情况，技术服务机构的总体情况以及存在的问题，并对如何加强技术支撑体系建设，完善法规标准体系等问题提出建议。各省、市、区、县安全监管部门以及技术支撑机构就各自体系建设情况、好的经验和做法以及发展方向进行了发言，并就职业健康技术支撑体系建设的定位、层级、功能、布局、标准、数量等进行了交流和探讨。

（刘卫坤）

【参加中编办职业卫生调研】 3月18日至19日，中央机构编制委员会办公室副主任王峰带队调研本市职业卫生管理体制情况，国家安全监管总局、市编办、市安全监管局、市卫生局、市人力社保局、开发区管委会、通州区安全监管局及有关专家参加了调研。3月18日，调研组在市政府副秘书长戴卫陪同下到经济开发区富士康精密组件有限公司和揖斐电电子有限公司两家企业进行了实地考察，听取了两家公司职业卫生工作情况汇报，并就目前职业卫生机构设置、职业卫生监管、职业卫生检测、从业人员体检以及工作中存在的问题和难点听取了企业的意见和建议。3月19日，调研组在北京会议中心组织召开座谈会。市安全监管局对本市职业卫生工作格局、部门联动机制建立及职业卫生法规标准体系建设等工作进行了汇报，市卫生局、市人力社保局、经济开发区管委会及通州区安全监管局就本部门履行职业卫生监管职责情况进行了汇报。

（刘卫坤）

【参加国家总局职业卫生调研】 4月15日，国家安全监管总局职业健康司到通州调研职业卫生工作。市安全监管局、通州区安全监管局有关人员陪同调研。通州区安全监管局就职业安全健康管理机构设置、人员配备、作业场所职业危害普查、作业场所职业安全健康监管工作开展情况进行了汇报，并就目前监管工作存在的难点和突出问题与调研组交换了意见。调研组还到北京市金硕旅游用品厂和北京家美迪克家具有限公司进行了实地调研。

（刘卫坤）

【编制出版职业健康管理员培训教材】 4月，市安全监管局会同中国职业安全健康协会、职业安全卫生研究所、北京大学医学部、北京市疾控中心、北京市劳保所、3M公司有关专家组成了职业健康管理员培训教材编写组。5月底形成了教材讨论稿。6月至8月多次召开研讨会，对培训教材的编排结构、主要内容以及存在的问题进行研讨、修改。12月，编制出版了《北京市企业职业健康管理员培训教材》。教材突出了本市职业危害现状，重点对常见的职业危害因素行业分布、主要危害、防治措施等进行了介绍；教材共引用61张图片和31个典型职业危害案例，具有图文并茂，通俗易懂的特点。

（刘卫坤）

【召开职业健康管理员管理工作研讨会】 5月20日，市安全监管局组织召开了职业健康管理员管理工作研讨会。朝阳区、房山区、通州区、开发区，燕山石化、汽车控股、医药等10个试点企业集团参加了研讨。会上，市安全监管局介绍了职业健康管理员工作开展情况以及发展方向和管理思路。随后，参会人员对职业健康管理员的定位、职责、管理、继续教育、权利和义务等问题进行了交流和探讨。

（刘卫坤）

【举办职业卫生监管干部培训班】 5月31日至6月4日，市安全监管局在北京经济管理干部学院举办了两期职业卫生监管干部培训班，来自全市各区县及部分乡镇（街道）的180名监管干部参加了培训。培训邀请了国家安全监管总局职业健康司、国家总局职业安全卫生研究所、北京市疾控中心和3M公司等单位职业卫生专家，分别从全国和本市的职业卫生形势、职业卫生法律法规和标准体系建设和发展、粉尘与化学毒物的概念、分类、识别和控制、个人劳动防护用品的选择、使用和维护、工业企业通风技术等方面进行了讲解。

（刘卫坤）

【金属非金属矿山职业健康现状调研】 为进一步掌握本市金属、非金属矿山企业职业危害现状，6月22日至7月9日，市安全监管局会同国家安全监管总局职业安全卫生研究所，分别深入到房山、密云、昌平、怀柔、门头沟五个区县，对不同规模的20家非煤矿山企业职业安全健康状况进行了现场调研。在相关区县安全监管局的配合下，调研组深入各非煤矿山企业一线作业场所，分别就企业职业健康管理、工程防护设施、个体防护用品使用配备、职业危害申报情况、职业危害因素监测评价等情况进行了实地调查，并对存在职业危害因素的各作业场所进行了现场采样和检测。

（刘卫坤）

【职业健康管理员岗位建设工作调研】 为进一步推进职业健康管理员岗位建设工作，7月15日，市安全监管局到朝阳区调研职业健康管理员岗位建设工作。朝阳区作为北京市职业健康管理员试点区县，2009年在800余家生产经营单位设立了职业健康管理员岗位，发放职业健康管理员证书871份。2010年在试点工作基础上，制订了《2010年朝阳区职业健康监督员监管工作方案》，成立了工作领导小组，明确了工作目标、任务以及实施步骤，全面推进了职业健康管理员岗位建设工作。

（刘卫坤）

【发布《北京市金属非金属矿山作业场所职业健康管理规范》（试行）】 7月15日至16日，市安全监管局组织召开了《金属非金属矿山作业场所职业健康管理规范》（初稿）研讨会。7月21日，局长张家明主持召开《金属非金属矿山作业场所职业健康管理规范》专题研究会，原则同意《金属非金属矿山作业场所职业健康管理规范》（征求意见稿）。8月30日，市安全监管局联合市卫生局、市人力社保局发布《北京市金属非金属矿山作业场所职业健康管理规范（试行）》。

（刘卫坤）

【职业健康监管体系调研】 为进一步掌握区县职业健康监管工作开展情况，8月19日至20日，市安全监管局分别对通州区、开发区进行了调研。调研组听取了通州区、开发区安全监管局关于职业健康监管体系建立、职业危害申报、执法检查、宣传教育、存在的问题以及下一步工作目标等情况的汇报，并就完善职业健康法规标准体系，加强职业健康技术服务支撑力量、探索职业卫生安全行政许可等工作及职业健康日常监测、执法检查、安全审计等问题进行了交流。调研组还对通州区北京天使专用化学技术有限公司、吉林森林工业股份有限公司北京门业分公司及开发区北京当纳利印刷有限公司和北京艾科泰国际电子有限公司进行了实地调研。

（刘卫坤）

【召开企业职业健康管理员岗位建设座谈会】 8月27日，市安全监管局召开了职业健康管理员岗位建设座谈会。环境保护部、市环保局以及职安处、朝阳区安全监管局、开发区安全监管局参加了会议。会上，环境保护部介绍了企业环境监督员制度建立背景和进展情况、主要法律依据、取得的成效、面临的问题以及下一步工作计划。市环保局就北京市企业环境保护监督员建设发展情况、环保监督员的管理、出台的相关规范性文件、如何发挥监督员作用等内容进行了介绍。随后，与会人员就企业监督员定位、培训模式、工作职责、监督员和企业之间的关系、资质化管理等进行了研讨。

（刘卫坤）

【印发《北京市职业健康管理员监督管理办法（试行）》】 为推进本市职业健康管理员监督管理的制度化、规范化，10月11日，市安全监管局起草了《北京市生产经营单位职业健康管理员监督管理办法》。期间，多次召开研讨会，分别邀请了不同领域职业健康专家、试点区县、非试点区县安全监管局、企业职业健康管理人员以及环境保护部、市环保局进行研讨，广泛征求意见和建议，反复修改完善。11月30日，下发了《北京市职业健康管理员监督管理办法（试行）》，明确了生产经营单位责任、职业健康管理员岗位职责、监管部门监督管理等内容。

（刘卫坤）

【城市间横向交流与沟通职业安全健康管理工作】 8月31日、11月3日，上海市、天津市安全监管局到本市调研职业健康监管工作。市安全监管局接待并介绍了本市作业场所职业健康监管体制、部门协调机制、法律法规标准、职业危害申报、技术支撑体系的建立以及作业场所监督执法、职业健康宣传培训、职业健康监督员岗位建设等工作开展情况，并与调研人员就职业卫生职能划转、监管工作发展方向、职业卫生资源整合，部门合作长效机制建立等问题进行了交流和研讨。

（刘卫坤）

【参加中国国际职业健康工作实践与发展分论坛】 9月2日，由国家安全监管总局和国际劳工组织共同主办的第五届中国国际安全生产论坛在北京举行。市安全监管局应邀参加了职业健康工作实践与发展分论坛。来自美国、德国、英国、香港等11个国家和地区的专家和学者参加了此次分论坛。国际劳工组织、美国、俄罗斯、新加坡、马来西亚等专家和学者分别从亚洲职业健康发展状况、保护工人健康权益、职业健康领域的新研究和新应用、职业安全与健康战略和方法、提高职业病诊断和职业病报告能力等方面进行了精彩演讲；国家安全监管总局、大连市安全监管局分别对中国职业健康问题与对策，监管工作的实践与发展进行了介绍。北京市安全监管局做了题为“忠实履行政府监管职责，切实保护职工身体健康”的主题演讲。分别从本市职业健康体系和机制的建立，法律法规标准体系建立和完善，职业健康监督员岗位建设、作业场所职业健康监督执法等方面进行了介绍。重点对如何围绕“人文北京、科技北京、绿色北京”和建设“世界城市”的新思路和新目标所赋予的职业健康新内涵，进一步完善监管机制、创新监管手段、探索服务方式等方面进行了介绍。论坛期间，与会人员就职业健康发展方向，职业健康理论和实践创新，职业健康面临的机遇和挑战等问题进行了交流和研讨。

（刘卫坤）

【企业职业健康管理员试点工作总结】 10月19日，市安全监管局召开企业职业健康管理员试点工作总结会。朝阳、房山、通州、开发区4个试点区参加了会议。会上，4个试点区分别从组织保障、采取的措施和管理员队伍建设、培训管理等方面对企业职业健康管理员试点工作开展情况进行了汇报，同时对试点工作中存在的管理员定位、培训经费保障、管理员持证上岗等难点问题提出了建议和意见。

（刘卫坤）

【职业卫生技术服务机构调研】 为进一步掌握本市职业卫生技术服务机构的基本情况，11月2日、4日、12日、18日，市安全监管局分别到北京市工业技术开发中心、北京安华鼎仕检测技术服务中心、国家安全监管总局职业安全卫生研究所、燕山石化职业病防治所进行了调研，听取了四家机构职业卫生技术服务工作开展情况的汇报，实地查看了相关实验室，并就职业卫生技术服务机构服务能力和发展方向、技术服务资源的合理配置、监管部门与技术服务机构协调配合等问题与相关人员进行了交流讨论。

（刘卫坤）

【召开职业卫生监管职责分工座谈会】 根据国家安全监管总局转发的中编办《关于职业卫生监管部门职责分工的通知》（［2010］104号）的精神，为进一步做好本市职业卫生监管工作，11月15日，市安全监管局与市卫生局共同召开了职业卫生监管职责分工座谈会。会上，市卫生局介绍了职业卫生检测和评价、职业健康监护、放射性诊疗、技术服务机构审批等工作开展情况。市安全监管局重点从职业健康监管体制机制建立、作业场所监督检查执法和职业卫生法规体系完善等方面进行了介绍。两部门围绕进一步推动本市职业卫生工作、强化部门工作协调机制、解决监管工作中存在的问题以及职业卫生发展方向进行了研讨。

（刘卫坤）

【开发职业健康管理员信息管理平台】 11月22日，市安全监管局开发了职业健康管理员信息管理平台，运用信息化手段加强管理员队伍管理。实现了网上报名、远程教育、知识发布、专家库建设、标准查询等相关功能，为监管干部和管理员提供技术支撑服务。

（刘卫坤）

【举办职业健康管理员培训班】 为进一步加强本市职业健康管理员队伍建设，12月15日至31日，市安全监管局在北京经济管理干部学院举办了五期培训班，共培训重点行业和规模企业职业健康管理员800余人。培训班邀请了国家安全监管总局职业卫生研究所、国家疾控中心职业卫生与中毒控制所、中国安科院，北京市疾控中心等不同领域专家进行了授课。主要针对粉尘与化学毒物的危害识别与控制，劳动防护用品的选择和使用等相关内容进行讲解。市安全监管局就北京市职业卫生形势，职业健康管理员工作进展情况、职业健康管理员监督管理办法等内容进行了介绍，重点对职业健康管理员主要职责进行了讲解，并对典型职业危害事件进行了分析。培训结束后，对考试合格人员发放了培训合格证书。

（刘卫坤）

【召开小煤矿关闭涉及尘肺病问题的会议】 7月5日，市小煤矿整顿关闭领导小组办公室组织召开了小煤矿关闭工作专题会，专题研究关闭工作中涉及的职工尘肺病等问题，会议由市安全监管局（北京煤监分局）副局长贾太保主持。房山区安全监管局、门头沟区经济信息化委负责人汇报了小煤矿关闭工作进展情况，重点汇报了有关小煤矿职工尘肺病情况；市卫生局、市人力社保局、市总工会等单位的参会同志分别通报了本单位掌握了解的目前小煤矿职工尘肺病体检、诊断及上访情况，并就当前存在的问题提出了工作建议。会议要求：（一）两区政府要高度重视小煤矿关闭后的职工尘肺病问题，要做到情况明、数字准。要深入细致地核查煤矿从业人员中接尘人员的人数，要从签订劳动合同、缴纳工伤保险、从业人员籍贯、从业年限等方面进行筛选排查。（二）两区政府要向煤矿投资人宣讲《职业病防治法》等相关政策，明确煤矿企业在尘肺病防治中的主体责任和应承担的社会责任，要坚决维护煤矿职工利益、维护地区社会稳定。（三）为有利于做好关闭后职工补偿和解决尘肺病问题，两区工商部门要慎重对待企业工商营业执照的注销工作。（四）市卫生局、市人力社保局、市总工会要依据职责，进一步深入开展尘肺病的调查摸底工作，及时发现问题，站在维护首都稳定大局的角度，综合考虑两区的实际情况，统一相关政策，提出有针对性的政策建议。于7月8日前将书面材料反馈至市安全监管局（北京煤监分局），待归纳整理后上报市政府。

（董　伟）

【研究小煤矿职工尘肺病问题】 7月28日下午，市安全监管局（北京煤监分局）组织市人保局、市卫生局、市总工会、房山和门头沟区有关部门，召开专题会议研究煤矿职工尘肺病问题。会议由市安全监管局（北京煤监分局）副局长贾太保主持。会上，房山区安全监管局、门头沟区经济信息化委负责人汇报了有关小煤矿职工尘肺病问题工作进展情况。两区为及时妥善解决小煤矿职工尘肺病问题，切实维护社会安全稳定，都成立了工作领导小组，制定了工作方案，各项工作正在稳步推进。市卫生局、市人力社保局、市总工会等部门结合各自的工作职责，针对小煤矿职工尘肺病体检诊断后出现的医学随访、补缴保险人员的范围等问题提出了工作建议。会议要求：（一）市有关部门要依据职责、法律法规，深入调查研究小煤矿关闭中出现的尘肺病等问题，要充分考虑因尘肺病引发的其他问题，并提出相应的工作措施。（二）为确保市政府领导能及时掌握了解小煤矿尘肺病问题和其他新情况新问题，会议决定每月召开两次专题会；房山、门头沟区政府要按照既定工作方案，扎实稳妥、依法依规地开展工作，并要与市有关部门及时沟通工作进展情况和存在的问题。（三）房山、门头沟区政府，市有关部门要总结小煤矿职工尘肺病问题的经验教训，做好矿山关闭前的各项工作。

（董　伟）

【召开小煤矿尘肺病工作专题会】 8月13日，市安全监管局局长张家明主持召开专题会，听取了关于小煤矿职工尘肺病工作情况报告，研究分析了尘肺病工作中存在的主要问题，部署了下一阶段的工作，并提出了具体的工作要求。张家明指出妥善解决尘肺病问题要紧紧依靠地方政府，及时掌握房山、门头沟区政府的工作进展情况，及时进行统筹协调。要深入两区进行调研，梳理尘肺病工作中存在的重点和难点问题，并及时将相关信息反馈给市有关领导；组织市有关部门召开会议，协调指导两区政府针对工作中出现的新情况新问题不断完善工作方案。在适当的时机，建议市政府召开专题会，协调解决尘肺病工作中存在的突出问题。

（董　伟）

【调研小煤矿关闭后尘肺病处置情况】 8月16日、17日，市安全监管局（北京煤监分局）组织市卫生局等部门分别到房山区、门头沟区调研小煤矿关闭后职工尘肺病处置情况、对提前解除劳动合同的职工补偿情况以及善后工作中存在的问题和需要市政府协调解决的困难。房山、门头沟区政府及有关部门汇报了两区重点开展了小煤矿职工尘肺病体检工作和对提前终止合同的职工补偿款的研究发放工作。截止到8月16日，两区已登记857人参加体检。

（董　伟）

【对乡镇煤矿开展职业危害专项监察】 3月25日至26日和4月15日至16日，分别对北京市安岳煤矿、北京市新兴枣园煤矿和北京市四马台煤矿、北京堂上煤矿、北京市堂上瑞祥煤矿、北京安吉煤矿开展了职业危害专项监察。监察人员重点对煤矿作业场所职业危害防治领导机构建立、职业危害防治管理制度和责任制落实情况；配备个体防护用品情况以及个体防护用品的发放、使用和管理情况；定期开展粉尘监测、检测情况等进行了检查。针对检查中发现的问题，监察人员要求煤矿企业认真整改，严格落实各项防治措施，切实做好职业危害防治工作；区、乡煤矿安全管理部门要加强对所属煤矿的监督检查，督促煤矿企业要全面落实危害防治主体责任，切实保障煤矿职工职业健康。

（董　伟）

【召开职业健康工作专题会】 4月1日至2日，北京煤监分局分别在门头沟区和房山区召开了职业健康工作专题会。监察人员传达了国家安全监管总局《关于开展煤矿职业卫生情况调查工作的通知》和国家煤矿安全监察局《关于开展煤矿作业场所粉尘危害治理专项行动的通知》等有关文件，部署了职业卫生情况调查和开展煤矿作业场所粉尘危害治理专项行动两项工作，并就煤矿职业卫生情况调查表填报说明进行了讲解，对粉尘危害治理专项行动提出了具体工作要求。房山、门头沟区煤矿安全监管部门、各产煤乡镇分管领导，京煤集团，煤矿企业负责人参加了会议。

（董　伟）

【对国有煤矿职业危害防治专项监察】 按照《北京市煤矿作业场所粉尘危害治理专项行动工作方案》的要求，结合年度执法工作计划，10月27日至28日，北京煤监分局对京煤集团长沟峪煤矿和木城涧煤矿开展了作业场所职业危害专项监察。监察内容包括煤矿作业场所职业危害防治领导机构建立、职业危害防治管理制度和责任制落实情况；煤矿企业负责人、管理人员和接触粉尘危害人员参加职业卫生知识培训情况；配备个体防护用品情况以及个体防护用品的发放、使用和管理情况；告知从业人员工作过程中粉尘危害及其危害后果，并在作业场所设置职业危害警示标识情况；定期开展粉尘监测、检测情况；粉尘控制措施落实情况，重点是综合防尘体系建立与运行情况；组织从业人员进行上岗前、在岗期间、离岗前尘肺病体检，并建立职业健康监护档案情况。针对检查中发现的问题，监察人员下达了“责令改正”的现场处理决定书，并提出了整改意见。

（董　伟）

【木城涧煤矿职业安全健康管理专项监察】 11月3日至4日，北京煤监分局对木城涧煤矿作业场所职业安全健康情况开展专项监察。监察人员传达了分局领导在10月31日专题会上的指示精神，然后现场检查了木城涧煤矿安全监测监控系统运行情况和大台井开拓一段－510米水平东平巷、人车库和水泵房等三个掘进工作面的职业安全健康管理情况。监察人员对在检查中发现的问题向木城涧煤矿下达了现场处理监察指令。

（董　伟）

【国家总局检查煤矿职业卫生统计工作】 6月30日至7月1日，国家安全监管总局统计司副司长张宏波一行三人对京煤集团所属木城涧煤矿、大安山煤矿开展职业卫生统计工作的情况进行了调研。了解了粉尘测定、职工体检、职业病发病的有关情况，查看了粉尘管理制度、预防措施、职工体检表、粉尘记录台账等、详细了解粉尘测定仪器的功能、作用和使用情况。并到大安山煤矿井下采煤工作面现场观看了粉尘采样、测定过程。

（贾　宏）

【开展职业卫生检测】 3月8日，市安全监管局技术支撑中心实验室取得职业卫生技术服务机构资质后，积极开展检测检验工作。本周，现场调查了北京宝能热力有限责任公司永泰供热厂作业现场职业卫生情况，检测了总尘、呼吸性粉尘和噪声，采集了游离二氧化硅样品。将完成采集数据的实验室分析工作，并加紧编制完成职业卫生检测报告。

（赵争春）

【配合区县进行职业卫生检测】 5月6日，为配合区县安全监管局做好职业卫生监管监察工作，市安全监管局预防中心专业人员深入平谷区3家生产经营单位作业实地调查了作业场所职业卫生、作业人员工时等情况，确定了职业病危害因素种类和检测点位置，为开展作业场所职业卫生检测作好准备。

（赵争春）

【对2家生产经营单位职业病危害因素进行现场检测】 6月7日、21日，市安全监管局预防中心完成平谷区5家生产经营单位的职业病危害因素现场检测。共检测噪声18件，采集样品70件。其中，苯、甲苯、二甲苯等毒物各16件，粉尘10件，锰尘4件，氮氧化物8件。

（赵争春）

【完成3家生产经营单位职业病危害因素现场检测】 6月25日，市安全监管局预防中心工作人员赴密云、怀柔的3家非煤矿山单位开展现场检测工作。主要对非煤矿山企业的现场噪声和粉尘进行了检测。

（赵争春）

【开展北京市非煤矿山职业健康现状调研的现场检测工作】 7月12日，市安全监管局预防中心按照北京市非煤矿山职业健康现状调研工作安排，组织技术人员赴房山的4家非煤矿山单位针对现场噪声和粉尘等职业危害因素进行现场检测。至此，预防中心共参加了怀柔、房山和密云3个区县共7家非煤矿山单位的现场噪声和粉尘检测工作，为职安处调研工作提供了有力的技术支持。

（赵争春）

【开展职业病危害因素检测】 12月20日，受北京邮区中心局委托，市安全监管局预防中心4名工作人员对北京邮区中心局西干处邮件分拣、运输等作业场所空气中的粉尘（总尘）浓度进行了检测。现场共采集粉尘样品14件，完成了实验室分析及检测、评价报告的编制，为用人单位提供了《职业卫生检测报告》。

（赵争春）

安全生产宣传培训

【安全生产广播宣传报道】 2010年，市安全监管局对《安全新干线》栏目进行改版，并与北京城市服务管理广播和北京交通广播通力合作，通过新闻资讯、案例分析、热点评述、直击现场、专家访谈等形式，对安全工作进行多维度的宣传。

3月12日，市安全监管局局长张家明来到北京城市管理广播“市民对话一把手”直播间，就本市安全生产工作同广大市民进行交流，并听取市民对本市安全生产工作的意见和建议。

10月27日，市安全监管局副局长、新闻发言人蔡淑敏录制“12350”安全提示口播语，以提倡市民通过12350安全生产免费举报投诉电话对发现的安全生产事故隐患和各类非法违法生产建设经营行为进行举报投诉，并承诺市安全监管局将在查证之后，督促有关单位进行整改。11月至12月期间在北京人民广播电台FM103.9交通广播及FM107.3城市服务管理广播分段播出。

12月21日，张家明、蔡淑敏做客北京人民广播电台《城市零距离》栏目直播间，介绍“12350”开通一年以来的有关情况，并对举报投诉及本市安全生产形势的有关问题与市民进行了交流。

2010年市安全监管局共发布广播信息2110条，播出时间420余分钟。使广大群众“听安全”、“重安全”、“报安全”。

（王　宇）

【电视宣传报道安全生产工作】 2010年，市安全监管局以新闻发布会、专题参访栏目、重点会议活动跟踪报道等方式，主动加强与北京电视台的合作，增强电视宣传力度。在《北京新闻》继续开展“直击安全现场”专栏，配合安全生产执法检查，对生产经营单位违反安全生产法律法规的行为和发生重特大事故的单位进行曝光；在《北京新闻》对执法检查情况、安全生产月等重点工作进行宣传报道；在《北京新闻》、《特别关注》、《晚间新闻报道》、《平安生活》等节目播出“小煤矿整顿关闭”、“城南行动保障工作”、“领导干部带班下井”、“12350举报电话”等专题报道；配合全市烟花爆竹安全零售工作，从年三十到正月初七在北京卫视黄金时段播出烟花爆竹安全零售动画片；在北京电视台播出著名节目主持人徐春妮和王旭东共同拍摄的安全生产公益广告片。全年共电视播出210条安全生产相关内容新闻。

7月15日，市安全监管局副局长、新闻发言人蔡淑敏应北京电视台《北京议事厅》栏目组邀请，就本市有限空间作业、高处悬吊作业以及小煤矿整顿关闭有关情况接受专访。访问中，蔡淑敏就近年来本市有限空间作业、高处悬吊作业事故发生情况进行了介绍，并重点对事故发生的主要原因以及本市为进一步加大有限空间、高处悬吊作业安全监管工作采取的具体措施进行了说明。

12月21日，蔡淑敏做客北京电视台经济频道《北京议事厅》栏目，与嘉宾、主持人一起畅谈本市安全生产工作，对本市近年来安全生产工作的总体情况和特点及安全生产重要事件进行了总结，并结合近年本市及全国发生的安全生产重点事故，分析了在加快经济发展方式转变，推进城市化建设中，本市安全生产工作面临的新形势。

通过多方面、深层次的合作，市安全监管局与媒体共同搭建出了安全生产工作的视窗，让从业人员及广大群众通过视窗了解相关知识，认识安全生产重要性。

（王　宇）

【报刊宣传报道安全生产工作】 2010年，市安全监管局不断加强报刊媒体宣传，努力形成多角度、深层次的宣传报道。1月4日，在《北京日报》头版发布了冰雪灾害天气安全生产提示。《北京市安全生产事故调查处理办法》颁布后，根据主要内容，协调《北京日报》全文刊登了北京市安全生产事故调查处理办法。与《中国安全生产报》合作，继续办好“首都安全”专版，充分发挥驻北京记者站作用，深入区县、乡镇街道和企业进行采访，在头版刊发稿件20篇，其中头版头条4篇，策划首都安全专版18期，此外，在《北京日报》、《北京晚报》、《北京青年报》等多家媒体，对安全生产执法检查、隐患治理等重点工作、重大活动广泛进行宣传报道，共刊登安全生产新闻稿件302条。

（王　宇）

【网络宣传报道安全生产工作】 2010年，市安全监管局利用首都之窗、千龙网、市安全监管局等网站对全市安全生产工作进行宣传报道，全年累计在网站刊登信息5672条。市安全监管局网站先后开辟安全生产月、国务院《通知》宣传等20多个专题栏目，并对新重点工作、公文公告等内容及时更新。

（王　宇）

【加强安全生产舆情监测】 市安全监管局为进一步加强对新闻舆论的引导，自9月1日起创办了《安全生产每日舆情》，每天收集整理各类媒体关于安全生产工作的新闻报道情况，进行系统分析，为领导进行安全生产决策提供帮助。2010年全年共邀请媒体采访报道安全生产工作累计51次，通过媒体刊播安全生产新闻稿件1873篇，其中电视媒体93条，广播媒体1481条，报刊媒体282条，网络媒体17条，发布安全提示12次，形成了较为强大的舆论氛围。

（王　宇）

【北京市安全生产月启动仪式】 6月1日，以“安全发展，预防为主”为主题的2010年北京市安全生产月活动启动仪式暨安全文化下基层首场演出活动在大兴区隆重举行，副市长苟仲文，国家安全监管总局新闻发言人、国家煤矿安全监察局副局长黄毅，国家安全监管总局宣教中心主任金磊夫、副主任李建国，市安全监管局局长张家明，市文化局巡视员叶重辉等北京市安全生产月活动组委会成员单位的领导，大兴区委书记林克庆，区委常委、常务副区长谈绪祥，副区长常红岩以及北京城市服务管理广播副台长张晶宇等出席启动仪式。开幕式上，苟仲文宣布了2010年北京市安全生产月活动开幕，黄毅、张家明等分别讲话。最后，安全文化下基层首场演出活动拉开帷幕，河北大厂歌舞团带来了围绕安全生产工作的专题文艺演出。

（王　宇）

【全国安全生产月宣传咨询日在北京现代汽车有限公司举行】 6月13日，围绕“安全发展，预防为主”这一主题，2010年全国“安全生产月”宣传咨询日活动在北京现代汽车有限公司举行。活动由中宣部、国家安全监管总局、公安部、广电总局、全国总工会、团中央、中华全国妇女联合会和北京市政府共同主办，国家安全监管总局宣教中心、北京市安全监管局、顺义区政府、北京市顺义区安全监管局、北京现代汽车有限公司联合承办。活动由国家安全监管总局副局长杨元元主持，国家安全监管总局局长骆琳和北京市人民政府副市长苟仲文分别致辞，全国人大常委会副委员长陈昌智宣布2010年全国“安全生产月”宣传咨询日活动开始。咨询日活动期间，向社区居民赠送安全图书和宣传片，北京现代汽车有限公司代表北京市生产经营单位向社会发出安全生产倡议书，北京市的中学生代表还表演了配乐诗朗诵《安全交响曲》，与会领导和代表参观了企业安全文化展示区和北京现代汽车生产线。参加活动的社会各界人士和上千名群众还观看了精彩的安全生产主题文艺演出。国家和北京市安全生产月活动组委会有关领导，本市各区县安全监管局负责同志出席活动。

（王　宇）

【安全生产影视片展映】 6月，结合第二季度事故高发和农民工进城务工人员增多的特点，市安全监管局与市广播电影电视局联合下发通知，从6月初开始，在全市范围内开展安全生产宣传影片集中展映活动，由市安全监管局和市广播电影电视局组织奔小康数字院线精心挑选安全生产题材影片，在国家数字影院中心片库中选择了《空发事件应急自救》、《煤气中毒的预防与救治》、《煤矿透水事故防治》、《地震应急避险与自救》和《校园建筑抗震知识》5部安全主题影片，借助广电系统基层的数字电影厅和流动放映设施，在全市各区县、企业、街道、乡镇、社区巡回放映安全生产影视片。据统计，安全生产影视片共播放7350场，观看人数达50万人。

（王 宇）

【安全生产宣传教育志愿者队伍】 2010年，市安全监管局以开展安全生产宣传教育志愿服务活动为载体，实现北京安全生产宣传教育志愿者队伍的经常化储备、规范化管理、社会化运作、项目化配置、品牌化培育、信息化支撑的工作目标。

3月10日下午，大量外来务工人员返京，市安全监管局在北京西客站南广场设立安全生产宣传咨询服务站，组织20多名首都安全生产宣传教育志愿者，向刚刚抵京的外来务工人员发放安全生产宣传资料，讲解安全生产常识，将近4000名外来务工人员参与活动。

6月13日，全国暨北京市安全生产宣传咨询日活动当天，数以千计的安全生产宣传教育志愿者在咨询日活动主会场和各区县、各企业分会场参与安全生产宣传和咨询活动。

上半年，市安全监管局面向本市各重点研究机构、高等院校定向招募安全生产宣传教育志愿者，通过专门培训，安排前往各区县、街道（乡镇）和社区进行居家安全知识和社区安全文化建设专题授课。

（王 宇）

【第四届北京安全文化论坛】 11月26日，以“落实企业主体责任，服务世界城市建设”为主题的第四届北京安全文化论坛，在位于昌平区的中国石油大学开幕。此次论坛由市安全监管局和中国石油大学联合主办，昌平区政府协办。国家安全监管总局副局长王德学出席并致辞。北京市人民政府副秘书长周正宇出席并讲话。本届论坛以国务院《关于进一步加强企业安全生产工作的通知》精神为指导，结合北京市安全生产特点，紧紧围绕落实企业主体责任和服务世界城市建设主题，邀请了包括中国安全生产科学研究院、世界劳工组织、日本TECHNO株式会社、德国海德堡大学等境内外10余位专家学者，结合各自在安全生产管理、安全文化建设领域的研究成果，全面研讨世界城市建设过程中符合安全发展的经济社会发展模式、符合法治精神的政府有效监督治理、符合具有安全生产基础保障的市场经济秩序、符合增强企业法律责任的企业安全生产主体责任落实，特别对北京市安全生产工作中的热点、难点和重点问题进行探讨，并现场发布部分学术论文。主论坛上，来自国内外的6名专家学者分别就世界城市面临的公共安全挑战、国内外企业职业安全监管与服务、轨道交通安全运营与发展等论题，站在世界城市建设的高度，进行了演讲。市安委会成员单位相关负责人、各区县和经济技术开发区安全监管局领导，各区县和经济技术开发区分管安全生产的领导、街道乡镇负责安全的人员，部分中央在京企业、市属企业，安全生产领域的专家、学者等参加了论坛。

（王 宇）

【部署开展“国务院23号通知”宣传】 8月30日下午，市安全监管局召开会议，对做好《国务院关于进一步加强企业安全生产工作的通知》宣传工作进行部署。国家安全监管总局宣教中心主任裴文田出席并致辞；局长张家明在会议上作就安全生产月活动和“国务院23号通知”的宣传工作讲话；副局长蔡淑敏对2010年安全生产月活动进行了总结，并对下一步国务院《通知》的宣传工作进行了部署；北京市文化局巡视员叶重辉，市安全生产月活动组委会成员单位领导，市属各行业主管部门及市属大中型企业的领导和安全生产宣传教育工作部门的有关人员，各区县安全生产月活动组委会成员单位、部分行业主管部门领导，部分乡镇、街道主要负责人，部分新闻单位的记者300余人参加了会议。

（王　宇）

【贯彻“国务院23号通知”宣传日启动】 9月3日上午，本市贯彻《国务院关于进一步加强企业安全生产工作的通知》宣传日暨“大宣讲”活动启动仪式在丰台区北京居然之家集团广场隆重举行。副市长苟仲文出席并宣布全市贯彻国务院《通知》精神“大宣讲”活动启动；国家安全生产宣传教育中心副主任李建国出席并致辞；市安全监管局局长张家明出席并讲话。活动中，北京居然之家投资控股集团负责人向全市发出了贯彻落实国务院《通知》精神，强化安全生产工作，落实企业安全生产主题责任的倡议。与会领导为企业代表赠送了企业落实安全生产主体责任宣传书籍，并为即将在全市组织开展的国务院《通知》精神“大宣讲”宣讲员颁发了聘书。“大宣讲”活动宣讲员、中国地质大学罗云教授，围绕《通知》重要内容，为参会人员进行了宣讲。与会领导和参会人员共同在贯彻落实国务院《通知》的条幅上签名。市安全监管局副局长蔡淑敏，丰台区副区长高朋出席活动，全市各区县安全监管局负责人，大型企业负责人，丰台区企业代表等500人参加活动。

（王　宇）

【开展落实企业主体责任意见征集活动】 以“落实企业主体责任，保障首都安全发展”为主题，通过媒体面向公众广泛征集安全生产工作的建议和意见。活动得到了广大市民的热情响应，共计收到建议稿件408篇。

（王　宇）

【安全生产宣传品制作】 2010年，做好贯彻《通知》宣传品开发制作工作。市安全监管局联合设计公司设计制作《通知》单行本10万册、主题宣传画6万张、宣传挂图7000套、展板40套，发放到各区县安全监管局、企业代表及相关协作单位，通过印发宣传画、宣传手册、宣传折页为主要宣传载体，向广大群众、企业职工普及安全生产知识，弘扬安全生产文化，营造安全生产氛围。3月初，为配合农民工返城安全生产宣传，专门设计了1000册《农民工进城务工安全注意事项》和《农民工进城务工安全知识》在北京西客站向返城的农民工进行宣传。4月，为配合本市粉尘、高毒物品危害治理专项行动，市安全监管局委托设计公司，设计印刷了3000张预防职业病主题宣传画。5月，为扩大安全生产宣传范围，突出安全生产月活动主题宣传，设计印刷了五种共12.5万张宣传画、安全知识挂图和5000册《企业员工安全知识》手册、《12350举报投诉电话》、广播节目《安全新干线》宣传扇页各1万本发往全市各区县和部分企业。

（王　宇）

【安全生产电视片制作】 2010年，市安全监管局策划设计脚本，拍摄照片、录像等素材，编辑制作了《跨越安全的生命》《有限空间作业安全为上》两部电视片，并在全市各区县、企业进行发放。

（王 宇）

【12350 投诉举报电话宣传工作】 12350 安全生产举报投诉电话开通后，已成为市民参与安全生产最直接、最有效的平台。市安全监管局通过邀请北京电视台著名节目主持人，录制《12350 安全生产公益宣传片》，在北京电视台卫视、科教、影视等频道黄金时段滚动播出；在《北京晚报》等报刊媒体刊登关于安全生产举报投诉特服电话“12350”有关事项的公告；在城管广播《安全新干线》栏目开辟“12350 安全播报”，报道 12350 相关执法检查，剖析执法中发现的隐患问题；在城市服务管理广播和北京交通广播、12350 安全生产宣传及口播语四方面宣传工作，不间断、大力度地集中宣传，提高广大市民对 12350 的认知度。

（王 宇）

【安全生产演讲团巡回演讲】 2010 年，首都安全生产演讲团巡回演讲，以“安全在我心中”，针对交通安全、消防安全、施工安全、企业操作安全以及先进安全管理经验和《国务院关于进一步加强企业安全生产工作的通知》精神为主要内容，编排了演讲节目，在全市范围内共组织开展了安全生产巡回演讲 50 场，听众达 2.1 万余人。

7 月 28 日，“首都安全生产演讲团”在西城区展览路街道和大栅栏街道进行演讲，拉开了全市安全生产巡回演讲的序幕。共计 600 多名生产经营单位安全生产负责人参加了此次活动。10 月 28 日上午，宣传贯彻《国务院关于进一步加强企业安全生产工作的通知》精神巡回演讲活动在平谷举行首演，演讲将《通知》中的“三个坚持”、”八个重点”等有关精神内核；企业主体责任落实，严格安全监管、严肃责任追究的有力措施；《通知》相关条款知识问答和 12350 热线向大家普及。随后市安全监管局联合市总工会演讲团在 7 月至 11 月期间，围绕“安全在我心中”和《通知》精神为主题，对全市 16 个区县和经济技术开发区以及中建一局、建工集团等大型企业进行了巡回演讲。

（王 宇）

【安全生产大型公开课接序幕】 6 月 18 日上午，副市长苟仲文到北京经济技术开发区京东方第 8.5 代线项目现场，亲自为一线建筑工人上了一堂生动的安全生产公开课，届时拉开了本市大型公开课活动序幕。本着着眼于贴近基层贴近工人的原则，大型公开课活动特别邀请到全国劳动模范白国周作为宣讲团成员，并聘请社区安全讲师团和企业班组安全管理讲师团，在全市范围内开展安全生产大型公开课。2010 年共组织完成安全生产大型公开课 47 场，听课人数近万人。

（王 宇）

【举办安全文化下基层活动】 市安全监管局联合北京城市服务管理广播，通过安全生产专题文艺节目、现场安全知识问答等形式宣传安全生产理念和知识。6 月 1 日，安全文化下基层首场演出在大兴区举行，副市长苟仲文，国家安全监管总局副局长黄毅出席活动，并与广大职工群众一同观看演出。安全文化下基层活动先后走进天通苑社区、中建一局、经济技术开发区等单位和地区，共进行了 10 场演出，参与人数 5000 余人。

（王 宇）

【第一次新闻发布会】 2 月 9 日，市安全监管局在应急指挥大厅召开第一次新闻发布会。副巡视员刘岩就本市烟花爆竹举报投诉和执法检查等情况向媒体进行了通报，对媒体提出的有关问题进行了现场解答，并接受了北京电视台的专访。《北京日报》、北京人民广播电台、北京电视台、北京城市服务管理广播、《北京晚报》、《法制晚报》等媒体参加了新闻发布会。

（钱 山 孙建军）

【第二次新闻发布会】 4月22日上午，市安全监管局在应急指挥大厅召开第二次新闻发布会。新闻发言人、副局长蔡淑敏对第一季度全市安全生产情况向新闻媒体进行了通报，并就加强农民工培训工作接受了北京电视台的专访。新闻发布会邀请了《中国安全生产报》、北京电视台、《北京日报》、《北京晚报》、北京人民广播电台、城市服务管理广播等新闻媒体。

（钱 山 孙建军）

【第三次新闻发布会】 5月19日，市安全监管局在应急指挥大厅召开第三次新闻发布会。新闻发言人、副局长蔡淑敏和副巡视员汪卫国参加了新闻发布会。发布会的主要内容是“将地下有限空间作业现场监护人员纳入特种作业人员管理的问题”。新闻发布会邀请了北京电视台、《北京日报》、《北京青年报》、《北京晨报》、《法制晚报》、北京人民广播电台、城市服务管理广播等新闻媒体，并在会后向《中国安全生产报》、《北京晚报》、《京华时报》、《新京报》等发了新闻通稿。

（钱 山 孙建军）

【第四次新闻发布会】 7月20日，市安全监管局在应急指挥大厅召开第四次新闻发布会。新闻发言人、副局长蔡淑敏对上半年全市的安全生产情况进行了分析，提出了下一步强化安全监管、落实安全生产责任、坚决防止重特大事故发生的工作要求。《北京日报》、《北京晚报》、《北京青年报》、《北京晨报》、北京电视台、北京人民广播电台、城市服务管理广播、《中国安全生产报》、《法制晚报》等9家媒体参加了发布会。

（钱 山 孙建军）

【第五次新闻发布会】 9月2日，市安全监管局召开第五次新闻发布会。新闻发言人、副局长蔡淑敏就开展落实企事业安全生产主体责任建议征集活动进行了新闻发布；副巡视员汪卫国从建议征集活动的背景及目的、征集活动的主渠道及后续工作等4个方面进行了详细的解释，并就记者提出的相关问题进行现场解答。

发布会邀请了北京电视台、《北京日报》、《北京青年报》、《中国安全生产报》、《法制晚报》、《京华时报》、《新京报》等新闻媒体，并在会后向《北京晚报》、《北京晨报》等发了新闻通稿。

（钱 山 孙建军）

【第六次新闻发布会】 9月10日，市安全监管局与市住房城乡建设委、市市政市容委联合召开新闻发布会。主要内容一是对朝阳区东三环国贸桥新建信息管道工程“7·19”事故调查处理情况进行了通报。二是就市安全监管局贯彻落实国务院《通知》精神所做的工作情况向媒体进行了简要的说明。

新闻发布会邀请了北京电视台、《北京日报》、《北京青年报》、《北京晨报》、《法制晚报》、北京人民广播电台、城市服务管理广播等新闻媒体，并在会后向《中国安全生产报》、《北京晚报》、《京华时报》、《新京报》等发了新闻通稿。新闻发言人、副局长蔡淑敏、副巡视员汪卫国参加了新闻发布会。

（钱 山 孙建军）

【第七次新闻发布会】 11月24日，市安全监管局召开第七次新闻发布会，新闻发言人、副局长蔡淑敏通报了《北京市企业安全生产违法行为警示办法》制定实施有关情况，现场解答媒体提出的问题，并接受了北京电视台的专访。北京电视台、北京城市服务管理广播、《北京日报》、《北京晚报》、《北京青年报》、《北京晨报》、《中国安全生产报》、《新京报》、《京华时报》、《法制晚报》等媒体参加了新闻发布会。

（钱　山　孙建军）

【第八次新闻发布会】　12 月 13 日，市安全监管局召开了第八次新闻发布会。新闻发言人、副局长蔡淑敏就《北京市人民政府关于进一步加强企业安全生产工作的通知》的有关问题召开新闻发布会。副局长汪卫国在现场重点解答了媒体的提问。发布会主要邀请了北京电视台、北京城市服务管理广播、《北京日报》、《北京晚报》、《北京青年报》、《北京晨报》、《中国安全生产报》、《新京报》、《京华时报》、《法制晚报》等 13 家新闻媒体。

（钱　山　孙建军）

【第九次新闻发布会】　12 月 30 日，市安全监管局就安全生产举报投诉电话 12350 开通一年来的有关情况召开第九次新闻发布会，新闻发言人、副局长蔡淑敏进行了新闻发布。发布会邀请了新华社北京分社、北京电视台、北京新闻广播、《北京日报》、《北京晚报》、《北京晨报》、《中国安全生产报》、《新京报》、《京华时报》、《现代职业安全杂志》、千龙网等 10 家新闻媒体。。

“12350”自 2009 年 12 月 20 日至 2010 年 12 月 28 日开通一年来，共接收各类事项共计 2938 件，其中咨询建议类 1791 件，已进行电话回复；举报投诉类 1147 件，已办结 1073 件，办结率为 93.5%。已办结事项中，属实和部分属实 679 件，属实率为 63.2%。累计消除隐患近 1887 项，责令整改生产经营单位约 520 家，行政处罚约 80 家，处罚金额约 100 万，责令停产停业约 30 家，吊销安全生产证照 20 家。一年来，共计发放奖励金约 5 万元。

（钱　山　孙建军）

【3 月份注册安全工程师集中受理工作】　3 月 10 日至 20 日，根据《注册安全工程师管理规定》、《北京市安全生产监督管理局、北京煤矿安全监察分局关于北京市注册安全工程师注册工作的通告》（京安监发［2009］21 号）规定，市安全监管局对北京市申请注册安全工程师初始注册、重新注册、延续注册和变更注册人员的申请材料进行了受理。全市共有 355 人提交了申请材料，其中，初始注册 326 人，重新注册 17 人，变更注册 9 人，延续注册 3 人。

（刘　曦）

【安全监管干部执法资格培训班】　5 月 17 日，市安全监管局组织的区县安全监管局新上岗安全监管干部执法资格培训班举行开班仪式。这是按照市安全监管局 2010 年安全生产培训总体工作安排，对区县安全监管局一批新上岗的监管干部举办的一期培训班，来自本市 15 个区县局的 174 名监管干部参加此次培训。本期培训班的目的是加强对新上岗安全监管干部法律知识和专业能力培训，是提高广大监管干部依法监督、依法行政的重要基础工作。通过培训，使参训人员更加全面地了解本市安全生产形势，学习安全生产有关法律法规和政策，掌握在新形势下做好安全生产工作的方法，提高基层安全生产管理水平，推动全市安全生产形势进一步稳定好转。

（刘　曦）

【有限空间特种作业培训教师接受专业培训】 5月17日，一批有限空间特种作业培训教师，在北京经济管理职业学院接受了市安全监管局组织的专业培训。拟申请有限空间特种作业安全培训资格的10个机构共80名推荐教师参加了本次有限空间特种作业师资培训班。据调查，近年来本市有限空间生产安全事故集中发生在污水处理、市政管线维修保养、化粪池清理等作业过程中，全市共有各类地下作业井近150万个，地下管线的建设和维护任务日趋繁重，城市运行管理给安全监管工作提出了新要求。把有限空间作业纳入特种作业考核，提高作业人员素质和准入门槛，可以推动有限空间作业专业化发展。为做好培训教师的选拔工作，市安全监管局专门印发了文件通知，并组织培训学校积极推荐有限空间作业培训教师参加专业培训，对考核合格人员颁发北京市三四级安全生产培训教师资格证书。

（刘　曦）

【探索新模式加强轨道交通建设施工人员安全培训】 5月19日，市安全监管局科技处负责人参加市轨道交通建设管理公司组织召开的座谈会，就采取新模式深入推进轨道交通建设施工人员安全培训工作进行座谈。市轨道交通建设培训学校各培训基地负责人、轨道交通建设公司施工单位主管安全的负责人参加会议。为有效预防轨道交通建设工程施工中生产安全事故的发生，2009年初，由市安全监管局发起，市重大办、市住建委、市轨道交通建设管理公司共同筹建了北京市轨道交通建设培训学校，副市长陈刚担任校长。轨道交通建设培训学校成立以来，采取了政府引导、校企联合、市场运作的模式开展安全培训，为生产经营单位加强从业人员安全培训开辟了新途径，也收到了良好效果。

（李玉祥　张德武　刘　曦）

【有限空间培训教材征求专家意见】 6月1日，市安全监管局组织召开座谈会，邀请有关专家对有限空间特种作业培训大纲和教材内容进行讨论。由市安全监管局科技处、法制处、职安处、事故处、预防中心及市劳保所、市市政管委、市排水集团等部门有关人员组成的有限空间特种作业培训教材编写组，经过近三个月的努力，编写了有限空间特种作业培训大纲和培训教材。在有限空间特种作业教师培训班上试用了教材，并征求了意见。有关方面认为，该教材具有针对性，既能满足有限空间特种作业教学的需要，又可作为有限空间各行业领域管理和技术人员的学习参考用书。会议讨论后认为：根据《北京市有限空间作业安全生产规范（试行）》的规定，教材要分别针对密闭设备、地下有限空间、地上有限空间作业的不同行业和不同作业对象，进一步明确安全技术要求，要引用国家或地方的最新规范和标准；鉴于纳入有限空间特种作业考核范围的明确规定，要尽快组织编写适合一线操作人员学习的教材。

（刘　曦）

【特种作业培训考核工作研讨会】 6月24日，市安全监管局根据国家安全监管总局颁布《特种作业人员安全技术培训考核管理规定》（总局令第30号）的要求，为进一步做好北京市特种作业培训考核工作，组织召开了特种作业培训考核工作研讨会。北京市原纳入特种作业（含煤矿类）培训考核范围的共有13个类别、45个操作项目，全市67所三级培训机构承担培训任务，市安全监管局每年审批、发放特种作业操作证20余万个（包括初始取证和复审证）。与原国家经贸委《特种作业人员安全技术培训考核管理办法》（国家经贸委主任令第13号）相比较，国家安全监管总局30号令对特种作业类别、工种进行了重大补充和调整，调整、增设后的特种作业范围共11个作业类别、51个工种，删除了起重机械、锅炉、压力容器和企业内机动车驾驶等4个作业。此外，30号令对培训、考核发证程序、跨地区考核以及复审等工作作了新规定。与会各方对总局30号令相关内容进行了研究，结合北京市具体实际如何贯彻落实展开了讨论，对做好与现行培训考核工作相衔接提出了许多意见和建议。

（刘　曦）

【7月份注册安全工程师集中受理工作】　7月10日至20日，根据《注册安全工程师管理规定》、《北京市安全生产监督管理局、北京煤矿安全监察分局关于北京市注册安全工程师注册工作的通告》（京安监发［2009］21号）规定，市安全监管局对北京市申请注册安全工程师初始注册、重新注册、延续注册和变更注册人员的申请材料进行了受理。全市共有355人提交了申请材料，其中，初始注册216人，变更注册18人，延续注册106人，变更并延续15人。

（刘　曦）

【小型空调高处安装、维修工种培训考核工作研讨会】　7月22日，市安全监管局就本市开展小型空调高处安装维修工种的培训考核工作与中国家用电器服务维修协会有关负责人进行了研讨。近年来，每年在销售空调旺季，小型空调高处安装维修坠落事故时有发生。从业人员素质低，不经安全培训上岗作业现象普遍。研讨会上，协会对目前市场上小型制冷和空调的行业分类及行业管理中存在的问题进行了介绍，突出强调了小型空调安装和维修涉及的工种类型较多，包括电工、焊工、高处安装等，这些都涉及特种作业内容，是加强对小型空调安装维修管理需要认真面对和解决的问题。市安全监管局从特种作业培训考核管理的角度，尤其是结合国家安监总局出台的30号令的精神要求，对特种作业考核范围及分类作了说明，并就下一步对新调整特种作业范围进行深入调研等工作进行了介绍。为做好北京市特种作业培训考核工作，市安全监管局督促家电协会发挥优势，结合行业实际，为做好本市小型空调安装维修工种的培训与考核工作积极献计献策，在培训设备设施条件、教材内容修订等方面提供帮助。

（李玉祥　刘　曦　张德武）

【特种作业培训、考核、发证工作座谈会】　7月23日，市安全监管局组织召开了特种作业培训、考核、发证工作座谈会。市住房城乡建设委、市质监局有关部门负责人参加座谈。市安全监管局介绍了当前北京市特种作业培训、考核及发证工作的基本情况，对国家安全监管总局颁布的30号令关于特种作业类别、工种调整情况及考核发证程序、跨地区考核等新规定作了说明，并通报了在对特种作业持证上岗执法检查过程中发现的问题。与会人员分别结合本部门职责和监管业务，围绕国家安全监管总局30号令颁布前后，因职能交叉导致的特种作业培训考核发证交叉、重复，行业管理部门与安全监管部门在执法检查过程中互不认可对方发证，行业内建筑电工、架子工等特殊工种需同时持有行业管理部门和安全监管部门分别制发的证件等重点难点问题进行了交流，并提出了意见和建议。会议认为，特种作业培训考核工作作为安全生产监管工作的重要组成部分，是做好安全生产工作的重要基础。为切实做好本市特种作业培训考核发证工作，解决好当前面临的问题，市安全监管局拟采用各相关部门联合发文的形式，根据有关法律法规要求，出台北京市特种作业培训考核发证工作管理规定。进一步明确划分对行业管理部门和安全监管部门的特种作业培训考核工作职责；对执法检查过程中证件的互相认可做出明确规定；对现有证件进行统一规范；对北京市特种作业培训机构的资质进行进一步规范。

（李玉祥　刘自杰　刘　曦　张德武）

【煤矿企业安全生产管理人员资格考试】　7月26日，市安全监管局到京煤集团木城涧煤矿，为该企业安全资格证即将到期和新上岗的安全生产管理人员组织了“北京市煤矿企业安全生产管理人员资格考试”。煤矿企业因其特殊的工作性质，实行“三班作业”轮班制度，再加上煤矿地处山区路险偏远等特点，给企业安全生产管理人员参加全市统一、集中的考试带来很大困难，组织大家集体到指定地点参加考试，也使企业耗费大量物力财力。本着安全资格准入条件不降低、满足企业实际需求的原则，针对煤矿企业安全生产实际，市安全监管局深入到煤矿企业，专门为煤矿企业安全生产管理人员举行安全资格考试，方便了企业和职工，深受好评。木城涧煤矿有关负责人表示，要继续加大企业安全培训投入，提高安全培训工作水平，扎实有效地抓好安全基础管理。

（李玉祥　刘　曦）

【矿山负责人和管理人员参加安全专题培训】　由市安全监管局（北京煤监分局）组织，北京工业职业技术学院承办的全市矿山企业主要负责人、安全生产管理人员安全专题培训班于9月7日开班。这次培训既是对全市煤矿、非煤矿山企业深入学习贯彻国务院通知精神的再动员，又是一次示范培训。来自京煤集团、首钢公司以及全市煤矿、金属与非金属矿山企业的董事长、总经理、矿长等主要负责人和分管生产、安全、技术等的安全生产管理人员共123人参加了本期培训班。

（李玉祥　刘　曦）

【安全生产培训工作督导】　9月20日，市安全监管局组织有关部门深入到京煤集团木城涧煤矿，对该矿学习贯彻“国务院23号通知”进行督导，并对生产一线农民工进行专题宣讲，该矿三个坑井200余名矿工参加了辅导。京煤集团昊华公司有关部门负责人出席。煤矿是“国务院23号通知”中8个重点治理行业之一。北京市小煤矿全部关闭后，仅有4个国有煤矿，地质条件复杂，机械化水平较低，生产一线工人多数是外地农民工，成为北京市煤矿的主要特点。加强职工安全培训，深刻领会《通知》精神，全面落实企业主体责任是各煤矿企业的重要任务。市安全监管局根据《通知》的有关内容，结合煤矿事故案例和工人作业中易发生的“三违”现象，对《通知》的有关条目进行了重点讲解。强调从企业主要负责人、中层管理人员到班组每一名员工，都要人人皆知，熟练掌握《通知》的具体规定，特别是生产一线广大农民工，要提高自身安全防护意识，遵守法律法规和操作规程，使用好赋予自己的权利，自觉维护好个人安全，促进企业提高整体安全生产水平。

（李玉祥　刘　曦　张德武）

【执法监管干部集中学习行政处罚自由裁量标准】　10月12日，市安全监管局举办了监管干部专业培训班，邀请国家安全监管总局和市法制办有关负责人，就国家安全监管总局颁布的《安全生产行政处罚自由裁量适用规则（试行）》，《安全生产行政处罚自由裁量标准》以及修订的《安全生产行政执法文书》，对市、区两级执法监管干部进行了培训。市安全监管局部分处室负责人、各区县安全监管局分管领导和执法、法制部门负责人等共 66 人参加了培训。

（刘　曦）

【完成年度北京市千名班组长培训工作】 1 月至 10 月，市安全监管局组织京煤集团对其所属煤矿班组长开展了 8 期班组长安全培训班，每期 4 天，全部为脱产培训，参加培训共计 1842 人，培训内容包括：煤矿安全生产相关法律法规及煤矿安全质量标准化有关标准、国家有关部门印发的煤矿安全基础管理、瓦斯治理方面的规范性文件、煤矿专业技术知识和管理知识、应急救援知识、典型事故案例等。参训人员均通过考试并取得了培训合格证书。

（刘　曦）

【启动注安师注册管理信息系统试点工作】 11 月 2 日，市安全监管局颁布了《北京市安全生产监督管理局关于开展注册安全工程师注册管理信息系统使用试点工作的通告》（京安监发［2010］138 号），启动了北京市注册管理系统使用试点工作。

（刘　曦）

【11 月份注册安全工程师集中受理工作】 11 月 10 日至 20 日，根据《注册安全工程师管理规定》、《北京市安全生产监督管理局关于开展注册安全工程师注册管理信息系统使用试点工作的通告》（京安监发［2010］138 号）规定，市安全监管局对北京市申请注册安全工程师初始注册、重新注册、延续注册和变更注册人员的申请材料进行了受理。全市共有 349 人提交了申请材料，其中，初始注册 146 人，变更注册 14 人，延续注册 78 人，变更并延续 10 人，重新注册 101 人。同时，还根据注册管理信息系统使用试点工作的要求，在网上进行了信息审核。

（刘　曦）

【亦庄开发区举办安全生产培训班】 3 月 29 日，亦庄开发区安全监管局举办辖区文化娱乐场所、体育场馆企业负责人和安全生产管理人员安全生产培训班。邀请市安全生产协会专家讲解市政府关于人员密集场所安全生产管理规定问题（179 号、180 号令），参加培训 300 余人。

（俞盛章）

【金隅集团举办 5 期培训班】 4 月 13 日至 5 月 11 日期间，金隅集团在集团党校组织 5 期副处级以上干部安全生产培训课。邀请市安全生产协会专家解析《安全生产风险管理》，参加培训 300 余人。

（俞盛章）

【大兴区安全监管局组织安全生产志愿者队伍培训】 4 月 15 日，大兴区安全监管局组织全区安全生产志愿者队伍进行建队后的第一次培训。邀请市安全生产协会专家和志愿者联合会教师讲解安全生产志愿者队伍的基本素质和志愿工作的内容，参加培训 400 余人。

（俞盛章）

【西城区体育局举办体育场馆安全管理培训班】 4 月 17 日，西城区体育局组织辖区体育场馆、校办游泳池等单位的安全生产主管人员进行培训。邀请市安全监管局专家结合市政府 179 号令进行讲解，参加培训 80 余人。

（俞盛章）

【朝阳区国资委组织区属国有企业安全培训】 5 月 14 日，朝阳区政府国资委组织区属 27 个国有企业安全生产主管领导进行安全培训。邀请市安全监管局专家授课，参加培训120人。

（俞盛章）

【市二商集团组织安全生产培训】 5月18日，市二商集团组织所属二级、三级企业的安全生产主管领导、安全生产管理部门负责人安全培训。邀请市安全生产协会专家就“安全风险管理”进行解析，参加培训的160人。

（俞盛章）

【市环卫集团组织安全生产培训】 5月19日，市环卫集团组织所属企业的安全生产主管领导、安全生产管理部门负责人进行安全培训，邀请市安全监管局专家就预防中毒事故，安全开展有限空间内作业进行讲解。

（俞盛章）

【市安全监管局对安全生产执法人员进行岗前培训】 5月23日，市安全监管局对18个区县和亦庄开发区新录用的安全生产执法人员进行岗前培训，邀请市安全监管局专家就“事故隐患排查治理”进行讲授，参加培训240人。

（俞盛章）

【紫竹药业公司组织安全生产培训】 6月2日，市紫竹药业公司组织企业安全生产主管领导，车间、班组安全员进行安全生产培训，邀请市安全监管局专家就“事故隐患排查治理”进行解析，参加培训80人。

（俞盛章）

【市热力集团组织企业安全生产培训】 6月4日，市热力集团组织所属二级、三级企业的安全生产第一责任人，安全生产主管领导，安全生产管理部门负责人进行安全培训，邀请市安全生产协会专家就“企业安全生产主要负责人法定安全职责”进行解析，参加培训240人。

（俞盛章）

【宣武区文委组织安全生产培训】 6月9日，宣武区文化委员会组织辖区文化娱乐场所安全生产主管领导和安全生产管理部门负责人进行安全培训，邀请市安全监管局专家就“企业安全生产管理制度编制导则”进行解读，参加培训130人。

（俞盛章）

【大兴区安全监管局组织安全生产培训】 6月12日，大兴区安全监管局组织区安委会成员单位、街道、乡镇、三级、四级安全生产培训机构负责人进行安全培训，邀请市安全监管局专家就“安全生产标准化达标活动”、“企业安全生产管理制度建设”进行讲授，参加培训220人。

（俞盛章）

【朝阳区文委组织安全生产培训】 6月20日，朝阳区文化委员会组织辖区文化娱乐场所安全生产主管领导，安全生产管理部门负责人进行安全培训，邀请市安全监管局专家就“企业安全生产管理制度编制导则”进行解读，参加培训330人。

（俞盛章）

【热力集团特欣公司组织安全生产培训】 6月21日，市热力集团特欣公司组织企业安全生产主管领导，车间、班组安全生产负责人进行培训，邀请市安全监管局专家就“市政府关于有限空间作业安全规范”（8号文）进行解读，参加培训150人。

（俞盛章）

【丰台区文委组织安全生产培训】 6月22日，丰台区文化委员会对区辖文化娱乐场所的安全生产主管领导，安全生产管理部门负责人进行培训，邀请市安全监管局专家就“企业安全生产管理制度编制导则”进行讲解，参加培训280人。

（俞盛章）

【光华纺织集团组织安全生产培训】 6月23日、24日，市光华纺织集团组织两期所属企业安全生产主管领导，安全生产管理部门负责人进行安全生产培训，邀请市安全监管局专家就“事故隐患排查治理”进行讲解，参加培训210人。

（俞盛章）

【首旅集团组织安全生产培训】 6月28日，市首旅集团组织所属二级、三级企业的安全生产主管领导，安全生产管理部门负责人进行安全培训，邀请市安全监管局专家就“安全生产标准化中制度建设”进行解读，参加培训370人。

（俞盛章）

【郡王府公司组织安全生产培训】 6月29日，朝阳区郡王府公司组织所属企业安全生产主管领导，安全生产管理部门负责人进行培训，邀请市安全监管局专家就“安全生产岗位责任制体系”进行讲解，参加培训96人。

（俞盛章）

【昌平区文委组织安全生产培训】 7月7日，昌平区文化委员会对区属文化娱乐场所安全生产主管领导，安全生产管理部门负责人进行培训，邀请市安全监管局专家就“企业安全生产管理制度编制导则”进行解读，参加培训140人。

【集中组织区县文化娱乐场所培训】 7月7日至19日，昌平、崇文、密云、石景山、西城、怀柔、大兴、平谷、房山、延庆、海淀、东城、顺义等区县文化委员会对辖区文化娱乐场所安全生产主管领导，安全生产管理部门负责人进行培训，邀请市安全监管局专家就“企业安全生产管理制度编制导则”和“安全风险管理”等问题进行解读，参加培训250余人。

（俞盛章）

【昌平区安全监管局组织安全培训】 7月7日、14日，8月11日，昌平区安全监管局分期组织辖区生产经营单位安全生产主管领导、安全生产管理部门负责人进行培训，邀请市安全监管局专家就“企业安全生产管理制度建设”进行解析，参加培训2900人。

（俞盛章）

【市农委宣教中心组织安全培训】 7月19日，市农委宣教中心组织安全生产主管领导和安全生产管理人员进行培训，邀请市安全监管局专家就“安全风险管理”等问题进行解析，参加培训80余人。

（俞盛章）

【市安全生产协会组织安全培训】 8月24日，市安全生产协会组织会员单位安全生产主管领导和安全生产管理部门负责人就《国务院关于进一步加强企业安全生产工作的通知》进行宣讲，参加培训270人。

（俞盛章）

【平谷区安全监管局组织安全培训】 8月25日，平谷区安全监管局组织辖区生产经营企业安全生产大型公开课，邀请市安全监管局专家就“事故隐患排查治理”进行解析，参加培训290人。

（俞盛章）

【首钢总公司组织安全培训】 8月31日，首钢总公司组织所属二级、三级企业安全生产主管领导，安全生产管理机构负责人进行培训，邀请市安全生产协会专家就“国务院23号通知”进行解析，参加培训370人。

（俞盛章）

【排水集团组织安全培训】 9月1日，市排水集团组织所属9个污水处理厂等单位安全生产主管领导，安全生产管理机构负责人进行培训，邀请市安全生产协会专家就“国务院23号文件”进行解析，参加培训170人。

（俞盛章）

【市委办局和企业集团学习贯彻国务院23号通知】 9月8日至11月30日，昆泰集团、首钢总公司、同仁堂集团、海淀区安全监管局、朝阳区国资委、京客隆集团、金隅集团、西城区安全监管局、朝阳区劲松办事处、首旅集团、琉璃河水泥厂、平谷区安全监管局、市广电局、昌平区安全监管局、大兴区安全监管局等先后举办企业安全生产主管领导和安全生产管理机构负责人培训班，邀请市安全监管局专家就“国务院23号通知”、“人员密集场所安全监督管理”和“安全生产标准化达标活动”等内容进行讲解，参加培训4000余人。

（俞盛章）

【举办企业和办事处贯彻“国务院23号通知”培训班】 11月22日至12月10日，朝阳区小关办事处、大兴区旅游局、开发区安全监管局、亦庄镇、双鹤药业、市热力集团、市二商集团先后举办企业安全生产领导和安全生产管理部门负责人培训班，邀请市安全监管局专家对“国务院23号通知”进行解析，参加培训1300余人。

（俞盛章）

【加强安全生产管理制度建设培训】 市安全监管局安全生产协会第一届第四次理事会研究决定，在会员单位开展安全生产标准化管理制度达标活动。3月至4月，市安全生产协会组织4期安全生产管理制度培训班，共有200多家大中型企业近500人参加培训。培训的主要内容：生产经营单位安全生产管理基本制度包括哪些、每项具体制度在制订中所需主要内容和具体条款、应注意的要素和提示、制定各项制度的法律法规依据等内容。

（梁亚辉）

【完成特种作业从业人员、高危行业企业相关人员安全资格考试工作】 2010年度，市安全监管局组织完成特种作业人员安全技术考试16期，高危行业主要负责人安全管理人员安全资格考试13期，煤矿特种作业人员安全技术考试11期。其中：特种作业人员安全技术考试全年理论实考208284人，合格199792人，实操实考206926人，合格201265人，总成绩合格198550人，共计取证96725人，复审101825人；高危行业主要负责人安全管理人员安全资格考试共报考9198人，实考8236人，考试合格5633，其中取证5177人，复审456人；煤矿特种作业人员安全技术考试，报考10110人，实考8961人，考试合格7112，取证7112人。

（张德武　刘　曦）

【强化四级安全责任培训】 2010年，市安全监管局与大兴区安全监管局、教委，通州区安全监管局、教委共同协商，充分利用大兴区、镇（乡）与通州区、镇（乡）成人教育资源，建立并通过了10余家四级安全生产培训机构，有效地开展了从业人员安全责任培训工作。大兴区和通州区面向基层执法一线，面向量大面广的中小生产经营企业，广泛而有针对性地开展了15期安全责任培训，参加培训的学员受到了良好而实用的正规培训。

（赵英然）

【强化安全培训机构资质监管】 2010年，市安全监管局依据《北京市安全生产培训机构资质管理办法》（京安监发［2009］32号）等规范文件规定，依法受理并许可了北京市市政工程管理处（养护）等10家新申报机构；办理北京市丰台区恒力职业技能培训学校等增项2家；办理北京市大兴区立业培训学校培训地址变更1家；办理延期中石化燕山石油化工有限公司等5家，为全面实施生产经营单位从业人员安全培训打好基础；每年对培训机构开展定期执法检查的同时，受国家安全监管总局委托，完成对中国职业安全健康协会、国家林业局管理干部学院、核工业培训中心、首都经济贸易大学4家一级和二级培训机构的现场核查。日常，还根据受理举报，核查了北京怀柔职业技能培训学校和北京怀柔鑫世纪职业技能培训学校两家机构的被举报问题；紧盯事故多发领域，起草编制了《高处电力、通讯安装维修作业基本设备、设施配备标准目录》，为加强电力通讯等高处安装维修安全管理工作，实施登高架设作业行政许可作好了准备。

（赵英然）

【从培训基础入手，落实主体责任】 从加强对培训机构的监管入手，从培训的基础入手，主动分析外墙清洗从业人员资质问题，创造培训机会予以解决，督促用工单位落实主体责任。借助各种新闻媒体普及外墙清洗特种作业安全监管基础知识，加大公众对《北京市安全生产培训机构资质管理办法》（京安监发［2009］32号）等规定的社会知晓度。自市安全监管局批准核发中国中建一局（集团）有限公司和北京阳光城物业管理有限公司从事外墙清洗高处悬吊特种作业人员培训资质以来，已经陆续培训发证1100余人，有效控制并减少了本市高处悬吊作业生产安全事故，受到了国务院安委会督察组的肯定。

（赵英然）

【做好培训机构试点工作】 2010年，根据市安全监管局《关于依托四级安全生产培训机构开展从业人员安全生产培训试点工作的实施方案》的部署，从培训机构资质条件、培训教学设备设施及其过程控制等环节夯实基础，在大兴区、通州区等区县依托四级安全生产培训机构开展从业人员安全生产培训试点工作，已经完成11家四级安全生产培训机构的审核认定和行政许可工作。为进一步扩大生产经营单位从业人员培训规模作好了准备。

（赵英然）

【召开安全生产培训工作研讨会】 3月30日，为扎实开展2010年安全生产培训工作，积极探索构建安全生产培训体系新思路，市安全监管局组织召开了安全生产培训工作研讨会。煤监分局监察三室、预防中心、宣教中心、大兴区安全监管局、北京市经济管理职业学院、北京工业职业技术学院及部分三级安全生产培训机构、生产经营单位的负责人参加了会议。会上，市安全监管局通报了2009年安全生产培训工作情况及2010年安全生产培训重点工作安排。与会人员围绕建立安全生产培训体系、规范培训内容、编制培训教材、完善各类考试题库、加强高危行业从业人员全员培训等问题进行了热烈讨论。在认真听取与会者讨论后，市安全监管局提出：2010年要围绕安全生产监管监察中心任务，扎实开展安全生产培训工作；在规范安监系统培训工作、深入调研行业部门开展安全培训和重点企业开展从业人员安全培训基础上，结合部分区县开展培训试点工作实际，逐步完善全市安全生产培训体系；研究制定高危行业从业人员强制培训管理办法；选择部分行业或专业编制培训教材；并在培训方法方式上力求创新。

（李玉祥　张德武　刘　曦）

【市安全监管局副局长考场视察】 4月3日，市安全监管局副局长蔡淑敏到北京市经济管理职业学院（北京安全生产培训基地），对设在这里的高危行业主要负责人考试工作进行视察。2010年报名参加第一次高危行业主要负责人安全资格考试共有1909人，在全市设置了12个考点，全部实行计算机随机出题考试方式，考生在计算机上作答。蔡淑敏巡视了考场，并向工作人员询问了有关考务组织及考场秩序情况。在座谈中，蔡淑敏听取了北京经济管理职业学院有关领导对近年来开展安全生产培训工作以及基地建设情况后表示，市安全监管局要充分利用培训基地的教学条件，发挥学院的组织优势，积极探索安全生产培训工作的新思路新模式，在教材编制、培训方式创新、考试组织、实战演练等方面要深入研究，广泛吸收首都高等院校、科研院所的先进做法，扎实开展全市安全生产培训工作。

（李玉祥 刘 曦）

【研究考试中心挂牌事宜】 12月7日，市安全监管局按照市编办《关于同意调整北京市工伤及职业危害预防中心机构编制的函》（京编办事［2009］58号）的要求，组织有关部门共同研究“北京市安全生产考试中心”挂牌等相关工作。会议就考试中心的部门定位、职责及内部机构设立以及挂牌启动后过渡工作的有效衔接等问题进行了充分讨论，形成了一致意见。考试中心的成立，将围绕市安全监管局安全生产培训考核管理工作，为北京市安全生产相关考试工作提供更方便的服务。各有关部门也将随之创新工作机制，转变工作作风，充分发挥考试中心的工作职能，积极为安全生产相关考试需求提供服务。

（李玉祥 刘 曦）

【完成高危行业相关人员安全资格考试】 2010年，市安全监管局组织完成4个统考期次和3个特批期次高危行业相关人员安全资格考试工作。考务组织采取全过程网络化模式，考生考试采取计算机考试方式。7期考试共设置考点33个，安排考场190个；报考7097人，实考6420人，合格4161人，总合格率为65%；组织460人次进行监考巡视工作，考试现场共取消30人考试资格，其中，替考5人，严重抄袭25人；完成高危行业安全资格行政许可档案归档105卷。

（赵争春）

【完成轨道交通施工人员安全生产考试】 市安全监管局共组织轨道交通施工人员安全生产考试40期，指派监考人员80人次，考试报考2628人，实考2366人，合格2229人，制发证件2229个。

（赵争春）

【煤矿井下爆破工特种作业安全技术考试】 4月22日，根据市安全监管局统一安排，为满足本市安全生产工作实际需要，本市组织了一期煤矿井下爆破工特种作业安全技术考试。市安全监管局预防中心当天指派8名监考人员，对本次考试的4个考场进行了监考。此次考试报考238人，实考201人，合格152人，合格率为75%。

（赵争春）

【高处电力、通讯安装维修作业教材修编】 1月25日，市安全监管局组织部分专家及编写人员召开教材修编会议，逐章逐节对《北京市高处电力、通讯安装维修作业培训教材（初稿）》进行了认真研讨。根据专家意见和建议，在教材初稿的基础上新增通讯专业相关内容，教材大纲及题库亦随之做出相应补充和完善。

（赵争春）

【召开有限空间作业人员培训教材编写研讨会】 3月9日，有限空间作业人员培训教材编写研讨会在市安全监管局预防中心召开，职安处、科技处相关负责人及人员参加了会议，市排水集团、市劳保所、市政工程管理处、市政管委培训中心的部分专家和人员列席了会议。会上，各方积极讨论并踊跃发言，预防中心、职安处、科技处分别就有限空间作业培训大纲及教材内容编写、培训和考核内容及人员范围、教师考官培训考核等工作作了详细部署，成立了教材编写专家组，明确了任务和工作进度。

（赵争春）

【高处电力、通讯安装维修作业培训大纲、考核标准、教材及题库编写】 4月6日，按照市安全监管局工作部署和教材编写计划，经多次研讨，完成本市高处电力、通讯安装维修作业培训大纲、考核标准、教材及题库的编写任务。培训大纲、考核标准在结合本专业特点的基础上，按照特种作业其他类别通用模板编写成稿，格式统一，内容规范；教材主要包含法律法规、施工工艺及安全技术措施、现场安全防护、安全管理、事故案例分析等8个章节，共计16万余字；严格按照考试大纲要求精心设计了210道理论题和5道实操题。

（赵争春）

【有限空间作业人员培训教材编审】 4月20日至21日，有限空间作业人员培训教材集中编审研讨会在市安全监管局预防中心召开，市劳保所、市排水集团、市政管委培训中心教材编写专家组成员及预防中心有关人员参加了本次会议。会议主要针对各小组编写内容进行研讨，提出具体修改意见，并对有限空间作业人员培训大纲、考核标准、教材和题库二稿进行了部分结构调整和分组集中编审，教材分11个章节，10万余字，共编写理论题200余道、实操题7道。

（赵争春）

【烟花爆竹零售单位主要负责人标准化题库修编工作】 10月28日，按照市安全监管局工作要求，为满足烟花爆竹零售单位主要负责人安全资格标准化考试需要，市安全监管局预防中心组织专家对原烟花爆竹题库进行了重新修编，形成了标准化考试新题库。新题库根据《烟花爆竹安全级别、类别和标识标注》（DB11/358—2010）要求，结合《北京市烟花爆竹安全管理培训教材》内容，增加了《中华人民共和国劳动法》、《中华人民共和国产品质量法》、《消费者权益保护法》等相关法律法规内容考题。新题库包含单选、多选、判断题3种题型，共300道标准化考题。新题库的形成为年底开展烟花爆竹零售单位负责人标准化考试奠定了基础，并提高了阅卷工作效率。

（赵争春）

【《北京市高危行业计算机模拟考试系统》开通运行】 4月2日，市安全监管局预防中心开发完成《北京市高危行业计算机模拟考试系统》并在首都安全生产信息网上开通运行。该系统具备了网络课件教学、网络模拟计算机考试等功能，实现考生报名、考生资格审核、考场安排、考试组卷、实施考试及成绩生成的全程计算机网络化管理，既满足考生进行考前网上学习，也有利于计算机考试操作普及。同时，开辟在线交流版块和电话咨询，收集系统运行方面的问题和建议。

（赵争春）

【测试“北京市安全生产相关人员考核管理系统”】 5月12日至25日，市安全监管局预防中心指导13个区县安全监管局和47所培训学校顺利完成了系统测试工作。测试过程中，一是完善了考核流程操作手册，方便用户学习使用该系统；二是对系统用户权限进行重置，并核查其准确性和可用性，确保各区县局和培训学校的正常使用；三是及时解决了数据传输错误等问题，完善了系统数据上传等相关功能。

（赵争春）

【二代身份证阅读功能成功嵌入特种作业报名系统】 5月21日，市安全监管局预防中心在充分调研论证，与软件公司沟通的基础上，成功将二代身份证阅读功能嵌入特种作业报名系统。软件公司派员到预防中心现场演示了集成身份证阅读功能的特种作业报名系统，详细介绍了身份证阅读功能的操作方法，解答了使用中容易出现的问题。此功能的开发成功，一是能准确判别身份证的真伪，有效杜绝使用假身份证报名的现象；二是大幅提高工作效率，考生信息录入时间仅需手工录入时间的1/60，导入数据的准确率为100%。将有效降低考生信息录入错误和操作证更正率，进一步提高工作效率。

（赵争春）

【煤矿企业相关人员安全资格考试报名点业务培训】 5月12日，煤矿企业相关人员安全资格考试报名点业务培训班结束，全市3家煤矿考试报名点有关人员参加了培训。培训班安排专家详细讲解了考生报名、现场审核等工作程序和要求，传授了报名软件系统操作方法，并现场进行了试用。通过培训，参培人员达到了考试报名程序清晰，工作要求明确，报名系统使用熟练的培训要求，为顺利实施煤矿企业相关人员安全资格考试奠定了基础。

（赵争春）

【“安全生产相关人员考核管理系统”试点业务培训班结束】 5月17日，第三期“北京市安全生产相关人员考核管理系统”试点业务培训班圆满结束。培训期间，专家详细讲解了系统操作使用要求，现场进行了系统演示和试用。区（县）负责特种作业考核的人员及辖区内培训机构有关人员参加了培训。至此，“北京市安全生产相关人员考核管理系统”试点前计划进行的三期培训已全部结束，共培训61人。

（赵争春）

【“安全生产相关人员考核管理系统”业务培训】 12月22日至23日，市安全监管局预防中心召开了培训机构“北京市安全生产相关人员考核管理系统”业务培训工作会，北京市精安职业技能培训学校、北京公共交通控股（集团）有限公司、北京市将台路职业技能培训学校等10个培训机构负责人和系统操作人员及预防中心有关人员参加了会议。会议主要内容，一是通报了2010年全市安全生产相关人员考核情况；二是进行了“北京市安全生产相关人员考核管理系统”业务培训；三是与会人员对目前安全生产考核日常管理工作和“北京市安全生产相关人员考核管理系统”提出了宝贵的意见和建议。

（赵争春）

【特种作业实操考官继续教育工作】 11月2日至4日，按照特种作业实操考官继续教育工作安排，市安全监管局预防中心组织开展第一期特种作业电工类实操考官继续教育工作，全市16个区县共160名考官参加了本次培训。本次培训班，全面介绍了本市近一年来特种作业实操考核工作现状，重点讲解了《特种作业安全技术培训考核管理规定》（30号令）等有关文件要求，并就高、低压电工实操技能进行了相互交流，培训达到预期效果。

（赵争春）

【电工类特种作业理论教师继续教育】 12月13日至17日，按照市安全监管局部署，市安全监管局预防中心组织完成二期电工类特种作业理论教师继续教育工作，来自全市16个区县的420名理论教师（第一期205名，第二期215名）参加继续教育。本次继续教育主要对现代成人教育的理念与方法、国家安监总局30号令进行了详细的讲解，参训教师对本次继续教育反映良好，继续教育达到了预期的目的。至此，分六期，对499名特种作业实操考官和420名理论教师年度继续教育工作顺利完成。

（赵争春）

安全生产法制建设

【《北京市安全生产条例》修订取得进展】 在2009年立法论证、调研的基础上，市安全监管局继续推动《北京市安全生产条例》修订工作并取得进展。市安全监管局与市政府法制办、市人大常委会密切配合，先后组织召开了国家安全监管总局、市政府有关委办局、基层执法人员、各类生产经营单位及其从业人员、安全生产专家、法律专家参加专题论证会十几场次，对于一些难点问题，先后赴浙江、山东等地调研了相关管理经验，赴美国考察了国际化大都市安全生产管理经验。

在此基础上，条例修订工作小组起草了条例修订案草案，经过反复修改后，报送市政府审查。审查期间，草案送审稿全文及说明在首都之窗网站上公开向社会征求意见；书面征求了市发展改革、经济信息化、住房城乡建设、规划、市政市容、交通等30个政府部门和各区、县人民政府的意见；召开了市政府法律专家工作组会议进行法律审查和论证，充分听取和吸收了各方面意见和建议。

结合这些意见和建议，市安全监管局又会同市政府法制办一起对修订草案进行了修改。2010年9月14日，《北京市安全生产条例》修订草案经第七十四次市政府常务会议审议通过并报送市人大常委会。

市第十三届人民代表大会常务委员会于2010年11月17日对条例修订草案进行了第一次审议。2010年12月2日，中央政治局委员、北京市委书记刘淇在听取市安全监管局安全生产工作情况汇报时，对条例修订工作专门作出重要指示。他要求，条例修订要紧紧围绕首都城市运行特点，广泛借鉴国内外大城市的先进经验。修订后的条例规定要符合城市安全运行的要求，与国际大都市先进制度接轨。

结合刘淇指示精神和第一次审议过程中市人大常委会委员、代表提出的意见，市安全监管局配合立法机关深入研究了条例修订草案的差距和不足，紧密围绕首都城市特点，对修订草案进行了补充和完善，将于2011年3月提交市人大常委会进行第二次审议。

（赵英然）

【北京市安全生产法规体系研究如期完成】 编制完成北京市安全生产法规体系研究报告，下半年，结合“十二五”规划编制工作，积极组织本市安全生产法规体系建设情况的研究工作，编制完成了《北京市安全生产法规体系建设研究》的报告，深入分析了本市安全生产法规体系现状、面临的主要问题、健全完善北京市安全生产法规体系的主要目标及对策，确定了19项“十二五”期间北京市安全生产法制建设的重点，对本市安全生产立法及制度建设做出了全面分析和规划。这一研究成果确定了今后五年市安全监管局立法及制度建设工作方向，为未来一段时期本市安全生产法制建设绘出了“路线图”。

（赵英然）

【依法行政工作深入推进】 2010年初，市安全监管局根据国务院《全面推进依法行政实施纲要》、北京市实施意见和市依法行政领导小组印发的《北京市2010年全面推进依法行政工作要点》要求，确定了2010年推进依法行政工作目标：进一步明确市安全监管局依法行政工作领导机构、工作程序；明确各处室队、局属事业单位工作职责；全面清理、确认各项依法行政制度；建立完整的依法行政工作系统。

在以上工作目标的基础上，拟定了《2010年度推进依法行政工作方案》，把各项工作任务分解到部门，并提出了工作要求和时限，该方案经局务会通过并于5月10日印发全局。此后，共整理包括依法行政考核制度、重大决策集体讨论制度、决策责任追究制度、规范性文件审查备案制度、行政执法资格管理制度、法规规章评估制度等16类25项依法行政相关制度。

（赵英然）

【创新性开展执法系统建设工作】 2010年，市安全监管局对安全生产执法检查项目进行全面梳理，将依法由安全监管部门负责实施的行政许可、行政处罚、行政强制等行政执法措施进行归类，细分为19项安全生产违法行为，特别对其中涉及到与其他部门在执法中需要切割的项目，如执行《劳动法》、《建设工程安全生产条例》等问题，是否列入安监部门监督检查依据，进行了研讨、甄别，并征询国家安全监管总局意见，经反复推敲，共梳理出48部法律、法规、规章，编制了安全生产重点监督检查事项综合表、专项表，进一步规范了行政执法程序和文书使用，报请局务会审议后，正式向各区县安全监管局发文，指导基层行政执法工作。解决了执法人员“查什么、怎么查、查完怎么办”的问题，基本形成行政执法部署、现场检查、整改复查、行政处罚、案件移送的全流程管理。在此基础上建成了执法管理系统，经过在朝阳区、大兴区试点后，已经开始在全市范围内试运行和推广。

（赵英然）

【规范自由裁量和新文书使用】 下半年，国家安全监管总局连续出台了《安全生产行政处罚自由裁量适用规则（试行）》、《安全生产行政处罚自由裁量标准》和新修订的《安全生产行政执法文书》等多个重要文件。在这些文件制定过程中，市安全监管局提前介入、积极参与，起草了其中的部分内容，进行了广泛的调研活动，提出了修改意见和建议并及时转发，提出具体的贯彻执行要求，在10月1日正式实施前，组织召开全系统的培训专题会，邀请国家安全监管总局和市政府法制办有关专家进行深入地宣讲，有力地推进和规范了本市安全生产行政执法工作。

（赵英然）

【规范性文件审核备案工作】 2010年，市安全监管局在行政规范性文件审核工作中，建立新的工作机制，为规范性文件报局务会审议以及后续执行创造条件。严把入口关，规范性文件签批前必须经过合法性审核，起草处室或者办公室在办文过程中对是否属于规范性文件存在疑问时，法制处予以确认。简单重申法律法规规定或者既有规范性文件的，要从规范性文件中剔除出去，如果确有必要发文，则建议有关处室援引有关法律法规和文件提出工作要求，尽量减少发文数量；严把内容关。要求起草部门列明起草依据和重要措施理由。不得增设公民、法人和其他组织的义务，不得限制法律、法规、规章赋予公民、法人和其他组织的权利。设定的管理措施，不得违背法律法规的基本原则，并应经过合理性论证，涉及其他部门职责的，应当征求有关部门意见；把好发文关。文件经审核后，起草处室未采纳法制处意见的，应当在签批时说明理由。由办公室将有关审核意见存档。

2010年，共完成14件行政规范性文件合法性审核和备案工作，办理法规、规章和其他规范性文件征求意见40余件。办理其他行业部门对《电动汽车电能供应与保障技术规范》、《氨制冷装置安全技术规程》等2件地方标准征求意见。

（赵英然）

【有效组织开展行政应诉工作】 2010年，市安全监管局无行政复议案件。有三起行政应诉案件，分别是北京贝特斯科技有限公司不服生产安全事故行政处罚案，一审法院已于2010年12月20日作出判决，驳回原告北京贝特斯科技有限公司的诉讼请求；赵丹不服市安全监管局答复意见案，一审法院裁定驳回原告起诉；杨岳宇不服市安全监管局答复意见案，一审裁定驳回原告起诉，二审裁定予以维持。在行政诉讼案件中，市安全监管局法制处组织应诉，起草答辩状，提交有关依据和证据材料，配合人民法院审理，参加人民法院主持的调解、谈话并出庭应诉。

（赵英然）

【开展省际互查】 2010年，依照《国家安全监管总局办公厅关于组织开展安全监管部门“五五”普法和行政执法检查工作的通知》（安监总厅政法［2010］23号），组织开展2010年“五五”普法和行政执法省际互查。制定了翔实的迎检实施方案，细化和规范了开展“五五”普法和行政执法的依据和活动记录，查找不足并采取措施完善整改，受到了国家安全监管总局省际考评小组的充分肯定。

（赵英然）

【案卷评查促进执法】 2010年，在本市安全监管系统内共抽查32份行政执法案卷。根据行政处罚案卷评查结果，面向本市各区县安全监管局给予通报，从正确适用法律、准确区分行政处罚和非处罚类措施、严格执行行政处罚法责令整改违法行为等方面，及时地提出了规范基层行政执法的意见和建议。同时，针对国家安全监管总局15号令第44条适用及执法文书法律依据引用等突出问题，明确规范了安全生产违法行为罚款处罚程序，提升了基层一线安全生产行政执法的水平，有力地提高了基层一线安全生产行政执法的效果。

（赵英然）

【严格执法资格管理】 2010年，本市共有安全生产执法监管人员1005名，安全生产检查人员2251名，安全生产执法队伍建设进一步强化。在依法监管行政执法队伍过程中，在严格安全生产执法人员资格管理中体现服务职能。组织各区县安全监管局上报新办、复审监管执法证和安全生产检查员证情况，陆续为230名区县安全执法人员复审、补办了《安全生产监管执法证》，为405名街道、乡镇专职负责安全生产管理的人员复审、补办了《安全生产检查员证》。另外，为配合本市行政区划调整需要，保证安全生产执法工作顺利开展，对原崇文、宣武区32名安全生产执法人员、31名街道乡镇安全生产检查人员的证件进行换发，并对37名离开安全生产监管、检查岗位同志的执法证件予以注销。

（赵英然）

【做好行政审批清理工作】 2010年，组织完成了全局行政审批事项清理工作。经过清理确认，市安全监管局负责的行政许可共计17项，与2008年相比增加2项，调整了部分许可事项的名称。同时，梳理确认了行政许可的办事流程、办理时限和市安全监管局无非许可类审批事项。清理结果已报送市行政审批制度改革领导小组办公室。对强化市安全监管局行政审批工作的依法行政意识，进一步规范各项行政审批工作具有重要意义。

（赵英然）

【安全生产标准发展规划】 依据城市快速发展的实际情况，市安全监管局编制完成“十二五”期间安全生产标准发展规划，为规范生产行为奠定基础。安全生产标准是加强安全生产管理、规范安全生产行为的重要规范，也是各级安全监管部门依法行政履职的重要依据。2010年，积极推进本市安全生产标准制定工作，完成了《城轨电动列车司机安全操作规范》、《阻隔防爆储罐及阻隔防爆撬装式加油（气）装置验收规范》、《石油储罐机械化清洗安全施工规定标准》、《北京市危险化学品仓库设施建设规范》等4个地方标准的征求意见、送审工作。完成《有限空间作业安全规程》、《危险化学品生产经营单位物联网系统》、《烟花爆竹零售网点储存安全技术要求》、《危险化学品罐储安全技术要求》等4个地方标准的立项申报工作。

在以上工作基础上，结合本市安全监管重点，组织编写了《北京市“十二五”安全生产标准编制发展规划》，该规划明确本市安全生产标准工作现状、未来本市安全生产标准编制工作主要任务、“十二五”时期北京市安全生产标准编制发展规划保障措施等。

（赵英然）

【安全评价机构监管】 2010年，市安全监管局贯彻落实《安全评价机构管理规定》（国家安全监管总局令第22号）及相关文件要求，组织实施安全评价机构复审换证工作。创新性采用延期初审预约与分期分批统筹安排的工作方式，与首批申请延期的机构一起研究申报材料中出现的问题，并及时与总局沟通、解决问题，制定下发了申报材料的具体编制规范。坚持对评价机构条件的严格审核，对个别机构进行了二次审查，最终有2家安全评价甲级机构未通过审核。在国家安全监管总局的后续抽查中，市安全监管局有关工作获得肯定。日常，加强安全评价机构资质管理，严格遵循设定的流程和时限进行审批审核工作，全年共办理安全评价机构资质延期审核、审批31项，不予受理3项。办理甲级安全评价机构变更登记审核30项，办理甲级机构增项审核25项。办理服务性事项——安全评价师变更登记审核249人（次）。

日常，以为民服务为宗旨，强化本市安全评价机构的资质管理，严格遵循对外公开的办事流程和时限，有效地进行审批审核工作。

（赵英然）

【特种作业管理试点有序展开】 年底，市安全监管局向国家安全监管总局呈报了《关于将城轨电动列车司机等工种纳入特种作业管理的请示》（京安监文［2009］84号），国家安全监管总局随即复函北京市安全生产监督管理局，同意北京市将有限空间、城轨电动列车司机和城轨电动列车信号工纳入特种作业范围先行试点管理。年初，组织有关处室深入研究，在培训机构资质条件、培训考核的具体组织实施、培训大纲和教材编写等方面做了充分的准备工作。4月，相继出台《关于对三四级安全生产培训机构有限空间作业教师进行考核的通告》（京安监发［2010］63号）、《市安全监管局关于地下有限空间作业现场监护人员必须持证上岗的通告》（京安监发［2010］68号）、《市安全监管局关于发布有限空间特种作业人员培训机构资质条件的通告》（京安监发［2010］69号）3个规范性文件，并召开新闻发布会向社会公布，公布对地下有限空间作业现场监护人员必须持证上岗的规定。此后又编制完成《北京市三级安全生产培训机构基本设备、设施配备标准目录（有限空间）》、《北京市三级安全生产培训机构基本设备、设施配备标准目录（城轨电动列车司机）》、《北京市三级安全生产培训机构基本设备、设施配备标准目录（城轨电动列车信号工）》和《北京市三级安全生产培训机构基本设备、设施配备标准目录（高处电力通讯安装维修工）》4个文件，完备了各项工作基础。

2010年，先期开展的有限空间特种作业人员培训已有北京排水集团职业技能培训学校等4家机构获得资质，陆续培训并考核发证有限空间特种作业人员1500余人，全面落实了市领导有关加强有限空间安全生产的指示精神。

（赵英然）

安全生产科技创安

【召开安全生产科技需求白皮书研讨会】 1月7日，市安全监管局组织召开安全生产科技需求白皮书（讨论稿）研讨会。为有针对性地组织和引导科技资源为北京市安全生产工作服务，指导企业、科研机构开展安全生产科研工作，解决安全生产领域中重点难点问题，在开展安全生产科技需求调研基础上，市安全监管局组织编制了科技需求白皮书（讨论稿）（2010—2011）。北京邮电大学网络安全监控研究中心主任胡燕祝、北京市劳动保护科学研究所副所长汪彤、北京城市系统工程研究中心副主任朱伟参加了研讨会。会上，围绕安全生产科技需求白皮书的结构、内容及科技需求方向进行了认真讨论，并逐项研究修改意见。

（李玉祥　刘自杰　刘　曦）

【调研房山区监管装备配备情况】 3月9日，市安全监管局到房山区安全监管局召开座谈会，就安全监管装备配备问题进行调研。房山区安全监管局有关领导出席会议并座谈，房山区城关、长阳、周口店镇主管安全的副镇长、安全生产管理部门的有关负责人参加了会议。会上，市安全监管局科技处负责人介绍了贯彻国务院安委办有关文件精神，在全市安监系统开展安全监管装备配备调查摸底以及推进全市安全监管装备配备工作的初步思路和下一步工作计划等情况。房山区安全监管局介绍了全区安全监管机构、人员和装备配备情况；城关镇等三个镇的有关负责人结合实际介绍了本行政区域内安全检查的机构、人员、经费等具体情况。与会人员就下一步安全监管装备配备需要解决的重点问题进行了深入研讨，提出尽快落实装备配备工作，不断提高安全监管的保障能力的意见和建议。

（李玉祥　刘自杰　刘　曦）

【借鉴经验研究监管装备配备工作】 3月10日，市安全监管局组织召开安全监管装备配备工作座谈会，贯彻落实国务院安委会办公室《关于进一步做好安全监管装备配备工作的通知》精神，研究制定本市安全监管装备配备标准和实施意见。邀请市公安局、市市政管委、市工商局等有关部门负责人参加会议。市安全监管局监管三处、应急工作处、事故处、职安处、矿山处有关负责人参加了座谈。座谈会上，市公安局、市市政管委、市工商局有关负责人分别介绍了本系统装备配备标准和实际配备情况，市安全监管局通报了开展安全监管装备配备调查摸底的情况，并初步提出了装备配备种类和标准。市安全监管局各有关处室负责人分别从满足本处室工作需要，提出了装备需求，并建议按照必配和选配原则进行配备，统筹规划、分步实施，有所侧重，突出重点，优先配置重点、急需装备，确保本地区监管装备配备满足安全监管部门执法工作需要。

（李玉祥　刘自杰　刘　曦）

【调研海淀区监管装备配备情况】 3月11日，市安全监管局到海淀区安全监管局召开座谈会，就安全监管装备配备问题进行调研。海淀区安全监管局有关负责人参加了会议。会上，市安全监管局通报了全市安监系统开展安全监管装备配备调查摸底以及推进全市安全监管装备配备工作的初步思路和下一步工作计划等情况。海淀区安全监管局介绍了全区安全监管机构、人员和装备配备情况。据了解，海淀区安全监管局建局以来，按照有关文件规定和标准配备了部分检测设备及防护用品，区财政给予了支持。海淀区29个乡镇、街道都成立了安全生产委员会，乡镇长、街道办事处主任担任安委会主任，每个乡镇、街道配备3人至6人负责辖区安全生产管理工作。海淀区安全监管局每年对安委会主任脱产培训1周至2周，统一为每个乡镇、街道配备一辆专用检查车。与会人员就下一步安全监管装备配备需要解决的重点问题进行了深入研讨，提出了建设性意见和建议。

（李玉祥　刘自杰　刘　曦）

【调研顺义区按类分级依级监管】 3月23日，市安全监管局党组副书记、副局长蔡淑敏带领科技处、执法队、宣教中心有关负责人到顺义区安全监管局进行调研。在听取顺义区安全监管局工作汇报后，蔡淑敏就安全生产培训工作、监管装备配备、执法队伍建设、安全生产宣传工作等情况与顺义区安全监管局的有关负责人进行了深入交流。据了解，顺义区是本市现代制造业基地和临空产业中心，该区安全监管局依托安全生产分类分级管理系统，形成了按类分级，依级监管的模式。科研成果及信息化技术在该区得到了广泛应用。顺义区安全监管局从本区安全生产实际出发，在安全生产教育培训方面，针对所辖范围内生产经营单位各级各类人员分类开展安全生产教育培训，自编教材，针对性强，有效促进了生产经营单位扎实加强安全基础管理。加强执法监管保障能力建设，顺义区有自身特点。安全生产工作从源头抓起、从基层抓起，加强乡镇安监工作，对保证安全生产形势稳定、好转具有基础性作用。自2008年以来，顺义区安全监管局由政府出资，32辆执法检查专用车统一配发到区属各乡镇安全科，为加强属地安全生产检查创造了有利条件。同时，区安全监管局为属地检查员统一配备了棉服、相机、电脑、PDA掌上执法宝等办公用品和个人防护用品。顺义区安全监管局有关负责人建议，全市要形成一支统一的安全监管执法队伍，分级执法、分类执法，上下标准一致，程序规范。

（李玉祥　刘自杰　刘　曦）

【调研朝阳区用科技手段提高监管能力】 3月30日，市安全监管局副局长蔡淑敏到朝阳区安全监管局调研安全生产监管工作，并与朝阳区安全监管局有关负责人进行座谈，共同就进一步加强安全监管工作进行了深入探讨。调研过程中，蔡淑敏听取了朝阳区安全监管局对全区近期安全生产重点工作情况的汇报；现场观看了“朝阳区安全生产综合监管调度系统的研究与应用”演示。朝阳区结合辖区面积大、第三产业多、地下空间多、在建工地多、流动人口多等实际，研究开发了安全生产综合监管调度系统，建立了区安全监管局、行业管理部门以及所属企业三者互动的平台，实现了安全生产综合监管新体系建设，用科技手段提高了政府综合监管能力和安全监管效率。蔡淑敏对朝阳区安全监管局安全生产监管工作取得的成绩和创新性做法表示肯定，并给予高度赞扬，同时还就安全生产培训、宣传教育、监管装备、执法监察队伍建设等与朝阳区安全监管局有关负责人进行了交流，认真听取了他们的工作建议。

（李玉祥　刘　曦）

【调研崇文区安全监管装备配备情况】 4月7日，市安全监管局到崇文区安全监管局对安全监管装备配备情况进行调研。崇文区安全监管局介绍了相关建设情况和现有装备情况。区安全监管局充分发挥协调作用，有效整合区相关部门安全监管资源，结合实际扎实开展安全生产监管工作。东花市街道、崇文街道的有关负责人先后就本地区安全生产监管重点工作情况进行了介绍。全区七个街道没有设置专门的安全监管机构。座谈中，与会人员就结合城区实际特点如何创新模式加强安全生产监管工作进行了探讨和交流。市安全监管局有关负责人表示，深入开展安全监管装备情况调查，是为研究制定全市安全监管装备配备实施意见奠定基础，市局将按照国家安全监管总局的有关标准，结合北京市安全监管工作的实际需要，扎实推进各级安全生产监管机构落实装备配备工作，不断提高全市安全监管保障能力。

（李玉祥　刘自杰　刘　曦）

【应用物联网辅助提高应急救援决策水平研讨会】 4月12日，为利用科技手段，提高安全生产应急救援决策水平，市安全监管局组织劳动保护科学研究所、京仪集团、亚思顿科技公司、移远通科技公司等单位有关负责人，召开物联网技术在安全生产应急救援中应用的研讨会。亚思顿科技公司、移远通科技公司技术人员分别介绍了联合市安全监管局承担的重大危险源监测系统、应急救援移动指挥所课题成果以及能实现的功能；京仪集团有关负责人介绍了物联网技术在安全生产领域应用的初步构想；市安全监管局信息中心介绍了应急指挥平台建设情况及目前能实现的功能；市安全监管局应急救援处介绍了应急救援工作中的科技需求；科技处建议参加会议的科研单位要研究整合现有科研成果的技术路线，挖掘科研攻关内容，尽快提出完整课题建议方案，为向市科委申报研究课题作准备。会议认为：首先，要利用已有科研成果，通过科研攻关，整合资源，充分发挥科技在应急救援中的支撑作用；其次，市安全监管局科技处、应急处、信息中心联合组织本局有关业务处室召开研讨会，全面了解业务处室在安全监管、应急救援、事故调查处理工作方面的科技需求，为向市科委申报科技项目奠定基础。

（李玉祥　刘自杰　刘　曦）

【安全监管装备配备标准征求意见座谈会】 5月7日，市安全监管局组织召开《安全监管装备配备标准》征求意见座谈会。西城、宣武、朝阳、丰台、石景山、通州、大兴、昌平、延庆、门头沟等区县安全监管局有关负责人参加了会议。座谈会上，市安全监管局介绍了开展安全监管装备配备调查摸底的工作情况，参照国家安全监管总局指导标准制定的本市《安全监管装备配备标准（征求意见稿）》以及下一步推进全市安全监管装备配备工作计划等情况。会议认为，以树立安全生产行政执法威严和增加执法效力为出发点，增强全市安全监管装备配备水平非常必要且紧迫。建议考虑不同区县经济水平差异，按照必配和选配原则进行配备，统筹规划、分步实施，有所侧重，突出重点，优先配置重点、急需装备，关键抓好落实，确保安全监管装备配备满足安全监管部门执法工作需要，不断提高安全监管的保障能力。

（李玉祥　刘自杰　刘　曦）

【应用物联网技术解决安全生产重点难点座谈会】 7月7日，市安全监管局召开应用物联网技术解决安全生产重点难点问题座谈会。座谈会上，京仪集团、劳保所等科研单位有关负责人介绍了广泛应用物联网技术的典型案例，对在安全生产领域应用物联网技术加强安全基础管理，促进各级安全监管部门提升安全管理水平方面提出建议。市安全监管局各处室负责人分别结合部门职责和监管业务，提出如何采取先进技术和手段对危险物品、烟花爆竹、矿山、建筑、人员密集场所等生产经营中的重点难点问题加强监管的工作需求，针对现实问题进行了交流。

（李玉祥　刘自杰　刘　曦　张德武）

【召开科技装备推广筹备工作会】 8月6日，市安全监管局召开会议，就进一步做好“第一届北京市安全生产科技成果表彰暨安全生产科技装备展示大会”筹备工作进行研讨，广泛听取各方意见，对下一步工作提出要求。京仪集团、梅思安（中国）公司等12家国有企业、民营企业、科研机构、行业协会等单位相关部门负责人参加了会议。会上，市安全监管局介绍了举办这次科技装备推广会宣传安全生产科技成果、展示推广科技装备的主要目的，并就前期筹备工作思路和本次筹备会的具体议题进行了说明。市安全监管局将进一步细化筹备方案，从科技推广会的内容、方式进行梳理，并要在筹备中充分考虑受众群体，以达到最佳宣传效果。

（李玉祥　刘自杰　刘　曦　张德武）

【《外埠进京危化品运输车辆监控技术研究与示范》课题协调会】 8月18日，为加快推进《外埠进京危化品运输车辆监控技术研究及示范》课题的研究工作，解决研究及示范应用中遇到的难题，市安全监管局组织召开会议，研究协调外埠进京危化品运输车辆监控技术在房山区燕山石化公司试点的有关工作。市公安交通管理局、市运输管理局、房山区安全监管局、房山区公安交通管理局、房山区公安交通支队、燕山安全监管分局、燕山交通管理处、燕化公司安全部，市安全监管局监管三处以及课题组对研究单位劳保所、京仪集团长城金点公司、北大千方公司有关负责人参加了会议。会上，课题组负责人介绍了课题背景、研究的目的意义以及目前已经完成的研究进展情况，演示了为本课题研发的相关监控设备和技术，阐述了前期工作中发现的问题和遇到的困难。课题试点单位燕化公司安全部有关负责人就危化品车辆管理现状作了简要介绍。与会单位针对课题选择的监控技术措施和实际应用难题展开了讨论，就该系统对危化品运输车辆的监控范围、监管效果、数据平台对接、信息备案制度、监管盲区管理、责任追究制度、监控设备安全、电源接入方式以及后续动态发展等问题交换了意见。与会各方一致认为，该课题选择北京市安全生产中重点难点问题进行研究，具有前瞻性和示范性，技术先进，切合实际。各部门纷纷表示积极支持课题研究与示范应用，为课题的顺利完成并实施提供方便。

（刘自杰　刘　曦）

【《北京印刷和家具制造行业新型职业危害分析与控制对策》研究课题通过市科委验收】　9月16日，市科委召开“北京印刷和家具制造行业新型职业危害分析与控制对策研究”课题验收会。市安全生产监督局科技处、职安处，首都经济贸易大学参加了验收会。首都经济贸易大学代表课题组对研究课题完成情况进行了报告。中国安全生产科学研究院职业卫生研究所、中国疾病预防控制中心的5位专家认真听取了课题承担单位的汇报，审查了调研材料、研究报告等相关技术材料，并就有关问题进行了质询。专家组认为：该课题组针对北京印刷和家具制造两个行业首次明确了新型职业危害的界定原则，对这两个行业存在的职业危害进行了调查、检测和分析，并提出了相应的控制对策，选取两个行业中的典型企业进行了新型职业危害控制工程示范研究，研究目标明确，技术路线合理，完成了任务书中规定的预期目标和考核指标。研究成果具有较强前瞻性和针对性，在北京印刷和家具制造行业具有较大的推广和应用价值，为政府部门加强对职业危害监管提供了较强的科技支撑，经专家组审议同意通过验收。

（李玉祥　刘自杰　刘　曦）

【北京市“十二五”时期安全生产重点工程项目论证会】　11月18日，市安全监管局组织召开“十二五”安全生产重点工程项目专家论证会。来自国家安全监管总局规划科技司、北京市疾病预防控制中心、北京建工集团、国家安全监管总局信息中心、北京邮电大学、北京城市系统工程研究中心、首都经济贸易大学、北京市劳动保护科学研究所的8位专家，从项目的宏观行、前瞻性、可行性以及项目的内容等方面提出了建设性意见。市安全监管局将根据专家的建议，进一步筛选、补充、完善重点工程项目，保障《北京市“十二五”时期安全生产规划》的实施确有抓手。

（刘自杰　刘　曦）

【第一届北京市安全生产科技成果表彰大会】　12月15日，市安全监管局组织召开了第一届北京市安全生产科技成果表彰大会。国家安全监管总局规划科技司、市科委、市科协等单位的有关领导出席会议并讲话。近两年以来，围绕解决安全生产重点难点问题，北京市涌现出一批科研成果和应用示范工程。范围涵盖安全生产科研和示范工程，涵盖基础与应用基础研究、技术研究开发、技术推广与应用创新、工程应用以及安全管理软科学研究等。这些项目均通过了有关部门组织的技术评审、验收或取得专利授权。其中技术研究开发、技术推广与应用创新类、工程应用类项目均已推广应用一年以上，取得了显著经济和社会效益。市安全监管局按照公开、公平、公正的原则，评选出一等奖项目5个、二等奖项目10个、三等奖项目15个，共计30项，并对获奖单位和个人进行了表彰。

（李玉祥　徐宏珠　刘自杰
刘　曦　张德武）

【对东城区进行安全生产综合考核】　12月22日，市安全监管局综合考核组到东城区进行安全生产综合考核。市建委、市监察局、市交管局等安委会成员单位有关部门负责人参加考核。考核组在听取东城区安全生产工作和综合考评自查情况汇报后，分组对东城区一年来安全生产工作相关记录等文件资料进行了查阅。到崇文地区某建筑工地现场安全生产管理情况进行了查看，并随机抽查了某小商品经营场所。考核组按照安全生产综合考核细则对全区、乡镇和抽查企业进行了打分后，认为东城区重视安全生产，坚持安全生产与经济社会同步发展。东城和崇文两区合并后，整合资源，加强监管力量，群策群力抓安全。紧密结合城市中心区功能特点，创新安全监管体系，加大安全投入，构建安全生产长效机制。全区不断加强日常监管，严肃责任追究，做到警钟长鸣，安全生产形势保持平稳，取得“安全生产年”活动新成效。

（李玉祥　张德武　刘　曦）

安全生产标准化

【召开研究工业制造业安全生产监管办法和标准化工作会】　4月8日，市安全监管局局长张家明召开专题会，研究工业制造业安全生产管理办法和安全生产标准化工作。会议研究了《北京市工业制造业安全生产管理办法（征求意见稿）》和《2010年安全生产标准化工作推进方案（征求意见稿）》。会议原则同意《北京市工业制造业安全生产管理办法（征求意见稿）》，对其中部分内容修改后，进一步征求市政府有关部门、区县安全监管局及有关专家意见。

关于安全生产标准化工作，应结合区县实际工作，加强研究，加强指导，做好试点工作，重点应加强对激励政策研究，进一步提高企业开展安全生产标准化活动的积极性。

（赵　昕）

【全国安全监管会部署安全生产标准化】　4月28至29日，国家安全监管总局监管四司在安徽省马鞍山市召开2010年度安全监管工作会议，市安全监管局副局长陈清参加了会议。会议总结了2009年全国机械、冶金等行业安全生产工作情况，研究分析当前存在的问题和2010年安全监管工作形势，全面部署2010年工作任务。2010年要重点抓好的工作：一是大力推动安全生产标准化建设；二是加强监督检查，落实建设项目安全设施“三同时”制度；三是突出重点领域，深入开展安全生产“三项行动”；四是加强跟踪督导，用事故教训推动安全生产；五是加大工作力度，推动法规标准建设；六是加强对策研究，提高安全监管工作水平；七是加强安全培训，提高安全监管队伍履职能力。

（赵　昕）

【33家企业通过“北京市安全生产标准化企业”复评】　1月12日，北京三重镜业有限公司、北京西三旗热力有限责任公司、伟世通汽车空调（北京）有限公司、北京首钢新钢有限责任公司中厚板轧钢厂、北京首钢股份有限公司第二炼钢厂、北京首钢自动化信息技术有限公司电信事业部、北京首钢股份有限公司炼铁厂、北京首钢电力厂、北京首钢机电有限公司机械厂、北京首钢新钢有限责任公司运输部、北京首钢股份有限公司高速线材厂、北京首钢园林绿化有限公司、北京首钢股份有限公司第一线材厂、北京首钢实业有限公司总部管理服务分公司、首钢总公司质量监督总站、北京首钢实业有限公司物业管理分公司、北京首钢实业有限公司幼儿保教中心、北京首钢股份有限公司焦化厂、北京首钢新钢有限责任公司特钢部轧钢厂、北京首钢新钢有限责任公司动

力厂、北京首钢自动化信息技术有限公司电子设备制造部、首钢总公司冷轧镀锌薄板厂、北京首钢新钢有限责任公司型材轧钢厂、北京首钢自动化信息技术有限公司运行事业部、北京首钢自动化信息技术有限公司工程事业部、北京首钢股份有限公司物质供应公司、北京首钢新钢有限责任公司设备维检中心、北京首钢自动化信息技术有限公司信息事业部、北京首钢自动化信息技术有限公司传动事业部、北京首钢钢材配送有限公司、北京首钢铁合金有限公司、首钢地质勘查院、首钢总公司技术改造部设备处等33家企业在开展安全生产标准化活动自评的基础上，通过了北京市安全生产标准化复评机构组织的专家评审，取得了“北京市安全生产标准化企业”称号。

（赵 昕）

【国务院安办督导组调研安全生产标准化工作】 3月9日，国家安全监管总局专员刘云昌率领国务院安办督导组到北京天海工业有限公司调研安全生产标准化工作。市安全监管局副局长陈清陪同。督导组首先听取了天海公司关于安全生产标准化及职业卫生工作开展情况，现场检查了生产加工车间和喷漆现场安全生产状况，并就一些具体问题与企业负责人进行了交流。近几年，北京天海工业有限公司按照国家和本市有关安全生产工作的要求，明确工作目标，健全工作体系，加大资金投入，推进安全生产标准化工作，加强对职业危害因素的治理，提升企业本质安全水平，使企业的安全生产条件和日常管理有了很大改善，实现了企业的安全、健康、持续发展。

督导组强调，企业要总结安全生产标准化工作的经验，持续改进，不断完善，并注重企业内部制度建设，强化日常管理，切实落实安全生产主体责任。

（赵 昕）

【副局长出席海淀区安全生产标准化建设大会】 3月19日，海淀区召开街道乡镇、行业以及主要企业安全生产规范化、标准化建设大会，市安全监管局副局长陈清出席会议并讲话。大会总结了上年全区安全生产规范化、标准化工作，部署了2010年重点工作任务，表彰了安全生产规范化建设先进单位。会议要求全区各单位在去年试点的基础上，全面开展规范化、标准化建设工作。会议强调，开展安全生产规范化、标准化建设是一项重要的基础工作，也是推动企业落实安全生产主体责任的重要手段，各单位要高度重视狠抓落实。要充分认识首都安全生产工作面临的严峻形势，扎实抓好安全生产标准化建设工作，及时总结交流基层单位的好经验、好做法，不断提高企业的安全生产管理水平。

（赵 昕）

【召开安全生产标准化工作研讨会】 4月13日，市安全监管局相关处室召开安全生产标准化工作研讨会。会上，就全市安全生产标准化工作的目标和工作任务进行了交流，相关部门介绍了开展安全生产标准化活动的情况和工作思路，对全市进一步推进安全生产标准化活动提出了建议。通过讨论，大家认为开展安全生产标准工作是促进企业建立自我约束、持续改进的安全生产长效机制，提高企业安全生产水平的有效抓手，各部门计划将此项工作作为一项重点工作，正在着手建立煤矿、非煤矿山、危化、烟花爆竹等企业安全生产标准化复评办法及标准，并深入研究与许可工作挂钩的方法及相关激励政策。法制处、监管二处、监管三处、矿山处、煤监三室、研究室、宣教中心等有关人员参加了会议。

（赵 昕）

【调研通州区安全生产标准化工作】 6月9日，市安全监管局副局长陈清带队到通州区调研安全生产标准化工作，区安全监管局有关人员介绍了通州区推行安全生产标准化工作的做法和成效。通州区结合地区特点，在市局《北京市机械、冶金建材等行业安全生产标准化工作指南》的指导下，制定了通州区安全生产标准化创建标准，实行差异化监管，并在全区推行“金安企业”创建工作。调研组肯定了通州区安全生产标准化工作，创新开展工作的思路和方法。并指出，开展差异化监管和“金安企业”创建工作符合地区实际，要大胆研究，大胆实践，要不断总结经验和教训，不断完善监管机制。建议，把差异化监管和“金安企业”创建工作有机结合；对于“金安企业”的挂牌和摘牌程序要进一步完善和细化。

（赵 昕）

【强化安全生产标准化工作】 2010年，各区县安全监管局和集团总公司以安全生产月为契机，进一步推进安全生产标准化工作，加大宣传培训力度，取得良好效果。朝阳区安全监管局召开全区安全生产标准化工作会，进一步部署相关工作，提出“提倡达标、力争合格、辅助提高、消除一般”的工作目标，计划在年底完成100家重点工业企业的复评工作。海淀区安全监管局组织开展第一期安全生产标准化培训班，全区街（乡）办事处、120家重点工业企业安全管理人员参加培训。计划用三年时间分三批完成全区400家规模以上的重点工业企业的复评工作。丰台区安全监管局召开全区工业企业安全生产标准化活动动员大会，下发《丰台区工业企业安全生产标准化活动实施办法》，计划四年内在全区工业企业中全面推进安全生产标准化活动。北京纺织控股有限责任公司召开集团标准化工作总结表彰会议，对集团标准化企业授牌，交流工作经验，加大集团标准化工作的广度和深度。市安全监管局有关人员参加了会议，并指导区县及集团安全生产标准化工作进一步深入开展。

（赵 昕）

【6家企业通过“北京市安全生产标准化企业”复评】 1月30日，北京江森汽车部件有限公司、北京琉璃河水泥有限公司、北京太行前景水泥有限公司、北京强联水泥有限公司、北京制浆造纸试验厂湖苑山庄、东陶机器（北京）有限公司等6家企业在开展安全生产标准化活动自评的基础上，通过了北京市安全生产标准化复评机构组织的专家评审，取得了“北京市安全生产标准化企业”称号。

（赵 昕）

【通州区召开安全生产标准化“金安企业”表彰大会】 12月2日，通州区召开安全生产标准化“金安企业”表彰大会，总结2010年安全生产标准化工作，对通州区安全生产标准化“金安企业”和“安全生产标准化创建标兵”进行表彰。市安全监管局副局长陈清出席会议并讲话。陈清肯定了通州区“金安企业”的创建活动，是落实企业安全生产主体的成功实践，是实现安全生产科学监管的有益尝试，推动了企业安全生产基础建设，提升了本质安全生产水平。

（赵 昕）

【安全生产标准化矿井达标活动】 9月上旬，为贯彻落实《国务院关于进一步加强企业安全生产工作的通知》和《国家安全监管总局、国家煤矿安全监管局关于深入持久开展煤矿安全质量标准化工作的指导意见》（安监总煤行［2009］117号）文件精神，市安全监管局（北京煤监分局）、市发改委联合制定、下发了《关于深入开展煤矿安全生产标准化活动的通知》（京安监发［2010］116号）和《关于印发北京市煤矿安全生产标准化标准及考评办法的通知》（京安监发［2010］117号）文件。市级安全生产标准化矿井分为一级、二级、三级共三个等级。市安全监管局（北京煤监分局）、市发改委每年组织开展市级安全生产标准化矿井达标活动的评选工作，定期对煤矿安全生产标准化达标情况进行公布。

（贾　宏）

【对三级标准化矿井现场审核】 1月中旬，市安全监管局（北京煤监分局）、市发改委按照《关于深入开展煤矿安全生产标准化活动的通知》（京安监发［2010］116号）文件要求，市安全监管局（北京煤监分局）、市发改委对京煤集团昊华公司所属的大安山煤矿、木城涧煤矿、大台煤矿上报的三级标准化矿井的申请，进行了煤矿安全生产标准化工作情况现场审核。经考评，核准北京昊华能源股份有限公司大安山煤矿、木城涧煤矿、大台煤矿为2010年度安全生产标准化三级矿井。长沟峪煤矿由于2010年发生一起死亡3人的生产事故，未申请评级。

（贾　宏）

【赴山东泰丰学习考察全国双十佳煤矿】 为学习借鉴山东省煤矿安全质量标准化工作经验，12月27日至29日，市安全监管局、密云县冶金矿山公司及其下属的云冶矿业公司、首云股份矿业公司、威克冶金公司三家地下矿山企业主要负责人赴山东泰丰矿业集团王家寨煤矿学习考察。王家寨煤矿是全国双十佳煤矿，矿井装备和机械化水平走在山东省地方煤矿前列，此次重点考察了采掘机械化、辅助系统自动化、安全监控数字化、人员定位信息化、井下通讯无线化、生产现场文明化等方面内容。王家寨煤矿的经验和做法，对促进北京市非煤矿山安全标准化工作和“六大系统”建设，进一步加快物联网建设步伐，建设数字化矿山将起到借鉴和参考作用。

（陈震西）

【安全生产标准发展规划】 依据城市快速发展的实际情况，编制完成“十二五”期间安全生产标准发展规划，为规范生产行为奠定基础。安全生产标准是加强安全生产管理、规范安全生产行为的重要规范，也是各级安全监管部门依法行政履职的重要依据。是年，积极推进本市安全生产标准制定工作，完成了《城轨电动列车司机安全操作规范》、《阻隔防爆储罐及阻隔防爆撬装式加油（气）装置验收规范》、《石油储罐机械化清洗安全施工规定标准》、《北京市危险化学品仓库设施建设规范》等4个地方标准的征求意见、送审工作。完成《有限空间作业安全规程》、《危险化学品生产经营单位物联网系统》、《烟花爆竹零售网点储存安全技术要求》、《危险化学品罐储安全技术要求》等4个地方标准的立项申报工作。在以上工作基础上，结合本市安全监管重点，组织编写了《北京市“十二五”安全生产标准编制发展规划》，该规划明确本市安全生产标准工作现状、未来本市安全生产标准编制工作主要任务、“十二五”时期北京市安全生产标准编制发展规划保障措施等，力图通过对多年科技成果的转化、生产事故分析和生产经验的总结，物化为标准，指导生产，减少事故发生，适应北京市经济社会发展及建设世界城市的要求。

（赵英然）

【“十百千”工程推进平谷安全生产标准化建设】 “十百千”工程，即聘请10名安全生产专家，培育100个安全生产标准化示范单位；创建1000个安全生产标准化班组或岗位。2010年，平谷区建立了以安全生产责任制、危险源辨识和评价、安全生产检查等13项为安全生产基础管理，以工业气瓶、危险化学品库、车间作业环境等10项为安全生产技术的两大评定标准，进行安全生产标准化考评，实现安全生产管理科学化、机械操作规范化，检查有序标准化。2010年，已有100家企业开展了安全生产标准化建设。10家达标试点单位进行自评和复评，其中9家被评为一级安全生产标准化企业，1家被评为二级安全生产标准化企业，达标率100%。平谷区在总结10家示范单位安全生产标准化达标工作经验的基础上，进而选择100家试点单位进行推广，并根据《“十百千”工程实施方案》推出500个安全生产标准化示范班组或岗位进行试点。2010年8月11日，平谷区召开安全生产标准化和安全生产“十百千”工程动员部署会，通报安全生产标准化活动的开展情况，部署深入开展安全生产标准化和安全生产“十百千”工程，从而推进平谷区安全生产标准化建设。

（平　谷）

【出台安全生产标准化引导性文件】 8月7日，朝阳区安全监管局与区财政局联合制定《关于将企业安全生产标准化等级情况作为朝阳区车辆维修政府采购优先采购条件的通知》。文件规定，确定车辆维修定点供应商时，在性能、技术、服务、价格等指标同等条件下，将优先选用已经完成创建安全生产标准化的企业。

（陈　京）

【安全标准化创建活动】 2010年按照“提倡达标、力争合格，辅助提高、消除一般”的工作思路，朝阳区安全监管局对347家企业安全生产标准化活动开展情况进行了走访，完成了181家工业企业安全生产标准化复评工作，其中1家完成了国家一级企业创建，2家完成了北京市级企业创建，2家完成了行业创建，37家完成了区级企业创建。

（陈　京）

【朝阳区举行安全生产标准化达标企业授牌仪式】 12月28日至29日，朝阳区安全监管局、组织召开朝阳区工业企业安全生产教育培训会，为2010年度安全生产标准化13家达标企业和22家合格企业颁发了证书和牌匾。全区270余家企业代表以及北京中安质环技术评价中心、朝阳区安全生产协会等中介机构共300余人参加了会议。

（陈　京）

【市热力集团取得安全生产标准化全覆盖】 市热力集团是全国乃至亚洲最大的集中供热企业，负责中共中央、国务院、驻京部队、各国驻华使馆、国家部委、北京市政府机关、大型宾馆等公共建筑及居民住宅的采暖，生活热水和部分工业用热。2008年，市热力集团通过安全生产标准化自评、复评各阶段的考核，同年12月3日，通过复评。2009年3月，市热力集团通过北京市安全生产标准化复评机构组织的专家评审，取得了“北京市安全生产标准化企业”称号。2010年，市热力集团完成了所有所属单位达标工作，达到了安全生产标准化全覆盖。

（热　力）

【门头沟区举办工业企业安全生产标准化培训】 3月16日，门头沟区各部门、镇、街安全生产工作主管领导和工业、矿山企业负责人参加安全生产标准化培训班。培训班介绍了本市一批率先达标单位安全生产标准化创建的经验，并对《门头沟区工业企业安全生产标准化活动实施方案》等文件进行了宣贯。有关安全生产标准化中介机构的专家对安全生产标准化的基本概念和理论知识，进行了讲解，明确宣讲了开展创建安全生产标准化企业的过程和要素等相关内容。

（门　培）

【安全生产标准化活动培训】 3月25日至4月9日，市安全生产协会配合市安全监管局在会员单位进行了四期培训。培训班对北京市机械、冶金、建材、轻纺和烟草等行业《安全生产标准化活动指南》进行了宣讲，会员单位的主管领导及安全生产管理人员参加培训，大中型企业200多家，参加人员约500人。

为全面推动企业安全生产标准化建设，市安全生产协会组织编写了《安全生产管理制度指南》，指导企业进行标准化建设工作。向会员单位及参加培训人员发放《安全生产标准化活动指南》（市安全监管局、市国资委）、《生产经营单位安全生产管理基本制度指南》各500多册。

（王素琴）

【《企业安全生产标准基本规范》培训】 10月15日，市安全生产协会组织会员单位进行了《企业安全生产标准基本规范》（AQ/T 9006—2010）的培训班，邀请本标准起草人中国安全生产协会韩国庆老师进行基本规范的解读，并向参加培训的人员发放《企业安全生产标准基本规范》200余册。

（王素琴）

【下发安全生产标准化达标通知】 3月10日，市安全生产协会向会员单位下发了《关于开展企业安全生产标准化管理制度达标活动的通知》和《企业安全生产管理制度建设情况调查表》，了解企业制度建设情况，针对制度种类、制度要素、可操作性等方面进行了调查，发放调查表120余份，收回调查表90余份。从调查结果显示，企业在安全管理制度建设方面，存在着一些问题，依照《安全生产管理基本制度指南》需要进一步完善。

（王素琴）

【成立安全生产标准化达标专家评审组】 5月13日，市安全生产协会成立安全生产标准化管理制度达标专家评审组，并召开工作会，讨论了制度达标的评审标准，根据专家意见，制定了制度达标评定标准，编制了《安全生产管理制度评审意见反馈表》。

（王素琴）

【16家企业进行基本制度评审】 7月23日，安全生产标准化管理制度达标专家评审组，对第一批报送的16家企业安全生产管理基本制度进行评审，依据《生产经营单位安全生产管理基本制度指南》的所需要素，对所报企业的各项基本制度进行了审查，提出了修改意见。市安全生产协会根据专家评审意见，进行了汇总，并将修改意见反馈给企业，各企业对专家的评审意见和协会的要求，按时完成了修改。

（王素琴）

【编写安全生产管理制度补充说明】 7月19日，市安全生产协会贯彻落实《国务院关于进一步加强安全生产工作的通知》（国发［2010］23号）和国家安全监管总局《关于进一步加强企业安全生产规范化建设严格落实企业安全生产主体责任的指导意见》（安监总办［2010］139号）文件精神，为加强企业制度建设，市安全生产协会组织编写了安全生产管理制度补充说明，对第一批参与达标的16家企业中经专家评审，有6家企业基本符合制度达标要求，要求6家企业根据国务院23号《通知》要求，增补制度。

（王素琴）

【召开专家评审第二次会议】 9月26日，市安全生产协会召开了安全生产标准化管理制度达标专家评审第二次会议，就落实国务院23号《国务院关于进一步加强安全生产工作的通知》和国家安全监管总局139号《关于进一步加强企业安全生产规范化建设严格落实企业安全生产主体责任的指导意见》，针对第一批拟达标的5家企业的修改制度进行了评审，专家提出了修改意见，市安全生产协会将修改意见反馈给企业，进一步进行完善。

（王素琴）

【对达标企业进行表彰和发牌】 12月24日，市安全生产协会召开了专家评审会，对5家企业（北京首钢吉泰安新材料有限公司、北京市机械施工有限公司、北京金鱼科技股份有限公司、北京市第五建筑工程有限公司、北京二商王致和股份有限公司）的安全生产管理基本制度进行了复审，经过审查，这5家公司管理制度符合安全生产法律、法规及安全管理的要求，可以达标。对达标企业进行了表彰和发牌。

（王素琴）

2月7日，东城区副区长宋甘澍带领联合检查组检查烟花爆竹销售网点。

6月9日，2010年东城区“安全在我身边”演讲比赛。

6月13日，2010年东城区安全生产月启动仪式暨宣传咨询日活动。

6月13日，东城区安全生产监督管理局向市民发放宣传材料。

6月17日，国务院参事闪淳昌为东城区的领导干部做以“学习实践科学发展观，提高应对风险和危机能力”为题的公共安全教育专题报告会。

6月8日，原宣武区召开高处悬吊作业宣贯大会。

西城区安全监管局党组书记陈国红（右一）、局长刘戍东（右二）介绍区划调整后西城区安全监管局总体情况。

西城区组织安全生产大型公开课。

原宣武区安全生产月应急演练。

原宣武区安全生产月应急演练现场。

9月6日，海淀区人民政府召开第155次常务会议研究安全生产工作。

3月22日，海淀区安全监管局对振兴村拆迁现场进行安全检查。

6月17日，海淀区举行危险化学品事故应急救援演练。

1月20日，海淀区召开2010年安全生产工作会议，全面部署区安全生产工作，副区长穆鹏出席会议并讲话。

5月18日上午，海淀区安委会组织各成员单位，召开2010年海淀区安全生产月活动动员部署会，全面部署2010年安全生产月各项工作，副区长穆鹏出席会议并讲话。

6月13日，海淀区召开2010年安全生产咨询日活动主会场，区安全监管局局长向群众发放安全生产读本。

2010年全国安全生产月活动

优秀单位

中共中央宣传部
国家安全生产监督管理总局
公安部
国家广播电影电视总局
中华全国总工会
共青团中央
中华全国妇女联合会

二〇一〇年十月

10月，朝阳区安全监管局被评为全国安全生产月优秀单位。

6月23日，朝阳区安全监管局向安全生产标准化合格企业授牌。

9月7日，朝阳区安全监管局工作人员参加北京市安监系统第一届艺术节。

1月21日，朝阳区区长程连元（右一）带队到金盏地区、东坝地区的打工子弟学校、民办托幼场所检查安全工作。

6月2日，朝阳区区委第一巡视组到朝阳区安全监管局指导工作，参观移动指挥所。

6月14日，朝阳区安全生产月宣传咨询日。

2月9日，丰台区安委会主任、副区长高朋带队检查烟花爆竹零售网点。

6月13日，丰台区南苑街道进行消防演练。

6月17日，安全生产宣传大篷车。

6月18日，丰台区东铁匠营街道安全生产与应急救援科普知识竞赛。

8月16日，丰台区召开危险化学品从业单位安全生产工作会。

11月6日，丰台区综合应急救援支队成立仪式。

3月11日，石景山区召开安全生产工作大会。

6月12日，石景山区安全生产月咨询日活动现场。

12月15日，市安委会督察组赴石景山区督察安全生产工作。

6月13日，石景山区安全生产月宣传咨询日活动现场。

6月13日，安全生产月宣传咨询日活动向群众发放宣传资料。

2月11日，门头沟区区长刘云广带队检查液化气站。

4月23日，门头沟区召开二季度安全生产工作会。

4月30日，门头沟区区长王洪忠带队检查施工现场安全情况。

6月13日，门头沟区安全生产月宣传活动现场。

10月27日，门头沟区区长王洪忠带队检查建筑施工现场。

6月23日，门头沟区安全生产题材影片放映专场。

2月12日，房山区副区长高言杰带队检查良乡地区网吧场所安全工作。

3月12日，房山区荣获北京市安全生产综合考核先进区县。

3月23日，房山区召开2010年安全生产工作会。

4月28日，房山区职业技术学校进行安全生产信息系统乡镇培训。

5月6日，房山区安全监管局被企业誉为“企业安全保护神”。

5月21日，房山区副区长吴会杰到云居寺检查安全工作。

6月24日，房山区昊天假日酒店进行消防演习。

10月8日，房山区副区长马继业带队检查人员密集场所安全。

1月20日，顺义区召开全区安全生产大会。

6月13日，全国“安全生产月”宣传咨询日活动在顺义区北京现代汽车制造厂举行。

4月21日，顺义区副区长林向阳检查新国展第十一届汽车博览会安全情况。

3月24日，顺义区召开安全生产隐患排查治理自查自报工作动员会。

7月2日，顺义区安全监管局组织开展顺义区危险化学品泄漏应急演练活动。

顺义区安全监管局组织委托执法工作培训。

6月23日，顺义区组织印刷行业作业场所职业卫生管理规范培训班。

6月22日，大兴区在安全生产咨询日组织应急演练。

3月6日，北京市生产经营单位从业人员安全生产培训日启动仪式在大兴区举行。

3月6日，北京市生产经营单位从业人员安全生产培训日启动仪式在大兴区举行。

6月22日，大兴区安委会主任、副区长常红岩参加咨询日活动。

7月15日，大兴区安全生产分类分级管理工作动员会。

8月11日，首都安全生产演讲团大兴区巡回演讲。

12月30日，大兴区安委会办公室组织节前地下空间联合检查。

1月6日，北京市安全生产监督管理局督察组到昌平区检查安全生产工作。

2月4日，2010年烟花爆竹销售网点培训会。

2月6日，昌平区副区长洪波带队检查烟花爆竹零售网点。

4月20日，昌平区安全监管局局长金东彪带队检查地铁安全。

5月21日，国务院安委会督查组组长、国家安全监管总局副局长杨元元（左二）带队检查昌平区安全生产。

6月12日，昌平区组织危险化学品应急预案演练。

11月29日，昌平区组织召开贯彻落实“国务院23号通知”精神会议。

3月12日，平谷区安全监管局督查组检查燕东液化石油气公司事故预备系统。

5月5日，平谷区安全监管局副局长赵承河带队检查北京天利海香精香料公司。

7月6日，平谷区副区长魏玉瑞带队检查危化企业储存仓库。

4月12日，平谷区安全监管局与区公安分局联合召开危险化学品工作会议。

8月11日，平谷区召开安全标准化活动暨安全生产“十百千”工程动员大会。

2月8日，怀柔区召开年度安全生产工作会。

9月30日，怀柔区区长池维生带队开展节前安全检查。

9月3日，怀柔区开展贯彻落实“国务院23号通知”宣传日活动。

7月23日，怀柔区安全监管局与泉河街道办事处联合举办了"放歌新怀柔"夏日文化广场——安全生产之夜专场文艺晚会。

6月13日，怀柔区在北京雁栖经济开发区管委会门前举行怀柔区2010年"安全生产月"宣传咨询日活动。

6月19日，怀柔区安全监管局在雁栖湖旅游公司开展了水上应急救援演练。

2月4日，密云县领导带队检查烟花爆竹零售网点。

6月10日，北京市尾矿库汛前应急演练。

6月11日，密云县“安全在我身边”演讲比赛现场。

6月13日，密云县安全生产月咨询日活动。

9月8日，密云县召开宣传贯彻“国务院23号通知”精神动员部署会。

9月16日，密云县在施工现场宣传贯彻“国务院23号通知”。

区县安全监管监察

东城区

概　　述

2010年，东城区安全生产工作立足科学发展、安全发展、和谐发展，坚持“安全第一、预防为主、综合治理”的工作方针，围绕“平安北京”和“安全生产年”的各项要求及工作部署，探索综合监管新模式，创建公共安全监管新体系，强化安全生产基层基础工作，构建安全生产长效工作机制，政府安全监管责任和企业安全管理责任得到有效落实，组织开展“安全生产年”活动，开展“安全生产月”系列宣传教育、持续开展安全生产执法检查和隐患排查治理工作，加大“打非”专项行动和有限空间专项治理工作力度，加强安全监管，监督企业落实安全主体责任，督促行业（属地）部门落实安全监管责任。全区安全生产形势总体保持了平稳态势，各类安全生产事故死亡人数均未突破市政府下达给东城区的安全生产控制考核指标。

2010年，东城区把生产安全、消防安全、道路交通安全三个委员会进行了整合，成立了公共安全委员会，构建了“政府统一领导、部门依法监管、企业全面负责、群众监督参与、社会广泛支持”的安全生产工作格局。制发了《东城区公共安全综合考核办法》，修改完善了《东城区安全生产综合考核办法》，将安全生产控制指标向交通、消防、住建委、安监和综治部门进行了分解，以此促进政府部门安全生产监管责任的落实。成立了安全生产执法监察队，下达事业编制20个，拨付17万元专项经费，大大增加了日常安全检查力量。

提出了“公共安全监管新模式”课题，建立了以全区风险源监管为核心、以事故易发领域的安全监管为重点、以规范和推进日常监管、企业自查为抓手的公共安全监管新体系。已通过公共安全信息管理平台对5300家重点企业实现动态化日常监管，基本实现了对重点行业全方位、全覆盖的风险源预防管理。

全年共出动执法检查人员2212人次，检查生产经营单位956家次，排查整治隐患739处，经济处罚金额55.8万元。

东城区安全生产监督管理局被评为“北京市安全生产工作2010年度先进区县”单位。

安全生产综合监督管理

【安全生产控制考核指标完成情况】 2010年，市政府下达东城区的安全事故死亡控制指标总数是26人，其中生产安全事故死亡控制指标为9人，道路交通安全事故死亡控制指标为14人，铁路交通安全事故死亡控制指标为1人，火灾事故死亡控制指标为2人。全年，全区共发生生产安全事故5起、亡4人，占全年控制指标的44.4%，道路交通亡人事故8起、亡8人，占全年控制指标的57.1%，火灾亡人事故2起、亡2人，占全年控制指标的100%。生产安全和道路交通事故均未突破死亡控制指标，火灾事故与市政府下达的死亡控制指标持平，未发生铁路交通死亡事故。

（刘　旭　孙溪之）

【四套班子领导进行安全检查】 2月12日，原东城区人大副主任任生敏，区委常委、副区长李荣庆，副区长毛炯，区政协副主席王建军带队，对安燕加油站、地坛体育馆等几家单位和几个烟花爆竹销售点进行了安全检查，内容包括了消防设施和中控室、疏散通道、特种设备、电气设备、加油设备设施、烟花爆竹经营安全措施、安全生产责任制、安全管理制度及突发事件应急救援预案等情况，并听取安全情况汇报。区公安分局、区公安消防支队、区质监局、区工商局、区旅游局、区体育局、区安全监管局、和平里街道办事处、安定门街道办事处的相关领导陪同检查。

（张洪道　刘　旭　孙溪之）

【区政协听取上半年安全生产工作汇报】 6月12日，东城区政协第十二届委员会第三十五次主席会听取了上半年安全生产工作情况汇报。政协主席曾刚健、副主席郭瑞敏、王建军、程华、李霭君和政协相关领导听取了汇报。汇报内容包括安全生产事故及死亡指标控制情况、上半年主要工作、存在的主要问题及形势分析、下一步工作重点。曾刚健主席对区安全监管局工作给予充分肯定，并强调在下一步工作中要继续加强安全监管责任的落实，加强对从业人员的宣传教育和培训，强化、完善执法监察队伍的建设，全力保障东城区安全生产形势的稳定。

（张洪道　刘　旭　孙溪之）

【区安委会召开第一次全体会议】 1月29日，东城安全生产委员会召开2010年第一次全体会议。副区长、区安全生产委员会主任毛炯及区安全生产委员会46家成员单位的主管领导出席了会议。会上，区公安消防支队、区公安交通支队、区住建委、区安全监管局、区公安分局分别通报了近期消防安全、道路交通安全、建筑施工安全、生产安全、治安维稳工作情况以及下一步工作安排。区安委会办公室对辖区春节、“两会”期间安全生产工作作了专项部署，并就政府各部门安全工作职责修订工作向各成员单位进行了说明。

（张洪道　刘　旭　孙溪之）

【召开研究安全生产大检查会议】 为贯彻落实《国务院安委会关于立即开展全国安全生产大检查的通知》精神，根据北京市安全生产大检查工作要求，4月6日，东城区安全生产委员会办公室召开会议，研究制定《东城区开展安全生产大检查工作的通知》，定于4月至5月底，利用东城区公共安全信息管理平台，开展东城区安全生产大检查活动。此次检查，重点对象为建筑施工、非煤矿山、化工、道路交通运输、电力、特种设备、消防等行业（领域）的企业，各安全监管部门将在企业自查的基础上进行抽查，对企业落实安全生产责任制情况、安全法律法规执行情况、隐患排查整改和重大危险源监控情况、应急管理情况以及安全生产教育培训情况作为检查内容，落实安全生产大检查工作责任，全面掌握重大事故隐患和重大危险源，落实整改和监控措施，加强隐患排查治理长效机制建设，确保东城区经济建设和社会发展的平安稳定。

（张洪道　刘　旭　孙溪之）

【区安委会召开第二次会议】 4月9日，东城区安全生产委员会召开2010年第二次全体会议。区安全生产委员会主任、副区长毛炯及区安全生产委员会各成员单位的主管领导出席了会议。会上，通报了一季度东城区安全生产工作情况，并对区安全生产大检查工作进行了专项部署。

（张洪道　刘　旭　孙溪之）

【在分会场参加市政府电视电话会议】 6月30日，市政府召开安全生产电视电话会议，东城区主管副区长毛炯及区安委会24家成员单位的主管领导在分会场出席了会议。会后，区安委会立即召开工作部署会，贯彻落实市领导指示精神，对立即开展针对危险化学品生产、经营、存储单位的安全大检查工作进行专项部署。毛炯提出三点要求：一是要高度重视，注意分析事故原因，对安全工作做到“警钟长鸣、长抓不懈”；二是结合暑期特点和实际情况，在本地区、本系统开展隐患排查和整改工作，特别加强平房院落简易消防井设施建设，做到主体责任到位，监管到位，宣传教育到位；三是明确检查重点，加大执法力度，严厉查处不具备安全生产条件的生产经营单位，确保东城区的安全稳定。

（张洪道　刘　旭　孙溪之）

【区领导调研南片安全工作】　7月5日，东城区副区长毛炯到东城区南片（原崇文区）调研安全工作，听取了原崇文区安全监管部门和公安消防支队的工作汇报，并对调整期间的安全工作提出了要求：一要提高认识、不辱使命。当前正在进行的行政区划调整工作，对安全生产提出了更高的要求，两个区作为中心城区，安全生产工作有着共同点，在调整期间要坚持履行职责，把优势做法有效整合，提高安全监管水平。二要统一思想，把握原则。领导班子要团结一致，积极主动，严肃政治纪律、组织人事纪律、财经纪律，统一干部的思想，确保调整工作顺利进行。三要认清责任，加强协作。做到思想不散、队伍不乱、工作不断、标准不降，全力保障调整时期的安全稳定。

（张洪道　刘　旭　孙溪之）

【召开贯彻落实“国务院23号通知”会议】　8月20日，市政府召开了贯彻落实《国务院关于进一步加强企业安全生产工作的通知》精神电视电话会议，东城区区长牛青山、主管副区长毛炯、19家相关单位的主管领导以及20家区属企业的负责人出席了会议。会后，区安委会立即召开工作部署会，贯彻落实《国务院关于进一步加强企业安全生产工作的通知》精神，毛炯对相关单位提出三点要求：一是迅速学习领会通知精神，确保政府监管责任和企业主体责任的落实；二是结合全区开展的打击非法违法行动，制定整体宣贯方案，大力开展专项治理工作；三是加强公共安全管理体系和网格化定位的建设整合工作，把所有企业纳入平台实施动态化管理，要加大隐患排查和应急救援工作力度，对违法违规企业要严管重罚。

（张洪道　刘　旭　孙溪之）

【市安委会督导组到东城区督导安全生产工作】　9月15日，市安全生产委员会督导组一行7人，由市安委会办公室副主任、市安全监管局副局长常纪文带队，对东城区安全生产工作进行督导检查。区安委会主任、副区长毛炯及区安全监管局、商务委、国资委、城管委、总工会、体育局和街道等有关单位的领导全程陪同迎检。督导组听取了东城区安委会就全区安全生产工作的情况汇报，听取了区商务委和两家企业的安全生产工作汇报；对东城区关于“8·20”全市安全生产电视电话会议落实情况、《〈国务院关于进一步加强企业安全生产工作的通知〉宣传教育培训工作方案》落实情况、《国务院安委会关于集中开展严厉打击非法违法生产经营建设行为专项行动的通知》贯彻落实情况、“安全生产年”活动开展情况以及重大隐患排查治理情况等五方面的安全生产工作进行了督导检查；对崇外街道办事处安全生产属地监管工作和相关的档案资料进行督察，同时还对便宜坊集团国瑞城分店的安全生产工作进行了现场检查。

（张洪道　刘　旭　孙溪之）

【召开安全生产督办会】 为吸取吉林、上海等地火灾事故教训，落实综合监管责任，确保东城区和谐稳定，区安委会办公室于11月16日联合区政府督察室、区监察局召开安全生产工作督办会，就今年以来部署的宣贯国务院《通知》精神情况、“安全生产年”活动实施情况、“打非”专项行动及隐患排查治理等专项工作落实情况进行综合督察，同时对2010年安全生产综合考核工作进行了部署。会议强调：一要高度重视，全面落实年度各项工作任务，要按照折子工程和市区重点工作要求，保质按时完成任务；二要加强领导，全面落实安全监管责任，确保安全监管工作领导有人管，具体有人办，两个主体责任落实到位；三要强化监管，严格执法，确保“打非”和隐患排查治理取得实效，安全无事故；四要精心准备，做好年终考核工作，确保客观全面。区商务委、区住建委、区文化委、区国资委、公安消防一支队、公安消防二支队、公安交通一支队、公安交通二支队、市运管局东城处(南北片)、区质监局、区卫生局、区民防局、区房管局、区体育局、区旅游局等单位的主管领导参加了会议。2010年，区领导分别带领行业、专业部门的领导和执法检查人员检查督察安全生产工作26次，有效地促进了全区安全生产工作的落实。全区所有街道办事处均建立了安全机构，配备了3名以上安全监管人员，做到人员、经费和装备与安全生产工作相适应。

(张洪道　刘　旭　孙溪之)

【建筑工地安全监管工作研讨会】 3月18日，东城区安全监管局与区住建委在建筑行业管理处针对建筑工地安全监管工作召开研讨会。随着全国“两会”的顺利闭幕，建筑工地陆续开工，目前全区已有47家建筑工地开工建设。研讨会针对如何加强建筑工地的安全监管工作，防止生产安全事故的发生展开了讨论。大家一致认为，当前要突出抓住入场安全教育和现场安全管理这两个重要环节，采取切实有效的措施，提高安全意识，消除安全隐患，并就采取的具体措施达成了一致。

(张洪道　刘　旭　孙溪之)

【市安委会考核组对崇文综合考核】 1月5日，市安全监管局副局长丁镇宽带领市安全监管局、交通委、农委、总工会相关领导共13人组成市安委会综合考核组，对原崇文区2009年度安全生产工作进行了综合考核。区安全监管局、应急办、总工会、运管处、公安消防支队、商务委、文化委、民防局、住建委、房管局等部门主管领导参加了考核会及现场检查。市考核组首先召开考核工作会。会上，原区安委会副主任、原区安全监管局局长刘建平介绍了崇文区安全生产工作特点，并在座谈中解答了市考核组提出的相关问题。市考核组对崇文区建立的“协调、会商、沟通、函告”联动机制给予肯定，并就区安全监管局在“新城区建设”工作中发挥保驾护航作用提出了指导意见。考核工作会后，市考核组全面查阅崇文区安全生产工作档案资料，对区内家乐福超市广渠门店和天王星KTV等重点生产经营单位进行了现场检查，并对东花市街道办事处的安全生产工作进行了实地考核。考核结果为优秀。

(位　鑫)

危险化学品安全监管监察

【危险化学品行政许可】 2010年东城区共办理危险化学品乙证新办证、换证、变更以及甲证初审工作共计38件(其中甲证初审21件)，易制毒化学品经营备案换证、变更审批 5 件。

（冯　岩）

【加油站专项安全检查】 4 月 19 日至 23 日，原东城区安全监管局对辖区全部加油站逐一进行了专项安全检查，检查组结合现行危险化学品法律法规、规章文件等，将加油站安全要求从证照、安全制度、安全记录、消防器材、现场安全、设备安全、宿舍安全 7 大类归纳总结出 44 条重点要求，对各站进行了细致的检查。通过检查，各加油站对安全工作较为重视，安全生产责任制、安全管理制度健全，证照、安全记录等齐全，并定期进行了应急演练，现场管理良好。但从检查中也反映出部分站还存在隐患和问题如安全警示标志未悬挂在醒目场所、油罐法兰盘上导静电铜丝断裂、应急演练照片未标注日期且部分照片打印模糊、便利店内电源线拖地无防护措施等，检查人员对存在问题的相关加油站责令其立即整改。

（张洪道　刘　旭　孙溪之）

【市安全监管局领导检查危化企业和加油站】 5 月 3 日，市安全监管局副局长丁镇宽带队对东城区北京化学试剂公司和中石化安燕加油站进行了安全检查。丁镇宽要求两家被检查单位要高度重视节日期间危险化学品安全工作，严格落实各项安全保障措施，坚决防止危险化学品事故的发生。对检查中发现化学品仓库通风不良和加油站场内消防通道物品码放较多问题，已经责令企业立即进行整改，确保节日安全。

（张洪道　刘　旭　孙溪之）

【危险化学品专项整治】 1 月 23 日，原东城区安全监管局对和平里地区加油站等 4 家有实物的危险化学品经营单位进行了安全检查，并提出了安全要求。4 月 12 日，召开 2010 年全国治爆缉枪行动相关危险化学品监管工作动员部署会，辖区全部剧毒化学品、易制爆化学品、易制毒化学品经营单位主要负责人参加了会议。4 月 19 日至 23 日，对辖区全部加油站逐一进行了专项安全检查，检查组结合现行危险化学品法律法规、规章文件等，将加油站安全要求从证照、安全制度、安全记录、消防器材、现场安全、设备安全、宿舍安全 7 大类归纳总结出 44 条重点要求，对各站进行了细致的检查。为有效遏制易制毒化学品流入非法渠道，努力为世博会的成功举办创造良好的社会治安环境，于 4 月 28 日至 5 月 11 日对全区全部 19 个涉及易制毒化学品经营资质的单位进行了全面检查，检查共出动人员 57 人次，查出问题和隐患 3 处，已责令相关单位立即进行整改并进行了跟踪复查。

（冯　岩）

烟花爆竹安全监管监察

【烟花爆竹行政许可】 1 月 13 日，原东城区完成烟花爆竹行政许可审批工作，向 27 家申请单位发放了烟花爆竹销售许可证和销售点标志牌。其中 14 家单位为搭建零售大棚进行销售，其余 13 家为店面销售。1 月 23 日，对全区 27 家销售单位所有烟花爆竹从业人员 173 人进行了安全常识及业务知识的安全培训，并对参加培训人员进行烟花爆竹安全监管应知应会的安全知识考试，对所有通过考试的从业人员发放了胸卡。另外在销售烟花爆竹期间由局领导带队，每两天对 27 家烟花爆竹销售点逐一进行检查，在烟花爆竹销售结束后，要求各销售单位对未销售完准备退货的烟花爆竹加强存放环节的安全管理，严防火灾事故。同时要求各销售点做好清理、装箱整理工作，准备回收。

（冯　岩　位　鑫）

【对烟花爆竹销售全覆盖检查】 2月6日至7日，原东城区安全监管局组成两个检查组，由副局长韩卫国李明带队，对辖区内27家烟花爆竹零售网点进行了全覆盖安全检查。经查，大部分零售网点安全条件都符合法规要求，并做到合法经营，但部分零售网点仍存在大棚周围未设安全警戒线、个别销售点周围卫生清理不及时、销售区烟花爆竹码放较多、没有安全检查记录、网点主要负责人没有明显标志等问题。区安全监管局依法对存在问题单位下达了《责令改正指令书》，责令其立即整改。

（冯 岩 位 鑫）

【参加市局召开烟花爆竹安全生产会议】 2月6日，市安全监管局召开烟花爆竹安全生产电视电话会议，原东城区立即组织全部27家烟花爆竹销售点负责人参加了会议。会后，副区长毛炯立即召开专题会议进行贯彻部署，首先听取了5家销售点负责人安全措施到位情况的工作汇报，对27家销售单位负责人提出了四点要求：一是要贯彻落实电视电话会议精神，全面落实责任，安全生产的意识时刻不能松懈；二是要加强销售现场安全管理，配备2名以上专职看守人员进行24小时巡查，夜间不得睡觉；三是各单位安全标准要提高，在符合法律法规安全要求的前提下，尽全力将安全工作做得更好；四是做好销售过程中各项记录；五是严防犯罪分子的蓄意破坏行为。

（冯 岩 位 鑫）

【市局局长检查东城烟花爆竹销售网点】 2月7日，市安全监管局局长张家明带领检查组，对原东城区内的3家烟花爆竹零售网点进行了细致的安全检查。从检查情况看，大部分零售网点都能按法规要求的安全条件合法经营，但部分零售网点仍存在大棚周围未设安全警戒线、销售区烟花爆竹码放较多、较高、存放区废旧纸箱没有及时清理、灭火器放置位置不合理、个别销售点后窗密封不严及周围有烟头等问题。检查组针对以上问题提出了具体的整改要求。

（冯 岩 位 鑫）

【国家总局领导检查东城烟花爆竹销售点】 2月8日，国家安全监管总局副局长孙华山在市安全监管局局长张家明等陪同下，对原东城区北京利微晓虎商贸中心、北京和平丽仁美容美发中心2家烟花爆竹销售点进行了安全检查，检查组主要检查了人员资质、制度、安全记录、安全设施、产品数量、品种规格、产品码放间距、储存与销售区隔离、电器管理、禁火禁宿管理、安全标识等内容。孙华山对2家烟花爆竹销售点安全条件及安全管理工作给予肯定，并指出今后工作中要继续加强安全管理，严格控制网点周边机动车停放，使销售工作平稳有序，烟花爆竹产品安全放心，安全管理工作万无一失，确保老百姓度过一个喜庆祥和的春节。

（冯 岩 位 鑫）

【区领导检查辖区烟花爆竹零售网点】 2月9日，原东城区常委、副区长李荣庆带队，组成由区安全监管局、公安消防支队领导参加的检查组，对辖区内2家烟花爆竹零售网点进行了安全检查。从检查情况看，2家零售网点安全条件符合法规要求，但也存在专项检查登记表记录要素不全的问题，并对零售大棚内的安全用电及各点的安全值班情况提出了具体要求。

（冯 岩 位 鑫）

【市公安局领导检查烟花爆竹零售点消防安全】 2月11日，市公安局局长傅政华带队原东城区公安局、区公安消防支队、区安全监管局的主要领导，对区安外大街86号烟花爆竹零售点的消防器材和防护网、疏散通道及标识、用电设备设施安全、销售安全、突发事件救援预案、隐患排查制度等情况进行了检查，并听取了各单位落实安全保卫措施情况汇报。区公安局局长谢世龙，东城区副区长毛炯陪同检查。从检查的整体情况看，各单位对烟花爆竹安全工作高度重视，进行了部署，傅政华局长强调：烟花爆竹零售网点内工作人员严禁吸烟，加强夜间值班，确保销售安全；同时指出各监管部门要深入细致做好安全管理工作，确保春节期间不发生安全事故，促进社会和谐发展，使人民群众过一个平安、欢乐、祥和的节日。

（冯　岩　位　鑫）

【部署检查烟花爆竹销售点】　2月24日，市安全监管局视频会议后，原东城区安全监管局组织召开全局会议，部署对市局视频会议精神的落实工作：一是周密安排对烟花爆竹销售网点的检查工作，继续保持两天全覆盖一次的检查计划不变，严防死守，确保各烟花爆竹销售网点的安全，元宵节两个检查组全天候不间断检查，零时停止销售后，及时督促各销售网点做好剩余烟花的回收及零售棚、店面的拆除清理工作，确保不出现任何安全问题；二是加强对“两会”代表驻地周边及行车沿线生产经营单位的安全生产监管工作。要结合此次市局视频会议精神和区安委会办公室2月21日召开的“两会”安全生产保障第二阶段工作部署会精神，加大对“两会”代表驻地周边200米范围内及行车沿线周边生产经营单位的检查力度，要制订详细的检查工作计划，“两会”期间要确保每天都有检查组巡查，高标准、高质量、高效率地完成“两会”安全保障工作；三是加强信息报送工作。要及时将安全生产工作动态及检查情况上报区两办和市局，为各级领导的正确决策提供依据，确保东城区烟花爆竹销售和“两会”期间的安全工作万无一失。

（冯　岩　位　鑫）

【元宵节区领导夜查烟花爆竹网点】　2月27日，接到广东普宁烟花爆竹事故通报后，原东城区安全监管局立即组织执法人员对全区烟花爆竹零售网点进行安全检查。为确保东城区烟花爆竹零售网点的绝对安全，27日晚21时30分，东城区烟花办主任、区政府办副主任张跃带队，会同区安全监管局局长韩卫国、区公安分局副局长张国立，再次对烟花爆竹零售网点开展夜间安全大检查。执法人员向零售网点通报了广东普宁烟花爆竹事故，并对零售网点从业人员持证上岗、夜间专人值守、安全员看护职责落实等情况进行实地检查，检查中发现个别单位存在货物堆放杂乱、周边可燃物清理不及时等问题，执法人员针对以上问题要求各单位立即整改，并加强看护和应急值守工作，确保人民群众度过一个安乐祥和的元宵佳节，为全国两会的顺利召开营造一个安全稳定的和谐环境。元宵节晚上区委常委、副区长李荣庆，副区长毛炯带队分两路对10个街道的烟花爆竹销售点进行了安全检查。从检查情况看：各销售点安全状况良好，主要负责人、销售、看护人员到位，并采取各种措施加强了重点燃放时段看护和巡视，未发现“三违”现象。

2010年度烟花爆竹安全管理工作期间共组织执法检查组240个次，出动执法人员716人次，检查烟花爆竹销售单位304家次，截至2月28日，全区烟花爆竹销售金额505.656万元，累计销售8863.1箱，共回收烟花爆竹销售点剩余产品约2620箱。在各相关部门的配合下，3月1日，烟花爆竹零售棚全部拆除清理完毕。

（冯　岩）

【召开烟花爆竹安全工作会】 1月29日，原崇文区安全监管局召开烟花爆竹安全生产工作会议，动员、部署2010年春节烟花爆竹安全生产工作。区烟花爆竹零售单位负责人30余人参加会议。会议部署烟花爆竹从业人员培训、临时销售大棚搭建等工作，并对时间安排、规格标准、完成时限等方面提出明确要求，与烟花爆竹零售单位主要负责人签订了烟花爆竹销售安全承诺书。

（冯　岩）

【烟花爆竹联合检查】 2月3日，在原崇文区烟花爆竹安全管理领导小组办公室的组织下，区安全监管局、区公安分局、区交通支队组成联合检查组，组织开展烟花爆竹销售大棚安全检查。

（冯　岩）

【烟花爆竹安全环境布置规范工作会】 2月8日，原崇文区安全监管局召开烟花爆竹零售企业专项工作会，部署烟花爆竹零售企业安全环境布置规范工作。会上，要求烟花爆竹零售企业按照《北京市烟花爆竹零售企业安全环境布置规范（试行）》要求，在零售点外部、内部、临时库房等有利于安全信息传播的部位进行规范统一张贴，形成可视化安全指引系统，营造良好的安全氛围，达到提高企业员工的安全意识，规范员工日常安全行为，减少安全事故发生的目的。并向烟花爆竹零售企业免费发放了安全环境布置标识。

（冯　岩）

【烟花爆竹看护夜间值守】 2月8日晚，原崇文区安全监管局对烟花爆竹销售网点落实看护人员夜间值守、张贴安全标识、消防器材配置、销售人员持证上岗、核定烟花爆竹存储量等情况进行了安全检查。

（位　鑫）

安全生产事故隐患排查治理

【召开“7·13”吊车倾覆事故现场会】 7月14日，东城区住建委和安全监管局在东四妇幼保健医院工地召开“7·13”吊车倾覆事故现场会，区卫生局领导及全区各相关建筑施工负责人等60余人参加。7月13日发生在东四妇幼保健医院的吊车倾覆事故，是由于吊车操作人员违章作业，导致吊车重心偏离，致使吊车倾覆在基坑内，由于操作人员及时逃离，未造成人员伤亡。区住建委建筑行业管理站负责人对全区工地提出四点要求：一是加强对起重和吊装机械设备的安全检查和管理。二是对所有基坑进行安全排查。三是对重点安全隐患要及时邀请相关专家进行分析论证，严格整改。四是结合季节特点，加强主汛期内的基坑安全监测。区安全监管局领导在会上针对全区工地安全状况提出几点要求：一是要牢固树立安全发展的理念，以人为本，关注生命，切实增强安全意识。二是要加强现场安全管理和安全教育，举一反三，加强隐患排查和治理，保证施工安全。三是要求甲方、总包、分包和监理单位，切实履行职责，加强施工工地的安全管理。

（张洪道　刘　旭　孙溪之）

【安全事故隐患排查治理工作情况】 4月至5月和8月至9月开展两次安全生产大检查，9月至12月在全区进行隐患排查专项治理，组织联合执法检查和区领导带队检查督察30余次，有效地促进了政府部门及企业两个主体责任的落实。

各项行动共出动执法检查人员23109人次，监督检查生产经营单位29434家次，排查整治一般隐患7082项，处罚金额156万元。对一时难以整治的隐患，区安全生产委员会办公室和区政府督察室及时召开了17家相关部门主管领导和专业人员参加的事故隐患评审会，确定了3项区级挂账隐患，并督促相关部门进行整改，隐患整改率达100%。

（张洪道　李　辉　刘　旭）

安全生产应急救援

【应急救援队建设】　3月29日，原崇文区召开区长办公会，会议由区长牛青山主持，副区长刘云斋、朴学东、周永明、宋甘澍、高桂强、区人大副主任张霭华、区发改委、财政局、监察局及安全监管局等有关部门主要负责人参加会议。会议听取区公安消防支队支队长改静旭，副支队长查国民关于成立崇文区应急救援支队组织筹备情况的汇报，与会领导针对应急救援队建设方案发表了各自的建议，会议同意并明确：1. 适时启动全区应急预案修编工作。2. 按照方案要求加快推进区县应急救援队伍建设，确保4月中上旬在消防支队举行应急救援支队揭牌挂牌仪式。3. 依托消防支队现有指挥中心及设施，加快崇文区应急救援指挥平台建设。4. 依托消防支队建立全区应急救援物资储备库。

（李　辉　张洪道）

【应急救援保障与备案工作】　2010年东城区按照依法、科学、规范、有序的原则，构建“预防与应急并重、常态与非常态相结合”的生产安全事故应急处理机制。依托公共安全信息管理平台，建立了应急指挥中心，成立了安全生产事故应急指挥部，办公室设在东城区安全监管局，实行24小时值班，依托区公安消防支队设立了危险化学品事故应急救援物资储备库，东城区安委会办公室对42家重点成员单位的应急救援预案进行备案，各行业部门也完成了对所辖重点企业的应急预案的备案工作。区安全监管局完成了119家危化、职业卫生等重点行业应急预案在市局信息管理网站上的备案工作。对建筑工地应急管理情况进行了调查摸底，确定公安消防一支队、二支队为生产安全事故应急救援队伍，成立了应急救援专家顾问组。

（李　辉　张洪道）

【区政府召开防化应急分队成立仪式大会】　12月28日，东城区政府召开了东城区防化应急分队成立仪式大会。区委副书记、政法委书记刘云斋、区政府副区长毛炯、北京陆军预备防化团团长李志宏、区安全监管局局长韩卫国等领导出席了会议。刘云斋就组建这支应急分队作了三点指示：一、认清形势，进一步提高认识，增强使命感和责任感；二、把握重点，切实把防化应急分队各项工作抓到实处；三、加强领导，确保防化应急分队工作顺利开展。毛炯就应急分队成立强调：一是备而不用，做好预防工作；二是加强训练，提高应急能力。李志宏就如何建设好分队形成良好的有效机制提出要求。会上，防化团政治处主任给应急分队干部宣布了任职命令，副书记刘云斋给应急分队授了旗。全体官兵在鲜红的军旗下庄严地宣誓。

（李　辉　张洪道）

【“防灾减灾日”宣传活动】　根据区应急委部署，5月12日，原东城安全监管局参加了在工人体育场北路举行的“防灾减灾日”集中宣传活动，在活动期间发放宣传材料240余份，向公众宣传了安全生产法律法规，普及了安全生产知识。

（李　辉　张洪道）

【综合楼宇消防安全应急演练】　安全月期间，原东城区安全监管局联合区商务委在家乐福广渠门店和国美电器富贵园店进行了综合楼宇消防安全应急演练，联合区文化委在天王星等文化娱乐场所进行了应急演练，联合崇文海事局在龙潭公园进行了水上救援演练。主管区长均亲自到场参加。演练活动为提高全区突发事件应对能力做出了示范，为平安北京、绿色北京建设提供了安全保障。

（李　辉　张洪道）

安全生产执法监察

【联合检查在施工地】 1月21日，原东城区安全监管局与住建委联合对辖区在施工地进行了安全检查，此次共检查工地4个，查出事故隐患19项。针对存在的问题执法人员下达了1份责令改正指令书，4份现场检查记录，要求施工单位认真进行整改，及时消除事故隐患，确保施工安全。同时执法人员还要求施工单位要做好节日期间应急职守及工地易燃、易爆物品和材料清理工作，吸取去年央视大火教训，确保烟花爆竹燃放期间工地安全，让人民群众度过一个安全、喜庆、祥和的新春佳节。

（位　鑫　冯　岩　姬燕婷　刘　旭）

【区安全监管局检查危化单位和加油站】 1月23日，原东城区安全监管局对和平里加油站等4家有实物的危险化学品经营单位进行了安全检查。本次主要检查了生产经营单位安全生产主体责任落实情况、现场安全条件和安全管理状况、设备设施安全运行及应急值守情况。通过检查情况来看，各单位对节日期间安全生产工作都很重视，提前进行了部署，制定了工作方案及应急预案并进行了演练，作好应对各种复杂情况的准备。

（张洪道　刘　旭　孙溪之）

【对餐饮业联合检查】 5月11日至17日，由原东城安全监管局、消防支队、质监局、城管大队组成联合检查组，会同10个街道办事处对辖区内50家重点餐饮企业进行安全抽查，检查重点包括安全生产责任制、从业人员安全教育培训考核、安全用电用气及安全操作行为等情况的落实，抑制有影响的安全事故的发生。

（张洪道　刘　旭　孙溪之）

【交叉执法检查】 8月2日，市安全监管局执法队组织西城、宣武、崇文安全监管局执法人员对东城区危险化学品经营单位进行安全生产执法检查。联合检查组检查了中国石油天然气股份有限公司北京安燕加油站、北京北汽出租汽车集团有限责任公司安定门加油站、中国石油化工股份有限公司北京东城和平里加油站以及一家批发经营危险化学品单位中化物产股份有限公司。总体来看，危险化学品经营单位各项安全管理制度、应急救援预案等较为完善，现场管理较到位，检查中也发现个别加油站配电箱带电体明露，应急演练照片无日期等，针对上述问题，执法人员依法下达责令改正指令书一份，责令有关单位立即整改。

在8月2日至5日交叉执法检查期间，原东城辖区内共检查生产经营单位17家，下达责令改正指令书8家，下达强制措施决定书2家。

（张洪道　刘　旭　孙溪之）

【成立东城区安全执法监察队】 5月份，通过社会公开招考，10名安全执法监察队队员到位，有序开展对生产经营单位安全生产责任制落实情况的监督检查。同时，在原东城区区委、区政府的统一领导下，设立了区、街两级综合执法机构，成立了区社会管理综合执法委员会和综合执法组，实行属地捆绑式执法。通过一系列的学习和培训，安全执法检查已达到预期效果。

全年共出动执法检查人员2212人次，

检查生产经营单位 956 家次，排查整治隐患 739 处，经济处罚金额 55.8 万元。

（张洪道　李　辉　姬燕婷）

【为临建设施搭建提供安全保障】 2010 年东城区为“两会”、科博会、“21 世纪论坛”和北京休闲购物节、地坛书市、龙潭湖灯会等 32 个大型活动的临建设施的搭建和重要会议提供了安全保障。

（张洪道　李　辉　姬燕婷）

【“打非”专项行动】 东城区于 8 月至 11 月集中开展了为期 4 个月的“打非”专项行动。各行业、专业及属地部门积极行动，制定各项专业行动方案，建立组织机构，集中开展“打非”行动。

（张洪道　李　辉　姬燕婷）

【区领导分别带队进行执法监察】 9 月 20 日至 30 日，东城区委常委、常务副区长徐熙、副区长朴学东、周永明、宋甘澍、毛炯等区领导分别带队，带领区 30 余家执法单位的主管领导和执法人员组成 5 个执法检查组，对 22 家重点单位的场所进行了全面执法检查。11 月份，成立了由区住建委、商委、文化、安监、运管、民防部门牵头组成联合检查组，开展了为期一周的“打非”专项行动联合执法检查。在此次专项行动中，各行业共排查发现非法、违法生产经营建设行为 263 起，处罚 210 起，关闭企业 4 家，停业整顿企业 38 家，罚款 22.75 万元。

（张洪道　李　辉　姬燕婷）

安全生产宣传培训

【综合性业务培训】 1 月 14 日，原东城区安全监管局对 10 个街道职业卫生网上申报业务员进行培训，指导街道正确使用职业危害因素申报管理系统；11 月 4 日组织消防、交通、公共安全信息管理中心对区内 17 个街道办事处及北京站管理处、前门大街管委会、王府井建管办三个地区管理部门的主管领导和业务科室负责人进行了综合性业务培训。区公安消防、交通支队的主管领导就如何做好属地消防、交通安全监管工作进行了系统的业务培训，区安全监管局对各街道（地区）的主管领导及执法人员进行专项培训，联合本区有关部门，对电力使用重点单位、商市场、餐饮单位、剧场单位负责人及安全管理人员进行安全教育培训。

（王秀兰）

【特种作业人员持证上岗培训考试】 加大对特种作业培训机构的监管力度，从源头上强化对特种作业人员的安全教育，截至 7 月，原崇文区培训考核与管理特种作业人员专业技能，按工种实行集中考试，并对企业及社会 5778 名各类特种作业人员进行持证上岗培训考核。全年新东城区内 7 家特种作业培训机构培训考核特种作业人员 17756 人，合格率为 92.2%。

（王秀兰）

【安全生产月启动仪式暨宣传咨询日活动】 6 月 13 日，原东城区在东单公园举行了以“坚持安全发展，落实安全责任，服务世界城市建设”为主题的 2010 年安全生产月启动仪式暨宣传咨询日活动。本次活动由东城区人民政府主办，东华门街道工委、办事处和区安全监管局共同承办。东城区人民政府副区长毛炯、区四套班子领导、市安全监管局领导及区安委会成员单位的主要领导主管领导以及区安全活动组委会领导和各部门工作人员近 600 人参加了宣传咨询活动。北京市劳动人民文化宫艺术团进行了现场安全生产文艺演出，辖区共有 20 个单位参与了安全宣传咨询，内容涉及安全生产、消防安全、交通安全、食品卫生安全、自然灾害救援等方面。同时，全区各街道办事处、地区管理处共设立11个分会场，积极开展咨询日活动，发放宣传材料8万余份，参加受教育群众4.2万余人，共同掀起东城区安全生产月宣传活动的高潮。

（王秀兰）

【原崇文区安全月咨询日活动】 6月13日，原崇文区安全生产月宣传咨询日活动，在崇外大街新世界商场门前隆重举行。区人大副主任段治国、副区长周永明、区政协副主席冯藏淑及区安全生产委员会成员单位的领导等近300人参加宣传咨询活动。现场共设置4大主题板块、16个咨询台，内容涵盖了公共安全、交通安全、消防安全、运输安全、生产安全、食品安全、卫生安全、药品安全、特种设备安全、建筑施工安全和商务、文化、旅游、体育等人员密集场所安全等方面，数量和规模均超过往年。各街道办事处组织公安、交通、消防、城管等综合执法部门，分别在各辖区繁华地带和居民社区设置6个分会场，街道主要领导、主管领导及执法人员参加了宣传活动，根据区域特点开展了形式多样的宣传活动，将宣传工作延伸至社区居民，确保安全宣传全覆盖。区安办定制了安全生产宣传围裙以及有限空间作业和高处悬吊作业知识扑克，采购了安全月主题、消防安全、交通安全、居民防灾减灾等各类宣传挂图，现场向群众发放，群众踊跃领取。各行业部门的主管领导和专业人员为前来咨询的群众发放安全知识宣传单并为群众答疑解难。会场周边设置了安全生产月主题、消防、交通、商务、燃气、高危行业和人员密集场所安全等内容的宣传展板。区安办联合区商务委，通过大屏幕持续播放安全生产月主题宣传片及安全知识。区商务委、城管委、民防局等部门向群众发放了印有安全知识的环保袋和实用器具。区公安消防支队现场展示了消防装备。区安办还联合崇外街道办事处安排了安全生产文艺演出，为宣传活动进行助兴表演，把宣传活动推向了高潮。发放《新崇文报》安全生产专刊2000份，安全生产法规和科普图书6000余册，安全知识扑克5000副，安全知识围裙6000件，各种宣传折页、宣传单等资料10万余份，各类安全生产知识挂图7000余幅，展出展板200余块，展示消防车一部，展示各类消防安全装备40余种，过往群众5万余人参加咨询并接受安全教育，宣传日活动收到了良好效果。

（王秀兰）

【举办“安全在我身边”宣讲比赛】 6月9日，由原东城区总工会、东城区安全监管局共同组织的“安全在我身边”演讲比赛在和平里街道办事处六楼礼堂举行。副区长毛炯、区安全生产委员会各成员单位的主管领导以及辖区劳动保护监督员、社区治保主任、重点单位安全负责人共400余人观看了演讲比赛。经过激烈的角逐，东城区房地产经营中心选手李雪、新侨物业公司选手潘罡获得了一等奖，并将代表东城区参加全市的决赛。

（王秀兰）

【举行公共安全教育专题报告会】 6月17日，原东城区以区委、区政府理论中心组扩大学习会的形式，举行了公共安全教育专题报告会。报告会特别邀请了国务院参事、国家减灾委专家副主任，国务院应急管理专家组组长闪淳昌作了以“学习实践科学发展观，提高应对风险和危机能力”为题的报告。为东城区的领导干部系统地讲述了突发事件的分类，应急救援体系的发展建设情况，并且通过生动、鲜活的事故案例总结了近几年来应对各类灾害、事故应急救援所取得的经验教训。让大家充分地认识到政府部门积极应对各类突发事件的必要性和重要意义。此次报告会由区委宣传部、区政协、区安全生产监督管理局共同组织，区级领导班子，各党政机关、事业单位、群团组织处级领导干部，区属国有企业党政主要领导，政协委员共计300余人听取了报告。

（王秀兰）

【市“安全在我身边”演讲比赛在东城区举行】 6月28日，北京市“安全在我身边”演讲比赛在东城区举行，此次活动由市安全监管局、市总工会共同主办，东城区安全监管局具体承办。国家安全监管总局政策法规司副司长彭玉敬，市安全监管局局长张家明、副局长蔡淑敏，市总工会副主席霍连明，东城区副区长毛炯等领导以及重点企业负责人、社区代表、有关宣传媒体共计400余人出席了此次活动。全市经过层层选拔出的13名选手在比赛过程中紧密围绕“传播安全知识，弘扬安全文化”主题，联系日常工作实际，结合身边发生的各类安全真实事例，用生动的语言讲述了安全的重要性，宣传了安全知识，普及了安全生产理念，弘扬了安全文化。东城区选派的参赛选手潘罡获得了一等奖。

（王秀兰）

【安全生产宣传进工地】 7月22日，东城区安全监管局与东城区住房和城市建设委员会在中建一局（集团）有限公司协和医院门急诊楼和手术楼改扩建二期工程、中铁建设集团有限公司东直门交通枢纽工程施工现场开展了“安全生产宣传进工地”活动。为工地工人赠送了安全生产法律法规、员工安全宣传书籍以及防暑降温物品。

（王秀兰）

【安全生产宣传进校园】 9月1日，与东城区教育委员会共同在遂安伯小学组织开展2010年东城区“安全生产进校园”宣传活动。在开学典礼上向同学们普及安全知识，希望同学们要从小注重安全习惯的培养。

（王秀兰）

【市巡回演讲团到东城区宣贯“国务院23号通知”】 11月5日，北京市宣传贯彻“国务院23号通知”巡回演讲团来到了东城区。演讲团的五位演讲员全部来自企业生产一线，有的是车间工人，有的是火车司机，有的来自国有大型企业，有的来自建筑施工单位，他们结合身边发生的各类安全真实事例，用生动的语言讲述了安全生产的重要性，宣传了安全生产知识，普及了安全生产理念，弘扬了安全文化，给东城区带来了一堂生动的安全生产教育课。区安全生产委员会各成员单位的主管领导、主管科长以及辖区重点国有企业、建筑施工单位负责人、安全管理人员共计400余人观看了演讲。

（王秀兰）

安全生产科技创安

2010年，东城区公共信息化管理平台建立并正式运行，通过平台对5300家重点企业实现动态化日常监管，制定了《风险源复核实施工作规范》、《公共安全信息管理平台基础数据采集、更新工作规范》、《公共安全监管发现补强工作手册》等制度规范，并与应急管理体系对接，共同构成区域公共安全监管大格局，建立了安全生产信息工作机制，“两会”期间，安委会办公室建立了重点时期日通报，日常工作汇总，月、季、半年有分析预测的安全生产信息工作新机制。以《安全生产简报》的形式通报全区安全生产形势，预测全区安全生产工作总体趋势，为区领导的正确决策提供依据，也为各成员单位做好安全生产工作提供服务。全年编发《安全生产简报》51 期，制发《东城区安全生产形势分析制度》，共开展形势分析 3 次。

（张洪道）

西城区

概　　述

2010 年 6 月，按照国务院关于北京市区划调整的总体部署要求，北京市原西城区与原宣武区合并为北京市西城区，由此，北京市原西城区安全生产监督管理局与原宣武区安全生产监督管理局合并为北京市西城区安全生产监督管理局（简称西城区安全监管局）。区划合并过程中，西城区安全监管局领导班子高度重视，对内积极响应市区政府的工作安排，稳步推进两局融合，对外继续加大安全监管力度，确保区域安全生产形势的稳定。2010 年，西城区安全监管局坚持“安全第一、预防为主、综合治理”方针，努力践行安全发展的科学理念，强化体制机制建设，突出完善监管体系建设、加快信息化建设步伐、强化专项整治和日常监管、加大应急体系建设、从严查处安全隐患、广泛开展宣传教育等六个方面重点工作，扎实推进，有效推动了安全生产两个主体责任的落实，区域安全生产形势保持持续稳定的良好态势。2010 年，在西城区安委会各成员单位的共同努力下，各类事故死亡总人数控制在市政府下达的控制考核指标以内。西城区在北京市安委会组织的安全生产工作综合考核中被评为“先进区县”，区安全监管局获得西城区颁发的“督察考核优秀奖”。全区安全生产工作整体水平有了进一步提高，持续保持了安全稳定的局面。

安全生产综合监督管理

【安全生产控制考核指标完成情况】 2010 年，市安委会下达安全生产控制指标总数为 30 人，其中生产安全事故 10 人，道路交通事故 17 人，火灾事故 2 人，铁路交通事故 1 人。截至 2010 年 12 月 31 日，西城区共发生各类事故 198 起，死亡人数共计 17 人，其中生产安全事故 2 起，死亡 2 人，道路交通死亡事故 14 起，死亡 14 人；火灾事故 182 起，死亡 1 人；未发生铁路交通事故。各类事故死亡总人数控制在市政府下达的控制考核指标以内。

（李　丽）

【安全生产综合监管】 2010 年，西城区安全监管局认真履行西城区安委会办公室工作职责，从五方面加强安全生产综合监管：一是充分发挥安委会综合协调作用，全年协调相关职能部门办结投诉举报信访件 71 件；二是重心下移，关口前移，以委托执法为切入点，加强协同交流，强化街道安全监管职能，构筑区、街两级监管网络；三是实施“科技创安”战略，创新安全监管手段，探索研究全区安全生产执法检查系统的建设；四是完善目标考核体系，把安全生产责任纳入政府综合责任目标，全面落实政府监管职责，增强综合监管有效性；五是健全工作制度，制定完善安全生产形势分析、街道安全生产联席议事等 10 余项工作制度，规范安全监管工作程序。

（李　丽）

【市安委会考核组对原西城区 2009 年工作进行考核】 1 月 6 日，北京市安全监管局副巡视员汪卫国率领由市公安消防局、市质监局、市公安交管局等部门负责人组成的市安委会安全生产综合考核组对原西城区 2009 年安全生产工作进行考核验收。考核组一行观看了原西城区 2009 年安全生产工作纪实宣传片，听取了 2009 年安全生产工作汇报，查看了相关部门的文字材料。检查结束后，考核组对原西城区安全生产监管工作做出了好评，表示原西城区安全生产监管情况良好，区域安全水平明显提高，遏制了重特大事故的发生，实现事故起数和死亡人数双下降，安全生产形势持续保持平稳态势。

（李　丽）

【春节工作部署会】 1 月 25 日，原西城区召开 2010 年第一次安委会全体会议，全面部署春节期间安全生产工作。原西城区安委会主任、副区长苏东出席会议，区安委会成员单位主管领导参加会议。会上，原西城区安全监管局通报了 2009 年全市安全生产工作情况，传达了北京市副市长苟仲文在贯彻全国安全生产电视电话会议的讲话；区烟花办、文委、城管和消防等部门结合部门职能分别对春节期间的安全生产工作进行了部署。针对全区节前安全生产工作面临的严峻形势，副区长苏东要求各单位、各部门要认真抓好春节期间安全生产工作，切实做好节日值班和各项应急准备工作。

（李　丽）

【春节两会安全生产工作部署会】 2 月 5 日，原宣武区安全生产委员会组织召开会议，部署 2010 年春节、“两会”期间安全生产保障工作。原宣武区安全监管局副局长张庆地宣读了宣武区 2010 年全国“两会”安全生产保障工作方案，并对重点保障区域、行车沿线进行说明。原宣武区安委会主任、副区长李岩对春节两会期间安全生产保障工作作了重要指示，区政府办副主任万长宏针对辖区重点区域、重点部位提出了具体工作要求，区安全监管局局长陈国红强调，今年全国“两会”较往年相比，不仅增加了代表、委员抵（离）京路线，保障工作要求也更为严格，涉及部门更多，各成员单位要高度重视，完善基础台账，检查、复查均要达到 100%。

（李　丽）

【原宣武区获得先进区县荣誉称号】 2009 年，原宣武区认真贯彻落实党中央、国务院关于加强安全生产工作的重要指示精神，扎实推进安全生产“三项行动”和“三项建设”，发扬“平安奥运”拼搏精神，强化监督检查，全力以赴抓落实，圆满完成了“安全生产年”的各项工作任务和以新中国成立 60 周年庆祝活动为核心的安全生产保障工作，维护了首都的安全和稳定，为原宣武经济社会又好又快发展营造了良好的安全生产环境。总结原宣武区 2009 年安全生产监管局工作，经市安委会考核评定，2010 年 3 月，原宣武区获得“北京市安全生产工作 2009 年度先进区县”荣誉称号。

（李　丽）

【年度安全生产工作部署】 3 月 16 日，原西城区安全生产工作会议召开。会议的主要任务是贯彻落实区委十届十次会议和全区政务工作会议精神，总结 2009 年全区安全生产工作，部署今年的工作。原西城区政府办副主任王旭主持会议，原西城区安全监管局党组书记、局长刘成东对工作进行部署，原西城区政府副区长苏东出席会议并讲话。苏东在讲话中充分肯定了 2009 年全区安全生产工作取得的成绩，并强调各级各部门要进一步加强对安全生产工作的领导，各级行政“一把手”是安全生产的第一责任人，必须亲自抓、负总责。各街道、各部门主要负责人、企业法人代表，区工商联、企业联合会、商联会、个私协、金融街楼宇协会等行业协会主管安全的领导、社区居委会的代表共200余人参加会议。市安全监管局陈清副局长出席本次会议。

（李　丽）

【安全生产先进表彰大会】　3月19日，原宣武区召开2008至2009年度安全生产先进表彰大会，首次以区政府名义，对安全生产先进单位和个人进行表彰。市安全监管局副巡视员唐明明，区安委会主任、副区长李岩，区政协副主席袁双梅等为先进单位、个人颁发了奖牌和证书。会上，市安全监管局副巡视员唐明明对原宣武区近年来的安全生产工作给予充分肯定，传达了市委市政府、市安委会关于2010年安全生产工作要求，并就做好宣武区今后的安全生产工作进行了指导。会上，原宣武区安委会主任、副区长李岩总结分析了近两年辖区安全生产情况，对做好下一步工作提出了殷切希望和要求。

（李　丽）

【建立西城区街道安全生产联席议事制度】　4月，原西城区安委会制定并下发《西城区安委会办公室关于建立西城区街道安全生产联席议事制度的意见》，确定了街道安全生产联席会议的组织方式、参加人员、全年的例会时间、会议内容、会议原则、工作制度。年内共组织召开六次安全生产联席会议，并配合会议的召开，每月定期组织开展街道联合执法周行动。

（李　丽）

【签订安全生产责任书推动政府主体责任落实】　4月，原宣武区区委副书记、区长王刚与17家监管（管理）部门和8家街道办事处主要负责人签订2010年度安全生产责任书。此次责任书签订按照各部门职责分工，将安全生产责任细化，从控制考核指标、行政首长负责、安全生产保障、组织宣传教育、开展安全检查和突发事件应对等6方面进行了规范，进一步推动各职能部门监管（管理）主体落实责任，促进了“安全生产年”各项工作的有效开展。

（李　丽）

【落实安全生产四项措施】　4月，按照市区各级领导工作部署，原西城区全力开展安全生产大检查工作：一是要认真落实国务院、市政府关于安全生产大检查的工作部署，突出重点，开展联合执法检查；二是加大处罚力度，对检查出的突出问题严肃处理；三是要加大宣传力度，联合区委宣传部、《西城报》等新闻单位和媒体，大力开展安全生产知识宣传，切实增强全民安全防范意识；四是要将安全生产形势分析与单位实际工作结合起来，找出规律，把握重点，采取有效措施，有针对性地开展工作，保证社会安全。

（李　丽）

【“五一”期间生产安全保障】　2010年，为做好“五一”期间安全生产保障工作，原西城区四项措施保障安全：一是会同区住建委、商务委、文委、旅游局等部门对建筑施工、大型商市场、餐饮、文化娱乐场所加强督促检查，落实各项安全工作，严防重大伤亡事故发生。二是做好节日期间安全生产巡查，对重点地区重点行业和重点单位重点巡查，及时消除隐患。三是强化应急值守，严格执行安全生产值班和领导干部值班制度，确保信息通畅。四是发挥安委会办公室作用，就做好“五一”期间的安全生产工作对安委会成员单位提出要求，落实责任。

（李　丽）

【打非工作部署会】　8月25日，西城区安委会召开西城区集中开展严厉打击非法违法生产经营建设行为专项行动工作部署会。西城区安全监管局党组书记陈国红主持，区安委会各行业、属地、综合监管部门主管领导出席会议。会上，区安全监管局通报了《西城区集中开展打击非法违法生产经营建设行为专项行动工作方案》，明确了本次专项行动的打击范围以及区安委会各成员单位的责任分工，要求各成员单位对本次行动给予高度重视，充分认识在现阶段开展本次专项行动的重要性和迫切性，加强工作沟通与配合，保证本次专项活动顺利开展。

（李　丽）

【贯彻落实安全生产电视电话会议精神】　根据国务院印发的《关于进一步加强企业安全生产工作的通知》要求，西城区安委会于9月1日召开西城区工作会议，全面贯彻落实市政府“8·20”安全生产电视电话会议精神，部署下一阶段安全生产监管工作。西城区安全监管局党组书记陈国红主持，区安委会各行业、属地、综合监管部门主管领导出席会议。会上，区安全监管局通报了《西城区安全生产委员会关于贯彻落实〈国务院关于进一步加强企业安全生产工作的通知〉宣传教育培训工作方案》，并结合辖区实际情况，对下一阶段工作作出部署。

（李　丽）

【安全生产电视电话会议督导工作开展】　9月15日，北京市安委会办公室第四督导组到西城区就“8·20”全市安全生产电视电话会议贯彻落实情况进行督导。督导组分别听取了西城区安委会办公室就区政府关于贯彻落实《国务院关于加强企业安全生产工作的通知》及近期市政府工作部署、西城区安全监管局贯彻部署及加强人员密集场所安全工作等情况的汇报，查阅了区政府及有关部门贯彻部署会议纪要、文件、工作方案等材料。北京煤监分局副局长贾太保对西城区安全生产工作成效给予了充分肯定。

（李　丽）

【冬季消防安全工作部署会】　11月17日，为了更好地贯彻落实做好冬季消防安全工作。西城区安委会召开动员部署会，向各成员单位传达11月16日全市电视电话工作会议精神，对下一阶段工作进行部署，全面贯彻落实会议精神。会上，西城区安委会主任、副区长苏东结合辖区实际，就做好下一阶段工作提出意见，区安委会副主任、区安全监管局局长刘成东通报全区今年以来安全生产事故情况，并对下一步要开展的全区安全生产大检查工作提出具体要求。

（李　丽）

【区安全监管局召开年度工作总结会】　12月22日，西城区安全监管局召开了2010年工作总结会。会议听取各科室队负责人对分管工作的总结及2011年工作思路。局党组书记陈国红传达了近期区委书记王宁在区委全体会议上的重要讲话精神。并提出明年党建工作四项任务：一是继续深入开展创先争优活动；二是积极推进组织建设；三是努力加强干部队伍素质建设；四是大力加强作风建设。西城区安全监管局局长刘成东对各部门在2010年工作中取得的成绩给予充分肯定并就2011年全局的重点工作进行了部署。

（李　丽）

【市局领导对西城区2010年度工作综合考核】 12月22日，市安全监管局副局长陈清带队，对西城区综合考核2010年度安全生产工作。西城区安全监管局党组书记陈国红从组织领导、责任落实、应急管理、隐患治理、宣传教育等重点工作入手，全面总结2010年度区安委会安全生产工作，向考核组全体成员进行汇报。考核组结合资料查阅及街道实地检查等方式详细核查，核查完毕后，考核组对西城区安委会一年来取得的工作成效给予充分肯定。西城区安委会表示将以此为契机，全力做好安全生产工作，创造良好安定的辖区环境。

（李 丽）

危险化学品安全监管监察

【危险化学品经营单位行政许可工作】 2010年，西城区安全监管局新审批危险化学品经营单位8家，变更、换发许可证15家。截至2010年底，全区共有危险化学品经营单位69家（其中加油站16家），甲证28家，乙证41家。非药品类易制毒危险品备案15家，其中2类备案的5家，3类备案的5家。非煤矿山企业4家，均属于地质勘探。

（李 丽）

【建立危险化学品应急救援储备库】 2010年，西城区初步建立危险化学品事故应急救援物资储备库，西城区安全监管局制定了相关的管理制度，确定专人负责物资管理、使用，加强对危险化学品重点监管。年内，西城区储备库存有市局下拨总价值达100万元的危险化学品应急救援保障物资。

（李 丽）

【烟花爆竹零售行政许可工作】 2010年初，原西城区、原宣武区安全监管局严格烟花爆竹零售行政许可审批工作，对申请烟花爆竹零售行政许可的生产经营单位严格审查，并进一步加强培训教育，严格管理。

原西城区安全监管局会同公安、消防、工商、城管、街道等相关单位，批准34家烟花爆竹销售网点，对通过审批的34家烟花爆竹零售单位全部从业人员进行培训，树立从业人员安全生产意识。本销售季共进货12252箱，销售9239箱，剩余3013箱，销售总金额为406.07万元。与2009年相比，进货箱数比上年（13029箱）减少5.96%，销售箱数比上年（10014箱）减少7.74%，剩余箱数比上年（3015箱）减少0.01%，销售总金额比上年（471.46万元）减少13.87%。

原宣武区安全监管局会同公安、工商、消防、市政、街道等部门共同参与许可确定37家销售网点，组织召开烟花爆竹零售单位主要负责人安全生产知识培训3次，对293名从业人员进行安全生产教育培训8课时，确保所有从业人员培训后持证上岗；召开烟花爆竹零售单位主要负责人和安全管理人员大会两次。

（李 丽）

烟花爆竹安全监管监察

【烟花爆竹执法检查】 2010年，原西城区、原宣武区安全监管局加大力度，创新手段，继续加强烟花爆竹执法检查。

2月，原西城区安全监管局在烟花爆竹销售期间，每天组织2个至3个检查组24小时分别对烟花爆竹销售网点进行抽查，确保烟花爆竹销售不出问题。除夕和正月十五等重点时段，区安全监管局会同各街道安办，由局领导带队，坚持分片包干、全员参加、包点到人，对全区烟花爆竹临时销售网点进行全面监控检查，共出动检查人员582人次，出动检查车辆119车次，检查烟花爆竹临时销售网点416个次，填写现场检查记录533份，发现安全隐患83处，下达责令整改指令书40余份。

2月7日至28日烟花爆竹销售期间，原宣武区每日出动两组进行不间断拉网式排查，腊月三十、正月初五、十五当天，全局分五个检查组对全区烟花爆竹销售（储存）单位进行巡查。销售期间检查共出动495人次、318车次、日常检查416户次，夜查182户次，下达《责令整改指令书》31份，查出并监督整改安全隐患46处。3月1日中午37家销售网点的剩余烟花爆竹已全部回收完毕，3月5日前完成活动房拆除，圆满完成烟花爆竹零售行政许可工作。

（李　丽）

【市局领导监察烟花爆竹】 2月7日上午，北京市安全监管局副局长丁镇宽带队对原西城区部分烟花爆竹临时销售网点安全情况进行了抽查，西城区安全监管局陪同检查。检查组共检查了6个烟花爆竹临时销售网点，开具了5份《整改指令书》。丁镇宽对原西城区烟花爆竹临时销售网点的安全管理情况给予了肯定：一是总体情况良好，二是安全管理制度完善，三是各相关部门管理手段比较到位。

（李　丽）

【领导带队夜查烟花爆竹】 2010年2月，汲取2月6日丰台区发生的事故教训，原宣武区安全监管局迅速将《北京市安全生产监督管理局关于加强烟花爆竹零售网点安全工作的紧急通知》下发到原宣武区37个销售网点。原宣武区安委会主任、副区长李岩和区安全监管局局长陈国红分成两组从22点开始，结合市紧急会议要求针对紧急通知传达情况、烟花爆竹点是否有人值班、储存面积是否超标、夜班人员有无巡视四个问题，对全区所有烟花爆竹零售网点开展拉网式夜查。

（李　丽）

【烟花爆竹红外检测】 12月，根据市安全监管局关于烟花爆竹零售网点安全距离设置要求，西城区安全监管局运用电子测距仪现场勘察了2011年各街道规划预设的78个零售网点的安全距离数据，为网点审批工作提供了有效依据。对在监测中发现的问题，西城区安全监管局均提出了具体的改进措施，保障了网点经营单位的合法权益。

（李　丽）

【烟花爆竹销售网点无线监控系统】 2月，烟花爆竹销售开始前夕，原宣武区安全监管局采用全新无线监控系统对全区37家烟花爆竹经营零售网点安装红外线监控探头，全面实现全区零售点安全监控实时全覆盖。此项工作通过为每个销售点安装2个监控探头，并通过无线传输，将图像实时传送到安全监管局的监控平台，显示对烟花爆竹销售网点的24小时实时监控，彻底解决原宣武区烟花爆竹监管工作存在销售点分散、监管人员少、持续监管难的问题，实现了监控跟踪的实时性和历史纪录的可追溯性，彻底消除人为因素的干扰，对销售单位的守法经营、安全管理起到了警示作用，提高了管理效率。

（李　丽）

安全生产事故隐患排查治理

【生产安全事故处罚情况】 2010年，原西城区、原宣武区安全监管局坚持依法行政、“四不放过”原则，严格事故查处，进一步规范事故处理程序，2010年西城区共发生生产安全事故2起，死亡

2人。

2010年上半年，原宣武区安全生产监管局依法联合相关部门组成事故调查组对原宣武区发生的1起生产安全事故调查处理，从严查处事故责任单位和责任人，罚款15万元。

2010年下半年，西城区依法联合相关部门组成事故调查组对1起生产安全事故调查处理，对事故责任单位和责任人进行了处罚，罚款4万元。

（李　丽）

【事故报告调查处理程序修订工作】 2010年上半年，原西城区安全监管局重新修订了《北京市西城区生产安全事故报告和调查处理工作程序》，下发原西城区安委会成员单位执行，定期召开事故调查组成员单位会议，进一步明确各单位职责。

（李　丽）

【“安全生产年”活动隐患排查治理】 1月，按照国务院继续深入开展“安全生产年”活动的总体部署和市委、市政府关于建设世界城市的目标要求，原西城区安委会围绕生产安全、公共安全、公共卫生安全和公共食品卫生安全、占压管线五大领域，面向全区26个相关单位和区属企业下发安全隐患排查整改通知，重点开展人员密集场所、食品卫生、消防、市政基础设施、建筑施工、电网、交通建设运营等安全隐患排查，特别注意加大民生直接相关的安全隐患排查力度。狠抓落实，对一般问题和隐患，由各行业和各企业自行组织整改；有多个部门参与、并需要协调整改的较大隐患，由区安委会办公室分类挂账进行协调督办。

（李　丽）

【开展评价机构检查消除安全隐患】 3月，原宣武区安全监管局组成专家组对原宣武区三所安全生产培训机构进行了2009年度考核，主要考核其培训资质、设备设施保持、培训保障和培训组织等情况内容。此项检查目的在于加强对安全生产培训机构的资质管理工作，促进安全生产培训机构进一步提高培训质量和管理水平，确保上岗特种作业人员特种作业知识与技能符合国家标准和岗位需求，减少和防止特种作业引起的生产安全事故。

【广外街道消除事故隐患】 3月，原宣武区安全检查发现，广外街道辖区内北京宏南菜市场、恒辉宾馆疏散通道严重堵塞，外挂梯下私搭乱建导致通道最窄处不足半米，存在重大安全隐患。原宣武区大力开展隐患拆除，三项措施结合，确保消除事故隐患：一是迅速召集城管、公安、消防、社区居委会等部门，召开现场工作会，协调落实违建拆除工作；二是加强宣传引导，提高生产经营单位安全意识和主体责任意识，确保隐患整改顺利推进；三是每日进行不间断巡查，防止隐患反弹，确保整改到位。

（李　丽）

【消除工程建设领域存在的隐患和问题】 2010年，西城区严格落实《西城区工程建设领域突出问题专项治理工作实施方案》，建立了定期与临时会议相结合的联系制度、信息沟通制度、联合督察制度和工作通报制度5项工作制度。按照方案，西城区筛选辖区内123家在建工程项目建立了基础台账。年内，西城区安全监管局同区住建委和属地街道组成联合检查组，进行联合执法检查，全年共检查了123家，发现隐患和问题401项，下达行政执法文书89份，罚款6万元，隐患和问题整改率达到了100%。

（李　丽）

【事故隐患排查治理实施】 2010年上半年，原西城区和宣武区安全监管局按照“动态分类排查、动态评审挂账、动态整改销账”的工作机制，开展安全生产隐患排查治理工作，规范隐患排查治理工作流程，建立隐患登记备案制度和隐患治理监控制度，强化城市运行的安全生产工作。隐患排查治理注重三个结合：一是隐患排查治理与执法检查相结合；二是隐患排查治理与落实企业安全生产主体责任相结合；三是隐患排查治理与企业安全文化建设相结合。上半年共查出各类隐患3303项，完成整改3267项，整改率为98.91%。

2010年下半年，西城区安全监管局坚持“四项原则”，在交通、消防、危险化学品、烟花爆竹、人员密集场所等重点行业和领域排隐患堵漏洞：一是按照“属地管理”和“谁许可、谁监督，谁主管、谁负责”的原则；二是对列为市挂账隐患的，治理资金确有困难的可按照生产经营单位和市、区两级财政比例分担的原则；三是各单位对本单位、本区域、本行业监管范围内生产安全隐患排查情况及时统计上报原则；四是责任倒查原则。凡报送的隐患要真实，否则，因此引发其他法律责任的单位，将予以责任倒查，追究相关责任人及单位的责任。2010年下半年共查出各类隐患2434项，全部整改完毕。

（李　丽）

【较大隐患整改清除与隐患排查治理成果】　2010年，原西城区、原宣武区合并后，西城区各相关单位密切协作，形成合力，集中开展“安全生产年”各项活动，加强重点行业领域监管及打非治违力度，在全区范围开展全覆盖式的安全生产隐患大排查，隐患排查治理工作要做到“四个结合”：一是坚持把隐患排查治理工作与深化重点行业领域安全专项整治结合起来，解决影响安全生产的突出矛盾和问题；二是坚持把隐患排查治理工作与日常安全监管监察执法结合起来，消除隐患滋生根源；三是坚持把隐患排查治理工作与加强企业安全管理和技术进步结合起来，强化企业安全质量标准化活动；四是坚持把隐患排查治理工作与加强应急管理结合起来，建立健全应急管理制度。全年排查生产经营单位3万余家次，排查隐患8425项，治理8148项，整改率为97%，行政处罚33.34万元。

（李　丽）

安全生产应急救援

【应急救援管理】　2010年，西城区安全监管局针对应急救援管理，五方面重点开展工作：一是加强应急管理机构建设，按照“统一领导、分级负责、条块结合、属地为主”的原则，增强应对突发公共事件的快速反应能力，提高应急处置工作水平；二是继续完善各类应急预案体系，切实加强应急预案的修订和完善工作，推进应急管理工作的规范化、制度化和程序化；三是认真做好突发公共事件的信息报送，进一步提高信息报告的效率和质量，严格执行重大事项报告制度和值班登记、交接班制度；四是认真做好应急管理科普宣教工作，深入宣传应急体系建设规划和政策措施，营造良好的社会舆论氛围，提高公众应急综合素质；五是大力加强应急队伍建设，对全区应急管理机构负责人和应急管理骨干进行应急管理工作培训，同时加强应急实战演练，提高处置各类突发事件的协调能力。

（李　丽）

【应急救援演练和应急救援实施】2010年上半年，原西城区安全监管局会同成员单位组织防火、水上救援、反恐等各类应急救援演练共计 8 次，通过实战演练，对应急预案的可操作性进行检验，考验了相关应急机制和各部门的反应能力，提高了对突发事件的应急处置能力。区应急办、区商务委、区文化委、区体育局等多个部门组织参与演练活动。原宣武区安全监管局完善了《北京市宣武区安全生产事故应急预案》，通过强化执法监督检查、加强生产经营单位教育和培训等工作，检查督促生产经营单位加强应急管理。在实战演练方面，会同各部门、各街道先后在学校、社区、商（市）场和地下空间举行 15 次应急消防演练。

2010 年下半年，西城区安全监管局为提高辖区生产经营单位应急预案管理水平和突发事件处置能力，大力加强应急预案制定修订工作，完成西城区安全生产事故应急救援预案、西城区危险化学品事故应急救援预案和西城区烟花爆竹生产安全事故应急预案的修订完善以及预案的网上备案工作，同时指导行业部门和企业落实应急预案网络填报备案工作，联合区住建委组织 15 家建筑施工单位在北京市安全生产监管平台上传填报本单位的安全生产应急预案。在日常执法检查过程中，西城区安全监管局贯彻落实《生产安全事故应急预案管理办法》，深入开展应急知识宣传，发放公众应急知识挂图和《公众应急知识手册》等宣传材料 2000 余份。

（李　丽）

【地下空间人员密集场所应急演练】 4 月 15 日，原西城区安全监管局与区文委、区应急办等部门联合在月坛地区麦乐迪歌厅开展了消防救护演练活动。演练内容为地下歌厅火灾演练。演练取得圆满成功，通过演练活动，对地下空间人员密集场所应急预案的可操作性进行检验，考验了相关应急机制运行和各部门的反应能力，明确突发事件应对的责任与程序，增强预案的针对性和实用性。

（李　丽）

【危险化学品运输车辆泄漏事故应急演练】 6 月 18 日，原宣武区安全监管局与区应急办联合开展道路危险化学品运输车辆泄露事故应急救援演练，市、区多位领导到场观摩并给予了高度评价。演练模拟一辆危险化学品罐车在行驶中撞击限高杆发生泄漏，各政府部门接报后开展应急救援工作。此次演练旨在从实战出发，突出实战性、针对性，凸现部门间的相互协调、配合，普及减灾知识和技能，提高自救、互救能力。

（李　丽）

安全生产执法监察

【日常性安全检查】 2010 年，西城区安全监管局重点对人员密集场所、建筑工地、“六小”企业等生产经营单位进行经常性安全生产检查，共检查生产经营单位 1005 家，发现各类隐患 2371 个，下达整改指令书 614 份，罚款 23.9 万元，隐患发现率为 2.4。收到各类生产安全举报事项及信访件共 50 余件，案件处理率达到 100%。

（李　丽）

【重大节日期间安全生产监管工作】 2010 年元旦、春节、中秋节、开斋节、“十一黄金周”等重大节日期间，西城区安全监管局对辖区内的大型商（市）场、小商品市场、娱乐场所、宾馆、饭店等生产经营单位进行了专项安全生产检查，确保节日期间西城区安全稳定。

（李　丽）

【“两会”安全生产保障工作】 2010 年“两会”期间，原西城区、原宣武区安全监管局继承奥运和国庆安保的好经验、好做法，制定切实可行的工作方案，全面落实“两会”安全生产保障工作。

原西城区安全监管局制定“两会”保障行动方案，对辖区内的会场、代表驻地周边200米范围内及代表行车沿线的生产经营单位组织开展全覆盖式执法检查，并建立健全了《西城区“两会”会场及代表驻地周边生产经营单位基础信息台账》、《西城区“两会”代表行车路线周边生产经营单位基础信息台账》。

原宣武区安全监管局会同市安全监管局、市消防局、市文化执法总队、市住房城市建设委联合组成的市安委会检查组对原宣武区“两会”行车沿线重点单位进行督导检查，共检查代表行车沿线及社会面重点经营单位2536家次，消除安全隐患455件，行政处罚2万元。

（李　丽）

【区领导带队检查两会代表驻地安全生产】 为确保全国“两会”顺利召开，2月23日，副区长苏东带领原西城区安全监管局工作人员对原西城区全国“两会”代表驻地周边生产经营单位的安全生产情况进行了检查。检查过程中，苏东副区长提出，一是要把全国“两会”及元宵节期间的安全生产工作放在突出位置，抓实抓好，确保不出现问题。二是要认真落实安全生产责任制，加强组织领导，强化安全监管，抓细、抓严。三是相关部门要创新安全监管的新模式，探索综合监管的新机制，突出重点，采取有效措施，使西城区的安全生产工作再上新台阶。

（李　丽）

【两会代表驻地周边联合检查】 2010年3月，为做好全国“两会”期间安全生产工作，原宣武区安全监管局联合区住建委一同对建筑工地特别是全国“两会”代表行车沿线工地进行了安全检查。检查组针对原宣武区建筑施工企业春节之后陆续开始复工的情况，重点对施工作业人员安全生产教育培训情况；对设备、设施安全防护、作业人员安全生产技术交底情况；特种作业人员持证上岗情况；应急预案等情况进行检查。通过检查发现的主要问题：一是复工后对作业人员的安全教育培训不到位，流于形式；二是部分特种作业人员未持证上岗；三是施工现场防火措施不到位。针对发现的问题，原宣武区安全监管局、区住建委按各自职责，对发现安全隐患的单位分别下达责令改正指令书，要求限期整改，对存在隐患较大的一家单位责令停工整改。

（李　丽）

【安全生产大检查工作取得实效】 4月至5月，原宣武区安委会深入推进“安全生产年”各项工作，组织各行业领域在全区范围内广泛彻底地开展安全生产大检查工作，共组成检查组190个，出动检查人次4685人次，监督检查生产经营单位6372个，下发行政执法文书944份，发现隐患1029个，已整改962个，整改率达93.5%，行政处罚4.725万元。5月下旬，原宣武区安委会办公室组织区安全监管局、区体育局、区商务委、区质监局等相关单位和各街道办事处组成五个安全生产大检查联合督察组，对人员密集场所、地下空间、建筑工地等重点部位的安全生产工作落实情况进行联合督察，巩固安全生产大检查工作成果，确保辖区安全生产形势持续稳定好转。

（李　丽）

【区领导带队开展“五一”节前检查】 4月29日，为切实保障原宣武辖区“五一”期间的安全生产工作，确保节日祥和、平安，副区长李岩率相关部门安全生产主管领导开展节前安全生产检查并慰问广大一线职工。此次安全生产检查主要针对商业零售人员密集场所、地下空间、建筑施工工地等重点行业领域生产经营场所，检查内容包括安全生产责任制落实、安全管理制度执行、事故应急救援预案制定、消防设备设施和节日值守等情况。原宣武区安委会主任、副区长李岩就节日期间安全生产工作的落实提出了具体要求，各生产经营单位对做好节日期间的安全生产工作给予了充分重视，各项制度和措施落实比较到位。

（李　丽）

【安全生产大检查】 根据国务院安委会《关于立即开展全国安全生产大检查的通知》要求，4月至5月，原西城区在全区范围内开展安全生产大检查。此次大检查的范围包括全区各行业和领域的生产经营单位、企业。在全面检查的基础上，重点加强对危险化学品、建筑施工、人员密集场所、有限空间、道路交通、水上娱乐、旅游、电力、劳动防护用品、特种设备、消防等行业和领域的安全检查。检查形式以企业自查为主，结合政府检查、社会监督。大检查期间，西城区安委会组织由街道等行业部门组成的联合检查组，在企业自查的基础上，对本地区、本行业的安全生产情况进行全面检查，对事故易发、频发、多发的企业和行业进行重点检查和督察。

（李　丽）

【校舍安全工程监管工作】 2010年6月，原西城区、原宣武区安全监管局强化专项整治工作，着力抓好校舍安全工程监管工作。原西城区安全监管局联合区住建委、教委，对全区41所校园加固改造工程开展安全生产专项执法检查工作。8月下旬，完成监管工作。原宣武区安全监管局开展校舍加固工程安全生产检查，针对原宣武区已开工15处校园加固工程，原宣武区安全监管局联合区住建委和教委房管所对校园建设工程开展安全生产专项检查工作。

（李　丽）

【人员密集场所安全生产专项检查】 2010年，西城区安全监管局多次组织人员密集场所安全生产检查。7月下旬至8月上旬，西城区安全监管局参加北京市安全监管局组织的原宣武、东城、西城、崇文四城区交叉执法工作。9月中旬，西城区安全监管局联合区商务委、区文委、区体育局、区旅游局，对西城区五类人员密集场所24家生产经营单位开展联合执法行动。10月中旬至11月中旬，西城区安全监管局开展对原宣武区人员密集场所安全生产执法检查月专项行动，共检查人员密集场所173家，下达整改指令书170份，现场检查记录10份，发现各类安全隐患685处，消除隐患651处，隐患发现率3.8%，实施行政处罚9起，共处罚款9.5万元。

（李　丽）

【“十一”前夕领导带队检查】 9月25日，为加强“十一”重点时段对人员密集场所的安全监管，加大隐患整改力度，保障节日生产安全，副区长苏东带队，区安全监管局局长刘成东、副局长曹长春及执法队相关人员陪同，对北京市家乐福商业有限公司马连道分公司、马连道茶城（一商大厦）、世纪冠杰网吧进行了安全生产检查，针对检查中发现的问题，苏东要求各单位要高度重视本单位所存在的问题，立即整改，切实消除安全隐患，确保节日期间的区域安全。

（李　丽）

【重点行业（领域）专项安全监管】 2010年，原西城区、原宣武区安全监管局继续深化重点行业（领域）专项安全监管，努力促进全区安全生产环境的改善。1月，原西城区安全监管局联合区住建委开展冬季建筑施工现场专项执法检查。6月，对五个街道的中小学、幼儿园周边生产经营单位进行集中专项执法检查。7月初，完成对原西城区八个重点医院的专项执法检查工作。5月，原宣武区安全监管局联合区体育局、公安宣武分局、区消防支队、区卫生局对辖区内游泳场所开展联合执法检查，确保夏季游泳场所经营安全。9月，西城区安全监管局联合区住建委、区市政市容委，对全区12个环境整治工程开展了联合专项执法行动；联合展览路街道办事处，对展览路地区的九个大型服装批发市场开展了联合专项执法行动。11月，根据《国务院安委会关于集中开展严厉打击非法违法生产经营建设行为专项行动的通知》、《北京市集中开展打击非法违法生产经营建设行为专项行动工作方案》精神，西城区安全监管局完成打击安全生产非法违法生产经营建设行为专项整治工作。

（李　丽）

【南城安全生产执法检查月行动】
10月25日至11月30日，西城区安全监管局为加强南城安全生产监管，开展对南区安全生产执法检查月专项行动，重点加强对南城八个街道五类人员密集场所的安全生产执法检查。执法月期间，执法队共检查生产经营单位180家，其中人员密集场所173家、建筑工地7家，发现各类隐患685起，下达整改文书170份，现场检查文书10份，实施行政处罚9起，本次检查中发现部分生产经营单位存在安全生产制度不健全、生产投入不足，生产经营单位主要负责人的安全生产意识不强，对员工的安全教育培训工作不够重视等问题。针对出现的问题，执法人员提出整改要求，为下一阶段西城区安全生产执法检查及安全监管工作奠定了很好的基础。

（李　丽）

【大型活动安全生产保障工作】
2010年，西城区安全监管局完成对德胜国际世界工业设计日开幕式活动、西单文化广场市政取暖宣传活动、人口普查宣传活动安全保障工作、法律援助活动、陶然亭冰雪节等7项各类大型活动安全生产保障工作。6月底至7月中旬，原西城区安全监管局完成对什刹海风景区南非世界杯足球赛期间安全保障工作，期间开展了对什刹海环湖周边酒吧、餐饮单位专项夜查行动。9月底至10月中旬，西城区安全监管局完成十七届五中全会人民大会堂周边的安全生产保障工作。

（李　丽）

职业安全健康

【市局领导对有限空间治理开展调研】
3月11日，市安全监管局一行对原西城区中大物业、三里河一区3号院安恒泰物业等公司开展有限空间安全管理工作进行调研。调研组听取了原西城区部分物业管理有限公司在落实有限空间安全管理所采取的方法和措施。调研组对原西城区有限空间安全管理工作给予肯定，并对下一步做好有限空间安全管理工作提出4点建议，2010年把有限空间作业纳入特种作业行列，无证人员严禁下井工作；严格开展安全大检查，3月至8月各区、县全面启动执法工作，主要通过检查达到整治一批，关停一批、处罚一批；加大有限空间有关知识的宣传力度，使企业负责人、安全管理人员、作业人员全面了解有限空间安全知识；严格准入制，严格企业专业化、规范化流程。

（李　丽）

【企业职业危害审核工作开展】 4月13日，原西城区安全监管局召开职业安全健康工作会。会议通报了全区28家印刷企业当前形势和检测状况，讲评了前一阶段各街道落实企业职业危害申报工作，并对下一步街道如何对企业进行审核工作进行了指导：一是督促各街道继续落实企业的职业危害申报工作，企业产生职业危害做到100%申报；二是加强各街道落实对企业的审核工作，突出六个模块标准，坚持审核工作规范化、标准化；三是开展作业场所的监督检查，坚持宣传培训与落实整改相结合，提高企业的标准化程度，使全区职业健康管理工作上升一个新的高度。

（李　丽）

【《职业病防治法》宣传咨询日活动】 4月28日，原西城区、原宣武区分别开展了《职业病防治法》宣传咨询日活动，原西城区安全监管局联合区卫生局、区劳动局、德胜街道在德外工地进行宣传，200多人参加活动，现场发放宣传册200余份；原宣武区安全监管局联合区卫生监督所、区人力社保局、区总工会在广外华联商场门前举行了宣传活动，发放各种宣传材料1000余份。

（李　丽）

【有限空间专项治理】 4月至8月，按照《北京市有限空间安全生产专项治理工作方案》精神，原西城区和原宣武区分别开展了有限空间安全生产专项治理工作。

原西城区成立由区安全监管局牵头，安委会成员单位参加的专项治理工作领导小组，通过实地摸排确定有限空间作业单位117家，专项行动共计下达各种执法文书723份，发现隐患42处，组织有限空间作业安全培训规范和完善生产经营单位作业流程，及时消除了各类安全隐患。8月底，专项行动各阶段工作顺利完成。

原宣武区成立由主管副区长牵头，安委会成员单位主管领导共同组成的专项治理工作领导小组，原宣武区安委会制定《北京市宣武区有限空间安全生产专项治理工作方案》，经过实地摸排，确定有限空间作业企业共计157家，专项行动中各部门共计检查66家单位，区安全监管局协助区国资委完成国资系统有限空间安全生产培训工作，协助区房管局完成物业服务企业有限空间安全培训，联合区监察局对市政、园林部门落实有限空间专项治理工作的情况进行督察。8月底，专项行动各阶段工作顺利完成。

（李　丽）

【职业危害申报系统信息核对】 2010年上半年，为配合北京市安全监管局对职业危害申报信息平台的改造，原宣武区安全监管局对新平台中企业申报的信息进行了逐一核对，要求职业危害申报信息不全和未按时申报的企业及时完善申报信息。原宣武区90家企业按照要求对申报信息进行了修正。

（李　丽）

【非职业性CO中毒检查】 12月1日至7日，西城区安全监管局全力做好冬季生产经营单位安全监管工作，防止企业在经营过程中发生CO中毒事故，对全区涮锅、烧烤等有关餐饮企业进行了安全生产大检查，共检查生产经营单位9家，发现大部分企业未落实非职业性CO中毒安全教育、预热机制炭操作员无劳动合同、无健康体检报告、未进行职业病危害告知手续等多项问题。针对发现的问题，西城区安全监管局对生产经营单位提出整改要求，全力保证生产经营单位人员生命健康。

（李　丽）

【职业卫生检测】 2010年，西城区安全监管局利用区财政专项资金委托专业机构对区内11家作业现场产生职业危害的企业进行了危害因素检测。此次检测总计包括19个检测项目，检测点位125个，采样403个，其中包括粉尘点位11个，采样38个；物理因素点位25个，采样87个；化学因素点位89个，采样278个。检测结果显示，多数单位现场环境浓度符合国家标准要求，个别单位出现了现场环境浓度超标的现象。

（李　丽）

【粉尘与高毒物品危害治理专项行动】 2010年，根据《关于印发北京市粉尘与高毒物品危害治理专项行动工作方案的通知》精神，原西城区和原宣武区分别开展粉尘与高毒物品危害治理专项行动。

原西城区成立由原西城区安全监管局牵头，区卫生局、区人力社保局、区总工会及各街道共同组成的专项行动领导小组，制定《西城区粉尘与高毒物品危害治理专项行动工作方案》，明确印刷企业、汽修企业、建筑工地为专项治理重点，确定重点治理企业，通过宣传教育、安全培训、执法检查、安委会会议等方式开展各阶段工作，10月底，专项治理各阶段工作完成。

原宣武区成立由原宣武区安全监管局牵头，区卫生局、区人力社保局、区总工会共同组成的专项行动领导小组，制定《北京市宣武区有限空间安全生产专项治理工作方案》，明确印刷企业、汽修企业、医疗机构为专项治理重点，确定重点治理企业，通过宣传教育、安全培训、执法检查、安委会会议、现场检测等方式开展各阶段工作，10月底，专项治理各阶段工作完成。

11月，西城区对2010年粉尘与高毒物品危害治理专项行动进行全面总结，专项行动共计检查生产经营单位113家，出动检查人员316人次，出动车辆158台次，发现隐患326处，下达各种执法文书113份，处理投诉举报1件，结合职业病防治宣传周和安全生产月开展宣传活动工作2次，发放宣传材料3000余份，受教育群众3200余人，专项行动各项工作目标均圆满完成。

（李　丽）

安全生产宣传培训

【特种作业培训考核】 2010年，西城区12所培训机构特种作业考核发证共计18959人，新发证8343人，复审10616人。其中电工作业类新发证5425人，复审9039人；金属焊接切割作业类新发证848人，复审831人；企业内机动车辆驾驶类新发证260人，复审400人；制冷作业类新发证147人，复审346人；有限空间作业类新发证1663人。

（李　丽）

【《北京市生产安全事故报告和调查处理办法》宣贯活动】 2月，结合市政府新出台《北京市生产安全事故报告和调查处理办法》，按照市安全监管局的工作要求，原宣武区安全监管局高度重视《处理办法》的宣贯工作，迅速作出反应，全力开展《处理办法》宣贯活动：一是立即召开工作会，全面部署《处理办法》宣贯工作；二是在全区范围内转发《处理办法》全文，将新规章迅速传达到全区各安全监管部门；三是在全局范围内进行学习，仔细研讨《处理办法》相关规定，进一步规范事故调查处理程序。

（李　丽）

【街道安全生产委托执法业务培训】 为加强安全生产执法队伍建设，做好安全生产委托执法工作，提高街道安全生产执法水平，规范执法检查行为，树立安全生产执法良好的形象，2010 年 4 月 20 日至 21 日，原西城区安全监管局举办了为期两天的安全生产委托执法业务培训。培训班上，市安全监管局执法队有关人员就“安全生产执法检查实务”进行了具体讲解；区法制办副主任席雅民作了“依法行政，不断提高安全执法水平”的指导。原西城区检察院职务犯罪预防处段晓娟处长作了“多一份警示，少一份职务犯罪”的专题报告。全区七个街道主管主任及安办全体人员共计 57 人参加培训。全体学员在培训过程中认真学习，积极思考，踊跃提问，普遍感到学有所得，惑有所解，为做好今后街道的安全生产执法工作打下了良好基础。

（李　丽）

【物业服务企业有限空间安全培训】 5 月，为推进原宣武区物业服务企业落实有限空间安全管理工作，原宣武区房屋管理局、区安全监管局在原宣武少年宫组织召开了原宣武区物业服务企业有限空间作业安全培训会。全区 223 家物业服务企业近 450 人参加了培训。会上播放了 2009 年度北京市有关区县有限空间作业安全事故的录像，通报了近年来全市有限空间作业安全生产事故情况及案例分析，并对《北京市有限空间作业安全生产规范》进行了详细解读，还结合物业服务企业实际特点对有限空间的安全作业、承包管理、应急救援、警示标志和注意事项等方面内容进行了深入讲解。

（李　丽）

【开展防灾减灾宣传周活动】 5 月，防灾减灾宣传周，原西城区安全监管局积极响应国务院开展全国第二个“防灾减灾日”活动的号召：一是在基层开展《应对法》和《管理办法》宣传教育活动；二是日常执法检查过程中贯彻落实《生产安全事故应急预案管理办法》；三是组织召开原西城区物业服务企业有限空间作业应急培训会。

（李　丽）

【安全生产月宣传】 6 月，原西城区与原宣武区安全监管局安全生产月活动继续以“坚持安全发展，落实安全责任，服务世界城市建设”为主题宣传贯彻，分别组织多项活动宣传安全生产。

原西城区安全监管局活动期间开展了安全生产宣传咨询日、安全生产公开课、安全生产进校园、观看影视宣传片、应急综合演练、安全生产进社区等活动。6 月 13 日，原西城区安全监管局在碧溪公园举办安全生产咨询日活动，咨询日当天 200 余人参加，现场设置 14 个咨询台，共展出各种宣传展板 260 余块，发放各种宣传资料 3 万余份、科普图书计 2350 余份，吸引过往群众 4000 余人参与。

原宣武区安全监管局在安全生产宣传月期间，通过开展枣林前街和南线阁创建安全文化一条街、举办“安全在我身边”演讲比赛、与广外街道办事处联合承办以“传播安全文化，共享安全知识”为主题的安全生产大型公开课等多项活动，圆满完成安全生产月宣传任务。6 月 13 日，原宣武区安全监管局在广外红莲广场设置主会场、各街道设置分会场分别举办原宣武区安全生产咨询日活动。活动当天全区 26 个单位在主会场和分会场共出动工作人员 670 余人、发放各类宣传材料 7.41 万余份、摆放展板 240 余块，悬挂横（条）幅

220余条，受教育群众达5.3万余人。

（李　丽）

【有限空间安全作业专题咨询活动】 6月，安全生产月宣传期间，原宣武区安全监管局联合北京养护集团市政一分处在原宣武区文化馆门前进行了专题宣传咨询活动。活动发放宣传材料1500余份，张贴宣传画10余份，参与活动群众1500余人。

（李　丽）

【安全生产执法流程修订】 2010年，西城区安全监管局为促进业务水平的提高，在全局范围内开展安全生产执法流程的修订工作。通过修订工作的稳步推进，达到有效规范执法行为、促进公正执法，提高执法效率。

（李　丽）

【规范执法程序】 2010年，西城区安全监管局开展规范重点环节执法程序相关工作。通过对执法程序的规范，进一步完善执法检查程序，明确执法检查的具体要求和规范。进一步完善听证程序，把听证记录作为行政决定的重要依据，增强听证制度的公正性和有效性。强化行政处罚案卷评查工作，并逐步把行政许可案卷纳入评查范围，不断提升执法人员对执法程序与文书的操作能力和水平。

（李　丽）

【建立和落实行政决定裁量基准制度】 2010年，西城区安全监管局按照平等、比例、排除干扰等法律适用原则，完善了局内行政处罚、行政许可、行政检查、行政强制等执法裁量基准，逐步提高裁量标准的科学性和合理性，力求做到对事实或行为在法律适用上大体一致，从制度和程序上抑制和减少随意性，确保公正执法。

（李　丽）

【举办安全生产大型公开课】 2010年，由市安全监管局主办，西城区安全监管局和广外街道办事处联合承办的以“传播安全文化，共享安全知识”为主题的安全生产大型公开课于7月15日在广外社区服务中心二楼多功能厅举办。北京万家安火灾防治中心主任郑智斌讲师以《社区消防安全》课题为大家进行了精彩的授课，区安全监管局和广外街道有关领导到会，辖区内29个社区居民90余人参加。

（李　丽）

【开展安全生产法制专业培训宣教活动】 2010年，为实现区“五五”普法规划目标，进一步引导全社会学法、用法、守法、护法，培养安全生产法制意识，增强安全生产法制观念，西城区安全监管局依法治理领导小组积极发挥职能作用，与相关部门密切配合，采取多种形式加强自身法制宣传教育工作：一是坚持学习制度化，组织干部职工集中学习各种安全生产法律法规；二是结合本职工作，大力开展《行政许可法》和《行政诉讼法》、《行政复议法》、《安全生产法》、《危险化学品管理条例》等法律法规的学习宣传教育，积极推进依法行政。在全社会树立安全意识，维护法律权威；三是组织各类生产经营单位负责人、安全管理人员参加安全生产管理专业知识和安全生产法律学习培训，通过学习，努力提高他们的安全意识，有效地促进了安全生产工作；四是以开展安全生产月活动为契机，在全区范围内开展各种安全生产宣传咨询活动，取得了良好的效果。

（李　丽）

【开展法律法规宣传进基层活动】 2010年，西城区安全监管局全面开展《中华人民共和国突发事件应对法》和《生产安全事故应急预案管理办法》以及其他相关法律法规的基层宣传活动。为做好基层宣传，西城区安全监管局积极发动各行业主管部门、各企事业单位、学校和街道等基层组织，结合宣传手册、宣传品、黑板报、宣传单、标语、条幅等形式，在商场、车站、广场、社区等公共场所，多题材、多角度、有针对性地广泛宣传安全生产法规知识、应对突发事故与风险的自救互救常识。力求安全生产应急知识普及进机关、企业、学校、街道，达到宣传群众、动员群众的目的，营造推行应急管理工作的良好舆论氛围和社会氛围。

（李　丽）

【安全生产应急知识竞赛】 2010年，西城区安全监管局积极响应国家安全监管总局和中华全国总工会的号召，根据北京市安全监管局和市总工会的文件精神，联合区总工会，积极组织开展安全生产应急知识竞赛活动。此次竞赛结合《劳动保护》、《现代职业安全》杂志和国家安监总局网站、全国总工会网站、国家安全生产应急救援指挥中心网站和易安网站多渠道开展宣传。竞赛组织涉及全区15个行业部门，广泛发动全区生产经营单位和个人积极参与此次竞赛。

（李　丽）

安全生产科技创安

【3G平台工作研发】 3月，原西城区安全监管局就局内3G信息网络平台研发工作与北京市劳保所、北京亚思顿科技发展有限公司进行会谈。会上，亚思顿科技发展有限公司对基于3G和GIS（地理信息系统）技术的安全生产信息化平台开发进度进行了汇报，该信息化平台开发工作已进入实施阶段，原西城区安全监管局对亚思顿公司的工作表示肯定，并提出了“双客观”信息化要求，即执法项目客观化和委办局安全生产考核客观化。会议最后确定了通过3G、GIS、物联网等技术及信息化手段降低主观因素对执法和安全生产考核的影响，从而全面提高执法考核工作的公正性和准确性，预计该信息化平台将在年内进入试运行阶段。

（李　丽）

【安全生产信息化建设研讨会】 9月15日，西城区安全监管局会同市安全监管局信息中心、市劳保所、区城管指挥中心、理正公司、亚思顿公司、紫光公司就区划调整后如何通过信息化手段加强安全生产监管工作召开研讨会。研讨会围绕安全生产综合监管系统如何建立进行会谈，通过系统的研发和使用，具有安全监管职责的部门与各街道均将纳入安全生产综合监管系统，实现检查、复查、移送、立案等工作的数字化链接、共享，进一步实现全区信息资源整合，部门、街道间条块互联互通，创建城市安全生产监管长效机制新模式。

（李　丽）

【学习调研顺义事故隐患系统信息化经验】 12月2日，西城区安全监管局领导班子成员前往顺义区安全监管局调研企业分级分类管理和企业安全生产事故隐患自查自报系统。经过对顺义区事故隐患系统了解和调研，西城区安全监管局领导对顺义区安全监管局运用信息化手段取得的工作成效予以称赞，通过本次交流感受到顺义区安全监管局在安全生产基础基层方面做了大量富有时效性、独创性的工作，看到了顺义区安全生产综合监管工作水平高，工作成果展示了大思路、大手笔，西城区安全监管局将在今后的工作中予以借鉴，进一步改进和完善西城区安全监管局事故隐患自查自报系统平台。

朝阳区

概　　述

2010年，朝阳区安全生产工作按照国务院、市、区“安全生产年”工作部署及《国务院关于进一步加强企业安全生产工作的通知》精神，以安全生产执法、治理、宣传教育“三项行动”为主线，以“抓考核、强监管、重教育”为重点，加强领导，明确目标，创新手段，落实责任，安全生产工作取得了新进展，实现了降事故、控指标、保平安的目标，全区安全生产总体形势稳定。全区150名街乡安全生产监察人员持证上岗，成为全市首家获得街乡安全生产执法权的区县，安全监管规范化建设进一步加强。历时两年研发的《朝阳区安全生产综合监管调度系统的研究与应用》项目顺利通过北京市科委项目验收。市安全监管局领导多次调度潘家园市级挂账隐患，协调整改资金，工作得到有序推进。望京、麦子店、亚运村、建外、大屯等12个街道建成国际安全社区，团结湖、和平街等14个街道建成全国安全社区。朝阳区安全监管局获2010年全国“安全生产月”活动优秀单位奖和全国安全生产应急知识竞赛优胜单位奖。拍摄的安全生产题材宣传片《殇》获得首届中国安全生产电视作品大奖赛二等奖。朝阳区获2010年度北京市安全生产工作先进区县奖。

（冯春友）

安全生产综合监督管理

【安全生产控制考核指标完成情况】 2010年，朝阳区共发生生产安全、道路交通、火灾、铁路交通非正常死亡事故184起死亡205人，占全年控制考核指标208人的98.6%。具体为：生产安全事故25起死亡26人，占全年控制指标29人的89.7%，与去年同期18起死亡18人相比分别上升38.9%和44.4%；交通死亡事故153起死亡171人，与全年控制指标171人持平，与去年同期159起死亡178人相比分别下降3.7%和3.9%；火灾死亡事故2起死亡4人，与全年控制指标4人持平，与去年同期4起死亡6人相比分别下降50%和33.3%；铁路交通死亡事故4起死亡4人，与全年控制指标4人持平。未发生淹溺事故、公共卫生安全和食品安全死亡事故。

（冯春友）

【安委会季度例会】 1月18日、4月29日、8月26日、11月19日，朝阳区分别召开全区第一至第四季度安全生产委员会（扩大）会议，总结通报上一季度（年度）全区安全生产情况，安排部署当季安全生产主要工作和重点任务。

（余慧云）

【区委常委会专题研究部署安全生产工作】 2月2日，朝阳区召开区委常委会，提出按照“严查60天，保春节，保两会稳定”的工作要求，继续采取高压态势，深入开展安全生产专项整治，严厉打击非法违法经营行为，全力消除安全隐患，做到思想不松、力度不减。重点加强重点行业和领域的安全监管工作、安全生产宣传教育工作、安全生产检查督察工作和应急救援和值守工作。9月26日召开区委常委会，提出要进一步完善工作制度，健全工作体制，建立长效机制，具体抓好七个方面落实：编制“十二五”规划；加大安全生产投入；加大宣传教育力度；完善分类管理办法；整合应急救援资源；鼓励开展科技创安工作；提高街乡安监人员素质能力。

（余慧云）

【确定10个重点行业安全监管工作】 2月9日，朝阳区召开第二次政府常务会，提出加强对烟花爆竹、预防煤气中毒、大型活动、液化石油气、无证无照等10个重点行业和领域的安全监管。5月10日召开第五次政府常务会，提出在全区范围内开展一次安全生产大检查；加强街乡安监队（科）建设，尽快完成安监人员持证上岗；同时以“安全生产月”活动为契机做好安全生产宣传教育。7月12日召开第八次政府常务会，提出开展消防安全专项整治、建筑施工领域安全整治、有限空间作业专项整治以及易攀爬高空危险部位安全整治等重点工作。

（余慧云）

【健全安全生产目标管理制度】 2010年，朝阳区结合《北京市安全生产综合考核办法》，完善了《朝阳区安全生产目标管理考核办法》。制定下发《朝阳区安全生产形势分析制度》，做到每季度分析一次安全生产形势。制定《行政执法过错责任追究制度》、《行政执法举报处理工作制度》等19项工作制度，并按照职责篇、制度篇、处罚篇、许可篇进行归纳，做到了程序化管理。为增强各级领导班子抓安全生产的责任感，朝阳区委组织部出台了《朝阳区处级领导班子年度考核办法》，将“10万人生产安全事故死亡数”纳入其中一项指标进行考核。

（余慧云）

【安全生产纳入“十二五”规划】 2010年，朝阳区将安全生产纳入区社会经济发展“十二五”规划中一项内容单列出来，拨付专项经费予以保障。为确保街乡安监科的工作顺利开展，共投入820余万元，为各街乡配齐了执法车辆和执法设备设施。

（余慧云）

【市安委会对朝阳区综合考核】 1月6日，市安委会综合考核组一行10人在市安全监管局副巡视员刘岩带领下，对朝阳区2009年度安全生产工作进行了综合考核。朝阳区主管安全生产的副区长阎军向综合考核组汇报了全区安全生产工作的调度考核、责任落实、健全机构、夯实基础、隐患治理、应急处置、事故处理等工作的情况以及安全生产年“三项行动”和各项专项治理、全年控制指标完成情况。考核组对朝阳区安全生产工作给予肯定。区安全监管局、区监察局等15个部门的主管领导参加了汇报及现场检查。

（余慧云）

【区领导检查商业单位节前安全生产】 1月28日上午，朝阳区区委常委、常务副区长吴桂英一行来到蓝岛大厦进行节前安全生产大检查。检查过程中，吴桂英重点就商场内部通道、防火设施、食品卫生安全等方面情况进行了检查。她指出，要提高职工安全意识，做好节日期间应急预案及大厦周围烟花爆竹禁放工作。

（余慧云）

【区领导检查街道“春节”前安全生产工作】 1月28日下午，朝阳区副区长张春秀带队，区政府办公室、区安全监督局、建外街道等单位领导参加，对建外街道万达电影城以及万达电子游戏厅进行“春节”前安全联合检查。检查中了解了人员密集场所的安全通道使用、突发事件应急预案的制定演练以及相关安全防火工作，并对检查过程中发现的安全隐患提出了整改要求，同时对“春节”前后人员密集场所的安全生产工作提出要求。

（余慧云）

【副市长调研朝阳区安全生产工作】 1月31日，副市长苟仲文到朝阳区调研安全生产工作，并与驻朝阳区大型国资生产企业、建筑企业、商品零售企业进行了座谈。苟仲文听取了朝阳区前一阶段安全生产工作的报告。他肯定了朝阳区安全生产工作取得的成绩和创新性做法，并对朝阳今后的安全生产工作寄予希望。苟仲文强调，要特别加强生产经营企业一线班组的安全意识和企业自身的应急反应机制；提倡各方利用科技手段和科学设计的理念将安全生产工作的防范端口前移。

（余慧云）

【市督察组督察朝阳区“两会”安全生产保障工作】 3月11日，市安全监管局会同市公安消防局、市旅游局、市体育局、市建委组成的督察组对朝阳区“两会”驻地周边的人员密集场所安全生产保障工作进行了督察。对朝阳区“两会”的安全生产工作给予肯定。

（余慧云）

【市安委会督察朝阳区有限空间安全】 7月27日，由市安全监管局副局长丁镇宽带队，市发改委、市水务局等七部门相关领导组成督察组到朝阳区就有限空间安全生产专项治理工作进行督导。市督察组听取了区安委会办公室以及各相关部门领导对本部门工作开展情况的汇报，副区长阎军出席迎检工作会并讲话。市督察组在对朝阳区环卫、热力、排水、电力、市政工程建设以及物业管理等10个行业12家单位进行检查后，对朝阳区有限空间安全生产工作给予充分肯定。

（余慧云）

【贯彻落实“国务院23号通知”，推进“打非”专项行动督导】 9月15日，市安全监管局副局长陈清率第三督导组对朝阳区贯彻落实，“国务院23号通知”，推进“打非”专项行动进行了督导。督导组首先赴劲松街道办事处进行督导检查，听取了办事处关于认真学习贯彻国务院通知精神，深入开展打击违法非法生产经营建设行为专项行动的汇报，查阅了有关资料。随后，来到京客隆（劲松商城店）了解贯彻落实情况，并对超市员工进行了现场抽查和提问。最后，督导组听取了区政府、区公安消防支队和区建委有关工作情况的汇报，并就督导情况进行了意见反馈。

（余慧云）

【区领导检查节前安全生产工作】 9月27日至30日，朝阳区区委书记陈刚，区委常委、区政府常务副区长吴桂英等区委和区政府11位领导带队，分八路，对国家游泳中心、秀水市场、陈经纶中学校舍加固工程等开展国庆前安全生产检查。期间，区领导询问了各单位安全生产管理情况，听取了企业安全负责人的汇报，并查阅了安全生产档案。要求：国庆即将到来，各级负责人一定要重视安全生产工作，加强相关设备设施的检查，及时发现、排除隐患，认真做好节日期间的安全生产检查和值班工作，保持全区节日期间安全生产形势平稳。

（余慧云）

【副区长指导街道安全生产工作】 11月24日，朝阳区副区长阎军带队到呼家楼地区指导安全生产监督监察工作，对呼家楼地区重点单位宫宵酒店进行了检查。区安全监管局、区公安消防支队、区卫生监督局等部门检查人员对宫宵酒店内部的住宿客房、餐饮“粤海烤鸭店”、娱乐场所“东方斯卡拉”及消防中控室、配电室等场所进行了详细的检查，及时指出存在的安全隐患和安全管理漏洞，并提出了整改意见。

（余慧云）

危险化学品安全监管监察

【危险化学品行政许可】 2010 年，朝阳区累计完成危险化学品行政许可审核 210 家，其中甲证 108 家，乙证 82 家。截至 2010 年 12 月 31 日，朝阳区范围内共有危险化学品从业单位 442 家，按照行业分布如下：危险化学品生产企业 5 家；危险化学品经营企业 434 家，其中甲证（市发证）202 家，含加油站 159 家、成品油批发 21 家、剧毒品经营 22 家；乙证（区发证）232 家，含批发单位 168 家、零售单位 15 家、建材市场 20 家、气体经营 29 家；危险化学品储存单位 3 家。

（夏旭昀）

【危险化学品隐患排查治理与专项整治】 2010 年，针对朝阳区危险化学品行业企业特点，在 7 月份组织对所有危险化学品从业单位开展了为期一个月全覆盖安全大检查。从 7 月 15 日至 10 月 30 日以区域内有实物单位为对象，开展了储存仓库集中安全整治。全年累计共对区域内危险化学品从业单位完成安全检查 1867 家次，发现并督促企业消除各类安全隐患 1233 个。

（夏旭昀）

【危险化学品安全生产应急救援】 2010 年，朝阳区安全监管局先后参与了“5·27”东三环华威桥油罐车侧翻事故、“6·3”西直河某建材市场苯乙烯燃烧事故、“7·8”机场第二高速金盏桥出京方向油罐车侧翻事故等涉及危险化学品突发事件的现场应急处置工作。在“5·12”防灾减灾日期间组织危险化学品从业单位开展应急演练，督促危险化学品从业完成应急救援预案备案工作。

（夏旭昀　罗鹏）

【打击非法生产经营危险化学品行为】 2010 年，朝阳区继续保持对非法生产经营储存危险化学品行为的高压态势，全年共处罚违法单位 22 家，罚款金额 46.9 万余元，其中单起案件最高处罚 26 万元，通过严厉的行政执法手段，有效打击各类不法行为。

（夏旭昀）

烟花爆竹安全监管监察

【烟花爆竹许可】 2010 年度，朝阳区累计许可烟花爆竹零售网点共 200 家，与去年网点数量持平，其中主渠道网点 164 家，补充渠道网点 36 家；五环路内网点 158 家，五环路外网点 42 家。具体分布为：二环路至三环路网点 25 家；三环路至四环路网点 52 家；四环路至五环路网点 81 家；五环路以外网点 42 家；固定网点 5 家，临建网点 195 家。所有网点累计销售烟花爆竹 80411 箱，销售金额约 3859.6744 万元（根据网点上报数字统计）。

（夏旭昀）

【烟花爆竹安全培训和检查】 朝阳区累计组织烟花爆竹零售网点申请单位主要负责人 200 人参加培训考核，组织烟花爆竹零售网点从业人员 1521 人参加培训考核。累计出动执法检查人员 556 人次对 200 个烟花爆竹零售网点开展安全检查 2115 家次，实现了烟花爆竹零售网点全部安全无事故。

（夏旭昀）

【国家总局领导检查朝阳区烟花爆竹零售网点】 2 月 8 日下午，国务院安委会办公室副主任、国家安全监管总局副局长孙华山带队对朝阳区3家烟花爆竹零售网点进行了检查。孙华山一行先后到位于朝阳区工人体育场北门的北京江腾科贸有限公司、家乐福双井店户外广场的北京中和博雅文化传播中心、东四环朝阳公园桥东北角的北京广义居商店三家网点进行检查。在检查中，孙华山详细询问了烟花爆竹经营点负责人有关安全管理的规定、安全知识和应急措施，详细查看了区安全监管局、制定并下发给各网点的《朝阳区烟花爆竹零售单位安全监管手册》，对朝阳区烟花爆竹零售单位安全监管工作给予肯定。孙华山强调，要进一步贯彻落实好全国安全生产电视电话会议和安全生产工作会议的精神，加强对烟花爆竹零售网点的监督管理，落实好网点周边的安全防护措施，并督促烟花爆竹零售业主落实安全责任，做好现场管护、值守等工作。

（余慧云）

【全员上岗昼夜监管烟花爆竹安全】 从2月8日起，朝阳区安全监管局在日常检查的基础上，每天四组人员昼夜24小时轮换对烟花爆竹零售网点开展安全检查，平均每晚抽查销售网点21家。从2月20日起，每日分三个时段：9点至17点、18点至22点、1点至5点，确定检查区域和检查重点，合理分配资源，对烟花爆竹零售网点进行全天候安全监管。从抽查结果看，大部分销售网点能够遵守规范要求，但也有个别销售点存在值班人员少；销售人员在临时棚内住宿等安全隐患。针对存在的问题，执法人员当场责令负责人立即进行整改，并对存在问题严重的销售网点进行立案处罚。

（余慧云）

【局长带队夜查烟花爆竹销售点】 2月10日凌晨2时至6时，朝阳区安全监管局、综合执法二队共分两组，由局长关伟带队，对区内24家烟花爆竹临时销售点进行夜查。重点对夜间应急值守及现场安全情况进行了抽查，通过此次夜查共发现各类隐患12项，对4家值守不到位的销售网点进行了立案处罚。

（余慧云）

【保障元宵节烟花爆竹监管安全】 元宵节当晚，朝阳区安全监管局由7名处级领导带队，全局48名工作人员分成18个检查组，19时起全部上岗，连续检查值守至3月1日凌晨，对每个销售网点进行巡回检查，做到全覆盖，并维护燃放秩序，确保烟花爆竹销售网点周边未发生燃放烟花爆竹事件。23时起，督促烟花爆竹销售网点于24时前安全销售，24时后禁止销售，及时处理剩余烟花爆竹。不能及时进行回收的网点要安排2人以上进行值守，直至全部烟花爆竹回收完毕。截止3月1日凌晨1点，共检查烟花爆竹零售网点519处次，对发现的4处安全隐患已当场进行整改。

（余慧云）

安全生产事故隐患排查治理

【制订挂账安全生产隐患治理方案】 年初，下发《朝阳区2010年“安全生产年”工作方案》，明确以“排查治理安全生产隐患”为重要内容，构建安全生产隐患治理长效机制，深化安全生产治理行动。全年按季度，分成四个实施阶段，即安排部署、整体推进、集中攻坚和巩固提高四个阶段，打击违法行为，治理事故隐患。按照市安委会要求，制定了《朝阳区市（区）级挂账生产安全隐患治理实施意见》，并结合朝阳区实际，制定了联席会议制度、宣传教育制度、排查上报制度、隐患整改制度、挂牌督办制度、整改销账制度、责任追究制度七项制度，构建安全生产隐患治理长效机制。对安全生产隐患排查治理情况和需提交区政府挂账督办的重大安全生产隐患，要求于每季度末报区安委会办公室。

（余慧云）

【协调区安委会成员单位隐患排查治理工作】 2010年，朝阳区安全监管局协调安委会各成员单位，开展地下空间、有限空间、危险化学品、烟花爆竹、工业企业、建筑施工、职业危害、消防、人员密集场所、特种设备、中小学校、“六小”单位、高空攀爬、打击非法违法建设等14项重点行业和领域的专项整治。

（冯春友）

【建筑领域专项整治】 2010年，朝阳区以保障房、校舍加固和轨道交通工程为重点，开展了建设工程施工安全监督管理工作。共检查工地12013个次，责令停工整改591个次，限期整改2089个次，进行行政处罚711起，罚款285.2万元。

（冯春友）

【消防领域专项整治】 2010年，朝阳区以构筑社会化消防安全“防火墙”为抓手，出重拳、下猛药，加大监督检查力度。共检查单位3341家次，发现并消除隐患3709件，立案处罚561起，罚款金额363万元。

（冯春友）

【道路交通专项整治】 2010年，朝阳区把事故预防作为第一责任、第一要务，着力提高交通安全防范能力和水平。现场执法578785笔；处罚货车360730起，扣留“摩的”9904辆，处罚12类重点违法行为356692起。

（冯春友）

【人员密集场所专项整治】 2010年，朝阳区采取领导带队检查、日常检查、“错时”检查及组织联合检查等形式，加大了人员密集场所的执法检查力度。共检查商业零售单位110家、餐饮经营单位240余家；检查文化娱乐场所6110家，立案处罚64起，罚款9.825万元；检查体育健身场所167次，进行行政处罚5家；检查住宿业2176家次，景区景点52家次，排查一般隐患870处，行政处罚1家，立案强制整改8家。

（冯春友）

【中小学校安全生产监管】 2010年，朝阳区成立由消防、安监、农委、卫生和教委牵头的检查小组，同时由教委领导带队，组成34个检查组，对全区348所打工子弟学校（幼儿园）、240所公立学校、幼儿园和15所民办中小学、65所民办幼儿园进行安全检查。

（冯春友）

【地下空间安全专项整治】 2010年，朝阳区共治理各类安全隐患3400余处，对105起擅自使用、擅自改变审批用途以及损坏人防防护效能立案查处，行政处罚46起，收取处罚款18.6万元，关停68处非法违法使用或存在重大安全隐患工程，清出人员1300余人。

（冯春友）

【特种设备安全生产监管】 2010年，朝阳区共检查生产经营单位501家次，设备共计5085台，对存在违法行为的单位共发出13份《特种设备安全监察指令书》；对其中2家逾期未整改单位，给予行政处罚。

（冯春友）

【“六小单位”安全隐患查处】 2010年，朝阳区利用城市管理监督指挥中心这一平台，加强对小歌厅、小网吧、小洗浴、小市场、小餐饮、小旅馆等易发生安全事故的“六小”单位安全生产监督管理。共监督“六小单位”安全生产隐患问题4346件，平均结案率为95.5%。

（冯春友）

【动态分类排查、动态评审挂账、动态整改销账】 2010年，朝阳区安全监管局按照“动态分类排查、动态评审挂账，动态整改销账”的工作机制，收集、汇总、上报隐患治理工作情况，对存在问题的及时进行督导和反馈。共上报挂账火灾隐患12处，挂账的4处市级安全隐患和8处区级隐患全部整改销账。

（冯春友）

安全生产应急救援

【应急救援管理】 2010年，朝阳区安全监管局对原有《朝阳区突发危险化学品事故应急救援预案》、《朝阳区突发急性职业中毒事件应急预案》进行了完善及更新。在43个街乡成立了安全生产应急管理机构，共有应急管理人员135人。本着“军地共建、协同应急”的原则，联合预备役防化部队共同组建了北京陆军预备役防化团一营二连，编制63名，配备了侦毒仪、辐射仪、喷洒车、沐浴车、化学品中和剂等专业救援器材及洗消试剂，实现了应对应急救援工作所应具备的人员、物资、训练的三到位。11月8日，北京陆军预备役防化团一营二连正式被纳入朝阳区综合应急救援支队。

（罗　鹏）

【应急救援物资储备库迁址】 4月，因原址拆迁，重新选定位于北京市朝阳区三间房东路2号的北京外运三间房仓库25号库房作为危险化学品事故应急救援物资储备库新址。仓储配备了灭火、防爆、中和、围堵、吸附、警示、洗消等十七类救援物资，并按救援用途进行了分类码放。重新制定了《库房管理制度》、《物资用途说明》，并将其制成展板上墙，同时根据应急工作需要配备了两名专职仓库管理员分两班24小时轮流负责仓库值班。分别与北京东方气体公司、北京益利精细化工有限公司签订了《应急救援运输协议》，以保证发生突发事件后能够第一时间运送物资，保证救援。

（罗　鹏）

【重大危险源安全生产监管】 2010年，朝阳区安全监管局与市安全监管局和首科集团合作，开展“重大危险源安全监测监控系统”建设工作，实现对重大危险源的全方位、无障碍的动态监控、有效监控；聘请专家每年对所有重大危险源单位进行评估，对重要的设备、设施以及生产过程中的工艺参数、危险物质进行定期检测，建立重大危险源评估监控的日常管理体系；利用预备役防化连平台为重大危险源单位每家培养了一名具备处置核、生、化、爆突发事件能力的应急人员；推广HAN阻隔防爆等现代安全科技，提升重大危险源本质安全水平。

（夏旭昀）

【应急救援培训】 5月26日至28日，朝阳区组织预备役防化连52名应急处置人员进驻北京预备役防化团训练基地进行为期三天的封闭式集中培训，对突发应对法、重大危险源辨识标准、应急救援防护技术相关知识、救援物资器材操作使用等专业知识和重点科目进行讲解及训练。

（罗　鹏）

【应急救援演练】 2010年，朝阳区组织开展各类应急演练968次，1546个单位组织并参加演练，参加人数达4.97万多人。其中督促、检查应急救援演练375

次，涉及危险化学品生产、经营、储存、运输、使用、废弃处理等多个领域，参演单位达418家；组织预备役防化连进行应急集结演练2次，累计调动人员120余人次。12月10日，以液氨泄漏、油罐车侧翻事故所引发的应急处置为主题开展了桌面演练，应急救援专家组的14位成员按照应急程序，讨论和模拟了应急状态下应采取的行动及措施。

（罗　鹏）

安全生产执法监察

【全年执法检查情况】　2010年，朝阳区共检查生产经营单位17130家次，查出事故隐患28247项，下达整改指令书11093份，立案1028起，收缴罚款1166.3万元。

（冯春友）

【铁路道口安全监护】　2010年，朝阳区道口办负责监护铁路道口9处，涉及6个街乡，监护人员104人。出动检查人员270人次，检查铁路监护道口1053次，其中日查907次，夜查146次，监护过往火车257219列，其中客车15476列，货车241743列，未发生一起安全事故。

（丁卉明）

【大型活动、重要会议安全生产保障】　2010年，朝阳区全年出动执法人员858人次，出动车辆429台次，圆满完成了143次会议、展览、演唱会等大型活动的安全生产保障工作。

（王丽丽）

【朝阳公园系列活动安全保障】　2月13至19日，“2010年朝阳公园国际风情节”活动举办期间，朝阳区安全监管局、每天出动执法人员2人，重点对园区内活动搭台现场进行安全生产检查。9月28日至10月7日朝阳公园“旅游文化节”活动举办期间，每天派出2名执法人员，重点对园区内活动搭台现场和安全用电情况进行检查，确保活动的顺利举行。

（王丽丽）

【全国“两会”安全保障】　朝阳区全国“两会”驻地涉及“四街三乡”，行车沿线涉及“七街三乡”，驻地周边200米及行车沿线涉及重点生产经营单位208家。区安全监管局、根据实际情况，制定了《朝阳区安全监管局、2010全国“两会”安全生产保障工作方案》，成立组织机构，明确责任分工，细化工作任务。“两会”期间，朝阳区安全监管局、共成立危化、工业、职安等10个安全保障组，联合各属地街道（地区）办事处力量，加强沟通协调，将驻地周边200米、行车沿线涉及重点生产经营单位208家作为监管重点，加大执法检查力度，落实各项防范措施，全力保障“两会”期间的安全生产各项工作。

（余慧云）

【“五一”安全保障】　朝阳区从4月26日至5月3日，开展了为期一周的安全生产大检查。同时明确了七项重点检查内容：一是宾馆、饭店、影剧院、歌舞厅、网吧等娱乐场所以及商场、车站、学校、公园等公共场所要害部位；二是旅游景区（点）的娱乐设施、游船等设备；三是危险化学品经营各环节、存在职业危害的从业单位、有作业场所的工业企业；四是建筑施工现场防护，登高作业的保护装置和保护措施，电气机械设备漏电保护等；五是客运车辆超载、超速，带“病”车辆上路，客货混装和驾驶员酒后驾驶、疲劳驾驶，农用机动车非法载客等违法行为；六是各种社会活动、促销场所及朝阳公园音乐周等大型群众性活动；七是小网吧、小旅馆、小餐饮、小门店、小作坊及出租屋（住人场所）、小娱乐场所等。

（余慧云）

【“第五届朝阳流行音乐周”安全保障】 5月1日至7日“第五届朝阳流行音乐周”活动期间，朝阳区安全监管局每天出动2名执法人员，对朝体中心周边各类生产经营单位进行全面检查，共检查生产经营单位30家，下达整改指令书12份，发现并整改隐患22处。

（王丽丽）

【科博会安全保障】 5月27日至31日，第十三届中国国际科技产业博览会在北京国际展览中心召开。朝阳区安全监管局、提前一周开始，每天派出两组执法人员对其200米范围内生产经营单位进行隐患排查。活动期间共对场馆周边200米范围内的77家生产经营单位进行全面覆盖检查，下达各类执法文书37份，发现安全隐患141项，消除各类隐患116项。会议期间，还派出执法检查人员对场馆周边重点单位进行不间断地抽查，确保会议顺利进行。

（余慧云）

【“十一”安全保障】 2010年，朝阳区安全监管局国庆节安全生产保障工作，一是加强对施工工地的安全检查，联合区住建委、公安消防支队、劲松街道办事处、双井街道办事处等有关部门对万科蓝山项目、首城国际城建六项目、富力城住宅楼项目和体育公园项目四家在施工地进行了执法检查；二是加强有形市场安全检查，由区安全监管局牵头，联合朝阳工商分局、区公安消防支队、十八里店乡、潘家园街道办事处对居然之家、民乐建材市场、潘家园旧货市场等有形市场开展安全生产执法检查；三是组织北京陆军预备役防化团一营二连开展了两次应急救援队伍集结演练，模拟紧急情况下，应急力量迅速集结并运用应急装备开展救援的全过程。

（余慧云）

【CBD国际商务节安全保障】 10月28日至11月7日，2010年北京CBD国际商务节在国贸三期举行。为保证商务节期间的舞台、背景板、展板以及贵宾席、嘉宾席等临时搭建设施的施工安全及活动现场安全，按照区领导的指示精神，朝阳区安全监管局、制定周密的安全生产保障工作方案，多次参加组委会组织的安全协调会，对搭建单位的设计及施工方案逐一进行审查，并向搭建单位下发《施工安全要求》。在搭建过程中，派出执法人员对搭建现场进行全程跟踪旁站式检查，全力以赴做好北京CBD国际商务节安全生产保障工作。

（余慧云）

【奥林匹克公园中心区安全保障】 奥林匹克公园是朝阳区安全监管局的联络单位。区安全监管局以奥运保障工作为标准，传承奥运精神，结合奥林匹克公园5A级园区的创建，全年参加中心区联合执法检查20次及重大节日期间全时全程保障工作，组织园区内的业主培训2次，努力做好奥运中心区的保障工作。

（王丽丽）

职业安全健康

【职业健康管理员岗位建设】 2010年，朝阳区在全区建立起871人的职业健康管理员队伍。通过组织管理员进行培训，做到管理员持证上岗，同时人手一册《朝阳区中小企业职业卫生管理指导手册》，从制度、人员、设备、现场和档案等方面对企业的管理行为进行规范。

（蒋昌启）

【作业场所职业卫生执法检查】 2010年，朝阳区共对614家用人单位的作业场所进行了职业卫生检查，下达责令改正通知书136份，排查事故隐患1172项，立案43起，处罚金额42.3万元。

（蒋昌启）

【职业病危害项目申报】 2010年，朝阳区全区进行职业病危害项目申报的生产经营单位共852家。

（蒋昌启）

【《职业病防治法》宣传】 4月26日，在《职业病防治法》实施八周年之际，朝阳区安全监管局、区卫生监督所、区疾病预防控制中心在十八里店乡石材大世界组织开展了“防治职业病，造福劳动者——劳动者享有基本职业卫生服务”主题宣传活动。宣传活动中，农民工领取了千余份宣传材料，观看了如何预防各类职业病危害的宣传展板，宣传人员逐一解答了农民工提出的疑问，并收回《朝阳区用人单位职业卫生管理知识问答》500余份。

（蒋昌启）

【粉尘与高毒物品危害治理专项行动】 2010年，朝阳区安全监管局联合区卫生、人保和工会等部门，组织街乡对涉及粉尘与高毒物品危害的186家家具和印刷企业进行了综合治理，并且对涉及街乡逐个进行了验收，实现治理单位职业危害申报率、告知率、培训率、检测率达到100%，检测合格率达到96%。

（蒋昌启）

【有限空间安全生产专项治理行动】 2010年，朝阳区安全监管局联合区发改委、区水务局、区建委、区房管局、区市政市容委开展整治，梳理摸清了全区有限空间作业单位基本情况，建立了有限空间管理台账，明确了行业和属地的管理职责以及作业单位的作业要求和职责。

（蒋昌启）

安全生产宣传培训

【分级分类安全生产培训】 2010年，朝阳区按照“分级负责、分类管理”的原则，实施分级培训，坚持把高危行业、特种作业人员、企业负责人及安全生产管理人员作为培训重点。全年共培训各类人员29358人，其中处级领导和街乡执法人员207名、企业领导和管理人员12838名、特种作业人员16313名。

（陈宣英）

【特种作业培训考核】 2010年，朝阳区共有三级特种作业培训机构12家，培训工种包括电工作业、焊工作业、高处作业、企业内机动车辆驾驶、制冷与空调作业、地下有限空间作业。全区共有各工种理论授课教师139人，实操考核员124人。全年共计考核特种作业人员16313人，合格发证15054人。

（陈宣英）

【“安全生产月”活动】 2010年，“安全生产月”期间，确立“坚持安全发展，落实安全责任，创建全国文明城区”的活动主题，开展了“建设世界城市、安全生产有我”、“服务城乡一体化，建设平安新社区”等19项系列活动。全区上下共投入经费68万元；参加活动总人数达76万人；受教育人数达128万人；参加安全月活动单位1264家；参加咨询日活动人数26775人；召开工作部署会、协调会、调度会1351次；区局领导、街乡领导动员讲话154次；制定方案1278份；发放宣传材料56种478735份；组织“安全在我身边”演讲比赛40余场；发放安全生产电视系列剧《殇》等光盘1970张；发放购物袋、围裙各类实物23种28736件；张贴宣传画39500张；悬挂横幅标语689条；设立咨询展台

542个；制作展板、宣传栏6837块；媒体播放宣传片79次；刊发新闻报道128次，编写专题信息简报1253条；开展培训267次25697人；开展各类应急演练968次，参加人员49700人次；开展专项整治及联合检查45次，出动检查人员19680人次，检查生产经营单位27680家，发现隐患6576条，治理隐患6364条，下达行政执法文书1978份，停业企业46家，整改率达97%，行政罚款278万元。

（冯春友）

安全生产法制建设

【安全生产行政立法】 2010年，朝阳区安全监管局为进一步规范行政执法行为，对原有的法制制度进行了修订，将制度分为职责篇、制度篇、处罚篇、许可篇，并将所有制度印刷成册，下发到每一位执法人员手中。

（姚　遥）

【安监系统依法行政工作会】 2月4日，朝阳区安全监管局、召开2009年度朝阳区安全监管局、依法行政工作会。会上总结了2009年度全局依法行政工作，提出了2010年的工作设想，并对2009年度在安全生产执法工作中取得突出成绩的4个执法科室（队）及15名先进个人予以表彰。

（姚　遥）

【150名街乡安全生产监察人员持证上岗】 截至7月底，朝阳区有150名街乡安全生产监察人员通过专业法律知识和公共法律知识的考试。为提高街乡安全生产监察人员操作技能，朝阳区安全监管局、对43个街乡150名安全生产监察人员开展了为期两个月的岗前培训。培训注重理论知识与执法实际相结合，对行政执法的基本要求、安全检查的技巧以及办理案件的程序、执法文书的制作等内容分两批进行为期六天的培训。培训结束后，朝阳区安全监管局举行了隆重的发证仪式，将北京市安全监管局颁发的《安全生产监管执法证》发放到街乡安全生产监察人员手中，朝阳区成为全市首家获得街乡安全生产执法权的区县。

（余慧云）

安全生产科技创安

【《朝阳区安全生产综合监管调度系统的研究与应用》科技项目验收结题】 《朝阳区安全生产综合监管调度系统的研究与应用》是经北京市科委批准，由朝阳区自主研发的安全生产科技项目，项目总投资共1800万元。该项目2008年5月正式立项，于2010年9月份结题，并通过验收。本系统涉及到朝阳区与安全生产相关的28个行业监管部门、43个街乡、4064余家重点企业、10万余家生产经营单位。随着本项目的陆续推广使用，将大力提升朝阳区安全生产监管水平及效率。

（杨　毅）

【两大信息管理系统获奖】 由朝阳区安全监管局研发的《基于多媒体的安全生产宣传、培训、竞赛管理系统》和《朝阳区生产经营单位安全管理信息系统》获得了由市安全监管局主办的第一届安全生产科技成果三等奖。《基于多媒体的安全生产宣传、培训、竞赛管理系统》是集宣传、教学、考试、知识竞赛于一身的多媒体宣传系统，采用娱乐与教学相结合的模式，通过对从业者开展一对一、一对多的知识问答，普及安全生产法律法规及专业知识。《朝阳区生产经营单位安全管理信息系统》为政府与企业之间搭建一个信息快速交互平台，帮助企业建立安全生产标准化管理模式，实现政府对企业的监管、服务等职能。

（杨　毅）

【OA系统的研发及运用】 为提高办公效率，加快无纸化办公步伐，朝阳区安全监管局、完成了OA办公自动化系统建设，已在全局投入应用。

（杨　毅）

海淀区

概　述

2010年，海淀区安全监管工作紧紧围绕中关村科技园区核心区建设，以遏制重特大事故、防范群死群伤事故、全力压减一般事故为目标，以深入开展"安全生产年"活动为主线，以夯实安全生产基层基础工作为保障，以提升安全生产标准化和信息化水平为支撑，以推进隐患治理常态化、专项整治规范化、执法检查精细化、宣传教育社会化和应急管理一体化建设为重点，着力抓好"三个突出"，突出预防为主、突出加强监管、突出落实责任。全面做好"三个加强"，加强宣传教育和队伍建设、加强安全基础工作、加强组织协调。圆满完成了全年目标任务。2010年，海淀区安全生产监管部门共调查处理生产安全事故24起，执法检查生产经营单位2559家次，组织联合检查100余次。查处各类隐患和问题3663项，下达执法文书1066份，行政处罚147起，罚款234万余元。继续保持了全区安全生产状况总体稳定的发展态势。

安全生产综合监督管理

【安全生产控制考核指标完成情况】 2010年，海淀区共发生安全生产死亡事故101起、死亡107人，与去年同比，事故起数增加1起、上升1%，死亡人数增加3人、上升2.9%，占全年控制考核指标（114人）的93.9%，其中：交通肇事死亡事故78起、死亡83人，同比事故起数减少4起、下降4.9%，死亡人数增加1人、上升1.2%，占全年控制指标（85人）的97.6%；火灾死亡事故3起、死亡4人，同比事故起数持平，死亡人数增加1人、上升33.3%，与全年控制考核指标（4人）持平；生产安全死亡事故20起、死亡20人，同比事故起数增加5起、上升33.3%，死亡人数增加1人、上升5.3%，占全年控制考核指标（25人）的80%。全年各项指标均未突破市安委会下达的控制考核指标，未发生较大以上和有影响的安全生产事故。

（张　敏）

【制定《2010年海淀区安全生产工作指导意见》】 年初，海淀区制定的《2010年海淀区安全生产工作指导意见》，明确了2010年全区安全生产工作总体要求和工作目标，细化分解了6个方面26项重点工作，区安全监管局层层签订了责任书，全面分解落实了各项工作任务。

（张　敏）

【建立安全生产形势季度分析通报制度】 海淀区安全监管工作，坚持从预测、预警、预防三个方面入手，进一步强化了会议通报、形势分析、督察检查、约谈函告、协调联动、目标考核等综合监管工作机制，建立了全区安全生产形势季度分析通报制度。全年共组织召开全区安全生产季度例会、调度会和专项工作会达60余次，转发印发文件近200份，及时通报安全生产形势，部署全区安全生产工作，研究、解决安全生产重大问题，落实加强安全生产工作的具体举措，超前做好事故防范工作。

（张　敏）

【对街乡和重点行业监管部门开展专项督察】 按照“行业监管，属地推动”原则，全年区领导、安全监管局领导带队深入基层20余次，加大了对行业（领域）和街道、乡镇工作的督促检查、指导协调力度。充分发挥监督考核的导向和激励作用，完善了全区安全生产综合目标考核和综合数据指标统计体系建设，把控制指标月度通报制度与区域安全生产形势分析制度有机结合。

（张　敏）

【召开年度安全生产规范化建设总结大会】 3月18日，海淀区召开“2009年度全区安全生产规范化建设总结表彰大会”，副区长穆鹏出席会议并对各级安全监管部门和企业强调：要落实市安全生产工作会议精神；加大安全生产监管力度；要形成齐抓共管安全生产的局面；要突出城市运行安全保障，强化重点行业领域安全监管和专项整治；要苦练安全管理内功，切实提高企业安全管理执行力；要走“科技兴安”的道路，提升本质安全水平，加强员工的安全生产教育培训；要推进“百分验收”活动，确保2010年全年验收企业1000家，争取2000家。

（张　敏）

【海淀区召开季度工作例会】 4月8日，海淀区安全监管局召开季度安全生产工作例会。一季度顺利完成三项重点工作：全力做好“两节”、“两会”保障工作。全区各街道、乡镇和有关职能部门共出动人员10941人次，检查生产经营单位11644家次，查处各种安全隐患7570项，确保了全区重点时期的安全生产；严格审批，强化烟花爆竹管理。区安全监管局组织相关部门，对烟花爆竹零售网点实施为期一个月的不间断检查，全区共出动检查人员348人次，车辆146车次，检查烟花爆竹零售网点1034个次，查出安全问题及隐患284个，下达责令改正指令书94份，行政处罚1.9万元。实现了“不爆炸、不燃烧、保安全、零事故”的目标；防患未然，深入开展安全生产专项整治。街乡镇共出动检查人员11961人次，检查生产经营单位13462家次，查出事故隐患、问题9864处（其中已整改8010处）。13个安全生产执法部门共出动检查人员17545人次，检查生产经营单位17906家次，查出事故隐患、问题17246处，下达执法文书10977份，累计罚款175.04万元。同时，会议部署二季度安全生产四项重点工作。

（张　敏）

【筹备安全生产月工作】 4月中旬，海淀区提前筹备安全生产月工作，按照安全生产月主题，确定10项活动；组织成员单位，对活动方案进行综合审议，听取各部门意见、建议，丰富、完善方案内容；细划工作分工，将活动期间各项工作落实到具体部门；创新形式，在全区设立主会场的同时，结合全区安全生产特点，设立四个主题会场。

（张　敏）

【推进有限空间专项整治工作】 4月27日，海淀区召开安全生产调度会，专题听取区发展和改革委、住建委、市政市容委、水务局、房管局、环卫中心、新闻中心等相关部门开展有限空间整治工作进展情况汇报，督促各部门加紧整治进程。

（张　敏）

【市局到海淀区督察安全生产工作】 5月18日，市安全监管局督察组到海淀区对落实《国务院安委会关于立即开展全国安全生产大检查的通知》进行了督察，副区长穆鹏、区安全监管局局长陈国启等陪同。

（张　敏）

【部署安全生产月工作】 5月18日上午，海淀区安委会组织各成员单位，召开海淀区安全生产月活动动员部署会，全面部署海淀区2010年安全生产月各项工作。副区长穆鹏出席会议并讲话。2010年“安全生产月”活动的主题为“坚持安全发展，落实安全责任，服务核心区建设”。旨在以安全生产月活动为抓手，加强安全监管力度，全力推进核心区、新农村及北部地区建设等重点工作的顺利开展。

（张　敏）

【落实领导关于安全生产的批示】 6月，海淀区区委书记赵凤桐批示区安全监管局主要领导：“安全生产一时一刻都不能睡安稳觉，特别是对长期挂账要求整改的地方，要加大督察力度。”6月11日上午，区安全监管局党组召开会议，传达赵凤桐批示，研究提出了加强安全生产监管工作的措施。

（张　敏）

【市安委会对海淀区安全生产工作进行督察】 7月20日，由市安全监管局、市水务局、市市政市容委、市住建委、市发改委、市通信管理局、市广电局等单位组成四个行业督察组，对海淀区有限空间安全生产监管工作进行了督察。区安委会办公室主任、区安全监管局局长陈国启代表海淀区安委会办公室向督察组汇报了海淀区有限空间安全生产监管工作，区发改委、水务局、住建委、市政市容委、房管局代表行业监管部门汇报了本行业有限空间安全生产监管工作。四个督察组分别对排水企业、环卫企业、电力企业、光缆通讯企业、物业管理企业、建筑施工企业、热力企业、社会作业单位进行了现场检查。督察组对海淀区开展有限空间监管工作总体上给予了肯定。

（张　敏）

【海淀区开展有限空间专项督察】 8月5日至6日，海淀区安全监管局会同区政府督察室、纪委监察局组成两个督察组，对区发改委、四季青镇等8个委办局和街道乡镇进行了专项督察，同时对16个有限空间作业单位进行了专项检查。通过督察反映出有关委办局和街道乡镇重视有限空间专项整治工作。在对企业的检查中发现，与规范要求仍有差距，主要是安全生产检测、通风、个人防护、警示标识等缺乏，委托单位安全管理意识淡薄。

（张　敏）

【贯彻落实“国务院23号通知”精神动员部署会】 9月1日，海淀区安委会召集各成员单位，召开了“海淀区贯彻落实《国务院关于进一步加强企业安全生产工作的通知》动员部署会”。区安委会主任、副区长穆鹏出席会议并讲话。会议下发了《海淀区贯彻〈国务院关于进一步加强企业安全生产工作的通知〉宣传教育培训工作方案》，从全区性宣教工作、行业领域宣教工作和街乡镇宣教工作三个层面强化深入贯彻落实《通知》精神。

（张　敏）

【市安委会督导海淀区安全生产工作】 9月17日上午，市安委会第八督导组对海淀区安全生产监管及“国务院23号通知”精神贯彻落实情况进行督导检查。区安委会办公室主任、安全监管局局长陈国启向督导组汇报了相关工作开展情况。第八督导组一行到北太平庄街道办事处和枫蓝国际购物中心进行了实地检查。

（张　敏）

【城乡一体化工程拆除现场节前检查】9月29日，海淀区安全监管局对唐家岭城乡一体化工程拆除现场安全生产情况进行了节前检查，针对存在的问题及节日期间的安全生产工作提出“五个加强”，加强节日期间值班值守工作。西北旺镇、唐家岭村委会要加强对拆除现场施工单位的安全监管工作，督促施工单位落实安全生产责任，加强节日期间的安全检查、巡查，落实领导值班制度。加强宣传教育工作。针对居住在拆除遗留建筑物周边的拆迁户，加强安全教育宣传，动员其尽快搬离。加强隐患排查。特别是加强对未搬离的拆迁户周边和拆除遗留建筑物进行隐患排查，发现隐患及时采取措施，防止事故发生。加强拆除现场的安全监管。严防节日期间因拆除人员思想松懈、监管缺失而引发事故。特别是加强对人工拆除作业人员的安全教育和现场监管，按照安全操作规程，做好安全防护。加强对作业环境的安全监控。一方面严禁拾荒人员进入作业区域，另一方面加强“贴面楼”、“握手楼”拆除的监管，预防拆除过程中，发生临近楼房坍塌事故。

（张　敏）

【重点领域安全生产专项整治行动】10月，市委常委、海淀区区委书记赵凤桐到区安全监管局对全区安全生产工作进行了调研，提出了在四个重点方面加强安全生产监管的要求。海淀区安委会，在走访调查的基础上，制定了《海淀区重点领域安全生产专项整治行动工作方案》，10月18日，副区长穆鹏召集区安全监管局、民防局、房管局、质监局、教委、学院路街道、青龙桥街道、东升乡、海淀乡等主要部门，对整治方案进行了讨论，提出了进一步修改意见。海淀区自10月下旬起，针对民防工程、地下空间、打工子弟学校、老旧电梯、小月河沿线市场及达园宾馆周边等重点地区和重点行业领域，开展为期两个月的专项整治行动。按照行业监督、属地管理原则，成立6个专项小组，专项整治行动将分为动员部署、企业自查、执法检查（复查）和梳理总结四个阶段，活动结束后，区安委会将对整治工作进行总结，梳理遗留问题，提出解决建议上报区委、区政府领导。

（张　敏）

【深入开展“打非”行动】10月28日，海淀区深入开展打非行动。区安全监管局、发展和改革委、住建委、国土分局、公安分局等21个委办局主管领导参加了会议。区安委会主任、副区长穆鹏参加了会议，并在会后就进一步深化“打非”专项行动提出具体要求，责成区安委会办公室立即制定工作方案在全区进行部署。

（张　敏）

【区安委会召开成员单位会议】11月22日，海淀区安委会召开全体安委会成员单位会议，决定年底开展消防安全大检查、人员密集场所大检查、施工现场安全大检查、地下空间打非专项行动大检查、危险化学品和烟花爆竹安全大检查、有限空间作业安全监管大检查、属地安全大检查、四个重点领域专项整治行动大检查，督促指导企业进一步加强冬季安全生产工作，及时发现和消除安全隐患，确保全区安全生产形势稳定。

危险化学品安全监管监察

【危险化学品经营行政许可】2010年，海淀区共下发责令改正指令书109

份，行政罚款6.9万多元。受理危险化学品经营单位行政许可申请51家，发放危险化学品经营许可证48个，其中受理新申请单位17家，发证17个。全年对9家易制毒化学品经营单位发放了备案证明。

（张　敏）

【加油站百分验收评比】 3月至11月，海淀区安全监管局在全区范围内开展加油站百分验收评比活动。制定了实施方案及验收细则，验收细则内容设定了安全生产责任制度、操作规程、教育培训、应急救援、设备设施管理等10大项及60小项，为各加油站开展自查自评提供依据和标准，并编制了《海淀区加油站安全生产规范化建设文档档案材料汇编》配套光盘，活动历经调研、动员部署、自查自改、督促检查、组织验收、总结表彰等六个阶段。全区83家加油站，除有5座加油站因施工改造未参加外，其余78家加油站都参加了百分验收活动，经考核验收、评比，中石化京林加油站等25座加油站被评为“海淀区加油站规范化建设优秀单位”。

（张　敏）

【创新监管形式，完善安全生产信息化管理平台】 2010年，海淀区安全监管局创新监管形式，完善安全生产信息化管理平台。一是强化了北京市管控化学品和易制毒管理系统平台、北京市涉危单位安全管理系统平台的日常管理及维护工作；二是开展了各危险化学品生产经营单位使用北京市隐患整治管理系统平台、北京市应急预案备案管理系统平台的培训工作。通过各类安全管理系统平台的正式使用和逐步完善，各危化品生产经营单位整改隐患和问题、提高应急处置能力、销售及购进的登记备案情况、涉危单位储存使用危险化学品情况等日常管理工作得到了明显加强，并积极有效地促进了安全监管局与企业之间安全生产管理工作互动作用。

（张　敏）

【联合检查危险化学品“打非”行动】 2010年，海淀区安全监管局联合区公安消防支队、区工商局、区质监局对海淀区5家危险化学品生产经营单位开展了联合执法检查。重点检查气体充装和销售企业，检查内容包括是否存在违法生产经营建设行为、各类证照是否齐全是否在有效期内、是否开展员工培训、是否定期开展应急演练、是否存在重大安全隐患等。检查发现安全隐患4项，下达整改指令书2份，检查组已责令问题单位限期完成隐患整改，并对其进行复查，确保隐患整改到位。

（张　敏）

【开展气瓶充装单位安全大检查】 5月4日至5日，海淀区安全监管局开展气瓶充装单位安全大检查，重点检查气瓶充装现场管理及库区管理、培训教育情况、应急救援演练情况，共检查5家气瓶充装单位，发现安全隐患6项。

（张　敏）

【粉尘和高毒物品危害专项治理行动】 1月至10月，海淀区安全监管局联合区卫生局、人力社保局和总工会在家具和印刷行业开展了粉尘和高毒物品危害专项治理行动，共对71家企业（其中家具制造企业20家，印刷企业51家）进行了全覆盖复查。

（张　敏）

【羟亚胺专项检查】 8月6日至8日，海淀区安全监管局组织开展了羟亚胺专项检查工作，重点检查企业是否拥有真空反应釜等羟亚胺生产关键设备，是否有出租厂房设施。同时，组织开展了对辖区有关邻氯苯基环戊酮、邻氯苯甲酰氯、甲胺等化学品生产企业的调查摸底。

（张　敏）

【铁路道口国庆保障动员部署会议】 9月21日至22日，海淀区安全监管局召开区铁路道口国庆保障动员部署会议，全区10个铁路道口共84名铁路道口监护员参加了会议。

（张　敏）

【危险化学品联合执法检查】 11月8日至9日，海淀区安全监管局联合区公安消防支队、区工商局、区质监局对海淀区5家危险化学品生产经营单位开展了联合执法检查。检查共下达整改指令书2份，发现安全隐患4项。

（张　敏）

【危险化学品储存仓库安全专项整治】 海淀区危险化学品储存仓库专项整治历时三个月，经过企业自查自纠、监管部门复查与验收，于11月11日全面完成，18家危险化学品单位中，16家已通过验收，2家企业被责令暂停营业。此次整治，采取日常执法检查和多部门联合执法检查的形式，对具有危险化学品储存仓库的生产经营单位进行了深入检查，检查重点是建材市场、气体生产销售企业、化工商店。检查中严格现场检查，对各单位评价报告中提出的问题逐项检查，对于验收中发现的隐患，各单位已按照要求整改完毕。

（张　敏）

【非经营性加油站专项检查】 11月16日至17日，海淀区安全监管局会同区环保局、区公安分局、区公安消防支队等部门组成联合检查组，对海淀辖区非经营性加油站进行专项检查。检查组先后检查了区环卫中心、北京翔锟水务建设有限公司、海淀驾校、龙泉驾校等4家单位内部的非经营性加油站。

（张　敏）

烟花爆竹安全监管监察

【烟花爆竹许可】 1月20日，海淀区烟花爆竹经营（零售）许可工作已全部完成。共受理烟花爆竹申请252家，发放烟花爆竹经营许可证236家，其中五环内162家，五环外74家。

（张　敏）

【烟花爆竹销售】 海淀区各烟花爆竹零售网点在销售期间，共销售烟花爆竹79493箱，与去年同比，销售量上升7.2%，销售额3272余万元，与去年同比基本持平。在2010年烟花爆竹销售期间，未发生任何事故，圆满完成春节烟花爆竹安全监管工作任务。

（张　敏）

【烟花爆竹从业人员安全资格考试报名】 11月25日，海淀区安全监管局组织区2011年烟花爆竹从业人员安全资格考试报名，全区共报名141人。

（张　敏）

安全生产事故隐患排查治理

【启用全市隐患排查治理信息系统】 2010年，海淀区安全监管工作在危险化学品和工业150家生产经营单位启用了全市隐患排查治理信息系统，完善了隐患动态分类排查、动态评审挂账、动态整改销账机制。强化隐患排查治理动态监管，增强了事故控制和预警防范能力。

（张　敏）

【特种作业考核】 2010年，海淀区有资质的培训机构3家，分别位于北航北门、营慧寺和北京铁路局供电段，每月最后一个周六，为全市特种作业操作人员考核日，区安全监管局于周五到市安全监管局取试卷，周六分别在三地同时进行监考，并及时向市局通报有关情况，将试卷送回市局。全年共考核特种作业操作人员19799名。组织47名实操考评员参加了市局的培训考核。

（张　敏）

【隐患排查安全管理系统全面启用】 3月底，海淀区隐患排查安全管理系统全面启用。为全面加强企业安全生产隐患排查监管工作，提升企业安全管理意识，快速、有效排查、消除各类安全隐患，海淀区安全监管局配合市安全监管局，开发建立了“生产经营单位隐患排查安全管理系统信息平台”。通过8个多月的调试运行，海淀区隐患排查安全管理系统全面启用，实现了安全隐患排查的网格化管理。

（张　敏）

【推广隐患排查治理信息系统】 海淀区先后组织2期生产安全隐患排查治理信息系统培训班。3月25日组织29个街道、乡镇安全生产管理人员进行街道安全事故隐患排查治理信息系统培训班；5月12日组织首批危化和工业企业150家生产经营单位进行生产安全事故隐患排查治理信息系统培训班，确保生产安全事故隐患排查治理信息系统的正常启用，逐步实现隐患排查治理动态管理，每月、每季按时完成安全生产隐患排查数据汇总上报工作。

（张　敏）

【玉渊潭东湖围堰“9·18”事故调查】 11月16日，由市纪委监察局、市安全监管局、市发改委、市住建委、市审计局组成的联合调查组，调查玉渊潭东湖围堰“9·18”事故。海淀区安全监管局配合调查工作。

（张　敏）

安全生产应急救援

【纪念汶川地震一周年应急救援演练】 5月8日，海淀区安全监管局组织危险化学品成员单位，参加了地震局和区应急办牵头组织的纪念汶川地震一周年应急救援演练活动，参加演练的成员单位除区安全监管局外还有区武警二支队、区公安消防支队、区环保局、苏家坨镇政府、北京氦谱有限责任公司。动用车辆8台、装备20件、参演人员50人。通过演练达到了检验预案、完善体制、锻炼队伍、提高应急能力的目的。

（张　敏）

【全面开展应急演练】 6月，海淀区安全监管局组织区公安消防支队、区文化委、区住建委、区商务委、区体育局、区旅游局、区房管局等7个委办局，分别针对危险化学品企业、建筑施工工地、商业企业、文化娱乐场所、星级饭店、体育运动经营单位、物业管理单位研究制定各行业应急演练方案、预案，演练流程及解说词。

（张　敏）

【5万人次参加应急演练活动】 6月，安全生产月应急演练周期间，海淀区安委会各成员单位组织各种形式的应急演练活动，推广普及安全生产知识，全区共开展应急演练活动200余次，近千家企业参与了活动。区安全监管局、房管局、住建委、体育局、商务委、旅游局和文化委等7部门分别联合区公安消防支队，组织人员密集场所、建筑工地和危险化学品企业开展专题应急演练；区公共委聘请专家对本单位人员进行消防知识和遇险自救知识培训；曙光街道、八里庄街道分别组织辖区单位安全生产负责人现场观摩消防应

急演练，并在现场进行消防器材的实操培训；学院路街道结合季节特点，组织辖区施工工地开展防汛应急演练；田村路街道组织社区居委会和物业公司及社区居民共同参与演练，现场讲解社区消防安全知识。其他各街乡镇也分别结合辖区特点，开展了多次应急演练活动。

（张　敏）

【研究制定各行业应急演练方案】 6月14日至20日，海淀区安全监管局组织区公安消防支队、文化委、住建委、商务委、体育局、旅游局、房管局等7个委办局，分别针对危险化学品企业、建筑施工工地、商业企业、文化娱乐场所、星级饭店、体育运动经营单位、物业管理单位研究制定各行业应急演练方案、预案，演练流程及解说词。

（张　敏）

【储油罐事故应急演练任务】 6月25日，海淀区安全监管局联合区环保局、区公共委、区公安分局治安支队、区公安交通支队、区公安消防支队等相关部门，在丰辰加油站闵庄分站进行了储油罐起火事故应急演练，出动救援人员68人次，救援车辆6部，300余人现场观摩。

（张　敏）

安全生产执法监察

【重点行业和领域专项整治行动】 2010年，海淀区持续开展非法违法生产经营建设行为、有限空间、楼宇安全、烟花爆竹、粉尘与高毒物品危害治理、工业企业预防粉尘爆炸、危险化学品、冬季安全生产大检查等集中专项整治行动20余次，整治了一批安全隐患问题，有效遏制了较大以上事故的发生。全区重点行业领域行政执法部门、各街道乡镇共检查建筑施工、交通运输、危险化学品、民用爆炸物品、人防工程等行业（领域）生产经营单位10393家，发现各类违法违规行为6511起，处罚6472起，停业整顿6家，关闭取缔13家，行政罚款652.28万元，使打非工作呈现出“细”、“严”、“实”的特点，有力地震慑了各类安全生产非法违法行为。

（张　敏）

【有限空间专项整治】 2010年，海淀区安全监管局会同相关行业主管部门，分别对建筑施工工地、消防控制室、地下空间、社会福利机构、非法开办的托幼场所及外来务工人员子弟学校等人员密集场所和重点地区的有限空间作业情况进行专项执法整治，共检查有限空间作业单位1552家，查处隐患和问题947项，下达行政执法文书266份，停业整顿企业1家。

（张　敏）

【区领导带队检查安全生产工作】 2月9日，海淀区政协主席彭兴业带队，区政府办、区安全监管局、区商务委、区公安分局、区公安交通支队、区工商分局和区公安消防支队相关领导陪同检查了石油大学加油站、超市发学院路店“春节”安全生产工作。

（张　敏）

【春季施工工地安全生产大检查】 自3月22日起，海淀区安全监管局联合区住建委组成11支检查组，对全区300余家施工工地开展为期2个月的专项执法检查活动。此次检查重点为：安全生产责任制、安全生产教育培训、安全生产投入、劳动防护用品发放及使用、职业危害项目申报、职业危害真实情况告知等，同时检查组还将针对检查中发现的规律性问题，下发工作指导意见。

（张　敏）

【安全生产大检查全面展开】 4月8日，海淀区安全生产大检查工作全面展开：根据国务院安委会和北京市安委会《关于立即开展安全生产大检查的通知》要求，海淀区安委会在全区范围内全面开展为期2个月的安全生产大检查工作。为保障此次安全生产大检查行动有力执行，由区安委会牵头，成立了以副区长穆鹏为组长，区安全监管局、区政府督察室、监察局领导任副组长领导小组。明确此次行动以深入开展安全生产年活动为主线，以重点行业、领域为重点，严厉打击非法违法建设、生产、经营行为，推动企业进一步健全并落实安全管理各项规章制度，严格执行安全生产技术规程和标准，彻底排查治理事故隐患，解决安全管理上存在的突出问题和薄弱环节，有效防范和坚决遏制事故的发生。

（张 敏）

【联合执法检查】 6月7日至11日，海淀区安全监管局联合区商务委、区工商分局、区质监局、区公安消防支队、区文化委、区卫生局、区房管局、区水务局、区住建委、区新闻中心等10家单位，对全区商业零售经营单位、文化娱乐场所、有限空间作业单位、建筑工地、危险化学品企业进行联合执法检查。检查重点为各行业主管部门自行确定的4家单位，检查情况通过海淀有线电视和《海淀报》在全区通报。

（张 敏）

【机械行业专项整治】 7月1日至9月30日，海淀区安全监管局组织开展了全区机械行业专项整治活动，制定了海淀区机械行业专项整治工作方案，进行了动员部署，重点检查43家企业。通过专项整治，使行业在机械设备安全防护、作业现场安全用电、劳动防护用品配备使用、特种作业持证上岗、安全生产管理制度建立等更加规范，强化企业的基础工作。

（张 敏）

【唐家岭城乡一体化工程拆除执法检查】 7月2日，海淀区安全监管局对唐家岭城乡一体化工程拆除现场进行检查，检查中发现安全隐患较多，违章建筑物的拆除现场管理失控。主要表现在拆除公司管理缺失；冒险作业；未消除安全隐患等。检查人员当场责令拆除公司停工，协调停电工作并消除隐患，再行施工。经现场巡察，一些违章建筑户，或自行拆除，或交与拾荒人员拆除，管理失控。针对以上情况，提出以下建议：一、拆除公司加强安全生产管理。一方面要制定拆除作业实施方案，对拆除作业人员进行安全生产交底。另一方面，要对拆除物周边进行清理，消除安全隐患。二、区城乡一体化领导小组办公室及当地政府拆迁管理部门，应切实履行安全管理职责。督促拆除公司加强安全生产管理工作。同时，加强对居民自行拆除工作的管理，与拆除物的所有者签订安全协议，加强对拆除现场的检查，指导居民的拆除工作。

（张 敏）

【启动“武博会”安全生产保障工作】 8月，海淀区安全监管局制定了《海淀区“武博会”安全生产保障工作方案及应急保障方案》，对“武博会”场馆周边生产经营单位进行了全面摸底调查，建立了周边262家生产经营单位基本情况台账。同时，对场馆周边10家重点企业进行了安全生产检查。从8月25日开始，对“武博会”场馆所在街道的安全生产保障工作进行督导、检查，为“武博会”创造良好的安全生产环境。

（张 敏）

【制定重点领域整治工作方案】 10

月18日，海淀区展开重点领域整治工作。区安委会办公室制定了《海淀区重点领域安全生产专项整治行动工作方案》。副区长穆鹏召集区安全监管局、民防局、房管局、质监局、教委和学院路街道、青龙桥街道、东升乡、海淀乡等部门，对整治方案进行了讨论，提出了进一步修改意见。海淀区自10月下旬起，针对民防工程、地下空间、打工子弟学校、老旧电梯、小月河沿线市场及达园宾馆周边等重点地区和重点行业领域，开展为期3个月的专项整治行动。

（张　敏）

【进一步深化“打非”专项行动】 10月28日，国家安全监管总局等8部门联合召开了“全国深入开展严厉打击非法违法生产经营建设行为专项行动视频会议”，对深入推进“打非”行动进行总体部署。海淀区安全监管局、区发展和改革委、区住建委、国土分局、公安分局等21个委办局主管领导参加了会议。会后，区安委会主任、副区长穆鹏就进一步深化“打非”专项行动提出要求。8月份至10月，全区重点行业领域行政执法部门、各街道乡镇共检查危险化学品、建筑施工、交通运输、民用爆炸物品、人防工程等行业（领域）生产经营单位7302家，发现各类违法违规行为3028起，处罚2988起，停业整顿6家，关闭取缔13处，经济处罚199.45万元，有力地震慑了各类安全生产非法违法行为。

（张　敏）

【全国会议安全生产保障】 中共十七届五中全会期间，海淀区安全监管局以京西宾馆为保障重点，会同羊坊店街道，对宾馆周边200米范围内的99家生产经营单位进行了全面检查，共出动执法人员126人次，查处安全隐患和问题176个，下达责令整改指令书51份。

（张　敏）

【区领导督察重点领域整治工作】 11月17日，海淀区区长林抚生带队，对辖区重点领域整治工作进行检查，副区长高祥阳、刘长利、穆鹏、傅首清参加检查。检查组领导一行分别检查了绿园打工子弟学校、清缘里小区旅店地下空间及小月河沿线市场，对上述重点地区的各项消防安全措施进行了逐一查看。林抚生要求学校负责人要以校园防火安全工作为重点，采取一切措施确保学校安全；工商、公安、消防要对小月河地区开展一次防火安全大检查，确保不发生事故。

（张　敏）

【小月河地区中片整治工作完成】 11月，按照小月河地区整治工作计划，海淀区安全监管局牵头，组织安全生产专项整治工作组各成员单位，检查单位105家，发现安全隐患49处，下达责令改正指令书11份，罚款2.5万元；复查企业3家。顺利完成中片地区安全生产专项整治工作。

（张　敏）

【继续对小月河沿线进行综合整治】 11月22日至28日，海淀区各相关单位继续对小月河沿线地区进行综合整治，其中，学院路街道共组织清理小月河沿线渣土16吨，每日清理生活垃圾约4车。区卫生局出动监督人员25人次，车辆8车次，监督检查46户，分别对小月河周边无证餐饮单位下达了《卫生监督意见书》和《行政处罚调查通知书》，并现场发放《餐饮服务单位食品安全告知书》46份，查处取缔无证行医6户次，药品6袋。区公安交通支队共开据960份交通违章处罚单，暂扣车辆4辆，沙子车4辆。区河湖管理处组织20余人对河道两侧进行清理，悬挂横幅15条。区城管大队出动执法人员

160人次，车辆50车次，取缔无照经营10起，罚款2000元，规范门前三包40起，罚款2000元，暂扣三轮车6辆，没收灯箱广告12个，拆除广告1块，清理堆物堆料2吨、垃圾1吨，悬挂宣传横幅3条，入户宣传30户。塔院村委会对部分商户进行检查，发现隐患23处，要求相关商户进行整改。

（张　敏）

职业安全健康

【粉尘和高毒物品危害专项治理】 1月至10月，海淀区安全监管局联合区卫生局、区人力社保局和区总工会在家具和印刷行业开展了粉尘和高毒物品危害专项治理行动，重点在家具和印刷行业开展了粉尘和高毒物品危害治理专项行动，共对71家企业（其中家具制造企业20家，印刷企业51家）进行了全覆盖检查复查。

（张　敏）

【召开职业安全健康监管工作会】 5月，海淀区安全监管局组织召开职业安全健康监管工作会议，明确了街道乡镇安全生产办公室承担本地区作业场所职业危害申报的初审工作职责、权限和程序，对海淀区作业场所职业危害申报审核工作提出了具体的要求。对街道乡镇安全生产办公室开展职业安全监管工作和作业场所职业危害申报管理工作进行了布置和培训，29个街乡镇安全生产办公室主任参加了会议。截止到2010年底，海淀区有职业危害的企业979家，涉及作业场所4427处，有涉危人员18353人。

（张　敏）

【对家具和印刷企业检查】 2010年，海淀区针对家具和印刷企业规模小、人员素质低、管理落后等现状，印制了《职业安全健康有关法规汇编》，多次开展职业安全知识和法规培训，进一步提高企业知法守法意识。在此基础上，对家具和印刷企业进行了全覆盖检查复查，全年共检查企业87家，下达执法文书41份，罚款6.5万元。实现了作业场所职业危害因素检测率、职业健康体检率和职业危害因素告知率三个100%的整治目标。

（张　敏）

【石棉开采制造职业危害调查】 按照市安全监管局《关于开展石棉开采和石棉制品制造企业职业危害状况调查的通知》（京安监发［2010］61号）的要求，海淀区安全监管局对全区范围内石棉开采和石棉制品制造企业职业危害状况进行了调查。对原温泉、上庄、苏家坨、西北旺镇内原有的石棉制品企业逐一进行了核实，经过核实，这几家企业都已搬出海淀。并按时将调查情况书面向市局进行了汇报。

（张　敏）

【职业危害举报受理工作】 3月份、6月份和12月份，海淀区安全监管局分别受理了有色研究总院下属的一个研究所的职业危害举报、融金酒店职业危害举报和天作万瑞大厦隐患举报，按照程序和时限报送了处理结果。

（张　敏）

【职业卫生法规知识宣传培训工作】 2010年，海淀区安全监管局编制了《职业安全法规汇编》，开展了5次宣传培训工作：3月份，结合专项治理行动动员部署，区安全监管局和区卫生局联合举办了职业卫生培训班，培训人员116人。5月份组织召开了街道乡镇安办主任会，会上对如何开展职业卫生监督检查工作进行了培训。7月份在区市政市容委组织召开的供暖企业大会上，就有限空间作业安全，结合事故案例进行了宣讲培训。9月份结合专项整治检查复查阶段工作要求，分别组织家具和印刷企业管理人员，重点学习了《作业场所职业健康监督管理暂行规定》（国家总局23号令）。12月份，组织了45家企业的职业安全监督员，送到经干院参加了两天半的集中学习，全年共培训企业人员650人次。

（张　敏）

【铁路道口的安全监管工作】　海淀区共有铁路道口10处，2010年，为保证铁路道口安全，区安全监管局大力加强日常安全检查，做到日查、夜查不放松，使海淀区道口安全实现零事故。全年共检查道口96人次，其中夜查20人次，查处事故隐患12处。通过各项工作的开展，促进了铁路道口安全管理工作的落实，实现了道口零事故的目标。

（张　敏）

安全生产宣传培训

【入户普法送安全】　2010年，海淀区安全监管局深入到29个街乡镇，走访50余家企业，上门帮助解决企业运营中存在的安全生产隐患及安全生产相关问题；安排专人对22个街乡镇的1303名企业主要负责人进行安全生产宣传教育工作，向900家企业发放“人员密集场所安全生产规范化建设百分验收工作手册”2300余册。构建“企业—街道—安全监管局”三级安全生产负责制，消除安全生产知识的空白区。

（张　敏）

【深入开展安全生产月活动】　海淀区以“坚持安全发展，落实安全责任，服务核心区建设”为主题，深入开展安全生产月活动。从2008年起，连续3年累计投入260余万元，为全区612个社区配备了安全应急柜，举办大型公开课、安全影视巡演等群众性宣教活动。开展了安全生产月咨询日活动，设立1个主会场、4个主题会场和25个分会场。组织了安全执法周专项行动，会同消防等10个部门对7个重点行业和领域18家生产经营单位进行了联合执法检查。组织了应急演练周专项活动，开展7大行业专项系列应急演练，全区共组织500多次应急演练，有效提高了应急处置能力和水平。安全月期间共发放宣传材料70余万份，受众40多万人次。

（张　敏）

【建立安全生产信息平台】　3月份，海淀区安全监管局将《安全生产信息》改版为普刊、专刊两种形式，与市区信息期刊格式接轨，便于上级部门信息采用。制定《安全生产信息报送制度》，分别下发各街乡镇安办和安委会各成员单位。在普刊、专刊的基础上，针对唐家岭拆迁、重点地区整治等重点项目、重点整治行动，还编辑制作了《市区重点挂账村安全监管工作简报》、《海淀区重点区域整治工作专报》等期刊，保证了安全生产监管工作一线情况及时上报区委、区政府及市局各相关部门和领导。2010年全年，共编写下发《安全生产信息》普刊30期，专刊23期，上报安全生产信息200余条。分别被《昨日市情》、《市应急信息》、《海淀信息》、《昨日区情》等市区刊物采用近30条。

（张　敏）

【安全生产专题培训班】　4月19日，海淀区安全监管局组织29个街乡镇安办主任及相关委办局主管领导召开为期5天的专题培训班。培训内容涉及创新监管机制促进安全发展、人员密集场所消防安全、国民经济发展与安全生产、安全生产标准化及百分验收工作研讨、建筑施工安全、安全文化与现代安全管理、有限空间作业安全、楼宇安全生产、危险化学品（涉危）安全监管、信息化工作研讨等10个方面，旨在通过此次专项培训进一步提升安全生产监管业务水平。

（张　敏）

【举办两期安全生产脱产培训】 4月、9月，海淀区安全监管局对全区29个街道乡镇安办主任、安监干部和相关委办局执法科室人员进行了两期脱产培训，通过教师授课、现场培训、考察参观、集中讨论等形式，对安全生产形势、安全生产法律法规、安全生产检查、事故应急救援、突发事件应急处置等进行了专项培训。

（张　敏）

【对唐家岭村进行入户宣传】 5月15日，海淀区安全监管局跟随区工作组在唐家岭村进行入户宣传工作，并对唐家岭建筑物的现状进行了考察。根据唐家岭村的特点制定了《唐家岭片区拆除改造工程安全监管实施方案》。并与区监察局、区住建委建立了沟通机制。

（张　敏）

【安全生产月活动动员部署会】 5月18日上午，海淀区安委会组织各成员单位，召开2010年海淀区安全生产月活动动员部署会，副区长穆鹏出席会议并讲话。会议全面部署海淀区安全生产月各项工作，确定2010年“安全生产月”活动的主题为“坚持安全发展，落实安全责任，服务核心区建设”。

（张　敏）

【安全生产月联合执法周】 6月7日至11日，海淀区安全监管局联合区委办局和新闻中心等10家单位，对全区商业零售经营单位、文化娱乐场所、有限空间作业单位、建筑工地、危险化学品企业进行联合执法检查。检查重点为各行业主管部门自行确定的4家本行业单位，检查情况将通过海淀有线电视和海淀报在全区通报。

（张　敏）

【安全生产月咨询日活动】 6月13日上午，海淀区安全监管局联合区委办局和海淀街道等部门，在中关村西区设立咨询日主会场，围绕核心区建设等全区重点工作，展出主题展板50余张，发放宣传材料和各种宣传品2万余份，现场向过往群众解答安全生产法律法规200余人次。在羊坊店街道、学院路、四季青、西北旺四个承办街乡镇，分别设立了“人员密集场所安全”、“安全社区建设”、“城乡结合部安全”、“建筑施工安全”四个主题会场。针对主题，开展了多种形式的现场宣传活动。羊坊店街道制作了30块有限空间、高空作业、公共安全、人员密集场所安全等内容的展板，在翠微大厦门前展出，并向社区群众和辖区企业发放宣传手册、图片、环保购物袋4000多份；学院路街道联合19个相关部门，在二里庄社区广场开展“安全365”漫画获奖作品展，“安全社区”创建成果展，安全知识展板展示、灭火演练等活动；在王庄路设立宣传咨询“一条街”，向社区居民发放宣传材料40种共1万余份；四季青、西北旺两个主题会场分别以文艺表演、消防演练、现场咨询等形式进行了安全宣传。其他各街乡镇根据辖区特点，自行设立咨询分会场，以播放安全生产教育影片、发放宣传材料等多种形式向过往群众进行了安全教育宣传工作。

（张　敏）

【安全生产月各项工作圆满完成】 2010年，海淀区安全生产月期间，共开展执法检查2500家次，发现安全隐患3095

处，罚款9.2万元；开展系列应急演练551次，参加安全生产宣传教育培训9万余人，张贴、发放各类宣传材料（宣传品）23万份，在市、区各级新闻媒体、网络发布安全月新闻、安全生产常识500余条，全区近5000家单位，30余万人参加了安全月的各项活动，安全生产宣教活动取得良好效果。

（张　敏）

【千家企业大讲堂贯彻“国务院23号通知”精神】 9月16日，海淀区安委会办公室在海淀剧院组织召开了“宣传贯彻‘国务院23号通知’精神动员大会”，聘请市安全监管局专家团专家对《通知》全文进行解读。全区商业、文化、旅游、体育、建筑、市政、危险化学品及工业企业等行业近千家企业安全生产负责人和安委会各成员单位主管领导及相关负责人参加了会议。区安委会主任、副区长穆鹏主持会议，市安全监管局局长张家明、海淀区区长林抚生出席会议并讲话。

（张　敏）

【贯彻“国务院23号通知”精神“宣传周”】 海淀区启动“国务院23号通知”精神宣传周活动；开展“宣传日”活动，全区设立1个主会场和28个分会场，共发放宣传资料20余万份，参与活动企业18万余家；结合“打非”行动，开展集中执法检查和宣传活动。共出动执法人员80余人次，检查单位30余家；启动“征集落实企业安全生产主体责任建议”活动；在区属媒体开设“宣传周”专栏，营造宣传氛围。

（张　敏）

【职业安全健康管理员培训】 12月27日至29日，海淀区45家印刷、家具和汽修企业职业健康管理人员参加了市安全监管局举办的第一批企业职业安全健康管理员培训班。

（张　敏）

安全生产法制建设

【开展集中法制学习】 2月9日，海淀区安全监管局制订全局培训计划，把法律法规学习作为重要内容突出出来，并抓好落实。全年，局理论学习中心组组织集体学习法律法规不少于4次，进行讨论交流；每次召开局长办公会，都先用半小时左右的时间学习国家、北京市新颁布的法律法规或研讨安全生产方面的法规制度；每月组织全体人员进行2次法制学习培训。

（张　敏）

【修订和完善安全生产规章制度】 2010年，海淀区安全监管局建立、完善了《海淀区安全监管局行政执法人员管理制度》、《海淀区安全监管局行政执法资格管理规定》、《海淀区安全监管局行政执法责任制度》、《海淀区安全监管局行政执法责任追究制度》、《海淀区安全监管局行政执法评议考核办法》、《海淀区安全监管局行政执法检查、处罚程序规范》、《海淀区安全监管局文明执法行为规范》、《海淀区安全监管局行政执法政务公开制度》、《海淀区安全监管局行政规范性文件管理规定》、《海淀区安全监管局生产安全事故调查处理规定》等一系列行政执法责任制，并严格遵照执行。

（张　敏）

【加强对外法制宣传工作】 2010年，海淀区安全监管局注重加强对外的法制宣传工作，启动了全区安全监管人员素质培训工程，举办了两期脱产业务培训班。深入开展第9个“安全生产月”活动，举办了大型公开课、安全影视巡演、安全生产咨询日、安全执法周、应急演练周等系列专项行动，全区共组织500多次应急演练，发放宣传材料70余万份，受众40多万人次。开展《国务院通知》精神大宣传贯彻活动，印发各种宣传材料3万余份，召开了全区千人宣全贯彻大会，举办了宣传周、宣传日、“大宣讲”等系列活动，进一步浓厚了全社会关注支持和做好安全生产工作的氛围。同时，以执法检查为手段，增强安全法规的警示教育，截至10月底，全年全区相关委办局和街道乡镇共检查生产经营单位12万家次，查处各类隐患和问题11万项，下达执法文书4万份，行政罚款700余万元，调查处理生产安全事故21起，对11家事故责任单位和16名事故相关责任人进行了经济处罚。

（张　敏）

安全生产科技创安

【制定安全生产标准化活动方案和标准】 2010年，海淀区安全监管局把深入开展安全生产标准化建设作为严格企业安全管理，提高企业本质安全的重要举措。在对全区工业企业摸排的基础上，建立了监管台账。制定了海淀区工业企业开展安全生产标准化活动实施方案和考评标准，印发了《海淀区工业企业开展安全生产标准化活动指导手册》，确定从2010年起，用3年时间分3批全面实现全区工业企业安全生产标准化建设。下半年，对第一批120家规模以上工业企业逐个进行了隐患排查，共排查隐患586项，下达责令改正指令书25份。

（张　敏）

【推进工业企业安全生产标准化活动】 根据市安全监管局的统一部署，海淀区安全监管局，全面推进全区工业企业开展安全生产标准化活动。年初，组织街道、乡镇对全区440家工业企业进行了再摸排，建立了基本台账。聘请北京中安质环安全评价中心作为活动技术支撑单位，双方签订了合作协议书；制定了开展安全生产标准化活动实施方案和考评标准，印发了《海淀区工业企业开展安全生产标准化活动指导手册》，计划用三年时间分三批开展安全生产标准化活动。

（张　敏）

【五类人员密集场所开展安全生产标准化建设】 2010年，海淀区以“百分验收”工作为载体，在商业零售、餐饮、星级宾馆、文化娱乐场所、体育运动项目经营单位5类人员密集场所全面开展了安全生产标准化建设。组织培训班24次，培训企业1400余家，企业负责人和管理人员2000余人次，全区人员密集场所达标验收企业已达1000余家。

（张　敏）

【“百分验收”活动试点初见成效】 3月19日，海淀区召开“2009年度全区安全生产规范化建设总结表彰大会”。区安全监管局、各相关委办局及29个街乡镇主管领导和部分企业近400人参会。会议总结了2009年全区安全生产“百分验收”活动经验，对评选出的先进单位和个人进行了表彰奖励。并全面部署了2010年以“百分验收”活动为载体的安全生产规范化、标准化建设工作。

自上年以来开展安全生产“百分验收”活动以来，全区共有299家试点企业参评，经过考评验收，194家企业得分在90分以上，成为自管为主单位，政府将对其采取辅助监管，占总参评企业的65%；92家企业在考评中发现一定问题，经督促整改，隐患得到消除，占参评企业的31%；其余13家企业因存在问题较多，被列为重点监管单位，占总参评企业的4%。

（张　敏）

【印发安全生产标准化实施方案】 6月3日，海淀区印发了《海淀区工业企业开展安全生产标准化活动实施方案》的通知，全区440家工业企业计划用三年的时间分三批组织工业企业开展安全生产标准化活动，每批活动分为动员部署、自查自改、隐患排查、企业自评、机构复评五个阶段组织实施。

（张　敏）

【标准化活动部署大会】 6月22日，海淀区安全监管局组织召开了第一批参加标准化活动的120家企业动员部署大会，中安质环评价中心专家进行了辅导培训。三季度，与北京中安质环安全评价中心专家一起，对120家规模以上工业企业逐个进行了隐患排查，共排查隐患586项，下达责令改正指令书25份，确定达标企业4家，准备达标33家，力争达标28家，难以达标20家，搬迁停产25家，军工涉密企业5家，研发机构5家。

（张　敏）

【部署安全生产标准化活动】 12月17日，海淀区组织第二批150家规模以上开展安全生产标准化活动的工业企业进行了动员部署培训。

（张　敏）

【举办安全生产标准化活动培训班】 6月18日，海淀区122家规模以上工业企业负责人参加了安全生产标准化培训，率先达到“北京市安全生产标准化企业”的北京西三旗热力有限责任公司，在培训会上介绍了本单位开展安全生产标准化活动的经验做法，北京中安质环技术评价中心针对安全生产标准化活动进行了辅导培训。

（张　敏）

【指导开展安全生产标准化活动】 7月1日至9月25日，海淀区安全监管局会同北京中环质安评价中心有关专家按照活动方案部署深入企业，对第一批开展安全生产标准化活动的企业进行督促检查、指导，帮助工业企业开展安全生产标准化活动。

（张　敏）

丰台区

概　　述

2010年，丰台区安全监管工作深入学习贯彻落实科学发展观，不断强化服务发展、服务基层、服务群众的理念，通过扎实开展安全生产宣传教育、安全生产执法、安全生产治理“三项行动”，深入推进工业企业标准化、中小企业规范化、人员密集场所达标化的安全生产“三化建设”，不断提升企业本质安全，进一步提高安全生产监管水平，较好地完成了全年安全生产任务，为丰台区落实“城南行动计划”和“一轴两带四区”建设提供了强有力的保障。被评为“北京市安全生产工作先进区县”、“北京市消防工作先进单位”、“北京市安全生产月活动优秀组织奖”、“北京市安全生产月活动最佳实践活动奖”。

2010年各项工作成绩的取得，标志着安全生产“十一五”规划指标的完成。体现在：一、安全生产事故实现三个下降。一是事故总量下降。2010年丰台区共发生各类安全生产死亡事故90起，比2005年的120起下降25%；二是事故死亡人数下降。2010年事故死亡95人，比2005年的125人下降24%；三是反映安全生产总体水平的三项相对指标下降（亿元地区生产总值生产安全事故死亡率由2005年的0.33下降到2010年的0.1346，工矿商贸从业人员10万人生产安全事故死亡率由2005年的2.5下降到2010年的1.0411，道路交通万车死亡率由2005年的5.2下降到2010年的1.2777）。三项指标均低于全市平均水平。二、安全监管机构和监察力量加强。截至2010年12月，丰台区17个街乡镇建立了安全生产独立科室，区安全监管局从2005年的三科一室12人增加到四科一室一队45人。三、规章制度日益完善。先后出台《丰台区政府工作部门安全监管（管理）职责》、《丰台区街道（地区）办事处、乡镇政府安全管理职责》、《丰台区安全生产隐患排查治理办法》、《丰台区街乡镇安全生产属地管辖范围划分意见》、《丰台区安全生产工作评价考核办法》等文件，以及安委会例会制度、形势分析制度、联合执法机制、重大节假日区领导带队检查机制等。四、形成了上下联动、全面覆盖的责任体系、监管监察体系、教育培训体系、应急救援体系。

安全生产综合监督管理

【安全生产控制考核指标完成情况】 2010年，丰台区共发生道路交通、火灾、生产安全、铁路交通死亡事故90起、死亡95人，占全年死亡人数控制指标95人的100%。与去年同期（死亡事故82起、死亡91人）相比，死亡事故起数增加8起，上升了9.8%，死亡人数增加4人，上升了4.4%。其中，道路交通死亡事故65起、死亡69人，占全年指标69人的100%；火灾死亡事故4起、死亡5人，占全年指标3人的166.7%；生产安全死亡事故14起、死亡14人，占全年指标15人的93.3%；铁路交通死亡事故7起、死亡7人，占全年指标8人的87.5%。全年未发生较大以上亡人事故和食品安全死亡事故，未突破控制考核进度指标，全区安全生产保持总体平稳的良好态势。

（吴　洪）

【副市长检查丰台区生产安全工作】 12月29日，副市长苟仲文带领市安全监管局、市公安消防局、市交通委等单位对丰台区安全生产工作进行检查。重点检查了丽泽桥长途汽车站、天兰天尾货市场、丰体时代物美大卖场节日期间安全保障措施的落实情况；作业场所设备设施的安全状况；员工安全教育培训的情况和应急值守及应急演练情况。

（吴　洪）

【市局检查丰台区安全生产工作】 10月6日，市安全监管局检查组检查丰台区安全生产工作。检查组对京石客专工程第二项目部、大宁水库泄洪闸连续梁施工工地、长辛店北京金泰恒业燃料有限公司加油站、王佐恒源商厦和千灵山景区索道（北京市最长的索道）的安全生产工作进行了检查，指出被检查单位存在的安全隐患，要求被检查单位要认真整改安全隐患；加强对从业人员的安全教育和培训，防范各类安全事故的发生，完成好节日期间的应急值守工作。

（吴　洪）

【四套班子领导带队检查安全生产工作】 丰台区委常委会于1月、8月两次听取安全生产工作汇报，区政府常务会每季度研究一次安全生产工作，区安委会每季度召开一次形势分析会，区长办公会每季度研究安全生产工作，安委会办公室每月一次联席例会。区委、区人大、区政府、区政协四套班子领导重大节日、重大活动前都要带队进行安全生产大检查。主管副区长每周带队进行安全生产检查并听取汇报，亲自约谈事故单位主要责任人。

（吴　洪）

【年度安全生产工作大会】　2月5日，丰台区政府在东三楼报告厅召开全区2010年安全生产工作大会，区安委会副主任、安全监管局局长沈瑞平对2009年安全生产工作进行简要总结，对2010年安全生产工作进行了部署。区安委会主任、副区长高朋在讲话中强调，安全生产是丰台崛起的重要内容，必须树立强烈的使命感、责任感，认真研究解决突出问题，全面提升安监水平层次。会议期间，区政府同街乡镇、委办局代表签订了年度安全生产目标管理责任书。市安全监管局，区委、区政府相关领导，区安委会成员单位主要负责人，区委办局、各街乡镇、科技园区主要负责人，部分驻区中央、市属企业负责人、区属和乡镇企事业单位负责人以及受表彰的先进单位和先进个人代表共200余人参加会议。

（吴　洪）

【安全生产大检查】　4月上旬，丰台区根据《北京市安全生产委员会转发国务院安委会关于立即开展全国安全生产大检查有关文件的通知》精神组织开展安全生产大检查，着力解决安全管理上存在的突出问题和薄弱环节。对“城南行动计划”和“一轴、两带四区”建设中的轨道交通、道路、水务、园林绿化、能源、垃圾处理等重点工程，汽车修理和人员密集场所等单位的防火工作，锅炉、压力容器、压力管道、公园游乐设施、厂内机动车以及用于临时吊装作业的吊车等特种设备的安全情况，物业管理企业、环卫、污水处理、市政建设工程等单位有限空间作业安全等进行了重点检查。大检查期间，全区共成立检查组1783个（次），出动检查人员20854次，监督检查生产经营单位17415个（次），下达各类执法文书4805份（含基层检查记录单），发现并整改隐患6115个（其中区级上账隐患98项），行政处罚79.11万元。

（吴　洪）

【“打非”行动全面开展】　8月初至11月底，丰台区按照国务院、市安委会的统一部署，开展严厉打击非法违法生产经营建设行为。结合丰台区实际，突出交通运输、建筑施工、危险化学品、民用爆炸物品、冶金等行业领域，重点打击轨道交通建设、地下管线、地下空间、有限空间的非法违法生产经营建设行为。期间共发现非法违法行为28530处，处罚27155起，责令停业43家，取缔（关停）705家，查扣非法运营黑车125辆，拆除违法建设45处，治安拘留5人，行政处罚384.9万元。

11月，丰台区以危化从业单位、文化娱乐场所、体育健身场所、商市场和宾馆饭店、工业制造业、人防工程、普通地下室、建筑施工和地铁建设为重点，组成8个联合执法检查组，再次进行非法违法生产经营集中执法检查，共检查单位和场所54家（处），下达执法文书13份，主要负责人约谈5家，责令停业（工）2家，处罚2家。

（吴　洪）

【地下空间专项治理】　年初，丰台区组织开展“地下空间经营场所安全生产整治”。区安全监管局、区民防局、区房管局、区公安消防支队等部门组成联合整治小组对全区地下空间经营场所进行拉网式检查，对排查出的隐患上账整改，定期听取进展情况汇报。共检查地下空间经营场所5529个，检查覆盖率达228.9%。下发行政执法文书213份，停业整顿30家，取缔7家，行政处罚31起，罚款9.5万元。

（吴 洪）

【专项联合整治安全生产工作】 6月，丰台区安全监管局联合区市政管委对餐饮企业安全使用液化气实施专项治理；7月，联合丰台运管处对长途客运站进行暑期安全生产专项检查；8月，联合区公安、消防、房管局开展普通地下室安全专项检查，联合区质监局对公（游）园特种设施设备进行安全专项检查，联合区运管处、交通支队对专业运输货运企业进行安全专项检查，联合区体育局对游泳场馆进行安全专项检查；9月，联合区住建委对155个在建重点项目进行抽查，对30个“校安工程”项目进行全面检查，与区水务局联合对永定河治理工程进行检查，联合区监察局对相关责任单位、街道乡镇履行重点建设项目安全生产监管职责情况进行督查；11月，与区质监局一道对流动汽车吊用户进行安全检查。

（吴 洪）

【年末安全生产工作部署会】 12月23日，召开了丰台区安全生产委员会、区防火安全委员会2010年年末工作部署会，对岁尾年初安全生产监管工作、迎接市安委会对丰台区全年工作考评、烟花爆竹的监管工作、冬季在施工程的防事故工作进行研究和部署。

（吴 洪）

【举报投诉结办率100%】 截至12月15日，丰台区共办理市局转来“12350”举报投诉109件，办结109件，回复率100%。

（吴 洪）

危险化学品安全监管监察

【危险化学品整治检查情况】 2010年，丰台区共检查危险化学品从业单位193家，向危化企业下达现场检查记录124份，下达执法文书89份，整改指令书62份，强制措施决定书27份，罚款18.19万余元，处理解决群众举报26起。

（吴 洪）

【危险化学品行政许可】 2010年，丰台区安全监管局共进行危险化学品经营行政许可（乙类）审批30家；出具甲类加油站换证意见书76份；出具现场审核意见书40份；非药品类易制毒化学品经营重新备案4家；注销经营许可证8家。

（吴 洪）

【危险化学品仓库专项整治】 7月，丰台区成立危险化学品仓库专项整治工作领导小组，明确专项整治单位27家（其中生产企业4家、气体经营单位15家、实物储存单位5家和建材市场3家），提出了“三项工作目标”：即各单位学习掌握整治标准内容达到100%，对照标准隐患自查覆盖达到100%，进行安全隐患整改达到100%。27家单位中，21家通过安全隐患的自查、整改、安全评价验收；4家责令停业整改；2家停业搬迁。

（吴 洪）

【非经营性加油站专项整治】 10月29日，丰台区安全监管局、区环保局、区公安消防支队、区公安分局联合召开非经营性加油站整治工作会。11月，对全区41家非经营性加油站进行摸底调查，排查出未安装阻隔防爆橇装式加油站（装置）19家并要求改进。12月上旬逐一验收，对10家不符合安全要求的加油站当场责令关停，对1家加装阻隔防爆橇装式加油站规定了整改时间，对3家单位责令进行安全评价，对5家单位进行限期整改。

（吴　洪）

【社会加油站规范化建设】 7月13日，丰台区安全监管局在北京四环翔亚加油站召开由32家社会加油站负责人参加的社会加油站规范化建设工作现场会，对提高安全生产水平、防范事故发生、全面落实规范化工作提出了具体要求。7月底，完成全区社会加油站的规范化建设工作，达到统一责任制度上墙、统一警示标语、标识悬挂、统一库房颜色、统一分类标牌入库。

（吴　洪）

【危险化学品生产经营单位执法检查】 4月至5月，丰台区安全监管局集中开展对区域内危险化学品生产企业、经营企业（建材市场）全覆盖检查、复查工作。检查主要内容为：生产场所、库房的基本安全条件及管理情况；安全设备、设施及生产工艺情况；特种作业人员持证上岗作业情况；劳动防护用品的配备使用情况；安全生产责任制、各项安全管理制度、操作规程及应急预案的落实情况。共检查危险化学品从业单位190家，开具现场检查记录11份，强制措施决定书4份，责令整改指令书7份。

（吴　洪）

烟花爆竹安全监管监察

【烟花爆竹安全管理培训】 1月，丰台区安全监管局举办4期烟花爆竹安全管理培训班。199个烟花爆竹零售网点的1286名从业人员和全区21个街乡镇近50名管理人员参加培训。区安监、工商、公安、消防等部门分别讲解了烟花爆竹相关法律法规、烟花爆竹零售单位安全管理知识，并开展消防实际操作演练和应急救援演习。经考核，1258人通过培训考核，颁发上岗证。各街乡镇也根据需要组织培训社区安全员600余人。

（吴　洪）

【烟花爆竹安全检查工作】 至3月2日烟花爆竹回收工作结束，丰台区安全监管局共出动检查172人次、62车次，开具执法文书34份，责令隐患限期整改97条，暂扣经营许可证4个。

（吴洪）

【创新烟花爆竹安全管理工作】 2010年，丰台区在烟花爆竹安全管理工作中，创新工作机制，统一为临时销售点从业人员共787人上平安团体意外伤害保险；统一为所有销售点定做防静电服；建立电子管理平台，实施网络及通信群发管理；对部分储量大和较为敏感地带的销售点试行视频监管。这些措施有力保障了烟花爆竹安全管理工作的顺利进行。

（吴　洪）

【烟花爆竹安全管理工作大会】 11月15至17日，丰台区安全监管局召开烟花爆竹安全管理工作大会，总结2010年工作，表彰先进。全面部署2011年全区烟花爆竹运输、储存、销售、燃放安全管理工作。

（吴　洪）

安全生产事故隐患排查治理

【排查各类安全生产事故隐患98项】 4月上旬，丰台区各单位在“四大安全领域”全面排查治理事故隐患，共排查各类安全隐患98项，经职能部门核查，确认区级挂账消防隐患11项，交通安全隐患57项，无报市政府挂账隐患，共投入整改资金25万元。全年组织整改群众举报隐患25件。

（吴 洪）

【防雷击隐患专项治理】 6月至7月，丰台区气象局开展防雷安全知识宣传和防雷隐患专项执法检查工作：通过联合市气象局检测中心，借助区科委、科协的工作平台，开展科普进校园活动，培养提高学生防御气象灾害意识和能力。7月22日、23日，同区安全监管局、市气象局法规处联合成立防雷执法检查组，先后对总部基地、丽泽金融区、十八中等8家单位进行防雷专项执法检查。检查组对存在的隐患提出了整改意见，并责令被检查单位在指定时间内办理防雷装置设计审核与竣工验收行政许可事项。

（吴 洪）

【重点文化娱乐场所安全事故隐患排查】 11月18日至25日，丰台区文委、区安全监管局、区公安分局、区公安消防支队联合检查组对全区重点文化娱乐场所存在的安全隐患进行排查，对被检查单位消防通道堆放杂物、营业时间应急出口上锁、灭火器到期、应急灯损坏等安全隐患问题提出整改要求并下发了整改通知。要求场所负责人加强管理、落实责任，切实做好消防安全工作。

（吴 洪）

【春节莲花池庙会隐患排查】 2月，为做好莲花池庙会安全工作，丰台区商务委、旅游局、工商局、安全监管局等部门组成联合检查组，在节前、节中加强对莲花池公园庙会各项安全隐患排查，重点检查火灾隐患、消防设备、应急安全出口等紧急疏散通道，灭火器全部检查更新。同时，结合本地区、季节餐饮消费特点，制定食品安全保障方案，加强对易引发食品安全事故的重点品种和关键环节的监督检查。

（吴 洪）

【两会期间隐患排查覆盖率100%】 2月，加强两会期间生产安全检查，提升区域内执法检查覆盖率和隐患查处率。针对会场、驻地周边及代表行车沿线等“两会”安全生产保障核心区域，丰台区安全监管局、太平桥街道等保障单位对六里桥地区开展细致摸排，建立安全生产基础台账。同时，根据生产经营规模及存在的危险因素，确定重点单位和重点部位。两会期间，全区组织全面安全生产检查，确保检查覆盖率达到100%，及时排除问题及隐患。会议期间坚持每日安全生产“零报告”制度。

（吴 洪）

【民族传统运动会安全生产事故隐患排查覆盖率100%】 8月，为确保第八届北京市民族传统体育运动会在丰台区顺利举办，丰台区安全监管局联合卢沟桥乡、卢沟桥街道、东铁匠营街道、太平桥街道、西罗园、新村街道对民运会活动场所周边107家生产经营单位开展摸排，建立安全生产基础台账，确定联系人，组织全面安全生产检查，检查覆盖率100%，整改隐患31处。另外，针对光彩体育馆设施设备老化的问题，区文委、安全监管局加强开幕式搭台工作的安全检查；针对活动中有从玉树来的小朋友参加，有关部门制定了详实的安全保障方案；针对8月北京天气的情况，制定了防暴雨、泥石流伤害措施。

（吴 洪）

【纪念抗战胜利65周年活动隐患排查】 9月，为配合北京市顺利完成纪念抗战胜利65周年各项活动的开展，丰台区安全监管局按照“高处不掉物、旁边不倾覆倒塌、平处不绊倒、周边企业无事故”的要求，加大对场地设施设备和活动周边企业的安全生产检查力度，全面排查隐患，及时督促整改，圆满完成活动安全生产保障任务。

（吴 洪）

【购物节暨汽车文化消费节隐患排查】 9月，2010北京购物季——同时也是丰台区首届购物节和汽车文化消费节开幕，区商务委、安全监管局等部门召开安全生产工作部署会，明确要求各企业落实安全生产主体责任，做好安全生产隐患排查治理工作、食品安全工作、节日应急值守工作。同时，加大行政执法检查力度，每天派出三个检查组，采取“全面巡查，重点督察，隐患复查”的方式，对区域内重点地域、繁华地段规模以上企业展开拉网式的安全生产大检查，及时消除安全生产隐患，做好人员密集场所安全生产管控工作。

（吴 洪）

【中秋文化节开幕式隐患排查】 9月19日，“卢沟晓月中秋文化节”开幕。丰台区委宣传部、安全监管局、公安分局、文化委、卢沟桥街道办事处等十余家单位提前开展各项安全保障工作，召开安全保障协调会，确定了保障措施，全面排查了现场舞台搭建、防火设施、用电设备、人员疏散等安全隐患，确保了活动顺利进行。

（吴 洪）

安全生产应急救援

【成立应急救援队】 11月，以丰台区公安消防支队为主体成立了综合应急救援队。

（吴 洪）

【应急演练】 安全月应急演练周期间，丰台区安全监管局、文化委、公安消防支队、商务委、民防局等职能部门和街乡镇共组织开展各类应急演练160次。

（吴 洪）

【应急预案备案工作】 4月，丰台区安全监管局聘请有关专家及企业代表共同编订《应急预案参考样本》，规范预案内容，并及时召开培训会，对事故应急处置程序加以规范，对相关部门、单位、人员的责任加以明确，推动安全生产责任制的落实。年内，已有4690个单位进行了备案。

（吴 洪）

【模拟液化石油气储罐泄漏事故应急演练】 6月18日，丰台区安全监管局区联合消防、质监、环保、市政、交通、卫生等部门在北京南郊罐瓶厂举行了安全生产事故应急救援演练，针对模拟发生的“泄漏事故”，组织开展救护伤员、封锁现场、现场警戒、处理事故源、人员紧急疏散、善后处置等项目的实战演练，进一步提高了政府指挥协调、各部门和企业协同作战、快速处置安全生产事故的应急能力。

（吴 洪）

【应急救援培训】 12月20日至23日，丰台区安全监管局、区地震局联合组织丰台区两支应急救援队伍和中央、市属危化、工业企业安全生产管理人员在顺义中援思德培训基地进行为期一周的培训，通过现场搜救、医疗处置、人员疏散转移等方面的系统、专业培训，提高了队员的应急处置能力。

（吴 洪）

安全生产执法监察

【全年执法检查情况】 2010年，丰台安全监管局共检查生产经营单位909家，查处隐患1936条，已全部整改。共下达文书794份：其中限期整改657份，强制措施137份，文书下达率为87.35%。共行政处罚115起：其中事故处罚29起，检查处罚86起。共罚款306.9万元，实际收缴309.25万元（含滞纳金）：其中事故罚款189.7万元，实际收缴189.7万元；检查罚款117.2万元，实际收缴119.55万元。

（吴　洪）

【安全生产专项大检查】 7月，丰台区安委会组织召开安全生产专项大检查电视电话会议，安监、消防、住建委、交通、市政管委、质检等部门依据各自职责进行部署，把危险化学品从业单位、建筑工地、特种设备使用单位、游乐设备、城市运行、城市维护、有限空间作业单位作为检查重点。共检查单位7197家，发现各类安全隐患5125处，下达执法文书1345份，责令改正指令书186份，处罚金额64万元。

（吴　洪）

【开展机械行业专项执法检查】 8月至9月，丰台区安全监管局开展机械行业专项执法检查。检查重点是机械设备安全防护情况、作业现场安全用电情况、劳动防护用品的配备使用情况、特种作业人员持证上岗作业情况、应急预案的建立以及安全生产责任制、安全管理制度、操作规程的落实情况。共检查机械行业企业176家，下发责令改正指令书4份。

（吴　洪）

【安全培训机构资质保持情况专项检查】 3月1日至7日，丰台区安全监管局对本区7所培训机构进行安全培训机构2009年度资质保持情况专项检查。主要检查内容有资质许可项目、培训教师资质保持情况及人员变动情况、负责人资质保持情况及人员变动情况、培训机构培训保障、培训组织和培训效果、培训设备设施配备、管理情况、培训业绩和培训收费情况等。经检查，各培训机构2009年度资质保持情况总体良好。

（吴　洪）

【种子大会安全保障】 为保障9月中旬第十八届北京种子大会在丰台区顺利举行，丰台区安全监管局、区农委等部门成立安全生产检查工作组，加强对大会四个举办地点周边的生产经营单位的安全检查，建立安全生产基础台账，发现和排除事故隐患。对于大会场所的建筑、设施，重点检查安全生产责任制的落实、操作规范落实情况、特种作业操作人员的资格以及建设项目中危险性较大的脚手架工程等，对不符合规范的要求立即整改。大会期间，工作组开展不间断检查，确保了大会活动区域零事故。

（吴　洪）

职业安全健康

【开展职业卫生示范企业创建工作】 8月，丰台区制定完成职业卫生示范企业创建标准，确定北京京石丰田汽车销售服务有限公司、北京公交上海大众汽车服务有限公司、北京鑫丰华彩印有限公司作为职业卫生管理示范化试点单位。11月25日，召开“丰台区印刷企业职业安全监管工作交流会暨印刷企业职业卫生示范企业创建现场会”。12月2日，召开“丰台区汽车修理企业职业安全监管工作交流会暨汽车修理企业职业卫生示范企业创建现场会”。

（吴　洪）

【有限空间安全管理】 4月，丰台区成立“丰台区有限空间安全生产专项治理工作领导小组”。各街乡镇对属地辖区进行有限空间调查摸底统计，区行业监管部门负责各自监管行业有限空间专项整治。领导小组定期召开联席会议，联合探讨摸索，形成“企业自律、政企互通、定时督查、定人监察”有限空间安全管理机制。利用丰台有线电视宣传播放有限空间安全管理新闻52次，印制发放安全书刊、光盘及宣传书画、手提袋等宣传品150多万份，组织环卫、房管等部门监管企业培训会6次，参训企业1200多家次。环卫中心组织职工开展安全生产知识问答及安全防护用品培训演练。5月至6月，区住建委重点对市政工程电力沟通道施工进行了专项检查。全年未发生有限空间安全生产事故。

（吴　洪）

【粉尘与高毒物品危害治理专项行动】 1月，丰台区成立由区安全监管局、区卫生局、区人力社保局和区总工会组成的“丰台区粉尘与高毒物品危害治理专项行动领导小组”，制定专项行动工作方案，确定63家企业为专项行动的重点检查单位。采取由街乡镇先检查、区安全监管局和行业监管部门联合复查的方法开展工作。共发现整改各类隐患141条，下发整改指令书37份。

（吴　洪）

【职业病危害执法检查】 2010年，丰台区全年共检查各类存在职业危害的生产经营单位145家，下发整治指令书84份，对7家单位实施了经济处罚，共罚款12.5万元。

（吴　洪）

安全生产宣传培训

【安全生产检查员培训】 3月底，丰台区组织对全区21个街乡镇98名安全生产检查员进行集中培训。对新进入安全生产管理部门人员组织法律法规教育培训。21名新取证人员一次全部通过资格考试，取得执法工作证。年内，区安全监管局先后派遣15人次到街乡镇对居委会、村委会安全管理人员和协管员进行培训，受训人员600余人次；派遣12人次到企业或参加委办局、街乡镇组织的对企业安全生产管理人员的培训，受训人员800余人次。

（吴　洪）

【宣贯“国务院23号通知”精神】 8月24日，丰台区召开加强企业安全生产工作会，各街乡镇、区安委会成员单位主要负责人以及中央、市、区企业代表200多人参加，对学习贯彻“国务院23号通知”进行部署，区长崔鹏到会并强调要认真学习、深刻领会、搞好宣传、抓好培训；9月3日与市安全监管局在玉泉营居然之家广场联合举办大型宣贯活动。

（吴　洪）

【建筑施工企业宣贯“国务院23号通知”精神】 9月9日，副区长高朋主持召开宣贯“国务院23号通知”精神，加强建筑施工企业安全生产工作会”，中建一局、中铁电气化集团、建工集团、城建集团、市政建设集团、住总集团、城乡集团、新兴集团、航空港建设、轨道公司等10家集团公司的安全部长和丰台在建施工工程的项目经理代表参加会议。

（吴　洪）

【“国务院23号通知”宣讲团赴街道宣讲】 12月15日，邀请首都“国务院23号通知”宣讲团到西罗园街道为200余名社区工作者和重点单位负责人进行宣讲；向全区下发《通知》解读单行本6500册，制作23号文件宣传展板120余块在各街乡镇和建筑工地进行巡展。全区共组织、举办各类宣贯会议、培训班50个，受教育10万余人次。

（吴 洪）

【安全生产月活动】 6月，丰台区以“坚持安全发展，落实安全责任，服务保障城南行动计划”为主题，相继开展安全生产月宣传咨询日活动、安全生产大型公开课、“安全生产宣讲大蓬车”、“首都宣讲团走进丰台”、“安全伴我在校园，我把安全带回家”征文、安全社区创建、应急知识竞赛等系列活动。在应急知识竞赛活动中，区安全监管局、区总工会、长辛店街道获得全国总工会和国家安监总局命名的“优胜奖”称号。

（吴 洪）

【安全生产咨询日活动】 6月13日，丰台区在红星美凯龙西四环店广场举办安全生产月咨询日活动，区长崔鹏亲自到场参加活动。区公安、消防、住建委、发改委、工商分局、卫生局、总工会、体育局等36个职能部门、300余家重点单位负责人举办现场宣传咨询活动，设立咨询台50个、宣传展板1000余块，发放宣传材料10余万份，在中心会场参加此次活动群众达上千人次。各街乡镇也在辖区繁华地带开展宣传咨询活动。

（吴 洪）

【多层次、多渠道开展安全宣传】 2010年，丰台区制订了全年安全生产宣传教育工作计划，通过丰台有线电视台新闻节目、《安全视点》专题栏目、《新丰台报》专版、社区电子显示屏、社区广播及时宣传报道安全生产的工作部署、进展情况、检查信息，对存在严重安全隐患的单位进行曝光等；组织街乡镇安全生产检查员培训、为基层组织的各类培训授课和“传帮带”的检查，营造“人人关注安全、人人参与安全”的社会氛围。

（吴 洪）

【危险化学品从业单位安全生产培训会】 7月中旬和8月中旬，丰台区安全监管局举办了两期危险化学品从业单位安全生产工作培训会，聘请国家甲级安全评价机构的高级工程师讲授加油站、油库生产安全管理规范化管理等专业知识。区加油站、油库主要负责人及安全管理人员380余人参加培训。

（吴 洪）

【职业危害宣传培训】 5月，丰台区安全监管局安排8个街乡镇安全监管干部参加市局组织的职业卫生监管干部的培训；12月，安排50家工业企业负责人参加市局组织的职业健康管理员的培训。在职业病防治法宣传周活动中，下发宣传画册2000余份；在安全生产月活动中，编写《职业卫生宣传手册》、《劳动者职业病防治知识宣传手册》下发各企业，同时利用丰台有限电视台、丰台报等媒体开展广泛宣传。

（吴 洪）

【举办农村干部安全生产培训班】 9月15日至17日，丰台区安全监管局举办为期三天的农村干部安全生产培训班，就安全生产管理知识、消防安全知识、特种设备管理知识、安全文化及安全生产标准化知识进行培训。全区5个乡镇政府的安全生产主管领导、科长、工作人员及村委会主任、村办企业负责人、安全员共180余人参加。

（吴 洪）

【广泛开展培训日活动】 3月6日，丰台区区域内1600余家主要生产经营单位、3万余名职工参加“北京市生产经营单位从业人员培训日”活动。当日，全区举办各种安全生产培训班、讲座60余期，组织观看安全生产纪录片2部，出板报、专栏800余期，刻制宣传光盘400余张，印制宣传手册2200余本。

（吴　洪）

【开展特种作业培训考核】　2010年，丰台区共组织特种作业培训考核35689人，其中取证21807人，复审13882人。

（吴　洪）

安全生产标准化

【编印《安全管理法规文件选编》】　9月，为进一步规范安全生产管理，配合工业企业安全生产标准化活动开展，丰台区安全监管局组织编印《安全管理法规文件选编》一书。该书共收集安全生产法律、行政法规、地方法规、部门规章和安全生产管理规范性文件7部。

（吴　洪）

【工业企业安全生产标准化活动会议】　6月22日，“丰台区工业企业安全生产标准化活动动员大会”在圣地苑宾馆召开，21个街乡镇、科技园区和51家重点工业企业安全生产负责人参加。

（吴　洪）

【安全生产标准化培训】　6月27日至28日，丰台区安全监管局组织开展安全生产标准化培训，邀请了首都经贸大学教授对安全管理、防火防爆、工业电气、机械设备、作业环境以及考核评分标准进行重点讲解。

（吴　洪）

【安全生产标准化活动交流会】　8月18日，“丰台区工业企业安全生产标准化活动现场交流会”在北京华德液压泵分公司召开，辖区首批54家参加安全生产标准化活动的工业企业代表参加。9月，在企业自评的基础上，经区安全监管局组织专家复评，22家企业获得“丰台区安全生产标准活动优秀单位”，18家企业获得“丰台区安全生产标准活动合格单位”。

（吴　洪）

【人员密集场所达标化工作考核验收】　10月份，丰台区安全监管局联合区商务委、旅游、体育、文化委、消防等部门对人员密集场所达标化工作进行考核验收。验收工作采取听汇报、查阅资料和重点抽查企业等方式进行。全区共有人员密集场所613家，达标547家，未达标66家。

（吴　洪）

【餐饮企业达标工作经验交流】　11月，丰台区安全监管局在方庄餐饮一条街开展餐饮企业安全生产达标工作，编写、发放《餐饮企业安全生产管理规范手册》，召开现场会进行经验交流，普遍推进。

（吴　洪）

石景山区

概　　述

2010年，石景山区安全生产工作始终坚持“安全第一、预防为主、综合治理”的方针，围绕“安全生产年”主线，石景山区安委会按照国家、北京市关于继续开展“安全生产年”活动的要求，制定了《关于深入开展“安全生产年”活动的实施意见》。一是深入开展“安全生产年”宣传培训活动：召开全区“安全生产月”动员部署大会，组织全区开展咨询日活动。二是深入开展企事业单位“安康杯”竞赛活动：按照部署，全区619个企事业单位6.95万名职工参加“安康杯”知识竞赛；全区50余个局处级单位，123个科、班、组、站、所，近万名职工参加竞赛答题活动。三是开展“安全生产年”执法检查活动：重点加强春节期间烟花爆竹监管，加强危险化学品监管，加强职业卫生和有限空间监管；配合市安全监管局加强首钢迁安铁矿及尾矿库安全监管，督促企业落实主体责任。四是大力开展“安全生产年”专项整治活动：开展了全区燃气及管线专项整治，确保区内776公里燃气管线及各种设施、设备的安全使用。加强建筑施工安全监管，认真开展施工工地、深基坑、施工管理等专项检查与治理。加强道路交通安全监管，以“平安北京交通”为主线，建立133个社区交通安全工作站，不断加大交通违法行为打击力度。加强消防管理，认真组织开展了“构筑社会消防安全‘防火墙’工程”、消防安全“四个能力”建设工程等10余项消防安全专项整治活动。以落实“三个突出、三个加强”为重点，以开展“安全生产月”等重大活动为载体，以全力压减一般事故、坚决杜绝重特大事故为目标，安全生产各类事故控制死亡指标下降27.7%，贯彻落实国务院、北京市安委会关于安全生产工作一系列指示精神。狠抓工作落实，坚持依法监管，强化主体责任，夯实安全基础，确保了全年安全生产工作形势平稳有序。2010年，石景山区被北京市安全生产委员会评为安全生产先进区县。

安全生产综合监督管理

【安全生产控制考核指标完成情况】 2010年，市安委会下达给石景山区各类事故年度控制死亡指标27人。其中，生产安全9人，道路交通14人，火灾1人，铁路交通3人。2010年，全区发生交通、消防、生产安全和铁路事故5918起，伤2241人，死亡18人。与去年同期比，事故起数增加736起，上升14.20%；亡人数减少5人，下降27.78%。其中：发生交通事故5803起，伤2241人，亡11人。与去年同期相比，事故起数增加751起，上升14.87%；伤人数增加57人，上升2.61%；亡人数减少3人，下降21.43%。发生火灾109起，死亡0人，伤0人。与去年同期相比，火灾起数减少12起，下降9.90%。发生生产安全事故4起，死亡5人。与去年同期比，事故起数减少3起，下降42.9%；亡人数减少2人，下降28.6%。发生铁路事故2起，亡2人。与去年同期相比，事故起数与死亡人数持平。全年死亡人数占市安委会下达年度死亡控制指标27人的66.67%。

（李江宁）

【机构调整与队伍建设】 3月初，石景山区安委会原有组织机构领导及成员单位做了重新补充与完善。区长周茂非任区安委会主任，吴克瑞、石玉贵副区长及首钢总公司副总经理刘水洋任安委会副主任，成员单位由51个增加到62个，将驻区九大企业及中石油、中石化纳入其中。重新划分和明确了成员单位监管职责，印发了《关于进一步加强安全生产工作的意见》。成立了区安全生产协会，筹备组建了安全生产宣传教育培训基地。目前已有会员单位80家，各类工程师、经济师等专业人员83人。区、街两级安全监管机构得到进一步加强。安全监管局2010年新增规范事业编制13名，成立了两个执法队，统一了执法服装，公务用车两年增加4辆。街道办事处建立了3人安全生产管理机构，落实了安全科长职数、必要的办公用房设备和10万元年度专项经费。驻区企业分别建立健全了安全生产管理机构，配备了专（兼）职安全生产管理人员。

（李江宁）

【召开安全生产大会】 3月11日，石景山区召开全区安全生产工作大会，会上通报了2009年安全生产情况，部署2010年安全生产工作；区长、区安委会主任周茂非和主管副区长、区安委会副主任吴克瑞与62个成员单位签订了安全生产责任书；周茂非结合安全生产形势和全年工作重点作出明确具体部署。

（李江宁）

【总结上报“安全生产年”活动】 为做好“安全生产年”检查、督查和总结工作，石景山区安委会办公室、区安全监管局与相关行业部门组成检查组，及时深入成员单位督促检查各项活动开展落实情况，并以通知形式要求各成员单位及时报送本系统、本辖区开展“安全生产年”活动的相关数据、台账及阶段小结，并形成季度总结提交区政府办公会，上报市安委会办公室。

（李江宁）

【成立有限空间专项治理领导机构下达方案】 4月6日，以石景山区安委会的名义制定了《石景山区有限空间安全生产专项治理工作方案》，下发到相关部门和街道办事处。各街道办事处结合各辖区的实际，制定下发了街道有限空间安全生产专项治理工作方案，并下发到辖区内生产经营单位，全区共向生产经营单位下发了文件300余份。区安委会成立了有限空间安全生产专项治理领导小组，各相关部门和街道列为成员单位，负责全区有限空间安全生产专项治理工作的组织、协调、指导工作。各街道办事处也相应成立了由主管领导任组长的领导小组，负责辖区内的有限空间安全生产专项治理工作。

（李江宁）

【召开有限空间治理部署会】 4月22日，石景山区安委会组织召开了由相关单位和街道办事处主管领导及具体负责此项工作的人员参加的有限空间安全生产专项治理工作会议，部署了全区有限空间安全生产专项治理工作，并对各相关部门和街道提出了具体工作要求。布置了有限空间安全生产专项治理工作。参加会议的320多人。

（李江宁）

【有限空间作业单位调查摸底】 4月，石景山区开展了有限空间作业单位的调查摸底工作，共有单位127家，其中有限空间作业清掏单位3家，污水井处理1家，热力井维护1家，电力维护1家，物业公司121家。将有限空间作业单位实行分类管理，按危险程度划分为一类、二类、三类，并建立了监管台账。按照分类，现有一类单位65家，二类单位9家，三类单位53家。

（李江宁）

【12350举报投诉平台发挥作用】 年初，石景山区进行了专门的工作部署，明确分管领导，统筹安排人力、物力抓好举报投诉平台工作落实，保证群众举报投诉及时查处。明确事故科负责联络市安全监管局并落实12350举报投诉平台登记、受理和办结；确定各部门负责各自职责范围内举报投诉办理工作；专人盯守12350举报投诉平台，确保举报投诉事项和文件通知及时接收办理。充分发挥区安委会作用，本着“谁主管，谁负责，谁查处”的原则，将部分举报投诉转交相关委、办、局处理，保证依法行政，不越权执法；加

强与举报人联系沟通，加大执法力度，消除安全隐患。共收到12350举报投诉中心投诉39件，除1件退回外其余38件全部办结。

（李江宁）

【可燃物清理专项督察行动】 2月5日，按照石景山区防火委员会下发的《石景山区可燃物清理工作专项督察方案的通知》要求，结合工作实际，石景山区安全监管局会同区教委、区园林局、区民政局和区公安消防支队等部门，对部分单位的可燃物清理工作进行了督察。督察组采取听取汇报、实地检查等形式，重点检查了可燃物清理工作的责任人及其职责任务确定落实情况，可燃物清理情况，火灾隐患自查整改情况，节日值班巡逻力量安排及落实情况。

（李江宁）

【区委、区政府领导督察安全生产】 2010年，石景山区区委书记荣华、区长周茂非督察安全生产工作带队检查7次，组织区相关部门参加的联合检查13次，出动执法人员260人次，抽检生产经营单位78家，查处各种安全隐患312项。

（李江宁）

【区领导督察首钢搬迁安全生产工作】 4月13日，石景山区副区长吴克瑞、区安全监管局局长杨文明、区公安消防支队支队长刘海龙带领专家和相关执法人员，对首钢总公司进行了为期一天的安全生产工作检查。检查组首先听取了首钢总公司、氧气厂、焦化厂和动力厂主要领导就如何做好搬迁调整期间安全生产工作的汇报，公司表示，搬迁调整工作已进入实质性阶段，设备拆除工作于4月12日正式启动。对此，首钢总公司把关系职工生命安全、关系企业和谐发展、关系社会安全稳定作为头等大事来抓。成立了安全停产稳定工作和实施工作两个专项工作小组，加大对压力容器、焦炉煤气、高炉煤气、转炉煤气等有毒有害气体危险点，贮存设备和管道的监控，确保搬迁调整工作安全稳定。听取汇报后，检查组实地检查了焦化厂、氧气厂，观摹了动力厂进行的模拟煤气泄漏应急预案演练。

（李江宁）

【“打非治违”专项整治行动】 8月至11月，石景山区在全区范围内深入开展了严厉打击非法违法生产经营建设行为专项行动。一是严密组织，科学制定整治方案。按照要求，制定了全区集中开展重点行业（领域）“打非治违”专项行动工作方案，各成员单位结合实际分别成立了“打非治违”领导小组，制定了实施方案。二是认真督导，扎实地开展联合执法。突出督导落实，组织督查组对商务、文化、民防等多个行业部门、驻区工业企业和街道（社区）开展“打非治违”专项行动进行督察；突出属地治理，组织街道（社区）采取多种形式积极开展“打非治违”执法专项检查；突出联合执法，11月中下旬，由区安全监管局等部门牵头，组织相关行业用10天时间对危险化学品、人员密集场所等行业领域进行了联合执法检查。三是突出重点行业，确保打非实际效果。8月至11月，组织成员单位在非煤矿山、建筑施工、人防工程、道路运输、危险化学品、烟花爆竹、民用爆炸物品、冶金等行业的重点领域，深入开展了专项执法行动。共检查生产经营单位3363家，取缔非法违法经营单位291家，停业整顿16家，行政处罚200起，罚款161.96万元。

（李江宁）

【联合执法行动】 2010年，石景山区安全监管局组织联合检查20余次，检查生产经营单位199家，发现整改隐患

532项，实施行政处罚14起，罚款30余万元。区市政市容委对56家供热企业、65处锅炉进行了检查。国土分局开展了为期100天的“盗采沙石百日整治行动”。区民防局出动1000余人次，对138处在用人防工程进行了覆盖检查。区工商分局取缔无证照经营276户，立案49起，罚款35.96万元。区公安交通支队查处酒后驾车、超载、超速、无证驾车等违法行为1532起，罚款74.84万元。8月至11月，石景山区在非煤矿山、建筑施工、道路运输、危险化学品、烟花爆竹、民用爆炸物品、冶金等行业重点领域，深入开展了专项执法行动。全区共检查生产经营单位3363家，取缔非法违法经营单位291家，停业整顿16家，行政处罚200起，共处罚金161.96万元。11月15日至25日，石景山区安委会组成6个联合执法检查组，由区安全监管局、区民防局、区市政市容委、区住建委牵头，重点对危险化学品、人员密集场所、地下空间、建筑施工、工业制造等行业领域生产经营单位进行了联合执法检查。

（李江宁）

危险化学品安全监管监察

【加强危险化学品检查】 2010年，石景山区在两次开展危化从业人员、危化经营单位底数调查的基础上，专项整治涉危单位29家，查处治理隐患156条，保证了危化行业的安全稳定。春节期间，组织全区4000余人次对96家烟花爆竹销售网点及重点部位、禁放区域实施严密监控检查，确保春节安全稳定。对全区40家粉尘与高毒重点企业实行全覆盖检查，对127家有限空间作业场所进行适时监管，企业职业危害申报率100%，杜绝了两类死亡事故的发生。

（李江宁）

【粉尘与高毒物品危害专项治理部署会】 2010年，石景山区根据市安全监管局、市卫生局、市人力社保局、市总工会四部门联合下发的《关于印发北京市粉尘与高毒物品危害治理专项行动工作方案的通知》（京安监发［2009］169号）的文件精神，制定了《关于印发石景山区粉尘与高毒物品危害治理专项行动工作方案的通知》，1月7日，召开了由相关部门及街道办事处主管领导和具体工作人员30多人参加的专项行动动员会，各街道（社区）成立了由主管领导任组长的领导小组，并组织召开了属地相关生产经营单位参加的会议，部署粉尘与高毒物品危害专项治理的工作，要求企业认真做好申报和自查工作。

（李江宁）

【粉尘与高毒物品企业的申报情况】 1月至2月，石景山区共申报粉尘与高毒物品企业158家，其中：粉尘和高毒企业88家。由于石景山区处于大调整阶段，企业变化较大，因此将部分企业列为重点企业。列为重点企业40家，其中：工业企业24家；家具企业2家；印刷企业14家。在40家企业中7家企业因活源不足、待搬迁等原因，处于暂时停业状态（北京邓禄普纺织有限公司、北京中防安全印务有限公司、北京市首地印刷厂、北方工业大学印刷厂、北京市繁荣印刷厂、北京市凌云鸿志印刷有限公司、北京艺诚盛源彩色印刷有限公司）；有1家企业工作性质转为劳务输出（北京市电力粉煤矿灰工业公司）；其他32家企业中，有25家企业进行了作业场所的检测，占整体的78%。

（李江宁）

【开展危化单位安全情况调查工作】 2010年，石景山区安全监管局根据《北京市安全生产监督管理局关于对危险化学品生产经营单位从业人员基本情况进行调查的通知》、《北京安全监管局关于开展冶金有色企业煤气安全管理专项检查的通知》、《北京市安全生产监督管理局关于调查上报危险化学品经营单位储存基本情况的通知》及《北京市安全生产委员会办公室关于开展非经营性加油站整治工作的通知》要求，于2月25日至3月31日、6月1日至7月30日、7月7日至20日、10月12日至12月31日在全区范围内分别开展危化从业人员、危化经营单位储存、冶金企业煤气使用及非经营性加油站安全情况调查工作。共调查危化生产经营单位30家，从业人员3500余人，冶金企业6家，非经营性加油站12家。

（李江宁）

【全年查处危化企业情况】 2010年，石景山区安全监管局共检查危险化学品生产经营单位496家次，下达执法文书189份，4家单位被责令停产整顿，行政罚款5.5万元。

（李江宁）

【查处非法储存危险化学品案件】 5月27日、8月20日，石景山区安全监管局牵头组织相关单位联合查处广宁、衙门口地区非法储存危险化学品案件，消防部门对非法储存的危险化学品进行暂扣，司法部门对主要责任人进行行政拘留。8月25日，在执法检查中发现天大建材市场未经许可经营危险化学品，责令其立即进行整改并对违法单位罚款2万元。

（李江宁）

【重要时间段安全监管】 石景山区安全监管局在重要节假日、暑期、汛期来临之前均召开重点危险化学品单位安全工作会，下发《春节期间危险化学品生产经营单位检查方案》（石安监发［2010］04号）、《关于加强暑期、汛期危险化学品安全管理工作的通知》（石安监通［2010］10号）、《关于深入开展危险化学品安全管理专项整治工作的通知》（石安监通［2010］13号）、《关于进一步加强危险化学品安全管理的通知》（石安监通［2010］18号），要求各单位要落实一把手安全管理职责。

（李江宁）

【对剧毒品使用单位的安全监管】 1月份，石景山区对辖区内4家液氯液氨使用单位下发了《石景山区关于加强春节期间液氯使用单位安全生产工作的通知》，要求其要确保节日期间的安全，防止液氯液氨泄漏事故的发生，并进行一次全方面的安全自查。保障应急联络渠道畅通，重点部门、重点部位24小时人员值守，制定应急措施操作牌，监控设施保证完好运行。

（李江宁）

【液氯液氨使用专项检查】 2010年，由石景山区安全监管局牵头会同相关部门先后进行了“液氯液氨使用专项检查”、“危险化学品储存情况专项检查”、“冶金企业煤气使用情况专项检查”、“危险化学品安全管理专项整治”、“羟亚胺专项检查”、“危险化学品单位应急救援队伍专项检查”、“非经营性加油站专项检查”等对涉危单位进行的专项检查8次、联合检查12次。

（李江宁）

【高危行业的安全监管】 石景山区安全监管局贯彻落实市安全监管局“6·30”紧急电视电话会议精神，汲取房山区燕房华兴仓储有限公司“6·29”火灾事故教训，从7月1日开始，利用一个月的时间，石景山区安全监管局成立了两个检查组，对辖区加油站、建材市场等涉危企业进行安全生产大检查。出动180人次，共检查16家加油站、52家涉危企业，查处违规单位10家，发现隐患95处，责令整改95处，处罚5家，罚金3万元。

（李江宁）

烟花爆竹安全监管监察

【召开烟花爆竹安全监管部署大会】 1月15日，石景山区安全监管局组织召开“石景山区2010年春节烟花爆竹销售网点负责人安全生产动员部署大会”。下发《石景山区2010年春节烟花爆竹许可、销售工作实施方案》，发放宣传材料及宣传品600余份。全区96家烟花爆竹零售网点与区安全监管局签订《石景山区2010年烟花爆竹安全承诺书》。春节期间，前后5次组织相关单位、销售网点负责人召开烟花爆竹销售安全保障工作会，转发各类文件、要求6份，通过内部办公平台发送短信900余条，要求各零售网点要加强安全检查，落实主体责任。

（李江宁）

【对烟花爆竹网点全天候“地毯式”排查】 石景山区安全监管局将全区96个零售网点的检查工作按照街道划分落实到各科室，在除夕、初一、初五、十五等重点时段，区安全监管局全体员工停休，专人盯专片，每天对辖区内烟花爆竹经营单位进行全天不间断的“地毯式”排查活动。

（李江宁）

安全生产事故隐患排查治理

【召开事故隐患排查治理工作会】 4月29日，石景山区召开了事故隐患排查治理工作会，主要目的是贯彻国家安全监管总局16号令和北京市《关于做好重点行业领域生产经营单位启用安全生产事故隐患排查治理信息系统的通知》要求、部署做好重点行业领域生产经营单位启用安全生产事故隐患排查治理信息系统工作方案。区安全监管局局长杨文明到会并讲话。全区9个街道、社区及驻区大企业和首批确定参加的50多家生产经营单位的相关负责人和具体工作人员80多人参加了会议。

（李江宁）

【安全生产隐患自查通报】 3月18日，石景山区安委会办公室主任、区安全监管局局长杨文明主持召开2010年安全生产隐患治理工作会，会议研究通过了安全隐患治理工作有关事项。区安全监管局对年初由区安委会办公室组织并通过相关行业、街道和企业自查安全隐患汇总情况进行了通报，并对其中的17项较大隐患，按照“谁主管谁负责”、“谁审批谁负责”、“谁受益谁负责”、“谁是业主谁负责”和“属于哪个行业，哪个行业部门负责”的要求，进行了任务分解，明确了隐患治理牵头单位、主责单位、行业监管部门和整改期限。与会有关单位主管领导还就相关隐患产生的背景、过程作了介绍，对现状、形势作了分析，对隐患治理的方法、步骤进行了讨论。

（李江宁）

【市级挂账隐患整改处于受控状态】 被市安委会列入跨年度重点治理项目，石景山区南马场水库除险工程，在区市政市容委、水务所领导的统一部署和组织管理下，经参建各方的共同努力，工程建设的形象进度、施工质量、安全均处于受控状态。安全有序的展开。

（李江宁）

【市级挂账隐患整改分析会】 3月7日，石景山区水务所工程部组织召开参建各方南马场水库除险工程施工质量分析专项会议，施工单位通过自检提出今后施工中的注意事项，监理单位及区质监站通过验仓及旁站，提出绑筋支模及混凝土浇筑过程中须改正的措施，为今后施工质量的保证打下良好的基础。北京通成达水务建设有限公司也高度重视南马场水库除险工程项目，于3月9日在南马场水库项目部会议室组织公司领导班子及技术委员会成员现场办公，对溢流坝堰面混凝土四个施工方案进行了比较论证，并安排滑模专家进行现场考察，确定落实方案的可行性。南马场水库除险工程总工期8个半月，计划于翌年5月底竣工。水务所将全面跟进工作。

（李江宁）

【区级挂账隐患消除】 从年初开始，石景山区安委会各成员单位开展安全生产隐患排查工作，着力抓好重大安全隐患排查和应急演练。区安委会对区国资委6月2日呈报的“关于2010年国资系统安全生产隐患治理工作的汇报”中的四项隐患进行了研究，并向主管副区长吴克瑞进行了汇报，提交区领导办公会进行专题研究。最终投入资金115万元，政府支持及企业自筹资金各半。年底，“永乐小区84号楼电梯、六合园小区6号楼电梯大修、六合园小区9号楼电梯区级挂账隐患已全部消除。

（李江宁）

安全生产应急救援

【修订应急预案】 2010年初，石景山区安全监管局作为安全生产应急指挥部重新调整完善了领导组成及工作职能。按照有关法规和市、区突发公共事件应急救援预案要求，采取“行业分类，对口负责”的办法，组织全区23个主管部门和9个街道（社区），结合实际对2007年编制完成的万余份应急预案的部分重点预案进行了认真调整、补充和完善，并进行了备案落实。共计备案3200余份，分别落实了建筑、危险化学品、人员密集场所和“十三类”小型服务企业应急预案的备案工作。

（李江宁）

【应急救援机制】 2010年，石景山区安委会经过补充完善成员单位已达62个，初步形成了“统一领导、综合协调、分级负责、属地管理”的安全生产应急管理体制。区安全监管局作为安全生产应急专项指挥部，履行24小时值守应急、信息汇总和综合协调等职责，充分发挥了安全应急运转枢纽的作用。全区安全生产应急救援队伍不断壮大，应急救援物资按标准储备。形成了以地区公安消防支队（5个消防中队）为主，驻区大企业救援物资和救援队伍为辅的救援模式。要求驻区大型企业有健全的救援管理制度、有一定的应急物资日常储备量且有运输能力、24小时值班。区安委会与之签订了安全生产应急保障协议，能够在应急时及时保障物资供给。11月，石景山区在公安消防支队现有灭火和救援工作的基础上，通过拓展应急救援职能，整合应急资源，成立了首支综合应急救援队，专门用于处理突发事件和应急救援，特别是针对地震等不可预测性灾害的救援工作，标志着全区应急队伍建设迈上了一个新台阶。

（李江宁）

【开展应急演练】 2010年，石景山区按照《突发公共事件应急救援预案》要求，各成员单位和相关行业、街道（社区）、企业，充分利用“安全生产月”、“安康杯”知识竞赛等群众性活动，开展应急常识进社区、进工厂、进学校、进家庭活动。同时针对高危企业多次邀请市相关专家开展突发公共事件应对专题讲座。区安全生产应急专项指挥部领导多次深入实地，检查应急队伍建设及各种物资储备情况。同时为提高事故状态下有效处置、科学施救的能力，不断组织成员单位加大监管力度，除组织较大规模企业每季度组织应急演练外，督促从业单位特别是加油站每月进行一次预案演练。5 月 12 日上午，区安全监管局组织中石化应急救援队伍在鲁谷加油站开展了综合应急演练，演练模拟了加油站汽油泄漏衍生火灾及犯罪分子抢劫的场景，通过实战检验危险化学品应急预案的实用性和可操作性，锻炼各专业应急队伍，加强各部门之间的协调联动机制。4 月 13 日下午，在首钢动力厂二加压站，组织进行了针对处置煤气泄露的大型应急演练。石景山区副区长吴克瑞以及区安全监管局、区公安消防支队的领导观摩了演练。

（李江宁）

安全生产执法监察

【消防安全专项整治】 2010 年，石景山区安全监管局以打造社会“防火墙”工程及“四个能力”建设为主线，深入开展了文物古建、居民社区、汽车 4S 店、学校及幼儿园、建筑消防设施、社会单位地下空间等 22 项专项整治行动。全年检查单位 3120 余家，发现整改火灾隐患 4487 处，行政处罚 184 起，罚款 108.5 万元。

（李江宁）

【燃气及管线安全专项整治】 2010 年，石景山区安全监管局组织区市政及相关行业，对重点单位、区域、部位的燃气管线、设施、场站、燃气运输及储存、充装，以及使用燃气的工地、餐饮、食堂等进行了全覆盖检查，投资 5000 余万元整改了 233 处供热设备和管线隐患，确保区内 776 公里燃气管线及各种设施、设备的安全使用。

（李江宁）

【配合市局加强非煤矿山专项整治】 2010 年，石景山区安全监管局配合市安全监管局对首钢矿业公司位于河北迁安大石河两个露天采矿场和四座尾矿库进行监管。按照相关文件要求，及时制定了石景山区非煤矿山企业汛期水害防治工作方案及措施，要求矿山企业加强汛期管理，开展隐患排查；加强应急值守，落实值班制度；关注天气变化，报送监测数据；完善应急预案，加强应急救援。区安全监管局在加强与首钢总公司、首钢矿业公司协调联系的同时，督促首钢总公司成立了防汛工作领导小组，制定了防汛工作措施，派人随同市局进行实地调研、检查。

（李江宁）

【建筑施工安全专项整治】 2010 年，按照“坚持科学管理，严格质量标准，强化施工监管，规范主体行为”的要求，石景山区开展了施工安全检查和隐患治理工作。重点加强施工工地起重机械安全管理及备案管理；深入开展深基坑专项治理，加强基坑工程雨中、雨后检查；深入开展春季施工扬尘控制和复工审核、夏季防暑降温、雨季防触电、秋季食品安全、冬季消防和预防煤气中毒的管理工作，消除隐患，防范事故。

（李江宁）

【道路交通安全专项整治】 2010 年，石景山区以“平安北京交通”为主线，按照“压事故、保安全、保畅通”的要求，通过落实主管区长、区公安分局局长、区公安交通支队支队长、区安全监管局局长“四长负责制”，认真做好智能交通科技工程、交通疏堵治堵工程、道路交通安全防范工程、停车秩序综合治理工程“四大工程”建设。全区建立了133个社区交通安全工作站，设立了2038个社会单位交通安全组织。截至11月底，合计查处酒驾、涉牌、超速等各类交通违法行为29336起，实现了连续17年交通事故管界和监管亡人指标“双减少”。

（李江宁）

【铁路交通安全专项整治】 2010年，石景山区区域内有5条铁路线，全长43公里，涉及9个街道31个社区和3个铁路派出所。石景山区专门在区综治委成立了铁路护路办公室。按照“联心、联责、联治”的要求，不断加大铁路安全宣传工作力度，组织铁路护路知识竞赛，开展铁路安全生产专项整治和铁路沿线环境秩序治理活动。

（李江宁）

【集体经济安全专项整治】 2010年，石景山区建立健全了12个农工商公司和4家直属企业的安全组织监管网络，重点加大对改建、新建、扩建项目和建筑工地及人员密集场所的监管力度，有效解决了企业特别是出租单位安全责任不落实、安全管理不到位、隐患排查治理不彻底和违规违章等突出问题。

（李江宁）

【总结安全生产执法检查活动】 4月至5月，按照国务院“立即开展全国安全生产大检查”的通知要求，石景山区制定印发了《石景山区开展安全生产大检查实施方案》，组织召开了安全生产大检查工作部署会。全区成立456个检查组，出动5200人次，采取自查与联查的办法，重点检查了驻区企业责任制落实、相关行业领域隐患和重大危险源监控、生产经营单位应急管理及应急预案等落实情况。全区检查生产经营单位2430家次，下达执法文书1600余份，治理隐患920余个，处罚金额20.74万元。同时对全区开展大检查活动及时进行了阶段小结与全面总结。

（李江宁）

【有限空间执法检查】 6月份，在企业自查，街道督查的基础上，石景山区安全监管局联合区住建委、区市政市容委、区环卫中心、街道（社区）等单位，开展了有限空间作业专项治理执法检查，在检查中共出动检查14次，出动人员70人次。对41家单位进行了检查，下达执法文书11份，下达现场检查记录30份。对不符合要求的企业，要求限期整改。经过检查，石景山区的有限空间作业全部委托给有资质的作业单位，有90%以上的物业公司都委托给有资质的公司进行清掏作业。其中有85%以上的单位委托给环卫中心。

（李江宁）

【生产经营单位安全生产执法检查】 2010年，石景山区组织执法检查生产经营单位780家999次；查处安全生产隐患1917项；下达执法文书571份，其中责令限期整改通知书555份，强制措施决定书16份；行政处罚28次；经济处罚罚款金额84.30万元，其中事故罚款金额61.00万元，检查罚款金额23.30万元。

（李江宁）

【全国政协会议安全生产保障】 6月17日至21日，为确保全国政协第十一届全国委员会常务委员会第十一次会议的顺利召开，石景山区组织相关单位及街道，对北京万达铂尔曼大饭店周边200米范围内17家生产经营单位进行了摸底调查和检查，共检查17家生产经营单位，其中：商场超市6家，饭店2家，邮电局

1家，电信局1家，建筑工地1家，娱乐场所6家。共下达责令整改通知书15份，现场记录2份，发现隐患50条，整改隐患50条，确保了会议期间铂尔曼大饭店周边生产经营单位安全。

（李江宁）

【工业企业专项执法检查】 6月份以来，依据《石景山区工业企业（机械行业）专项执法检查实施方案》，石景山区组织相关行业、街道对工业企业（机械行业）采取宣传、自查、摸排和联合执法检查等多种形式开展了调查摸底并建立了台账。共摸排检查百人规模以上工业企业单位88家，并结合贯彻落实国务院一系列文件通知精神，先后下发宣传画1626张，宣传手册1217本，规范文件46份，悬挂条幅210个，宣传橱窗59块，共检查工业企业单位115家次，查处违规单位10家，发现隐患195处，责令整改195处，处罚15家，罚金15万元。出动执法检查人员480人次。

（李江宁）

【对驻区大型企业进行安全生产执法检查】 6月22日，石景山区安全监管局由局长杨文明带队，并邀请专家参加，对北京北重汽轮电机有限责任公司进行了安全检查。检查主要采取听取汇报、审查资料、实地检查、观摩演练等方式。对企业的安全生产责任制落实情况；安全生产法律法规、标准规程执行情况；隐患排查整改和重大危险源监控情况；应急救援管理情况；安全基础工作及教育培训情况；职业健康管理和职业危害防治制度落实情况等六方面的安全生产工作进行了检查。

（李江宁）

【商场、餐饮、网吧节前联合执法检查】 12月30日，石景山区安全监管局联合区商务委、工商分局、公安消防支队、金顶街道安全科等单位，对美廉美超市、金园网吧、北京金顶街宾馆、玉鼎娱乐有限责任公司、大鸭梨烤鸭店、京客隆超市等人员密集场所开展了节前安全生产执法检查。

（李江宁）

【对首钢停产后的安全生产执法检查】 12月29日，石景山区安全监管局检查组，对首钢停产期间及停产后的安全生产工作进行了检查。首钢安全处领导介绍了停产工作的进展情况，截止到12月29日，炼铁、炼钢、轧钢已全部停产，只剩下氧气厂3万立方米制氧机和电力厂3号锅炉仍然运行，以保证其他工序停产后对管道、容器的吹扫、置换需要，年底两台设备也停产使用。检查组实地检查了正在运行的氧气厂3万立方米制氧机组和电力厂3号锅炉，并就设备运行的安全管理提出了要求。随后检查组又对已停产的炼铁厂1号高炉、焦化厂炼焦炉进行了检查，并要求各企业及首钢安全处认真分析停产后的安全形势及安全管理工作特点，落实各项安全措施，确保停产工作的安全平稳。

（李江宁）

职业安全健康

【粉尘与高毒物品自查整改】 3月至5月，石景山区在粉尘与高毒物品企业中开展自查整改，要求企业按照自查表的内容逐项进行整改，并由街道对企业进行督察。在企业自查整改阶段，主要是在企业自查的基础上，各街道按照企业自查表的内容对辖区内的企业进行逐项督办，使企业建立了比较完善的职业健康管理机构，配备了专兼职的人员进行管理。建立了职业健康管理制度，配备了必要的个人防护用品，在醒目位置设置警示标识，定期给职工做职业健康体检等等。在隐患自查整改阶段共整改隐患406条。

（李江宁）

【职业病防治法宣传】 5月至7月，石景山区组织了《中华人民共和国职业病防治法》宣传周及宣传进中小企业等系列宣传活动。共计2300人次参加了系列宣传活动，共计发放宣传材料1100份，宣传画300余张，其中主题宣传画200张，各厂矿企业共计制作宣传板报6块，横幅3条，展板5块。此外多次开展对职业危害作业单位负责人员的培训工作，共计组织大型公开课3期，共计76人次的单位企业负责人员参加了学习培训。

（李江宁）

【职业病危害企业专项执法检查】 8月，石景山区对40家粉尘与高毒物品危害企业进行专项执法检查，采取区安全监管局牵头、区卫生局、街道办事处参加的联合检查，共检查单位40家，下达执法文书14份，查处隐患30处。

（李江宁）

【职业危害申报率100%】 2010年年石景山区重点企业职业危害申报率达到了100%；职业危害告知、培训达到100%；作业场所职业危害因素检测达到78%。

（李江宁）

安全生产宣传培训

【“安全生产年”宣教培训活动】 5月28日，石景山区安委会按照有目标、有内容、有重点、有措施的要求，认真制定了《石景山区关于深入开展“安全生产年”活动的实施意见》，62个成员单位分别结合实际制定了“安全生产年”工作执法检查计划和落实方案。以区广电中心、区政府信息网和区委、区政府、人大、政协及部门刊物和首钢电视台等为重点宣传媒介，深入进行“安全生产年”宣传报道，宣扬典型、曝光隐患；相关行业及街道（社区）还充分利用橱窗、专栏、板报、横幅、电子显示屏等工具，大力宣传安全口号、标语、警示等内容，全区形成了良好的“安全生产年”舆论氛围。

（李江宁）

【开展“安全生产月”活动】 6月3日，石景山召开全区安全生产月动员部署大会，500余人参加会议；6月13日组织开展咨询日活动，八角街道设主会场，其他街道和部分行业、企业设分会场，近300个单位133个社区2.1万人参加宣传活动，发放材料3万多份，制作展板300余块；组织全区开展规模不同的应急演练60余场。

（李江宁）

【部署贯彻落实“国务院23号通知”活动】 8月，石景山区按照“开好部署会议，定好措施文件，搞好专项检查，组织好知识答卷”的要求，在全区深入开展了学习贯彻活动。一是周密筹划部署，积极开展活动。8月下旬在全区展开了“国务院23号通知”的学习贯彻活动，制定了宣传教育培训方案，召开会议进行部署；各成员单位成立了宣贯领导小组，制定了落实方案。重点突出学习环节，向区四套班子领导、安委会成员单位、企业领导和一线员工下发5000余本《通知》解读小册子。组织开展了落实《通知》精神“宣传周”、“咨询日”活动，发放200条横幅，下发45块展板和6000多张挂图。10月，石景山区组织安全生产试题答卷，开展知识竞赛。区安委会办公室将《通知》9章32条分解成100道题200个填空，通过网上发布回收答卷2000余份。

（李江宁）

【“国务院23号通知”大宣讲培训活动】 2010年，石景山区住建委、区文委、区旅游局、区民防局、区集经办等行业部门和首钢、北重公司、高井热电厂等驻区企业，分别采取多种形式组织职工进行培训；组织了全区贯彻“国务院23号通知”精神“大宣讲”培训活动。区安办及区建筑、区市政、区国资、区商务、区文化、区旅游、区民防等部分重点行业，分别制订检查督导计划对所属区域、系统、企业单位进行检查督导，确保“国务院23号通知”精神落到实处。

（李江宁）

【“国务院23号通知”宣传周活动】 为做好《国务院关于进一步加强企业安全生产工作的通知》宣传教育工作，按照市安委会整体部署，9月25日至30日（其中9月28日为“宣传日”）石景山区组织了贯彻落实“国务院23号通知”宣传教育培训“宣传周”活动。“宣传周”活动以深入贯彻落实国务院《通知》精神为目的，以解读《通知》内容条款为重点，组织开展全方位、多层次、立体式的宣传教育。“宣传周”活动的组织形式做到了“三个相结合”。即：全面宣传与重点解读相结合；广泛面向公众与集中宣讲培训相结合；学习贯彻《通知》精神与开展“打非治违”专项行动相结合。

（李江宁）

【学习贯彻“国务院23号通知”知识竞赛】 10月27日，石景山区在首钢技师学院举办了学习贯彻《国务院关于进一步加强企业安全生产工作的通知》精神知识竞赛。9个行业、9个街道和9个驻区大企业共27个单位组队参加竞赛。通过三场预赛、一场决赛，产生各类奖项27个，发放奖金2.7万余元，极大地推动和鼓舞了全区的学习热情。《中国安全生产报》对此在头版进行了宣传报道。

（李江宁）

【成立安全歌曲赛组织机构】 2010年，石景山区安全监管局牵头成立参加第二届“生命之歌”全国安全歌曲大赛活动组织委员会，办公室设在区安全监管局，负责全区范围内活动的组织开展。各成员单位也牵头成立了相应的组织机构，负责本辖区、本单位活动的宣传、征集、评选、上报等工作。八角街道创作的歌曲“安全社区之歌”在全国的评选中获奖。

（李江宁）

【安全生产巡回演讲】 8月19日，在首钢工学院阶梯教室，由市安全监管局和市总工会组织的“首都安全生产演讲团”到石景山区进行演讲。石景山区安委会各成员单位相关人员及有关生产经营单位从业人员参加了此次演讲活动。

（李江宁）

【有限空间安全生产规范宣传】 5月，石景山区开展有限空间安全生产宣传教育工作。采取多种形式开展宣传，利用《职业病防治法》宣传周和安全宣传月大力宣传《北京市有限空间作业安全生产规范（试行）》和宣传画等宣传资料1000余张，并将有限空间作业宣传画张贴到社区宣传栏中进行宣传。

（李江宁）

【全年安全生产培训130期】 2010年，石景山区安委会办公室组织执法培训班两期160多人；组织特种作业人员培训11期1.03万多人；组织烟花爆竹、职业卫生、有限空间作业等培训5期500余人；组织安全生产工作领导干部培训班3次，参加培训的各级领导干部246人。全区累计组织各种培训130余期，培训各级各类人员1.93万人。

（李江宁）

安全生产科技创安

【安全生产信息化建设】 2010年，根据北京市召开的区县安全生产信息化建设工作会议精神和《北京市安全生产信息化建设总体规划（2009—2012）》的要求，石景山区把安全生产信息化建设作为提高安全监管能力的主要措施之一，纳入“十一五”后期和“十二五”时期重点建设工程。一是成立信息化建设领导小组。将安全生产信息化建设列为区安委会办公室“一把手”工程，明确分管领导，明确负责部门，研究制定方案。二是与应急救援平台建设同步考虑。区政府在重点研究应急体系及平台建设中，就将安全生产信息化建设纳入了总体建设规划进行同步考虑、同步建设、同步实施。三是学习借鉴兄弟单位经验。从去年开始，区安全监管局就安全生产信息化建设模式，与区经信委一起多次到顺义等区县学习。按照“坚持统筹规划，搞好总体设计”的要求，研究制定以综合集成为主，实现安全生产组织指挥、监管力量、监管工作“一体化”为目标的安全生产信息化建设方案，并就全区企业生产经营单位底数进行全面调查摸底。四是充分利用现有信息化基础设施设备。区安全监管局已投入30余万元，改造完成了安全生产信息化会议视频系统；同时，文件上传、相关数据统计与上报同市安全监管局信息数据平台实现了无缝对接与信息共享，文件下达等业务通过区政务信息门户网，实现了成员单位互通互连，及时传递。

（李江宁）

【安全生产标准化建设】 2010年，石景山区在机械、冶金、建材行业开展了安全质量标准化活动。突出以机械、冶金、建材、轻纺、烟草行业为重点，引导其他企业结合实际同时开展。制定了四个百分之百的工作目标。各企业成立了领导小组、制定了工作方案，开展了标准化的推进和落实工作。其余企业也按照要求，开展了安全质量标准化工作，已完成企业自评工作。达到市级标准的34家。

（李江宁）

【成立安全生产协会】 9月9日，石景山区“安全生产协会”正式成立。截至年底，石景山区安全生产协会共发展会员单位96家。协会成员单位分别由行业主管部门、街道办事处、工业企业及其他不同类型与规模的企业组成。

（李江宁）

门头沟区

概　述

2010年，门头沟区安全生产工作深入落实“安全生产年”各项工作任务，进一步深化“三项行动”、“三项建设”，创造安全、有序、良好的安全生产环境，贯彻落实《国务院关于进一步加强企业安全生产工作的通知》精神，进一步加大宣传教育、执法检查和专项整治力度，强化隐患整改，取得了明显的效果。

2010年，召开全区安全生产大会6次，专题工作会议24次，制发各类文件112份，有效促进了全区安全生产工作的落实。全年检查各类生产经营单位1690家次，发现并及时消除安全隐患1701项，下发限期整改指令书619份，30家生产经营单位被停产整顿，对36家企业给予了经济处罚，罚款16.22万元。在安全生产月和宣传周期间，设立35个宣传站点，主管区领导在主会场发放宣传材料，共设置安全宣传展板499块，发放宣传材料14万余份，悬挂横幅676幅，张贴标语、宣传画7200余张，设宣传栏、板报1900余块。在石龙工业区的51家企业和各镇、街设置"国务院23号通知"精神宣传贯彻展板，进行了巡展；组织村、居委会安全管理人员、重点行业生产经营单位负责人共600余人观看了《人命如天》安全生产教育影片，组织2000余名职工参加了全国安全生产应急知识竞赛答卷活动，有效提高了安全意识。广泛开展安全教育培训工作，深入宣传贯彻《安全生产法》、《国务院关于进一步加强企业安全生产工作的通知》和《北京市安全生产条例》等安全生产法律法规。全年共举办安全生产大型公开课4场、各类培训班135期，培训14754人。组织2.8万名职工开展了安全生产知识答卷活动，督促生产经营单位开展从业人员安全培训教育，并对培训情况进行了监督检查，从而提高了企业经营者、从业人员的安全素质、安全意识、责任意识和自救互救能力。以门头沟区有线电视台"直击安全现场"栏目为主，联合《京西时报》等新闻媒体，围绕重点行业和领域的安全检查和安全生产"三项行动"开展的情况，进行了27次宣传报道，取得了良好的社会效应，结合工作实际，印发"安全生产监察情况"24期，对全区重点工作起到了推动作用，取得了良好的社会效应。

安全生产综合监督管理

【安全生产控制考核指标完成情况】 2010年，市安委会下达给门头沟区安全生产控制指标为22人，其中：交通肇事死亡控制指标14人；火灾死亡控制指标1人；铁路交通控制指标2人；生产安全死亡控制指标5人。

是年，门头沟区共发生安全生产事故114起，伤54人，死亡13人。与去年同比，事故起数增加7起，同比上升6.5%；受伤和死亡人数分别减少5人和3人，同比下降8.5%和19%。其中：交通事故53起，伤54人，亡8人；火灾事故56起，无人员伤亡；生产安全事故4起，死亡4人、铁路交通事故1起，死亡1人。未发生较大以上安全生产事故，未突破市安委会下达的年度控制指标。安全生产形势基本稳定。

（刘　斌）

【区领导春节前安全生产检查】 2月8日至11日，门头沟区区长刘云广、区委常委、常务副区长罗斌、区委常委、副区长付兆庚等区政府领导带领相关部门，分六路对危险化学品、烟花爆竹、商（市）场、饭店、医院、学校、敬老院、地下空间、景区、工业企业、文化娱乐场所，以及水电气热等生命线工程进行了春节前安全大检查，共检查生产经营单位45家。区领导对各单位安全管理、应急预案、节日值班安排的落实情况和现场消防设施配备、安全警示标志设置、用电线路的规范以及中控室、配电室、锅炉房设备运行等情况进行了检查。针对发现的问题，要求相关部门监督立即整改。要求各单位主要领导要针对冬季安全生产工作特点，采取有效措施，强化监督管理，及时发现和消除各类安全隐患，严防煤气中毒、森林火灾、食物中毒、烟花爆竹伤人等安全事故的发生。在节日期间增加值班力量，加强巡查，特别要切实维护好除夕、正月初一、初五、十五重点时段的烟花爆竹燃放秩序，确保节日安全。

（刘 斌）

【部署2010年及春节期间安全生产工作】 2月1日，门头沟区召开安全生产工作大会，全区各部门、各镇、街主要领导和主管领导，重点企业主要负责人共300余人参加会议。会上，区安全监管局、区公安分局、区食品办对2009年安全生产工作进行了总结，并对2010年全区生产安全、公共安全和食品安全工作进行了部署。区住建委、大峪办事处、斋堂镇和永定镇先后进行了表态发言。区委常委、副区长付兆庚传达了1月18日全国、市政府安全生产电视电话会议和国务院副总理张德江、副市长苟仲文的讲话精神，对全区2010年和春节期间安全生产工作进行了具体部署。区长刘云广就加强节日期间安全检查工作提出了具体要求。

（刘 斌）

【部署全国"两会"期间安全保障工作】 3月2日，门头沟区召开一季度安全生产工作会，区委常委、副区长付兆庚，全区各部门、各镇、街主管领导共58人参加了会议。区安全监管局、区公安分局、区食品办分别对2010年元旦、春节期间安全生产工作情况进行了小结，并重点结合"两会"安全保障工作对2010年全区生产安全、公共安全和食品安全工作分别进行了动员和部署。付兆庚对"两会"期间安全生产工作提出了要求。

（刘 斌）

【部署重点行业和领域安全生产工作】 3月23日，门头沟区召开重点行业、领域安全生产工作会，各相关部门主管领导参加了会议。会上，区安全监管局针对近期煤矿、非煤矿山、建筑施工等行业陆续进入生产、建设旺季，以及清明期间群众祭祖、扫墓活动频繁，道路交通、山林火灾等事故易发的特点，提出了具体工作要求。区住建委、区市政市容委、区公安分局、区民政局、区公路局、区园林绿化局等部门根据各自的行业监管职责，对近期如何切实抓好安全生产工作，采取有效措施，全力压减各类事故进行了汇报。区委常委、副区长付兆庚强调指出：做好春季，特别是清明期间的安全生产工作是当前安全生产工作的重中之重，并提出具体工作要求。

（刘 斌）

【部署第二季度安全生产工作】 4月23日，门头沟区召开第二季度安全生产工作会，全区各部门、各镇、街主管领导共58人参加了会议。区安全监管局、区公安分局、区食品办分别通报了一季度安全生产工作情况，并结合近期工作重点，对二季度生产安全、公共安全和食品安全工作分别进行了部署。区委常委、副区长付兆庚对第二季度安全生产工作提出了具体要求。

（刘 斌）

【龙口灰场隐患治理二期工程启动】 4月27日上午，龙口灰场安全隐患治理二期工程仪式在门头沟区永定镇举行。市安全监管局、区安全监管局、永定镇及京能热电公司的有关领导出席活动。

（刘 斌）

【百日专项整治行动正式启动】 5月13日，门头沟区安全生产专项治理"百日行动"在石门营采空地块棚户区安置房工地举行。全区各镇、街及有关部门主管领导以及各建筑工地、燃气、有限空间和食品生产经营单位的职工代表共700

余人参加了活动。区安全监管局对安全生产专项治理“百日行动”进行总体部署，区住建委、区市政市容委、区食品办分别对专项治理工作进行了发言，有关企业职工代表在会上表态发言。区委常委、副区长付兆庚宣布百日专项治理行动正式启动，并提出具体要求。

（刘　斌）

【部署安全迎汛工作】 5月31日，门头沟区召开2010年安全迎汛工作会。区长王洪钟，常务副区长罗斌，副区长付兆庚、翟云峰、郑伟革、李昕及相关单位参加会议。会上观看了安全迎汛专题片，副区长翟云峰做了2010年安全迎汛工作报告，区长王洪钟与相关单位签订了安全迎汛责任书，并提出具体工作要求。会议宣布：6月1日8时全区正式上汛。

（刘　斌）

【专题部署夏季安全生产工作】 6月13日，门头沟区召开重点行业、领域安全生产工作会。各行业监管部门主管领导参加了会议。区安全监管局通报了二季度安全生产工作情况，提出了下一步工作意见。区委常委、副区长付兆庚部署夏季安全生产工作。会议指出，各部门要认真履行职责，针对所监管行业的特点，强化监督管理。

（刘　斌）

【部署第三季度安全生产工作】 7月7日，门头沟区召开第三季度安全生产工作例会，各部门、各镇、街及京煤集团的主管领导参加了会议。会上，区安全监管局传达了7月6日市安全监管局第三季度安全生产工作会议精神，通报了上半年全区安全生产工作情况，针对近期发生的两起生产安全事故，全面分析了门头沟区目前存在的主要问题，提出了下一步工作意见。区委常委、副区长付兆庚传达了区安委会同时开展全覆盖的安全生产大检查和安全生产领域“三无、三违”行为专项整治的决定。

（刘　斌）

【召开安全生产暨防灾减灾工作会】 8月18日，门头沟区召开2010年度安全生产暨防灾减灾工作会。区长王洪钟，区委常委、常务副区长罗斌，区政法委书记韩生辉，区委副书记陈志强等，和全区各部门、各镇、街主要领导、主管安全的领导，以及部分重点企业负责人150余人参加了会议。区安全监管局通报了全区安全生产情况，着重分析了目前存在的主要问题，并提出了下一步工作意见。区公安分局、区住建委、区水务局、区国土资源分局、区市政市容委和区食品办通报了工作情况，并提出了下一步的工作措施。区长王洪钟在讲话中强调指出：各部门、各镇、街要深入贯彻落实国务院电视电话会议，深刻吸取近期全国、市、区事故教训，充分认识安全生产工作的极端重要性。要突出重点，全面组织开展安全大检查。

（刘　斌）

【贯彻落实市政府安全生产电视电话会议精神】 8月20日，市政府召开贯彻落实《国务院关于进一步加强企业安全生产工作的通知》精神电视电话会，门头沟区区长王洪钟，区委常委、副区长付兆庚和全区各部门、各镇、街主要领导60余人参加了会议。区长王洪钟要求各部门、各镇、街要深入贯彻落实国务院、市政府电视电话会议和市领导讲话精神，进一步强化生产经营单位的监督管理，狠抓“两个主体，两个责任制的落实”。

（刘　斌）

【传达落实“国务院23号通知”精神】 8月25日，门头沟区召开安全生产专题会。门头沟区安全监管局对8月20日市政府贯彻落实《国务院关于进一步加强企业安全生产工作的通知》电视电话会议精神进行了传达，并对集中开展打击非法违法生产经营建设行为专项行动进行了动员和部署。区委常委、副区长付兆庚作重要讲话，并提出具体工作要求。

（刘　斌）

【市局检查有限空间安全生产工作】 9月9日，市安全监管局检查组对门头沟区有限空间专项治理工作进行检查，实地检查了北京市自来水集团门城污水处理有限公司和门头沟区粪便无害化处理厂。检查组听取了企业有限空间专项治理工作情况汇报，查阅了安全管理制度、安全作业操作规程、作业记录、培训记录等基础档案，对安全检测仪器、报警装置、通风设施、救援物资的配备、监护人员执证上岗情况进行了检查。当场要求企业救护人员进行了应急救援演练。通过检查，对门头沟区有限空间安全监管工作给予了充分肯定。

（刘　斌）

【部署国庆节、中秋节安全生产工作】 9月17日，门头沟区召开了国庆节、中秋节安全生产工作专题会议。区委常委、副区长付兆庚和全区各部门、各镇、街主要领导60余人参加了会议。区安全监管局对中秋、国庆期间全区安全生产工作进行了全面部署。区公安分局、区工商分局、区国土资源分局分别对节日期间交通、消防、食品、非法盗采等安全工作进行部署，提出工作要求。区委常委、副区长付兆庚在讲话中强调："各部门、各镇、街要深入贯彻落实《国务院关于进一步加强企业安全生产工作的通知》精神，进一步强化对生产经营单位的安全监管。"

（刘　斌）

【区领导带队国庆节前检查】 9月27日至29日，门头沟区区长刘云广，区委常委、常务副区长罗斌，区委常委、副区长付兆庚等带领相关部门，分六路亲临生产一线，重点对矿山、危险化学品、商（市）场、饭店、医院、学校、敬老院、地下空间、景区、建筑、文化娱乐等人员密集场所，以及水电气等生命线工程进行了节前安全大检查，共查生产经营单位39家。区领导对各单位安全管理、应急预案、节日值班安排的落实情况和现场消防设施配备、安全警示标志设置、用电线路的规范以及中控室、配电室、锅炉房设备运行等情况进行认真细致的检查。并针对存在的问题，要求相关部门监督立即整改。要求各单位主要领导要针对"十一"前后来区自助旅游人员及车辆大增，商贸、庆祝活动增多的特点，采取有效措施，加大安全生产监督检查力度，及时发现和消除各类安全隐患。在节日期间增加值班力量，加强巡查，严防死守，确保节日绝对安全。

（刘　斌）

【市安委会对门头沟区进行综合考核】 12月24日，市安委会考核组对门头沟区2010年度安全生产工作进行了综合考核。门头沟区区委常委、副区长付兆庚，以及门头沟区安全监管局、区发展和改革委、区工商分局等部门主管安全生产工作的领导参加综合考核。门头沟区安委会就全区2010年安全生产工作情况向市考核小组进行了详细汇报。市考核小组查阅了门头沟区安全生产工作资料，并对北京大源非织造有限公司、剑江制衣集团、精雕科技有限公司3家企业和大峪街道、龙泉镇及新桥社区的安全生产工作情况进行了实地检查。市安委会考核组对门头沟区区政府高度重视安全生产工作，特别是彻底关闭全区所有乡镇煤矿，严厉打击非法盗采矿产资源行为，态度坚决、措施得力、全区安全生产工作取得的成效给予了充分肯定。

（刘　斌）

危险化学品安全监管监察

【危险化学品行政许可】　2010年，门头沟区安全监管局严格按照申请、受理、审查、批准、告知等法律法规规定程序，严格把关，对符合安全条件的62家烟花爆竹零售单位办理了烟花爆竹销售许可证，9家危险化学品经营单位办理了危险化学品经营许可证（乙证）。

（刘　斌）

【危险化学品安全管理】　2010年，门头沟区安全监管局严格危险化学品流向登记制度，进一步完善了门头沟区危险化学品监控平台，强化对危险化学品生产、经营、使用各环节的安全监管和对22个重大危险源的管控。

（刘　斌）

【强化雪后危险化学品从业单位安全监管】　1月6日，门头沟区安全监管局对5家加油站进行了抽查。对落实领导带班制度、重点区域积雪清理、应急救援物资配备等情况进行了检查，针对冰雪低温天气下如何做好安全生产工作提出了要求。

（刘　斌）

【部署危险化学品专项检查安全工作】　4月13日，门头沟区安全监管局组织各镇、办事处主管领导和全区危险化学品从业单位主要负责人召开了危险化学品安全检查专项工作会。会上传达了市安全监管局有关文件精神，对危险化学品生产经营单位安全生产专项执法检查工作进行了周密部署。

（刘　斌）

【检查危险化学品夏季安全生产工作】　6月24日，门头沟区安全监管局对区日杂公司烟花爆竹储存仓库和妙峰山加油站进行了重点抽查。在听取企业负责人汇报、查阅资料、实地检查企业的安全生产责任制、安全教育、安全生产法律法规、操作规程、隐患排查整改、应急救援预案等安全管理落实情况的基础上，对2家企业应急预案的落实情况进行了现场实战演练。

（刘　斌）

【危险化学品储存仓库安全专项整治】　7月23日，门头沟区安全监管局组织召开全区危险化学品生产经营单位主要负责人60余人安全工作会议，下发了《门头沟区危险化学品储存仓库安全专项整治工作的通知》，对危险化学品储存仓库整治工作进行了部署，门头沟区4家危险化学品生产经营单位有危险化学品储存仓库按照整治标准，对本单位储存仓库认真进行自查整改，区安全监管局对危险化学品储存仓库进行了逐一检查验收。

（刘　斌）

【部署非经营性加油站安全整治工作】　10月15日，门头沟区安全监管局召开由各镇办事处、各有关部门和14家非经营性加油站主要负责人参加的门头沟区非经营性加油站安全专项整治专题工作会，会上传达了《北京市安全生产委员会办公室关于开展非经营性加油站整治工作的通知》精神，制定下发了《门头沟区非经营性加油站整治工作方案》，对门头沟区非经营性加油站安全整治工作进行了部署。

（刘　斌）

烟花爆竹安全监管监察

【烟花爆竹安全监管】 2010年，门头沟区安全监管局会同区公安分局、区工商分局、区质监局等部门检查危险化学品、烟花爆竹批发零售网点269家次，消除安全隐患72项，下发指令书23份，查处烟花爆竹违法案件11起，收缴伪劣烟花爆竹788箱，拘留13人。

（刘　斌）

【部署烟花爆竹安全管理工作】 1月12日，门头沟区安全监管局组织各镇、办事处及相关部门主管领导召开了烟花爆竹安全工作会。会上对2010年春节烟花爆竹安全管理工作进行了全面部署。并将烟花爆竹销售网点名单按照属地管理下发到各镇、办事处，要求各镇、办事处进一步落实属地管理责任，加大对辖区烟花爆竹经营零售网点检查力度，规范烟花爆竹经营行为，利用已开通的“12350”安全生产举报投诉电话，引导群众参与打击烟花爆竹违法行为。

（刘　斌）

【市局检查烟花爆竹批发储存仓库】 1月15日，市安全监管局检查组对门头沟区生产资料日用杂品公司烟花爆竹批发储存仓库进行专项安全检查。检查中，检查组对烟花爆竹批发储存仓库责任明确、制度健全、记录完整、烟花爆竹码放标准、图像监控系统完备有效等安全管理工作表示满意。

（刘　斌）

【市局对烟花爆竹进行专项安全检查】 2月4日，市安全监管局检查组对门头沟区生产资料日用杂品公司烟花爆竹储存仓库和5家烟花爆竹零售单位进行了专项安全检查。重点对烟花爆竹销售许可证、营业执照增项、各项安全生产责任制、管理制度、进出台账、消防器材的配备、销售点标牌和安全警示标识的设置等情况逐项进行了细致检查，对门头沟区烟花爆竹安全管理工作表示满意。

（刘　斌）

【部署春节期间烟花爆竹安全管理工作】 2月4日，门头沟区召开春节期间烟花爆竹安全管理及燃放秩序维护工作会。会上，门头沟区安全监管局通报了全区烟花爆竹销售网点布建及安全检查情况。区公安分局通报了全区近期烟花爆竹违法案件查处情况，并对2010年春节期间烟花爆竹安全管理及燃放秩序维护工作进行了部署。

（刘　斌）

【市局检查烟花爆竹销售网点】 2月16日，市安全监管局检查组对门头沟区日杂烟花爆竹销售中心等5个销售网点进行了安全检查。检查组重点检查了销售网点烟花爆竹的进货渠道、人员上岗、值班、安全制度的落实等情况。对门头沟区烟花爆竹安全管理工作给予充分肯定。

（刘　斌）

【市局检查烟花爆竹储存仓库安全】 11月5日，市安全监管局检查组对门头沟区生产资料日用杂品公司烟花爆竹批发储存仓库进行了专项安全检查。检查组对各项安全生产责任制、管理制度、安全教育培训、检查记录、货物码放、图像监控、应急救援设施的配备及应急预案演练等情况进行了认真细致的检查。通过检查，对门头沟区烟花爆竹批发储存仓库责任明确、制度健全、烟花爆竹码放标准、图像监控系统完备有效等安全管理工作表示满意。

（刘　斌）

【召开年度烟花爆竹安全管理工作会】 12月8日，门头沟区政府组织召开2011年烟花爆竹安全管理工作会议。区委、办、局，各镇、办事处主管安全生产工作的领导参加了会议。区安全监管局通报了全区烟花爆竹销售网点布建情况，区烟花办全面部署了2011年烟花爆竹安全管理工作。会上，区委常委、副区长付兆庚与区交通局、区卫生局、城子办事处签订了2011年烟花爆竹安全管理责任状，对烟花爆竹安全管理提出了具体要求。

（刘　斌）

矿山安全生产监管监察

【市局检查非煤矿山安全】 6月2日，市安全监管局检查组及北京电视台媒体记者等一行10人，对门头沟区恒坤采石场等3家非煤矿山企业安全生产工作进行检查。检查组详细查阅了北京恒坤拓峰采石有限公司、鲁家山第二采石场、首钢鲁家山石灰石矿（南区）的安全管理制度落实、隐患排查治理、安全教育培训等工作，现场查看了开采现状，并采用现场答卷方式对各企业负责人和安全员的安全知识水平进行了考核，对门头沟区非煤矿山安全监管工作给予肯定。

（刘　斌）

【金属非金属地下矿山安全生产大检查工作】 2010年，门头沟区安全监管局制定并印发了《门头沟区金属非金属地下矿山安全生产大检查工作方案》，对工作目标、检查重点、工作步骤等方面提出了明确要求。检查过程中，区安全监管局针对春季气压、温度变化，风流紊乱，窒息事故多发的特点，开展了通风专项整治。通过检查、指导，企业通风管理制度能够有效落实，机械通风系统运转正常，井下风速、风质、风量符合要求。同时按照市局有关文件要求，将大检查与防汛、防治水、防高温暴雨等工作有机结合起来，组织企业配备了齐全有效的防汛物资，进一步细化了应急预案，制定了高温暴雨天气应对措施，督促企业切实将主体责任落到实处。

（刘　斌）

【召开非煤矿山关闭工作会】 3月2日，门头沟区安全监管局组织区国土分局、区工商分局、区环保局、区公安分局、区供电公司及2009年底到期关闭的3家矿山企业负责人，召开了门头沟区非煤矿山关闭工作会。会上，区安全监管局传达了《门头沟区人民政府第2号通告》和《门头沟区人民政府关于关闭非煤固体矿山的批复》的精神，组织再次学习了《门头沟区非煤固体矿山关闭办法》，并将有关文件发放到参会人员。会议强调，各关闭企业要按照通告要求，60日内拆除机器设备、清理场存料、拆除矿区范围内的地面建筑物，达到关闭标准；各有关部门、镇要立即启动关闭程序，依法吊（注）销相关证照，切断供电电源，设置关闭标志。通告期满后，将进行联合验收，确保关闭到位。

（刘　斌）

【召开非煤矿山复产验收工作会】 3月5日，门头沟区安全监管局组织召开全区非煤矿山春季复产验收工作会。区公安分局、区国土分局、区监察局、各有关镇的主管领导及各非煤矿山企业负责人参加了会议。会上，宣传贯彻了《北京市露天金属非金属矿山复产安全验收标准》和《北京市地下金属非金属矿山复产安全验收标准》，结合《关于印发〈门头沟区非煤矿山2010年复工验收方案〉的通知》的精神，对本次复工工作提出了具体要求。

（刘　斌）

【开展矿山行业防汛工作】 5月，门头沟区安全监管局制定并印发了《门头沟区2010年矿山企业防汛工作方案》并传达到各矿山企业。成立了矿山防汛工作领导小组，对汛期矿山安全生产工作进行监督检查。要求矿山企业制定防洪、防泥石流、防塌陷等汛期易发自然灾害的事故应急救援预案；制定并落实各项防汛安全管理措施，要做好汛期应急值守工作，坚持执行矿领导24小时带班制度，确保了门头沟区矿山企业安全度汛。

（刘　斌）

【开展金属非金属矿山防治水工作】 9月至10月期间，门头沟区开展金属非金属矿山防治水工作。门头沟区安全监管局制定了《2010年门头沟区金属非金属矿山防治水工作方案》传达到各企业。对防治水各项工作制度及图纸资料；防治水资金投入、探放水设备维护；专职水文地质人员配备情况进行监督检查。针对发现问题要求企业立即整改，要求企业在生产过程中要严格按照预测预报、有疑必探、先探后掘、先治后采的原则，落实防、堵、疏、排、截的水害综合治理措施。

（刘　斌）

安全生产事故隐患排查治理

【挂账督办，强化隐患整改】 2010年，门头沟区共排查出各类较大安全隐患11项，其中：市级安全隐患6项（道路安全隐患4项、消防安全隐患1项、生产安全隐患1项），区级安全隐患5项，均为公共消防安全隐患。区政府，主管领导每月听取整改情况汇报，及时协调解决存在的问题。区安委会办公室设专人督促隐患整改，随时掌握进展情况。到9月底，共投资2335.4万元，11项挂账安全隐患全部完成了整改。

（刘　斌）

【龙口灰场隐患治理工作】 2010年，门头沟区安全监管局多次与永定镇、冯村大队协调砖厂拆除工作，克服了时间紧、任务急、天气寒冷等不利条件，圆满完成了龙口灰场隐患治理一期工程。4月27日至7月10日，京能热电股份有限公司投入500余万元开展了坝脚恢复成原状、修筑挡洪墙、疏通溢洪道排洪沟、砖场桥至冯村排洪沟由明沟改为管道、左坝肩护坡修复和围墙砌筑工作。7月12日，区隐患治理工作领导小组会同京能热电股份有限公司进行了联合验收。龙口灰场安全隐患治理项目中的拆除昆仑琨建材厂、坝脚砌筑护坡恢复原状、疏通溢洪道排洪沟等主体治理工程已全部完成，经验收合格。11月份完成了在京能热电股份有限公司地界内的围墙砌筑工作。

（刘　斌）

【废弃矿硐隐患封堵治理工作】 按照7月15日全市安全隐患治理工作专题会和市安全生产委员会《关于落实2010年第一批市级挂账生产安全隐患整改治理工作任务的通知》（京安发［2010］9号）的精神，门头沟区安全监管局已完成了聘请专业机构对废弃矿硐进行了设计、预算并上报，申请隐患治理资金材料已由市财政评审中心完成审核；施工单位公开招投标工作已完成发布公告、资格预审和招投标工作。由于天气寒冷，计划翌年天气转暖后再继续进行封堵工作。

（刘　斌）

【龙口灰场隐患治理验收】 2月9日，市安全监管局、市发改委、京能热电公司对门头沟区龙口灰场隐患治理第一阶段工作进行验收。市验收组听取了门头沟区安全监管局的汇报，并实地查看了龙口灰场大坝下游砖厂拆除情况。对门头沟区龙口灰场隐患治理第一阶段工作给予肯定。

（刘　斌）

【事故隐患自查自报系统工作会】 12月29日，门头沟区安全监管局组织全区各有关部门、各镇、街主管领导50余人，召开了安全生产事故隐患自查自报系统工作会。会上，传达了12月7日全市推广应用顺义区安全生产事故隐患自查自报系统工作会议精神，下发了《门头沟区推广应用顺义区安全生产事故隐患自查自报系统工作实施方案》，并对事故隐患自查自报系统工作进行了全面部署。

（刘　斌）

安全生产应急救援

【加强应急指挥管理和保障工作】 2010年，门头沟区不断加大应急投入力度，先后投资近2000万元，新建了区应急指挥大楼和应急指挥平台，完成了生产安全应急指挥视频系统与危险化学品图像信息系统监控平台的建设。本着“专业处置”的原则，13个专项指挥部建立了应急救援物资储备库，明确专人负责，及时对救援物资保养更新，确保救援物资储备到位，有效应对突发事件。

（刘　斌）

【完善预案体系强化队伍建设】 2010年，门头沟区制定完善了总体应急预案，23个部门对44个专项应急预案进行了修订和完善，明确了各部门应急救援职责，建立了对安全生产事故应急救援的管理体制和机制。门头沟区现有矿山、消防、森林扑火3支专业救援队伍，区政府组建了140人的综合应急救援队伍，8个镇建立了志愿消防队，形成了政府主导、专业处置、属地管理、部门联动、社会参与的应急救援体系。

（刘　斌）

【对企业安全生产应急预案督导】 2010年，门头沟区加强了对各类生产经营单位应急预案的检查和指导，督促进一步修订完善应急预案。通过检查，各类生产经营单位编制综合预案2342个，专项预案2658个，现场处置方案8976个。特别是加强了对“小门脸”经营单位的检查，采取边检查、边教育、边指导的方式，应急预案得到了全面落实，经营者的安全意识和责任意识得到了提高。完成了非煤矿山、建筑、危险化学品、烟花爆竹、人员密集场所等重点企业应急预案的网上备案工作。根据突发事件性质的不同，各部门组织开展了17次综合应急演练，提高了应对突发事件的能力。

（刘　斌）

【进一步加强应急值守工作】 2010年，门头沟区建立完善了各镇、办事处、各部门应急通讯指挥体系和应急值守系统，设立了专门值班室，配备了专门的值班电话和IP电话，24小时专人值守。在节日期间，强化主要领导干部24小时带班制度，保障了应急通讯的畅通，确保发生突发事件时信息畅通、有效处置。

（刘　斌）

【完善应急物资储备管理】 2010年，门头沟区投资0.6万元购置了半封闭消防服、防毒面具、正压式呼吸器、防爆工具、灭火器、灭火毯等必要的应急救援物资，设立了区危险化学品应急救援物资储备库。在此基础上，加强了应急救援物资储备库管理，明确专人负责，及时对救援物资保养更新，确保救援物资储备到位，有效应对突发事件。

（刘　斌）

【景区应急预案演练】 6月18日，门头沟区安全监管局、区质监局、区旅游局等组织在灵山景区开展了突发事件应急实战演练。市质监局、市旅游局主管领导和门头沟区副区长姚忠阳到现场参加了演练活动。演练模拟客运索道突发故障，造成部分游客被困，景区领导立即启动应急救援预案，各应急救援队伍快速、及时地赶赴救援现场实施有效救援，整个演练从预案启动、抢险救援、安全保障、应急抢修、医疗救护、应急处置全过程有条不紊，成功救出被困人员，达到了预期效果。

（刘　斌）

【隧道施工事故应急救援演练】 6月18日，门头沟区在108国道改建工程南村隧道组织开展应急救援演练。市路政局、门头沟区安全监管局和区公路分局有关领导观摩了演练。通过开展应急演练，检验了突发隧道塌方事故应急保障体系运作情况，强化了各单位的职责，提升了反应速度，锻炼了应急救援队伍，进一步提高了门头沟区应对隧道塌方突发事故的救援能力。

（刘　斌）

【组织消防实战演练】 7月22日，门头沟区安全监管局、区公安分局消防支队在大台街道黄土台社区开展了一次“小手拉大手”消防自救实战演练。演练模拟社区家庭突发火灾，小学生在家长的带领下，捂住口鼻，在短短的几分钟内，迅速而沉着地冲下楼梯，撤到了安全地点。此次演练，共有30多个家庭参与，吸引了100余名社区居民驻足观看。通过演练，极大地提高了居民群众的消防安全意识和逃生技能，为下一步安全生产工作营造了良好氛围。

（刘　斌）

安全生产执法监察

【人员密集场所安全执法检查】 2010年，门头沟区安全监管局对全区商（市）场、宾馆、饭店等人员密集场所进行摸底登记，制定印发了《门头沟区人员密集场所联合检查方案》（门安办字［2010］13号），明确了各行业主管部门、执法部门的职责，会同区商务委、区文委、区旅游局等行管部门采取联合检查与专项检查相结合的方式，加大对全区人员密集场所安全检查力度，全年共检查生产经营单位345家次，下发整改指令书177份，发现隐患528项，罚款1.07万元。

（刘　斌）

【建筑行业专项检查】 2010年，门头沟区安全监管局与区住建委联合6次对门头沟区在施建筑工地进行联合检查。重点检查了建筑工地安全责任制制定落实、作业人员安全培训、现场临时用电、特种作业人员持证上岗、消防器材配备等情况。全年共检查施工工地248家次，下发责令改正指令书153份，查出各类安全隐患304项，对15家建筑企业给予行政处罚，罚款11.69万元。

（刘　斌）

【社会福利企业安全检查】 2月5日，门头沟区安全监管局、区民政局、区公安分局消防支队组成联合检查组对社会福利企业进行了安全检查。重点检查了各单位各项安全管理制度的建立情况；消防器材的配备、消防设施的完好情况以及现场安全管理等情况。此次共检查社会福利企业11家，下发整改指令书7份，查出安全隐患28项，规范了社会福利企业安全生产行为。

（刘　斌）

【区领导带队“五一”节前检查】 4月30日，门头沟区区长王洪忠，区委常委、常务副区长罗斌，区委常委、副区长付兆庚等区政府领导带领相关部门，分五路对矿山、危险化学品、商（市）场、饭店、地下空间、景区、工业企业、文化娱乐场所、水电气等生命线工程进行了“五一”节前安全大检查，共查生产经营单位26家。区领导对各单位安全管理、应急预案、节日值班安排的落实情况和现场消防设施配备、安全警示标志设置、用电线路的规范以及中控室、配电室、锅炉房设备运行等情况进行了检查。针对存在的问题，要求相关部门监督立即整改。在检查中，区领导要求各单位主要领导要针对“五一”前后来门头沟区自助旅游人员、车辆大增，商贸、庆祝活动增多的特点，采取有效措施，强化监督管理，加大安全生产监督检查力度，及时发现和消除各类安全隐患，严防由于抓工期、抢进度引发的生产安全事故，以及交通安全、森林火灾、食物中毒等各项安全事故的发生；要进一步修订完善应急预案，增强预案的实效性与可操作性；在节日期间增加值班力量，加强巡查，确保节日安全。

（刘　斌）

【开展“三无三违”专项整治行动】 7月7日，门头沟区开展“三无三违”专项整治行动。从施工资质、转包手续、安全培训、安全管理措施、特种作业资质和劳动防护用品等方面，对全区所有在施工程进行排查，严禁施工前“无手续、无资质、无安全措施”，严禁施工过程中“违章指挥、违章操作、违反劳动纪律”。行动开展以来，共20个部门上报了95项工程，涵盖了建设、交通、水利、园林、电力、市政市容和校舍加固等7个行业。各行业、属地管理部门，在督促参建单位开展自查的基础上，履行职责，累计检查67家次，下达各类执法文书18份。同时，门头沟区安全监管局联合有关部门，对42个重点工程工地进行了检查，共下达指令书23份，查出安全隐患56处，已全部落实整改。

（刘　斌）

【开展游泳场馆安全执法检查】 8月5日，门头沟区安全监管局会同区体育局、区消防支队、区卫生监督所对游泳场馆进行了联合执法检查。通过此次安全执法行动，进一步增强了各游泳场馆从业者的安全防范意识，规范了操作行为，有效督促了游泳场馆建立健全安全生产责任制，强化了安全生产管理和监督，为广大游泳爱好者消暑休闲提供了安全保障。

（刘　斌）

【开展“打非”行动】 8月至11月，门头沟区组织集中开展了打击非法违法生产经营建设行为专项行动。共出动执法检查人员2890人次，检查非煤矿山、建筑施工、危险化学品从业单位、工业企业，以及商场、超市、网吧、学校、医院等人员密集场所和小歌厅、小网吧、小洗浴、小市场、小餐饮、小旅馆等场所1887家次，共查出安全隐患842项。72家单位被责令停止违法经营活动；36家家具厂因存在严重消防安全隐患被全部予以停产整顿。开展专项打击非法盗采行动4次，使用炸药1429箱，雷管2806支，炸毁熏口596个，封堵填埋411个，断路131条，查扣车辆23辆，销毁工具346件，收缴盗采原煤174.1吨，117人被行政拘留，2名重大责任事故犯罪人被判处有期徒刑3年。

（刘　斌）

【教育系统抗震加固装修工程检查】 8月，门头沟区安全监管局配合区教委、区住建委对全区14所学校的抗震加固装修工程进行安全检查。下发指令书12份，查处各类安全隐患33项。对查出的隐患，施工企业制定出整改方案，并认真进行了整改，经复查所有隐患已经整改完毕。8

月25日所有学校的抗震加固工程都已经完工，并顺利交付使用。

（刘　斌）

【综合楼宇安全生产专项执法检查】 8月15日至20日，门头沟区安全监管局会同区住建委、区公安分局消防支队等部门，开展综合楼宇安全检查工作。门头沟区安全监管局根据辖区综合楼宇内经营单位的特点，制定了《门头沟区综合楼宇内生产经营单位安全生产专项执法检查方案》，明确了各部门工作职责及工作任务分工。期间共检查楼宇经营单位20家，下发整改指令书10份，查出安全隐患23项，填写综合楼宇联合检查记录表57份，针对发现的问题下发整改指令书限期整改。

（刘　斌）

【京浪音乐节安全生产保障工作】 8月27至29日，北京2010年京浪音乐节在门头沟区京浪岛举办。8月23日，门头沟区安全监管局对京浪岛舞台搭设工程进行安全检查，对施工人员高空作业未系安全带、未佩戴安全帽、现场安全防护不到位等隐患，责令立即整改。音乐节期间，配合区公安分局、区文委等有关职能部门对京浪岛临建设施、灯饰、安全疏散出口等进行了细致检查，保证了各项活动的顺利开展。8月30日至31日，对京浪岛2个舞台及临时桥拆除工作进行了全程监督检查，圆满完成了活动期间的安全生产保障任务。

（刘　斌）

【特种作业管理专项执法检查】 11月25日至12月15日，门头沟区安全监管局会同区住建委、区商务委、区文委、区旅游局、区石龙管委等部门，对建筑企业、人员密集场所、工业企业的特种作业管理情况开展专项执法检查。重点对特种作业证件档案管理、特种作业人员持证上岗等主要内容进行检查。共出动检查人员182人次，检查生产经营单位72家，查出安全问题102项，下发限期整改指令书47份，经复查所有隐患已整改完毕。

（刘　斌）

【S1线及棚户区拆除现场安全检查】 12月，门头沟区安全监管局联合区住建委、相关镇及办事处对S1线及棚户区拆除现场进行全面安全检查。期间组织14家拆除公司召开了拆除安全工作会，明确了拆除公司的安全主体责任。共检查施工现场102余处，对拆除中水、电、气及人员等全方位进行了安全监管，保证了拆除工作的顺利进行。

（刘　斌）

【查处投诉举报案件】 2010年，门头沟区安全监管局按照有报必查、有报速查的原则，对各类群众举报案件进行认真查处，协调相关部门召开现场会，拿出解决办法，真正做到件件有落实，事事有回音。全年共接群众投诉举报21件，处理21件，办结率100%，群众满意率达到100%。

（刘　斌）

职业安全健康

【部署粉尘与高毒物品危害治理专项行动】 1月12日，门头沟区安全监管局会同区卫生局、区人力资源和社会保障局、区总工会结合门头沟区实际，认真研究，制定了《2010年门头沟区粉尘与高毒物品危害治理专项行动工作方案》，成立了专项行动领导小组。召开专题会议，对全区开展粉尘与高毒物品危害治理专项行动工作进行了认真部署。

（刘　斌）

【开展水泥行业安全生产大检查】 1月28日至29日，门头沟区安全监管局对辖区内存在悬浮状粉尘作业的北京新港水泥厂、北京西山琉璃瓦厂等9家企业进行了安全检查。重点检查了作业现场除尘设备正常运转和电收尘岗位工作人员安全操作规程执行情况。通报了安徽巢湖瀛浦金龙水泥有限公司粉尘爆炸事故，讲解了粉尘爆炸形成的原因。要求企业负责人务必强化安全责任主体意识，进一步健全和落实各类安全管理制度，提高警惕，决不能有丝毫麻痹思想，做到防患于未然，确保安全生产。

（刘　斌）

【粉尘与高毒物品危害治理专项行动摸底排查工作】 2月，门头沟区安全监管局会同区卫生局、区人力资源和社会保障局、区总工会以及各镇、办事处，对辖区内乡镇煤矿、非煤矿山、家具制造、印刷、琉璃制品等行业作业现场开展了全面的摸底排查工作。通过深入细致的调查，摸清了全区65家粉尘与高毒物品危害企业的分布、经营范围、规模等基本情况。其中：煤炭开采业6家，非煤矿山10家，琉璃制品4家，印刷企业10家，家具制造35家。按时、保质完成摸底排查阶段工作。

（刘　斌）

【强化粉尘企业安全监管】 2月26日至3月4日，门头沟区安全监管局对易产生悬浮状粉尘作业的16家企业进行了安全生产大检查。重点对作业现场通风和除尘设施运转等安全生产情况进行检查，对检查中发现存在安全隐患的4家企业下达了限期责改指令书。并向企业负责人通报了“2·24”河北抚宁淀粉厂粉尘爆炸事故，讲解了粉尘爆炸形成的原因。同时提出具体要求，严防各类事故发生。

（刘　斌）

【有限空间作业场所摸底排查】 4月，门头沟区安全监管局组织行业主管部门、镇、办事处对辖区内的有限空间作业单位和作业场所进行深入细致的摸底排查，经查，门头沟区共有有限空间作业单位19家，按照行业分类：燃气1家，热力1家，环卫中心粪便清掏2家，粪便处理厂1家，污水处理厂1家，市政1家，物业2家，电力2家，通信1家，歌华有线1家，粪便清掏社会单位6家，作业人员987人，全区存在有限空间作业场所14624处。通过全面摸查，掌握了全区有限空间作业单位数量、分布位置、安全作业现状等基本情况，建立了有限空间作业监管台账，为有效监管奠定了基础。

（刘　斌）

【有限空间作业场所专项检查】 2010年，门头沟区安全监管局高度重视有限空间安全生产专项治理工作，专项整治期间组织联合大检查9次，对各部门、各单位开展有限空间安全生产专项治理工作情况进行督查。截至12月底，全区各部门共查有限空间生产经营单位783家次，发现并消除安全隐患132项，下达限期整改指令书37份，通过强化检查治理，各企业积极整改，建立健全了有限空间安全作业规章制度，加大安全投入78.6万元购置了警示标识，通风、检测、救援设备和个人防护用品，全区有限空间作业场所共设立警示标识8970块，105名监护人员顺利通过了北京市有限空间特种作业人员操作资格考试，取得了证书，持证上岗，为一线职工安全作业提供了有力保障。

（刘　斌）

【职业卫生大型公开课】 5月11日，门头沟区安全监管局会同区卫生局在石龙工业经济开发区开展职业卫生安全大型公开课活动。石龙开发区39家企业负责人及职工200余人参加了活动。活动中，发放宣传材料1150份。各部门按照各自的职责，就职业卫生法律法规、职业卫生科普知识、有限空间作业安全知识并结合典型案例进行了讲解。通过大课堂宣传教育活动，增强了广大职工职业卫生的安全意识，为深入开展有限空间专项整治工作，营造了浓厚安全氛围。

（刘　斌）

【有限空间作业监护人员工作会】 6月12日，门头沟区安全监管局召开了有限空间作业现场监护人员持证上岗专题工作会，全区18家有限空间相关单位主要负责人参加了会议。会上传达了北京市安全生产监督管理局《关于地下有限空间作业现场监护人员必须持证上岗的通告》（京安监发［2010］68号）文件精神，要求各单位加强领导，高度重视，要根据工作实际，配备足够的现场监护人员，保证地下有限空间作业时每个作业现场不少于2名监护人员；要明确专人负责，立即组织监护人员到有资质的培训机构进行安全技术培训，做到持证上岗。

（刘　斌）

安全生产宣传培训

【推进对外宣传】 2010年，门头沟区安全监管局以区有线电视台“直击安全现场”栏目为主，联合《京西时报》等新闻媒体，围绕重点行业和领域的安全检查和安全生产“三项行动”开展情况，进行了27次宣传报道，取得了良好的社会效应，结合工作实际，制发安全生产监察情况24期，对全区重点工作起到了积极的推动作用，取得了良好的社会效应。

（刘　斌）

【烟花爆竹安全主题宣传活动】 2月9日，门头沟区在区影剧院广场设立宣传站开展烟花爆竹安全主题宣传活动，门头沟区安全监管局、区应急办、区公安分局、区工商分局、区质监局、区交通局、区城管大队等相关部门及有关镇、街参加了此次活动，向过往群众发放宣传材料，并向广大群众宣传了要在合法销售网点购买正规烟花爆竹，不要购买和燃放伪劣、超标的烟花爆竹，掌握安全燃放方法，确保燃放安全等相关知识。此次活动共设置安全宣传展板12块，发放防护眼镜、台历、对联、便民包、安全燃放知识等宣传材料3万余份，为门头沟区节日期间烟花爆竹燃放营造了深厚的安全氛围。

（刘　斌）

【危险化学品从业单位培训班】 3月11日，门头沟区安全监管局组织全区危险化学品从业单位76名主要负责人进行了集中安全培训。在培训中围绕《中华人民共和国安全生产法》、《北京市安全生产条例》、《危险化学品安全管理条例》等相关法律法规，结合事故案例进行了系统讲解，并对2010年危险化学品安全管理工作进行了周密部署，提出具体工作要求。

（刘　斌）

【粉尘与高毒物品危害治理培训班】 3月16日，门头沟区安全监管局会同区文委、区卫生局、区人力社保局、区总工会对全区印刷企业主要负责人和职业卫生安全管理人员20余人进行了安全培训。围绕《门头沟区粉尘与高毒物品危害治理专项行动工作方案》并结合《中华人民共和国职业病防治法》、《北京市印刷业作业场所职业卫生管理规范》等相关法律法规进行了系统讲解。对专项行动工作进行了周密部署，并提出具体工作要求。

（刘　斌）

【工业企业安全生产标准化培训班】 3月16日，门头沟区安全监管局举办了工业企业安全生产标准化培训班，市安全监管局、门头沟区安全监管局主要领导、中介机构专家出席并讲话，各有关部门、各镇、街的主管领导以及全区124家工业、非煤矿山企业的负责人参加了培训。市安全监管局就开展安全标准化活动的目地、意义、方法及必要性进行了阐述，并介绍了一批达标企业的先进经验和做法。门头沟区安全监管局对《门头沟区工业企业安全生产标准化活动实施方案》、《北京市生产安全事故报告和调查处理办法》等文件进行了宣贯。有关中介机构的专家对安全生产标准化的基本概念和理论、开展及创建的过程和主要要素等相关内容进行了系统讲解。

（刘　斌）

【有限空间安全生产培训班】 3月24日，门头沟区安全监管局会同区民防局，对全区人防工程在用有限空间52名主要负责人和安全管理人员进行了集中安全培训。在培训中区安全监管局以《北京市人防工程和普通地下室安全使用管理办法》为依托，围绕安全生产法、市安全生产条例和有限空间作业安全生产规范等相关法律法规、事故案例，进行了系统讲解。区民防局与各人防工程在用单位签订了安全责任书，就2010年人防工程安全管理工作进行了周密部署。

（刘　斌）

【职业卫生宣传活动】 4月24日，门头沟区安全监管理局会同区卫生局、区人力社保局、区工会在门头沟区影剧院广场开展了以《造福劳动者——劳动者享有基本职业卫生服务》为主题的职业卫生安全宣传活动。并就职业健康监护、职业危害治理、职业安全防护和职业病工伤认定与保险等方面的知识现场进行宣传，解答过往群众提出的问题。此次宣传，发放职业病防治、劳动保险、安全生产等宣传材料5600余份，解答群众咨询近百人次，收到良好的效果，营造了浓厚的职业卫生安全氛围。

（刘　斌）

【社区应急救援知识培训班】 6月8日，门头沟区安全监管局会同区红十字会、龙泉镇政府在龙泉雾社区举办了应急救援知识培训班，此次培训共有120余名社区居民参加。区安全监管局、区红十字会生动细致地对现场急救、自救、互救的基础知识、方法和应急过程中容易出现的注意事项，进行了详细讲解，发放宣传材料200余份，并通过现场考试，使居民们掌握了基本的急救知识及技能。全面提高了社区居民的自我保护意识和应对突发事件的能力。

（刘　斌）

【安全生产教育培训会】 6月11日，门头沟区安全监管局、区民政局联合在天山陵园组织召开了安全生产培训会，对天山陵园内施工单位的安全管理人员、主要负责人等30余人进行了安全生产教育。区安全监管局讲解了安全生产法、市安全生产条例等法律法规和相关事故案例。并结合安全生产月活动，提出了具体要求。

（刘　斌）

【安全生产月宣传】 6月13日，门头沟区安全监管局会同区委宣传部等委办局16个职能部门，在区影剧院广场设立安全宣传主咨询站，围绕“坚持安全发展，落实安全责任，服务世界城市建设”的安全生产月活动主题，开展了生产安全、食品安全、公共安全、公共卫生安全等方面的安全宣传活动。此次活动全区共设立安全宣传咨询站21个，设置安全宣传展板361块，发放宣传材料10万余份，悬挂横幅420幅，张贴标语、宣传画7200余张，设宣传栏、板报1900余块，受教育人数达10万余人。通过广泛宣传，营造了全社会浓厚的安全氛围。

（刘　斌）

【安全生产题材影片放映专场】 6月23日，门头沟区安全监管局组织全区各相关部门、镇、街、社区及企业主要负责人、安全管理人员观看了安全生产题材影片《人命如天》，共有600余人观看。全面提高了全民的安全意识和安全素质。

（刘　斌）

【首都演讲团到门头沟演讲】 8月18日，首都安全生产演讲团一行6人到门头沟区开展安全生产宣传教育演讲。全区各镇、办事处，各部门主管领导和重点企业主要负责人150余人聆听了演讲。5位来自安全生产一线的演讲员用真实的案例和自己的亲身经历将安全生产法律法规、安全文化、安全知识以及“关爱生命、关注安全”的理念传递给在场每位听众。通过首都安全生产演讲团的精彩演讲，极大提高了各部门、各单位领导及职工的安全意识和责任意识，对全区安全生产工作起到了积极的推动作用。

（刘　斌）

【贯彻落实“国务院23号通知”培训班】 8月31日，门头沟区安全监管局会同大峪办事处，组织辖区34个社区、部分生产经营单位主要负责人60余人，举办了“贯彻落实国务院《关于进一步加强企业安全生产工作的通知》”培训班。在培训中传达学习了国务院通知，并围绕《中华人民共和国安全生产法》、《北京市安全生产条例》等相关法律法规、事故案例，就属地管理、如何进一步落实企业安全生产主体责任等进行了系统的培训。

（刘　斌）

【贯彻落实“国务院23号通知”宣传日活动】 9月3日上午，门头沟区安全监管局组织区相关单位，以石龙工业园区为主会场，各镇、街为分会场，开展了贯彻落实《国务院关于进一步加强企业安全生产工作的通知》精神宣传日活动。本次活动紧扣贯彻落实“国务院23号通知”精神的主题，结合市安委会印发的《北京市集中开展严厉打击非法违法生产经营行为专项行动工作方案》，宣传国家有关安全生产法律法规。共制作安全生产宣传展板38块，悬挂宣传横幅56条，发放《通知》读本、挂图等宣传材料2万余份，受教育群众近3万人。

（刘　斌）

【社区安全生产大型公开课】 9月10日，门头沟区安全监管局组织辖区内99个社区，168名社区干部参加了社区安全生产大型公开课活动。北京社区安全讲师团讲师、北京城市系统工程研究中心高星老师和王鑫老师，用生动的语言结合典型事故案例分别对社区安全用电和社区消防安全等方面进行了详细讲解。

（刘　斌）

【深化“国务院23号通知”宣传教育培训】 9月28日，门头沟区安全监管局组织全区危险化学品和烟花爆竹从业单位主要负责人60余人，对国务院《关于进一步加强企业安全生产工作的通知》进行了学习。在此基础上，对国庆期间的安全生产工作进行了详细部署。

（刘　斌）

【应急预案备案信息管理系统培训班】 10月28日，门头沟区安全监管局邀请市安全监管局应急处专业人员，对全区非煤矿山、危险化学品、烟花爆竹生产经营单位主要负责人40余人举办了应急预案备案信息管理系统培训班。在培训中市安全监管局围绕《中华人民共和国突发事件应对法》、《生产安全事故应急预案管理办法》等相关法律法规，就应急预案备案信息管理如何申报程序操作进行了逐项讲解，并当场解答了企业负责人提出的有关问题。

（刘　斌）

【开展法制宣传日活动】　12月2日，门头沟区安全监管局参加了区政府组织的“12·4”法制宣传日活动，在区影剧院广场设立法制宣传主会场，紧密围绕“弘扬法治精神，促进社会和谐”活动主题，开展了法律法规、生产安全、食品安全、公共安全、公共卫生安全等方面的宣传活动。门头沟区区委副书记陈志强、区人大副主任聂文玉等和区政府各有关部门主管领导到场发放宣传材料，并与相关部门工作人员一起解答过往群众有关法律法规方面的问题。此次活动区安全监管局共设置安全宣传展板4块，发放宣传材料3000余份，悬挂横幅1幅，通过广泛宣传，营造了浓厚的社会氛围。

（刘　斌）

房山区

概　述

2010年，房山区坚持用安全发展为指导原则引领安全生产工作，将安全生产监督管理工作同全区社会经济发展同步进行。始终贯彻“安全第一、预防为主、综合治理”方针，继续开展“安全生产年”活动，以预防为主、加强监管、落实责任为重点，抓好“三个突出”，做到“三个加强”。统筹兼顾，突出重点，全力确保全区安全生产形势稳定好转。结合全区安全生产工作实际，抓好重点行业领域的安全监管，继续强化安全生产教育培训工作，履行属地监管职责，强化基层监管权威和效果。进一步加强乡镇安全生产基础工作，健全安全责任体系，规范安全生产工作制度，建立本地区各企事业单位的安全生产基本档案，并实施动态管理。加强应急管理工作，进一步明确目标任务，落实工作措施，按照预防与管理并重的原则，全面推进应急体系建设，完善应急值守、信息发布、预案演练、管理机制、应急救助保障等工作制度，推动全区应急管理工作规范化、系统化、科学化和法制化。进一步加强监管监察队伍自身建设，增强工作的针对性、实效性，圆满地完成安全生产工作任务。在安全生产大检查活动中，全区共成立检查组345个，参加监察人员4242人次，检查生产经营单位2150个，查处安全生产隐患3045项，下达整改指令书1200份，强制措施决定书31份，行政处罚641366元。围绕“坚持安全发展落实安全责任，服务世界城市建设”为主题的安全生产月期间，发放安全生产宣传品20余万件，采取报刊、通讯等多种形式宣传安全生产工作。全年安全生产总体保持了稳定的态势，有力地促进了区域经济社会的健康发展，切实为“三化两区”新房山建设做出了贡献。

安全生产综合监督管理

【安全生产控制考核指标完成情况】 2010年，北京市安全生产委员会下达房山区生产安全死亡人数控制指标10人。全年，共发生生产安全事故5起，死亡6人。事故起数同比减少2起，下降29%；死亡人数同比减少4人，下降40%。

（邱玉珊）

【区安委会召开安全生产工作会议】 1月26日，房山区安全生产委员会组织召开了全区安全生产工作会。会议通报了2009年全区安全生产工作情况。各乡镇（街道）分别汇报了本辖区2009年安全生产工作及2010年工作目标。同时，区安委会就如何做好2010年全区安全生产工作及加强基层安全监管工作，进一步完善安全生产长效机制等方面问题进行了座谈。最后，房山区安全生产委员会副主任，区安委会办公室主任，区安全监管局局长周德运对做好2010年全区安全生产工作提出了要求。

（李　杰）

【年度安全生产工作会】 3月23日，房山区组织召开2010年安全生产工作会，总结2009年安全生产工作，进一步部署2010年工作，区委副书记、区长祁红，区委常委、常务副区长高言杰以及区直各部、委、办、局、乡镇、街道、驻区中央市属企业主要领导出席会议。会议首先听取了高言杰关于房山区2009年安全生产工作的工作报告，会议宣读了2009年度安全生产工作表彰决定。随后，长阳镇政府、文委等部门代表安全生产先进单位作了典型发言，拱辰街道、阎村镇代表分别与区政府签订了2010年安全生产目标管理责任书。区长祁红在会上要求：要认清目前制约和影响房山区安全生产工作的困难和问题，思考和研究安全生产工作中的薄弱环节，牢固树立安全发展理念，持续深化“安全生产年”活动。各单位、各部门、各企业要从讲政治、保稳定、促发展的高度，更加积极负责，扎实认真地做好安全生产各项工作，把工作部署和要求真正落到实处，为实现房山区“三化两区”建设，促使区域经济更好、更快地发展提供有力的安全保障。

（李　杰）

【“安全生产全月”工作部署会】 5月27日，房山区安委会组织召开了安全生产月部署工作会。会议就如何开展“安全生产月”活动进行了安排。会议要求，各行业加强对从业人员的安全教育，结合举办安全知识竞赛、法律知识竞赛等活动，普及安全知识，提高安全知识水平；加强有针对性地采取措施对从业人员进行安全教育、安全思想教育，通过交通、消防、饮食安全图片展等具体活动的开展，强化安全意识；要加强安全教育的宣传工作，通过网络、宣传栏、报纸、电台等媒体，张贴、播放、刊发有关安全方面的知识，营造强大的舆论声势；四是要结合本部门、单位工作实际，制定切实可行的工作运行方案，切实把文件要求落到实处，确保安全工作不出任何问题。

（李　杰）

【安全生产电视电话会】 11月22日，房山区召开安全生产电视电话会，部署全区安全生产大检查工作，区安全生产委员会各成员单位主管领导、全区各乡镇（街道）党政正职参加会议。区委副书记、区长祁红在会上指出，要吸取吉林省、上海市近期发生的安全生产事故的惨痛教训，始终保持清醒头脑；要突出重点，全力以赴抓好安全生产大检查工作，各位分管区长要按各自分管行业（领域）亲自带队检查；各行业主管部门也要组织“拉网式”、“无缝隙”的检查，查隐患、抓整改、要结果、求实效；严格执行安全生产责任考核，加强各乡镇、各部门间的密切配合，齐抓共管、通力协作，确保隐患排查到位、整改措施到位、人员配备到位；全力以赴做好今冬明春的安全生产工作，确保全区安全生产形势稳定。截至11月底，房山区各相关委办局及乡镇（街道办事处）共检查生产经营单位320家，查出安全生产隐患512条，整改率100%。

（李　杰）

【国务院安委会督察组督察房山区安全生产工作】　5月20日，国务院安委会第十二督察组在、国家安监总局副局长杨元元的带领下，到房山区督察安全生产工作。督察组查阅了区政府相关资料并视察了房山区安全监管局。在区安全监管应急指挥平台与区安全监管局及部分乡镇、企业领导进行了座谈。

（李　杰）

【区领导调研区安全监管局工作】　7月20日上午，房山区副区长马继业到区安全监管局对安全生产工作进行调研。区安全监管局向马继业汇报了近年来的安全生产工作。马继业在听取了汇报后，对区安全监管局近年来所做工作和取得的成绩予以肯定，并提出了下一步工作要求。

（李　杰）

【市局督察贯彻“国务院23号通知”和“打非”情况】　9月15日，市安全监管局第二督察组对房山区进行了督导。督察组分别听取了房山区政府及有关部门的关于学习贯彻国务院通知精神、深入开展打击违法非法生产经营建设行为专项行动的汇报，查阅了有关资料档案；到阎村镇政府进行了实地督导检查；对房山区化工四厂、北京燕房华兴仓储有限公司等单位贯彻落实文件精神的情况进行了现场检查了解。督察组肯定了房山区政府及有关部门对“国务院23号文件”的贯彻落实工作，同时对打击违法非法生产经营建设行为专项行动提出了具体要求。市交通委、市环保局、市公安交管局有关人员参与了督导检查行动。

（李　杰）

【市督察组督察粉尘与高毒物品治理行动】　11月18日，市安全监管局、市卫生局、市人力社保局和市总工会联合督察组，对房山区粉尘与高毒物品危害治理专项行动进行专项督察。督察组一行首先听取了关于开展专项行动的工作情况汇报，并现场查阅相关文件、记录和资料。随后，就粉尘与高毒物品危害治理专项行动进行点评，肯定了房山区在职业卫生监管，专项监管行动等方面所做的工作。同时对存在问题提出整改要求。

（敖俊华）

【市安委会对房山安全生产进行考核】　12月21日至22日，市安委会第三考核组对房山区2010年度安全生产工作进行综合考核。考核组听取了汇报后分组对区政府、乡镇政府（街道办事处）及行政村（居委会）和生产经营单位进行了检查。实地抽查了阎村镇政府、燕山办事处两个乡镇政府（街道办事处）及下属行政村（居委会）和昊天假日酒店等四家生产经营单位安全生产工作开展情况。在听取房山区政府汇报后，对房山区安全生产工作给予了充分肯定。

（李　杰）

危险化学品安全监管监察

【危险化学品行政许可】 2010年，房山区危险化学品经营单位526家，其中甲类经营许可证167家，乙类经营许可证359家。2010年共受理申请188家，其中甲证申请101家，已审查合格101家；乙证申请87家，已审查合格87家。

（杨忠帅）

【危险化学品安全生产工作会】 2月5日，房山区组织召开了乡镇政府主管领导和部分危险化学品生产、储存、经营企业主管负责人参加的安全生产工作会。会上，传达了市安全监管局“2·1”会议精神和市局关于《做好烟花爆竹燃放期间危险化学品生产经营单位安全管理工作的通知》和通报了“1·7”兰州石化事故，并就春节期间危险化学品生产安全，防寒防冻、放假值守、开停车、防恐、防燃放烟花爆竹、应急工作进行了再部署。

（李 杰）

【粉尘与高毒物品专项整治协调会】 3月2日，房山区安全监管局召开了粉尘与高毒物品专项整治工作会。区卫生局、人力社保局、总工会、卫生监督所、疾控中心有关领导及安全监管局职业卫生科全体参加了会议。会上，区安全监管局汇报了粉尘与高毒物品专项整治工作进展情况；区卫生局、人力社保局、总工会、疾控中心、卫生监督所分别就如何进一步做好粉尘与高毒物品专项治理工作交换了意见和建议；区安全监管局主管领导作了总结性发言。

（敖俊华）

【粉尘与高毒物品危害治理专项行动动员会】 3月17日，房山区安全监管局召开粉尘与高毒物品危害治理专项行动动员会，全区化学原料及化学品制造业、汽车修理企业、非金属矿物制品业、皮革、家具等行业主要负责人共计150人参加了会议。区安全监管局、区卫生局、区总工会、区人力资源和社会劳动保障局、区卫生监督所、区疾病预防控制中心主管领导参加了会议。会上，区安全监管局部署了房山粉尘与高毒物品危害治理专项行动工作；参会的其他单位根据本单位职责分工对专项行动工作进行了分工部署。

（敖俊华）

【加大粉尘与高毒物品危害治理督察力度】 4月12日开始，房山区安全监管局、卫生局、人力和社保局组成联合检查组，对全区涉及矿山开采业、家具制造业、印刷业、石英砂等89家企业开展粉尘与高毒物品危害治理专项行动督察行动。此次专项行动治理内容以督促生产经营单位落实职业危害防治主体责任为主要内容，共计13项内容。

（敖俊华）

【危险化学品安全生产工作会】 4月14日上午，房山区安全监管局组织召开房山区危险化学品安全生产工作会，25个乡镇的主管领导，房山公安分局、区公安消防支队、区交通局、区环保局、区质监局负责人，全区危险化学品和烟花爆竹单位的主要负责人，共500多人参加了会议。会上，区安全监管局首先对本区危险化学品和烟花爆竹2009年工作进行了总结，部署2010年危险化学品和烟花爆竹安全生产工作，传达了市安委会、市安全监管局和国家安监总局办公厅关于做好危险化学品安全监管工作的通知，并根据安全生产检查中发现的问题和防恐形势提出了具体工作要求。

（马 振）

【市局对房山区危化企业进行检查】 4月26日至28日，市安全监管局检查组对房山区危险化学品生产企业进行安全生产专项检查。检查组对北京燕山集联石油化工有限公司、北京燕东化工厂进行了安全检查。在燕山集联石油化工有限公司，检查组对加氢油品等装置进行了检查，查阅了安全生产相关文件，并听取了企业主要负责人的汇报。检查结束后，检查组就集联公司安全生产工作有组织、有计划、有布置、有制度、各项工作有措施的开展给予肯定。

（李　杰）

【市局调研危险化学品储存库建设】 4月30日，市安全监管局调研组对中石化北京燕山分公司进行调研。调研组首先听取区安全监管局关于房山区危险化学品生产储存库房安全监管工作和中石化北京燕山分公司主要领导对危险化学品储存库房中的建设及管理中执行规范、标准的情况汇报，并分别征求了危险化学品的储存库房规范设立的意见。

（马　振）

【易制毒和管控化学品监管工作】 2010年，房山区开展为期两周的易制毒和管控化学品专项整治行动，多措并举，加强易制毒和管控化学品监管工作，确保世博会和亚运会期间房山区易制毒和管控化学品安全生产稳定。一是召开会议，明确责任。明确各单位的管理职责，从源头上防止易制毒和管控化学品流入非法渠道。二是动态监管，跟踪检查。对辖区内入网企业易制毒和管控化学品购进、销售、使用、库存数量以及流向实行全面网络化动态监管。三是广泛宣传，集中培训。通过举办培训班，普及易制毒和管控化学品常识、管理法规和防范流失的方法。四是加强安全监督检查。重点对企业的安全监管台账、流向登记等进行了检查。五是部门合作，促进监管。通过建立各部门齐抓共管，促进全区易制毒和管控化学品监管工作的有效开展。

（李林坡）

【督察化工厂安全生产工作】 5月28日，市安全监管局检查组到房山区北京极易化工厂进行了安全检查，重点检查了生产装置的安全设备设施、员工的操作、巡查、值班安全检查等各项记录和厂内的安全警示标志以及安全应急演练等内容。检查组对房山区危险化学品安全生产工作给予了肯定。

（马　振）

【危险化学品安全生产紧急会】 7月1日，为吸取北京燕房华兴仓储有限公司仓库“6·29”发生火灾事故教训，房山区安委会召开危险化学品安全生产紧急工作会，区交通、公安、环保、质监、市政市容、消防、交通及乡镇的主管领导和危险化学品单位的主要负责人，共计416人参加了会议。会上，区安全监管局通报了北京燕房华兴仓储有限公司仓库“6·29”发生火灾情况，部署和安排开展全区危险化学品企业大检查，逐一排查各个环节存在的问题和安全隐患。进一步教育职工提高安全意识，堵塞安全管理漏洞，确保全区安全生产稳定。

（李　杰）

【确保高温天气危险化学品企业生产安全】 进入夏季以来，房山区安全监管局采取多项举措确保高温天气下危险化学品企业生产安全。针对夏季高温特点及企业可能存在的安全生产事故隐患，把防雷、防汛、防火、防静电、防暑降温作为检查的重点，督促企业做好各种易燃、易爆、有毒、有害化学品日常安全管理，采取降温措施，严格控制仓库的库存量，杜绝超量储存。严格值班制度，确保信息畅通。要求每个危化企业的重点岗位要坚持24小时专人值班，并确保电话畅通。

（李　杰）

【危险化学品安全生产大检查】　7月份以来，房山区安委会组织多个部门，组成联合检查组，开展了为期一个月的危险化学品行业安全生产大检查。此次联合检查各相关单位共出动执法人员1125人次，车辆301台次，检查各类危险化学品企业290家，检查危险化学品车辆1072辆，发现各类隐患1652项，下达整改指令100份，行政处罚13.7万元，暂扣一家企业的危险化学品经营许可证，责令2家企业立即停止生产，暂扣违法违规危险化学品运输车辆33辆，发放宣传材料2000余份。

（李　杰）

【危险化学品企业重点建设项目协调会】　9月1日，房山区安全监管局召开了涉及危险化学品企业重点建设项目协调会，邀请了北京市化工协会专家参加了会议，对北京窦店高端现代制造业产业基地、北京石化新材料科技产业基地招商引资的涉危行业进行前期规划。区安全监管局就房山区工业园区建设所涉及危险化学品的安全工作提出建议：一是工业园区建设中涉及危险化学品的工作中，应在建设前期加以预防；二是要求工业园区对所有引进的企业进行一次排查，对涉及危险化学品的各类企业向区安全监管局提出申请。

（马　振）

【危化企业安全监管情况】　2010年，房山区安全监管局共检查危险化学品和烟花爆竹生产经营单位1092家，共检查（复查）单位1597家次，查处违法违规行为和生产安全隐患491项，下达整改指令书159份，已整改完458项，整改率95%。并对北京普莱克斯化实二氧化碳有限公司和北京长操加油站等36家企业进行了行政处罚，共计63.8万元。有效的遏制了危险化学品事故的发生。

（杨忠帅）

烟花爆竹安全监管监察

【部署2011年烟花爆竹销售工作】　10月21日，房山区召开了2010年烟花爆竹工作会。区应急办、区安监、公安、消防、工商、城管、市政市容、质监等委办局及相关乡镇政府（街道办事处）主管领导参加了会议。会上，区安全监管局传达了北京市烟花工作会议精神及《北京市2011年春节烟花销售（储存）安全工作方案》的要求。对2011年烟花爆竹销售工作进行了部署。确定了是年烟花爆竹布点原则：坚持“先登记、先审查、先批准”，以临时销售、大型连锁企业连锁店、专营单位建立的直销网点为主，以长期销售为辅，以个体销售为补充，总量控制在150个临时销售单位，严格控制城区数量，增加偏远乡镇网点个数。会议着重提出了今年烟花爆竹售卖要建立“风险抵押金”及销售人员保险两项制度，同时确定了动员备货、教育培训、行政许可、配送、销售、回收等工作的具体时间及工作要求。会议最后，区安委会要求各乡镇及相关职能单位要高度重视此项工作，由一把手全面负责，主管领导亲自抓落实，要制定明确的、可操作的工作方案，明确分工、狠抓落实，确保今年烟花爆竹监管工作顺利实施。

（马　振）

【烟花爆竹安全检查】　2010年，房山区烟花爆竹从业单位共计268家。其中：3家批发企业和265家零售企业。春节期间对烟花爆竹进行拉网式全覆盖的100%检查，共出动检查组96组次，检查1005家次，发现隐患453条，下达指令书169份，检查记录380份，强制措施决定书1份，整改率100%。查处分发销售和严重违法行为13家，吊销许可证5家，罚款8次，共计2万元。确保了2010年春节期间烟花爆竹销售和燃放安全的持续稳定。

（杨忠帅）

【烟花爆竹回收】 2010年，房山区在《房山区2010年元旦春节烟花爆竹储存销售工作方案》中提前进行了部署，截至3月9日三家批发单位共计回收烟花爆竹50653箱，2010年烟花爆竹销售工作顺利完成，未发生各类生产安全事故。

（马　振）

矿山安全监管监察

【煤矿行政许可】 2010年初，房山区共有煤矿企业18座，分布在4个乡镇，其中：史家营乡12座，霞云岭乡3座，南窖乡2座，大安山乡1座，共涉及11个行政村，从业人员近4000人，核定生产能力83万吨/年。截至5月31日24时，房山区所有煤矿全部停止生产。

（宿晓彤）

【煤矿安全检查】 年初至5月31日，房山区安全监管局共检查煤矿企业116矿次，下达责令整改指令书61份，查出隐患227条，行政处罚15万元。

（宿晓彤）

【部署煤矿复产各项工作】 2月22日，房山区安全监管局牵头组织有关部门召开了全区煤矿复产动员大会，局长周德运、副局长刘继承及房山国土分局、房山公安分局相关负责人，各产煤乡镇主管领导、安全科科长，煤矿企业投资人、矿长、全区驻矿安全督导员共50余人参加了会议。会议总结了2009年房山区煤矿安全生产工作，下发了《关于做好春节后煤矿复产期间安全生产工作的通知》（房安办［2010］2号），文件明确规定了节后复产验收标准，共计42项。并会同房山国土分局、房山公安分局等部门组成区复产验收检查工作组，根据检查验收标准对煤矿进行复产检查验收。自3月11日至29日，全区共有17座煤矿通过复产检查验收。

（宿晓彤）

【煤矿安全生产紧急会】 3月19日，房山区安全监管局组织召开全区煤矿安全生产紧急工作会，对节后复产工作及确保关闭前安全生产进行了再部署。会上，区安全监管局主管领导传达了《关于印发房山区驻乡包矿安全生产督察组督察方案的通知》（房安［2010］5号）。通知要求，自3月25日开始，区安监、国土等部门将组成6个督察组，驻乡包矿，对煤矿企业进行安全生产全面督察，确保煤矿企业关闭前安全稳定。同时，对“区与乡”、“乡与矿”签订《煤矿安全监管责任书》、《煤矿安全生产责任书》工作进行了部署。区安全监管局局长周德运要求煤矿企业要提高认识，平稳过度；切实落实企业主体责任，确保安全投入、管理、装备、培训等措施落实到位；严禁任何破坏性、掠夺性开采及“疯狂”突击组织生产等行为，确保煤矿企业关闭前安全稳定。北京煤矿安全监察分局、房山国土分局、房山公安分局有关负责人及各产煤乡镇主管乡（镇）长、安全科长，各煤矿矿长、投资人，区驻矿安全督导员等共计80余人参加了会议。

（李　杰）

【"驻乡包矿"保证关闭前安全稳定】 为切实防止煤矿企业证照到期前煤矿安全管理松懈滑坡、"三超"、"疯狂"突击组织生产行为，坚决杜绝生产安全事故的发生，确保煤矿关闭前安全稳定，根据《房山区驻乡包矿安全生产督察组督察方案》（房安［2010］5号）要求，房山区安全监管局派出6个督察组，进驻各产煤乡镇，每个督察组督察3家煤矿企业，采取"驻乡包矿"的方式，对煤矿开展安全生产全面督察。督察期间，凡发现煤矿企业存在超能力、超定员、超核定工作面个数组织生产的，未按照要求管理、使用火工品的及超层越界开采的；矿界范围内已关闭水平井出现非法开采的；职工未经四级培训上岗作业的；井下提升运输系统不完善、一坡三挡不齐全可靠的，责令其停产整顿，并停止火工品使用经整顿仍不符合要求或拒绝整顿的；情节严重或因此造成事故的，提请区政府予以提前关闭。

（李　杰）

【部署煤矿关闭工作】 2010年，房山区政府按照调整产业结构的总体规划和部署，决定关闭全区18座煤矿企业。为稳妥、安全有序的完成2010年煤矿整顿关闭工作，区政府成立了煤矿关闭工作指挥部，统一领导小煤矿关闭工作，下设五个工作组，其中房山区安全监管局牵头负责煤矿关闭验收工作组。期间，区安全监管局多次组织相关部门召开专题会议，研究部属煤矿关闭工作，根据《关于印发2010年房山区关闭小煤矿工作方案的通知》（房政发［2010］11号）、代区政府起草了《关于印发2010年房山区小煤矿关闭验收工作方案的通知》（房政发［2010］22号），方案进一步明确了相关职能部门、乡镇职责，明确了煤矿关闭工作具体步骤。

（宿晓彤）

【结束千年煤炭开采史】 截至5月31日24时，房山区现有的16座煤矿全部停止生产，宣告房山彻底告别了千年煤炭开采的历史，在退出资源型产业道路上迈出了关键一步。2005年以来，根据国家及北京市产业结构调整要求，房山区先后整合关闭乡镇煤矿，由139座减少到2010年的18座煤矿。此次停产的18座煤矿，除两座煤矿在4月底前完成关闭外，其余16座已经停产，并按照区政府要求在6月15日完成井上井下设备设施的拆除工作，6月30日前完成井口垒封工作。为应对煤矿关闭对地区经济和社会造成的不利影响，区委、区政府主要领导多次到4个产煤乡镇调研，听取乡镇政府汇报煤矿关闭及后续工作存在的困难，制定了解决方案。6月1日，市安全监管局局长张家明就煤矿关闭工作进行调研，听取了区政府、各相关单位及产煤乡镇关闭煤矿后续工作进展情况汇报，并做了指示。为顺利完成煤矿关闭工作，各产煤乡镇按照区政府的统一部署，成立了煤矿关闭工作指挥部，下设宣传教育疏导、秩序维护遣返等工作组，为煤矿关闭工作提供了有力保障。同时，各产煤乡镇结合各自实际，围绕生态涵养发展区的功能定位，研究制定了加快发展煤矿替代产业的计划。针对煤矿下岗职工安置问题，区乡两级政府将通过植树造林、环境整治等工程建设安置下岗职工，并通过山区人口迁移等措施，充分挖掘现有企业安置潜力、鼓励个人创业和发展替代产业等多种方式促进下岗群众再就业。煤矿全部关闭后，打击非法开采将是一个旷日持久的工作，各产煤乡镇将继续保留和进一步加强执法人员配置，完善执法设备设施，加大打击非法开采力度，确保煤矿关闭成果。

（李　杰）

【督察煤矿关闭情况】 按照房山区煤矿关闭工作指挥部统一部署，区煤矿关闭验收工作组由房山区安全监管局牵头，6月17日、7月6日，会同房山国土分局、房山公安分局、房山工商分局、区供电公司及史家营乡、霞云岭乡、大安山乡、南窖乡人民政府，两次对18家关闭煤矿关闭情况进行了督察。18家关闭煤矿已于6月10日前按照要求井口全部垒封，停止并拆除高压供电设施，煤矿从业人员已全部遣返，入井电缆、管线、铁道、架线等已全部拆除完毕，其中史家营乡、霞云岭乡、南窖乡人民政府向区政府提出申请保留部分矿区房屋准备留作他用，区政府已同意。

（宿晓彤）

【市政府督察组验收房山煤矿关闭情况】 7月9日、10日，市政府组织市安监、发改、国土等部门对房山区18家关闭煤矿进行了验收，房山区安全监管局协调区各相关部门，同时派出工作人员全程参与市督察组对房山区关闭煤矿验收工作。

（宿晓彤）

【非煤矿山行政许可】 2010年，房山区共有固体非煤矿山66家（其中证件齐全企业44家，并于11月底采矿许可证全部到期）、砖厂20家、地热11家、矿泉水3家。

（宿晓彤）

【非煤矿山行业节后复工会议】 2月23日，房山区安全监管局组织召开了2010年非煤行业节后复工安全生产工作会，区安全监管局、矿山服务中心、房山国土分局、房山公安分局相关负责人出席会议，各有关乡镇和非煤行业企业主要负责人参加会议。会议传达了区安委会办公室《关于做好非煤行业企业节后复工工作的通知》（房安办［2010］3号）文件精神，要求各有关乡镇和非煤行业企业要严格按照复工程序和标准开展复工工作，并成立了由房山公安分局、房山国土分局组成的联合验收组，对提出复工申请的企业进行联合验收，严格按照验收方案、程序和标准对申请复工的企业进行验收，凡验收中未达到复工标准的企业坚决不予复工，并下达责令改正指令书，要求企业限期改正。此次验收工作共对证件齐全的40家非煤矿山企业进行了检查验收，下达责令改正指令书20份，查出各类隐患100余条，截至4月10日非煤矿山企业整改验收工作完毕。

（宿晓彤）

【全年非煤矿山检查情况】 2010年，房山区安全监管局共检查非煤企业519家次，下达执法文书572份，其中责令改正指令书266份、现场检查记录265份、强制措施决定书22份、复查指令书104份，查出各类隐患643条，行政立案16起，罚款25万元。

（宿晓彤）

【非煤矿山企业关闭重组】 2010年，房山区非煤矿山证照齐全45家企业，安全生产许可证于12月底到期。按照市场需求，部分非煤矿山需要重组整合延续作业，用来维持当前社会建材市场的需求，部分非煤矿山企业需要停产关闭。针对这一现状，市安全监管局对房山区非煤矿山重组整合现状进行了调研，重点调研了型材实业和石灰岩实业开采的矿山。在调研中市局领导指出，矿山企业的开采延续年限增至3年至5年，下一步矿山开采的安全状况一定要严格按照有关文件要求，做好做细，要做到开采及运输车辆上平台作业，坚决消除以往的甩石、溜槽，杜绝安全隐患的发生。

（宿晓彤）

安全生产事故隐患排查治理

【召开隐患排查治理工作会】 2010年，房山区安委会办公室召开隐患排查治理工作会，并制定工作方案，下发到各乡镇（街道）和企业，要求乡镇和企业严格按照工作方案逐步、逐项开展工作，确保了责任、措施、资金、时限、预案落实到位。隐患治理工作严格把关，按照企业自查、乡镇细查、逐级上报的工作原则，企业将排查隐患情况以书面形式上报乡镇，再由乡镇监督检查，将结果上报区隐患整改工作小组，工作小组以重点抽查和全面巡查相结合的方式，确保各项隐患及时得到有效治理。经排查2010年市级挂账隐患共涉及河北、佛子庄、南窖、史家营、霞云岭、十渡共6个乡镇。

（宿晓彤）

【市级挂账隐患治理工程完工】 根据年初各乡镇（街道）上报的事故隐患基础材料，房山区确定16处市级挂账隐患点。根据隐患所在的不同地点，存在的不同情况，房山区安全监管局聘请了相关的设计部门对隐患情况进行了设计，严格按照要求认真组织了工程的招投标工作，通过了招投标，确定了有资质的施工单位，并聘请了有资质的工程监理，对其隐患治理工程质量进行全程的监督。16处隐患治理工程已经完工。

（宿晓彤）

安全生产应急救援

【落实应急队伍建设】 9月28日，房山区安全监管局组织召开了中石化燕山分公司、北京东方化工四厂、北京管道局石楼输油站及三家专职危险化学品专职应急队主要负责人和部分危险化学品生产、经营、储存单位主要负责人参加的工作会。会议传达了北京市危险化学品救援队伍建设和应急救援预案的演练规定要求，分析房山区安全生产的形势和存在的问题，要求各单位重视危险化学品应急工作，遵守事故的预防和应急并重原则，从人、机、物、环等方面做好事故的预防工作；加强专、兼职应急队伍建设，开展确有实效、针对性强的演练，充分发挥中央企业和大型企业专职应急队伍作用，服务于区域内企业的应急救援；会议还就专职应急队伍服务于区域企业的相关工作征求了意见，为执行北京市危险化学品应急救援队伍建设管理规定打下了基础。

（李　杰）

【制定应急预案并组织预案编制培训班】 2010年，房山区安全监管局制定了《房山区危险化学品、烟花爆竹从业单位应急预案工作方案》，并组织开展危险化学品及烟花爆竹从业单位事故应急预案编制培训班，25个乡镇的主管负责人及550家危险化学品、烟花爆竹批发单位的主要负责人，共计600余人参加了此次培训班。培训班上，聘请了燕化和中石化北京分公司的安全专家进行了针对性的授课，危险化学品专家就《生产事故应急预案管理办法》、《生产经营单位安全事故应急预案编制导则》、《北京市小型化工企业危险化学品事故应急救援预案编制提纲》等规范进行了讲解。

（杨忠帅）

【应急救援演练】 7月27日，房山区安委会在北京润福通商贸中心组织开展危险化学品火灾事故应急演练，区安全监管局、房山消防支队、房山公安分局、区环保局等10家危险化学事故应急救援成员单位及危险化学品单位近60人参加现场观摩。参加演练人员30余人。演练结束后，区安全监管局局长周德运对应急演练工作提出了要求。

（李 杰）

【烟花爆竹仓库消防应急救援演练】 8月24日，房山区在北京市熊猫烟花有限公司组织开展2010年消防救援、反恐防盗应急演练，市安全监管局、区安全监管局、房山消防支队、北京市豆豆烟花爆竹有限公司等有关人员参加现场观摩。参加演练人员近50余人。演练结束后，两家烟花爆竹公司就本单位的安全生产工作进行了汇报。

（李 杰）

安全生产执法监察

【烟花爆竹集中执法检查】 2月4日，房山区安全监管局副局长李劲松带队配合市安全监管局检查组对烟花爆竹储存批发企业、销售网点进行了安全检查。检查组先后对北京市汇源北路工贸有限责任公司、北京市熊猫烟花爆竹有限公司、北京市逗逗烟花爆竹有限公司等3家批发企业和北京长虹金台百货商店、北京盖尔烟花爆竹经销有限公司第一分公司等7家销售网点进行了检查。此次检查共下达限期整改指令书2份，现场检查记录10份。对检查中出现的问题，提出了整改要求。

（李 杰）

【强化校园安全检查】 根据房山区政法委、综治办的通知要求，区安全监管局与阎村镇综治办、房山区教委组成安全检查组，对学校、幼儿园进行安全检查。此次检查了房山区阎村镇中心小学、阎村镇中心幼儿园。安全检查小组通过查看资料和实地考察，对校舍安全、消防设施、校园环境卫生、食品卫生、疾病防疫、学校建筑存在安全隐患、监控情况及周边治安环境、校车使用情况等内容进行了检查。

（张 建）

【开展安全生产大检查活动】 2010年，房山区在全区范围内开展了安全生产大检查活动。区安委会转发了相关文件，在区安委会统一部署下，各单位履行安全生产监督管理职责，自4月5日安全生产大检查活动开展以来，全区各部门共组织检查组345个，参加检查人员4242人次，检查生产经营单位2150个，查处安全隐患3045项，下达整改指令书1200份，强制措施决定书31份，行政处罚641366元。

（李 杰）

【建材行业专项整治】 8月至11月，房山区安委会组织开展了全区建材行业安全生产专项整治工作，整治工作由企业自查、乡镇检查和区联合检查组检查三项工作组成。10月9日至11月上旬，区安委会组织区安全监管局、房山工商分局、区住建委、区人力社保局、区电力办等单位组成联合专项检查组对房山区近1400家建材行业企业进行了为期一个月的检查。专项检查组根据《国务院关于进一步加强企业安全生产工作的通知》要求，制定了4项共22条的综合检查表，按照检查表项目逐一对企业进行检查。截至10月底共检查企业494家次，查处隐患636条，已完成整改636条，下达安全生产监督执法文书642份。

（李 杰）

【加强机械行业安全生产监管工作】 2010年，房山区安全监管局制定了《房山区机械行业专项执法检查实施方案》，组织乡镇主管领导召开安全生产工作会，要求乡镇政府充分履行属地监管职能，对辖区内机械行业开展调查摸底工作，随后开展地毯式检查。区安全监管局根据乡镇摸排结果，对67家重点机械加工企业进行安全生产检查，出动执法人员65人次，下达责令改正指令书58份，发现隐患236项。与重点乡镇联合检查8次，检查企业28家，下达责令改正指令书13份，查处隐患34项。对存在隐患和问题的企业，督促其进行整改；对不符合安全生产条件的企业，进行停产停业整顿。

（陈莉莉）

【年度安全监管情况】 2010年，房山区安全监管局行政执法共检查企业4371家次，查处事故隐患5671项，完成事故隐患整改5135项，下达责令整改指令书1546份，强制措施决定书48份，做出行政处罚159件，共处罚款261.2万元。

（王凉爽）

职业安全健康

【职业卫生健康监督员培训证发放仪式会】 1月19日，房山区安全监管局举行了职业卫生健康监督员培训证发放仪式。驻区中央、市属企业、区级企业共15名职业卫生健康监督员代表及区安全监管局有关人员参加了发证仪式。会上组织学习了《房山区粉尘与高毒物品危害治理专项行动工作方案》，并对职业卫生安全监督员提出了具体要求，并对房山区粉尘与高毒物品危害治理专项行动工作进行了再动员、再部署。

（敖俊华）

【有限空间作业安全管理工作会】 2月24日，房山区安全监管局召开有限空间作业安全管理工作会。区市政市容委、区建委、区园林绿化局、区体育局、区水务局排水所、区网通公司等13家有关部门和单位主管领导参加了会议。会议首先听取了各有关单位有限空间作业安全管理工作遇到的难题和提出的新建议，之后部署了2010年有限空间作业安全重点工作及目标。

（敖俊华）

【有限空间作业场所安全督察】 3月份，房山区安全监管局加大有限空间作业安全督察。3月22日至26日对歌华有限公司、良泉水业、住建委、市政市容委、供电公司等12个单位有限空间作业现场警示标志设置情况进行了督察并提出具体意见和建议。3月29日印发了房山区安全生产监督管理局《关于加强清洗、清淘等有限空间作业安全管理的通知》，提高各部门、各单位有限空间作业安全意识，提醒各企业负责人及作业人员认清有限空间作业危险性，避免事故发生。

（敖俊华）

【职业健康监督员试点】 1月初，房山区安全监管局开展职业健康监督员岗位试点工作。全区已有128名职业健康监督员，在93家存在职业危害的生产经营单位履行职业健康监督员的职责，有效促进了全区存在职业危害企业的职业病防治工作。房山区作为全市职业健康监督员先行试点单位之一，为2010年全市职业病防治工作积累了经验。

（敖俊华）

【职业卫生监管监察】 2010年，房山区共检查企业226家，出动人员720人次，车辆180台次；下达责令改正指令书213份，查处各类隐患805条，已完成隐患整改805条，做出行政经济处罚13起，共计罚款15.8万元。

（敖俊华）

安全生产宣传培训

【烟花爆竹销售人员安全培训考核】 1月6日，房山区安全监管局组织辖区内烟花爆竹零售单位法人、销售人员参加了安全生产培训、考核。此次培训采取集体观看烟花爆竹基本知识光盘、教师授课等方式，培训内容涉及烟花爆竹生产管理、销售、储存、运输管理及相关法律责任等。培训后，对参加培训人员进行闭卷考试，考试分“A、B、C”三套试卷的方式进行。经考核，共有132名烟花爆竹零售单位主要负责人取得了市安全监管局核发的安全资格证，560余名从业人员取得了岗位资格证件。

（任国鹏）

【矿山从业人员岗前安全培训会】 3月1日，房山区安全监管局召开矿山从业人员岗前安全培训工作会，全面部署培训工作。副局长王桂政、刘继承参加会议。会上部署了本年度培训工作重点：一是由涉及乡镇尽快统计辖区内需培训的矿山从业人员情况，并做好培训场所等相关准备工作；二是区矿山服务中心尽快安排好授课教师、教材及培训班时序等工作；三是培训科负责监督指导培训工作，做好协调服务工作，重点加强考核工作。

（任国鹏）

【“培训日”开展煤矿、非煤矿山岗前培训】 根据市安委会办公室有关文件精神，自2010年起，每年3月的第一个星期六为“北京市生产经营单位从业人员安全生产培训日”。结合北京市首个“培训日”活动，房山区安全监管局组织全区煤矿、非煤矿山职工进行岗前培训，共计培训2000多人，为全区煤矿、非煤矿山安全复工打下了坚实的基础。

（任国鹏）

【隐患排查治理信息系统培训】 4月28日上午，由市安全监管局委派的3名系统专家在房山职业技术学校3个专业电教室进行统一授课培训。区安全监管局各业务科室内勤，全区各乡镇、街道办事处系统操作人员及50多家高危行业的具体操作人员共100多人参加了培训。

（李　杰）

【领导下基层进行安全培训】 10月20日，房山区安全监管局有关人员前往窦店镇对镇域内重点企业主要负责人开展“提高安全生产意识，做好安全生产工作”主题培训。窦店镇辖区内所有重点企业主要责任人及安全管理人员共计100余人参加了培训。

（任国鹏）

【执法资格培训】 5月17日至28日，房山区安全监管局组织未取得执法证人员共11人参加了此次为期8天的培训。本次培训，市安全监管局邀请从事安全生产领域工作的权威专家、教授从监督执法检查内容、作业现场管理、有限空间安全生产形势、消防知识、职业病危害因素识别等方面对安全生产执法工作进行了系统讲授，并结合事故案例分析、集体讨论对所授知识点进行了强化。

（任国鹏）

【烟花爆竹经营单位主要负责人培训】 11月26日，房山区安全监管局在职业技术学校举办了烟花爆竹经营单位主要负责人培训班，共有110余人参加。培训内容：烟花爆竹安全管理法律法规；安全管理基础知识；事故预防，应急救援及事故案例分析。

（任国鹏）

【特种作业、“三高危”培训】 2010年，房山区组织高危行业主要负责人、安全管理人员、烟花爆竹零售单位主要负责人及特种作业人员的培训考核工作，全年共培训人员8712人，其中：组织高危行业主要负责人、安全管理人员考核4期，考核人员1082人；组织烟花爆竹主要负责人考试1期，考核人员117人；组织特种作业人员考核10期，考核人员 7513 人。

（任国鹏）

【“城南行动计划”在施工程安全生产保障工作专访】 4 月 19 日，北京电视台、《北京日报》、《中国安全生产报》等多家新闻媒体受市安全监管局邀请，到房山区以“城南行动中的安全生产保障工作”为主题进行专题采访。此次专访重点对国家级、市级和区级重点工程（轨道交通房山线、京石快客铁路建设工程、窦店高端汽车零部件基地）安全生产保障工作进行了采访，记者深入施工一线询问施工过程中的安全生产保障措施，安全生产工作的主要特点和取得的成效。区安全监管局安排专人陪同采访并就重点工程（在施项目）的安全生产保障工作向新闻媒体做了介绍。

（李　杰）

【《职业病防治法》宣传日】 4 月 25 日，由房山区卫生局牵头、区安全监管局、区总工会、区人力和社保局、区卫生局卫生监督所、区疾制中心等相关单位联合在良乡昊天广场开展了以“防治职业病，造福劳动者”为主题的《职业病防治法》宣传日活动。期间进行了形式多样的职业病防治法街头宣传咨询活动。活动期间，共发放《职业病防治知识解答》宣传手册及其他宣传资料 6 种 7000 余份；宣传画报 200 余份；职业病危害宣传展板 9 幅；对群众提出的职业病相关问题进行了现场答疑。此次宣传得到了广大群众的热烈响应，通过此次宣传活动，提高了广大群众对职业病防治工作的认识和重视程度，达到了预期效果。

（敖俊华）

【“安全生产月”各项工作有序展开】 2010 年，房山区安全生产月活动围绕“坚持安全发展，落实安全责任，服务世界城市建设”的中心主题，区安全监管局“安全生产月”活动组织严密，有序展开。安全生产月期间，发放安全月宣传品 20 余万件，采取媒体、报刊、通讯（短信）等多种宣传方式，宣传安全生产工作。同时，联合区教委、区文委等部门组织“安全伴我在校园，我把安全带回家”主题教育活动、“安全生产”主题书法、绘画、摄影展览等活动。充分利用基层单位、企业现有文化设施，放映安全宣传片、举办安全生产讲座、开展安全生产专题文艺演出活动。为做好安全生产月工作，督促乡镇和各单位做好宣传教育工作，房山区安委会成立了安全生产月专项督察组，重点督察各乡镇、单位安全生产月筹备及开展情况。

（李　杰）

【安全生产月咨询日】 6 月 13 日，房山区组织开展安全生产月咨询日活动。全区各乡镇、各区直机关、中央企业、市属企业、村、社区等单位通过摆放展板、悬挂横幅、发放宣传材料、现场咨询等方式，对交通安全、消防安全、食品安全等方面的知识进行了宣传，并就群众在日常生活中遇到的安全问题提供了咨询，区委副书记、区长祁红为在场群众发放了宣传材料并慰问了相关单位工作人员。

（李　杰）

【首都安全生产演讲团巡回演讲】 8 月 16 日，市安全监管局和市总工会举办的“安全在我心中”首都安全生产演讲团到房山区长阳镇巡回演讲。长阳镇域内 37 个村、110 余家重点企业单位负责人及安全员等 180 余人参加。

（李　杰）

【“国务院 23 号通知”贯彻落实宣传活动】 9 月 3 日，为贯彻落实“国务院 23 号通知”精神，房山区乡镇主管领导分别在各辖区内协调相关部门，组织开展了“安全生产宣传日”活动，此次活动利用电子屏、广播、横幅、展板、宣传画等形式对各辖区内的企业及群众进行宣传，全区受教育人员达9万余人，悬挂横幅253条，展板310块，发放宣传画5万余份。

（李　杰）

【《中国安全生产报》报道房山区12350举报投诉工作】　《中国安全生产报》（总第1256期）头版的一篇名为《架一道沟通桥，托一片安全天》的文章，详细介绍了北京市12350举报投诉工作的运行情况。文中对房山区安全监管局能够按照职能，协调有关部门，快速处理群众反映的问题，及时消除生产安全事故隐患进行了表扬。市12350举报投诉电话开通以来，房山区安全监管局举报投诉工作多次受到市局表扬，并在全市12350举报投诉工作总结会上作典型发言，受理的举报投诉事项办结率为100%，群众满意度较高。

（李　杰）

安全生产法制建设

【做好规范性文件清理工作】　按照房山区政府办公室《关于开展行政规范性文件清理工作的通知》要求，遵循下位法必须符合上位法的原则，根据国家法律法规和规章修改和废止情况，对2003年以来本部门制定的区规范性文件和安全监管局的规范性文件进行清理。清理结果：清理区规范性文件2个，废止1个，清理局文件1258件，规范性文件13件，废止规范性文件8件，保留5件。

（张春芳）

【提高安监执法队伍整体水平】　2010年，房山区安全监管局制定局级领导和机关干部业务培训计划，编写并下发学习内容，进行考试；二是集中学习，提高执法人员的业务水平。编写复习题库并下发学习材料。全年共下发学习材料6次，组织考试4次。组织局主管法制领导和一线执法人员参加区组织的执法培训，参加培训班4期，培训人员10人。三是采取“请进来”的形式，聘请专家开展依法行政和执法业务技能培训。分别聘请区法院、市安全监管局有关人员就有关公共法律知识、行政复议、行政诉讼等相关法律知识及执法中的一些执法技巧、安全生产行政处罚自由裁量权适用规则、自由裁量权标准和新文书使用等内容结合执法过程中的实际情况进行讲解。

（杨　茹）

【安全生产普法教育】　2010年，房山区安全监管局深化安全生产法律“六进”主题活动，提高安全生产法制宣传教育的针对性和实效性；二是参加“弘扬法治精神，促进社会和谐”为主题的“12·4”法律咨询服务活动，共计发放宣传材料2000余份。

（张春芳）

通州区

概　述

2010年，通州区安全生产工作始终坚持“安全发展”的指导原则和“安全第一、预防为主、综合治理”的工作方针，紧紧围绕现代化国际新城建设这个中心，狠抓基础管理、执法检查和体制机制创新，实现了全区安全生产形势的持续稳定好转。

明晰责任，健全网络，不断夯实基层基础工作，打造无缝隙监管责任体系。年初，区政府向各乡镇街道逐一下达了《安全工作任务书》，各属地政府又迅速与村社区及企事业单位逐层、逐级分解落实责任，同时，区政府对政府各部门的安全监管职责进行了修订和完善，形成了严密的安全生产责任网络。强化基层专职安全员队伍建设。在2009年完成基层专职安全员队伍组建的基础上，以提高队伍能力素质为核心，不断建章立制，强化考核，狠抓培训，使200余人的专职安全员队伍，成为安全监管一线的中坚力量，实现对区内生产经营单位检查的全覆盖。加强街乡（镇）委托执法队伍建设。制定了《2010年安全生产委托执法考评方案》，向受委托的乡镇、街道办事处下达了量化的执法任务指标，并强化业务指导和工作督察，委托执法工作已经逐步进入正常运行的轨道。

服务大局，强化监管，着力开展专项整治行动。实施“新城建设平安拆除行动”。为了更好地服务通州区现代化国际新城建设，年初由区安全监管局牵头，联合区住建委、区质监局、新城基业公司等部门，选派业务骨干，对核心区35.5万平方米的拆除工程进行了全过程、全天候的监管。在各部门以及有关乡镇、街道的共同努力下，拆除期间未发生一起安全生产事故。在全市率先开展危险化学品使用单位专项整治。针对危险化学品使用单位数量多、分布广、安全水平参差不齐的特点，年初制发了《通州区2010年危险化学品使用单位安全专项整治工作方案》，集中对有工艺过程、涉氨、制药、科研、制酒5类危险化学品使用单位，开展了为期10个月的专项整治，有效改观了这一行业领域的安全管理状况。此外，相继开展了全区安全生产大检查，“厂中厂”、“出租厂房”安全专项整治和有限空间作业场所专项治理等行动，有效打击了各个行业领域存在的安全生产非法、违法行为，消除了监管的盲区死角。

深入排查，联动治理，积极整改各类事故隐患。深入开展年初安全隐患大排查。年初，各部门、各单位普遍开展了年初安全隐患大排查，共检查生产经营单位6471家，排查出各类隐患3687项。为此，区安委会专题制发了《关于进一步加强安全生产事故隐患排查治理工作的通知》，健全了隐患排查治理的工作机制，确保隐患整改控制完毕。“百日平安行动”掀起隐患治理高潮。针对夏季安全事故高发的特点，自6月开始，集中利用三个月的时间，在全区十大行业领域广泛发动了安全生产“百日平安行动”，重点开展了消防、建设施工、危险化学品、地下空间、安全用电、液化石油气、特种设备、校舍安全等方面的大检查，形成了强大的高压监管态势。经过全区各部门、各单位的共同努力，截至“百日平安行动”结束，全区共检查各类生产经营单位13194家，下达行政执法文书6792份，发现并整改各类隐患1.2万余处，处罚金额近160万元，依法停业整顿企业47家，整个行动参与人数之多、整治力度之大、震慑效果之强都是空前的。

注重内容，创新形式，不断强化宣传教育工作。“全覆盖”宣传：以“安全生产月”活动为载体，坚持面向基层、面向群众、面向安全生产第一线，举办了通州区第五届“安全文化节”、“安全咨询日”、“安全文艺节目巡回演出”等系列活动，宣传领域覆盖了企业、社区、农村和学校，30余万职工、居民、农民和在校师生受到了安全教育，“人人关注安全生产”已在全社会形成共识。“多层面”培训：以全区性安全生产大培训为载体，按照区委办、政府办联合印发的《关于进一步加强全区安全生产培训工作的通知》精神，广泛深入地推进各行业、各领域、各地区的安全生产培训工作。其中，区安全监管局按照每月3期的频次，共举办培训班12期，培训企业主要负责人和安全生产管理人员近3000人；区商务、旅游、建设、民防、水务、市政市容及国资委等部门，累计组织各行业、各系统安全生产培训36期，培训各类从业人员6000余人，有效强化了一线职工的安全意识。“开放式”教育：以通州电视台和《通州时讯》等主流媒体为阵地，逐步建立起学校、家庭、社会、企业相互融入的开放式教育平台，拓展综合性强、实用性强的安全教育。同时，积极创新宣传形式，坚持每晚在《通州新闻》后插播安全动漫，以群众易于理解和接受的方式，传播安全知识和技能。另外，充分发挥舆论监督和群众监督作用，以“12350”举报热线开通为契机，加大投诉举报的受理和处理力度，及时纠正安全生产违法违规行为。全年，区安全隐患和违法行为举报中心共接到各类群众举报85起，查处结案率为97%，回复率100%，社会监督作用得到了有效发挥。

立足长效，重在治本，继续完善监管体制机制。大力推进安全生产标准化“金安企业”创建工作。按照区政府《关于开展安全生产标准化“金安企业”创建活动的意见》，高标准、大范围的大力推进安全生产标准化工作。各乡镇、街道积极响应，广泛发动，成功掀起了“金安企业”的创建高潮。经过层层选拔和评选，最终确定2010年度首批安全生产标准化“金安企业”39家，区政府隆重进行了表彰，并在媒体上广泛宣传推广“金安企业”创建经验，引导鼓励更多的企业参与创建活动。稳步推进安全生产信息化建设。开发了通州区安全生产信息化平台，建成了基本覆盖安监部门、安委会成员单位、各街乡及重点企业的安全生产信息网络。继续扩大重点企业视频监控系统的建设规模，目前已有60多家重点企业成功接入监控中心，做到了对企业现场的实时、动态、有效监控。另外，为安全生产一线执法人员配备了基于3G网络的PDA手持执法设备，有效提升了安全执法检查的效率。

安全生产综合监督管理

【安全生产控制考核指标完成情况】 2010年，通州区安全生产死亡总人数控制指标为108人。其中，交通安全事故死亡人数控制指标为99人。消防安全火灾死亡人数控制指标为1人。工商贸等生产安全事故死亡人数控制指标为6人，铁路交通事故死亡人数控制指标为2人。是年，通州区生产、交通、火灾事故等共造成死亡103人，占控制指标的95.4%。其中：生产安全事故死亡6人，与控制指标持平；交通事故死亡97人，占控制指标的98%；火灾事故未造成人员死亡。

（赵冬梅）

【召开安全生产工作大会】 1月20日，通州区政府在北京运河源酒店有限公司二楼会议室，召开通州区2010年安全生产工作大会。会议对2009年安全生产各类先进进行表彰，张家湾镇政府、中仓街道办事处以及北京铜牛股份有限公司作为安全生产先进单位及先进企业代表进行了大会发言；区政府向11个乡镇、4个街道办事处的行政一把手下达2010年安全工作任务书，区安全监管局局长朱志高在总结回顾2009年工作的基础上，全面分析了新城建设赋予安全生产工作的新特点、新任务，围绕常态之年如何强基层、打基础，健全体制、优化机制和加强重点行业领域的监管监察，切实做好2010年安全生产工作，进行了强调部署。副区长张华对全区当前及今后一个时期的安全生产工作提出了明确的要求。

（赵冬梅）

【部署开展消防及安全生产“百日平安行动”】 6月4日，通州区安全生产委员会在区政府应急指挥中心一楼会议室，召开通州区安全生产委员会扩大会议。会上，参会人员观看了火灾事故多媒体短片，区公安消防支队支队长张正友传达了北京市构筑社会消防安全“防火墙”工程工作部署会会议精神，通州公安分局副局长张宪法部署《关于深入开展平安通州建设区属相关部门和乡镇（街道）全面构筑社会消防安全“防火墙”工程三年规划的实施意见》，区安全监管局局长朱志高部署了通州区安全生产“百日平安行动”工作，副区长肖志刚参加会议并要求全区各部门、各单位全面贯彻落实会议精神，全力做好夏季安全生产工作。

（赵冬梅）

【市安委会对通州区安全生产督察】 6月22至24日，市安全监管局、市政府督察室、市监察局等10个成员单位的30名人员组成市安委会联合督察组，分6个小组对通州区政府安全生产工作进行了为期三天的集中执法督察工作。重点抽查了危险化学品生产经营、建筑施工、危险化学品运输、餐饮以及有限空间等5个行业的50余家生产经营单位。区安全监管局协调区住房城乡建设委、区商务委、区市政市容委、区交通局等部门共同做好迎检工作。6月29日市安委会督察组向通州区通报了集中执法督察情况，通州区的安全生产工作得到了督察组的肯定。

（赵冬梅）

【宣贯落实“国务院23号通知”精神】 9月8日，通州区政府在北京运河源酒店有限公司二楼会议室召开通州区安全生产工作大会。会议对《国务院关于进一步加强企业安全生产工作的通知》进行宣传、贯彻，对打击非法违法生产经营建设行为专项行动进行动员部署。会上，区安全监管局局长朱志高做安全工作报告，北京东方医用气体有限公司以及瑞中天明（北京）门业有限公司作为企业代表发言，副区长肖志刚要求全区上下要用“通知”精神武装头脑，指导实践，推动工作，全力以赴抓好当前和今后一个时期的工作。

（赵冬梅）

【开展安全生产督察考核】 7月份和12月份，依据《2010年安全工作任务书》，通州区安全生产委员会分别组织开展了对11个乡镇、4个街道办事处安全生产工作的半年、全年督察考核。考核的重点是明确责任、完善体系、强化基础、落实经费、强化监管、隐患排查、危险源监控、宣传教育培训、预案演练、事故查处、探索创新11项安全生产工作。考核结果以《北京市通州区安全生产委员会关于通州区2010年安全生产工作督察考核情况的通报》形式，在全区范围内进行通报。

（赵冬梅）

【举报中心接举报投诉86件】 2010年，通州区安全隐患和安全违法行为举报中心共接到群众各类举报投诉86件，（其中，举报中心43件，接转“12350”38

件，接转区便民电话5件），热线电话76件，信函10件，并已全部受理。其中，生产安全36件，危险化学品安全19件，烟花爆竹9件，消防安全7起，公共设施安全7件，电力安全3件，建筑安全3件，交通安全2件。截至年底，已经办结85件，办结率为98.8%。（其中，举报中心办结率为97.7%，“12350”办结率为100%，区转办结率为100%），并均给予举报人答复。

（赵冬梅）

危险化学品安全监管监察

【年度危险化学品查处】 2010年，通州区安全监管局共检查危险化学品从业单位和烟花爆竹网点752家次，查处各类安全隐患707处，处理各类举报案件45起，下达各类执法文书435份，行政处罚31家，罚款金额达55.86万元。

（辛晋峰）

【危险化学品行政许可】 2010年，通州区安全监管局共新办理和换发《危险化学品（乙类）经营许可证》32家，配合市安全监管局换发《危险化学品（甲类）经营许可证》54家，换发《第二、三类非药品类易制毒化学品备案证明》32家。

（辛晋峰）

【危险化学品使用单位专项整治】 年初，通州区制发了《通州区2010年危险化学品使用单位安全专项整治工作方案》，集中对有工艺过程、涉氨、制药、科研、制酒5类危险化学品使用单位，开展了为期10个月的专项整治。对71家使用单位累计检查217余次，发现并整改各类安全隐患近241处。特别是实施了安全评价机制，要求企业必须按照相关规定聘请专业评价机构进行安全评价，确保合规达标后，方可正常运营。截至年底，共有65家企业完成了安全评价，合格率达到91.5%。未通过安全评价的6家企业也实施了整改，努力完善安全生产条件争取达标。

（荆春花）

【依法查处非法从事危险化学品单位】 7月至8月份，通州区安全监管局、区公安分局、区环保局等10个部门组成专项整治工作组，对不具备安全生产经营条件、未经许可违法违规从事危险化学品生产经营活动的单位或个人和高污染、高耗能单位依法予以查处、取缔，同时责令相关企业对生产经营设备、设施予以拆除。共检查危险化学品从业单位122家次，查处各类隐患132处，查处违法违规生产经营单位4家，行政罚款16.6万元。

（辛晋峰）

【专项整治危险化学品储存仓库】 7月中旬至8月底，通州区安全监管局对全区涉及危险化学品储存的87家从业单位进行了专项整治，87家涉及危险化学品储存的生产经营单位已经全部完成安全评价，并对评价报告指出的158处安全隐患进行了整改，各企业投入隐患整改资金共计29万元。

（辛晋峰）

【非经营性加油站专项整治】 10月中旬至11月，通州区安全监管局对全区非经营性加油站开展了专项整治，通过调查摸底全区非经营加油站共计12家，其中2家为已加装阻隔防爆的撬装式加油站，其中7家加油站已经完成安全评价，对于未完成安全评价的加油站，区安全监管局全面加大监管力度，严防发生安全生产事故。

（辛晋峰）

烟花爆竹安全监管监察

【烟花爆竹行政许可】 2010年，通州区安全监管局共审批发放《烟花爆竹经营（零售）许可证》124家。

（辛晋峰）

【加大烟花爆竹安全监管力度】 10月初，通州区制定下发了《通州区2011年烟花爆竹销售（储存）工作方案》和《通州区安全监管局2011年烟花爆竹网点安全监管工作实施意见》，按照区政府提出的“确保绝对安全”的要求，区安监、公安、消防、交通、市政市容委联合对全区提出申请的烟花爆竹销售网点进行了实地堪查和现场审批，经过五部门联审，共确定销售网点124个。区安全监管局和各乡镇街道对销售人员进行了多轮培训，对不能通过全市统一资格考试的人员一律不予行政许可。同时，烟花爆竹销售大棚统一采用硬质材料，从本质上降低烟花爆竹事故的风险。燃放高峰期，相关部门提前落实了可燃物清理、浇湿阻燃等安全措施，全面加大对加油站、危化企业、烟花爆竹禁放区以及人员聚集场所的安全监管，有效预防了因燃放烟花爆竹而引发的安全事故。

（荆春花）

【局长夜查烟花爆竹销售网点】 2月3日23时至2月4日6时，通州区安全监管局局长朱志高等领导带队，组织6个烟花爆竹执法检查组对全区11个乡镇、4个街道办事处的124家烟花爆竹零售网点和烟花爆竹仓库进行了逐一排查。共出动执法检查人员19人，出动检查车辆10辆。重点检查了零售网点负责人是否在岗，看护人员是否2人以上；是否销售非法超标烟花爆竹；灭火救援器材的有效配备情况；是否存在人员睡觉，违规使用加热设备和更改网点内部结构现象；零售网点对周边易燃物品的清理等情况。区安全监管局执法人员对存在问题的网点负责人当场提出了批评和警告，并责令限期进行整改。

（辛晋峰）

【召开烟花爆竹销售网点负责人紧急会】 2月4日，通州区安全监管局召开各乡镇、街道办事处安全科科长及烟花爆竹销售网点负责人参加的紧急工作会。通报了沈阳市皇朝万鑫酒店大火及顺义、平谷两起燃放超标、非法烟花爆竹致人死亡事故情况。会议要求，各乡镇、街道办事处从即日起到正月十五前，每天要对所管辖区各烟花爆竹零售网点进行不少于1次的执法检查。正月十五前开展两次夜查。重点检查零售网点是否储存、销售、购买非法烟花爆竹；是否加强夜间看护巡查力量；是否对网点周边的可燃物及时进行清理；春节期间网点50米范围内是否存在吸烟、燃放等现象。会议还强调烟花爆竹批发单位要对零售网点配送合格、合法的烟花爆竹，并加强对所配送网点的安全管理。

（辛晋峰）

【加强安全燃放烟花爆竹宣传教育】 2010年春节期间，通州区各部门、各单位通力合作，全面加强烟花爆竹安全燃放、文明燃放的宣传教育。全区共印发各类宣传材料40余万份，以“依法、文明、安全燃放、共建和谐首善家园”为主题，通过进公园、进学校、进工地、进农村等各种宣传方式，向群众宣传烟花爆竹安全管理有关规定，教育群众不要非法储存、销售、运输烟花爆竹，要到合法销售网点购买、不要燃放伪劣、超标的烟花，受教育人数达100余万人。

（辛晋峰）

【严防非法烟花爆竹进京销售】 2010年春节期间，通州区烟花办组织区综治办、区公安分局、区交通局以及与河北、天津相邻的镇政府，发动相关力量，严密对外省市进入通州区的17个主要路口进行设卡盘查，最大限度防止非法烟花爆竹流入通州区。截至春节结束，通州区通过设卡盘查、安全检查、摸排线索等手段，共查处非法储存、运输烟花爆竹案件65起，收缴各类烟花1700余箱，行政拘留60人。

（辛晋峰）

安全生产事故隐患排查治理

【开展隐患排查整治攻坚】 按照通州区统一部署，从1月中旬至2月底，在全区范围内普遍开展了安全隐患排查整治行动。据统计，本次隐患排查治理工作共检查生产经营单位6471家，排查出各类隐患3687项。针对排查出的各类隐患，政府办公室制定下发了《关于2010年安全隐患整改工作任务的通知》，对其中27项隐患实施区政府挂账督办整改。同时，区安委会专题制发了《关于进一步加强安全生产事故隐患排查治理工作的通知》，健全了隐患排查治理的工作机制，多次召开专题协调会，整体把握整改工作进度，推动整改责任落实。截至年底，挂账隐患全部整改控制完毕。

（荆春花）

【启用安全生产隐患排查治理信息系统】 按照市安全监管局《关于做好重点行业领域生产经营单位启用安全生产事故隐患排查治理信息系统的通知》要求，年初通州区选定63家重点行业领域企业作为第一批启用该系统的试点单位。制发了《通州区关于启用安全生产事故隐患排查治理信息系统的实施方案》，对系统建设工作进行详细安排部署；组织各乡镇、街道及第一批启用系统的63家企业进行培训，全面掌握网络系统填报流程；同时，区安全监管局及各乡镇、街道深入企业加强对企业运行系统的督促指导，有力保障了系统的平稳顺利运行。

（荆春花）

【完成重大危险源信息核查】 4月至5月中旬，通州区开展了重大危险源信息核查工作，对全区原有的157个重大危险源以及新构成或有所变化的重大危险源进行了认真地审查、核实。经审查核实，截至2010年12月，全区重大危险源共计156个，其中贮罐区类143个，库区类5个，生产场所类8个，涉及生产经营单位140家。以核查结果为依据，区安全监管局采取措施督促相关生产经营单位进一步建立健全安全制度、应急预案，并加强检测、检验和监控，确保安全。

（赵冬梅）

【健全隐患排查整改长效机制】 2010年，以通州区安全生产委员会名义制定了《关于进一步加强安全生产事故隐患排查治理工作的通知》，从提高认识、落实责任分工、明确工作程序、完善保障措施等四个方面着手，进一步健全了“政府组织领导、部门监督管理、属地推动落实、企业全面负责、社会广泛参与”的工作格局，明确了“分类排查、定期上报、评审挂账、整改治理、验收销账”的隐患排查治理工作程序，巩固了“动态分类排查、动态评审挂账、动态整改销账”的隐患整改长效工作机制，实现事故隐患排查治理工作的规范化、制度化。

（赵冬梅）

安全生产执法监察

【加大执法检查力度】 2010年，通州区安全监管局监督检查科共检查各类生产经营单位861家次，下发执法文书485份，处理隐患举报30余起，查处各类安全生产隐患1726处，罚款363.6万元，罚款额同比去年提高33%。

（张　伟）

【强化节日期间安全生产监管】 春节期间，通州区安全监管局，由领导带队，分成6个检查组，每天分上午、下午和晚上三个时段，检查各乡镇、街道办事处落实节日期间安全工作情况，并对全区124家零售网点和仓库、燃放点周边的重点企业和危险化学品从业单位、节日期间生产企业、人员密集型场所等重点部位进行了全面检查，共检查各类生产经营单位696家次，其中烟花爆竹临时销售网点668家次，危险化学品生产经营单位18家，商场市场等人员密集场所以及其他生产经营单位10家，督促生产经营单位和烟花爆竹销售网点落实安全生产主体责任，做好节日期间安全生产工作，及时消除安全隐患。节日期间全区未发生生产安全事故，实现了通州区春节期间安全形势的平稳有序。

（张　伟）

【人员密集场所联合执法大检查】 2月份，通州区安全监管局、区公安消防支队、区商务委、区文化委、区旅游局、区体育局联合行动，对通州区的商市场、宾馆、饭店、网吧、体育场馆等6家人员密集场所进行了联合大检查，在全面排查规章制度、教育培训、消防设施、疏散通道和应急预案的基础上，现场启动了2家单位的应急预案，实际检查了企业应急救援队伍的出动速度和处置能力。检查组针对发现的安全检查记录不及时、人员培训不到位和应急处置能力不强等问题，下发了整改指令书。

（荆春花）

【副市长检查东方化工和蒙牛乳业安全生产】 2月13日，副市长苟仲文带队到通州区检查了东方石化公司东方厂和蒙牛乳业公司节日期间安全生产情况，慰问了坚守一线的人员，实地检查了东方石化消防队接警、集合出动、装备和救援物资情况，查看了值班记录，并向全体值班备勤队员赠送了慰问品。苟仲文对安全生产工作提出了三点要求：一要增强做好春节和全国“两会”期间的应急保障工作责任感和使命感；二要保障人们过一个安全祥和的春节；三要切实做好应急处置准备工作，要熟练掌握应急预案，确保设备和物资完好，随时应对突发事件。

（张　伟）

【全国“两会”安全生产执法检查】 2月底至3月初，通州区安委会办公室采取联合执法、专项执法、执法检查“回头看”等行式，分别对宾馆、饭店、商市场、网吧等人员密集场所、危险化学品单位、建筑施工工地以及重点行业、重点领域等进行了安全专项检查，共检查各类生产经营单位180余家次，下发执法文书120余份，查处生产安全事故隐患360余处，对5家存在严重安全隐患或违法行为的企业给予了行政处罚。各系统、各行业、各乡镇街道分别组织了综合性安全检查。

（张　伟）

【实施“新城建设平安拆除行动”】 3月底，通州区安委会制发了《通州区“新城建设平安拆除行动”实施方案》，由区安全监管局、区住建委、区质监局、新城基业公司等部门选派业务骨干，采取全程监控、执法监察等形式，对核心区拆除区域进行实地跟踪，高压监管，共组织各类检查百余次，查处各类安全隐患80余项。在各部门以及有关乡镇、街道的共同努力下，拆除期间未发生一起安全生产事故。

（张　伟）

【“两站一街”在建工程专项排查】 3月至8月，通州区安全监管局在重点施工项目台湖镇“两站一街”定向安置房工程设立了工作站，联合区住房和城乡建设委员会定期开展安全检查，并定期召开例会通报检查情况及防范重点。同时，区安全监管局还联合台湖镇政府组成2个专项检查组，对轻轨L2线通州段两站一街定向安置房项目进行突击抽查，重点检查现场管理、作业防护、用电安全、特种作业、人员培训等情况，累计检查项目部5个，发现各类安全隐患21处，现场整改9处，限期整改12处。

（张　伟）

【乡镇、街道“交叉执法”】 4月至6月，通州区安全监管局制定了《关于开展乡镇、街道交叉执法工作实施方案》，以新城建设重点工程、分级分类监管问题较多的企业为重点对象，由区安全监管局牵头，组织11个乡镇、4个街道办事处的120余名委托执法人员和专职安全员，对150余家生产经营单位进行了执法检查。对存在严重安全隐患或违法行为的30余家企业进行了行政处罚，处罚额共计60.8万元。

（张　伟）

【“厂中厂”及出租厂房安全生产专项整治】 5月至7月，由通州区安委会牵头，组织全区11个乡镇和4个街道办事处，分成“调查摸底、排查治理、集中整治、督察总结”四个阶段，对全区范围内的“厂中厂”和出租厂房进行了集中治理。重点排查了承租方的资质、证照是否齐备，是否存在未经批准擅自从事危险化学品生产、经营、储存、使用的行为，承租方安全生产条件是否符合要求，是否存在生产经营场所、仓库、宿舍“三合一”的现象，是否签订了安全生产管理协议，是否存在危房出租和擅自改变建筑用途出租的行为等等。全区共排查出各类“厂中厂”、出租厂房574家，其中，“厂中厂”360家，出租厂房214家。在此基础上，区安监、工商、质监等部门以及各乡镇、街道办事处，对排查出的“厂中厂”和出租厂房开展了全面、彻底地清理整顿，有效打击了存在的安全生产非法、违法行为，消除了监管盲区。

（荆春花）

【全面启动“打非”专项行动】 8月中旬至10月底，由通州区安全监管局、区监察局、区公安分局、区发展和改革委等23个部门组成专项行动领导小组，分动员部署、组织实施、督察总结三个阶段，严厉打击交通运输、建筑施工、消防安全、危险化学品、地下空间、地下管线、液化石油气、特种设备、民用爆炸物品、冶金等十大行业和领域的无证、证照不全或违法从事生产经营建设等8类共性和具有行业及领域特点的非法违法生产经营建设行为。10月份，根据10月28日全国深入开展严厉打击非法违法生产经营建设行为专项行动视频会会议精神，区安全生产委员会决定将打非专项行动延长到11月底，并要求各部门和单位继续保持有利于对非法违法生产经营建设行为实施严厉打击的社会舆论氛围，不断加大依法打击治理力度，确保国务院安委会“打非治违”工作决策部署、目标任务的全面实施和顺利实现。

（赵冬梅）

【打击非法违法生产经营建设行为】 11月初，通州区安全监管局会同区规划、工商、消防、永顺镇政府等7个部门采取联合执法、抽查检查等形式，对永顺镇政府摸排出的23项非法违章建设经营行为进行了逐一勘查确认。区公安消防支队对5家存在突出火灾隐患的单位进行了处罚。区工商分局对永顺新建工业区内的3户违法经营企业进行检查并责令限期改正。区安全监管局对21家违法违章企业进行检查，对6家存在隐患逾期未改的责令停业整顿。区住房城乡建设委、区城管监察大队等各部门也都依法依职开展了执法检查工作。

（张　伟）

职业安全健康

【加大职业卫生监督执法力度】 年初，通州区安全监管局制发了《通州区2010年职业卫生监管工作意见》，结合全区重点职业危害、重点行业企业和重点人群的特点，全面加强对存在粉尘和高毒危害的中小企业作业现场的监督检查工作，严肃查处了一批危害劳动者身体健康的违法行为。截至12月底，共监督检查各类生产经营单位687家次，发现职业卫生隐患721处，整改完成698处，下发行政执法文书331份，罚款总额17.5万元。

（张德超）

【动态开展职业病危害申报工作】 针对通州区产业结构布局调整加快，企业职业卫生信息变化较大的情况，通州区安全监管局采取动态申报、动态管理、动态注销的方式，强化职业病危害申报工作，指定专人每季度末与基层安监科进行一次数据核实，及时指导企业进行网上申报、变更和注销，客观真实记录企业职业卫生信息。同时，邀请市局有关专家，专门举办职业病危害申报管理系统培训班，对街道、乡镇的申报管理员进行培训。印发了《关于进一步加强职业危害变更申报工作的通知》和《申报办法》3500余册，下发企业指导申报工作。2010年，通州区共新增申报企业62家、变更申报企业11家，注销企业43家。

（张德超）

【深入推进职业危害专项治理行动】 1月份开始，通州区安全监管局、区卫生局、区人力社保局和区总工会按照专项治理的范围和要求，对全区涉及职业危害的1200多家企业进行了逐一排查摸底，最后确定重点治理单位224家。其中，家具制造企业159家，印刷企业54家，化工企业11家。监管部门严格督促、指导相关企业开展自查整改，并对整改效果进行跟踪，截至10月31日，共对190家涉及粉尘与高毒的企业进行了治理，涉及生产职工2178人，其中接触职业病危害的劳动者1469人。经过整治，重点治理企业中职业危害申报率达到100%，作业场所职业危害因素检测覆盖率达到97%，检测点合格率达到90%以上，从事接触职业危害作业的劳动者的职业健康检查率、职业卫生档案建档率、劳动者健康监护档案建档率达到90%以上。

（张德超）

【职业安全健康宣传教育】 4月份，通州区安全监管局联合区卫生局、区总工会，联合举办了《职业病防治法》宣传周活动，发放各类宣传品4000余份。“安全生产月”期间，区安全监管局又采取重点街道设点宣传、重点企业巡回宣传等形式，发放职业病防治知识读本等材料共1500余份。12月下旬，为提高职业健康管理人员的素质和能力，组织了100名企业职业健康管理员参加市安全监管局举办的职业健康管理员培训班，系统学习了职业健康管理的知识，提高了辨识和处置各种职业危害因素的能力。

（张德超）

【有限空间作业场所专项整治】 3月至8月，通州区安全监管局根据有限空间作业的季节性特点和规律，以物业、环卫、污水处理、市政工程建设单位等为重点，对排查出的459家单位、涉及的12097处有限空间作业场所，进行了全面监控和执法检查，有效提升了有限空间作业安全监管水平。同时，全面加大有限空间作业持证上岗的宣传力度，在《通州时讯》全文刊登了《关于地下有限空间作业现场监护人员必须持证上岗的通告》等三个《通告》，举办有限空间作业安全专题培训班6期，培训各类作业人员883人。

（张德超）

安全生产宣传培训

【基层专职安全员培训班】 4月22日，通州区安全监管局在东方宾馆会议中心举办了通州区基层专职安全员培训班。培训由区安全监管局各个执法检查科室主要负责人担任授课教师，结合全区基层专职安全员专业知识现状及当前工作重点，就安全生产现场检查基本程序，工业企业、建筑施工、人员密集场所等重点行业现场检查重点内容及原则方法，职业安全监管、拆迁工作中如何做好安全监管等相关知识进行了详细具体的讲解。全区200余名基层专职安全员参加了培训。

（崔路棋）

【举办通州区第五届“安全文化节”】 5月28日，通州区在潞城镇政府举行了第五届“安全文化节”暨潞城镇第四届“平安潞城”安全运动会开幕式。开幕式上，区安全监管局局长朱志高部署了通州区第五届安全文化节工作；主席台领导向通州区安全生产宣传教育志愿者支队代表进行了授旗；通州区万名安全生产宣传教育志愿者代表进行了宣誓。仪式结束后，潞城镇企事业单位代表参加了安全生产大比武活动。市安全生产宣教中心、区委、区政府、区政协领导，区安委会成员单位主管领导、各乡镇、街道办事处主管领导和安全科长及潞城镇企事业单位的职工1000余人参加了开幕式。

（崔路棋）

【安全生产宣传咨询日】 6月13日，通州区组织开展了“安全生产咨询日”活动，30余家安委会成员单位和4个街道办事处在新华大街、各乡镇在人员较为集中的重点街道、集市以及重要地段设立宣传点，通过设立咨询台、悬挂安全条幅、摆放宣传展板、发放宣传产品及材料、播放安全光盘、组织文艺演出等多种形式宣传安全文化知识。为营造氛围，城区借助新华大街上的电子显示屏，在咨询日当天滚动播放《安全监管在通州》宣传片和安全生产标语口号；活动现场举办了“争当安全生产宣传教育志愿者”签名活动，区委副书记李玉君、区人大副主任韩振福、副区长肖志刚、区政协副主席王子江，区监察局局长张希芳及部分安全生产月组委会成员单位主要领导参加了新华大街宣传咨询日的督察活动，并带头在印有“传播安全理念、宣传安全知识、倡导安全文化”志愿者条幅上签名，1000余名群众也踊跃参与签名。各乡镇街道办事处纷纷设立站点进行宣传。咨询日期间，全区共有3000余人参加了宣传活动，设立宣传站点50余处，悬挂横幅2000余条，摆放展板1000余块，发放各类宣传资料20余万份，受教育群众达30余万人。

（崔路棋）

【安全文艺节目巡回演出活动】 6月初至9月底，通州区安全监管局以“坚持安全发展、平安建设新城”为主题，开展了安全文艺节目进社区、进农村、进企业、进学校巡回演出活动。6月7日在北苑街道办事处举办了首场演出，200余名企事业职工在欢声笑语中受到安全教育，提高了安全意识。截至9月底，演出活动共计举办10场，吸引观众1万余人，实现了宣传安全生产法律法规，普及安全文化知识，推进安全文化建设的目的。

（崔路棋）

【举行“国务院23号通知”主题宣传日活动】 9月3日，通州区在全区范围内开展贯彻落实《国务院关于进一步加强企业安全生产工作的通知》主题“宣传日”活动。各乡镇、街道办事处结合地域特点在中心大街、工业园区主街道和人群集中地段设立宣传会场，通过广播宣传、摆放展板、悬挂横幅等不同形式开展宣传，并指导本辖区企业广泛开展宣传活动。各安委会成员单位到指定乡镇、街道设站点宣传。全区共设立宣传会场15处、站点30处，悬挂横幅450余条，摆放展板500余块，发放各类宣传资料5万余份，受教育人数10余万人。

（崔路棋）

【开展“国务院23号通知”大宣讲活动】 9月，通州区以区委理论中心组学习为契机，邀请中国地质大学博士生导师、市安全生产专家组成员罗云教授，举办贯彻落实《国务院关于进一步加强企业安全生产工作的通知》精神专题辅导报告会，为全区处级以上领导干部进行专题授课，切实增强全区领导干部落实《通知》精神的紧迫感、责任感和使命感。同时，开展危化企业主要负责人和安全管理人员学习贯彻《通知》宣讲活动，300余人参加活动。

（崔路棋）

【举办安全生产专题培训班】 3月8日至12日，通州区委组织部、区委党校、区应急办、区安全监管局、区公安消防支队、区质监局、区民防局联合举办了安全生产专题培训班。邀请国务院应急管理专家组组长、国务院参事闪淳昌、国家安全监管总局政策法规司副司长石少华及区委党校等12名专家、教授进行授课。区安全生产委员会成员单位主管领导、各乡镇、街道办事处主管领导及安全科科长共50余人参加培训，全面学习了安全生产法律法规、安全文化建设、火灾事故应急救援、特种设备安全管理、突发事件应对等知识，全面提升了安全监管干部的安全监管意识。

（崔路棋）

【全面强化对外宣传工作】 2010年，通州区安全监管局围绕全区加强新闻报道和对外宣传工作。全年，通州电视台共播出油管安全生产方面新闻38条，报纸登载稿件26条，《中国安全生产报》、《劳动保护》杂志登载稿件7篇。另外，通州电视台播出安全专题26期，《通州时讯》登载安全专刊42期。编辑印发通州区《安全监管动态》44期。

（崔路棋）

安全生产法制建设

【健全安全生产执法监察台账】 年初，通州区安全监管局对照执法权限，修订了安全生产执法监察台账相关内容，制发了《通州区安全生产监督管理局关于印发安全生产执法监察台账目录及相关表格的通知》（通安监办发［2010］8号），进一步明确了安全生产执法监察台账目录，安全生产年度、季度和月份执法监察计划及日志的具体要求，规范了安全生产执法监察行为，提高了执法的效能。

（白 华）

【规范安全生产执法文书格式】 2010年，通州区安全监管局按照国家安全监管总局发布的《安全生产行政执法文书（式样）》，制发了《通州区安全生产监督管理局关于印发〈安全生产行政执法文书（式样）〉的通知》（通安监办发［2010］14号），出台了简易程序处罚文书、一般程序处罚执法文书、事故案卷文书样本各一套。

（白 华）

【安全生产委托执法】 年初，通州区安全监管局向各乡镇、街道办事处下发了《北京市通州区安全生产监督管理局2010年安全生产委托执法考评方案》（通安监发［2010］3号），对基层全年检查企业数量、下达执法文书数量和移送案件数量等指标进行了量化；制发了《北京市通州区安全生产监督管理局关于印发〈安全生产委托执法文书范本〉的通知》（通安监发［2010］16号），对委托执法文书的填写进行了逐项明确，制作了具体的范本，使执法文书的使用更加具有可操作性；5月，对基层委托执法人员进行统一培训，明确了委托执法工作中存在问题的解决措施。11月，完成2010年度委托执法人员换证和考核工作。全年，各乡镇、街道办事处共向区安全监管局移送安全生产违法案件116起，区安全监管局共立案处罚委托执法移送案件12件，罚款总额9.1万元。

（白 华）

【制定行政处罚自由裁量权制度】 通州区安全监管局依据国家总局《安全生产行政处罚自由裁量适用规则》和市安全监管局有关要求，制发了《通州区安全生产监督管理局行政处罚自由裁量权制度》（通安监办发［2010］16号），对自由裁量权的行使、监督等环节做了进一步细化。11月，组织执法人员，就安全生产行政处罚自由裁量标准进行了统一学习，确保了执法行为的公平、公正。

（白 华）

【开展“五五”普法宣传教育活动】 2010年，通州区安全监管局起草了《北京市通州区安全生产监督管理局“五五”普法总结汇报材料》，整理了相关档案材料，并顺利通过了通州区“五五”普法工作领导小组对区安全监管局的“五五”普法工作的验收。

（白 华）

【邀请义务监督员进行现场执法监督】 11月，通州区法制办组织通州区政府法制工作义务监督员对区安全监管局现场执法工作进行了监督，全程参与了区安全监管局执法人员的现场检查、调查取证、制发文书等执法环节，并对区安全监管局的现场执法工作给予了充分肯定。

（白 华）

安全生产应急救援

【建立应急管理工作机制】 年初，通州区安全监管局制定了《区安全监管局应对突发事件机关内部分工方案》，明确了局内各科室应对突发事件的工作职责、事故应急救援职责分工以及应急处置步骤等内容，确保一旦有突发事件发生，能够迅速调动机关内一切人力、物力，实现对突发事件的科学、有效救援与处置。

（赵冬梅）

【加强危化从业单位应急预案管理】 在全区生产经营单位应急预案备案工作基础上，2010年，通州区安全监管局全面启动涉及安全许可的危险化学品企业应急预案网上申报工作，督促、指导危险化学品企业通过北京市安全监管信息平台对企业应急预案进行网上申报备案，进一步提高了全区危险化学品企业应急预案备案工作的信息化管理水平。

（赵冬梅）

顺义区

概　述

2010年，顺义区安全生产工作紧紧围绕“安全生产年”活动这条主线，以提高安全监管制度化、规范化、标准化、信息化水平为抓手，依托安全生产网络化动态管理系统，扎实推进企业自查自报工作，企业安全生产状况持续改善，全区安全生产形势总体稳定。安全生产各项指标均控制在市政府下达的考核指标内。顺义区获得了“2010年全国安全生产月优秀单位”称号、“安全生产监管监察先进单位”、“2010年北京市安全生产月活动优秀组织奖”、“安全生产分类分级动态管理体系”荣获首届中国安全生产电视作品大赛优秀奖、“安全生产综合监管动态管理系统”荣获了北京市第一届安全生产科技成果一等奖和中国职业安全健康协会颁发的“神华杯”科学技术奖三等奖，“北京市安全监管监察系统第一届艺术节团体优秀组织奖”和“合唱比赛优秀奖”，“第二届顺义十大骄傲”奖。

综合监管能力不断提高。明确安全生产工作重点。制定下发《2010年安全生产重点工作》，确定了行业、属地、综合监管部门28项重点任务，完善协调办公机制，坚持每季每月召开核心行业部门和属地科长安全例会以及适时召开专项、重点工作协调会。坚持综合数据指标统计通报制度，每月通报行业部门和属地政府硬性指标完成情况以及28项重点工作进展情况。完善综合目标考核体系，依照属地、核心行业、其他行业部门不同的管理职责，修订了《2010年安全生产工作考核细则》，调整和增加了责任制、C级、D级企业复评、自查自报等硬性指标。推行委托执法工作，制订了《关于委托镇政府、街道办事处、经济功能区行使部分安全生产监督检查权意见》，制作了《属地委托执法工作指导手册》，使安全生产检查力量延伸到了最基层，扩大了安全监管的覆盖面。

动态监管不断深化创新。在分类分级动态管理系统的基础上，探索开发了生产经营单位事故隐患排查治理自查自报系统。全区共有10978家生产经营单位参与，自查自报率达99%，累计上报隐患11618条，其中重大隐患19条、一般隐患11587条，企业自改隐患11037项，在行业部门和属地政府指导下整改550项。

执法监察力度进一步加大。顺义区综

合监管部门、行业监管部门和属地共检查生产经营单位2726家，检查次数4288次，查处事故隐患6366项，实际事故隐患整改6364项，整改率99.9%。下达行政执法文书2602份，其中，限期整改1350份，强制措施决定书4份。实施行政处罚112次，经济处罚罚款203.59万元。

重点行业领域专项整治取得实效。烟花爆竹销售安全管理圆满完成，2010年，烟花爆竹安全监管工作圆满完成，全区未发生烟花爆竹安全生产事故。高危行业专项整治开展顺利，重点开展了危险化学品储存仓库安全专项整治、暑期汛期安全隐患专项整治、非经营加油站专项整治及建材城危险化学品专项整治等工作。检查危化单位492家次，检查覆盖率100%。汽车展、农博会、方程式汽车大奖赛等大型活动安全保障圆满完成。全年累计做好大型活动临时设施搭设安全检查工作54次。开展人员密集场所联合检查，制定人员密集场所安全生产检查工作方案，在“五一”、“十一”等节假日期间，部署联合检查工作方案，并集中对区内宾馆、饭店、商市场、网吧等30余家人员密集场所及城市运行保障进行联合安全检查，累计消除隐患156项。严厉打击非法违法生产经营建设行为：联合区公安、工商、城管等职能部门集中清理了非法违法经营单位，累计查处取缔无证无照等违法经营1827户次，立案1696件，罚没金额165.8万元。消除高压线下安全隐患：做好滨河市场取缔安全监管工作，派出执法检查组全程进行检查指导，共拆除商户154家，违法建筑3525平方米。全面清理违法户外广告：3家建材城周边及西二环两侧违法广告，累计出动人员1100人次，大型机械38台次，共拆除大型户外广告115块、超高超大牌匾800余块，清理小广告牌匾2800余块，清除门窗贴字3900余张，拆除面积3.6万平方米。整治文化娱乐场所：联合执法大检查5次，检查文化经营单位183家次，重点清查了无证无照文化经营单位，劝离证照不规范音像店2家，取缔3家，暂扣图书50余册，光盘1180余张，治理超范围经营的歌厅3家，及时制止非法电影放映活动1起，有力打击了文化市场非法经营行为。开展有限空间作业专项整治：顺义共有有限空间136814处，市政管线2617.6公里，有营业资质的有限空间作业单位19家，采取外包作业方式单位29家。其中，15家配备了轴流风机等通风设备，8家单位配备了有毒气体检测仪，16家单位配备了救援三角架、救援绳和对讲机等救援器材等。19家单位35人参加了有限空间作业监护人培训，取得了特种作业操作证，采取外包作业方式的29家单位中共有44人参加了监护人员的培训。共检查相关企业135家次，下达改正指令书17份，查改隐患37项。

分类分级管理工作进一步深化。2010年，是C级、D级企业复评年。3月至7月，分期分批对全区4201家C级、D级企业开展复评工作。区安全监管局组成4个复评督导组，指导、监督各行业、属地政府的复评工作。通过复评，1815家C级企业升为B级，4家D级企业升为C级，1222家级别未达到升级标准，无企业降级，1160家企业因拆迁、停产等原因未评级。期间共出动人员1800人次，车辆900车次，下达责令整改指令书790份，查改隐患3600余项，进一步摸清了全区C级、D级企业现状，有效改善了企业安全生产条件。

安全生产宣教活动成效显著。深入宣贯《国务院关于进一步加强企业安全生产工作的通知》精神。制定贯彻落实“通知”宣教培训工作方案，区内各行业、属地先后召开学习贯彻专题会116期。组织开展全区安全生产月活动，以“坚持安全发展，建设和谐顺义”为活动主题，从全区、区域以及生产经营单位三个层面开展形式多样的宣传教育活动。重点推进以安全生产法律法规知识、安全事故警示为主要内容的全员安全培训教育活动，以反违章操作、反违章指挥、反违返劳动纪律为主要内容的企业安全文化创建活动，以及“安康杯”竞赛和“青年安全生产示范岗”创建活动。开展特种作业人员培训考核工作，充分发挥北京市首家安全生产科普培训基地作用，全年共举办特种作业培训班64期，培训人员8207名，合格7518名。其中：取证班24期，培训2739名，合格2288名；复审班40期，培训5468名，合格5230名。

2010年，顺义区安全生产工作存在：危险化学品使用单位管理不规范，全区有一定规模的危险化学品使用单位168家，缺少相关的法律法规规范，存在监管薄弱环节；生产经营单位隐患发现率低。部分企业安全管理人员安全知识水平不高，隐患发现能力低。

安全生产综合监督管理

【安全生产控制考核指标完成情况】 2010年，顺义区共发生交通、生产安全、火灾事故767起，死亡115人，全年未突破北京市政府下达的事故死亡124人的控制指标。其中：发生交通事故537起，同比上升12.8%，死亡108人，同比下降0.8%；发生火灾事故225起，同比下降20.2%，死亡1人，同比持平；发生生产安全事故5起，死亡6人，未突破市政府下达的生产安全事故控制死亡8人的控制指标。

（史亚军）

【安全生产工作总结大会】 1月23日，顺义区召开2010年安全生产工作大会。区长刘剑、区人大副主任贾春林、副区长林向阳出席。会议全面总结了2009年安全生产工作，部署了2010年安全生产工作的总体要求和重点任务；表彰了2009年度安全生产先进单位、分类分级先进单位、先进企业和先进个人；区公安分局消防支队、北小营镇、顺鑫集团作了典型发言。会上区委副书记、区长刘剑分别与区安全生产监管局、区住建委和牛栏山镇政府签订了2010年安全生产责任书。顺义区政府与镇、街道、开发区、委、办、局、公司共计签订了158份安全生产责任书。

（史亚军）

【交通安全工作专题会】 1月25日，顺义交通局组织召开“保春节、保春运、保两会安全生产专题工作会”。会议要求：客运行业重点做好春运、春节期间公交车辆运营线路、站点的安全隐患排查整治；货运行业加强对危险化学品运输及重点运输企业的安全检查；机动车维修行业要深入企业开展对喷烤漆房安全隐患排查，严防火灾事故发生；检查站要严查入境车辆，特别是要加强对危化运输及运输烟花爆竹等危险物品车辆的检查，对问题车辆严格执法；各行业要按照“三关一监督”的工作原则，强化行业监管措施，加大路面执法和打击处罚力度，加强三轮车的管理。要对重点行业、区域、时间、地点实施特别监管，确保春节、春运和“两会”期间全区道路运输市场安全稳定，秩序良好。

（史亚军）

【安全生产隐患自查自报工作动员会】 3月24日，顺义区召开安全生产隐患排查治理自查自报工作动员会。全区各行业监管部门、各镇、街道、经济功能区行政正职、主管副职、安全科长及重点企业负责人共450人参加了会议。区安全监管局局长、区安委会办公室主任高士虎对事故隐患排查治理自查自报工作进行了全面地动员部署，东方雨虹、牛栏山镇、区文委三家试点单位分别介绍了自查自报工作开展情况。区委常委、副区长林向阳提出了要求。

（史亚军）

【安全生产大检查部署会】 4月，按照市安全监管局统一部署，顺义区安委会办公室制定下发了《关于开展安全生产大检查工作实施方案的通知》，提出安全生产大检查要做到“四个结合”，即分类分级自查自报工作、落实部门监管责任、落实企业主体责任、重点工作、重点工程安全保障相结合；与细化检查内容，安排综合检查和专项检查相结合；与加强沟通协调配合，形成合力，解决新问题、新情况相结合；与区安委会办公室组成联合检查组，对开展隐患排查治理情况进行督促检查相结合。

（史亚军）

【第十一届汽车博览会保驾护航】 4月15日至5月7日，第十一届汽车博览会在新国展举办，顺义区安全监管局全面保驾护航。一是建立汽车博览会安保工作小组，成员有区安全监管局、区建委、区质监分局、区公安消防支队、天竺房地产管委会等组成，负责监督指导协调相关单位做好布展、展览、撤展期间生产安全保障工作；二是发扬“四个坚持”原则，确保各项安全措施落实到位；三是开展联合检查，做到隐患整改彻底。

（史亚军）

【部署全国“安全生产月”宣传咨询日活动会】 5月18日，顺义区组织召开全国“安全生产月”宣传咨询日活动部署会，全国“安全生产月”宣传咨询日活动将于6月13日在北京现代汽车有限公司举办。顺义区委常委、副区长林向阳要求各部门、各单位要高度重视，将此次活动作为一项大事来抓，认真对待，通力协作，精心组织，精心筹划，保证今年的全国“安全生产月”宣传咨询日活动生动扎实、富有成效。顺义区委宣传部、政府办、信访办、区团委、市政市容委、教委、住建委、商务委、经信委、文化委、公安分局等25家相关单位参加了本次会议。

（史亚军）

【部署“安全生产年”活动】 5月19日，顺义区安委会下发了《关于深入开展安全生产年活动的实施意见》，部署了“安全生产年”要重点开展三项行动。一是深入开展“执法行动”，重点加大危险化学品使用单位安全监管、重点工程安全监管、有限空间安全监管、消防安全监管、燃气安全监管、作业场所职业卫生监管；二是深入开展“治理行动”，以生产经营单位事故隐患排查治理自查自报工作为主线，分三阶段做好事故隐患自查自报工作；三是深入开展“宣传教育行动”，以安全生产月活动为主线，依托顺义电视台《安全伴你行》和顺义时讯《安全生产在身边》两个栏目，加强安全生产法律法规、安全知识的宣传力度。依托有线电视、广播村村通、电子政务文化信息资源共享工程、农村多媒体文化中心等信息网络手段，实现安全知识进农村、进社区，安全宣传全覆盖。

（史亚军）

【区住建委部署防汛应急工作】 6

月8日，顺义区住建委安全监督站组织区内14支防汛应急抢险队主管负责人召开“建筑工程防汛工作部署”会，会上对防汛抢险工作进行明确分工，要求各抢险支队完善防汛预案，详细统计并上报抢险设备、应急物资、防汛负责人及联系电话，保证部署到位，责任落实。区住建委副主任张文生参加部署会，要求各支队提高防汛认识，增强防汛责任心，并就重点问题进行了强调。

（史亚军）

【地下有限空间作业持证上岗工作会】 5月25日，顺义区市政市容委按照市安全监管局5月24日电话会议的要求，组织召开了地下有限空间作业持证上岗工作会。区燃气公司、区环卫中心、垃圾处理厂、大龙供热中心、城南供热中心、区市政重点工程办公室、区市政市容委等相关单位参加了会议。会议要求各单位重视地下有限空间作业持证上岗的作用，认真组织学习有关标准规范，加大安全监管，及时发现问题，解决问题，杜绝地下有限空间作业事故发生。

（史亚军）

【全面启动自查自报培训工作】 7月21日，顺义区安全生产委员会下发了《关于开展安全生产事故隐患排查治理自查自报培训工作方案》，7月27、28日，区安全监管局在顺义区社区教育中心举办了四期安全生产事故隐患排查治理自查自报工作培训班，全区25个行业部门、40个属地政府主管副职和管理人员310人参加了培训。全区近1.4万家生产经营单位将进行自查自报全面培训工作。

（史亚军）

【部署机械、食品加工、汽车制造行业专项检查会】 11月18日，根据《北京市机械、冶金、建材、轻纺和烟草等行业安全生产标准化活动指南》精神，顺义区安全监管局部署机械、食品加工、汽车制造行业专项检查工作。主要内容：一是企业开展安全生产标准化活动的落实情况；二是机械、食品加工、汽车制造行业标准化的实施情况；三是机械食品加工、汽车制造行业设备安全防护情况；四是劳动防护用品的配备使用情况；五是特种作业人员持证上岗作业情况。

（史亚军）

【冬季施工单位检查部署会】 为吸取上海“11·15”重大火灾事件所引出的安全问题，顺义区安全监管局会同区建委对冬季施工工地专项检查部署会。重点抓好，检查建设单位分发包问题，是否存在总包、分包、施工、监理不明确，层层多次分包等现象；检查从业人员教育培训情况；检查特种作业人员持证上岗情况，是否存在无证、假证、使用过期证件等违法行为；检查施工现场是否堆积易燃易爆品等材料，安全措施是否落实到位；检查施工人员是否按照操作规程作业，是否存在违章操作行为，现场安全员监管工作是否到位。

（史亚军）

【文化经营服务场所安全生产暨消防安全会议】 11月18日，顺义区文化委、区安全监管局、区公安分局消防支队联合召开文化经营服务场所安全生产暨消防安全会议。全区网吧、歌厅、影剧院、游艺娱乐场所、文艺表演团体、文化系统基层单位以及文化行政执法队全体人员，共计150人参加了会议。会议传达了国务院办公厅《关于进一步做好消防工作坚决遏制重特大火灾事故的通知》和市有关会议精神，下发了《2010年至2011年度冬春季火灾防控工作实施方案》。

（史亚军）

【自查自报系统全市推广会议】 12月7日，北京市生产经营单位事故隐患自查自报系统推广应用现场会在顺义区召开。北京市各相关行业部门主管领导、各区县安全生产委员会主任、各区县安全监管局相关工作人员共300余人参加了会议。副市长苟仲文出席并讲话。顺义区代区长王刚参加了会议，顺义区区委常委、副区长林向阳介绍了顺义区工作做法，市安全监管局部署了推广应用工作，大兴区做了发言。

（史亚军）

【年终安全生产考核工作】 11月5日至12月10日，顺义区对全区安委会成员单位101家（40家属地政府、61家行业部门）进行了安全生产工作考核。考核内容包括：安全生产责任制的落实、安全生产机构建设和人员配备、日常监察、宣传教育培训、应急救援等相关工作情况。成立安全生产考核领导小组，分成四个小组，采取资料检查与实地考察相结合的方式，围绕安全生产综合管理、安全生产监督检查、宣传教育培训、专项整治、生产安全事故及报告、企业数据更新、特种设备安全管理七个内容进行逐项打分的方法。

（史亚军）

【部署阶段性安全生产重点工作】 12月10日，顺义区安全监管局召开40家属地安监科长例会，重点部署了现阶段安全生产重点工作。区安全监管局局长高士虎部署了重点工作：一是组织特种作业专项执法检查；二是做好烟花爆竹安全监管工作；三是做好企业健康监督员培训工作和职业危害申报工作；四是开展自查自报工作。

（史亚军）

【国家总局考核顺义区“五五”普法和行政执法工作】 按照《国家安全监管总局办公厅关于组织开展安全监管部门“五五”普法和行政执法检查工作的通知（安监总厅政法［2010］23号》的要求，7月1日，福建省安全监管局代表国家安全监管总局对北京市顺义区安全生产“五五”普法和行政执法工作进行了检查考核。北京市安全监管局、顺义区委等有关领导陪同考核。考核组观看了安全生产分类分级动态监管宣传片、听取了区安全监管局关于“五五”普法和行政执法开展情况的工作汇报，查看了120份档案材料，实地抽查了大孙各庄镇属地基层基础工作和北京现代二厂安全监管工作。

（史亚军）

【市城乡建设委安全监督总站检查顺义区起重机械安全】 4月14日、15日，市城乡建设委安全监督总站组织起重机械专业检测机构对顺义区重点工地起重机械进行专业检查。此次检查从站前街居住项目、民生银行、汽车研发中心、翠竹新村三期4个工地的38台塔吊中随机抽查了19台，检查组对起重机械的各项内业资料进行了严格审查，专业检测机构人员上塔进行专业检查。

（史亚军）

【市局检查顺义区非煤矿山企业】 6月4日，市安全监管局专项执法检查组到顺义区检查非煤矿山执法工作，抽查了北京顺发拉法基水泥有限公司、北京市玉林石灰厂2家非煤矿山企业。检查组对顺义区非煤矿山的安全监管工作给予了肯定，对非煤矿山企业进一步落实安全主体责任也给予了认可。

（史亚军）

【市局调研顺义自查自报和物联网建设工作】 8月19日，市安全监管局局长张家明等一行到顺义区就事故隐患排查治理自查自报和物联网建设工作进行调研，顺义区区委书记张延昆、代区长王刚、区委常委、副区长林向阳等陪同。

（史亚军）

【市局检查顺义非煤矿山工作】 11月2日，市安全监管局聘请专家吕淑然教授一行检查顺义区非煤矿山工作，主要检查了北京市大段白灰厂、北京哲君科技开发有限公司、北京市玉林石灰厂、北京庞山采石场四家年底到期的非煤矿山换证审查情况，提出了对开采量低，生存能力差，且达不到安全标准的企业，将予以关闭等安全生产要求。

（王　清）

【市安全生产考核组到顺义考核】 12月24日，市安全生产综合考核组到顺义区进行安全生产综合考核，市安全监管局、市商务局、市民防局、市旅游局等安委会成员单位有关部门负责人一同参加考核。考核组在听取安全生产工作和综合考评自查情况汇报后，分组对安全生产工作记录等文件资料进行了查阅，并到仁和镇、双丰街道、北京住总大地混凝土建筑构件有限公司、隆华购物中心、新世界百货商场进行了实地检查。考核组对顺义区的安全生产工作给予了肯定。

（史亚军）

【组织行业部门召开自查自报培训工作会】 8月3日，顺义区安全监管局组织全区25个行业部门召开了安全生产事故隐患排查治理自查自报培训工作会，区委常委、副区长林向阳出席了此次会议。区安全监管局局长高士虎就开展自查自报工作提出了要求。

（史亚军）

【天津市安全监管局调研顺义区自查自报工作】 11月18日，天津市安全监管局局长张时善一行8人对顺义区事故隐患自查自报、安全生产基层基础工作进行调研。区安全监管局局长高士虎介绍了分类分级、自查自报系统、指导行业属地开展情况及安全生产网络化监管系统建设情况，就初期调研、办法出台、标准制定、系统建设、教育培训、具体实施等重点环节进行了交流和沟通。顺义区区委书记张延昆、区委常委、副区长林向阳及北京市安全监管局有关领导陪同并参加座谈。

（史亚军）

危险化学品安全监管监察

【危险化学品行政许可】 2010年，顺义区甲证单位100家，其中生产单位1家（金刚化工）、经营单位99家（加油站90家、油气库5家、甲证票据经营4家）；乙证单位36家，其中工业气体25家、化工商店11家；烟花爆竹批发单位1家，烟花爆竹临时经营164家。

（史亚军）

【危险化学品单位487家】 2010年，顺义区共有危险化学品生产经营单位487家，危险化学品从业单位322家，其中生产单位1家、经营单位135家、使用单位186家。其中剧毒品12家（氰化物、异氰酸酯等）、内部加油站11家、氨气34家、油漆59家、酒精19家、油墨18家、瓶装气体32家、其他24家（氧化剂、盐酸、硫酸、丙酮等）；烟花爆竹批发单位1家；烟花爆竹临时经营164家。

（史亚军）

【危险化学品隐患排查治理】 2010年，顺义区危险化学品执法检查共487家，同比增长50%；检查974家次，与去年576家次相比，增长69%；下达执法文书202份，查处隐患324，行政处罚5家，罚款8万元，同比增长17.6%。查处群众举报22起。对13家（乙证）单位进行了换证，对60家加油站、油气库的换证单位进行了现场核查工作。

（史亚军）

【实施危化生产经营单位例会制】 2010年，顺义区实施危化生产经营单位例会制。4月27日，第一次危化生产经营单位季度例会召开，90家加油站站长，5家油气库安全主管，1家生产单位和37家经营单位主要负责人参加了此次会议。

（史亚军）

【建材市场危险化学品经营许可工作】 5月11日，顺义区安全监管局召开专项会议，就建材市场危险化学品许可工作提出了换证要求，为2家经营许可证到期和4家新增建材城集中办理《危险化学品经营许可证》工作。旺泉街道办事处、南法信镇、仁和镇和6家建材城主要负责人共25人参加。

（王　清）

【检查农村民用制气站使用情况】 6月7日，顺义区种植业服务中心能源办牵头，会同区安全监管局、区质量技术监督局和区农委对全区23家农村民用制气站（沼气站、秸秆气站）各项管理制度的制定、岗位操作规程的执行、在用设备设施的安全管理与维护保养、人员教育培训、特种设备的检测检验和特种工持证上岗等情况进行了集中检查，并指导农户正确使用沼气（秸秆气）设施，传授应急防护知识，确保冬季农村用气安全。

（史亚军　王　清）

【区领导检查危化生产经营单位】 9月29日，顺义区委常委、副区长林向阳检查了区烟花爆竹储存库、顺义气库和一个危险化学品生产单位安全生产情况、并就国庆期间应急值守工作提出了要求。

（史亚军）

【联合开展冬季农村沼气安全检查】 12月7日起，顺义区种植业服务中心新能源办、区安全监管局、区质量技术监督局联合开展冬季农村沼气安全检查，历时一周对全区23家沼气（秸杆气）站进行安全检查。重点查找沼气（秸杆气）站火灾隐患、压力容器、安全设施及人员资质培训、应急救援等问题，并指导农户正确使用沼气（秸杆气）设施，传授应急防护知识，确保冬季农村用气安全。

（史亚军）

【危险化学品应急演练周活动】 6月23日至7月1日，顺义区135家危险化学品生产经营单位全面开展应急演练周活动。各单位模拟演练了夏季防汛、加卸油过程中泄漏、危化品储存库着火、经营现场发现可疑物、防盗抢事件等场景。

（史亚军）

【加油站突发事件应急演练】 9月28日，顺义区安全监管局在中石油北京市京顺路加油站组织了应急演练。模拟演练了恶劣天气变化、加卸油过程中泄漏、经营现场发现可疑物、防盗抢事件等场景。演练检验了中石化加油站各岗位人员应急响应能力和速度；提高了各环节的配合质量；完善了应急救援体系，16家中石油加油站参加了演练。

（王　清）

【加强危险货物运输行业监管】 顺义区交通局采取召开危险货物运输行业工作大会，签订安全生产责任书；组织开展应急预案演练；开展企业安全评价；组织开展驾驶员培训考核和运输车辆抽检抽查，严把从业人员资质关和车辆技术关；进行低栏板车辆运输高液化气瓶进行专项整治；将GPS监控系统与市级监控平台实现对接；企业建立巡视员机制，对运输车辆实行日检查；加强信息反馈，提高事故信息报送的通畅能力八项措施加强危险货物运输行业管理。

（史亚军）

烟花爆竹安全监管监察

【烟花爆竹临时销售点安全检查】 2010年，顺义区共许可烟花爆竹临时销售网点164个，涉及24个镇、街道及开发区。春节期间，共检查零售网点863家次，出动检查人员2015次，出动检查车次564次，下达现场检查记录249份，责令改正指令书57份，发现隐患176项；行政处罚7起，其中暂扣销售许可证5家，经济处罚2家。

（史亚军）

【区领导督察烟花爆竹销售】 顺义区委常委、政法委书记周颖博，区委常委、副区长李友生，区委常委、公安分局局长李国营，副区长林向阳，副区长赵贵恒等区领导分别于2月6日、13日、18日、28日带队督察烟花爆竹销售，组织大规模联合检查5次，确保了烟花爆竹销售安全。

（史亚军）

【检查烟花爆竹配送车辆】 12月14日，顺义区交通局重点对北京益利农土产杂品有限公司的两部烟花爆竹配送车辆进行了安全检查。配送车辆取得了《道路危险货物运输证》，标志标识按规定悬挂，配备了GPS定位系统，灭火器材和必要的工具齐全有效，车辆已完成二级维护和技术性能检测，技术等级全部达到要求；驾驶员和押运人员取得了从业资格证，并与企业签订了安全责任书，为顺义区“两节”烟花爆竹运输市场安全提供了保障。

（史亚军）

【市局检查顺义烟花爆竹库安全】 12月9日，市安全监管局检查组对顺义区烟花爆竹库的安全储存条件进行了工作验收检查。检查组在听取库房管理人员就烟花爆竹安全储存工作介绍后，先后检查了烟花爆竹库、消防设施、人员配备与应急值守、视频监控系统、温湿度传感系统的正常运转等情况提出要求。

（史亚军）

【烟花爆竹零售单位负责人安全资格考试】 12月18日，对2011年烟花爆竹零售单位负责人安全资格考试举行，顺义区共有121人通过了烟花爆竹经营（零售）的资格审查。此外，来自顺义区、平谷区、怀柔区、密云县的238名考生参加了本次考试。

（史亚军）

【完成烟花爆竹“零事故”目标】 2010年，顺义区实现了烟花爆竹安全管理零事故目标。全区组织3次销售网点负责人培训会，4期从业人员培训班，发放书籍、宣传册等共656份，共配送烟花爆竹3.2万箱，销售烟花爆竹738万元，检查覆盖率达到100%，累计出动检查组1248次，出动2015人次，出动检查车次564次，下达整改指令57份，下达现场检查记录249份，查出安全隐患176项，暂扣经营许可证5家，经济处罚2家，共回收剩余物品1806箱（其中：烟花1589箱，爆竹217箱）。

（王　清　史亚军）

矿山安全监管监察

【非煤矿山安全生产行政许可】 2010年，顺义区共有行政许可非煤矿山企业5家，分布在大孙各庄镇和杨镇。

（李建坡）

【非煤矿山企业许可证到期换证工作】 根据《非煤矿矿山企业安全生产许可证实施办法》11月30日，顺义区安全监管局对年底安全生产许可证到期的部分非煤矿山企业进行了检查。对4家到期企业下达了责令改正指令书，并通告顺义区公安分局，加强对安全生产许可证到期企业的监察巡视工作。

（史亚军）

【落实全国非煤矿山安全生产工作视频会议精神】 1月27日，顺义区安全生产监管局组织全区5家非煤矿山主要负责人和2家相关属地分管镇长、安全科长，参加了国家安全监管总局召开的全国非煤矿山安全生产工作视频会议。

（史亚军）

【集中开展“打非”专项行动】 从8月起至10月底，顺义区在全区范围内集中组织开展安全生产领域打击非法违法生产、经营、建设行为专项行动。区安全生产委员会办公室下发了专项行动方案，有效打击了非法违法生产经营建设行为，营造了安全生产环境。

（史亚军）

【危险货物运输行业安全大检查】 为汲取上海市“11·15”特大火灾事故惨痛教训，顺义区交通局对14家危险货物运输企业、496部运营车辆进行安全大检查。1000余名从业人员（驾驶员、押运员）逐一进行见面检查；检查企业的安全生产责任制、防火责任制度、应急救援预案等各项安全管理制度的建立、落实情况；“将存在的安全隐患全部落实整改。

（史亚军）

【冬季专项执法安全检查】 2010年，顺义区对民生银行总部基地、金汉绿港三期等32家冬季建筑施工单位开展突击及联合检查，发现隐患207项（已整改）；对莲花山滑雪场及乔波滑雪场等人员密集场所开展执法检查，督促企业落实安全生产主体责任，消除安全隐患；逐一检查全区23家沼气（秸杆气）站，重点检查火灾隐患、压力容器、安全设施及人员资质培训、应急救援等情况；对南彩、牛山、胜利、旺泉四个街道办事处属地进行了预防煤气中毒情况抽查检查。

（史亚军）

【部署非煤矿山复工验收工作】 3月16日，顺义区安全监管局组织召开了非煤矿山节后开复工部署会。区内5家非煤矿山企业及部分属地矿山安全管理部门相关负责人参加了会议。会议传达了《北京市非煤矿山复产验收工作管理规定》及市局有关会议精神，下发了《顺义区非煤矿山开复工验收方案及标准》，要求各单位务必严格执行开复工验收规定，经验收合格后方可恢复生产。

（王　清　史亚军）

【非煤矿山应急救援演练】 7月23日，顺义区安全监管局在北京市顺发拉法基水泥有限公司组织开展了全区5家非煤矿山生产安全事故应急联合救援演练。杨镇、大孙各庄镇政府相关领导现场观摩。

（史亚军）

安全生产事故隐患排查治理

【排查危化企业发现隐患90条】 4月至8月，顺义区安全监管局领导带队，对危险化学品使用单位进行了专项排查。采取“看现场、问情况、查台账、提要求”的方法，仔细查看了危险化学品使用单位危险化学品的储存、消防器材的配备、劳动防护用品、作业场所环境及情况布局等，下达责令改正书40份，发现隐患90条。

（史亚军）

【检查液化石油气运输隐患】 7月，顺义区交通局开展道路危险货物运输安全隐患专项检查：一是开展暑期、汛期车辆维护情况检查，重点检查车辆防高温、防雨水所采取的车辆技术保障措施；二是GPS安装使用专项检查，重点检查GPS是否在线、企业自身的日常监控管理情况以及GPS终端与运输局信息平台的联通情况，对GPS不在线、日常监管不到位以及没有实现与市安全监管局信息平台实时联通等问题；三是开展运输高气瓶液化石油气低栏板车辆的检查，重点检查运输液化石油气企业的车辆，继续加大整治力度，严禁违规运输。

（史亚军）

【建设工程事故隐患专项监察行动】 4月6日至23日，顺义区安委会办公室组织区安全监管局、区建委、区市政市容委、区水务局、区园林绿化局开展了为期两周的建设工程安全生隐患专项监察行动。对建设施工领域安全生产工作及两个主体责任落实情况进行督促检查。共检查建设施工单位23处，下达责令改正指令书19份，发现安全生产事故隐患74处。

（史亚军）

安全生产应急救援

【企业应急演练】 2010年，顺义区安全监管局在充分发挥综合监管，督促和指导行业、属地应急预案演练的同时，对直接监管的矿山、危险化学品企业演练工作进一步强化。企业共演练3728次，其中矿山、危化企业演练302次，四大行业企业演练1806次，其他行业企业演练1620次。

（李建坡）

【危险化学品泄漏应急演练】 7月2日，顺义区安全监管局组织开展了顺义区危险化学品泄漏应急演练活动。区应急办、区安全监管局、区宣传部、区公安分局、区公安消防支队、区环保局、区卫生局、区气象局、属地旺泉街道、广电中心和石油公司（油库）等10余个部门120多人参加了演练。区委常委、副区长林向阳、区人大副主任贾春林、区政协副主席田建国、生产安全事故指挥部成员单位、各属地政府主要负责人、安全科长以及四家油库主要负责人等100多人现场观摩。

（史亚军）

【五家企业联合应急演练】 2010年，顺义区安全监管局组织5家非煤矿山企业开展联合应急演练，共参加演练32人，观摩人员160人。

（李建坡）

【区领导观摩漏应急演练】 7月2日，顺义区安全监管局组织开展了危险化学品泄漏应急演练。区应急办等10余个部门120多人参加了演练。区委常委、副区长林向阳、区人大副主任贾春林、区政协副主席田建国、生产安全事故指挥部成员单位、各属地政府主要负责人、安全科长以及四家油库主要负责人等100多人进行了现场观摩。

（史亚军）

【防火自救应急救援演练】 6月29日，顺义区交通局组织开展了2010年安全生产防火自救应急演练活动。区应急办、及交通、安监、消防等职能部门进行了现场观摩。此次应急预案演练，从演练区发生突发火灾险情，到报警、施救、疏导乘客，直至火灾扑灭，真实模拟了火灾发生全过程中的每个细节。

（史亚军）

【现场急救培训演练】 6月17日，顺义区林河开发区安全月领导小组组织入区企业北京阿尔法针织有限公司进行了现场急救培训演练。顺义区急救中心主任孙丽梅为大家讲解了外伤急救处理、离断肢体的保存、心肺复苏等相关急救知识，并对人体模型进行心肺复苏的现场演示，指导员工进行实际操作。区安全监管局、开发区管委会、区经信委、区防火处等部门派领导观摩了整个演练活动。

（史亚军）

安全生产执法监察

【完成执法检查工作】 2010年，顺义区安全监管局共完成执法监察检查生产经营单位2191家次，968家（其中烟花爆竹企业164家，各类生产经营单位804家），出动执法人员6500余人次，下达责令改正指令书649份，文书下达率为67%，发现隐患3326条，隐患发现率为3.5，行政处罚76次，处罚金额61.7万元，处罚率为7.8%。（如除烟花爆竹外，文书下达率为81%，隐患发现率为4.2，处罚率为9.5%）。

（史亚军）

【组织专项联合执法检查】 2010年，顺义安全监管局组织较大规模专项联合执法检查17次。其中，烟花爆竹专项检查1次、建设施工单位专项执法检查行动4次、人员密集场所联合专项执法检查行动6次、市政重点工程检查1次、隐患“回头看”专项执法检查2次、特种作业专项执法检查1次、农业机械安全专项执法检查1次、冬季施工专项执法检查1次；组织并参与安全生产专项整治12次；参加国际汽车展、农博会、超级方程式汽车大赛及各项市政重点工程启动仪式等65次大型活动展台搭设安全检查及保障工作。

（史亚军）

【泡沫制品生产企业专项整治】 5月31日至6月30日，按照顺义区区委书记张延昆指示，区安全监管局集中开展了一个月的泡沫制品生产企业安全生产专项整治工作。全区共排查企业22家，确认泡沫制品生产企业13家，下达隐患整改指令13份，排查隐患85条，停产停业整顿1家，处罚2家。

（史亚军）

【水泥企业安全生产执法检查】 1月18日，顺义区安全监管局对辖区内2家水泥企业安全管理情况进行了监督检查。从企业安全机构设置及专兼职安全管理人员的配备情况；安全管理制度的制定、执行及落实情况；企业重大危险源监控、安全隐患排查整改、事故应急预案制定及演练情况；企业设备设施的安全是管理和运行情况；企业危险化学品使用贮存、职业作业场所安全用电、建设项目“三同时”及劳动防护用品使用情况；企业安全生产标准化活动的开展六个方面进行了检查。同时现场通报了“北京市安全生产监督管理局关于水泥行业安全审计情况的通报”。

（史亚军）

【全国安全生产月宣传咨询日在顺义举行】 按照全国安全生产月活动组委会统一部署，全国第9个安全生产月宣传咨询日活动于2010年6月13日在顺义区北京现代汽车有限公司举行。全国人大副主任陈昌智出席咨询日活动。为确保活动顺利举办，顺义区政府制定了《2010年全国安全生产月宣传咨询日活动实施方案》，成立了由区委书记张延昆任组长，区安全监管局、公安分局等为成员的全国安全生产月宣传咨询日活动领导小组，下设现场协调接待组、宣传报道组、后勤保障组和安全和应急保障组、其他保障组。先后召开了7次区级协调会以及20余次部门级别的工作会，制定了7项安全保障工作方案。咨询日主要活动：国家安全监管总局领导致辞、市政府领导致辞、北京现代汽车有限公司向全社会企业发出倡议、向社区居民和企业职工赠送安全书籍、中学生配乐诗朗诵、参观咨询区及安全生产展板展示区以及北京现代汽车生产线、观看安全生产专题文艺演出、群众咨询活动。

（史亚军）

【安全生产宣传志愿者服务活动】 6月29日，顺义区安全生产宣传教育志愿者在石园社区和五里仓社区组织现场咨询活动，向群众现场发放宣传画500余张，宣传折页600余份，安全生产知识扑克牌360副。全区500多名志愿者走上街头，在社区、在企业、在商场等人员聚集场所，向群众发放安全生产宣传画、宣传折页和安全生产书籍，并就市民提出的安全生产问题进行现场答疑。志愿者主要来自于基层安全监管干部和生产经营单位安全生产管理人员。全区60名宣传教育志愿者配合20家咨询单位完成了现场咨询服务活动。

（史亚军）

职业安全健康

【职业病防治法宣传活动】 2010年，顺义区安全监管局执法人员在日常检查过程中，向企业负责人、安全管理人员及一线职工宣传职业病防治的法律法规，宣传企业的主体责任、职业病防治常识等知识。并向企业发放《作业场所职业卫生工作指导手册》、《企业职业卫生管理指导手册》、《职业卫生知识问答》、《职业卫生法规汇编》等书籍和资料。全年共向企业发放职业卫生书籍和资料185册（份）。

（史亚军）

【职业卫生与职业病防治监管】 2010年，顺义区安监局积极配合相关部门做好职业卫生与职业病防治监管工作。一是督促企业改善职业卫生条件，督促全区74家不符合国家职业卫生标准和卫生要求的家具、印刷和非煤矿山企业根据生产工艺和职业危害特性，更新了设备，增设了通风、排毒、除尘、屏蔽等职业危害防护设施，全区投入职业病防护整改资金超过1100万元。二是帮助企业建立健全了职业卫生管理制度，帮助全区所有产生粉尘和使用高毒物品的重点企业建立职业危害申报、职业危害因素检测等相关制度，并进行了公示。三是进行作业现场职业病危害因素检测评价及职工体检，与区疾控中心、北京市工业技术开发中心等有资质的单位合作，共检测涉及职业危害因素的企业108家，体检接触职业危害的职工6754人。

（肖建忠）

【职业健康管理员规范化建设】 12月6日，顺义区安全监管局转发了《北京市职业健康管理员监督管理办法（试行）的通知》。要求家具、印刷、电子、建材、化工、冶金、汽修、金属非金属矿山等行业的生产经营单位需配备专职或者兼职的职业健康管理人员，负责本单位的职业危害防治工作。12月20日至22日，组织50家重点企业的职业健康管理人员参加了市安全监管局举办的职业健康管理员培训班，通过考试，全部取得了北京市生产经营单位职业健康管理员培训合格证书，成为顺义区第一批持证上岗的职业健康管理人员。

（肖建忠　史亚军）

【粉尘与高毒物品治理专项行动】 顺义区安全监管局集中开展了粉尘与高毒物品危害治理专项行动。成立区、镇两级粉尘与高毒物品危害治理专项工作领导小组，具体负责专项行动工作的组织、计划、协调、指导、监督、检查、验收和总结工作；确定行动的范围以家具制造、印刷和非煤矿山企业为主；制定了《顺义区粉尘与高毒物品危害治理专项行动工作方案》，明确了治理的范围、目标、内容、各部门的职责、工作步骤和具体要求。召开专项行动工作动员部署大会，共40余人参加。依据企业规模、安全管理水平、职业病危害程度和职业病防治情况，全区确定了148家产生粉尘和使用高毒物品的重点企业建立了台账。下发《粉尘与高毒物品危害治理专项行动生产经营单位自查表》、《生产经营单位整改意见汇总表》与区卫生局联合举办了《北京市印刷业作业场所职业卫生管理规范》培训班，全区74家印刷企业的主要负责人，40个属地安监科以及区疾控中心、区卫生监督所工作人员共120人参加。与区总工会、区国资委、北京天竺房地产开发公司、北京力迈学校等相关单位联合举办了以安全生产和职业病防治知识为主要内容的2010年“安康杯”安全知识竞赛活动

（史亚军）

【有限空间安全生产治理】 4月13日，顺义区安委会下发了《顺义区开展有限空间作业安全生产专项整治工作方案》，全面排查有限空间作业单位数量，建立台账，突出重点，以点带面，规范有限空间安全生产秩序。摸清了顺义区共有有限空间136814处，市政管线2617.6公里，有营业资质的有限空间作业单位19家，采取外包作业方式单位29家。有限空间作业单位建立了安全管理制度、操作规程和事故应急救援预案。配备了通风、检测设备和救援器材。有限空间作业单位和权属单位组织人员参加有限空间教育培训，共有79人取得了监护人员特种作业操作证，做到了持证上岗。全区共检查相关企业135家次，下达改正指令书17份，查改隐患37项。下达责令改正指令书35份，发现隐患85条。

（肖建忠　史亚军）

【职业危害企业培训】 2010年，顺义区安全监管局联合区卫生监督所和区疾控中心对本区职业危害企业进行培训。其中，在南彩、杨镇、牛山、马坡、高丽营、赵全营和北石槽等属地开展培训工作。从企业职业卫生工作的责任主体、职业病防治的前期预防、劳动过程中的防护与管理措施、警示标识示例和员工的职业健康体检五个方面进行讲解。共发放各类职业卫生宣传资料1530余份，张贴主题宣传画320余张。

（肖建忠）

安全生产宣传培训

【组织专业培训】 2010年，顺义区共组织特种作业人员培训班64期，培训人员8207名，合格7518名，合格率91%。其中：取证班24期，培训2739名，合格2288名，合格率83%；复审班40期，培训5468名，合格5230名，合格率97%。组织企业管理人员和小教员培训两期166人；自查自报培训九期2700多人；有限空间培训一期37人；村级安全员培训一期40人。全年共组织危化管理人员报名四期，参加考试人数616名（主要负责人82名，安管人员534名），合格218人。其中烟花爆竹报名121人。

（史亚军）

【宣传贯彻“国务院23号通知”精神】 顺义区安委会办公室制定贯彻落实《国务院关于进一步加强企业安全生产工

作的通知》宣教培训工作方案，各行业、属地先后召开学习贯彻专题会116次；组织安全生产现场宣传咨询日活动；印制《通知》单行本4000余册，由属地政府统一下发至区内主要企业，并将《通知》原文和解读挂在网上，便于企业下载学习；利用顺义电视台、《顺义时讯》安全专栏制作专题节目进行宣传；以自查自报集中培训工作为契机，广泛宣传，努力营造浓厚的安全生产氛围。

（史亚军）

【组织开展全区安全生产月活动】 2010年，顺义区以“坚持安全发展，建设和谐顺义”为活动主题，从全区、区域以及生产经营单位三个层面开展形式多样的宣传教育活动。安全生产月期间，全区共有2624家单位参加了各类宣传教育活动，17万余人参与了各类宣传教育活动，张贴各种宣传画1万余张，发放宣传材料15万份，设置宣传专栏1000余个，市属和区属新闻媒体跟踪报道6次和43次，真正实现了“人人讲安全、人人关注安全”的安全生产文化氛围。

（史亚军）

【宣传消防安全消除火灾隐患】 2010年，顺义区空港街道开展了“消防安全进校园、进社区、进家庭”的系列宣传活动。为空港小学的师生讲授消防安全知识、技能及自救常识；在8个社区内开展“全民关注消防，生命安全至上”为主题的大型宣传日活动，共为居民发放《消防法》、燃放烟花爆竹须知、消防知识手册、防火自救掌中宝等宣传材料500余份，悬挂横幅8条；组织社区消防志愿者与消防武警官兵一起到莲竹花园社区慰问鳏寡孤独老人，向老人送上《家庭防火四十问》、燃放烟花爆竹须知等宣传材料。石园街道、空港物流基地组织辖区居委会、物业、生产经营单位的安全负责人共计60余人到消防中队参观消防设备，学习火灾发生时的逃生、自救的一些方法和注意事项。

（史亚军）

【执法人员培训】 2010年，顺义区安全监管局坚持每周五定期学法制度，全年共完成《安全生产行政处罚自由裁量标准》、《行政处罚法》等各项业务培训10余次，观看《依法行政在北京》等宣传片6次。4月13日，顺义区安全监管局组织召开乡镇委托执法工作会议，40个乡镇、街道、经济功能区安全科共计168人参会。就委托执法的目的、意义、实施步骤、工作流程及现场检查、整改指令、复查意见、申请处罚等文书填写方面，结合执法检查手册进行，提出“十不准”要求，并安排了委托执法资格考试。

（史亚军）

【村级检查员的培训】 2010年，顺义区安全监管局组织了全区524名村级（居委会）安全员培训，围绕小型服务业企业易存在的隐患、处置措施、检查记录的规范填写，观看了顺义区安全生产事故警示录，为每位村级（居委会）安全员发放了顺义区基层安全员检查证。

（史亚军）

【“唱响安全发展　建设平安顺义”文艺比赛】 9月8日，顺义区文化委、区综治办、区安全监管局、区文联组织的“中北华宇杯”的“唱响安全发展　建设平安顺义”文艺比赛颁奖典礼活动在顺义区仁和镇礼堂隆重举办，“唱响安全发展　建设平安顺义”文艺比赛节目形式包括小品、表演唱、快板，京剧、京东大鼓等，节目内容生动反映了社会治安综合治理和安全生产常见问题和近几年顺义区平安发展所取得的成果。全区共有39个文艺节目参加了初赛。经过专家和评委的评审，共评出金奖2名，银奖4名，铜奖6名，优秀奖11名，顺义区还将通过“星火工程”文艺演出，让优秀的安全生产文艺节目在全区进行展演，演出将达到800余场。

（柳　静）

【12·4法制宣传日】 12月1日，顺义区安全监管局在南彩镇采风小区组织了“12·4”法制宣传日活动。现场发放安全常识扑克牌、《安全常识连着你我他》、安全知识海报等各种宣传材料1000余份，进一步增强了群众的安全生产意识和安全生产法律法规知识。

（史亚军）

安全生产法制建设

【做好委托执法工作】 2010年，顺义区安全监管局印制《顺义区委托执法工作指导手册》200份，下发《安全生产监督检查委托书》，组织乡镇173名检查员进行委托执法培训工作，制作顺义区安全生产检查员工作证件173个和加盖顺义区安全生产监督管理局公章的执法文书一并下发到属地，对委托执法工作。

（史亚军）

【完成五五普法考核工作】 7月1日，福建省安全监管局考核组代表国家安全监管总局对顺义区“五五”普法和行政执法工作进行检查。顺义区安全监管局细化考核细则，将五年来安全生产工作归纳了法制宣传、制度建设、教育培训、应急管理、责任落实、专项整治、重点工作、行业规范、法制工作、大型活动安全保障、所获荣誉等18项内容，共计120盒档案材料，制作了194页的《顺义区安全生产五五普法和行政执法检查考评档案目录册》，考核组充分肯定了顺义区安全生产行政执法工作，对企业分类分级和自查自报工作给予了高度评价。

（史亚军）

【11·9法制宣传日】 11月9日，顺义区安全监管局联合区防火安全委员会、区石园街道办事处在五里仓小区公园内开展了以“人人参与消防，共享平安生活”为主题的第二十届“119”消防宣传日活动。组织社区居民参观宣传展板和条幅，发放《安全常识连着你我他》、安全知识扑克牌以及防火知识宣传材料1200余份。顺义区公安消防支队战士现场演示了灭火器的使用方法及液化石油气着火后的灭火方法，五里仓社区文艺演出队还现场表演了节目。

（史亚军）

安全生产科技创安

【开发了网络化动态监管系统建设】 3月1日至9月30日，顺义区安全监管局开发了“北京市顺义区安全生产网络化动态监管系统”。在广泛调研的基础上，同系统设计公司协商，制定出系统开发可行性分析报告，制定了47类企业事故隐患自查自报标准。历经7个月时间，开发了区安全生产网络化动态监管系统，并于10月1日该系统正式运行。有效改变了全区生产经营单位的安全生产环境。

（史亚军）

【分类分级管理获“顺义十大骄傲”荣誉称号】 1月26日，由顺义区委宣传部主办，顺义电视台、电台、时讯报社、顺广传媒网等单位联合承办的第二届“顺义的骄傲”颁奖典礼在仁和镇礼堂举行，来自全区各单位400余名观众参加了活动，顺义区区委常委、宣传部长杨宝华、人大副主任贾春林、副区长林向阳、政协副主席田建国出席了颁奖典礼。区安全生产监管局研发的顺义区安全生产分类分级动态管理系统荣获第二届顺义的骄傲“十大骄傲”荣誉称号。

（柳　静）

【隐患自查自报管理系统全市推广】 12月7日，生产经营单位事故隐患自查自报系统全市推广应用现场会在顺义区召开，北京市各相关行业部门主管领导、各区县安全生产委员会主任、各区县安全监管局相关工作人员共300余人参加了会议。

（柳　静）

【自查自报管理办法工作培训】 按照《顺义区安全生产事故隐患排查治理自查自报工作管理办法》和《关于开展安全生产事故隐患排查治理自查自报培训工作方案》，从7月下旬至9月上旬，在全区范围内集中开展了自查自报培训工作。分4批对顺义区安全监管局工作人员、23家行业部门、40家属地政府共310名管理人员进行了培训；由行业牵头、属地组织，对全区1.3万余家生产经营单位主要负责人、安全管理人员实施培训89批次，下发材料27559册，培训企业7980家，参加培训人员15305人（其中：村级安全员和村官1156人，以发放材料形式培训小门店经营者3762人）。

（史亚军）

【自查自报工作管理办法的制订】 2010年，顺义区制订出台了《顺义区事故隐患排查治理自查自报工作管理办法》，将原来分类分级管理的18个行业部门增加到23个，6个行业类别细化为47类，突出强调了部门责任、隐患治理、工作流程及机制建设。成立了工作组，制定危化、冶金、建材、轻纺等领域和22家行业部门自查标准，查阅上百部法律法规、行业标准，出台了47类6150条事故隐患自查标准。

【自查自报工作管理办法的实施】 从第三季度开始，顺义区全面开展事故隐患自查自报工作。由区安委会牵头，23家行业部门、40家属地政府配合，组织生产经营单位进行自查自报。建立自查自报督导责任制，成立5个自查自报督导组，采取分片包干的方式，在全区建立督导联络员，签订自查自报管理工作督导责任书，并与年终督察考核奖、评先直接挂钩。

（史亚军）

大兴区

概　述

2010年，大兴区安全监管工作坚持“安全第一、预防为主、综合治理”的工作方针，落实“两个主体、两个责任制”，扎实推进安全生产“三项行动”和“三项建设”，以安全生产保障工作为主线，以创新监管思路、构建长效机制为手段，以“治理隐患、压减事故”为目标，全年没有发生较大以上生产安全事故，安全生产形势呈现整体稳定、趋于好转的良好态势。大兴区首次被市安委会评为先进单位，同时被评为“2010年全国安全生产月活动优秀单位”。

宣传教育培训扎实有效。精心组织、

部署安全生产月活动各项工作，本着“围绕中心、突出重点、丰富内容、注重实效”的原则，落实全市“2010 年安全生产月暨安全文化下基层”活动的具体要求。各属地、安委会成员单位在各辖区和兴城广场设置咨询点 19 处，制作各类展板 346 块，发放各类宣传材料 32 万多份。全年共举办生产经营单位法定代表人和安全管理人员培训班 123 期，培训人员 13651 人次。分 3 期对全区 348 名基层安全员进行了脱产培训。组织特种作业培训考核 10 期，共计 12610 人次。组织有限空间作业安全生产培训 5 期，共计 259 人次。全力做好高危行业培训工作，分 4 期对 396 人进行了专业考核。严格烟花爆竹销售网点主要负责人资格培训考核，56 个销售网点负责人取得了安全资格证书。深入学习贯彻“国务院 23 号通知”。印发宣传教育培训方案，召开由各属地政府和行业主管部门负责人参加的宣传贯彻会议，举办了 10 场专题辅导报告会，发放 2 万余份“文件解读宣传手册”，通过电视等媒体宣传文件精神和内容，确保了《通知》的宣传贯彻工作落实到基层每个员工。

安全生产监管手段不断创新。基层安全员执法检查能力明显增强，执法检查覆盖面和检查质量明显提高，报送立案处罚案件数量明显增多。各镇政府、街道办事处共检查生产经营单位 12846 家次，下达行政执法文书 8437 份，发现各类安全隐患 46219 处，已整改 46108 处。对 203 家存在安全隐患的生产经营单位责令停产停业整顿，立案查处案件 99 起，罚款 184.9 万元。企业分级分类管理工作取得突破性进展。企业分类分级管理系统工程，共投入资金 403 万元。培训普查人员 759 人次，成立了 7 个督察组，调查摸底企业 25455 家。确定 A 级企业 209 家、B 级企业 5315 家、C 级企业 9822 家、D 级企业 849 家。此项工作得到了市区两级领导的关注，兄弟区县专程来到大兴学习考察。隐患排查治理工作广泛深入，建立了“动态分类排查、动态评审挂账、动态整改销账”的长效机制。全年共排查各类隐患 32839 项，并全部整改完毕。对 87 家生产经营单位悬挂了“安全隐患严重单位提示牌”。对重点工程、危险化学品、烟花爆竹实施重点监控、全程监管。成立了重大建设项目综合监管领导小组，制定了重点建设工程专项整治和检查方案，突出加大了对地铁四号线、京沪高铁、三海子郊野公园、拆迁工程等重大建设项目的安全监管力度。全年共检查重点项目工程、施工单位 286 家次，发现隐患 417 项，整改率达到了 100%。严格事故查处，加大责任追究力度。在危险化学品监管方面，全年开展 7 次专项整治，检查危险化学品生产经营单位 421 家次，下达责令改正指令书 127 份，强制措施决定书 38 份，发现隐患 494 项，已全部整改落实。固化“黄马甲”管理制度，规范一线安全生产管理。

严厉打击非法生产经营危险化学品行为，动态掌控拆迁危化企业流向，建立拆迁危化企业迁址档案和 135 个重大危险源建档备案。在烟花爆竹监管方面，培训从业人员 452 人，合理设置烟花爆竹零售网点 118 个，为具备条件的 6 个销售网点安装了监控设备。打非打违、联合执法和行政处罚力度进一步加大。制定了“打非”专项行动方案。检查生产经营单位 469 家次，发现问题和隐患 1667 项，下达各类执法文书 472 份，责令停产停业整顿 76 家，对存在非法违法行为的 6 家企业实施了行政处罚，罚款 107 万元。全年组织协调区住建委、区市政市容委等部门和属地政府开展联合执法 105 次。

应急管理工作规范运行。全区共有11467家生产经营单位备案了13018份应急预案。共对11个属地政府的277名基层应急管理人员进行了培训。投入资金5万元用于应急设备、器材的维护更新。应急管理，严格落实领导带班制度，重大节假日和重点敏感时期，实行“零报告”制度，确保及时有效应对各类突发事件。指导企业开展了有针对性的应急演练183次。

(张　磊)

安全生产综合监督管理

【安全生产控制考核指标完成情况】 2010年，大兴区共发生生产安全、道路交通、火灾、铁路交通事故515起，死亡55人，与去年同期相比，事故起数下降9%，死亡人数下降16.7%。其中生产安全事故7起、死亡9人，事故起数和死亡人数分别下降22.2%和25%；道路交通事故69起、死亡46人，事故起数和死亡人数分别下降30%和12%；发生一般性火灾事故439起，没有造成人员伤亡，事故起数下降1.8%，死亡人数净减2人。

(张　磊)

【市安委会对大兴区安全生产综合考核】 1月5日，市安全监管局考核组对大兴区2009年度安全生产工作进行综合考核。考核组听取了大兴区安全生产工作情况的汇报，随后分组分别对区政府、乡镇政府和企业进行了检查。考核组查阅了区政府及安委会年度安全生产工作文件、会议纪要、工作台账、事故案卷等相关资料，并实地抽查了榆垡镇政府及北京市阳都化工厂安全生产工作开展情况。副区长常红岩，区应急办主任刘国华，区安全监管局局长李延国及区水务局、园林绿化局等负责人参加了考核。

【冬季安全生产工作部署会】 1月7日，大兴区安全监管局组织召开22个地区和13个行业部门参加的冬季安全生产工作汇报会，着重听取各单位入冬以来所做的主要工作，对危险化学品、建筑工程、人员密集场所、电力燃气设施和交通运输等重点企业的安全生产检查情况的汇报。会议要求，各单位要以高度负责的态度认真抓好冬季安全生产工作，为“春节”和“两会”等重大节假日和政治保卫任务营造良好的安全生产环境。

(张　磊)

【部署安全生产重点工作】 3月11日，大兴区召开2010年安全生产工作会。区人大副主任靳文浦、区政协副主席路志权出席了会议，区安委会主任、副区长常红岩到会并讲话，区安委会成员单位、各镇政府、街道办事处主要负责人参加了会议。会议总结了2009年安全生产工作，对2010年安全生产工作进行重点部署。对在2009年度安全生产工作中做出突出成绩的16家先进单位、30家先进企业和35名先进个人予以通报表彰。

(张士来)

【重点工程项目安全生产工作专题会】 3月23日，大兴区安委会办公室召开了由区发改委、住建委、市政市容委和重点工程建设单位、施工单位主要负责人参加的重点工程安全生产工作专题会议。会议听取了各施工单位工程进展情况及安全生产状况汇报；二是区安全监管局和区住建委分别对2009年大兴区建筑工地生产安全事故及事故原因、施工现场存在的问题进行了通报；区安委会办公室主任、安全监管局局长李延国要求各施工单位务必要做到“五个到位”，即：组织机构健全到位、宣传教育覆盖到位、应急演练及救援队伍组织到位、日常监督检查落实到位、安全资金投入保障到位。同时要求有关行业及综合监管部门要强化执法联动机制，加大行政处罚和事故责任追究力度，确保大兴区重点项目工程的顺利推进。

（韩文鑫）

【安全生产治理工作调度会】 4月8日，大兴区安全监管局组织22个属地单位相关领导，召开了全区的小型企业安全生产治理工作调度会。会上黄村镇、旧宫镇、清源街道办事处等12个单位分别汇报了小型企业的治理进展情况，并就治理工作中存在的问题和困难提出了意见和建议。

（张　磊）

【率先出台《安全生产综合监管工作机制》】 4月22日，大兴区安委会组织全区22个属地单位和18家行业部门召开综合监管专题工作会，贯彻部署《安全生产综合监管工作机制》。

（张　磊）

【安全生产执法工作部署会】 5月6日，大兴区安全监管局组织召开了2010年全区安全生产执法工作会，属地政府主管镇长等主要负责人约150人参加了会议，会上一是对全年安全生产执法工作进行了全面安排部署；二是逐层落实责任。由区安全监管局与属地政府签订了安全生产责任书，将责任制延伸到基层，形成一级抓一级、层层抓落实的安全生产责任体系。

（张　帆）

【国家总局督察组到大兴区检查“五五普法”】 7月2日，国家安全监管总局督察组就大兴区开展“五五”普法和安全生产行政执法工作情况进行督察。督察组一行听取了汇报，查阅相关文件资料和案卷，并实地检查。督察组对大兴区“五五”普法和安全生产行政执法工作给予了肯定。

（张士来）

【市安委会集中执法督察工作】 9月26日，市安委会组织市安全监管局、市政府督察室、市监察局、市总工会等成员单位组成联合督察组，分5个组对大兴区进行集中执法督察。

（谷学宁）

【市局督导大兴危险化学品专项整治】 11月24日，市安全监管局督导组对大兴区开展危险化学品储存仓库安全专项整治工作、非经营性加油站整治工作进行督导。

（张　磊）

【国务院安委会督导组督导大兴安全生产工作】 12月16日，国务院安全生产委员会第十督导组由全国总工会副主席、书记处书记张鸣起带队，对大兴区2010年安全生产工作进行了督导检查。市安全监管局局长张家明、区领导李长友、常红岩及等陪同。督导组听取了大兴区安全生产工作汇报。并就安全生产相关问题进行了交流，对年度安全生产工作资料进行了检查。对大兴区率先在全市开展委托执法和推行企业分解分类管理给与了高度评价。督导组在区委、区政府领导等陪同下检查了北人印刷机械股份有限公司和北京市烟花爆竹仓库。重点查看贯彻落实“国务院23号通知”情况、开展“打非治违”情况、“安全生产年”活动情况、消防安全“防火墙”工程和“四个能力”建设情况的相关资料。

（张　磊）

危险化学品安全监管监察

【危险化学品行政许可】 2010年，大兴区安全监管局按照行政许可程序共受理危险化学品经营许可申请2项，审核2

项，发放《危险化学品经营许可证》（乙类）2个；受理非药品类易制毒化学品第二类、第三类生产经营备案8项，发放《非药品类易制毒化学品第二类、第三类生产经营备案证明》8个。

（张　杰）

【危险化学品生产经营单位开复工检查】　2月20日，大兴区安全监管局对全区危险化学品生产经营单位进行了开复工检查，重点检查企业对职工的再教育、应急管理和隐患排查等情况，共检查危险化学品生产经营单位48家，发现隐患17项，下达整改指令书4份，强制措施决定书1份。

（张　杰）

【危险化学品生产经营单位专项整治】　4月1日至30日、9月6日至30日，大兴区安全监管局在全区范围内，两次开展危险化学品生产经营单位安全生产专项整治工作。专项整治共出动执法检查车次85次，执法人员270人次，共检查危险化学品生产经营单位192家，实现了全覆盖，下达责令改正指令书43份，强制措施决定书10份，发现并消除隐患118条。

（张　杰）

【危险化学品专项整治通报会】　7月15日，大兴区安全监管局召开了“6·29”事故通报暨危险化学品专项整治部署工作会。通报了房山“6·29”事故情况，传达了关于加强易攀爬高空危险部位安全整治和管理工作要求，部署了为期3个月的危险化学品储存设施整治工作。全区194家危险化学品生产、经营单位主要负责人参加了此次会议。

（张　磊）

【危险化学品储存设施专项整治】　7月15日至10月31日，大兴区安全监管局按照《北京市安全生产监督管理局关于开展危险化学品储存仓库安全专项整治工作的通知》（京安监发［2010］96号）、《危险化学品仓库建设及储存安全规范》要求开展危险化学品储存设施专项整治工作，对所有生产、经营单位开展了隐患排查，并针对危险化学品储存仓库依据规范进行专项安全评价。整治共检查企业94家次，开具执法文书19份，发现并消除生产安全隐患45条。此次整治企业累计投入整改资金39.6万元，53家参加整治的单位中49家单位消除了仓库专项安全评价报告提出的安全隐患，通过了属地安全管理部门和区安全监管局的危险化学品储存仓库安全专项整治验收，达到《危险化学品仓库建设及储存安全规范》要求。其余4家未通过危险化学品储存仓库安全专项整治验收的企业，区安全监管局已责令其停止危险化学品生产经营活动。

（张　杰）

【非经营性加油站专项整治】　10月13日至12月30日，大兴区安全监管局联合区环保局、区公安分局、区公安消防支队开展非经营性加油站整治工作。结合大兴区非经营性加油站实际情况，制定了《大兴区非经营性加油站专项整治工作方案》。向各属地政府下发了《大兴区非经营性加油站专项整治工作方案》和《非经营性加油加气站基本情况调查表》。参加整治的19座非经营性加油站，4座加油站通过了整治领导小组的验收。整治累计投入整改资金7.6万元。

（张　杰）

【危险化学品应急集结演练】　12月15日，大兴区生产安全事故应急指挥部组织开展了危险化学品生产安全事故应急救援集结演练。区政府应急办、区安全监管局、区民防局、区卫生局、区公安消防支队等7部门参演，参与人员约140人。演练中模拟了危险化学品事故（液氨泄漏）

场景，在事先不告知参加单位的情况下，展现了从事故上报、接报、启动大兴区危险化学品生产安全事故应急预案到各成员单位接报后的快速反应直至设立现场指挥部的全过程。演练持续了约1个小时，参与单位和人员均通讯畅通、反应迅速，在规定时间内赶到现场，并有效、有序地做好应急救援准备工作。

（杨宗彬）

【危险化学品生产经营单位分级分类评级】 2010年，大兴区安全监管局依照《大兴区生产经营单位安全生产分级评定标准表》完成全区194家危险化学品生产经营单位的分级分类评定工作。

（张　杰）

【涉危使用单位摸底调研】 2010年，大兴区安全监管局对全区1453家危险化学品使用单位进行摸底调查，掌握了危险化学品使用单位的安全管理现状，并形成了文字性调研报告，制定了监管措施。

（张　杰）

烟花爆竹安全监管监察

【烟花爆竹经营许可】 2010年，大兴区安全监管局按照申请、受理、公示、审核、复核、审定、告知7个法定程序，办理烟花爆竹经营（零售）许可208项，发放《烟花爆竹经营（零售）许可证》176个。

（张　杰）

【烟花爆竹知识培训】 1月23日、24日，大兴区安全监管局组织全区176家烟花爆竹经营（零售）单位的352名从业人员参加了烟花爆竹法律法规及有关知识培训。

（张　杰）

【烟花爆竹回收工作】 3月7日，大兴区烟花爆竹零售网点的剩余产品全部回收完毕，共回收烟花爆竹3127箱，其中，北京恒利顺土产杂品有限公司433箱，逗逗烟花鞭炮有限公司2175箱，熊猫烟花有限公司519箱。

（张　杰）

安全生产事故隐患排查治理

【隐患排查治理工作部署会】 1月18日，大兴区安委会主任、副区长常红岩签署了《大兴区2010年度安全生产隐患排查治理实施方案》并于同日发至安委会成员单位，该方案对2010年大兴区隐患排查治理工作进行了详细的安排部署，提出了具体的工作要求，明确了2010年隐患排查治理的工作目标：实现隐患排查整治的4个“百分之百”，即属地、行业开展隐患排查整治工作100%、生产经营单位自查自改率100%、隐患整改率100%、对上报“零隐患”的生产经营单位检查率100%，深入治理可能引发事故的各种隐患，消除隐患于萌芽状态，有效防范事故发生。

（崔丽雅）

【隐患排查治理专项会】 1月20日，大兴区安全监管局组织召开全区22个属地单位、13个行业部门参加的安全生产隐患排查整治专项工作会。会上对全区2009年安全生产隐患排查治理工作进行了总结，并重点就2010年隐患排查治理相关内容对属地、行业安全生产工作人员进行部署。

（崔丽雅）

【全年隐患排查治理成果】 2010年，大兴区三分之二属地、行业部门完成了年初既定工作目标，全区累计65356家生产经营单位开展了隐患排查治理工作，全年累计发现生产安全隐患94639项，完成整改 93528 项，隐患整改率为 98.8%。全年未发现重大隐患。

（崔丽雅）

安全生产应急救援

【应急预案体系建设】 2010 年，大兴区完成生产经营单位应急预案备案工作，全区生产经营单位应急预案体系已基本建立。全区共有 11467 家生产经营单位，备案了 13018 份应急预案，其中：行业部门备案了 1033 家单位的 1067 份应急预案，属地政府备案了 10434 家单位的 11951 份应急预案。

（杨宗彬）

【下发应急救援工作通知】 2 月 5 日，以大兴区生产安全事故应急指挥部办公室对 4 支危化应急救援队下发了《北京市大兴区生产安全事故应急指挥部办公室关于做好危险化学品事故应急救援工作的通知》。

（杨宗彬）

【应急救援物资储备库揭牌】 8 月 13 日，大兴区政府应急办、区安全监管局和北京市烟花鞭炮有限公司联合举行了“北京市大兴区危险化学品应急救援物资储备库”揭牌仪式，新库正式投入使用。

（杨宗彬）

【应急救援物资资金投入】 2010 年，大兴区投入 5 万元用于应急救援物资的补充、维护、更新。其中，上半年投入 27480 元更新、维修、补充了共计 10 个品种应急物资，下半年投入 22520 元购买了 8 个品种的物资。

（杨宗彬）

【应急救援队装备核查】 9 月，大兴区对 4 支危化应急救援队的装备状况进行了核查，了解当前应急救援物资的基本情况，更新了台账，向这 4 只救援队伍通报了区危险化学品应急救援物资储备库物资清单，并征求了救援队伍关于应急器材的维护及更新意见。

（杨宗彬）

【安全生产应急救援管理工作】 5 月，大兴区安全监管局向区生产安全事故应急指挥部各成员单位下发了《北京市大兴区生产安全事故应急指挥部办公室关于加强安全生产应急管理工作的通知》。各行业部门和属地政府按照要求上报了安全月开展应急演练的计划。

（张　磊）

【加油站事故应急救援模拟演练】 6 月 24 日，大兴区安全监管局观摩了中石油北京京胜石油销售有限公司开展的加油站事故应急救援模拟演练。演练模拟了加油机着火、储油罐口发生泄漏着火等情况，迅速启动危险化学品事故应急救援预案并进行抢险，演练人员针对灭火器、灭火毯的使用、救援人员分工和职责划分、应急处置与人员疏散、抢险医疗与预案分级响应等关键环节进行了演练。中石油北京京胜石油销售有限公司对模拟现场演练进行了总结，区安全监管局对演练进行了点评，就演练中暴露出的问题和进一步做好加油站事故应急救援工作进行了沟通，提出了具体工作建议。中石油北京京胜石油销售有限公司所属 6 座加油站共计 64 人参加了此次演练。

（张　磊）

【全年应急救援模拟演练情况】 2010 年，大兴区共组织演练单位 149 个，演练 183 次，其中行业部门组织演练 33 个单位，演练 33 次；属地政府组织 116 个单位，演练 150 次。

（杨宗彬）

安全生产执法监察

【重点在建项目联合执法检查】 2月26日，大兴区安全监管局联合区水务局对区政府重点工程三海子郊野公园和大兴新城滨河森林公园施工现场进行安全生产专项检查。此次检查重点对施工单位是否具备相应的施工资质和安全生产许可条件；施工单位是否制定了该项目安全生产保障方案，并通过审批；是否开展了作业人员的培训和安全生产隐患自查自改工作；施工单位的特种作业人员和特种设备是否具有合法有效的证件等几方面进行了监督检查。

（张　帆）

【"五一"节前联合执法检查】 4月29日、30日，大兴区安全监管局由领导带队联合区商务委、区公安消防支队及相关属地政府，分4组对大兴区危险化学品生产经营单位、重点项目工程、人员密集场所重点区域及部位进行节前执法检查。此次检查主要针对生产经营单位节日期间安全措施的制定情况、作业场所的安全生产状况、节日期间应急救援预案的制定和落实情况等。各相关部门对检查中发现的安全隐患，根据各自职责当场下发了执法文书，责令生产经营单位立即进行整改，确保"五一"节日期间的安全。

（张　帆）

【应急管理专项联合检查】 5月，大兴区安全监管局成立安全生产应急管理专项检查工作领导小组。对应急预案进行形式评审和实地检查，检查重点为危险化学品生产经营单位、建筑施工单位、中等规模以上工业企业、人员密集场所等。共11个属地辖区、18家企业进行了检查，其中下发责令改正指令书16份，检查记录1份，发现隐患56条。

（张　磊）

【"打非"专项行动】 8月中旬至11月底，大兴区在全区范围内集中开展以"打击非法违法、治理违规违章"为重点的安全生产"打非打违"专项行动。共排查出隐患1185条，整改1169条，整改率达98.6%，对65家存在安全生产违法行为的生产经营单位进行了立案查处，收缴行政罚款123万元。各属地单位在专项活动期间，共出动检查人员6538人次，出动检查车辆2976辆次，发现非法违法行为463起。

（张　帆）

【"中秋"节前联合执法检查】 9月20日、21日，大兴区常务副区长谈绪祥和副区长常红岩、绳立成带领区安全监管局、公安分局、质监局、商务委、工商分局、公安消防支队等部门，对电力行业、食品企业、商市场、星级宾馆、工业企业进行实地安全检查，重点抽查了天宫院110kV输变电站、宫颐府食品公司、物美大卖场大兴店、国缘宾馆、华堂商场、王府井百货大兴店及两家工业企业。以查现场、看资料、听汇报的方式重点检查生产经营单位应急救援预案的制定和落实情况、作业场所安全管理情况、节前安全措施的制定情况、节日值班等情况。

（张　磊）

【"百日会战"专项行动】 11月中旬至12月底，大兴区安全监管局开展了冬季火灾防控"百日会战"专项行动，组织联合区民防局、区住建委、区公安分局、区公安消防支队、区卫生局、区质监局、区教委、区体育局、区旅游局、区商务局、区文化委、区工商分局、区公安交通局，共检查有限空间生产经营单位5家、辖区内医院5家、学校5家、饭店酒店5家、商场超市5家、网吧歌厅5家、在建重点工程施工工地4个、交通运输单位12家。出动执法检查车辆48车次，出动执法人员252人次，下达责令改正指令书47份，强制措施决定书3份，发现安全隐患141条，已整改落实131条。

（张　帆）

【地下空间监督检查工作】 12月，大兴区安全监管局联合区建委、区公安消防支队等部门对属地政府开展地下空间专项整治工作进行了监督检查。共检察镇、街道办事处6个，抽查地下空间从事生产经营的单位28家，发现隐患24处，下达行政执法文书9份。

（张　帆）

【节前安全生产大检查】 12月底，大兴区安全监管局为深入贯彻落实《国务院关于进一步加强企业安全生产工作的通知》（国发［2010］23号）精神，切实做好元旦节前的安全生产工作，确保安全生产形势的总体平稳，组成5个检查组，分别对在施重点项目工程、人员密集场所、地下空间和危险化学品生产经营单位进行节前安全大检查。

（张　磊）

职业安全健康

【粉尘与高毒物品专项行动领导小组成立】 2月1日，以大兴区政府办公室名义制定下发了《粉尘与高毒物品危害治理专项行动工作方案》，成立了以副区长常红岩为组长的大兴区粉尘与高毒物品危害治理专项行动领导小组，副组长分别由区安全监管局、区卫生局、区人力社保局、区总工会一把手担任，办公室主任由区安全监管局局长李延国担任。

（陈　冰）

【职业卫生宣传周咨询日活动】 4月24日，大兴区安全监管局开展《职业病防治法》宣传周咨询日活动。活动中，共发放宣传材料3000余份，接受群众和职工咨询500余人次。

（陈　冰）

【职业病防治专题培训】 4月27日，大兴区安全监管局组织区卫生局、区人力社保局、区总工会在大兴区核干院组织召开了大兴区“粉尘与高毒”职业病防治公开课，全区161家家具制造业、印刷业的企业主要负责人参加了此次培训。

（陈　冰）

【职业病防治进企业宣传活动】 4月29日，大兴区安全监管局联合区卫生局在安定化工园区开展了《职业病防治法》进企业宣传活动，在一线职工中普及相关法律、法规和职业病防治知识。

（陈　冰）

【粉尘与高毒物品专项检查】 6月下旬至7月底，大兴区安全监管局对82家存在粉尘与高毒物品用人单位进行了抽查，被检查企业中有1000余名职工进行了职业健康体检工作，部分企业进行了作业现场职业病危害因素检测工作，下发整改指令50份，存在隐患262条。对两家未按要求整改的企业进行了行政处罚，处罚金额2.3万元。

（陈　冰）

【职业病摸底调查工作】 2010年，大兴区安全监管局对存在“粉尘和高毒”的用人单位进行了摸底调查，经调查全区共有存在粉尘与高毒用人单位192家，其中家具生产企业147家、印刷企业45家。

（陈　冰）

安全生产宣传培训

【全市安全生产培训工作启动仪式】 3月6日，市安全监管局在大兴区举行

“北京市生产经营单位从业人员安全生产培训日”启动仪式，市安全监管局局长张家明等和大兴区副区长常红岩、区安全监管局局长李延国出席启动仪式。北京市建工集团宣读了安全生产培训倡议书，北京市思德职业技能学校代表全市安全生产培训机构发言，与会领导向企业职工代表赠送了安全生产培训书籍，视察了大兴区西红门镇安全生产培训情况。张家明宣布启动仪式开始。市安全监管局相关领导，各区县安全监管局领导，部分培训机构负责人、市属重点企业负责人、安全管理人员、企业职工300余人参加了启动仪式。

（侯　勇）

【安全生产摄影比赛活动】　3月，大兴区开展了以安全生产为主题的安全生产摄影比赛活动，这次活动共收到参赛作品300余件，内容涉及安全生产隐患、安全生产人物、应急演练等内容。经区安委会办公室评审小组评审，分别评出一等奖1名、二等奖2名、三等奖3名，入围奖21家。

（侯　勇）

【基层安全员培训工作】　4月，大兴区安全监管局组织各镇、街道办事处安全生产检查员共348人在团河会议中心进行脱产培训。邀请了市安全监管局部分处室的领导进行辅导上课，培训内容丰富，培训效果明显。

（侯　勇）

【北京市“安全生产月”活动启动仪式暨安全文化下基层首场演出在大兴举行】　6月1日，市安全监管局在大兴区举行“2010年北京市安全生产月活动启动仪式暨安全文化下基层首场演出活动”。副市长苟仲文、国家安全监管总局新闻发言人、国家煤矿安全监察局副局长黄毅、北京市安全监管局局长张家明、大兴区委书记等出席启动仪式。

（侯　勇）

【安全生产月咨询日宣传活动】　6月13日，大兴区安全监管局在康庄公园举行了安全生产月咨询日仪式和开展了咨询日宣传活动，区人大、区政府、区政协部分领导到场并讲话，各属地单位、安委会成员单位、生产经营单位代表500余人参加了活动。在咨询日活动中，共设置19个咨询点，制作各类展板346块，发放各类宣传材料32万多份，通过悬挂条幅、摆放展板、现场演示、发放宣传品、答询安全知识利用电子屏安全知识等形式，向社会公众宣传安全理念，传播安全知识。

（侯　勇）

【安全生产宣传志愿者培训】　6月，大兴区在安全生产月活动期间，大兴区对22家属地单位安全生产宣传志愿者队伍组建工作进行了跟踪指导，在团区委的支持下，依托属地单位，共举办20期志愿者培训班。

（侯　勇）

【制作安全生产培训指导光盘】　6月，大兴区安全监管局与中央电视台科教节目制作中心合作，制作完成安全生产培训指导光盘。光盘内容涉及危化、人密场所、建筑、烟花爆竹、地下空间等安全检查内容。

（侯　勇）

【利用媒体开展宣传工作】　10月，大兴区安全监管局利用大兴电台“安全直通车”栏目，针对新制定的《北京市生产经营单位生产安全事故应急预案演练管理办法（试行）》，接受媒体访谈。

（杨宗彬）

【“国务院23号通知”辅导报告会】　11月12日，大兴区安全监管局组织召开

《国务院关于进一步加强企业安全生产工作的通知》（国发［2010］23号）辅导报告会，邀请市安全监管局专家解读国务院23号《通知》。区安全监管局机关、大兴区各属地单位、安委会成员单位、安全生产培训机构等有关人员，共计210余人参加了此次辅导报告会。

（张　磊）

【安全生产公益性宣传】 2010年，大兴区安全监管局在各镇、街道办事处的繁华地段设置3块至5块宣传橱窗，主要内容包括法律法规知识、安全生产常识、事故案例警示。

（侯　勇）

【企业负责人和安全管理人员培训】 2010年，大兴区各属地单位共组织企业主要负责人和安全生产管理人员培训班66期，培训8440人次。

（侯　勇）

【高危行业的培训考核工作】 2010年，大兴区安全监管局按照北京市安全监管局统一安排，共组织4期考核工作，共计396人次，考核合格297人，合格率为75%。

（侯　勇）

昌平区

概　述

2010年，昌平区安全生产工作深入贯彻落实科学发展观，紧紧围绕建设现代化的“京北创新中心，国际科教新城”战略目标，继续以“安全生产年”活动为主线，以预防为主、加强监管、落实责任为重点，以“执法、宣传、教育、培训”八字方针为指导，扎实开展安全生产“三项行动”和“三项建设”，稳步推进昌平区安全生产形势的持续好转。

充分利用“安全生产月”活动、广播、电视、报刊、网络等媒体，开展安全生产知识竞赛、演讲比赛、“安全生产文艺演出”等多种形式，深入广泛地宣传安全生产知识，增强全社会安全发展意识；根据新的“三定”方案及时修订《区安委会议事规则》，进一步完善安全生产形势分析与信息通报制度、督促检查制度、考核奖励制度等基础性工作机制；积极寻求区委区政府对安全生产工作在人力、物力和财力上的大力支持，4月顺利在东小口、回龙观、北七家等6个重点镇街设立了安全生产执法监察站，派驻了安全生产工作专职执法人员，实现关口前移、重心下移，解决了基层监管薄弱、无专职安全监管队伍的重大难题，强化了基层安全监管力量。

按照“大事不出，小事减少”的安全生产工作目标，加强了危险化学品企业、非煤矿山企业、有限空间及职业危害企业等的安全监管，充分发挥安委会办公室的综合协调作用，加大了联合执法的力度和频次。在日常执法、专项执法、联合执法和夜查的基础上，还开展双休日和重大节假日期间联合执法检查活动，同时，加大了对非法违法行为的打击力度。全年，共检查各类生产经营单位3447家、4868家次，查处各类生产安全隐患7651条，下达行政执法文书共计2280份，对6家非法储存和使用液化石油气、危险化学品的单位进行了查处，处理举报129起，累计罚款130余万元。全年未发生较大以上安全生产事故，未突破市安全监管局下达的安全生产控制指标，实现了全区安全生产状况的持续稳定好转，为创建“京北创新中心 国际科教新城”营造良好的安全生产环境。

安全生产综合监督管理

【安全生产控制考核指标完成情况】 2010年，市安全生产委员会下达昌平区安全生产死亡人数控制指标105人。其中，生产安全控制指标7人，道路交通控制指标95人，火灾控制指标1人，铁路交通控制指标2人。全年发生纳入市安委会指标考核的生产安全事故4起，死亡6人，占全年控制指标的85.7%；道路交通死亡122人；火灾死亡1人；铁路交通死亡2人。

（杨 希）

【市安委会对昌平区安全生产工作综合考核】 1月6日，由市安委会办公室副主任、市安全监管局副局长陈清带队、市市政市容委、市住房城乡建设委、市体育局、市安全监管局有关处、队领导组成的市安委会考核组对昌平区安全生产工作开展情况进行综合考核。副区长洪波、区安全监管局、区住建委、区市政市容委、区商务委、区体育局、区公安交通支队、区公安消防支队、区民防局的主管领导参加。考核组检查了回龙观镇、城南街道安全生产工作的开展情况；对沃尔玛超市、东关加油站、健宝伟业体育发展公司进行了安全检查；对昌平区政府开展安全生产工作的相关资料进行了查阅；听取了洪波对昌平区安全生产工作开展情况的汇报。最后，考核组对昌平区安全生产工作开展的情况给予了充分肯定。

（杨 希）

【市局对昌平区执法监察工作调研】 1月27日，市安全监管局副巡视员刘岩带领执法队到昌平区针对安全生产执法监察队建设和工作开展情况进行调研。此次调研，主要围绕执法队伍体制、机制和工作职责等领域进行沟通交流。

（杨 希）

【区委常委会研究安全生产工作】 3月9日，昌平区区委常委会对2010年全区安全生产工作进行研究。分析了全区安全生产监管存在的重点难点，主要存在三方面问题：一是重点建项目设规模大，草莓大会建设项目、路网建设、轨道交通等施工环境复杂、量大；二是旧村改造、拆迁项目多，村民自建房等小项目无资质、无序施工问题严重，监管难度大；三是安全监管工作还需要进一步完善。针对存在问题提出了三点要求：一是扎实开展执法工作，通过利用责令停产停业、行政处罚等经济手段促进企业安全责任主体落实，切实减少事故隐患；二是严厉打击非法违法行为，强化联合执法机制，针对旧村改造、拆迁项目等事故多发领域要加强政策引导；三是突出落实责任，严格安全问责制度，将企业主体责任、行业监管责任、属地管理责任等通过运用目标考核、事故责任追究等措施切实推动安全管理。

（杨 希）

【区安委会召开第二次安全生产例会】 4月28日，昌平区安委会组织召开了第二次例会，会议通报了近期全区安全生产大检查工作的开展情况，就已检查的情况和整改工作进行了总结；部署了各成员单位安全执法力量进行调查摸底的统计工作和“五一”期间安全生产工作；传达了加强近期拆迁工程施工现场安全生产工作的通知。全区25家重点成员单位、各镇、街道办事处和经济功能区等53家单位参加了此次例会。

（杨　希）

【国务院安委会督察组对昌平区轨道交通建设安全生产综合检查】 5月21日，国务院安委会督察组在国家安全监管总局副局长杨元元地带领下，到昌平区地铁8号线02标段施工现场进行了综合检查。听取了副区长洪波关于轨道交通建设安全监管工作的汇报，施工单位中铁二十局集团汇报了建设总体情况和安全生产工作开展情况，检查组一行在掌握轨道交通建设安全监管总体工作的基础上，来到该标段地下施工现场，对作业面施工安全防护、临时用电、监督管理等方面进行了实地检查。检查组对现场检查情况进行了及时反馈，并对该领域安全监管工作给予了肯定。市政府、市安全监管局、市住建委、市公安消防局等部门领导陪同了检查。

（杨　希）

【市局领导到昌平区调研安全生产工作】 7月14日，市安全监管局副局长蔡淑敏一行到昌平区调研安全生产执法、宣传、教育培训工作。调研组与副区长洪波、区安全监管局局长金东彪等主要领导召开了座谈会。会上，金东彪汇报了全区安全生产执法检查工作情况、“安全生产月”活动开展情况、安全生产宣传教育培训情况、工业企业安全生产标准化等相关情况以及存在的困难和下一步的工作思路。蔡淑敏肯定了昌平区安全生产工作，特别指出区安委会工作细致、重点突出、效果明显，具有前瞻性和创新性。

（杨　希）

【区安委会第三次安全生产例会】 7月26日，昌平区安委会织召开第三次安全生产例会。会议首先对近期全区安全生产大检查工作开展情况和安全联合执法检查工作情况进行了通报，同时部署了昌平区工业企业“三同时”摸底调查工作；其次分析了昌平区大建设大发展中面临的严峻的安全生产形势和存在的问题，对4起具有影响力的事故进行了通报，并对下一步安全生产工作进行了部署，确保下半年昌平区安全生产形势持续稳定。

（杨　希）

【市安委会督察组督察昌平有限空间专项治理工作】 7月29日，由市安委会办公室牵头，市住房城乡建设委、市市政市容委、市水务局、市通信管理局5个部门组成督察组，对昌平区有限空间专项治理工作进行了专项督察。督察组首先听取了区安全监管局关于昌平区开展有限空间安全生产专项治理的工作汇报，随后听取了区供电公司、区市政市容委、区水务局、区住建委关于开展有限空间安全生产工作主要情况和典型经验做法。会后，督察组分4个检查组对昌平区12个有限空间作业单位安全生产作业现场进行了检查。最后，检查组在充分肯定取得成绩的同时对昌平区有限空间安全生产工作提出了意见。

（杨　希）

【部署“国务院23号通知”宣传教育】 8月31日，昌平区安委会组织47家成员单位主管领导召开“关于落实市政府‘8·20’安全生产电视电话会议精神工作会”。会议传达了《关于贯彻落实〈国务院关于进一步加强企业安全生产工作的通知〉宣传教育培训工作方案》和《昌平区关于打击非法违法生产经营建设行为专项行动实施细则》，并就下一步的工作提出了具体要求。

（杨　希）

【市局调研执法工作】 9月7日，市安全监管局副巡视员唐明明一行到昌平进行调研。重点对昌平区向6个重点镇街派驻专职安全执法人员，成立安全生产监管监察执法站，开展区域安全执法、消除安全隐患情况进行了调研。调研组首先听取了区安全监管局局长金东彪的工作汇报，随后到小汤山、北七家执法站进行了现场检查，听取了小汤山、北七家执法站站长的工作汇报。唐明明对两个执法站消除重大安全隐患所作出的成绩给予了肯定。

（杨　希）

【部署两节期间安全生产工作】 9月14日，昌平区召开突发公共事件应急委员会全体会议。会议分析了昌平区1月至8月的总体安全生产总体形势，并对“中秋”、“国庆”两节期间安全生产工作进行了部署。副区长、区安委会主任洪波对两节期间的安全生产工作提出了具体要求，区长金树东在会上强调各单位组织专门力量做好应急工作，保持信息的畅通，做到节前部署，节后总结；将具体责任落实到个人；重点对防火安全、食品安全、交通运输和施工安全等重点领域进行排查，为人民群众营造祥和的节日氛围。

（杨　希）

【区政府常务会部署“国庆”期间安全生产工作】 9月27日，昌平区政府召开第46次常务会，部署“十一”黄金周期间安全生产工作。会上，区长金树东强调并要求各部门要按照应急工作会议的总体部署，做好“十一”期间的生产经营、交通、旅游、食品、防火等安全保障工作。

（杨　希）

【区领导深入一线检查企业安全生产】 9月30日，由昌平区区委书记候君舒、区长金树东分别带队，深入到危化、旅游、交通、卫生、人员密集场所等企业进行节前安全检查。主要对企业节日期间的安全管理制度、应急救援预案、领导带班及值班情况、从业人员安全教育培训及应急救援器材配备等情况进行检查。候君舒、金树东对各企业的安全生产工作提出了具体要求。

（杨　希）

【市局督察昌平区机械行业安全生产标准化工作】 10月27日，市安全监管局督察组对昌平区机械行业贯彻落实《国务院关于进一步加强企业安全生产工作的通知》（国务院23号文）文件精神和机械行业标准化实施情况进行督察。督察组先后来到南口轨道交通机械有限公司和南口斯凯孚轴承有限公司，对企业的安全生产管理现状、行业标准化实施情况、现场作业及管理资料进行了检查，针对存在的隐患，督察组提出了整改要求。

（杨　希）

【区政府常务会明确冬季安全生产工作重点】 11月1日，昌平区召开第47次区政府常务会，针对冬季安全工作特点和本区重点工作对近期安全生产进行部署：一是抓好交通安全工作，加大交通安全宣传和违法行为查处力度，有效避免重大交通事故发生；二是抓好冬季防火工作，对公众聚集场所、易燃易爆场所、校园周边、建筑工地等重点部位开展防火安全检查；三是抓好预防煤气中毒工作，重点检查城乡结合部平房区、建筑工地、出租房屋等高发部位，打工子弟学校、土炕取暖的乡村旅馆等重点点位；四是抓好拆迁安全工作，加强对拆迁公司、拆除公司的监督管理，行业主管部门和属地政府进一步加强监管。

（杨　希）

【生产经营单位摸底调查】 2010年，昌平区为进一步掌握全区生产经营单位的情况，对“村中厂、厂中厂”、危险化学品生产经营使用单位、有限空间单位及粉尘与高毒物品企业进行了摸底调查。摸清包括化工、生物、技术、医药研发企业共计3110家；存在有限空间单位879个，共有有限空间104504处；粉尘与高毒物品重点企业121家，东小口及回龙观等6个重点镇共有各类生产经营单位3678家。

（杨　希）

【配合市局开展滑雪场专项督察】 11月24日，由市体育局、市安全监管局组成的联合督察组对昌平区内的北京雪世界滑雪场和军都山滑雪场安全生产情况进行了督察。经督察，两家滑雪场的安全生产工作基本到位，但依然存在部分安全隐患，一是安全生产教育培训记录不完善，二是安全生产管理制度不完善等。针对存在的隐患，对北京雪世界滑雪场下达了《责令限期整改指令书》，要求其限期整改。

（杨　希）

【北京市第四届安全生产文化论坛在昌平举办】 11月26日，以“落实企业主体责任，服务世界城市建设”为主题的第四届北京安全文化论坛，在昌平区中国石油大学举行。国家安全生产监督管理总局副局长王德学，市政府副秘书长周正宇，总局宣传教育中心主任裴文田，昌平区副区长洪波等出席论坛。此届安全文化论坛，围绕全市安全生产中心工作，以国务院《关于进一步加强企业安全生产工作的通知》精神为指导，结合全市安全生产特点，紧紧围绕落实企业主体责任和服务世界城市建设主题，邀请境内外10余位专家和企业领导，对北京市安全生产工作中的热点、难点和重点问题进行探讨。

（杨　希）

【选取工业企业第一批安全生产标准化活动推广单位】 2010年，昌平区聘请北京市安全生产标准化咨询复评机构之一的首都经济贸易大学，完成了昌平区工业企业安全生产标准化工作实施办法，制定了近期全区安全生产标准化的日程安排，在前期摸排160余家规模以上工业企业的基础上，选取70家企业作为第一批标准化活动推广单位。

（杨　希）

危险化学品安全监管监察

【危险化学品经营许可】 2010年，昌平区共有各类危化生产经营单位115家，其中生产企业2家，经营单位113家。2010年，共换发危险化学品经营许可证11份、非药品类易制毒经营许可备案证明3份。

（杨　希）

【部署非经营性加油站专项整治工作】 10月22日，昌平区召开非经营性加油站专项整治工作部署会。会上对全区非经营性加油站专项整治工作进行了部署，明确了专项工作的重点。区安全监管局、区环保局、区公安分局、消防部门将依据各自工作职责，本着“密切协作，联合执法”的工作思路，与各镇（街）政府形成合力，对昌平区非经营性加油站进行整治，达到规范一批、取消一批、更换一批非经营性加油站的目的，实现提升昌平区非经营性加油站本质安全的目标。

（杨　希）

【市局督察粉尘与高毒物品危害专项治理工作】 11月17日，由市安全监管局副局长常纪文带队，市安全监管局、市卫生局、市人力社保局、市总工会4个部门组成督察组，对昌平区粉尘与高毒物品危害专项治理工作进行了督察。督察组首先听取了关于开展粉尘与高毒物品危害治理专项行动的工作汇报，会后，对昌平区4

个存在粉尘与高毒危害的企业进行了检查，并提出了工作要求：一是对企业规范的职业健康管理、醒目的警示标识、完善的体检制度表示肯定；二是要普及职业危害知识，形成常态化管理，将粉尘与高毒物品危害治理专项行动深入持久开展下去。

（杨 希）

【对危化行业进行专项检查】 4月14日，由昌平区安全监管局、区公安消防支队、区质监局、区公安交通局和区环保局组成的检查组对全区危险化学品单位进行了安全检查。重点对企业生产场所、库房的基本安全条件及管理、安全设备设施及生产工艺、职工危险化学品安全常识及应急救援培训等情况进行了检查。此次共检查危险化学品单位8家，查出隐患27条，下达责令整改指令书4份。

（杨 希）

烟花爆竹安全监管监察

【烟花爆竹经营许可】 2010年，昌平区安全监管局共颁发烟花爆竹经营许可证285个（其中临时许可证272个，长期许可证13个）。

（杨 希）

【区政府领导带队检查烟花爆竹销售网点】 2月6日，昌平区副区长洪波带队，区安全监管局、公安分局等烟花办职能部门领导检查烟花爆竹零售网点。重点检查零售网点人员看护情况、灭火器材的配备情况、烟花爆竹储存情况及用电安全情况，同时向销售网点下发市安全监管局《关于加强烟花爆竹零售网点安全工作的紧急通知》，告知销售网点严格按照《通知》要求为市民提供合格、放心的烟花爆竹。

（杨 希）

【副市长检查昌平区烟花爆竹安全管理工作】 2月10日，副市长苟仲文带队到昌平区检查烟花爆竹销售网点的安全管理和加油站禁放看护工作。检查组从各项安全管理制度、人员看护情况、货物码放情况及消防器材4个方面进行了检查。在检查中，苟仲文强调各部门要加强春节期间烟花爆竹安全监管的工作，销售网点要加强专人看护和网点周边的巡视工作，加油站等易燃易爆场所要做好烟花爆竹禁放工作。市安全监管局副局长陈清、昌平区区长金树东、副区长洪波以及烟花办成员单位领导陪同进行检查。

（杨 希）

【市局对昌平区烟花爆竹储存、应急值守、消防进行安全检查】 2月24日，市安全监管局执法队对昌平区烟花爆竹销售单位和批发单位昌平陶瓷杂品公司进行安全检查。检查组重点对批发单位烟花爆竹储存、岗位应急值守、消防及安全技防设施进行检查。随后检查组对5家烟花爆竹销售点进行检查，对被检单位安全管理总体情况表示满意，并要求销售网点和批发单位要继续绷紧安全这根弦，切实抓好各项制度措施的落实，为元宵节到来奠定良好的安全基础。

（杨 希）

【烟花爆竹安全监管工作】 春节期间，昌平区安全监管局对全区17个镇街、北企公司和科技园区的烟花爆竹零售点、燃放重点区域、重点时段、禁放区、重点保护区等进行了地毯式的安全检查。共计出动检查组82组，执法人员326人次，执法车辆102台次，检查烟花爆竹经营单位1066家次，吊销经营许可证6个。处理烟花爆竹举报投诉18件，查处率为100%。

（杨 希）

【烟花爆竹回收工作圆满结束】 3月5日，昌平区烟花爆竹回收圆满结束。三家批发单位共计回收昌平区剩余烟花爆竹6806箱：其中烟花类4195箱、爆竹类2611箱，散装烟花爆竹共计回收42.5万元。

（杨 希）

【严厉打击非法违法储存使用危险化学品企业】 昌平区完成生产混凝土外加剂企业专项治理工作。针对4家非法、违法储存、使用危险化学品企业进行了联合集中处置。共处置危险化学品236.95吨，其中：浓硫酸116.52吨；氢氧化钠溶液81吨；甲醛溶液39.43吨。私自处置危险化学品的行为按照违规处置危险废物由环保部门立案处理。

（杨 希）

【开展羟亚胺专项调查摸底行动】 2010年，昌平区制定了《昌平区开展羟亚胺专项检查行动有关事项的通知》，并下发到各镇、街道。要求属地做好羟亚胺生产关键设备及生产原料的排查治理工作，特别是具有真空反应釜关键生产设备和邻氯苯基环戊酮等4种化学品生产企业的调查，要求摸清底数、登记建档，确保专项整治工作落到实处。

（杨 希）

【召开烟花爆竹工作协调会】 10月19日，昌平区召开2011年烟花爆竹工作协调会。会议听取了区市容市政委、文化委、公安分局、工商分局、城管大队、公安交通局、公安消防支队、卫生局、供电公司等10个职能部门对2011年烟花爆竹行政许可工作的意见和建议，分析了2011年烟花爆竹行政许可和安全管理工作的形势和特点，并对2011年烟花爆竹工作提出了具体要求。

（杨 希）

【市局对昌平区鞭炮库各项安全管理进行检查】 10月27日，市安全监管局执法队对昌平区烟花爆竹批发单位（北京市昌平陶瓷杂品公司）鞭炮库的各项安全管理制度、记录、预案等文字材料进行了检查，同时对烟花爆竹储存仓库的安全和应急管理情况进行了现场检查。通过检查，对昌平区烟花爆竹批发仓库的安全管理工作给予了肯定。

（杨 希）

【完成非经营性加油站排查工作】 2010年，由昌平区安全监管局牵头、区公安分局、区公安消防支队、区环保局组成联合检查组对各镇上报的非经营性加油站严格按照《汽车加油加气站设计与施工规范》的要求进行了检查。经检查全区共有28家非经营性加油站，其中建筑公司搅拌站7家、公交公司10家、工业企业9家、汽车驾驶学校2家；整改完成19家，整改中5家，拆除4家。

（杨 希）

【烟花爆竹销售网点布设】 2010年，关于2011年烟花爆竹销售网点布设有三大特色：一是审核制度规范化，在《北京市2011年春节烟花爆竹网点统一规划设置指导意见》等文件要求的基础上，由10部门联合制定了《昌平区2011年春节烟花爆竹零售网点统一规划设置工作方案》作为网点布设依据；二是提高烟花爆竹经营网点准入条件和设置要求，更有利于保障人民群众的生命财产安全；三是审查方式联动化，由区安监、公安、消防、交通4部门联合对销售网点进行现场审核。

（杨 希）

矿山安全监管监察

【非煤矿山专项执法检查】 5月27

日，昌平区对全区的非煤矿山企业进行了专项执法检查，共检查非煤矿山企业5家，发现安全隐患13条，下达《责令整改指令书》4份。

（杨　希）

【对昌平辖区内非煤矿山进行专项检查】 6月3日，市安全监管局对昌平区北京水泥厂有限责任公司凤山矿、北京强尼特新型建筑材料有限公司采石厂、北京市下庄白灰厂3家非煤矿山进行执法检查。重点检查了矿山企业主要负责人履职、安全管理人员及特种作业人员持证上岗、安全管理制度及操作规程的制定和执行、预案的制定及演练和作业现场的边坡等情况。市安全监管局执法队领导对昌平区矿山企业的管理给予了肯定。

（杨　希）

【紧抓汛期非煤矿山安全生产工作】 2010年，为了进一步加强汛期各非煤矿山安全生产工作，昌平区向全区5家非煤矿山转发了《国家安全监管总局关于进一步加强金属非金属矿山防治水工作的意见》和《关于进一步建立健全非煤矿山安全生产事故隐患排查治理的三项制度的通知》，并要求各非煤矿山必须严格落实矿山防治水责任制、严格执行各项措施及隐患排查工作，以有效防范水害事故的发生。

（杨　希）

安全生产事故隐患排查治理

【火灾隐患排查整治“春风行动”】 2010年，昌平区开展火灾隐患排查整治“春风行动”，对旅游企业的安全生产工作进行了部署。一是强调企业一把手作为第一责任人要有高度的安全意识；二是要求旅游企业认真吸取近期事故的教训，克服麻痹思想和侥幸心理，加强企业从业人员的安全教育和培训，提高安全责任意识；三是落实企业的安全责任制；四是要求企业完善应急预案，立即开展安全隐患自查整改工作。

（杨　希）

【加强隐患企业安全监管】 2010年，昌平区针对执法检查中部分企业不重视安全生产、不按照执法人员的监察指令对存在的安全隐患进行整改、或整改落实不到位的现象，采取多项措施加强对隐患企业的监管和处罚。一是加强对隐患企业执法检查；二是加大对隐患企业处罚力度，尤其加大对不按照指令进行整改和下达停产停业整顿后未经允许私自复产企业的处罚力度；三是对违章违法企业处罚情况进行定期通报；四是对检查出的隐患情况按行业进行分类整理，并报送至各行业主管部门；五是对易发事故行业进行分析和梳理，加强重点行业安全监管；六是对受处罚企业实行“回头看”，巩固执法成果；七是加强对隐患企业的安全教育和培训，提高隐患企业安全意识。

（杨　希）

安全生产应急救援

【部署生产经营单位应急演练工作】 6月8日，昌平区组织全区13家职能部门召开全区生产经营单位应急演练工作部署会，计划于6月12日至25日在全区危险化学品、非煤矿山、建筑施工、人员密集场所、有限空间和旅游宾馆饭店等安全生产重点领域开展应急演练工作。副区长洪波出席会议并指示：通过应急演练，要突出自身业务，重在提高综合处置能力；强化部门协调配合、共同应对突发事件能力；总结经验，查找不足，从而完善预案，固化和传承好的措施；加强宣传，营造良好“安全生产月”氛围。

（杨　希）

【开展矿山爆破事故应急救援演练】 6月17日，北京水泥厂有限责任公司凤山矿开展了以矿山爆破事故为背景的应急救援演练活动。演练模拟矿山开采爆破中发生人员受伤事故，启动预案后采取企业内部自救和报知999急救中心援助救护相结合的形式，企业参与演练员工共91人，逼真地展示了公司救援队和模拟999急救中心协同应对处置突发事件的能力。

（杨　希）

【地下有限空间作业救援、应急演练】 6月18日，昌平区进行了地下有限空间作业救援、应急演练。副区长洪波及区安委会各成员单位的领导观摩了此次演练。此次有限空间救援演练效果逼真，组织严密，设备齐全。市安全监管局有关人员和专家对此次演练进行了点评，肯定了此次应急演练的效果，并为作业人员操作的细节提出了具体建议。市、区两级领导对此次演练给予肯定，并强调有限空间作业是高风险作业，作业队伍要树立安全意识，建立健全作业保护设施，做好全区抢险救援工作。

（杨　希）

【危险化学品运输泄漏处置应急演练】 6月24日，昌平区开展了以危险化学品运输泄漏事故为背景的现场处置应急演练活动。演练模拟危险化学品车辆在运输过程中发生腐蚀性液体泄漏，启动预案后采取企业运输人员自己处置和环境、交通等部门援助处置相结合的形式，展示了企业和政府业务部门协同应对处置突发事件的能力。市环保局及昌平区应急办、交通局、环保局、公安消防支队等单位的领导观摩了此次演练。

（杨　希）

【人员密集场所火灾事故应急演练】 6月25日，昌平区开展了以火灾事故为背景的应急演练活动。演练模拟超市三层纺织品销售区发生火灾，预案启动后，超市工作人员迅速逃生撤离，应急救援人员在第一时间采取抢救伤员、灭火并拨打119报警等处置措施，武警昌平消防支队永安中队迅速出警，共有191人及4台消防车参加了此次演练，逼真地展示了超市和消防部门协同应对处置突发事件的能力。

（杨　希）

安全生产执法监察

【全国“两会”安全生产保障】 针对2010年全国“两会”，昌平区制定了《2010年全国“两会”安全生产保障工作方案》，成立领导小组，布署执法检查工作。根据工作方案，一是组织人员对主管的非煤矿山、危险化学品生产经营单位开展不间断的安全生产检查，督促企业及时消除安全隐患；二是做好属地政府安全监管督察工作，充分发挥属地政府安全监管基础性作用；三是根据辖区高危行业、重点区域分布特点，组织力量开展安全生产动态巡查确保“两会”期间安全稳定；四是做好两会期间应急值守和信息报送工作，及时分析研究安全生产情况，做好突发事件应急处置准备。

（杨　希）

【开展汽车喷烤漆房专项执法检查】 4月12日起，昌平区在全区范围内开展为期一周的联合执法检查。此次专项执法行动重点对机动车维修企业的各项安全生产管理制度建立情况、生产安全事故应急救援预案的制定及演练情况、特种作业人员持证上岗情况、员工的安全教育情况、重点机械设备的安全运行情况及各项操作规程的落实情况等进行检查。共检查汽车喷烤漆房单位19家，检查中各部门协调配合，依据各自职责，深入排查企业的事故隐患，对存在问题的企业将依法责令其限期整改，保证该行业的生产安全。

（杨　希）

【对人员密集场所进行联合执法大检查】　4月16日，昌平区安全监管局联合区商务局、文化委、体育局、消防支队、公安分局等职能部门对我区7家人员密集场所进行了安全执法检查。检查中发现消防栓被遮挡、安全出口指示标识不足、液化气未设立单独储存间、各项安全生产管理制度不够完善等问题。针对存在问题的单位下达了整改指令书，问题较严重的单位下达了强制措施决定书，责令其停止生产经营活动，待复查合格后方可恢复生产经营活动。

（杨　希）

【开展旅游企业联合执法检查】　4月22日，昌平区安全监管局会同区旅游局、公安局、质监局、工商局、卫生局等单位对北京市龙地工艺美术品有限责任公司、北京市肆维食品有限公司、十三陵长陵博物馆等旅游、餐饮企业进行了联合执法检查。检查中，发现各企业存在共性安全隐患：一是安全生产宣传教育不到位、培训检查不规范；二是配电室及值班室及配电设备不符合安全规定；三是安全出口被堵塞，消防栓被遮挡。检查组当场下发了限期责令整改指令书，要求被查单位限期整改完毕。

（杨　希）

【区安委会开展夜间安全生产联合检查】　4月29日至5月29日，昌平区安委会办公室对全区建筑、夜间生产企业、人员密集场所，危险化学等行业开展夜间安全生产联合检查活动。检查组深入基层一线，对工作薄弱环节和容易发生安全生产事故的行业进行全面检查。检查工作坚持白天检查与夜间检查相结合、日常工作与专项督察相结合的工作方式。发现问题，即时下达整改指令书，并提出具体的整改要求和时限，坚决防止搞形式、走过场。

（杨　希）

【市安全监管局对建材批发市场进行安全检查】　4月29日，市安全监管局对昌平区北七家镇北京格莱特建材批发市场公司进行了联合安全检查。检查组对该单位安全生产责任制、安全管理制度建立及落实情况等资料进行了查看，并对该批发市场化工原料经营区进行了现场安全检查。该单位安全生产组织机构健全、责任制和安全管理制度完善、管理规范，检查组对该单位安全生产工作给予了肯定。同时要求该单位进一步加强安全生产管理，为顾客提供安全放心、良好的购物环境，确保节日期间安全生产。

（杨　希）

【开展冶金、有色企业煤气安全管理专项执法检查】　8月3日，昌平区对北京鹿牌都市生活用品有限公司、什邡市明日宇航工业股份有限公司两家单位进行了执法检查。重点对企业的安全管理机构、安全制度、煤气贮藏、使用输送系统、车间内安全警示标示等情况进行了检查。针对查处的隐患，检查组责令企业限期整改。同时，还要求企业填写了《冶金有色企业煤气安全管理专项检查情况汇总表》、《冶金有色企业基本情况汇总表》、《冶金有色企业基本情况调查表》，以便准确掌握各企业基本情况，更好地指导督促企业不断强化日常安全管理工作。

（杨　希）

【开展冶金有色企业安全生产专项执法检查】 8月2日至6日，昌平区开展了冶金有色企业安全生产专项执法检查。本次执法行动共检查冶金、有色企业11家，重点对使用煤气的冶金、有色企业的煤气安全管理情况进行了检查。发现的隐患一是安全警示标识配备不足；二是安全疏散通道堵塞；三是无劳动防护用品发放记录。执法人员要求企业对存在隐患立即整改，对不能立即整改的要定责任人、定措施，限期整改。

（杨　希）

【拆除工程安全生产工作会】 4月21日、9月10日，昌平区安委会办公室先后组织召开了两次昌平区经济功能区和重点区域属地政府拆除工程安全生产工作会，通报了近年来昌平区该领域事故总体情况，制定并印发了《关于加强昌平区拆除施工现场安全监管工作的指导意见》，对当前和今后一段时期拆除工程安全监管工作提出了明确意见和要求。10月12日，成立联合督察组对沙河镇进行了督察，对检查中发现的问题提出了整改意见和工作要求。2010年，全区在130余万平方米拆除施工领域未发生各类安全事故。

（杨　希）

【市局对亚运会火种采集仪式现场进行安全检查】 10月7日，为确保采集火种采集仪式现场安全，市安全监管局执法队携专家对坐落在昌平区境内的火种采集仪式现场进行了安全检查。检查组对场地及舞台布置、应急疏散救援预案、涉及场所的灭火器等消防设施进行了现场检查，并给予了肯定，要求施工单位进一步做好场地的搭建安全工作，确保火种采集仪式的安全、稳定、有序。

（杨　希）

【建筑施工企业、人员密集场所联合执法检查】 11月25日，由昌平区安全监管局牵头，联合昌平区公安分局、区住建委、区商务委、区公安消防支队、区质监局等部门，对全区建筑施工企业、人员密集场所进行了联合执法检查。此次联合执法，共检查生产经营单位3家，重点检查了各单位对“国务院23号通知”的学习和落实情况；特种作业人员持证上岗情况；特种设备设施的使用和保养情况；各项管理制度的建立和落实情况等。通过此次检查，发现各被查单位对安全生产工作都比较重视，但依然存在配电室堆放杂物、安全警示标识不足、施工现场安全防护不到位等安全隐患。针对发现的隐患，对各隐患单位下达了《责令限期整改指令书》，要求其限期改正。

（杨　希）

【特种作业管理专项执法检查】 11月30日至12月15日，昌平区在全区范围内开展了特种作业管理情况专项执法检查行动。本次专项检查，共检查生产经营单位173家，审查特种作业证件2447个，发现无操作证人员10人，过期证件39个，假证7个。对存在特种作业违法违规作业的生产经营单位要求其限期整改。

（杨　希）

【“三重点”安全生产保障工作】 2010年，昌平区全区共有重点功能区15个、重点工程60项、重点企业234家。2010年，为保证各项建设工程的安全顺利进行，共检查“三重点”建设工程项目及企业373家次，查处隐患1078条，对检查发现的各类生产安全事故隐患要求各责任单位定人、定时、定措施进行全面整改，并对整改情况进行全程跟踪，一年来，三重点隐患整改率达98%以上。

（杨　希）

【大型活动安全保障工作】 对“我的北京、我的家”群众文化年活动、2010年昌平区团拜会、正月十五“民间花会”表演活动、小汤山温泉文化节开幕式、未来科技城企业奠基典礼、2010年北京国际户外耐力跑挑战赛、“重大工程材料服役安全研究评价设施”暨国际材料服役安全科学中心（筹）奠基典礼、第七届苹果文化节等大型活动进行全程监督，确保各项大型活动的安全顺利进行。

（杨 希）

职业安全健康

【粉尘与高毒物品危害治理专项行动】 2010年，昌平区共抽查粉尘与高毒企业72家，发现隐患224条，下达责令整改指令书62份，行政（当场）处罚决定书62份；复查企业34家，下达整改复查意见书34份。

（杨 希）

【有限空间专项治理】 2010年，昌平区多举措，确保有限空间与专项治理工作的开展。一是通过摸底排查建好基础台账；二是集中开展对重点行业领域有限空间作业单位的检查，如物业管理企业、环卫、市政建设工程、燃气、电力等重点单位；三是全面排查有限空间作业单位安全生产隐患，严厉查处违法违规行为，对不符合安全生产条件的责令停产整顿或予以关闭；四是建立与各行业管理部门的联席会议制度，定期召开会议，及时通报全区有限空间监管情况。

（杨 希）

【加强对物业小区有限空间监管】 3月3日，昌平区对3家居民小区物业公司有限空间作业安全情况进行检查，主要针对有限空间安全责任制度、管理制度不完善；外包工程未签定安全协议；缺少检测设备及对有限空间作业危害认识不清等安全隐患进行检查。区住建委“物业办”表示：尽快督促各居民小区物业公司完善各项制度，增添检测设备和防护用品，整改安全隐患，使物业小区的有限空间管理制度化、规范化，确保不发生任何事故。

（杨 希）

【“两会”期间对有限空间单位进行执法检查】 “两会”期间，昌平区对全区各行业管理部门有限空间重点部位（如：化粪池、污水井、电缆沟、烟道、污水坑、压力容器等）进行执法检查。检查内容：一是是否建立安全生产责任制、各项安全生产规章制度和操作规程等规章制度；二是是否配备必需的检测仪器、通风设备和个体防护装备等；三是是否制定作业实施方案、应急演练以及救援预案；四是是否对一线职工培训教育。共检查单位15家，下达执法文书9份，查处隐患51条。

（杨 希）

【酒店业有限空间作业执法检查】 11月30日，昌平区对全区酒店业有限空间作业安全管理情况开展了联合检查。依据《北京市有限空间作业安全生产规范》具体要求，重点围绕有限空间制度建立、防护设备设施配备、安全警示标识设置、特种作业培训等情况进行了逐项检查。共检查企业5家，下达责令整改指令书4份，查处隐患6条。针对发现的问题，检查人员责令企业限期整改，督促企业及时消除隐患，保障职工作业安全。

（杨 希）

安全生产宣传培训

【烟花爆竹销售单位负责人培训工作】 1月26日，昌平区对全区258家2010年烟花爆竹销售单位主要负责人进行了安全培训。邀请市预防中心专家开展了烟花爆竹安全知识、常识和应急技能的专业培训。通过培训，进一步增强了烟花爆竹销售单位主要负责人的守法意识，提高了烟花爆竹突发事件应急处置能力，为全区2010年春节烟花爆竹安全监管工作奠定了基础。

（杨　希）

【职业卫生宣传周活动圆满结束】 4月24日至30日，昌平区开展了为期一周的“防治职业病　造福劳动者——劳动者享有基本职业卫生服务”主题宣传活动。区安全监管局、区卫生局、区人力与社会保障局和区总工会参与了此次宣传活动。宣传活动以职业卫生主题宣传日、职业卫生知识巡回展以及职业卫生大型公开课的形式，将职业病防治的各种法律知识向职工（农民工）及企业进行了广泛的宣传。此次宣传活动共计发放宣传材料1.5万份。

（杨　希）

【安全生产咨询日宣传活动】 6月，昌平区利用安全生产咨询日充分发挥主流媒体作用，利用广播、电视、昌平周刊、网络、刊物（安全生产信息）、印制宣传画册、组织知识竞赛等方式，加大安全生产法律法规的宣传教育力度。利用全国统一的“安全生产咨询日”集中开展安全生产宣传活动。安全生产咨询日当天，共有26家安委员成员单位参加了此次宣传活动，共设置展板158块，悬挂横幅26条，发放安全生产宣传材料2万余份。同时还以“安全生产月”活动为契机，开展了安全生产联合执法检查、安全生产培训、“媒体采访月”、安全生产专家谈安全电视访谈节目展播、农村自建房事故展等有针对性的宣传教育活动，根据各项活动特点，邀请志愿者参与，扩大宣传阵地。举办“安全生产文化演出”活动，把安全知识、安全生产的重要性、必要性、最新的安全管理政策法规通过群众喜闻乐见的相声、小品、诗歌朗诵、歌曲等形式向社区、工地、学校、企业传播。

（杨　希）

【安全生产教育培训情况】 2010年，昌平区共举办安全生产培训班10期，共计2030人。其中印刷家具制造行业110人，危险化学品生产经营企业217人，非煤矿山108人，标准化培训95人，有限空间培训500人，生产经营单位负责人安全轮训1000人，全年共举办电工、焊工、内驾、高危等培训班80期，培训人数6800人。

（杨　希）

【举办安全社区大型公开课】 6月28日，昌平区举办2010年安全生产大型公开课。邀请中国职业安全健康协会安全社区办公室主任欧阳梅系统地讲解了安全社区的概述、安全社区创建的必要性、发展现状及如何建设安全社区，为安全社区的创建提供了理论支持。副区长洪波及区卫生局、宣传部、公安消防支队、公安分局、民政局、社工委的主管领导以及各镇街的主管领导、社区管理人员共500名参加了此次公开课。

（杨　希）

【“宣传周”媒体采访活动】 9月3日至10日，昌平区安全生产委员会开展“宣传周”媒体采访活动。各单位组织力量，深入基层，深入企业，深入生产第一线，充分利用电视、广播、报刊、网络等新闻媒体大众化、快速化、形象化的宣传优势，加大对安全生产工作的宣传力度，广泛宣传安全生产工作的好典型、好做法、好措施。通过“宣传周”活动的开展，形成强大的宣传声势对安全生产工作违法、违规的反面典型公开进行揭露和曝光，形成强大的舆论监督氛围。

（杨　希）

【“国务院23号通知”精神巡回演讲在昌平】　11月10日，由市安全监管局举办的宣传贯彻《国务院关于进一步加强企业安全生产工作的通知》精神巡回演讲在昌平温都水城举行。来自京城机电、公交集团、环卫集团、排水集团、京津城际动车组的5名演讲团成员结合各自行业特点，讲述自己或身边同事的经历，为大家敲响了安全生产的警钟。来自昌平区各行各业的200余人听取了演讲。

（杨　希）

平谷区

概　述

2010年，平谷区的安全生产工作坚持“安全第一、预防为主、综合治理”的工作方针，以安全生产宣传教育、专项治理、隐患治理、应急管理、事故查处、信息化建设为抓手，贯彻落实《国务院关于进一步加强企业安全生产工作的通知》，深入开展“安全生产年”活动，将“安全生产年”工作作为一项贯穿全年的工作，先后组织开展了平谷区安全生产“十百千”、安全生产“打非”、安全生产“专项整治”、消防安全“防火墙”等4项工程。

落实安全生产“十百千”工程。2010年，平谷区建立了以安全生产责任制、危险源辨识和评价、安全检查等13项为安全基础管理、以工业气瓶、危险化学品库、车间作业环境等10项为安全技术的两大评定标准，进行企业安全生产标准化工作考评，使企业实现安全管理科学化、机械操作规范化、检查有序标准化。通过“十百千”工程的开展，平谷区已有100家企业开展了安全生产标准化建设，其中，30家企业进行了区级复评，一级安全生产标准化企业9家，二级安全生产标准化企业1家，创建安全生产模范班组和岗位30个。

推进安全生产“打非”工程。8月至11月，平谷区成立了以非煤矿山、建筑施工、危险化学品、交通运输、普通地下室、地下管线、人防工程等7个重点行业领域的专项“打非”小组，通过联合检查，综合治理，全面开展“打非”工作。共检查生产经营单位1038家次，查出隐患5188项，下达执法文书561份，行政处罚12.8万元，约谈企业法定代表人92次，关停12家生产经营单位，补办证照9份。已完成隐患整改5146项，整改率99%。

开展安全生产“专项治理”工程。2010年，平谷区安全监管局联合区公安消防支队等执法单位，共检查危险化学品从业单位555家，累计下达执法文书337份，查出安全隐患832项，完成隐患整改824项，整改率99%。

2010年春节，平谷区没有发生一起烟花爆竹伤亡事故，圆满实现了“三无”目标。

2010年，对商场超市、餐饮企业、歌舞厅、星级宾馆和滑雪场等人员密集场所进行联合检查，出动执法人员143人次，检查人员密集场所76家，查出安全隐患221项。已完成隐患整改217项，整改率98%。

全面推进消防安全“防火墙”工程。平谷区成立了消防产品专项整治工作领导小组，组成3个联合检查组，对全区11家维修、销售消防产品单位，320家重点单位和56家一般单位进行了系统的消防产品普查。共检查消防器材356件，其中合格341件，不合格15件，针对存在的问题，下发限期改正通知书1份，实施消防违章行政处罚共1起；接受消防产品业务理论培训的消防监督人员数300余人次，社会人员参加消防产品宣贯会或培训班的人数共计450人次。

安全生产事故隐患排查治理得到加强。全区共排查隐患3019项，为封填整治平谷区农村地区的废弃水井，总投资1000万元，平谷区对企业存在的安全隐患实施挂账，动态跟踪管控，督促企业进行治理。截至目前，已完成隐患整改2969项，整改率为98%；未完成整改的隐患已分别制定了安全防范措施。

强化应急管理。成立了3支共665人的企业应急救援队伍，确保了平谷区危险化学品和油库、加油站、天然气发生突发应急事故时，专业应急救援队伍能够及时到岗到位。其中11月5日，成立的综合应急救援支队，共有一线执勤官兵123人，各种灭火执勤车辆11台，配备了各种专业的救援装备240种，7084件套，其中特种器材58种，329件套。全区21个乡镇（含街道办事处、管委会）和相关单位开展了生产经营单位应急预案备案工作。已完成国有企业、危险化学品、建筑、商品零售、星级饭店、体育运动项目经营单位、文化娱乐场所、风景区等175家单位的应急预案备案工作，共备案预案612个，形成了完整的应急救援预案体系。全区98%的规模以上生产经营单位已制订了应急预案和应急措施，根据专项、综合预案演练计划要求，分别开展了危险化学品泄漏、人员密集场所救援、中小学校应急疏散等综合演练5次，专项应急演练417次。

安全生产综合监督管理

【安全生产控制考核指标完成情况】 2010年，市安全生产委员会下达给平谷区的安全生产死亡控制指标为28人（其中：道路交通24人，生产安全2人，火灾1人，铁路交通1人）。截至12月16日，全区共死亡24人，占全年死亡控制指标的86%。其中交通事故死亡21人，占全年死亡控制指标的86%；生产安全事故死亡2人，占全年死亡控制指标的67%；火灾事故死亡1人。

（李　君）

【安全生产执法检查指标落实情况】 2010年，平谷区排查各类生产经营单位6368家次，发现各类事故隐患11462项，已整改11256项，整改率为98%；下达执法文书1229份；行政罚款82.85万元；全年共受理投诉举报案件43件，已办结43件，办结率100%；其中隐患类6件，占总数的14%；事故类3件，占总数的7%；其他投诉举报34件，占总数的79%。

（李　君）

【区安全生产工作综合考核】 1月7日，市安全监管局副巡视员汪卫国带领市安全监管局、市质监局、市交通管理局、市公安消防局等单位有关工作人员组成的市安委会综合考核组，对平谷区2009年度安全生产工作进行综合考核，副区长李宝峰，区安全监管局、区质监局、区公安交通支队、区公安消防支队等单位的领导陪同考核。考核组听取了平谷区2009年度安全生产工作情况的汇报，查阅了安全生产工作相关文件、会议纪要、工作台账、事故案卷等，实地抽查了平谷镇政府、兴谷街道办事处、北京龙禹石油化工有限公司和北京国泰平安百货有限公司平谷店。考核组对平谷区2009年度安全生产各项工作给予了充分的肯定，尤其对平谷区安全生产群防群治、企业法人联谊会制度等做法提出表扬，并要求平谷区要在2010年进一步创新安全生产监管机制，狠抓两个主体责任的落实，为构建“人文北京、科技北京、绿色北京”创造安全稳定的社会氛围。

（王振新）

【“十百千”工程被评为最佳实践活动奖】 平谷区安全生产“十百千”工程被北京市安全生产月活动组织委员会评为2009年北京市安全生产月活动最佳实践活动奖。“十百千”工程内容是聘请10名安全生产管理专家、树立10名安全生产监管标兵，培训100家安全生产标准化示范单位，创建1000个安全生产模范班组或岗位。

（丁 静）

【召开二季度安全生产工作会议】 4月8日，平谷区召开二季度安全生产工作会议。全区各乡镇、街道、管委会，安委会各成员单位主管领导参加了会议。会上，通报了一季度平谷区交通、消防和生产安全情况，对平谷区第十二届国际桃花节安全保障和立即开展全区安全生产大检查工作进行了部署。最后，副区长魏玉瑞要求全区各单位要进一步加强对安全生产工作的认识，认真贯彻落实本次会议精神，立即在全区范围内开展安全生产大检查工作，确保全区安全生产形势持续稳定。

（丁 静）

【贯彻落实市安全生产电视电话会议精神】 4月29日，平谷区召开“五一”期间安全生产工作会，认真贯彻落实市安全监管局电视电话会议精神。副区长魏玉瑞、安委会成员单位主管领导；各乡镇、街道、管委会主管安全生产的领导参加了会议。

魏玉瑞要求各单位要针对“五一”及第十二届国际桃花节期间的安全生产工作的特点，进一步加强组织领导，落实政府监管责任和企业主体责任；各单位要以深入贯彻实施“安全生产年”活动为契机，突出重点，强化监管，遏制事故的发生；各单位的主要负责人是本地区、本系统安全生产工作的第一责任人必须亲自抓，负总责，把安全放到重要的位置；各单位要严格执行节假日专人值班制度、领导带班制度和生产安全事故报告制度，随时掌握安全生产动态，保持安全生产信息渠道上下畅通。

（丁 静）

【区安委会部署二季度工作重点】 5月11日，平谷区安委会办公室要求开展各行业安全生产大检查。对安全隐患实行动态分类排查、动态治理销账，推行分级管理。在人员密集场所、建筑施工单位、燃气供给、消防设备设施、交通安全和农机设备等领域开展专项整治，把隐患消除在萌芽阶段。

（丁 静）

【第五次区政府常务会议研究部署安全生产工作】 7月1日下午，平谷区召开第五次政府常务会议，专题研究部署安全生产工作。平谷区安全监管局局长王浩文做了关于平谷区安全生产工作情况的汇报。汇报首先通报了2010年平谷区安全生产指标控制情况，随后介绍了开展安全大检查、“安全生产年”活动、安全隐患排查等重点工作的开展情况，代区长张吉福讲话。

（丁 静）

【中秋、国庆期间安全生产工作会议】 9月19日上午，平谷区召开中秋、国庆期间安全生产工作会议，各乡镇、街道，安委会各成员单位主管领导参加了会议。会上，区安全监管局、区公安交通支队、区公安消防支队分别通报了平谷区三季度安全生产、交通、消防工作，部署四季度和中秋、国庆期间重点工作。区商务委、旅游局分别就中秋节、国庆期间的商超市、饭店、景区、星级宾馆的安全工作进行了再部署。副区长魏玉瑞到会并讲话。

（丁　静）

危险化学品安全监管监察

【低温天气下危险化学品企业安全管理工作】 1月4日，为做好低温天气下危险化学品企业的安全管理工作。平谷区安全监管局积极采取措施，集中时间对辖区内加油站、加气站、危险化学品生产等企业开展安全安全生产检查。重点检查了安全生产应急值守情况，加油站罩棚积雪清扫情况，危险化学品生产管线、仪表的防冻保温情况；场内各种设备、设施的防风、抗风措施落实情况等。

（杜春光）

【春节期间危险化学品安全生产工作】 1月5日，平谷区安全监管局、区公安消防支队联合组织危险化学品从业单位召开安全生产工作会议。会上首先传达了市、区两级政府关于应对冰雪低温天气下做好安全防范工作的具体要求。同时，区安全监管局、区公安消防支队又分别通报了近期的安全生产事故情况，并对春节期间的安全生产工作进行部署，要求各企业负责人严格履行安全生产主体职责，做好恶劣天气下安全生产保障和应急处置工作，确保不发生危险化学品事故。最后，区安全监管局又同各参会企业签订了2010年度安全生产责任书。

（杜春光）

【手机短信构筑危险化学品安全预警平台】 1月8日，针对近期恶劣天气情况及所监管的危险化学品企业行业特点，平谷区安全监管局不断创新监管方式。创建了手机信息平台，利用发送手机短信的形式，及时传达预测、预警信息，对具体的应对工作随时、准时进行部署。提高了通知的即时性、针对性和实效性，优化了办事程序，同时也受到了各企业的赞可。

（杜春光）

【液化石油气站预警系统进行专项检查】 3月12日，平谷区安全监管局对北京市平谷区燕东液化石油气公司等9家液化石油气加气站的事故预警系统进行专项检查。主要检查了充气间、储罐区内的可燃气体报警仪是否安装齐备、是否对可燃气体报警仪进行定期检测、站内是否配备防毒面具、值守人员应急反应是否及时、安全防护措施是否到位等方面内容。检查发现，有6家单位存在未对可燃气体报警仪进行定期检测和防毒面具配备不规范等现象，执法人员责令进行了限期整改。通过检查，切实消除了一批事故隐患，进一步增强了企业负责人的安全意识和应急处置能力。

（王莉莉）

【加强农村“两气”安全管理工作】 3月24日，平谷区现有部分村完成了生物质气化集中供气工程和大型沼气集中供气工程建设（简称“两气”），并已投入使用。“两气”均为易燃、有毒气体，一旦发生泄漏，可致人中毒或发生爆炸。为确保安全，区安委会就关于加强农村“两气”安全管理工作提出如下要求：一是负责“两气”安全管理职责的部门，要切实树立责任意识和安全意识，落实好各项安全防护措施；二是“两气”行业管理部门要组织、指导各镇、村针对“两气”工程安全运行制定应急预案并督促定期开展演练；三是各行业、属地管理部门要对“两气”工程开展定期安全检查工作，发现的问题应及时上报；四是各村民委员会应利用广播等方式，对“两气”安全开展经常性宣传工作，使村民了解“两气”的危险性质，掌握安全使用知识，熟知应急措施。

（王莉莉）

【部署易制毒和化学品安全管理工作】 4月12日，平谷区安全监管局与区公安分局联合召开了非药品类易制毒化学品和部分化学品安全管理工作会议，全区非药品类易制毒化学品和部分化学品的生产经营单位主要负责人参加了会议。会上，区安全监管局和区公安分局的领导分别对平谷区在上海世博会期间易制毒和部分化学品数量和流向登记、反恐防控、事故应急、隐患排查、人员管理等各项工作进行了全面安排部署，并要求各生产经营单位充分利用北京市安全生产信息平台做好易制毒和部分化学品的流向信息工作。

（王莉莉）

【加强对危险化学品单位管控力度】 4月14日至27日，为加强危险化学品安全生产管理，保障对危险化学品从业单位的生产、经营等环节实施有效管控。平谷区安全监管局对辖区部分危险化学品生产经营单位开展了安全生产专项检查行动。重点检查了生产场所、库房的基本安全条件及管理情况；安全设备、设施及生产工艺情况；特种作业人员持证上岗作业情况；劳动防护用品的配备使用情况；安全生产责任制、各项安全管理制度、操作规程及应急预案的落实情况等方面内容。此次检查共检查生产经营单位98家，督促整改事故隐患228项。

（郭向东）

【确保旅游高峰加油站安全】 随着“五一”假期和桃花节旅游高峰的到来，全区交通将迎来车辆运营高峰，为确保此期间加油站安全运行。截至30日，平谷区安全监管局对全区35家加油站开展了地毯式安全生产检查，重点检查加油和卸油岗位消防器材配备情况、散装油实名制登记情况、应急预案的编制和演练情况、各种安全设备设施检测和运行情况等。此次检查共查处事故隐患68项，已整改59项，未整改的隐患已责令相关单位“五一”前夕整改完毕。

（郭向东）

【重点时期查重点现场整改保安全】 5月11日，平谷区安全监管局“五一”期间，成立专项检查组全程保障“桃花大舞台”活动安全，并分4个检查组对北京天利海香精香料公司、北京国泰平安百货有限公司平谷店、北京京东石林峡景区服务管理有限公司、北京农达丰农业生产资料有限公司、城西加油站等17家重点企业（危化企业、人员密集场所、烟花爆竹储存库）进行了安全检查，对存在的警示标志和标语不醒目、个别灭火器失效、疏散通道被挤占等问题已监督相关单位现场整改。全区“五一”期间未发生生产安全事故。

（郭向东）

【第三季度危险化学品工作会议】 7月2日，平谷区安全监管局、区公安消防支队联合组织危险化学品从业单位召开2010年第三季度安全生产工作会议。会上区公安消防支队首先通报了6·29北京房山区北京燕房华兴仓储有限公司火灾事故，并要求危险化学品从业单位认真开展隐患自查工作。同时区安全监管局对危险化学品从业单位做好汛期安全生产管理工作提出具体要求。最后区安全监管局强调对危险化学品从业单位进行安全生产专项检查。

（郭向东）

【检查危险化学品企业】 7月6日，平谷区副区长魏玉瑞带领区安全监管局、区公安分局消防支队、治安支队、区应急办等部门对北京天利海香精香料有限公司、北京新奥京谷燃气有限公司进行安全生产检查。主要提出以下要求：一是针对“6·29火灾事故”教训，企业要认真开展自查工作，强化责任意识；二是做好高温天气下易燃易爆物品的降温工作；三是加强危险化学品储存仓库的安全管理，落实危险化学品储存场所的通风、降温、防水、防潮等措施。

（郭向东）

【召开化危场所安全工作会议】 8月21日上午，平谷区安全监管局联合区公安分局消防支队、区公安交通局召开了危险化学品安全生产工作会议，会议上区公安分局消防支队播放了消防事故现场录像、通报了两起火灾事故；区交通局对运输危险化学品的人员培训工作、车辆检查保养工作做了重要部署；区安全监管局针对危险化学品运输安全、异地经营企业的安全管理、危险化学品的打非工作和节日期间及第四季度危险化学品安全生产工作提出了具体要求。

（王志宝）

【粉尘与高毒物品危害专项治理】 根据《平谷区粉尘与高毒物品危害治理专项行动工作方案》（京平安监文［2010］5号）的部署，10月15日，平谷区粉尘与高毒物品危害治理专项行动领导小组组织卫生、人力社保以及有关乡镇、街道、管委等部门对辖区内的粉尘与高毒物品危害企业开展联合执法检查，对前阶段整治工作进行验收。本次联合执法检查重点查看了用人单位职业危害责任制落实、机构人员配备、职业病危害项目申报、职业危害防护设施设置与运转、劳动者个人防护用品配备与使用、劳动合同签订与工伤保险办理等情况，对企业的整改落实情况进行跟踪，并根据《粉尘与高毒物品危害治理专项行动生产经营单位自查表》内容，逐一对各重点企业进行验收。

（王志宝）

烟花爆竹安全监管监察

【烟花爆竹销售点现场审核】 2010年，平谷区安全监管局严格按照《烟花爆竹安全管理条例》、《北京市烟花爆竹经营许可实施办法》等法律法规的要求，会同区工商分局、区公安消防支队等部门对烟花爆竹销售许可申请单位进行现场审核。重点检查了销售点安全防火距离、应急处置措施、消防器材配备、安全警示标识张贴、安全管理制度制定等方面的内容，已检查销售点37家，对存在问题的3家单位进行指导帮扶，帮助其优化销售环境。

（杜春光）

【烟花爆竹销售许可】 1月13日，平谷区2010年烟花爆竹销售许可工作已进入现场审核阶段，区安全监管局严格按照《烟花爆竹安全管理条例》、《北京市烟花爆竹经营许可实施办法》等法律法规的要求，联合区工商分局、区消防支队等部门从12日起对烟花爆竹销售许可申请单位开展现场审核工作。重点检查了安全防火距离、消防器材配备、安全警示标识张贴、安全管理制度制定等方面的内容。对符合现场安全条件的单位，区安全监管局将于近日颁发烟花爆竹销售许可证。

（杜春光）

【烟花爆竹零售网点负责人培训会】 1月21日，平谷区安全监管局、区工商分局、区公安分局、区公安消防支队等部门，联合组织召开了2010年烟花爆竹零售网点负责人安全生产培训会。培训对象为新领取2010年烟花爆竹零售许可证的66家销售网点负责人。会上，各单位分别签订了安全生产责任书，明确了主体责任，规范了经营行为。

（杜春光）

【市局对平谷区烟花爆竹储存销售进行检查】 春节期间，市安全监管局对平谷区农达丰烟花爆竹仓库和部分烟花爆竹零售网点进行实地抽查。重点检查了：消防器材是否失效、安全警示标识是否张贴齐全、是否进行检查记录的登记、仓库是否超量储存等内容。检查组对平谷区烟花爆竹安全管理工作给予了肯定，同时提出要求：一是所有烟花爆竹零售网点必须配备2名以上专职看守人员，对网点进行24小时巡查和看护；二是要加强对销售场所周边100米范围内燃放烟花爆竹的制止，加强对吸烟人员的阻止，并防止破坏活动；三是所有烟花爆竹零售网点必须按照烟花爆竹经营许可证上规定的烟花爆竹储存量进行储存，严禁超量储存。

（杜春光）

【部署“元宵节”期间烟花爆竹安全管理工作】 平谷区安委会办公室就做好“元宵节”期间烟花爆竹安全管理工作，向各乡镇、街道，各有关单位提出要求：一是吸取央视新楼火灾事故教训，各有关单位要切实加强领导，层层落实责任，细化管理措施，确保“元宵节”期间不发生有影响的生产安全事故；二是各乡镇、街道要在“元宵节”前对属地烟花爆竹销售网点开展全覆盖的安全检查，并在“元宵节”当晚，重点对加油站、仓库、学校等八类禁放区和重点场所周边进行安全巡查；三是区公安分局、区安监管局、区工商分局、区城管大队等烟花爆竹安全管理职能部门，要克服松懈、麻痹的思想，继续振奋精神，严格履行职责；四是各部门要加强信息沟通，对发现不属于本部门职责范围内的问题，依据《平谷区烟花爆竹安全管理执法检查工作方案》中规定的各部门职责，及时进行沟通和报告；五是正月十五晚上为烟花爆竹燃放高峰，各部门要安排不低于除夕夜的值守力量，做好应急值守工作。

（杜春光）

【烟花爆竹监管实现“三无”】 平谷区安全监管局五项措施确保春节期间烟花爆竹行政许可、销售、燃放安全，实现“三无”（无死亡、无火灾、无摘眼球）目标，并在12350举报系统中取得零举报成绩。一是严格行政许可，经培训、考核，批准68家销售网点，对不符合标准的10余家申报单位不予受理；二是强化后期监管，执法人员放弃春节休息时间，通过日常检查、联合监察、夜间巡查、突击抽查等方式，严格排查销售网点安全隐患和府前街周边燃放安全；三是部门联动治理，区安全监管局、区工商分局、区公安分局、区城管大队、区公安消防支队等部门，形成监管合力，建立联席会工作机制，定期召开部门协调会，总结分析各部门日常监管中发现的突出问题并及时予以解决；四是及时传达指示，对市安全监管局、区应急办的各类文件精神和紧急通知，确保第一时间下发到销售网点；五是加强应急值守，进一步完善烟花爆竹燃放应急预案，坚持24小时应急值守，确保有效应对突发事故。

（杜春光）

【市局对平谷区烟花爆竹仓库进行安全生产检查】 10月29日，市安全监管局领导一行到平谷区对烟花爆竹储存仓库进行安全生产检查。检查组对平谷区烟花爆竹安全生产管理的安全负责人的安全资质、现场安全警示标志以及事故应急预案和演练记录等方面的安全管理给予了肯定。同时要求烟花爆竹储存仓库的管理人员要加强安全生产日常巡查记录。

（郭向东）

【烟花爆竹销售行政许可】 2010年11月9日至20日，平谷区春节烟花爆竹销售行政许可受理在全区范围内进行宣传告知，区安全监管局建立了受理、审核、建档、登记一站式服务体制，全程为申办烟花爆竹销售许可的商户办理相关事宜。

（王志宝）

【烟花爆竹销售许可报名】 11月24日，平谷区烟花爆竹销售许可报名工作已经结束，全区共有烟花爆竹销售许可报名单位70家，其中主要负责人需参加考试获取安全资格证书的27家，安全资格证书在有效期内的43家。区安全监管局将联合区公安、工商、商务、监察、消防、交管等部门对已报名的商户进行现场安全条件联合审查，最终确定零售网点。

（王志宝）

【惠民工程安全先行】 12月7日，平谷区安全监管局与区农民专业合作社指导服务中心组织中国化工安全协会、北京市燃气集团、北京纳赫利尔咨询有限责任公司的有关专家对平谷区大兴庄镇西柏店村沼气站二期工程进行安全检查。检查组对净化车间无可燃气体报警仪、脱硫塔未加装放空管路、及各岗位无安全生产操作规程和事故应急预案等问题提出整改意见。区农民专业合作社指导服务中心将组织有资质的评价机构对西柏店村沼气站二期工程进行安全现状评价。

（郭向东）

【市局领导检查平谷区鞭炮公司储存仓库】 12月9日，市安全监管局副局长丁镇宽检查平谷区鞭炮公司储存仓库。对平谷区鞭炮公司储存仓库的安全生产管理工作给予了肯定，并要求鞭炮公司通过电子标签识读器对烟花爆竹出入库信息进行读取，并将出入库信息及时传输到电子标签流向监控信息平台，从而实现烟花爆竹的可追溯管理。

（郭向东）

【烟花爆竹储存仓库实行物联网管理】 12月14日，平谷区鞭炮公司烟花爆竹储存仓库已安装温湿度监控系统、入侵检测系统和视频监控系统，并且三个系统的信息与全市烟花爆竹安全生产物联网管理系统实现对接。通过物联网管理系统及时掌握烟花爆竹储存仓库的图像信息。

（郭向东）

【召开烟花爆竹安全管理工作部署会】 12月28日，平谷区政府召开2011年烟花爆竹安全管理工作动员部署会，区公安分局、区安全监管局、区公安消防支队等单位针对各自的职责对2011年烟花爆竹工作提出具体要求；副区长魏玉瑞结合平谷区实际对烟花爆竹工作做了重要指示：一是各单位要高度重视烟花爆竹安全管理工作；二是加强烟花爆竹安全管理；三是要做好节日期间的安全检查工作。会议结束后区烟花办成员单位和各乡镇街道向区政府签订了安全责任状。

（王志宝）

安全生产事故隐患排查治理

【节前隐患排查治理行动】 1月21日，平谷区安全监管局开展春节前安全隐患排查治理行动，此次行动重点检查各生产经营单位安全生产法律法规、责任制及制度落实情况、设备设施维护情况、劳动防护用品的配备和使用情况、特种设备及危险品存储运输工具的完好状况、重点岗位和环节风险防控情况、应急预案演练情况。其中，排查治理行动用时 10 天，以城区危化企业、人员密集场所和建筑工地为重点，并突出职责分工明确、部门联动配合、排查治理联动、治理效果突出 4 个特点。

（王振新）

【王辛庄镇专项检查彩钢板房安全】 5 月 11 日，由于近年彩钢板房火灾事故频发，根据《北京市平谷区防火安全委员会关于组织开展全区彩钢板房排查工作的通知》王辛庄镇防火安全委员会决定在全镇范围内组织开展彩钢板房专项排查工作，彻底摸清底数，为下一步实施综合整治奠定基础。主要排查本辖区内用于生产、储存、经营、办公、教学、住宿、医疗等场所的彩钢板房，含在既有建筑顶部、内部及毗邻搭建的彩钢板房。结合平谷区内实际情况，立即发动各企业、各村（居）委会、公安派出所及其他相关部门开展全面摸排，保证了排查率达到 100%。要求各单位在排查过程中，要认真填写《彩钢板房基本情况登记表》。

（王振新）

【废弃水井隐患治理工程通过验收】 10 月 24 日，平谷区副区长魏玉瑞带领区安监、财政、国土等部门对平谷区废弃水井隐患治理工程进行竣工验收。平谷区废弃水井隐患治理工程执行了国家关于工程设计、建设工作的法律、法规和技术规程、规范，符合废弃水井隐患治理项目建设要求，共封填整治水井 369 口，消除了安全隐患，并新增耕地资源 30 亩，此次封填整治工程得到了市安全监管局的支持。魏玉瑞要求属地乡镇政府要对新增土地科学利用、合理利用，为农民增收和地方经济发展提供基础支持。平谷区废弃水井隐患治理工程已全面竣工，并通过区内验收组验收，将迎接市级挂账隐患验收。

（王振新）

安全生产应急救援

【组织开展防灾减灾安全演习】 5 月 12 日，平谷区安全监管局以防灾减灾日为契机，开展了多种形式的防震救灾安全教育活动。一是到区世纪广场以利用展板、发放宣传手册、现场讲解等形式向群众宣传防灾减灾知识和安全逃生技能；二是与天利海化工有限公司联合开展了防震演习，重点针对液氯泄漏、火灾、抢救伤员、紧急疏散等方面内容进行了演练，切实提高了企业应对突发事件的现场处置能力；三是深入各有易燃易爆危险的企业进行检查，督促企业落实各危险物品的生产、储存设备设施的防震加固措施。

（郭向东）

【区举办交通安全应急演练活动】 6 月 25 日，平谷区安全监管局、区公安交通局联合在北京鑫通顺客运服务有限公司举办交通安全应急演练活动。演练模拟了公共汽车车厢突然起火，司乘人员立即对车上乘客进行疏散，并及时控制了火势的蔓延。最后，区安全监管局、区交通局的工作人员对公司的工作人员进行了安全培训并发放了安全知识宣传资料。

（王振新）

【综合应急救援支队揭牌仪式暨第二十届“119”消防宣传主场活动】 11 月 5 日，平谷区举办综合应急救援支队揭牌仪式暨第二十届 119 消防宣传主场活动。区长张吉福、副区长魏玉瑞、市公安消防总队、区委宣传部、区安全监管局、区应急办、区公安分局等部门领导及各乡镇、街道等单位主管领导以及社会单位、学生代表共3000余人参加了活动。活动中，区公安消防支队领导详细地介绍了平谷区应急救援支队的建设情况，代表应急救援支队全体官兵向各级领导和广大人民群众做了表态发言。张吉福就平谷区应急救援支队建设工作提出以下要求：各级各部门要进一步深化应急救援队伍建设，以成立应急救援支队为契机，进一步加强各级救援专业队伍建设，要在关键时刻能够拉得出、冲得上、打得赢，为保障人民群众安居乐业做出新的贡献。随后，区长张吉福和市公安消防总队政委张高潮为北京市平谷区应急救援支队揭牌，平谷区第二十届119消防宣传主场活动正式拉开序幕，与会领导为群众代表发放了宣传材料，活动现场专门设立了咨询台、宣传手册发放台、志愿者注册台，向周围群众发放宣传材料及细心解答群众提出的消防问题，此次宣传活动主要通过街道悬挂宣传横幅、秧歌表演、文艺演出、消防车辆特种器材表演、消防知识咨询、气球竖幅、宣传展板、发放宣传材料及纪念品来普及消防安全常识，增强全社会对消防安全工作的关注。

（王振新）

安全生产执法监察

【安全生产执法夜查】 1月28日晚间，平谷区安全监管局采取突击抽查的方式，对北京天利海化工有限公司、北京维多化工有限责任公司等几家企业进行了现场安全执法检查。主要检查了安全监控室是否有人值班、是否实施领导带班制度、夜班工人是否在岗、应急响应是否及时和现场安全照明是否有效等内容。每到一家企业，检查人员先直接进入车间进行实地检查，对发现的问题，随后向当班领导进行了通报，并督促其立即落实整改。

（郭　俊）

【桃花节期间安全执法检查】 为使平谷区第十二届国际桃花节活动安全、文明、有序进行，确保平谷桃花节期间安全、平稳，4月8日至4月15日，平谷区安全监管局主要开展了执法检查。加强对活动现场周边企业进行安全检查，消除企业存在的安全隐患；加强对区内旅游景区和星级宾馆安全检查，为游客提供一个安全的游玩环境；加强对桃花节开幕式现场临建设施的安全检查，确保临建设施安全牢固；加强对建筑施工工地的安全检查，确保施工工地不发生安全事故。共检查企业28家，开具执法文书23份，查出安全隐患54项，整改51项。

（王志宝）

【马坊开发区工业企业专项检查】 5月11日，随着“五一”假期的结束，各企业开始步入生产正轨，马坊镇作为平谷区重点工业区和门户性区域，区安全监管局对马坊镇工业企业复工情况开展专项检查。重点检查各类安全管理制度执行情况、安全生产培训教育落实情况、应急值守岗位到岗情况、生产车间电器设备维护情况、电路防护措施、警示标示设置、劳动防护用品配备、危险作业区域划分等事项，检查了17家重点企业，查处上述隐患25项，已责令相关单位限期整改，并要求各企业以同类企业发生的事故为鉴，立即开始对员工进行事故防范培训。

（王志宝）

【对文娱场所执法检查】 10月18日至25日，平谷区安全监管局执法人员联合区文委对本辖区内的网吧和歌舞厅等文化娱乐场所进行了专项执法检查。截至25日，执法人员对本辖区内的10家网吧和10家歌舞厅进行了检查，重点检查电气安全设备设施管理、消防设备设施管理、禁烟情况落实等问题。发现事故隐患42项，下达限期整改指令书15份，责令其限期整改，对逾期未改的进行严厉处罚。

（王志宝）

职业安全健康

【部署粉尘与高毒物品危害治理专项行动】 1月27日，平谷区安全监管局组织区卫生局、区人力社保局和区总工会召开联席会议，根据区内产业现状，确定了《平谷区粉尘与高毒物品危害治理专项行动方案》。同时，平谷区进一步对具体工作做出统一部署：一是安全监管部门负责生产经营单位职业危害申报，作业场所职业卫生监督检查并组织查处有关违法违规行为；二是卫生部门负责对生产经营单位建设项目“三同时”、职业健康监护情况进行监督检查，规范职业健康检查、职业病的诊断与鉴定工作；三是人力社保部门负责生产经营单位参加工伤保险和签订劳动合同的监督检查；四是工会组织要通过开展“安康杯”知识竞赛等形式，负责对群众性劳动保护的宣传教育和监督检查，并明确了汽车配件、乐器制造等行业为监管重点，对全区产生粉尘和使用高毒物品（苯、氯、氨、二氧化氮等）的生产经营单位进行全面宣传、培训、检查。

（刘　霞）

【召开粉尘与高毒物品危害重点企业专项治理暨培训工作会】 3月8日，平谷区安全监管局会同区疾病预防控制中心、相关乡镇、街道负责人，召开了粉尘与高毒物品危害重点企业专项治理暨培训工作会，各重点企业主要负责人参加会议。会上，区安全监管局首先通报了当前粉尘与高毒物品治理工作的进展情况，宣贯了《平谷区粉尘与高毒物品危害治理专项行动工作方案》，并结合平谷区粉尘与高毒物品职业危害现状，对各重点企业存在的职业危害因素（焊尘、烟尘、木尘、液氨等）进行了专项治理培训。最后，区疾控中心负责人承诺，将优先考虑重点企业的现场检测及体检工作，建立委托检测企业台账，并做好检测及体检结果反馈，确保各重点企业危害因素检测覆盖率达到100%，充分发挥检测检验技术服务作用。区安全监管局和乡镇、街道安全科将全力以赴，督促和指导各重点企业开展自查整改工作，区专项治理行动领导小组办公室将跟踪这些企业的自查整改情况，对整改不力的企业，加强指导，帮助其整改到位，确保此次专项治理取得实效。

（刘　霞）

【强化有限空间治理工作】 7月9日，平谷区安全监管局强化有限空间治理工作。一是严格培训。平谷区安全监管局对全区相关乡镇、街道、管委和行业主管部门的主管科长及60余家有限空间作业单位负责人进行了培训。重点对北京市有限空间安全生产形势、有限空间作业危害分类及安全防护、有限空间监督执法检查要点及相关法律法规标准等内容做了重要讲解。二是部署自查。要求相关企业认真开展自查工作，凡未接受岗前安全培训教育的，不得从事有限空间作业；凡未按规定安排监护人员或是监护人员未取得资质证书的，不得进行有限空间作业；凡未对作业现场进行通风检测的，不得实施有限空间作业；凡不具备相应应急救援能力的，不得盲目组织施救。三是部门监督。各行业主管部门要加强对本行业有限空间作业的监督检查，督促企业落实作业规范，提高安全生产保障条件。

（刘 霞）

【粉尘与高毒物品治理行动交流会】 9月15日，平谷区安全监管局召开了粉尘与高毒物品危害重点企业专项治理行动中期交流会，各重点企业主要负责人参加会议。会上，区安全监管局首先听取了各重点企业对《平谷区粉尘与高毒物品危害治理专项行动工作方案》落实情况的工作汇报，复核了《粉尘与高毒物品危害治理专项行动生产经营单位自查表》的隐患整改情况，并结合平谷区粉尘与高毒物品职业危害现状，研究讨论治理专项行动工作中存在的问题，并对治理行动复查阶段提出具体工作要求。

（刘 霞）

安全生产宣传培训

【平谷区在熊尔寨乡举办安全生产培训班】 1月13日，平谷区安全监管局对区熊尔寨乡辖区内企业主要负责人、安全管理人员、各村村书记、主任共60人进行了为期1天的安全生产专题培训班。培训中，区安全监管局分别就安全生产法律法规、生产安全事故责任追究、安全生产突发事件应对、事故案例分析进行了讲解，并组织参训人员依职责分组讨论，通过考试，全部合格。

（刘 霞）

【举办文化系统安全生产培训】 3月29日上午，平谷区安全监管局、区文化委举办乡镇文化干部、市场管理员，网吧、歌厅、出版物经营场所、印刷企业主要负责人、安全生产管理人员等200多人参加的安全生产培训班。培训班宣讲安全生产、消防、文化法律法规知识，利用典型事故案例讲解安全教育、安全培训、安全检查、安全管理、隐患排查治理等方面的知识。

（刘 霞）

【特种作业培训机构资质专项检查】 3月19日，为进一步加强特种作业培训机构管理，促进安全生产培训机构持续发展，提高培训质量和管理水平，平谷区安全监管局组成有关专家对培训机构2009年度资质保持情况进行专项检查。专家组认为：金通远建筑工程公司和劳动局培训再就业园区培训中心资质情况保持良好，设备设施齐全，能够满足平谷区特种作业人员培训需求，培训效果跟往年相比有很大提高，学员和用人单位对培训的满意度达到95%。两家单位此次顺利通过专项检查，取得2009年度培训资质。

（刘 霞）

【文化娱乐场所经营单位主要负责人安全生产培训】 4月16日，为继续深入开展“安全生产年”工作，强化事前预防，平谷区安全监管局对正在经营的文化娱乐场所主要负责人、安全员进行安全生产培训，共200余人参加培训。培训中，安全监管局分别就《北京市文化娱乐场所经营单位安全生产规定》（市政府第180号令）、企业如何做好三级教育、火灾事故应急救援、突发事件应对等知识进行了详细的讲解。通过培训，进一步落实单位安全生产主体责任，提高主要负责人安全生产管理水平。

（刘 霞）

【“5·12防灾减灾日”宣传活动】 5月12日上午，平谷区政府组织区应急办、区地震局、区民防局、区民政局、区安全监管局、区消防支队、区交通支队，在世纪广场举办了“5·12防灾减灾日”活动，共有400余人参加了此次宣传活动。本次活动以“防震减灾，从社区做起，从自我做起”为主题；现场采取布置宣传展板、发放宣传材料和悬挂宣传标语的方式，重点宣传了防震减灾知识、应急救援措施，灾害发生时的自救急救常识等内容。平谷区副区长魏玉瑞带领相关单位主要领导向现场群众发放了抗震减灾和应急救援、事故预防等方面宣传资料，希望大家能借这次“防震减灾宣传日”的机会，普及防震减灾知识，增强应对突发灾害事故能力，保障自身生命财产的安全。

（王振新）

【党校青干班学员安全生产培训】 5月14日，平谷区安全监管局对正在区委党校培训的青干班学员进行为期一天的安全生产培训。在培训过程中，结合平谷区安全生产的形势，有针对性对课程内容进行了合理设置，主要包括新颁布的《北京市生产安全事故报告和调查处理办法》和从事故调查处理中看如何加强安全生产管理进行了详细的讲解。

（刘 霞）

【重点企业员工安全生产专项培训】 4月12日，平谷区安全监管局对金隅水泥厂（水泥二厂）有限公司全体员工分三期，共378人进行了培训。培训主要以安全生产法律法规和管理规范、安全操作规程、看图识患、事故案例分析为主，培训过程采取互动方式，参与互动的员工能够迅速采取应急和自救措施。通过此次培训，从业人员预防同类事故的意识和措施有了明显增强，进而强化了企业安全生产主体责任，提高从业人员安全生产意识和安全技能水平，最大限度地减少事故发生。

（丁 静）

【自查突发事件应对办法】 平谷区安全监管局按照区应急办和市安全监管局工作部署，结合平谷区安全生产应急管理工作实际，对安全生产应急机构设置、应急预案体系建设、应急物资储备、应急经费保障、应急队伍建设、安全生产应急管理制度落实等情况开展全面自查，并于4月30日上报了《平谷区安全生产监督管理局关于〈北京市实施〈中华人民共和国突发事件应对法〉办法〉贯彻实施情况自查报告》。

（丁 静）

【培训职业危害申报知识】 4月7日，平谷区安全监管局组织全区18个乡镇、街道的职业危害申报负责人参加职业危害申报知识培训会，并由各乡镇、街道对所辖的涉及职业危害的198家企业负责人进行专项培训。重点讲解了《作业场所职业危害申报管理办法》及“作业场所职业危害申报系统”的操作。要求全区所有存在职业危害的生产经营单位按要求进行申报，并且进行动态管理，同时要求各乡镇、街道、管委的职业危害申报负责人深入用人单位，现场指导帮助企业开展申报工作。

（丁 静）

【宣传粉尘与高毒物品专项整治工作】 5月27日，平谷区安全监管局联合区卫生监督所在企业规模较大、相对集中的兴谷工业开发区举办粉尘与高毒物品专项整治宣传活动。活动采取培训和发放宣传材料相结合的方式，通过此次宣传活动，更多的企业负责人和劳动者对职业卫生相关法律法规、粉尘与高毒物品的危害及如何预防和如何选用正确佩戴劳动防护用品等知识有了更深层次的了解，进而达到了有效改善劳动者工作环境，切实保护劳动者健康的目的。此次活动发放各类职业病防治相关宣传资料350余份、接受群众咨询20余人次。

（丁 静）

【专项培训重点工业企业负责人】 5月31日，平谷区安全监管局以兴谷开发区为重点，对开发区重点工业企业负责人进行了安全知识培训，共计培训130余人。区安全监管局根据兴谷开发区大型工业企业集中的特点，有针对性地对课程内容进行了设置，重点讲解了企业负责人的安全责任、安全生产管理技术、事故预防基本常识和典型事故案例。

（丁　静）

【举办“安全在我身边”演讲比赛】 6月4日，平谷区安全监管局、区总工会联合举办2010年“安全在我身边”演讲比赛，部分企业代表观看了比赛。在演讲现场，来自各单位的选手紧扣“安全在我身边”主题，以工作和生活中有关安全生产的真实事例为素材，用生动的语言、鲜活的事例真情实感阐述了安全生产的重要性，道出了安全在构建和睦家庭、和谐企业、和谐社会中的地位和意义，体现了深刻的思想性、教育性，为在场的观众上了一堂生动安全教育课。

（丁　静）

【安全生产月宣传咨询日活动】 6月13日上午，平谷区安全生产月活动组委会在平谷区世纪广场举办2010年平谷区安全生产月宣传咨询日活动。副区长魏玉瑞和市安全监管局、区委宣传部、区安全监管局、区公安分局消防支队、区教委等部门的有关领导以及北京天利海香精香料有限公司、新奥京谷燃气有限公司的职工代表和滨河街道社区居民代表500余人参加了此次活动。此次活动全区共设立安全宣传咨询站37个，出动宣传人员330余人，设置安全宣传展板430块，发放宣传材料3万余份。

（丁　静）

【安全文化下基层活动走进平谷】 7月14日，2010年北京市安全文化下基层活动走进平谷。演出团体先后来到石林峡景区和千喜鹤公司进行文艺演出，通过安全文化下基层演出活动，向观众和企业员工普及安全知识，宣传安全文化。活动中，由专业演出团体带来的女声独唱《美丽心情》、男声独唱《平安中国》、小品《秧歌情》、千喜鹤公司员工带来的京剧选段等受到观众的热烈欢迎，节目通过身边小事向观众普及安全生产知识。文艺演出中还穿插安全问答互动环节，观众热情参与使演出气氛达到高潮。安全文化下基层活动是北京市安全生产月期间的一项重要活动，该活动并在工地、车间、农村、社区继续深入开展。

（丁　静）

【建筑企业进行安全生产培训】 7月22日，平谷区安全监管局结合全区2010年建筑企业开工项目多、地域分散、人员流动较大、气候异常，易发生建筑领域安全生产事故的特点，对建筑企业主要负责人、安全管理人员、安全员共90人进行专项培训。培训重点从人的不安全行为、物的不安全状态以及作业环境的不安全因素和管理缺陷进行展开讲解，并开展现场应急处置和互动查找隐患，促进了各建筑企业安全生产管理人员之间的交流和安全意识的提升。

（丁　静）

【“首都安全生产演讲团”巡回演讲到平谷】 8月25日，平谷区分别在财政局第三会议室和北京天利海化工责任有限公司举办2010年“首都安全生产演讲团”巡回演讲暨安全生产大型公开课活动。全区乡镇安全员，各行业主管部门安全员，危化、建材等重点企业安全管理人员160余人参加了此次活动。

（丁　静）

【"国务院 23 号通知"巡回演讲】 10 月 28 日上午，宣传贯彻"国务院 23 号通知"精神巡回演讲在平谷区马坊镇拉开序幕，马坊镇、马坊工业园区企业安全管理人员，马坊镇各村治保主任参加了此次活动。活动中，5 名来自机电、环卫、公交、建筑、铁路等行业的演讲员以自己工作和生活中有关安全生产的真实事例、真情实感为素材，结合国务院《通知》精神，用生动的语言、鲜活的事例阐述了安全在工作、生活的重要性。

（丁 静）

【"国务院 23 号通知"解读暨安全生产大型公开课】 10 月 29 日上午，平谷区组织开展宣传贯彻《国务院关于进一步加强企业安全生产工作的通知》（国发［2010］23 号）精神学习讲座和安全生产大型公开课活动，邀请市安全生产协会专家、高级工程师俞胜章和北京万家安火灾防治中心主任、安全生产宣讲团讲师郑志斌主讲。副区长魏玉瑞、各乡镇、街道，安委会各成员单位主管领导、重点企业负责人，滨河、兴谷街道社区负责人参加此次学习活动。俞胜章老师对《通知》精神涉及的"三个坚持"、"八个更加"、"十项制度创新"、"十大工作举措"进行解读，对提高工伤事故死亡职工一次性赔偿标准和领导带班制度等进行了详细解读。郑志斌老师讲解了近几年发生火灾的案例，详细讲解了电器基本常识、火情扑救、火灾自救逃生的知识和技能，对在场的观众产生很大的触动。

（丁 静）

【安全社区建设动员部署大会】 12 月 31 日，平谷区在财政局第一会议室召开平谷区安全社区建设动员部署大会，65 家委办局正副职领导、50 家企业负责人参加。副区长魏玉瑞在动员会上做部署工作。会议对安全社区建设的工作提出了要求：一是各单位要高度重视安全社区建设工作，加强领导，制定方案，明确任务，落实责任；二是要加强基础建设，完成推进机制，将安全社区创建工作纳入到乡镇的安全生产目标管理考核内容，要层层落实责任，实现持续改进；三是规范建设方法，注重建设实效。

（丁 静）

安全生产标准化

【"十百千"工程初显成效】 2010 年，平谷区推进安全生产"十百千"工程，通过对 10 家试点企业的检查及复评，发现各试点企业对"十百千"工程复评工作已按期完成企业内部基础管理和安全技术的自评，并责成相关责任部门制定整改计划，及时对考评要素中发现的问题进行整改，并安排责任人监督整改项目完成情况。平谷区 10 家试点单位复评全部达标，其中 9 家被评为一级安全生产标准化达标企业，1 家被评为二级安全生产标准化达标企业，复评达标率达 100%。区安全监管局总结北京龙禹石油化工有限公司平谷油库、北京星宇车科技有限公司等 10 家示范单位安全生产标准化工作经验，结合平谷区产业特点，选择 100 家试点单位进行推广，扩大其代表性，并根据《平谷区安全生产"十百千"工程实施方案》推出 500 个示范岗位，对 100 家试点单位进行培训，提高企业对安全生产标准化工作重要性的认识，帮助企业负责人、安全管理人员掌握安全生产标准化的相关要求，加强基础管理，积极建立安全生产长效机制。

（丁 静）

【部署“安全生产标准化活动和安全生产‘十百千’工程”】 3月26日，平谷区安全监管局召开了“安全生产标准化活动和安全生产‘十百千’工程”动员部署工作会，各乡镇、街道主管安全负责人参加会议。区安全监管局副局长赵承河通报了当前全区安全生产标准化活动的进展情况，宣贯了《北京市机械、冶金、建材、轻纺和烟草等行业安全生产标准化活动指南》和《北京市平谷区安全生产“十百千”工程实施方案》，并结合平谷区生产经营企业安全生产管理现状，确定了100家“十百千”工程试点单位进行推广。其次，为进一步落实《北京市平谷区安全生产“十百千”工程实施方案》2010年工作部署，区安全监管局对“十百千”工程试点企业所在街乡的主管负责人进行了专项培训，要求各街乡提高对安全生产标准化工作重要性的认识，帮助“十百千”工程试点企业负责人、安全管理人员掌握《实施方案》的相关要求，指导各试点企业进行《100家安全生产标准化评定标准》的自评，形成自评报告，推进安全生产“十百千”工程建设，加强基础管理，积极建立安全生产标准化长效机制。

（丁 静）

【安全生产标准化活动暨安全生产“十百千”工程动员大会】 8月11日，平谷区召开安全标准化活动暨安全生产“十百千”工程动员大会，平谷区政府副区长魏玉瑞、市安全监管局有关人员出席会议并讲话，各镇乡人民政府、街道办事处等安委会成员单位主管领导和100家企业的主要负责人，共计140余人参加会议。

会上，区安委会首先对2009年10家安全生产“十百千”工程达标企业进行了授牌，并由北京龙禹石油化工有限公司平谷油库、北京新奥京谷燃气有限公司两家企业做了典型发言。区安全监管局局长王浩文以《深入开展安全生产标准化，促进企业安全发展》为题，通报了2009年全区安全生产标准化和“十百千”工程开展情况，并就下一步工作进行部署。

针对此次安全生产标准化活动暨安全生产“十百千”工程的实施，区政府副区长魏玉瑞以“全力开展安全生产标准化建设，确保平谷区经济又好又快发展”为题作重要讲话：一是要充分认识推进安全生产标准化的重要意义；二是要不断创新，进一步开展安全生产标准化活动；三是要明确职责、加强领导，政府、中介机构、企业多级联动，稳步推进安全生产标准化活动；四是要加强与行业主管部门的协作，强化行业指导，推动各行业开展安全生产标准化活动；五是要加强安全生产标准化活动宣传培训，营造良好的社会氛围，确保全区经济又好又快发展。

（丁 静）

怀柔区

概 述

2010年，怀柔区安全生产工作坚持以压减一般事故，杜绝较大事故，坚决遏制重特大事故为目标，以“立足长远、夯实基础、抓住重点、破解难题”为重点，以深入开展“安全生产年”各项活动为主线，积极开展“两类培训”（即企业法人和安全管理人员培训），努力提升“两个建设”（即机构队伍建设和法制建设），着力强化“两个主体责任”（即政府监管主体和企业执行主体）的落实，全年共召开各项安全生产专题会议80余次，区领导共带队检查安全生产工作180余次。与各镇乡、街道签定安全生产目标管理责任书；强化监管部门安全生产隐患排查、联合执法的联动机制，定期开展安全生产联合专项执法检查。

组织开展了“生产安全隐患大排查大整治”、“有限空间”、“人员密集场所”等专项整治行动以及节假日和各种大型活动现场安全的专项执法检查60余次，落实整改资金5000余万元。全区各安全生产监管（管理）部门、各属地管理部门，共检查各类生产经营单位15067家，排查整改事故隐患15833项，行政罚款2800余万元。组织开展应急救援演练700余次，共计6000余人参加。

组织开展了各类安全知识讲座、竞赛、万人答卷、主题宣传等宣传教育活动共计3400余次，45万余人参加，发放宣传资料57万份；全年利用电视、广播、网络、报刊等大众传媒播发宣传稿件1.6万件，在电视台、广播电台制播《安全在线》48期、《安全广角》48期；举办规模以上生产经营单位的主要负责人和安全生产管理人员培训14期，培训6259余人，完成特种作业考核10批，培训3085人，其他人员培训70余期，培训9500余人；结合全区安全生产隐患排查治理专项行动，共计制发《怀柔区安全隐患大排查大整治专项行动专报》日刊21期，周刊8期，共印制2900余份。编制了《怀柔区安全生产“十二五”规划》和《怀柔区安全生产信息化建设规划(2009—2012)》。

安全生产综合监督管理

【安全生产控制考核指标完成情况】 2010年，怀柔区安全生产死亡总人数控制指标为36人。区安全监管局负责工矿商贸（生产安全）事故死亡人数控制考核指标的归口管理和监管工作，死亡人数控制指标为5人。区建委具体负责工矿商贸（生产安全）中建筑业事故死亡人数控制考核指标的归口管理和监管工作，建筑业死亡人数控制指标为3人。区公安交通支队负责道路交通事故死亡人数控制考核指标的归口管理和监管工作，道路交通死亡人数控制指标为29人。区公安消防支队负责火灾事故死亡人数控制考核指标的归口管理和监管工作，火灾死亡人数控制指标为1人。区综治办（护路办）负责铁路交通事故死亡人数控制考核指标的归口管理和监管工作，铁路交通死亡人数控制指标为1人。2010年全区共发生道路交通、生产安全、火灾、农业机械、铁路交通事故235起，同比减少2起下降8.44%。其中发生死亡事故32起，死亡39人，同比死亡事故增加4起上升14.29%，死亡人数增加7人上升21.88%。道路交通事故67起，其中死亡事故26起，死亡29人，同比事故起数增加3起上升4.69%，死亡事故起数增加2起上升8.34%，死亡人数增加1人上升3.58%。火灾事故162起，未发生火灾死亡事故，同比事故起数减少6起下降3.57%。生产安全死亡事故4起，死亡8人，同比死亡事故起数持平，死亡人数增加4人上升100%。铁路交通事故2起，其中死亡事故2起，死亡2人，同比事故起数增加1起上升100%，死亡事故起数增加2起上升200%，死亡人数增加2

人上升200%。未发生农业机械死亡事故。

（田保海）

【“安全在线”节目专题座谈会】 1月22日，怀柔区安全生产委员会办公室组织召开《安全在线》专题节目年度座谈会，会议全面总结、肯定了2009年《安全在线》专题节目制作和播出工作，就如何做好2010年的节目摄制工作，进行了座谈分析。

（田保海）

【年度安全生产工作会】 2月8日，怀柔区召开2010年度安全生产工作会，全面总结2009年各项安全生产工作，分析面临的安全生产形势，安排部署2010年安全生产工作。区委常委、常务副区长王仕龙主持会议。副区长吴群刚做了题为《强化监管　落实责任　全力推动安全生产形势持续稳定》的工作报告，怀柔区长池维生作重要讲话，并与属地安全生产管理部门签定了《怀柔区2010年度安全生产目标管理责任书》。区长池维生结合怀柔区2009年的安全生产工作，对2010年的安全生产提出了要求。

（李颖鑫）

【市领导到怀柔检查安全生产工作】 2月10日，副市长苟仲文带领北京市安全监管局一行，到怀柔区检查加油站和烟花爆竹零售网点春节前安全生产工作落实情况。检查组实地检查了庙城加油站监控系统及周边物品摆放情况，随机抽查了怀柔城区附近2家烟花爆竹零售点。

（田保海）

【区领导检查春节前安全生产工作】 2月11日，怀柔区区长池维生、区委常委、常务副区长王仕龙、副区长周东金、吴群刚、朱淑霞带队，分别检查了全区旅游景区、宾馆和燃气、文化娱乐场所、烟花爆竹、危险化学品、非煤矿山、人员密集场所的安全生产工作。检查中区领导对各生产经营单位的安全生产章制度落实情况，应急值守等安全生产工作情况进行了详细询问，并要求各单位要切实做好各项节日安全保障工作，加强节日期间应急值守和安全巡查，特别是要在烟花爆竹燃放集中时段，设专人加强巡查，杜绝烟花燃放可能带来的隐患，确保群众度过一个平安的春节。

（李颖鑫）

【怀柔区被评为安全生产工作先进】 3月3日，在北京市政府召开的“北京市安全生产工作会议”上，怀柔区被评为“2009年度安全生产工作先进区县”，副区长吴群刚带队参加会议，并代表怀柔区上台领奖。

（田保海）

【安全生产大检查动员会】 3月25日，怀柔区召开安全生产大检查动员会。对怀柔区将开展的为期一个月的安全生产隐患排查治理专项行动进行部署。此次检查范围涉及怀柔区所有行业和领域的各类生产经营单位。排查重点包括建筑施工、道路交通、消防等13大项。

（田保海）

【政协领导督察安全生产工作】 6月23日，怀柔区政协常务副主席董林带领22名政协常委、委员对全区安全生产工作进行督察。督察组首先到北京奇跃橡塑制品有限公司、有研粉末新材料（北京）有限公司生产区参观、听取企业负责人对生产工艺流程的介绍。在考察结束后召开了安全生产执法监察情况通报座谈会，副区长吴群刚对怀柔区安全生产监管工作实际情况进行了介绍，区安全监管局局长李振林对区安全生产执法监察情况进行了汇报，随后部分政协委员对安全生产工作提出了意见和建议，李振林对政协委员提出的问题和意见一一给予了解释和解答。

（李颖鑫）

【市安委会到怀柔督导安全生产工作】 9月19日，市安全监管局、水务局、园林绿化局、质监局等部门组成的第五督导组，对怀柔区开展贯彻落实国务院23号文件、推进“打非”专项行动进行了督导检查。市督导组一行先后到庙城油库、杨宋镇政府，听取了企业、镇乡级有关安全生产工作情况汇报，询问、检查了企业落实安全生产主体责任、治理安全隐患等方面的措施手段。随后召开专题会议，区安委会向市督导组就怀柔区建筑系统、怀柔区全区开展贯彻落实国务院23号文件、推进“打非”专项行动工作情况进行了汇报。市督察组对怀柔区工作开展情况予以了充分肯定，指出怀柔宣传力度非常大，社会影响广泛，特别是能够深入到企业，利用多种形式贯彻落实。

（田保海）

【国庆黄金周安全工作会】 9月29日，怀柔区召开国庆黄金周安全工作会。会上，区安全监管局、公安分局、工商分局、卫生局、旅游局主要领导，分别就国庆期间全区生产、公共、食品、卫生、旅游等各项安全工作进行了部署。

（田保海）

【区长检查国庆节前安全工作】 9月30日下午，怀柔区区长池维生、副区长吴群刚带队对发兴怀大街店、红螺寺景区节日期间安全保障措施和应急值守工作，以及111国道一期沿线交通安全进行了检查。并要求各单位加强节日营业期间的安保力量，确保应急救援设备、设施要完好可用，交管部门要对拥堵路段做好疏导工作，加大执法力度，保障道路交通安全。

（田保海）

【召开冬季安全生产工作会】 12月16日，怀柔区召开专题会议，部署冬季安全生产工作。通报了“打非”及“国务院23号通知贯彻落实督察”情况；分析了近期安全生产形势，部署了冬季安全生产工作。区住建委、区公安消防支队分别就冬季建筑、消防安全生产工作进行了部署。

（李颖鑫）

【市安委会对怀柔综合考核】 12月22日，由市安全监管局、市公安消防局、市园林绿化局、市质监局一行10人组成的北京市安全生产委员会安全生产综合考核组，对怀柔区2010年度安全生产工作进行了综合考核。怀柔区副区长吴群刚陪同检查。考核主要采取听取汇报、查阅资料、实地检查等方法进行。检查组对怀柔区的安全生产工作开展总体情况给予了肯定。

（李颖鑫）

危险化学品安全监管监察

【全年执法检查情况】 2010年，怀柔区安全监管局开展危险化学品、烟花爆竹生产经营单位监督检查397家次，下达安全生产监督执法文书754份，其中：整改指令书178份，复查意见书178份，强制措施决定书1份。检查并监督企业整改事故隐患269起。行政处罚2起，其中：停产停业一起，行政罚款1起，罚款0.2万元。

（张凤英）

【危险化学品安全监管工作会】 2月5日，怀柔区安全监管局组织召开了危险化学品、烟花爆竹安全监管工作会。通报了中国石油天然气股份有限公司兰州石化分公司“1·7”爆炸火灾事故、通州区北京京东环城烟花鞭炮有限公司储存非法烟花爆竹查处情况，传达了国家安全监管总局、市安全监管局关于做好烟花爆竹燃放期间危险化学品生产经营单位安全管理工作和烟花爆竹经营环节安全监管工作的有关要求和精神，部署了怀柔区春节期间危险化学品、烟花爆竹安全生产监管工作。

（田保海）

【危险化学品许可】 2010年，怀柔区安全监管局受理许可乙种危险化学品（票据）经营单位5家，办理乙种许可证到期换证4家，为24家甲种危险化学品到期换证单位出具换证意见书。

（张凤英）

【危化企业网上隐患信息采集】 2010年，怀柔区安全监管局对辖区内15家危险化学品单位进行了信息采集，督导15家危险化学品单位登陆“北京市安全生产监督信息平台隐患排查信息系统”，进行隐患排查系统使用试运行工作。

（张凤英）

【羟亚胺调查摸底】 7月15日至10月20日，怀柔区安全监管局在全区范围内开展羟亚胺专项检查行动。通过调查摸底，确认怀柔区没有使用和生产羟亚胺企业。

（张凤英）

【危险化学品经营单位储存摸底工作会】 7月15日，怀柔区安全监管局组织召开全区危险化学品经营单位储存情况调查摸底工作会。会议通报了6·29房山区北京燕华兴仓储有限公司仓库火灾事故，部署了怀柔区危险化学品、易燃易爆场所消防安全专项整治和危险化学品经营单位储存情况调查摸底工作。确定此次摸底调查的范围是除加油站、油库以外所有取得危险化学品经营许可证的经营单位。

（田保海）

【危险化学品仓储安全专项整治工作会】 7月27日，怀柔区安全监管局召开全区危险化学品储存仓库安全专项整治工作会。部署了“怀柔区危险化学品储存仓库安全专项整治工作方案”。此次专项整治从7月中旬开始至10月底结束，分自查自纠和复查验收两个阶段，以区域内取得危险化学品安全生产许可证的生产企业和危险化学品经营许可证的经营企业为整治对象，从三大项30小项为主要检查内容，全面开展怀柔区危险化学品储存仓库安全专项整治工作。

（田保海）

【非经营性加油站专项整治】 10月14日、12月2日，怀柔区安全监管局分别组织召开会议，专题部署全区非经营性加油站专项整治工作。经过调查摸底，怀柔区有非经营性加油站68家。对全区10家使用量较大的非经营性加油站按照标准进行了整治，其中有5家依据《汽车加油加气站设计规范》（GB50156）规范进行了整体改造，并进行了安全评价，评价报告已报区安全监管局备案。另5家单位采取加装阻隔防爆填料或更换阻隔防爆橇装式加油站（装置），达到整治标准。在58家使用桶装或罐装汽油和柴油的使用单位中，对其中5家隐患严重又整改无望的单位下达了立即停止使用指令，限期拆除。其余53家还在使用当中。

（张凤英）

【预防煤气中毒专项检查】 10月29日至31日，怀柔区安全监管局对区内工业企业、非煤矿山、危化等行业开展预防煤气中毒工作执法检查，共检查生产经营单位7家，下达《现场检查记录》7份。

（王　晴）

烟花爆竹安全监管监察

【烟花爆竹零售网点许可】 2010年，怀柔区安全监管局许可烟花爆竹零售单位105家，其中长期零售网点5家，市安全监管局许可烟花爆竹批发单位1家。

（张凤英）

【市局节前检查怀柔烟花爆竹仓库】 1月19日，市安全监管局到怀柔区“怀欣合”烟花爆竹仓库进行了节前安全检查。检查组听取了区安全监管局《关于2009年春节期间烟花爆竹许可监督管理工作情况》的汇报，并对烟花爆竹储存仓库的消防、避雷等设施运行及维护情况，各项管理制度的执行和落实等情况，零售网点的销售品种、消防器材等情况进行了检查。

（张凤英）

【烟花爆竹回收】 3月1日，怀柔区全面完成了烟花爆竹产品回收工作。全区共回收13家经营网点烟花爆竹185箱，其中烟花173箱、爆竹12箱，折合人民币5.94万元。

（田保海）

【烟花爆竹仓库重建通过许可审核】 12月9日，市安全监管局检查组对怀柔区烟花爆竹批发经营单位——怀欣河花炮公司的烟花爆竹仓库进行了安全检查。该单位2010年3月经营许可到期，经“安全生产标准化评审专家小组”评查，存在仓库本身设计缺陷、围墙与库房间距不足、储存区与生活区混用等10项安全问题和隐患。从4月开始，该单位投资30余万元，对整个仓库区域进行了为期8个月的重新设计改造工程。库区东侧向外拓展围墙2.5米，新建围墙39米；硬化道路157米；生活区新建监控办公用房130平方米；拆除原仓储与生活区围墙，新建2米高生活区与库区隔离围墙；更新监控设备1套；更新安全标识；新增温湿度电子监测设备1套；重新绘制库区平面图1套；更新防雷设施设备；重新请专家组开展了库区及各项制度评审工作，并形成了《安全评价报告》。通过现场审核检查，市局检查组对重新改造后的整体区域、仓库和各项安全设施以及库区整体安全性能予以了充分肯定，通过了许可审核。

（田保海）

矿山安全监管监察

【非煤矿山执法检查情况】 2010年，怀柔区安全监管局共检查非煤矿山企业生产经营单位75次，填写《现场检查记录》47份，下达《整改指令书》28份、《强制措施决定书》1份，检查事故隐患72条。

（李国辉）

【非煤矿山复产验收工作会】 3月16日，怀柔区召开非煤矿山企业复产验收工作会。按照《怀柔区非煤矿山企业复产验收方案》要求，从3月16日开始，将以非煤矿山企业的合法证照、安全制度、操作规程、各项检查记录、安全机构、应急预案、安全投入、安全教育、职业卫生防护、定期评价、重点部位等11项软件资料和露天矿山、地下矿山、排土场、尾矿库等4项硬件资料为主要内容，采取企业自查、乡镇政府和区政府逐级检查验收的方式，对全区非煤矿山企业开展全面的复产验收工作。在企业自查完毕申报后，经镇乡、区两级非煤矿山复产验收工作领导小组验收合格后，方可恢复生产；否则，继续停产整改，直至验收合格。

（田保海）

【非煤矿山企业复产验收】 4月7

日、21日、5月27日、7月20日，怀柔区安全监管局牵头，区水务局、环保局、人保局、国土分局、公安分局、属地政府组成的怀柔区非煤矿山企业复产验收小组分别对北京兴发水泥有限公司、北京京冀工贸有限公司、北京怀柔前安岭铁矿有限公司进行复产验收。此次复产验收按照企业自查、镇乡审核、区验收工作小组验收等三个阶段程序开展，从合法证照、安全制度、操作规程、各种记录、安全机构、应急预案、安全投入情况、职业卫生防护等软、硬件两方面进行现场审核检查。整个验收过程，严格按照“谁监管、谁检查、谁验收、谁签字、谁负责”的原则进行。

（王佳贺）

【市局到怀柔检查汛期前矿山安全】 5月5日，市安全监管局尾矿库专家一行5人，到怀柔区的尾矿库进行了安全生产检查。检查组先后到在京冀尾矿库和已闭库的七道梁废弃尾矿库，查看了尾矿库日观测记录、隐患台账、防汛方案以及日常监管等方面的工作情况。针对怀柔区尾矿库汛期的安全生产工作，检查组强调要做好迎汛、防汛工作，加强安全生产基础管理工作，确保生产安全。

（王佳贺）

【市局到怀柔检查尾矿库安全】 5月11日下午，市安全监管局检查组到怀柔区雁栖镇八道河黄金尾矿库（已闭库）实地检查了安全防汛工作。检查组一行对尾矿坝、库区内库面、排洪设施、导流洞等安全情况进行了检查，询问了防汛工作管理情况，对怀柔区尾矿库汛期安全工作给予了肯定并要求加强对汛期安全生产工作的领导，有效预防因暴雨洪水、极端天气引发的矿山生产安全事故，确保安全度汛。

（王佳贺）

【非煤矿山专项执法检查】 5月17日，怀柔区安全监管局组织召开了非煤矿山安全生产专项执法检查动员会，5月20日至28日，完成了对辖区内非煤矿山企业的全覆盖检查工作，共下发执法文书8份，排查安全生产隐患6项。按照全市安全生产大检查工作总体部署，6月4日，市安全监管局检查组对怀柔区的非煤矿山安全生产工作进行了专项检查。市检查组一行到兴发水泥公司，听取了负责人有关企业开展专项行动的汇报，查看了企业有关安全生产规章、制度，并到现场进行了实地检查。通过检查，市检查组对怀柔区非煤矿山安全生产工作给予了充分肯定，并要求怀柔区继续深入开展好安全生产执法检查专项行动工作，保障安全度汛。

（王佳贺）

【区领导检查尾矿库汛期安全】 5月19日，怀柔区副区长吴群刚带队对前安岭铁矿尾矿库、京冀工贸尾矿库和已关闭的长哨营乡七道梁村黄金尾矿库尾矿坝、库区内库面、排洪设施、导流洞等安全情况进行了检查，在对尾矿库汛期安全生产工作肯定的同时，要求矿山企业要开展汛前、汛期隐患排查，完善矿山防汛应急预案，加强应急值守，有效预防因暴雨洪水、极端天气引发的矿山生产安全事故。

（王佳贺）

【市局到怀柔检查尾矿库汛期安全】 7月27日，市安全监管局检查组到北京怀柔前安岭铁矿有限公司检查了尾矿库的安全防汛工作。检查组检查尾矿坝的安全情况，查看了库区内库面情况及排洪设施、导流洞等，向有关人员了解防汛工作管理情况，对怀柔区尾矿库汛期的安全生产工作给予了肯定并提出了要求。

（王佳贺）

【矿山安全生产工作会】 8月10日，怀柔区安全监管局组织召开了矿山安全生产工作会。通报了8月5日琉璃庙镇盗采事故的基本情况，要求矿山企业对采区开展全面排查，严防盗采行为发生，对于废弃矿硐进行封堵。做好地质灾害、自然灾害的防范工作。

（田保海）

【“打非”专项行动】 9月16日，怀柔区安全监管局组织召开非煤矿山、冶金行业打击非法违法工作会，就集中开展严厉打击非煤矿山、危险化学品、冶金行业（领域）非法违法生产经营建设行为专项行动工作方案进行了讲解和部署，同时对4家非煤矿山企业进行了专项检查。自9月开展打击非法违法专项行动以来，共检查区内4家非煤矿山企业16次，排查隐患8项，下发各类执法文书22余份。

（王佳贺）

安全生产事故隐患排查治理

【隐患排查整治专项行动】 3月25日至5月底，怀柔区在全区范围内开展安全生产大排查大整治专项行动，各单位、各部门共出动执法检查人员2.5万人次，其中区级领导带队检查110次，各单位、部门领导带队检查714次，组织检查组120个；共检查生产经营单位14599个；下达各类执法文书4780份；发现安全隐患4995条，整改消除隐患4239条；做出行政处罚55次，罚款30.31万元。

（李颖鑫）

【“打非”专项行动】 8月初至11月15日，怀柔区对危险化学品（烟花爆竹）、人员密集场所、工业制造业（职业卫生）、矿产资源（非煤矿山）、建筑施工、地下管线、地下空间等七个重点行业和领域开展以打击非法违法生产经营建设行为和贯彻落实国务院23号通知精神为主要内容的专项行动。全区各单位、各部门共检查非煤矿山、危险化学品、建筑施工、冶金工业等各类生产经营单位764个，发现非法违法行为58起，做出行政处罚34起，停业整顿3个，罚款6.9万元。

（李颖鑫）

【加油站隐患治理】 2010年，怀柔区安全监管局结合经营许可证到期后出具换证意见工作，以办证促整改，对中国石油化工股份有限公司北京怀柔迎宾园加油站罐区与西侧怀柔镇政府办公楼间距不足问题，中石化东环加油与外部间距不足，油罐区与围墙间距不足等问题，坚持先整改、后换证工作原则，未给该单位出具换证意见。中石化集团公司投资对两油站采取加装HAN阻隔防爆材料的措施，对隐患进行整改。

（张凤英）

安全生产应急救援

【有限空间应急救援观摩会】 4月28日上午，怀柔区安全监管局在北京碧水源膜科技有限公司开展了“怀柔区有限空间应急救援观摩会”，70家重点企业有限空间安全负责人，共计100余人参加观摩。此次演练以碧水源公司企业自救形式开展。演练分两步实施：一是生产经营单位违章指挥、违章操作，从业人员在未进行审批、未强制通风、未进行氧含量和硫化氢浓度检测以及未佩戴任何适当、有效防护用品的情况下贸然进入有限空间作业，导致中毒昏倒井下，作业监护者发现后马上上报。碧水源公司立即启动公司应急救援预案，应急救援队伍到现场组织救援；二是碧水源公司对有限空间作业的正确操作流程进行了演示。

（田保海）

【水上应急救援演练】 6月19日，怀柔区安全监管局在雁栖湖旅游公司开展了水上应急救援演练。80余人参加演练。演练模拟雁栖湖景区突起大风，画舫船在大风的袭击下，摇摆不定，八名游客被困，其中三名“游客”从船上跌入水中，驾驶员立即使用对讲设备向岸上的救援队求助。同时因大风手划船瞬间失去控制，情形十分危险，手划船组组长立即上报服务一部经理，要求对手划船展开救助工作。服务一部经理立即下达救助命令，公司应急办接到报告后决定启动公司应急预案，各应急小组赶到现场，救护艇按命令快速开赴指定区域展开救援。各组按照分工有序展开救援，在短时间内将失足入水人员抢救上岸，将手划船游客带回岸边。

（田保海）

【矿山山体滑坡事故应急救援演练】 6月25日，怀柔区安全监管局在北京兴发水泥有限公司开展了矿山山体滑坡事故应急救援预案演练，该公司主要负责人、安全管理人员及员工共70余人参加演练。演练模拟因暴雨等气候造成兴发水泥公司矿山130米平台山体发生滑坡，一名员工受伤，公司组织救援抢险。公司各部门成员组成应急救援团队，包括应急救援指挥部及机电救援、运输装卸救援、现场突击、保卫、医疗救助、物资供应、安全环保事故调查、后勤保障、对外联络部等8个应急救援小组。各组织在接到通知后，第一时间派出铲车、救护车、抢险队员等应急组织到达现场，快速有序地进行拉设警戒线、现场保卫、交通协调指挥、救助伤员、装卸运输滚石、现场抢险、后勤保障等工作。经过近一个小时的抢险、救援工作，滑坡险情得到有效控制，现场滚落石头清理完毕，人员送往救治，各应急救援组安全撤离现场，演练结束。

（王佳贺）

安全生产执法监察

【互联网营业场所执法检查】 1月14日至29日，怀柔区安全监管局对13家网吧营业场所进行了安全检查。重点检查了安全生产规章制度的建立和落实、安全指示标志的设置以及特种作业人员持证上岗等情况。下达整改指令书13份，查出生产安全隐患32项，并已在期限内全部整改完毕。

（王　晴）

【节前开展燃气行业安全专项检查】 1月25日至2月5日，怀柔区安全监管局与区市政管委对燃气企业进行了专项联合检查，重点检查了“两会”、春节应急保障方案的制定情况，及对员工的培训情况，节日期间的值班安排情况及人员到位等情况，共检查企业14家，查出隐患34项，开出整改指令书12份，各项隐患已整改完毕。

（王佳贺）

【地下空间经营场所安全生产检查】 1月初至3月17日，怀柔区安全监管局对32家地下空间经营场所进行了执法检查。下达《现场检查记录》32份，《整改指令书》29份。发现隐患66项，隐患现已全部整改。依法给予1家地下台球城当场警告的行政处罚。

（王　晴）

【人员密集场所日常执法检查】 3月11日至11月15日，怀柔区安全监管局对人员密集场所进行了执法检查，共检查人员密集场所23家，执法人员下达《整改指令书》20份，查出事故隐患87项，隐患已整改完毕。警告并处罚1起，处罚金额2万元。

（王　晴）

【111国道全覆盖联合执法检查】　3月24日至30日，怀柔区安全监管局与怀北镇、琉璃庙镇、汤河口镇等属地安全生产管理部门，联合对111国道11个合同段进行了全覆盖安全生产执法检查。发现安全隐患12项。针对安全隐患，区安全监管局当即依法下达了《整改指令书》，责令企业限期整改，并要求111国道各施工单位加强日常教育培训和检查，严格落实各项安全管理规定，做好整改期间的安全防护工作，加强应急值守制度，确保施工安全。

（田保海）

【工业企业集中执法检查】　3月初至4月底，怀柔区安全监管局对属地辖区内重点工业企业开展集中执法检查。共检查工业企业83家，发现安全事故隐患434项，隐患已全部整改。下达《现场检查记录》83份，《整改指令书》80份，《强制措施决定书》3份，其中当场警告1起，警告并罚款4起，处罚金额3.2万元。

（王　晴）

【建材行业安全检查】　3月31日、4月1日，怀柔区安全监管局分别对杨宋镇、怀北镇建材企业进行了安全检查，共检查生产经营单位8家，出动车辆9辆次，出动人员22人次，共发现事故隐患32项，下发执法文书20份，其中现场检查记录8份、整改指令书6份，各项隐患已整改完毕。

（王佳贺）

【工业企业日常执法检查】　7月5日至11月11日，怀柔区安全监管局对23家工业企业进行了执法检查，下达《整改指令书》22份，查出事故隐患100项，隐患已整改完毕。

（王　晴）

【综合楼宇内生产经营单位专项执法检查】　7月29日至8月4日，怀柔区安全监管局牵头联合区住房建设委和公安分局消防支队组成联合执法检查组，对15家楼宇内生产经营单位进行了专项联合执法检查，共填写综合楼宇联合检查记录表18份，下达执法文书14份，发现事故隐患34项，隐患现已全部整改。

（王　晴）

【建筑行业联合检查】　7月，怀柔区安全监管局与卫生监督所对建筑行业进行防暑降温及监测的联合检查。共检查在施工地5家，排查隐患18项，出动执法人数21人次，车辆5辆次，隐患整改率100%。8月，联合住建委、城管大队、消防支队对建筑工地开展联合执法检查。共检查工地7家，排查隐患22项，出动执法人数28人次，车辆8辆次，隐患整改率100%。

（王佳贺）

【夏季燃气安全联合检查】　8月5日，怀柔区安全监管局、市政市容委、交通局、质监局、城管大队、公安消防支队以及有关属地政府，对区内液化石油气、天然气输送行业企业进行了联合安全执法检查。检查中，各职能部门按照职责分工分别对企业的安全制度资料和作业现场进行了检查。共出动检查人员40人次，出动车辆12台次，检查生产经营单位7家，下达执法文书11份，查处事故隐患10余项。

（王佳贺）

【液化石油气领域专项整治】　8月17日至8月20日，怀柔区安全监管局、市政市容委、商务委、质监局、旅游局、公安消防支队等单位开展了液化石油气领域安全生产专项整治工作。共检查生产单位6家，下达《整改指令书》6份，查出事故隐患17项，检查中主要存在液化石油气瓶未定期检验、安全帽缺失及气瓶间未按规定安装防爆开关等问题，检查人员要求使用单位按照相关规定，在液化气供应环节严格把关，加强日常检查和巡查，责任到人，做好记录，保证液化气储存和使用场所通风良好，防止发生中毒事故。

（王　晴）

【机械行业专项执法检查】　9月13日至11月4日，怀柔区安全监管局对区内重点机械行业企业进行专项执法检查，共检查企业48家，下达《整改指令书》47份，强制措施决定书2份，发现事故隐患231项，隐患已整改完毕。警告并处罚2起，共计罚款0.3万元。此次专项行动主要检查了各企业机械设备安全防护情况；作业现场安全用电情况；劳动防护用品的配备使用情况；特种作业人员持证上岗作业情况；安全生产责任制、安全管理制度、操作规程及应急预案的建立情况等。同时向企业宣讲了《国务院关于进一步加强企业安全生产工作的通知》精神和有关规定。

（王　晴）

【国庆节前联合检查】　9月25日至27日，怀柔区安全监管局联合区商务委、区公安消防支队对全区部分重点商业、餐饮人员密集场所进行了执法检查。重点检查了各单位应对节日旅游高峰期间确保安全所作的准备工作及其员工对《国务院关于加强企业安全生产工作的通知》的内容了解情况，共检查9家单位，发现有的单位安全生产记录缺失、应急演练未按要求落实到位、临时线敷设不符合规范等事故隐患35项，下达《整改指令书》8份，隐患已全部整改。

（王　晴）

【怀北滑雪场联合检查】　11月15日，怀柔区安全监管局、体育局联合对北京怀北国际滑雪场开展了联合安全生产检查。检查组对怀北国际滑雪场各种安全生产规章制度、应急预案落实、特种作业人员持证上岗，以及安全疏散通道和指示标志等安全生产工作情况进行了全面检查。针对检查发现问题，区安全监管局立即责令企业当场和限期改进，并予以跟踪复查。同时，检查组对该单位学习贯彻落实“国务院23号通知”精神进行了口头测试。

（田保海）

【人员密集场所“打非”联合执法检查】　11月24日，怀柔区安全监管局会同区商务委、旅游局、体育局、文委、公安消防支队，到龙山街道、泉河街道开展了“打非”联合执法检查工作。检查组首先听取了两个街道的工作落实情况汇报，随后到富商小商品市场、冠军苑宾馆、大地港湾和裕龙花园大酒店，开展了执法检查，对发现的安全问题和隐患，区安全监管局立即给有关企业下达了《整改指令书》，责令企业限期整改。

（田保海）

【特种作业专项执法检查】　11月25日，怀柔区安全监管局组织召开专题会议，动员部署了特种作业管理情况专项执法检查工作。并于11月26日至12月15日，怀柔区安全监管职能部门采取单独和联合执法的方式，在非煤矿山、危险化学品、建筑施工、人员密集场所、工业企业等重点行业领域，以作业人员培训、申报、考核、复审等特种作业证件管理档案建立健全，作业人员持证上岗，培训机构履职等为主要内容，对电工、金属焊接切割、高处、制冷等特种作业类开展专项执法检查。共检查生产经营单位98家，其中各类工业企业54家，建筑施工单位20家，人员密集场所3家，检查各种特种作业证件1465个。

（王　晴）

职业安全健康

【职业危害生产经营单位执法检查情况】 2010年，怀柔区共检查存在职业危害生产经营单位166家，下发执法文书707份，其中现场检查记录166份，整改指令书189份，行政当场处罚决定书119份，强制措施决定书2份，复查意见书229份，行政处罚意见告知书1份、行政处罚决定书1份。共发现隐患675条，完成673条，对1家生产经营单位进行了0.5万元的经济处罚。

（李　越）

【加油站职业卫生安全专项检查】 1月20日，怀柔区安全监管局对城区及周边地区加油站进行职业卫生安全专项监督检查。重点检查了企业建立并落实职业危害防治责任制情况；制定建立职业病防治计划和实施方案情况；建立工作场所职业危害因素监测及评价制度情况；建立职业卫生管理制度和操作规程情况；建立职业病危害事故应急救援预案情况；为接触职业危害因素的劳动者提供个人使用的职业病防护用品情况。共检查加油站10家，发现隐患43条，下达《现场检查记录》和《整改指令书》共计20份，经复查隐患已全部整改完毕。

（李　越）

【油库职业卫生安全检查】 2月2日，怀柔区安全监管局对庙城油库等单位进行职业卫生安全专项监督检查。此次检查以油库是否建立、健全职业卫生防治计划和实施方案，是否建立、健全职业卫生管理制度和操作规程，是否建立、健全职业卫生档案和劳动者健康监督档案，是否建立、健全工作场所职业病危害因素监测及评价制度，是否建立、健全职业病危害事故应急预案等各项职业卫生安全防治规章制度建立情况，以及用人单位为劳动者提供劳动防护用品的配备与使用情况等为主要内容展开。

（田保海）

【粉尘与高毒物品危害治理专项行动工作会】 2月23日，怀柔区安全监管局组织召开粉尘与高毒物品危害治理专项行动工作会，对怀柔区职业卫生工作的进展情况进行通报，确定了53家粉尘与高毒物品危害治理重点企业，并就下阶段职业卫生工作重点进行充分研讨，确定区安全监管局开展重点企业职业安全教育培训工作，并对重点企业进行100%全面覆盖检查；区卫生监督所于3月份对重点企业进行全面检查；区疾控中心在完成日常委托检测和体检的同时，优先考虑重点企业的现场检测及体检工作，建立委托检测企业台账，并做好检测及体检结果反馈，专项行动信息上报等工作；区人力资源和社会保障局于6月底前完成重点企业的劳动合同签订和社会保险缴纳情况的执法检查；区总工会对重点企业进行核实并进一步督促企业建立工会组织。

（田保海）

【印刷业职业危害防治专项整治】 3月份，怀柔区开展印刷业专项整治工作，重点检查企业建立并落实职业危害防治责任制、建立职业卫生管理制度和操作规程、作业场所职业危害警示标识设置、职业病防护设施及职业病防护用品配备使用等情况。共检查印刷业生产经营单位25家，发现安全问题和事故隐患183条，下达《整改指令书》41份，整改完成消除隐患155条，对1家违法企业行政罚款0.5万元。

（田保海）

【有限空间专项治理工作部署会】 4月7日，怀柔区召开了有限空间专项治理工作部署会。会议通报了2009年全市有限空间安全生产事故情况，就怀柔区2010年开展有限空间安全生产专项整治工作进行动员部署，并要求各单位、各部门与全区开展安全生产隐患大排查大整治专项行动相结合，进一步摸清有限空间底数，加大宣传教育培训力度，提高有限空间作业人员的安全防护意识。

（李　越）

【有限空间节前专项检查】 6月10日至12日，怀柔区开展端午节前有限空间作业安全生产检查工作。共检查存在有限空间作业单位10家，出动检查30人次，出动检查10车次，共下发检查记录7份，整改指令书7份，发现隐患25条，经复查，隐患已全部完成整改。

（李　越）

【粉尘与高毒物品危害治理专项执法检查】 2010年，怀柔区主要对家具制造业、印刷业、非煤矿山企业及重点企业开展粉尘与高毒物品危害治理专项执法检查，重点检查企业建立并落实职业危害防治责任制情况；建立职业卫生管理制度和操作规程情况；作业场所职业危害警示标识设置情况；职业病防护设施及职业病防护用品配备使用情况。共计检查存在职业病危害用人单位110家，发现整改消除隐患500余条，下达各类执法文书375份，行政处罚警告92次、罚款5000元。

（李　越）

【粉尘与高毒物品危害治理督察】 8月11日，怀柔区安全监管局、区卫生局、区人力资源和社会保障局、区总工会等职能部门主管领导、相关负责科室组成区级验收督察组，到世知印刷、古诺凡希等部分印刷和家具制造企业进行了粉尘与高毒物品危害治理督察检查。本次督察采取听取工作汇报、查阅制度资料及检查作业现场相结合的方式进行。从督察情况看，大部分用人单位高度重视粉尘与高毒物品危害治理专项行动。

（田保海）

【家具制造业职业危害防治执法检查】 10月10日至15日，怀柔区安全监管局对辖区内5家重点家具制造企业进行了粉尘与高毒物品危害治理专项行动再检查。本次检查重点是用人单位职业卫生工作的落实情况，包括责任制；职业危害防治规章制度、岗位操作规程；职业危害防治知识培训与教育；职业危害防护设施运转、维护、检修和保养；个人使用防护用品佩戴等。

（田保海）

【冬季供暖单位职业病危害联合检查】 11月23日至25日，怀柔区安全监管局联合区技监局、环保局对区内供暖单位职业卫生管理状况进行监督检查，重点检查了企业职业卫生制度的建立情况、防护设备设施使用情况、个人防护用品的配备使用情况以及作业场所职业病危害因素的检测情况等。共计检查供暖单位6家，发现隐患20条，下发检查记录6份，整改指令书6份，行政当场处罚决定书6份，经复查，隐患已全部整改完毕。

（李　越）

【作业场所职业危害因素联合执法检查】 11月23至25日，怀柔区安全监管局与区经信委开展职业卫生联合执法检查，重点检查了企业职业卫生制度的建立、职业病防护设备设施使用情况、防护用品的配备使用情况以及作业场所职业危害因素的检测情况等。共检查用人单位5

家，发现隐患24条，下发检查记录5份，整改指令书6份，行政当场处罚决定书5份，经复查，隐患已全部整改完毕。

（李 越）

安全生产宣传培训

【特种作业考核】 2010年，怀柔区共完成特种作业考核3615人，其中取证培训1788人，复审培训1827人，合格率83%。

（孟爱英）

【烟花爆竹从业人员培训】 1月22日，怀柔区组织开展了烟花爆竹零售单位从业人员安全培训。怀柔区烟花爆竹零售单位的主要负责人、安全管理人员、从业人员320余人参加培训。区安全监管局、公安分局、工商分局、城管大队、市政管委、园林绿化局、公安消防支队等职能部门分别就各自职责范围，对烟花爆竹安全监管方面的法律法规进行了宣讲。

（张凤英）

【粉尘与高毒物品危害治理专项培训】 3月3日、25日，怀柔区分别组织开展了两期粉尘与高毒物品危害治理培训。共计有233家粉尘与高毒物品危害治理重点企业安全生产主要负责人、职业安全管理人员及各属地负责职业安全工作管理人员120余人参加培训。怀柔区安全监管局结合怀柔区粉尘与高毒物品危害治理专项行动工作方案，就作业场所职业安全监督管理进行了重点讲解；怀柔区卫生局卫生监督所从企业如何开展职业健康监护进行了重点培训。培训结束后，进行了统一考试。

（李 越）

【高危行业人员考核】 2010年，怀柔区安全监管局完成高危行业考试，五期共236人，其中，危险化学品主要负责人32人、安全管理人员110人，非煤矿矿山主要负责人5人、安全管理人员12人，燃气主要负责人12人、安全管理人员65人。

（孟爱英）

【职业危害申报管理系统专项培训】 3月11日，怀柔区召开职业危害申报管理系统专项培训，怀柔区各属地职业危害申报管理员共计18人参加了此次培训。

（李 越）

【编发有限空间安全生产管理规范资料】 4月30日，怀柔区安全监管局编印了有限空间安全生产软件资料范本和安全生产管理知识50题，向区住建委、发改委、市政市容委、经信委、商务委、水务局、民防局等行业部门和各镇乡政府、街道办事处、雁栖经济开发区、慕田峪旅游办事处等十八属地，以及辖区内70家重点企业进行了下发。有限空间安全生产软件资料范本包括：有限空间安全生产责任制、有限空间安全生产操作规程、有限空间事故应急救援预案、有限空间安全管理制度等；安全生产管理知识50题分选择题、填空题、判断题及简答题4部分，内容涉及有限空间安全生产法律、法规，有限空间安全生产作业基本知识等内容。

（田保海）

【安全生产检查员换证培训】 5月中旬，怀柔区安全监管局对14个镇乡、2个街道办事处、雁栖经济开发区、慕田峪长城旅游区办事处7名新任安全生产检查员进行培训考核并对68名安全生产检查员进行了复审培训。其中7名新任安全生产检查员全部通过了市安全监管局组织的执法证取证考试，合格率100%。

（孟爱英）

【有限空间安全检查培训班】 5月7日，怀柔区聘请专家在怀柔碧湖宾馆第八会议室组织召开了“有限空间安全检查培训班”，共计80余人参加了本次培训。培训的主要内容为有限空间安全设备设施、劳动防护用品的选择及使用、有限空间重点执法检查内容。

（李　越）

【安全生产应急预案编制培训】 5月13日，怀柔区安全监管局组织开展了安全生产应急预案编制培训会。围绕行业、镇乡（街道）级安全生产专项应急预案，以安全生产应急预案的法律背景、现状分析、工作定位、编制要点、实施要点等为主要内容，就如何编制和管理安全生产应急预案进行了培训。

（田保海）

【职业卫生监管干部培训班】 6月2日至4日，怀柔区安全监管局组织14名职业安全工作人员参加市局组织召开的“职业卫生监管干部培训班”。

（李　越）

【危险化学品应急救援知识培训】 6月8日，怀柔区安全监管局组织开展了危险化学品从业单位应急救援知识专题培训。辖区内各危险化学品经营、储存、运输、使用单位的主要负责人和安全管理人员共计300余人参加培训。围绕危险化学品的基本概念、知识、分类原则、应急救援以及事故应急救援预案编制前的风险分析、编制时的原则、应急救援预案的主要内容、程序等方面进行培训。

（张凤英）

【安全生产月咨询日】 6月13日，怀柔区在北京雁栖经济开发区管委会门前举行怀柔区2010年“安全生产月”宣传咨询日活动。在活动现场，展出了生产安全、交通、消防、供电、卫生、地震等安全法律法规知识及常识展板30余块，向企业职工发放各类安全常识小折页、安全生产宣传画、安全法律法规等各类宣传资料1万余份。开发区内各企业代表200名人员观看了宣传展板，领取了宣传资料。活动现场还播放了安全歌曲。咨询日期间，各镇乡政府和企事业单位同步举办了宣传展览、现场咨询、应急演练、演讲比赛和知识竞赛等形式多样的安全生产宣传咨询活动。区经信委与欧曼工厂联合，以安全生产法律法规和常识为内容，开展了知识竞赛；举办泉河街道与八方达汽车公司在916公交车总站和公交站点，组织300名司乘人员观看交通安全教育警示片，向乘客发放安全宣传资料，开展宣教咨询活动。

（田保海）

【企业主要负责人安全生产培训】 6月25日至8月20日，怀柔区安全监管局开展了六期“怀柔区生产经营单位主要负责人和安全生产管理人员安全培训班”。对全区工业企业、商场超市、旅游景区、民俗房等各类生产经营单位主要负责人和安全生产管理人员共计1800人参加培训，六期培训考核合格率为98%。

（孟爱英）

【高温季节安全生产专题培训】 7月15日，怀柔区举办高温季节安全生产专题培训。结合近年来全国各地安全事故，特别是怀柔区工业企业发生的各类安全事故典型案例，剖析了安全事故发生的各种因素，强调了安全责任落实、防患未然的关键作用。尤其针对炎热夏季厂区、车间如何及时发现隐患、如何防范、如何脱险展开了深入细致的介绍和讲解。共计160余人参加培训。

（田保海）

【举办安全生产专场文艺晚会】 7月23日20时，怀柔区安全监管局与泉河街道办事处联合举办了怀柔区2010年

"放歌新怀柔"夏日文化广场——安全生产之夜专场文艺晚会。区领导、区安委会成员单位主管领导，以及社区居民共计2000余人现场观看晚会。晚会以"传播安全文化，幸福百姓万家"为主题，现场表演了舞蹈、歌曲、朗诵等13个节目。

（田保海）

【安全生产大型公开课】 7月28日至29日，怀柔区安全监管局组织举办了"传播安全文化，共享安全知识"怀柔区安全生产大型公开课，共计500余人次参加。

（田保海）

【贯彻落实"国务院23号通知"宣传日】 9月3日上午，怀柔区在北汽福田欧马可工厂开展了贯彻落实"国务院23号通知"的宣传日活动，共计200余人参加。活动现场，向企业代表发放《国务院关于进一步加强企业安全生产工作的通知》及解读、有限空间宣传挂画和《怀柔报》"通知解读专版"共计1000份。

（田保海）

【实操考核员培训】 11月9日至18日，怀柔区11名实操考官分三期参加了特种作业实操考官继续教育培训。培训的内容主要是《特种作业安全技术培训考核管理规定》，电工、焊工类实操试题考试要点讲解及近一年特种作业考试情况总结，并研讨交流了实操考核过程中的问题和建议。

（孟爱英）

【烟花爆竹零售单位主要负责人安全培训】 12月8日，怀柔区安全监管局开展了辖区烟花爆竹零售单位主要负责人安全资格培训。培训以法律法规对经营烟花爆竹需要掌握的基本安全管理知识和安全操作要求，以及政府依法监管等为主要内容，从申请经营许可证的条件和程序、允许经营的烟花爆竹产品要求、依法建立健全安全生产责任制和管理制度、教育培训、安全检查、储存仓库和经营场所管理、应急救援及事故管理和正确燃放烟花爆竹方法等方面进行了串讲。同时，就今年考试形式变化为采取"机读卡"答题，区安全监管局对"机读卡"的填涂进行了详细讲解。

（田保海）

【理论教师培训】 12月13日至17日，怀柔区5名理论教师分二期参加了特种作业理论教师继续教育培训，培训的主要内容有《特种作业安全技术培训考核管理规定》（30号令）宣贯管理规定出台背景；教学方法和技巧；成人教育教学方法及手段等，课后要求各培训教师做出PPT形式的教学课件，并按要求及时上报。

（孟爱英）

【职业健康管理员培训班】 12月15日至17日，怀柔区组织20家重点企业的职业卫生管理员参加了市局召开的"职业健康管理员培训班"。本次培训主要内容是北京市职业卫生形势分析、职业健康管理员主要职责、粉尘的危害识别与控制、化学毒物的识别与控制及劳动防护用品的选择和使用。

（李　越）

【烟花爆竹安全管理人员、从业人员培训】 12月24日，怀柔区安全生产监督管理局组织开展了怀柔区烟花爆竹零售单位从业人员培训工作。全区烟花爆竹零售单位的主要负责人、从业人员270余人参加此次培训。会议印发许可监管方面宣传材料300余份。会后对参加考试并认真参加培训的257人发放了上岗证。

（张凤英）

【短信群发系统开通】 8月份，怀柔区开通了安全生产短信群发系统，分别建立了安委会成员单位主管领导、十八属地主管领导及安全科长、10大重点行业企业主要负责人及安全管理人员信息组，及时发布安全生产法律法规、工作动态和预警信息等。

（李颖鑫）

【企业分类分级系统测试】 2010年，怀柔区开展了“企业分类分级管理系统”在线测试，此项工作将于翌年初，全面开展推动使用工作。

（李颖鑫）

密云县

概　述

2010年，密云县安全生产工作，以全面落实“安全生产年”活动为主线，强化宣传教育、执法监察、重点行业领域专项整治和质量标准化，全力开展隐患排查，压减事故，全县安全生产事故指标控制在市安委会下达的范围之内，完成了全年各项安全生产工作，确保全县安全生产形势持续稳定好转。

安全生产年各项工作任务进展顺利。一是组织领导到位。县安委会成立以主管县长为组长、县安全监管局局长为副组长、县安委会各成员单位主要领导为成员的“安全生产年”活动领导小组，制定了《密云县深入开展“安全生产年”活动实施方案》，层层动员部署。各成员单位分别成立了领导小组，按照各自职责，主动参与、密切配合。二是深入开展安全生产专项整治活动。全年共查处各类安全生产违法行为1724起，排查隐患10158项。三是严肃责任追究和事故查处。全县共发生了2起生产安全责任事故，3名事故责任人员被移送司法机关，2名责任人和2家生产经营单位受到行政处罚。四是推动生产经营单位主体责任的落实。县政府召开会议，宣传贯彻国务院《通知》精神，制定了贯彻实施意见，印制并发放《通知》及解读手册1万册，举办了2期企业主要负责人专题培训班。五是严格落实政府监管责任，印发实施了《密云县安全生产委员会议事规则》和《安全生产形势分析制度》，重新修订了《密云县安全生产职责规定》，同时，县政府与44个部门签订了《2010年度安全生产目标管理责任书》。六是提高安全生产保障水平。安全规划方面，完成了“十二五”规划编制工作；信息化建设方面，5家矿山在尾矿库坝面等重点部位安装全天候电子监控系统；贯彻法律法规方面，以本市重新修订《北京市安全生产条例》为契机，贯彻落实相关法律法规和政策措施，组织制订了本地区重大危险源安全管理规范；宣传教育方面，举办各种安全生产培训班74期、培训人员5007人，开办“安全发展在密云”专题栏目，以安全生产月活动为平台，组织开展了“安全在我身边”演讲比赛、安全生产宣传咨询日、安全生产应急演练周等11项全县性活动、8项区域性活动和企业“十个一”活动；应急管理方面，筹备组建了全市首家专业矿山应急救援队伍。

在继续深入开展“安全生产年”活动的基础上，加强重点时期重点行业领域安全监管监察，春节期间，出动检查人员219人次，检查生产经营单位217个次，发现并消除安全隐患和问题166处，共下达执法文书152份。“两会”期间，出动检查人员108人次，检查生产经营单位117个次，消除隐患59项。

安全生产综合监督管理

【安全生产控制考核指标完成情况】2010年，市安委会下达给密云县的安全生产事故死亡控制指标为51人。其中，生产安全死亡事故指标为4人，交通死亡事故指标43人，火灾死亡事故指标1人，铁路交通死亡事故指标3人。

2010年，全县共发生道路交通、火灾、生产安全死亡事故34起，死亡41人，占总体控制指标（48人，不计铁路交通）的85.4%。其中，道路交通死亡事故31起，同比2009年减少6起，下降16.2%，死亡38人，同比减少1人，下降2.6%，死亡人数占单项控制指标的88.4%；火灾死亡事故1起，死亡1人，同比去年持平，占单项控制指标的100%；生产安全死亡事故2起，同比减少1起，下降33.3%，死亡2人，同比减少1人，下降33.3%，死亡人数占单项控制指标的50%。

（邓晓东）

【全县安全工作会议】 1月28日，密云县政府召开2010年全县安全工作会议。县安委会各成员单位，县直各部门主要负责人及主管科长，各镇街及经济开发区的主要领导及主管科长，重点行业领域生产经营单位的负责人代表参加会议，县委常委、常务副县长王稳东，县安委会主任、副县长程文华出席会议并讲话。会议通报了2009年社会治安、交通、防火、安全生产、食品安全工作，并对2010年各项安全工作进行了全面部署。会上，王稳东、程文华与安全工作责任单位代表签订了2010年度安全管理责任书。

（邓晓东）

【文化市场安全监管工作会议】 2月2日，密云县政府召开2010年度文化市场监管工作会议，总结了2009年文化市场监管工作取得的成效，对2010年度文化场所监管工作进行具体部署。县安委会主任、副县长程文华出席会议并讲话。县文化、消防、工商、公安、安监等部门主要领导和相关执法人员、市场监督员以及部分企业法人代表、安全负责人200余人参加了会议。

（邓晓东）

【县领导带队检查安全生产工作】 2月4日，密云县安委会主任、副县长程文华带队检查了重点行业安全生产工作。程文华首先听取了县安全监管局的工作汇报，随后到首云矿业有限责任公司，檀洲烟花爆竹销售有限公司以及烟花爆竹临时销售点进行了实地检查。

（邓晓东）

【春节期间安全保障工作部署】 2月5日，密云县政府召开县长办公会议，专题听取县政府各有关部门的安全工作部署情况，要求全县上下按照市委、市政府的要求部署，提高认识，落实责任，把节日安全工作摆在突出位置抓紧抓好，营造安全、稳定、喜庆、和谐的社会氛围。

（邓晓东）

【综合监管工作会议】 3月16日，密云县安委会办公室组织召开安全生产综合监管工作会议。县农委、经信委、商务委、市政市容委、文化委、住建委、旅游局、交通局、质监局、体育局等行业主管部门的负责人参加会议，并各自汇报了2010年安全生产工作思路及重点工作安排，深入沟通和交流了各行业的典型经验做法，探讨了现存的难点和问题，就强化安全生产培训、加强联合执法、高效整合全县应急救援资源等方面的工作意见达成了共识。会议要求，各部门在2010年安全生产工作中，要进一步建立健全各级安全生产责任制；夯实基础，做到情况明，底数清；深入开展安全生产宣传教育培训；加强日常监督检查和隐患排查治理；广泛推行安全质量标准化工作。

（邓晓东）

【属地安全生产会议】 3月31日，密云县安委会办公室召开属地安全生产工作会议。会议通报了一季度全县安全生产总体情况：一是明确工作任务，层层分解落实了安全生产责任制。二是“两节”、“两会”期间安全保障工作扎实有效。圆满完成春节期间烟花爆竹安全监管工作，重点行业领域的安全监管工作进一步加强，非煤矿山、工业企业安全复产顺利通过验收，安全生产执法检查得到加强，切实消除一批事故隐患。三是专项治理工作扎实推进。组织开展了粉尘与高毒物品危害治理专项行动，积极推进了安全质量标准化工作，启动了有限空间专项治理，部署开展了金属、非金属地下矿山和排土场安全生产大检查工作。会议对下一阶段工作进行了部署：一是加强安全生产信息工作，切实提高信息数量和质量水平，推进安全生产政务信息考核评优工作；二是启动实施安全生产工作周报告制度；三是做好2010年安全生产月活动的各项准备工作；四是深入开展好重点行业领域的专项治理和检查工作；五是抓好工业企业安全生产标准化工作；六是落实涉危单位安全管理系统企业门户登录方式升级工作；七是进一步深化隐患排查治理工作；八是加强应急管理工作。

会后，县安全监管局就安全生产检查程序、执法文书使用注意事项及安全生产相关罪名等内容为参加例会人员进行了培训辅导。

（邓晓东）

【路网建设专题会议】 4月21日，密云县政府召开路网建设安全生产工作专题会议。会议针对2010年密云县路网建设工程数量多、规模大、施工难度大的特点，对全县路网建设安全生产工作进行再动员、再部署。县有关部门、各镇街、经济开发区主要领导以及相关工程发包单位、承包单位负责人参加会议。县安委会主任、副县长程文华出席会议并讲话。会上，县发改委、市政市容委、住建委、路政分局、冯家峪镇、大城子镇等有关部门和乡镇汇报了各自监管范围内的路网工程建设情况和存在的主要问题。程文华要求：1. 各部门和单位要充分认识做好安全生产工作对路网建设的重要性，切实将安全工作作为保障施工建设的一项十分突出的基础工作抓紧抓好。2. 明确职责，落实各级安全责任。各综合监管、行业监管和属地管理部门要切实履行监管职责，做好统筹调度、资质审查、安全检查等各项工作，督促落实好发包单位、承包单位、建设单位、施工单位的安全职责，确保安全责任与工程责任同时明确、同时落实。3. 细化措施，加强施工作业人员安全教育培训和施工现场安全管理。确保培训率达到百分之百。严厉查处“三违行为”，促进各项制度、规范、标准、措施深入落实。4. 各司其职，统筹做好路网建设、工程建设、新农村建设以及重点工程建设的安全工作，确保各项工程安全有序。

（邓晓东）

【建筑行业专题会议】 6月13日，密云县政府召开建筑安全工作会议，县安委会成员单位和各镇街、经济开发区主管领导，县政府督察室负责人，建筑开发企业、施工企业、监理单位主要负责人及各项目部负责人参加会议。县安委会主任、副县长程文华出席会议并讲话。会议通报了“6·11”雾灵山庄会议中心在建配套用房顶板坍塌事故的简要情况，并对建设工程安全生产工作进行了部署。会议要求：要吸取事故教训，高度重视安全生产管理问题。要明确职责，落实各级安全责任。三要加强监管，开展建筑行业安全生产大检查。四要举一反三，做好新农村建设和重点工程建设的安全监管工作。

（邓晓东）

【半年安全生产工作会议】 7月16日，密云县政府召开2010年上半年安全生产工作会议。县安委会各成员单位，各镇街主管领导参加会议，县安委会主任、副县长程文华出席会议并讲话。会议通报了上半年全县安全生产工作情况，对下一阶段各项具体工作任务进行了部署。会议认为，上半年，密云县的安全生产工作以“预防为主、加强监管、落实责任”为重点，完善制度建设，推进安全生产工作有序开展；精心组织，认真开展安全生产大检查活动；分工合作，强化重点行业领域安全监管；强化措施，完成各重要时期安全生产保障任务；加强宣传教育，广泛开展安全生产月活动。进一步深化安全生产“三项行动”和“三项建设”，深入开展了“安全生产年”各项活动，实现了全县安全生产形势的总体稳定。县住建委、市政市容委、旅游局、交通局、公安分局等部门分别汇报了各自行业领域上半年安全生产工作情况。会议传达了全市上半年安全生产工作会议精神，通报了全市上半年安全生产形势。会议要求：1. 结合县域经济社会实际，充分认识和准确把握当前安全形势，增强做好安全生产工作的责任感、使命感和紧迫感。2. 加强重点行业领域安全防范工作。3. 强化工作措施，确保完成安全生产年各项工作任务。

（邓晓东）

【贯彻“国务院23号通知”会议】 9月8日，密云县政府召开贯彻落实《国务院关于进一步加强企业安全生产工作的通知》（国发［2010］23号）动员部署会。县安委会各成员单位，各镇街、县经济开发区主管领导参加会议。会议对《通知》进行了解读，并对贯彻落实《通知》宣传教育培训工作和打击非法违法生产经营建设行为专项行动进行了详尽部署。县安委会主任、副县长程文华出席会议并讲话。

（邓晓东）

【第三季度安全生产形势分析会】 10月27日，密云县政府召开2010年第三季度安全生产形势分析会。县安委会各成员单位、各镇街主管领导参加会议，县安委会主任、副县长程文华出席会议并讲话。会议对2010年前三季度安全生产工作进行总结，并对第四季度安全生产重点工作进行部署。会议要求各部门、各单位：一要以深化“安全生产年”活动为主线，全力推进重点工作的落实；二要以贯彻落实国务院《通知》精神为中心，进一步推动企业主体责任的落实；三要以“打非治违”专项行动为突破口，治理、关闭一批非法违法行为严重的企业；四要继续加大安全监管和执法检查力度，坚决防范和有效遏制各类事故发生；五要做好年前各项准备工作。

（邓晓东）

【市安委会考核密云县安全生产工作】 12月24日，市安委会综合督察组到密云县考核2010年安全生产工作。督察组首先听取了密云县2010年安全生产工作的情况汇报。随后，现场查阅了相关档案资料，并分别实地检查了果园街道、康鑫雅苑社区和北京市华德液压工业集团有限责任公司液压阀分公司、北京科勒有限公司的安全生产工作情况。督察组充分肯定了密云县2010年安全生产工作取得的成绩，并就进一步加强镇街安全管理机构和人员队伍建设，有效延伸安全管理基层触角和严厉打击非法盗采盗运矿产资源行为，坚决遏制非法违法行为引发安全事故等方面工作进行了交流探讨。

（邓晓东）

【安全生产目标综合考核】 年初，密云县政府与44个政府部门、乡镇、街道签订了《2010年度安全生产目标管理责任书》。年底，县安委会办公室对44个相关部门和乡镇街道进行了综合考核，所有单位均考核合格，优秀率达55%。

（邓晓东）

危险化学品安全监管监察

【危险化学品经营许可】 年底，密云县共有危险化学品从业单位60家，其中经营成品油的甲证单位46家；经营一般危险化学品的乙证单位14家，其中经营工业气体9家，油漆化工5家。

（杨淑荣）

【危险化学品经营许可换证工作】 年内，密云县安全监管局协助市安全监管局开展危险化学品甲类许可证换证工作，对39家加油站的申报资料和现场安全条件进行了核查。

（杨淑荣）

【非经营性加油站专项整治】 10月初，密云县安全监管局会同县公安、消防、环保等部门成立领导小组，在全县开展非经营性加油站专项整治。截至10月24日，各属地管理部门共统计上报非经营性加油站13家，储油罐34个，储油总容积825m^3，年使用汽油约650吨、柴油约1.777万吨。在各有关单位开展隐患自查自改，安全、环保等各项评价和检测工作的基础上，12月27日至30日，县整治工作领导小组全面开展验收检查，排查事故隐患32项，对3家加油装置设施不符合规范要求的单位采取了立即停止使用的强制措施。

（杨淑荣）

【落实全市危化视频会议精神】 1月4日，密云县安全监管局落实全市视频会议精神，紧急部署危化企业冰雪低温天气安全生产保障工作。通过短信平台，及时向各危险化学品从业单位发送通知，要求各危化企业：1. 做好重要管道、阀门等设备设施保温工作。2. 及时做好罩棚、厂房屋顶、单位内部道路及重点区域冰雪的清扫工作，高处作业保证各项防护措施到位有效。3. 确保救援人员和物资满足应急需求。4. 极端天气期间企业主要负责人带班值守，保障通讯畅通。

（杨淑荣）

【贯彻全市紧急视频会议精神】 2月6日，密云县吸取“2·6”丰台区马家堡烟花爆竹零售网点燃烧爆炸事故教训，进一步加强烟花爆竹零售网点安全监管。2月6日下午，县安委会主任、副县长程文华、县安全监管局及城区内40余家零售网点负责人参加会议。县安全监管局立即通过短信平台将工作要求发送至全县零售网点，并印发文件督促各乡镇落实有关工作，要求认真吸取事故教训，严格落实各项安全保卫措施。6日23时，县安全监管局对城区内零售网点夜间值守工作情况进行了突击检查；7日，联合县公安、工商、消防、城管部门联合执法，对城区内42家零售网点进行了全覆盖检查。同时，各乡镇联合属地公安部门对辖区内零售网点开展排查，严防类似事故发生。

（杨淑荣）

【管控和易制毒化学品专项整治行动】 4月12日，密云县安全监管局联合县公安局组织全县4家管控和易制毒化学品经营单位召开会议，传达市里有关部署，要求各单位充分利用化学品信息平台，严格执行购买实名登记制度，完善购销登记台账，掌握具体流向和用途。13日，对4家经营单位进行了专项检查，其中1家单位化学品存放不符合规范要求、购销登记台账不完善被责令限期整改。

（杨淑荣）

烟花爆竹安全监管监察

【烟花爆竹许可】 2010年，密云县安全监管局发放《烟花爆竹销售许可证》161份，其中城区网点42个，城乡结合部网点17个，乡镇地区网点100个，长期销售网点2个。

（杨淑荣）

【烟花爆竹销售】 春节期间，密云县共计销售烟花爆竹9181箱，其中烟花3756箱，鞭炮5425箱，销售额350余万元。

（杨淑荣）

【烟花爆竹回收】 在法定销售期后，密云县安全监管局监督烟花爆竹批发单位回收烟花爆竹1800箱，其中烟花499箱，爆竹1301箱。

（杨淑荣）

【烟花爆竹安全管理】 春节期间，密云县安全监管局每日出动3个检查组，对县城内各零售摊点进行不间断的安全巡视，期间共计出动检查人员90人次，出动车辆30车次，检查烟花爆竹零售网点116家，消除隐患178项，查处销售非法烟花爆竹违法案件并吊销零售许可证2起。

（杨淑荣　张宏伟）

矿山安全监管监察

【尾矿库回采、排土场消纳问题专题调研】 1月13日，市安全监管局就尾矿库回采、排土场逐步消纳等问题到密云县进行专题调研。调研组首先听取了5家铁矿企业在尾矿库、排土场回采、尾矿砂提取和减少尾矿排放量等方面的汇报，对密云县所做的工作给予充分肯定。就强化安全循环经济、逐步消除重大危险源这一项目的可行性、长期规划、立项申报、时间安排、政策支持等具体问题，市安全监管局与密云县进行了深入研究和沟通。市安全监管局表示，将在项目规划、立项申报、争取政策支持等方面全力支持密云县做好重大危险源消纳再利用工作。县安委会主任、副县长程文华陪同调研。

（柳世杰）

【落实市地下矿山安全工作会议精神】 4月6日，密云县安全监管局组织地下矿山企业、外协施工企业、施工监理单位和县冶金矿山公司的负责人以及安环部长召开地下矿山安全生产工作会议。会议传达了4月2日北京市地下矿山安全工作会议精神和市安全监管局“三落实、五检查、五健全”的相关工作要求，学习了市、县安委会关于立即开展安全生产大检查工作的通知，通报了近期全国矿山各类安全生产事故情况，会议就地下矿山安全生产工作进行了具体部署。

（柳世杰）

【尾矿回收再利用技术取得成效】 密云县非煤矿山企业创新安全管理思路，研发、推广国内先进生产工艺，建设尾矿砂回收利用系统，使尾矿变废为用。2006年，首云矿业股份有限公司投资700万元，建成全县第一条尾矿提取粗粒级水洗砂生产线，利用高频振动筛和螺旋器技术提取利用20%的尾矿砂。2007年北京威克冶金有限责任公司投资300万元建设尾矿砂提取生产线，回收利用水洗砂占尾矿砂排放总量的30%以上。2009年，密云县放马峪铁矿借鉴污水处理技术，成功研制细粒级砂脱水工艺，投资2554万元建成生产线，使尾矿排放量减少96%，产品广泛用于建筑业原材料，该矿计划利用5到7年时间，将已闭库的尾矿库全部回采利用。2010年，北京建昌矿业有限责任公司尾砂回采利用工程安全设施的预评价报告、安全专篇已经市安全监管局专家评审会审议通过。年内，首云、威克、放马峪、建昌四家矿业公司消纳尾矿砂近千万吨，年回收粗中矿（含铁量20%左右的矿粉）28万吨，生产水洗砂216万吨、制砖细砂及填充用砂282万吨。

（柳世杰）

【国家总局调研非煤矿山安全生产工作】 5月6日，国家安全监管总局到密云县调研非煤矿山安全生产标准化工作。县安委会主任、副县长程文华参加了调研活动。调研组实地查看了首云矿业股份有限公司的安全生产标准化工作成果，听取了县安全监管局及企业负责人关于非煤矿山安全生产标准化工作的汇报。2006年以来，五家矿山企业累计投入5000万专项资金用于标准化建设，形成了一套健全完整的安全管理体系。5月，5家矿山企业已将标准化自评材料上报国家安监总局，申报国家级安全生产标准化企业。调研组对密云县非煤矿山安全生产标准化工作给予肯定，要求继续全力推进非煤矿山企业安全生产标准化工作，切实加强企业“双基”建设，强化企业安全生产主体责任，使企业建立起自我约束、持续改进的安全生产长效机制，不断提高企业本质安全水平。

（柳世杰）

【市局考察生态矿山建设项目】 5月12日，市安全监管局到密云县考察生态矿山建设项目。县安委会主任、副县长程文华参加了考察活动。考察组实地查看了北京云冶矿业有限责任公司生态矿山建设项目的进展情况，听取了县安全监管局、企业负责人及建设项目设计单位关于生态矿山建设项目的工作汇报。2009年以来，北京云冶矿业有限责任公司筹划实施生态矿山建设项目，委托国内甲级资质的设计单位、评价单位进行生态矿山建设的可行性研究、安全评价、环保评价和工程设计。经认定，该项目符合国家节约资源的基本国策，符合发展循环经济、保护生态环境的要求，设计先进，方式合理，安全措施可靠，经济效益好。考察组要求建设单位认真履行法定程序，把好安全准入关，提高安全设施等级，做好安全生产源头治理工作，在建设项目的设计阶段，做好生产安全事故的预防工作，防止和减少生产安全事故发生，全面实现矿山生产建设的本质安全。

（柳世杰）

【非煤矿山专题会议】 9月14日，密云县安全监管局召开非煤矿山安全生产工作专题会议。县安全监管局、县矿山公司主要领导及5家非煤矿山企业的负责人参加会议。会议传达了9月9日市安全监管局局长张家明一行到密云县调研非煤矿山安全生产工作时提出的具体工作建议和县领导的指示要求。会议要求：1. 传达贯彻好市县领导指示精神。由矿山公司督促5家矿山制定贯彻落实市安全监管局和县领导讲话精神的宣传教育计划。2. 由县矿山公司牵头，组织有关企业进一步修订完善地下开采相关制度、措施和应急预案，县安全监管局给予必要的指导。3. 地下开采企业要进一步完善地下开采项目监控措施的设计，要参照国内地下开采先进技术，进一步提高技术监控手段的科技含量。4. 尽快将尾矿库在线监测系统在所有运行尾矿库中推广实施，并实现尾矿库监测数据实时传送至县安全监管局和矿山公司，达到上级关于物联技术的要求。5. 由县安全监管局对5家矿山学习教育及贯彻落实情况结合安全检查工作进行专项督察。

（柳世杰）

【市局调研地下矿山“六大”系统建设】 12月2日，市安全监管局到密云县调研物联网建设，地下矿山监测监控系统、井下人员定位系统、紧急避险系统、压风自救系统、供水施救系统和通信联络系统六大系统建设等工作。调研组听取了密云冶金矿山公司关于矿山物联网建设、地下矿山“六大系统”建设、尾矿综合再利用工作等情况的汇报，并与县安全监管局、冶金矿山公司主要负责人就上述工作进行了座谈。从调研情况看，在市、县安全监管部门的推动下，密云冶金矿山公司开展了尾矿综合再利用、矿山物联网建设等工作。在尾矿综合再利用方面，首云铁矿、威克铁矿等4家铁矿计划于2011年底实现尾矿95%以上的提出率。在矿山物联网建设方面，首云铁矿尾矿库、云冶铁矿尾矿库、威克铁矿尾矿库在线监测系统已投入运行，建昌铁矿尾矿库、放马峪铁矿尾矿在线监测系统也将于年底前建设完成。调研组要求：矿山企业要进一步提高认识，树立超前理念，高标准建设尾矿库在线监测系统、地下矿山“六大系统”，尤其正在建设的首云地下矿山更要高标准严要求，将首云地下矿山建成国内一流的矿山企业。随后，调研组现场查看了首云铁矿尾矿综合再利用工程，详细询问了尾矿干式排放、尾矿砂的再利用等情况，对密云冶金矿山公司尾矿综合再利用工作给予充分肯定，同时要求密云冶金矿山公司加快尾矿综合再利用工作，尽快实现尾矿零排放，并尽早达到最终消除尾矿库这一重大危险源的目标。

（柳世杰）

安全生产事故隐患排查治理

【隐患排查治理行动】 2010年，密云县在重点行业领域安全生产隐患排查治理行动中，共排查企业9513家次，发现一般隐患10158项，隐患整改率99.27%。在工矿企业安全生产隐患排查治理行动中，共排查有关企业1496家，发现一般隐患2363项，隐患整改率98.77%。

（邓晓东）

【开展矿坑砂坑隐患排查治理】 2010年，按照密云县打击非法开采运输矿产资源工作部署，县安全监管局对全县矿坑砂坑进行了逐一排查登记，针对排查出的86处矿坑砂坑安全隐患，制定了治理方案，督促属地政府落实整治措施，严防隐患引发坍塌、滑坡、泥石流等安全事故。

（柳世杰）

【粉尘与高毒物品隐患查处行动】 密云县完成了全县高毒粉尘企业普查，涉及234家企业，确定了73家重点单位，分别建立了企业电子台账。2至5月，县安全监管局对存在可燃性粉尘的32家重点单位进行了专项检查，查处隐患问题61项，相关企业自查整改各类问题1756项。6月，县专项行动领导小组对有关企业进行了检查和复查，共检查企业199家，消除隐患问题906项，实施行政处罚26起，有效解决了粉尘与高毒物品行业职业危害突出问题。

（柳世杰）

安全生产应急救援

【完善事故应急预案编制与管理】 为进一步加强应急预案的管理，根据市安全监管局的要求，密云县安全监管局对2009年编制的非煤矿山应急救援预案、危险化学品应急救援预案进行了完善，规范了安全生产事故的应急管理和应急响应程序。指导、督促生产经营单位进一步完善应急预案，并开展演练。

（柳世杰　杨淑荣）

【开展“防灾减灾日”活动】 5月12日，密云县开展“防灾减灾日”活动，成立了防灾减灾领导小组，制定了方案。县安全监管局按照县应急委的统一部署，在密云县大剧院开展“防灾减灾”宣传活动，向群众发放了安全生产宣传图画和宣传册等宣传资料300余份。同时，在心连心物业公司开展防灾减灾培训活动，培训人数97人。

（邓晓东）

【全市尾矿库汛前应急演练】 6月10日，全市尾矿库漫顶事故应急演练在首云矿业股份有限公司举行。市安全监管局、密云县安委会及全市有关区县、企业负责人到现场观摩。演练实况通过应急移动指挥车传送到北京市生产安全应急指挥大厅。演练模拟密云县连日降雨，尾矿库水位持续上升，干滩长度由68米达到38米，最后水位线达到坝底内角，同时坝体局部出现拉沟，危及坝体安全。由于降雨持续，水位不断上涨，可能出现洪水漫顶险情，对企业及周边居民人身和财产安全造成重大威胁。10点30分，演练正式开始。企业发现险情后，立即启动应急预案，调集抢险救援队伍及设备车辆，展开先期处置，并按照要求迅速将险情上报至巨各庄镇政府、县安全监管局等有关部门。随后，政府相关部门赶赴事故现场与企业组成现场抢险救援指挥部，迅速展开修筑坝体、加大泄洪、撤离人员等抢险救援工作，最后水位稳步下降，险情消除。通过实战检验了险情发生时信息报送程序；重大危险源（尾矿库）“一对一”应急预案科学性和地方政府与企业联动机制；市、县、镇、企业四级应急机构的协调配合和应急联动处置指挥程序；应急通讯技术及图像传输保障的有效性。整个演练组织周密、实施有序，取得了预期的效果。

（柳世杰）

【举行旅游景区防汛演习观摩活动】 6月22日，密云县在石城镇黑龙潭景区举行全县旅游景区防汛演习观摩活动。演习分为汛情预警、启动预案、人员疏散、伤者救护等步骤。县安全监管局、旅游局相关领导，全县各景区主要负责人、保卫部负责人进行了观摩。

（杨淑荣）

【开展建筑行业汛期应急演练】 6月21日，密云县在云水名苑住宅小区开展建筑行业汛期应急抢险演练。县安委会主任、副县长程文华到现场进行观摩。演练模拟汛期工地出现基坑坍塌事故，县住建委按照事故分级紧急启动应急预案，组织建设工程应急抢险大队紧急赶赴现场。

抢险人员按照专家意见及预案要求实地进行了挖掘机、装载机、发电机、电气焊金属切割应急设备、器材的操作，演练持续1个小时。

（杨淑荣）

【举行小学生火灾应急演练】 6月22日，密云县北庄镇联合镇卫生院、太师屯消防中队在北庄中心小学举办消防疏散应急演练活动，此次演练模拟发生火灾后，学生在老师的引导下，如何安全逃生展开演练。整个演练历时20分钟，现场秩序井然，演练达到了预期效果。同时，向全校师生发放了消防安全宣传材料，讲解了防火、灭火常识、消防疏散逃生自救方法和注意事项，并现场演示了灭火器的使用方法。镇域内各企业安全负责人观摩了此次演练。

（邓晓东）

安全生产执法监察

【全年安全生产执法行动情况】 2010年，密云县全县各有关部门和单位在安全生产执法行动中，共检查生产经营单位10982家次，查处各类安全生产违法行为1724起，实施行政处罚109起，罚款金额78万元。

（邓晓东）

【安全生产大检查活动】 4月6日至5月31日，密云县安委会在全县范围组织开展安全大检查活动。全县各有关部门、各镇街共监督检查生产经营单位5743家，下达执法文书2361份，发现安全隐患3214项，隐患整改率94.74%，行政罚款12.8万元。

（邓晓东）

【“打非”治违行动】 8月至11月，密云县各部门、镇街坚持全面排查，严格整治，协调联动，共检查各类生产经营单位14286个，发现各类违法行为5382起，处罚5363起，采取停业整顿措施6起，经济处罚118.52万元。

（邓晓东）

【打非联合执法】 11月11日至25日，在“打非”专项行动联合执法检查工作中，密云县成立7个检查组，分别对危险化学品（烟花爆竹）、人员密集场所、工业制造业、矿产资源、地下空间、地下管线、建筑施工等行业进行专项检查，共检查生产经营单位124家，地下空间15处、雨水管线17万米、井口8610座。

（邓晓东）

【节日安全生产监管监察】 2010年，春节期间，密云县安全生产监管监察工作一是加强烟花爆竹安全管理。节日期间每天出动2个检查组，对烟花爆竹储存库及县城内各零售摊点进行安全巡视，共检查烟花爆竹销售摊点68个，查处安全隐患和问题10项，未发现销售非法烟花爆竹的违法案件。二是加强非煤矿山安全监管。针对春节期间5家矿山企业选矿车间正常上班，地下开采、爆破作业、剥岩作业全部停产，火工品停止供应的情况，每天安排一组检查人员到各矿山企业进行安全检查和巡视，督促企业落实各项安全制度和措施，共查出安全隐患7项，制止违章行为3起。三是加强危化品安全监管。充分发挥属地政府安全监管作用，施行危化品企业网格化安全监管，将全县危化品企业划分为四个区域，由所在地乡镇政府对危化品企业每天进行安全巡视。县安全监管局会同有关部门成立联合检查组，每天随机抽查一个区域的危化企业安全生产情况和所在乡镇的安全监管责任落实情况，节日期间共抽查危化企业26家次，消除安全隐患9项，下达责令整改指令书4份。四是加强人员密集场所安全监管。对物美、国泰、西单等客流量较大的重点商场进行了督导，要求企业在电梯口、安全出口加派安保人员疏散人流，确保购物环境安全有序。

（邓晓东）

【两会期间安全生产保障工作】 两会期间，密云县成立了“两会”安全生产检查工作领导小组，负责全面部署、协调、落实大会期间安全生产监督检查工作。期间，共出动执法人员108人次，监督检查生产经营单位117家次，查处安全隐患和问题59项。

（邓晓东）

【“五一”期间旅游行业检查】 4月14日至20日，密云县安监、旅游、质监、工商、公安、消防、城管、卫生等部门对全县旅游景区开展联合检查。主要对古北口、新城子、溪翁庄、石城四个重点旅游乡镇域内的景区、宾馆饭店、社会旅馆以及县城内的星级宾馆饭店共27家单位进行了检查。经查，各旅游企业均按要求建立了各项安全生产管理制度和事故应急救援预案；定期组织开展了预案演练；具备公共区域内设备设施日常维护和检查记录；对发现的安全隐患及时进行了整改；按要求定期组织从业人员进行培训，并有培训记录。检查组要求各单位提前制定好节日期间安全生产专项工作方案，细化措施，落实到人，确保节日期间安全稳定。

（邓晓东）

【国庆期间安全生产执法检查】 10月1日至7日，密云县未发生生产安全事故，未接到安全生产举报及突发情况报告，全县安全生产形势平稳。期间，县安全监管局每天出动3个检查组，以抽查、巡查、会同各行业主管部门进行巡视等方式，加强非煤矿山、危险化学品、建筑施工和人员密集场所安全监管，并做好值班备勤和应急值守工作。共检查生产经营单位53家，查处安全隐患44项。其中实地检查非煤矿山企业3家，发现并督促整改隐患问题11项，并通过非煤矿山实时在线监测平台对5家非煤矿山企业尾矿库等重点部位安全生产工作情况进行监督监测；检查加油站、液氨液氯等危险化学品经营使用单位19家，查处一般安全隐患17项；对8家建筑工地安全工作情况进行了抽查；会同相关行业管理部门分别对21家商市场、宾馆饭店、文化娱乐、体育运动项目经营单位和旅游景点的安全管理状况进行了巡查，及时发现并消除一般安全隐患16项。

（邓晓东）

【开展“联合执法周”活动】 为加强节后文化市场安全监管，密云县文化、安监、消防等部门于3月22日至25日开展“联合执法周”检查活动。针对互联网上网服务、歌舞娱乐、电子游艺等人员密集场所，对经营单位安全生产责任制和安全管理制度是否建立健全、应急预案是否规范完善、教育培训和安全检查落实情况、消防设施设备是否符合标准等情况进行了重点检查。此次联合检查行动中，各部门发现问题共同处置，协商解决，杜绝了场所漏管失控现象，增强了执法部门综合、协同执法能力。

（邓晓东）

【在施工地联合执法检查】 4月7日，密云县安全监管局、县住建委、县公安消防大队、檀营地区办事处对檀营地区回迁住宅楼A1区、A2区建筑工地进行联合执法检查。各部门按照职责分工，分别对施工现场安全管理情况、消防设施配置及运转情况、安全制度、各项基础台账和应急预案建立落实情况等方面进行了检查，共查出安全隐患 14 项，责令施工单位进行限期整改。

（杨淑荣）

【建筑行业联合执法检查】 4 月，密云县安监、建筑、消防等部门联合属地管理部门对县域内建筑施工单位进行安全检查。截至 4 月 19 日，共检查 6 个镇街域内的 13 家建筑施工单位。共计查处隐患 32 项，主要存在特种作业人员未持有效证件上岗作业、安全教育培训及考核不符合要求、施工作业面防护不到位等问题。检查组责令 8 家生产经营单位限期整改。

（邓晓东）

【文化娱乐场所联合执法检查】 4 月，密云县安监、文化、消防等部门联合对密云县文化娱乐场所安全工作进行了重点抽查。检查包括网吧、歌厅、游戏厅等 11 家重点文化娱乐场所。共计查处隐患问题 47 项，经复查，隐患已整改完毕。

（杨淑荣）

【民用燃气经营单位安全执法检查】 6 月，密云县对全县 14 家民用燃气经营单位进行了安全生产检查，共发现安全生产事故隐患 16 项，对 7 家存在事故隐患的生产经营单位责令限期整改。隐患主要集中在从业人员安全教育培训及日常安全检查记录不完善、管道压力表逾期未进行校验检测、安全警示标志不足等方面。事故隐患已整改完毕。

（杨淑荣）

【重大工程项目安全执法检查】 12 月 26 日至 27 日，密云县安全监管局联合县住建委对司马台新村建设工程、北汽福田北京多功能汽车厂工程、北新建材工程进行检查，共下达了责令限期整改指令书 3 份，查出事故隐患 19 项，存在的主要问题：部分电工、焊工、挖掘机、铲车司机等特种作业人员未持证上岗，施工现场未设置明显的警示标志，脚手架搭设不符合规范要求等。检查人员对 1 家施工单位责令停工整顿，对其他施工单位责令限期整改，要求明确责任人员，保证各项整改措施有效落实。

（邓晓东）

【地下室、地下空间、地下人防工程安全生产执法检查】 按照市安办有关工作部署，结合实际，组织开展了地下空间、地下管线安全生产检查工作。密云县有关委办局分别开展普通地下室、人防工程和地下空间经营单位安全检查。县住建委对全县普通地下室进行了摸底调查：累计总数为 84 家，建筑面积 12.7 万平方米；投入使用的共有 55 家，空置 29 家；从使用情况看，餐饮娱乐 9 家，设备间 13 家，车库及库房 27 家，商铺 6 家。县市政市容委加大地下管线安全检查，每天出动 23 人和 5 辆巡查车对所管辖的道路 9 万米，雨水管线 17 万米，井口 8610 座进行巡回检查，发现许可不全擅自施工行为 8 起，停产整顿 3 起。县水务局对供排水有限空间及排水管网安全情况进行了全面检查。县民防局检查民防工程 40 个次。

（邓晓东）

【地下矿山和排土场安全生产大检查】 根据全市统一部署，3 日至 6 月，密云县各矿山企业对照方案自查整改隐患问题 87 项；县安全监管局对县内 6 家金属地下矿山施工企业和硐采施工企业、8 个在用排土场开展全面检查，督促整改事故隐患 135 项。

（张宏伟）

职业安全健康

【有限空间专项治理】 密云县安全监管局联合有关部门成立专项领导小组，

3月至8月，共排查县内有限空间作业单位156家；建立了有限空间作业信息台账；分批次组织有限空间特种作业人员开展资格培训和考核；物业、环卫、污水处理、市政工程建设单位、燃气、热力、电力、通信、广电等重点行业领域和重点企业检查覆盖率达到100%。

（柳世杰）

【供暖企业有限空间作业安全检查】 10月23至24日，密云县安全监管局、县市政市容委对全县供暖企业有限空间作业安全管理情况开展联合检查。共检查企业18家，查处安全隐患70余项。

（柳世杰）

【举办职业病防治培训班】 5月18日，密云县安全监管局、卫生监督所、人力社保局执法人员对巨各庄镇内涉及职业病危害的企业进行教育培训。各企业工会主席、职工代表共计40余人参加了培训班。培训内容主要包括职业病的范围、职业病防治方法、职业病工伤保险等方面。

（邓晓东）

【开展职业危害宣传活动】 5月18日，密云县鼓楼街道组织辖区内相关企业69名职工开展了职业危害知识竞赛答题活动，同时悬挂宣传横幅5幅，书写职业危害知识宣传板报1处。

（邓晓东）

安全生产宣传培训

【安全生产月活动】 2010年，安全生产月活动期间密云县组织开展11项全县性活动、8项区域性活动和企业“十个一”活动。全县共悬挂各类宣传画1.6万幅、条幅7200条，张贴宣传标语5400条，设置宣传橱窗和学习园地2300余块，摆放展板2700块（次），发放各种宣传材料15万份；组织各类教育培训班和安全生产知识答题活动237次，参与活动职工3.42万人次；组织各类安全生产应急演练318场次，参加演习和观摩的群众超过7.5万人次。

（邓晓东）

【组织“安全在我身边”演讲比赛】 6月11日，密云县“安全在我身边”演讲比赛活动取得圆满成功。5月中旬，县安全监管局和县总工会在全县范围内共同举办“安全在我身边”演讲比赛活动。通过基层选拔，各部门和单位向县活动组委会推荐报送了46名选手参加了县级预赛，经过激烈角逐，有10名选手入围。6月11日，在县总工会礼堂举行了决赛，县安委会主任、副县长程文华，安全月组委会成员单位、各部门、各镇街主管领导参加了此次活动。比赛中，各位选手以生动的语言、激情的表演向现场观众讲述了一系列发生在企业、校园、道路、消防等各领域的真实故事，通过正、反面实例，教育人们要认真吸取各类安全事故教训，深刻认识“安全”在生活与工作中的重要性。最终，大城子镇中心小学选送的王亚玲、十里堡镇政府选送的高海生获得了此次演讲比赛的一等奖。组委会将推荐这2名选手参加全市比赛。

（邓晓东）

【密云县选手荣获市局演讲比赛三等奖】 经市安全监管局初步筛选，密云县安全监管局推荐的大城子镇中心小学王亚玲取得了市级“安全在我身边”演讲比赛参赛资格。来自12个区县、经济开发区以及23家企业单位的36位选手参加了演讲比赛的预赛。经过激烈角逐，密云县选手以并列第十名的成绩入围13强。6月28日，在决赛现场，选手们用真实的事例，真切的感受、真情的表达，将身边的事故案例和惨痛教训生动地呈现给现场观众，整个演讲比赛现场气氛热烈，各位选手表现出色，成绩不分上下，相邻名次分差仅限于小数位，最终，王亚玲以优异的成绩荣获三等奖。

（邓晓东）

【安全生产宣传咨询日活动】 6月13日，密云县安全生产月活动组委会在县文化活动中心广场组织开展了以“坚持安全发展，落实安全责任——建设生态富裕和谐新密云，服务世界城市建设”为主题的第九个安全生产宣传咨询日活动。县安委会主任、副县长程文华，县安全生产月组委会各位成员以及县公安消防大队、县地震局、县民防局、县新奥燃气公司的有关领导和工作人员参加了活动，向过往群众发放宣传册、宣传画、环保袋、纸杯等宣传资料4万余份。活动现场设立了气拱门、氦气球、悬挂宣传横幅4条、设置宣传咨询台30套、摆放安全生产宣传展板80块、广场大屏幕循环播放安全生产宣传标语。与此同时，全县各有关部门、乡镇、街道、开发区、企事业单位、集团、公司在各系统、辖区、领域和范围内同步开展了宣传咨询日活动，全县共设立宣传咨询点36处，设置安全生产宣传展板850余块，悬挂宣传条幅980余幅，张贴标语2600条，发放各类宣传材料近10万份，受教育群众近5万人。

（邓晓东）

【开办“安全发展在密云”电视栏目】 5月，密云县安全监管局与县广电中心联合开办“安全发展在密云”专题栏目，组织拍摄的专题片《安全发展的密云矿业》获得首届中国安全生产电视作品大赛优秀奖。年内，围绕重点行业和重点工作，录制播出专题节目11期。

（邓晓东）

【体育项目经营单位安全生产培训】 3月12日，密云县体育局、安全监管局联合召开体育项目经营单位安全生产从业人员培训会，县内24家体育项目经营单位主管、救生员40余人参加了培训。培训班上，县体育局、安全监管局等部门分别就安全生产责任制及安全生产管理制度、事故现场紧急疏散和应急处置，个人防险、避灾、自救方法等业务知识对从业人员进行了讲解。

（邓晓东）

【举办安全管理人员培训班】 年内，密云县安全监管局举办生产经营单位安全生产管理人员培训班2期，培训主要负责人、安全管理人员685人。

（于光凤）

【高危行业办证考试工作】 年内，密云县安全监管局共举办4期高危行业安全管理人员考试，全县非煤矿山、危险化学品企业298名主要负责人和安全管理人员参加，185人通过考核取得合格证书。

（于光凤）

【有限空间作业人员资格考试】 7月31日，密云县安全监管局组织开展有限空间培训班，全县36家存在有限空间作业场所的单位，共计74人参加了此次培训。培训课程分为理论学习和实践操作。8月10日，参加培训的74人全部通过了考试，取得有限空间特种作业资格。

（于光凤）

【潮湿环境用电专项培训】 11月5日，密云县安全监管局对鼓楼、果园两个街道辖区内的20家洗车行业经营单位的43名从业人员进行了潮湿环境用电设备安全使用专项培训，通过典型的事故案例和深刻的事故原因分析，详细讲解了在潮湿环境中如何正确、安全使用带电设备。

（邓晓东）

【烟花爆竹销售人员培训】 1月22日，密云县安监、公安、工商、消防等部门联合召开密云县2010年春节烟花爆竹安全生产培训工作会议。会上各部门对春节期间烟花爆竹销售工作分别提出工作要求和部署，并对与会烟花爆竹销售人员进行了安全生产知识培训。300余名烟花爆竹销售人员参加。

（杨淑荣）

【宣贯“国务院23号通知”专题培训】 9月16日、26日，密云县安委会办公室分两批在县委党校大学堂组织政府安全监管管理人员、高危行业和重点企业主要负责人开展贯彻落实“国务院23号通知”专题培训，累计培训683人，全面提升政府管理人员和企业负责人对国务院23号文件的理解、把握和贯彻执行能力。

（邓晓东）

【矿山行业宣贯“国务院23号通知”精神】 密云县安全监管局督促指导矿山行业深入宣贯落实“国务院23号通知”精神，分别于8月17日、9月17日、28日和10月21日以召开会议和组织培训等方式，具体部署贯彻落实工作，传达市级领导指示要求，对国务院23号文件及《国务院安委会办公室关于贯彻落实〈国务院关于进一步加强企业安全生产工作的通知〉精神进一步加强非煤矿山安全生产工作的实施意见》（安委办［2010］17号）、《金属非金属地下矿山企业领导带班下井及监督检查暂行规定》（国家安监总局第34号令）等配套文件进行宣讲，解读重点内容和精神实质，并安排部署隐患排查整改工作。

（柳世杰）

延庆县

概　述

2010年，延庆县的安全生产工作坚持“安全第一、预防为主、综合治理”的方针，按照“严上加严、细上加细，警钟长鸣、常抓不懈”的要求，努力实现“大事不出、小事减少、管理严格、秩序良好”的总体目标，采取有效措施，及时消除各类隐患，扎实开展各项安全生产监管工作。全年未突破北京市安全生产委员会下达给延庆县的生产安全死亡控制指标。

2010年，延庆县进一步深入开展安全生产执法检查工作，不断强化执法检查力度，加强节日和重大活动期间安全生产保障工作。县安全生产委员会办公室采取各项安全监管措施，制定并下发各类安全生产联合执法工作方案，切实做好了元旦、春节、两会、五一、端午文化节、第十五届延庆消夏避暑节、“夏日文化广场活动”、国庆节、冰雪节和大型活动期间的安全生产保障工作。中秋节、国庆节期间，延庆县安委会组织制定了《延庆县2010年中秋节和“十一”黄金周安全生产大检查工作方案》，要求全县各职能部门、各单位在开展企业自检自查的基础上，由相关职能部门牵头，分为10个检查组，重点对危险化学品、建筑施工、道路交通、教育、卫生、消防、农业机械、旅游景区、宾馆饭店、商场超市等行业和领域，在全县范围内开展安全生产联合检查。全年，县安全监管局共检查生产经营单位1510家次，完成市安全监管局下达执法工作目标的125%。其中危险化学品生产经营单位328家次、烟花爆竹储存经销单位225家次、工业企业277家次、人员密集场所181家次、建筑施工单位214家次、其他行业285家次。共下发行政执法文书866份，完成市安全监管局下达执法工作目标的102%。其中现场检查通知书19份、责令改正指令书597份、强制措施决定书12份、整改情况复查意见书217份、其他（立案处罚文书）21份。查出事故隐患2319条，完成事故隐患整改2273条，整改率为98%。办理行政处罚11起，经济处罚罚款25.5万元。

2010年，延庆县不断突出重点，深入做好了各类专项整治和安全生产保障工作。县安全监管局落实责任，采取各项有效措施，切实加强监管，为全县24家危险化学品从业单位换取了《危险化学品经营许可证》，其中加油站（甲证）20家，化工产品经营单位（乙证）4家。全年，延庆县共许可危险化学品从业单位（乙类）2家，其中新取证1家，注销1家。县安全监管局联合县卫生局、人保局和总工会，对全县37家粉尘高毒专项治理单位开展执法检查，下发责令改正指令书33份，查出各项问题隐患181项。按照市县制定的职业危害因素检测目标，全县有共26家单位进行了职业危害因素的检测，11家单位进行了职业危害“三同时”的预评价和控制效果评价工作，检测率达到了100%。其中有3家单位噪声或面部紫外线辐射超标，其他全部合格，职业危害因素检测合格率达到了91.8%。自4月份开始在全县范围内开展有限空间专项治理工作。经摸底排查，确定全县有限空间作业单位33家。整治期间，各单位共投入整改资金78.6万元，新购进有害气体检测设备11台，大功率通风设备4台，全面罩正压空气呼吸设备和长管送风呼吸设备8套，警示标志牌300余套及部分应急救援设备器材，组织相关作业人员、监护人员118人参加了有限空间安全生产教育培训，使延庆县有限空间作业安全生产工作水平和能力得到了改善和提高。

切实做好市安委会、市安委会办公室布置的各项工作任务。延庆县贯彻落实《国务院关于进一步加强企业安全生产工作的通知》精神，及时成立了宣传教育培训领导小组。制定印发了《延庆县安全生产委员会办公室关于贯彻落实〈国务院关于进一步加强企业安全生产工作的通知〉宣传教育培训工作实施方案》，组织开展宣传活动。延庆县组织集中开展打击非法违法生产经营建设行为专项行动，严格按照国家、北京市对“打非”工作的部署和要求，全县各部门共检查生产经营单位5358家次，发现非法违法行为989项，处罚820项，罚金18.32万元，取缔关闭非法生产经营建设单位3家。并坚持长期开展此项工作，继续在“打”和“治”上下功夫，夯实了延庆县安全生产工作基础。

全面做好安全生产宣传教育培训工作。开展了“安全生产月”活动。坚持开展了安全生产进工地、进社区、进学校、进企业的四进活动。组织举办了以“传播安全文化，共享安全知识”为主题的安全生产大型公开课。邀请“首都安全生产演讲团”到延庆县进行演讲。全年，延庆县安全监管局共举办各类安全生产培训班63期。培训特种作业人员1710人。培训乡镇安全检查员、生产经营单位主要负责人、安全管理人员共计1583人。通过强有力的宣传教育工作，为全县安全生产形势的稳定好转打下了坚实的基础。

安全生产综合监督管理

【安全生产控制考核指标完成情况】 2010年，北京市安全生产委员会下达给延庆县的非正常死亡控制指标总人数是36人。其中，交通事故31人，火灾事故1人，生产安全事故3人，铁路交通事故1人。全年，延庆县共发生火灾事故223起，同比减少67起，下降23.1%，直接经济损失63.59万元，同比上升168.77%。发生一般以上道路交通事故累计81起，同比增加9起，上升12.5%，死亡31人，同比增加2人，上升6.9%，直接经济损失84.67万元，同比下降4.7%。发生生产安全事故1起，同比减少1起，下降50%，死亡1人，同比减少1人，下降50%。未发生铁路交通事故。

（王　丹）

【签订安全生产责任书】 为进一步完善延庆县安全生产管理的长效机制，在第一季度安全生产工作会上，对全县安全生产工作进行了安排和部署，并与全县80家相关单位签定《2010年度安全生产责任书》。为落实安全生产综合监管、行业监管、属地监管责任，切实加强生产经营单位安全生产主体责任，建立健全安全生产体系，完善全县安全生产防范机制打下了基础。

（王　丹）

【安全生产工作会】 1月18日下午，延庆县政府组织召开了延庆县2010年安全生产工作会，县安委会成员单位、各乡镇、街道及县重点企业共计74个单位的主要领导参加了会议。会议总结了延庆县2009年安全生产工作，并对2010年及春节、两会期间工作做出了具体部署。县委副书记、县长孙文锴在会上强调：首都安全无小事，安全生产工作事关人民群众生命财产安全，事关延庆经济社会发展，各部门、各单位必须认真落实各项工作任务。要加强领导、落实责任，坚决落实好执法检查、隐患排查等重点工作。要加强宣传教育，着重提高安全意识和全民素质。要继续深入开展“安全生产年”的各项工作。

（王　丹）

【第二季度安全生产工作会】 4月15日，延庆县召开第二季度安全生产工作会，县安委会成员单位、各乡镇、街道办事处主管负责人共计76人参加会议。会议对全县第二季度安全生产工作进行了详细部署，同时对全县安全生产大检查工作和继续深入开展“安全生产年”活动进行了进一步的动员和部署，并提出了明确要求。

（王　丹）

【安全生产月动员部署会】 5月13日，延庆县召开了2010年安全生产月活动动员部署会，县安委会成员单位、各乡镇、街道办事处、重点企业的主管领导共计70余人参加了此次会议。会议对2010年的安全生产月工作提出了五点要求：一是要成立由宣传、安监、精神文明建设、教育、公安、文化、广播电视、工会、团委、妇联等部门组成的安全生产月活动组委会，制定《延庆县2010年安全生产月活动方案》；二是要求相关单位明确职责，落实责任，要结合本部门实际，有针对性地制定安全生产月活动方案；三是要精心组织、周密安排好安全生产月期间的各项宣传活动，确保活动方案的实用性、可操作性；四是要加强对各单位、乡镇、街道办事处安全生产月活动开展情况的督察工作，力戒形式主义，确保活动取得实效。五是要认真做好活动期间有关文字、照片、影音材料的收集整理工作，积极参加安全生产月活动的评优工作。

（王　丹）

【“打非”专项工作会】 为贯彻落实国务院以及北京市安委会关于集中开展严厉打击非法违法生产经营建设行为专项行动的文件精神，8月17日，延庆县召开打击非法违法生产经营建设行为专项行动动员部署会，各乡镇、街道办事处、各有关部门的主管领导参加了此次会议。会议对延庆县集中开展严厉打击非法违法生产经营建设行为专项行动进行了动员和部署。会议要求全县各单位、各部门必须提高认识，统一思想，加强领导，落实责任；县安委会要及时成立领导小组，制定工作方案，抓住重点，严厉打击；要做到统筹推进，标本兼治，注重实效；并深入加大宣传力度，营造氛围，强化社会监督和舆论监督，确保此项专项行动取得实效。

（王　丹）

【“国务院23号通知”宣贯会】 8月20日，延庆县召开会议，落实北京市安全生产电视电话会议部署的各项任务。会议强调：一是认真贯彻落实《国务院关于进一步加强企业安全生产工作的通知》（以下简称《通知》）和市政府会议精神，在全县总体层面部署好宣贯工作；二是领会《通知》精神，抓好落实，各主管部门及乡镇、街道要根据各自职责，制定落实方案，做到监管到位、责任到位、措施到位、落实到位；三是各部门进一步强化安全生产意识；四是督促企业进一步强化安全生产主体责任，结合实际推进《通知》精神的全面落实。县长李先忠要求各部门要坚持“安全第一、预防为主、综合治理”的方针，落实责任，落实监督检查和执法，逐级逐层的宣传贯彻好国务院《通知》精神。

（王　丹）

【第四季度安全生产工作会】 10月21日，延庆县召开第四季度安全生产工作和形势分析会，县安委会成员单位主管领导，部分中央、市属在延庆县单位的主要负责人共计80余人参加了此次会议。会议传达了10月18日北京市安全生产形势分析会议精神，总结了2010年前三季度安全生产工作情况，分析了当前的安全生产形势，并对下一阶段的工作任务进行了全面的部署。会议要求：一是全面推进国务院《关于进一步加强企业安全生产工作的通知》的宣传、贯彻和落实工作；二是切实将全国“安全生产年”工作抓紧抓实；三是加强供暖、供热、供电、防火、建筑施工、烟花爆竹等方面的监管监察工作；四是要求各部门、各乡镇及相关单位认真按照延庆县《关于对二级班子单位2010年度安全生产工作考核的实施方案》和综合考核细则内容落实相关工作；五是要求各相关部门要做好“打非”行动的总结工作。

（王　丹）

【“安全生产年”活动实施】 5月14日，延庆县制定下发了《延庆县安全生产委员会关于深入开展“安全生产年”活动的实施意见》，对全县安全生产年活动的总体要求、开展专项治理活动、严肃责任追究和事故查处、落实企业主体责任、落实政府安全生产监管责任、工作要求和实施步骤等六大项做出了要求。截至年底，全县各职能部门在全县范围内共检查生产经营单位5729家次，出动检查人员7346人次，下达各类执法文书1128份，共作出行政处罚930起，处罚金额64.48万元。

（苏　毅）

【集中开展“打非”专项行动】 8月16日，延庆县成立了“打非”专项行动领导小组。县安办制定下发了《延庆县关于集中开展打击非法违法生产经营建设行为专项行动实施方案》，明确了以县安全监管局、县住建委、县交通局、县国土资源分局、县市政市容委、县民防局、县公安分局、县经信委为牵头单位，以非煤矿山、危险化学品、冶金、建筑施工、普通地下室、交通运输、地下管线、烟花爆竹、民用爆炸物品为打击重点的专项工作组。8月17日，召开延庆县打击非法违法生产经营建设行为专项行动动员部署会之后，全县各部门积极组织开展执法检查工作，共检查生产经营单位6066家次，发现非法违法行为1050项，处罚883项，罚金30.13万元，取缔关闭非法生产经营建设单位3家。

（苏　毅）

【督察延庆贯彻落实“国务院23号通知”】　9月16日，市安全监管局、总工会、市政市容委、体育局相关领导组成的市安委会办公室第六督察组对延庆县安全生产工作进行了检查指导。此次督导采取听汇报、阅资料、实地检查的形式。督察组听取了延庆县安委会办公室关于贯彻落实《国务院关于进一步加强企业安全生产工作的通知》等工作情况的汇报，并对中材科技风电叶片股份有限公司进行了现场检查。市督导组对延庆县贯彻落实《通知》等相关工作给予了肯定，对今后的工作重点提出了指导性的建议。

（王　丹）

危险化学品安全监管监察

【危险化学品行政许可】　2010年，延庆县共许可危险化学品从业单位（乙类）6家，其中新取证1家，注销1家，换证4家。

（赵会鹏）

【危险化学品生产经营单位检查】　4月至5月，延庆县开展了危险化学品生产经营单位安全生产专项执法检查工作。此次专项检查工作分为自查阶段、全面检查阶段、联合检查阶段和总结上报阶段四个阶段。县安全监管局根据企业自查情况对各单位逐一进行了全面检查，共检查生产经营单位49家，其中危险化学品从业单位41家，烟花爆竹从业单位8家，共下发行政执法文书29份，其中责令改正指令书18份，复查意见书11份，发现问题32项，各企业分别对存在的问题认真进行了整改，整改率达到了100%。

（赵会鹏）

【整治违法排污企业专项行动】　2010年，贯彻落实《延庆县2010年整治违法排污企业保障群众健康环保专项行动工作方案》的工作部署，推进延庆县生态文明战略的实施，防止危险化学品从业单位发生事故造成水源中断、水体污染等突发事件，县安全监管局制定了《2010年整治违法排污企业保障群众健康环保专项行动工作方案》，加强对水源保护地范围内危险化学品生产、经营单位的安全监管，对油品储存、加油、卸油、设备设施管理、人员资质和施工安全管理等环节进行严格控制，督促企业全面落实《危险化学品安全管理条例》规定的各项监管措施和管理责任，加强隐患排查治理，落实企业主体责任，采取各项切实有效的安全保障措施，遏制危险化学品生产经营单位安全事故的发生。

（赵会鹏）

【危险化学品仓库专项执法检查】　2010年，根据市安全监管局《关于开展危险化学品储存仓库安全专项整治工作的通知》，延庆县安全监管局组织县域内有储存仓库的危险化学品从业单位召开了专题会议，会上发放了通知，并对《整治标准》进行了讲解。经统计，全县有危险化学品储存仓库的危险化学品生产经营单位共5家，其中生产企业1家，建材城1家，氧气销售单位3家。以上5家企业根据相关标准进行了自查和整改工作，并联系具有相关资质的单位进行安全评价。期间，县安全监管局多次派专人到各单位进行指导和督促，截至2010年底，有3家企业通过了安全评价。另外2家正在对危化仓库的不符合项目进行整改。

（赵会鹏）

【非经营性加油站专项整治】 根据《北京市安全生产委员会办公室关于开展非经营性加油站整治工作的通知》要求，延庆县安全监管局及时将文件转发至县域内的所有乡镇、街道办事处和经济开发区，要求在2007年非经营性加油站专项整治的基础上，再次进行全面排查。经排查统计，确定延庆县共有3家非经营性加油站，这3家非经营性加油站按照相关标准开展了自查工作，并填报的相关材料。

（赵会鹏）

烟花爆竹安全监管监察

【烟花爆竹许可】 2010年，延庆县共受理了52家烟花爆竹临时销售网点，按照公平、公正、公开的原则审查52家，许可烟花爆竹临时销售网点46家（其中：长年销售网点7家，临时销售网点39家），并做好烟花爆竹销售期间的安全监管工作。

（赵铁峰）

【烟花爆竹储存仓库安全标准化工作】 按照市安全监管局关于转发《烟花爆竹生产经营企业安全标准化考评办法（试行）》和《烟花爆竹生产经营企业安全标准化规范（试行）》的通知精神，延庆县日用杂品公司所属的烟花爆竹储存仓库完成了安全标准化的考评工作，5月5日延庆县日用杂品公司取得北京市安全监管局颁发的《安全生产标准化 二级企业》证书。

（赵铁峰）

【春节期间烟花爆竹监管监察】 春节期间，根据《延庆县安全生产监督管理局烟花爆竹安全生产检查工作计划》，在本县范围内开展烟花爆竹销售单位专项执法检查工作，重点检查内容为烟花爆竹经营许可内容与实际条件是否相符；专人、专店销售及安全管理情况；烟花爆竹存放情况；消防器材、安全标识配备情况；安全教育培训和检查情况；劳动防护用品配备、穿戴情况；烟花爆竹的品种、规格是否符合要求等。针对检查中发现的个别销售网点存在的问题，执法人员下达了责令限期改正通知书，责令立即进行了整改，确保了春节期间全县未发生烟花爆竹生产安全事故。

（刘晓丽）

安全生产事故隐患排查治理

【上报生产安全隐患排查情况】 按照延庆县隐患排查治理工作要求，县各单位积极组织开展隐患排查工作，按时上报了排查情况，并由县安办组织相关部门对上报的隐患逐项进行了核实确认，最终确定延庆县2010年度重大生产安全隐患共计2项，均为大庄科乡废弃矿山隐患治理项目。县安全监管及时拟定了《延庆县2010年度重大生产安全隐患排查报告》，并于1月份分别上报至市安全监管局和延庆县政府。

（张富清）

【隐患治理项目初审】 3月23日，延庆县安全监管局参加了由市安全监管局组织的2010年度隐患治理项目初审会议。会上，市安全监管局评审组对延庆县已经上报的大庄科乡废弃矿山隐患治理项目的图文资料进行了评审。

（张富清）

【隐患排查治理实施】 根据市安全监管局的工作部署，延庆县安全监管局按照实际情况邀请有关部门做了工程预算。根据隐患治理方案的要求，组织有关成员单位领导、技术人员，组成联合治理小组，对2项隐患治理工程进行了全面治理。

（张富清）

安全生产应急救援

【应急救援物资储备】 年初，延庆县安全监管局与县化轻公司、日用杂品公司、北京路桥瑞通养护中心十处（延庆沥青厂）、北京浩淼洪波消防设备厂4家单位签订了应急物资储备协议。并定期对4家应急救援物资储备库进行安全检查，要求各储备库的消防器材、防护服、活性炭等应急救援物资按照要求储存，实行专人管理，24小时值班，严格人员和物资的出入库管理。6月底，由于化轻公司搬家，没有库房储备原有的物资，县安全监管局将化轻公司储备的防护服、活性炭等物资合并到延庆县日用杂品公司（烟花爆竹仓库），并与延庆县日用杂品公司补签了下半年储备协议。这样由原来的4家变为3家储备库，更有利储备库的管理。

（王 丹）

【自救与互救培训】 7月7日，延庆县安全监管局全体机关干部共计39人参加了由县红十字会组织的突发事件中的自救与互救培训班，培训班主要对心肺复苏和创伤救护进行了理论讲解和动作示范，使参加培训人员对最基本的急救知识和技能有了一定的掌握和了解。

（王 丹）

【“危险化学品事故应急预案”修订】 为规范县级专项应急预案编制工作，提高预案质量，按照县应急办工作要求，2010年，延庆县安全监管局组织开展了《延庆县危险化学品事故应急预案》修订工作。

（史广清）

【生产安全风险评估工作】 根据《县突发事件应急委员会关于做好2010年全县城市公共安全风险评估与控制工作的通知》（延应急委发［2010］2号）要求，延庆县安全监管局对危险化学品和非煤矿山进行了全面风险评估和分析。根据隐患排查及以往事故处理记录，采取耳闻目睹、发放调查表的方式，对照相关法律、法规及行业标准，根据实际工作经验，判断容易发生事故隐患的部位，预测可能发生突发事件的风险可能性和风险级别。此次共评估出生产安全风险7项，其中高风险2项、中风险5项，并提出了相应的控制措施。

（史广清）

【应急救援队伍】 2010年，延庆县安全监管局依托北京玻钢院复合材料有限公司成立了危化应急救援队伍，人员达50人，配备了必要的应急装备。各应急救援队伍由县应急办统一调配，应对县域范围内的各类突发事件。

（史广清）

【重大危险源管理】 延庆县共有重大危险源50个，其中：加油站41个，油库1个、液化气充装站7个、天然气站1个。这些重大危险源主要分布在110国道两侧，及城区周边地区。在重大危险源周边有生产单位、机关团体、驻京部队、村庄、居民区、110国道、八达岭高速公路、八达岭快速路和10kv电力架空线路。重大危险源企业均成立了安全领导组织，设立专职或兼职安全管理人员。制定各级岗位责任制和各项安全管理制度。并且制定了事故应急救援预案，配备应急救援人员和必要的应急救援器材、设备，并定期组织开展事故应急救援预案演练，每年演练都不少于4次。为了便于监管，延庆县安全监管局对50家重大危险源企业都进行登记建档，建档内容主要包括：重大危险源企业名称、所在位置、重大危险源名称、安全管理人员名称及联系方式、周边环境、周边环境对危险源的影响及可能形成的灾害形式。并坚持定期对各重大危险源进行执法检查。

（史广清）

【应急管理培训】 7月26日，延庆县聘请国家行政学院钟开斌教授作题为《应急管理能力建设》专题讲座，全县应急委成员单位主管领导、办公室主任和工作人员100余人参加此次培训。培训阐述了应急管理面临的新形势、新任务和新挑战，论述了应急管理体系建设的发展历程，重点讲授了突发事件事前、事发、事中和事后全过程的管理与应对，并通过实际案例讲解了危机条件下与媒体沟通技巧知识和技能。

（史广清）

【应急救援演练】 5月21日，延庆县老年大学联合延庆社教中心举行了应急疏散实战演练。6月1日，延庆县大庄科乡黄土梁村举行了防汛避险演习。6月4日，延庆县商务委、安全监管局、公安消防大队联合在日上市场进行防火应急演练。6月11日，延庆县市政市容委各基层单位应急队伍在小张家口垃圾填埋场进行井下救援应急演练。6月22日，延庆县公路分局在香龙路K21+100处，进行应对塌方和路树倾倒状况的突发事件应急演练。6月24日，延庆县日用杂品公司在烟花爆竹仓库开展了火灾消防演练。6月29日县安全监管局和县公安消防大队组织北京玻钢院复合材料有限公司开展了事故应急救援演练。此次演练，该单位共出动50余人和一辆内部消防车。县消防大队出动两辆消防车配合了此次演练活动。演练过程中报警、疏散、伤员救护、灭火等各个环节协调有序、行动迅速、忙而不乱，达到了预期的效果。11月12日，延庆县沈家营镇组织开展火灾消防演练。11月25日，八达岭水关长城全面加强旅游景区安全生产应急救援工作，组织开展了防火应急演练。

除此之外，其他生产经营单位结合工作实际，均多次开展各项应急救援演练活动，各个加油站按照《北京市汽车加油加气站安全管理规范〈试行〉》的规定，定期进行了演练，多达160次。

（史广清）

安全生产执法监察

【年度县辖生产经营单位安全生产执法检查】 2010年，延庆县安全生产监督管理局对本县辖区内生产经营单位进行安全生产执法检查。共检查生产经营单位1510家次，完成市安全监管局下达执法工作目标的125%。共下发行政执法文书866份，查处事故隐患2319项，隐患整改率为98%。

（刘晓丽）

【节日安全生产联合执法检查】 为保障春节、两会期间的安全稳定，遏制各类伤亡事故的发生，结合《延庆县安委会办公室关于做好元旦、春节期间安全生产工作的通知》（延安办发［2009］29号）要求，县安委会制定并下发了《延庆县安全生产委员会关于2010年春节前安全生产大检查工作方案》，成立了联合检查领导小组，此次安全大检查分为自查、分组检查、抽查、总结四个阶段。其中抽查阶段由县领导及牵头单位主要负责人带队，分成11个检查组，对全县范围内的商市场、餐饮服务、危险化学品企业、烟花爆竹销售、交通运输、娱乐场所、文化教育、建筑企业、工业企业、旅游景区、宾馆饭店、民俗村、医疗机构等生产经营单位进行安全检查，中央、市属在延庆县单位进行自查，各乡镇及街道办参与行政区域内的检查。全县共出动执法检查人员1100余人次，检查生产经营单位107家，共查出问题隐患84项，下达执法文书43份，其中强制措施决定书2份，责令改正指令书、现场检查通知及复查意见书41份，针对检查中发现的隐患，检查组现场进行了纠正，对于当时不能立即整改的，检查人员对其下达了责令改正指令书，要求其限期进行整改，及时消除安全隐患。

（王　丹）

【“两会”安全生产保障】　延庆县安全监管局组织制定了“两会”期间安全生产检查工作计划，成立了“两会”专项检查工作小组，按照计划每天出动多个检查组对县域内的危险化学品、烟花爆竹、建筑施工、旅游景区、星级宾馆饭店等人员密集场所和重点工业企业进行了检查，确保了两会期间全县平安稳定。

（刘晓丽）

【中秋、国庆前安全生产联合执法】9月份，按照延庆县委、县政府和县安委会《延庆县2010年中秋节和“十一”黄金周安全生产大检查工作方案》要求，全县各职能部门、各乡镇在开展企业自检自查的基础上，由相关职能部门牵头，分为10个检查组在全县范围内开展安全生产联合检查。全县共出动执法检查人员1200余人次，检查生产经营单位134家，下达行政执法文书42份，查出问题隐患275项，隐患整改率达到100%。

（赵　雨）

【国庆节假期安全生产执法监察】10月1日至7日，延庆县安全监管局共检查生产经营单位42家，出动检查人员41人次，检查车辆14车次。检查单位主要以商场超市、旅游景点等人员密集场所及加油站等危险化学品生产经营单位为主。检查的主要内容包括节日期间各生产经营单位的值守情况、岗位人员配置、节日活动方案、应急预案的制定和演练情况等。

（赵　雨）

【中国赛车直线公开赛北京站安全生产保障】　10月3日至6日，延庆县安全监管局对2010年中国赛车直线公开赛北京站的比赛现场执法检查和值守应急工作，确保了比赛圆满完成。

（赵　雨）

【开展全县安全生产大检查】　4月9日，延庆县安委会办公室制定下发了《延庆县安全生产委员会关于立即开展安全生产大检查工作的实施方案》（延安发［2010］3号），确定4月初至5月底在全县范围内开展安全生产大检查工作。5月初，各行业主管部门、各乡镇在企业开展自查的基础上，对本辖区、本行业（领域）安全生产进行全面检查，对事故易发、频发、多发的企业和行业（领域）进行重点检查。活动期间，全县成立各类安全检查组333个，出动检查人员2717人次，监督检查生产经营单位3704家次，下达各类执法检查文书518份，发现各类隐患1580项次，经济处罚金额21.505万元。

（王　丹）

【对乡镇、开发区工业企业集中执法检查】　延庆县安全监管局从4月开始，对15个乡镇和2个经济开发区开展集中执法检查。共检查生产经营单位 162 家次，查出各类问题隐患 224 项次。到期复查时生产经营单位对 220 项问题隐患进行了整改。隐患整改率为 98%。检查发现的主要问题是工人未正确穿戴劳动防护用品、无员工培训记录、安全生产规章不健全等问题。

（刘晓丽）

【在施工地安全生产监管监察】 2010 年，延庆县安全监管局会同延庆县建委采取多项措施，加强县域内施工工地安全管理工作。一是强化安全意识，明确安全责任。组织执法人员进入建筑工地施工现场宣传安全法规，强化县域内建筑施工单位管理人员和施工人员的安全意识，让每个施工人员都对安全事故提高警惕，从而避免安全事故的发生。并要求施工单位采取切实可行的方法，消除死角和盲区，及时排除事故隐患，确保生产安全。二是制定安全防范措施，狠抓贯彻落实。针对当前建筑施工安全生产工作存在的问题和薄弱环节，检查组要求各施工单位和工地必须健全安全责任制，建立并完善各项规章制度，配备安全专职负责人，做到责任到岗、到人。各施工单位和施工人员必须全面掌握安全生产常识，全力保障安全生产。三是加强安全监察，确保安全施工。检查组重点检查责任制是否落实，施工现场项目经理、安全员是否到岗到位，相关人员是否持证上岗，起重机械等设备是否有专人管理、是否经检验检测，脚手架、防火设施等是否符合要求，施工人员的安全防护设施是否到位、穿戴是否规范。对存在安全隐患的建筑工地检查组及时对其进行了指正，并责令其限期整改。同时督促各建筑工地进一步落实好本单位隐患自查自改工作。

（刘晓丽）

【中小学校舍加固工程专项执法】 县安全监管局按照延庆县校舍安全工作会议精神，加强对中小学校舍加固施工单位的监管力度，联合县建委多次对全县所有中小学校舍抗震加固施工现场进行安全生产大检查。共检查建筑施工单位 70 家次，查处问题隐患 258 项，下发行政执法文书 56 份。执法人员对存在问题单位分别下达了责令改正指令书，责令其对存在问题要举一反三的进行整改，并且在整改期间要做好各项防护措施，确保安全生产。

（刘晓丽）

【机械行业专项执法】 根据《2010 年北京市安全生产执法检查计划》的相关要求，延庆县在全县范围内组织开展机械行业企业的安全生产大检查。执法人员于 10 月会同属地乡镇和工业开发区对机械行业企业进行了全面检查。共检查生产经营单位 18 家（有 5 家停业）。查出各类隐患问题 64 项次，下发责令改正指令书 18 份，整改复查意见书 13 份。按照期限进行复查时，存在隐患问题的单位都在规定的时限内对存在的隐患问题进行了整改，隐患整改率为 100%。

（刘晓丽）

【乡镇、街道委托执法工作】 依据《延庆县人民政府办公室转发县安全生产监督管理局关于进一步加强乡镇、城镇办事处安全生产监管工作方案的通知》（延政办发［2009］49 号），县安全监管局制定并下发了《2010 年安全生产监管委托执法工作计划》，要求县各乡镇、街道积极组织开展好委托执法工作。全年，各乡镇检查生产经营单位共计 341 家次，发现问题隐患 287 项次，下发执法文书 188 份：其中现场检查记录 73 份，责令改正指令书 102 份，整改复查意见书 13 份。

（王　丹）

职业安全健康

【粉尘与高毒物品危害治理专项行动】 2010年，根据《延庆县粉尘与高毒物品危害治理专项行动工作方案》的整体工作部署，延庆县安全监管局会同县卫生局、人保局和总工会积极组织开展了延庆县粉尘与高毒物品危害治理专项行动。

（闫云峰）

【粉尘与高毒专项行动部署】 1月13日，延庆县安全监管局组织县卫生局、人保局和总工会，召开延庆县粉尘与高毒物品危害治理专项行动协调会。会上由4部门共同讨论通过了《延庆县粉尘与高毒物品危害治理专项行动工作方案的通知》，并确定了全县37家粉尘与高毒物品使用单位。1月27日，由4部门组成的延庆县粉尘与高毒危害治理专项工作领导小组共同组织全县15个乡镇，2个经济开发区、3个街道办事处以及37家粉尘、高毒重点单位召开了延庆县粉尘与高毒危害治理专项行动工作部署会。会以就专项治理工作目标、任务、要求等进行了部署。

（闫云峰）

【粉尘与高毒专项行动前期指导】 3月初，由延庆县安全监管局牵头，卫生、人保和工会4部门组成联合指导服务小组，历时一个半月时间，对37家重点整治单位逐一开展指导和服务。此次联合指导工作主要目的是为了了解企业自查整改工作的进展情况，掌握企业存在的问题、隐患，为企业提供技术支撑，解决企业存在的问题和难点。

（闫云峰）

【粉尘与高毒企业执法检查】 7月，延庆县专项整治小组多次对37家粉尘高毒企业进行执法检查，下发责令改正指令书33份，查出各项问题隐患181项，对3家单位进行了行政警告，经过复查，企业对各项隐患整改积极，能按照要求进行整改，部分问题不能及时整改的也采取了相应的防护措施，制定了整改计划和方案，并依照计划开展整改。

（闫云峰）

【职业危害因素检测】 按照职业危害因素检测目标，延庆县有26家单位进行了职业危害因素的检测，11家单位进行了职业危害“三同时”的预评价和控制效果评价工作，检测率达到了100%。37家被检测单位中，除个别机械加工和家具制造企业噪声或面部紫外线辐射超标外，其他物理因素和化学因素检测结果均达到职业危害因素允许接触限值。现职业危害因素超标企业已经采取了措施，为工人购买了耳塞，更换了不合格的焊工焊帽，加强了对个人的个体防护。被检测单位中，3家单位噪声或面部紫外线辐射超标，其他全部合格，职业危害因素检测合格率达到了91.8%，圆满完成了工作任务。

（闫云峰）

【部署有限空间专项治理工作】 2010年，延庆县安委会办公室制定了《延庆县有限空间安全生产专项治理工作方案》自4月份开始在全县范围内开展有限空间专项治理工作。此次专项检查由县安办成立专项领导小组，全面排查有限空间作业单位数量，建立详实台帐；加强重点行业领域和重点单位的检查，重点检查物业管理企业、环卫、污水处理、市政工程建设、燃气、热力、电力、通信、广电等重点单位；全面排查有限空间作业单位安全生产隐患，整顿规范一批作业单位，处罚一批安全生产违法行为，关停一批不具备安全生产条件的作业单位。

（闫云峰）

【有限空间专项治理协调会】 4月21日上午，延庆县安全监管局组织县发改为、县市政管委、县住建委、县水务局、县广电中心、供电延庆分公司、歌华有线公司、联通延庆分公司召开了延庆县有限空间作业安全管理协调会。会上对此次专项工作进行了再强调、再部署，通过此次会议的召开进一步推进了延庆县有限空间专项治理工作的开展，为延庆县有限空间专项治理工作奠定了坚实基础。

（闫云峰）

【有限空间专项排查】 按照《延庆县有限空间安全生产专项治理工作方案》要求，全县各部门迅速行动，派专门人员对有限空间作业单位和有限空间数量进行核查，经摸底排查，确定全县有限空间作业单位33家，其中燃气行业3家，热力行业1家，环卫中心1家，市政工程建设单位1家，污水处理厂1家，电力行业1家、广播电视行业1家，通信行业1家，物业管理企业23家。经统计，全县有限空间主要有：贮罐、车载槽罐、反应釜、冷藏箱、锅炉以及压力容器等密闭设备923台，管道、烟道等密闭空间46790米，地下有限空间中，地下管道379892米，污水井4814个，雨水井5605个，沼气池143个，化粪池974个，地上有限空间中，发酵池419个，垃圾站157个，冷库81个，粮仓238个。

（闫云峰）

【有限空间专项治理成果】 2010年，延庆县在开展专项整治过程中，各单位排查各类隐患，抓紧整改。完善了有限空间作业的安全生产责任制，制定了有限空间作业的安全操作规程，健全了有限空间事故应急救援预案，并开展了应急演练。整治期间，各单位共投入整改资金78.6万元，新购进有害气体检测设备11台，大功率通风设备4台，全面罩正压空气呼吸设备和长管送风呼吸设备8套，警示标志牌300余套及部分应急救援设备器材，组织相关作业人员、监护人员110余人参加了有限空间安全生产教育培训，县安全监管局发放有限空间安全生产教育培训视频光盘67张，相继转发市安全监管局关于有限空间作业场所安全生产工作相关文件通知8个，使全县有限空间作业安全生产工作水平和能力得到了极大的改善和提高。

（闫云峰）

安全生产宣传培训

【举办各类安全生产培训班】 2010年，延庆县共组织举办各类安全生产知识培训班16期，参加培训的人员包括各乡镇安全检查员、生产经营单位主要负责人、安全管理人员及从业人员共计1291人。

（史广清）

【乡镇、街道安全生产培训】 8月25日，延庆县举办乡镇、街道安全生产检查员培训班，各乡镇、街道办事处32名初任安全生产检查员的人员参加了此次培训。培训班上，由县安全监管局根据《北京市乡镇街道安全生产检查员培训大纲》相关规定，分别从安全生产执法检查文书填写及检查注意事项、现代安全生产管理知识、高危行业安全执法检查工作、职业卫生安全执法检查等方面进行了培训。此次参加培训的安全员于9月9日参加了市安全监管局组织的乡镇街道安全生产检查员资格考试，并考试合格，取得了《安全生产检查员证》。

（史广清）

【特种作业培训】 2010年，延庆县安全监管局共举办特种作业培训班47期。培训特种作业人员1710人。其中：低压运行维修取证的340人、高压运行维修取证的99人、焊工取证的105人；低压运行维修复审的454人、高压运行维修复审的460人、焊工复审的252人。

（赵　雨）

【烟花爆竹安全生产培训考核】 根据《北京市烟花爆竹经营许可实施办法》，结合全县2011年元旦、春节烟花爆竹销售工作安排，延庆县组织开展2010年烟花爆竹零售单位主要负责人安全资格考试报名工作，共计49人通过了资格审核，参加了安全资格考试。

（苏　毅）

【举办安全生产大型公开课】 8月13日，延庆县组织举办了以“传播安全文化，共享安全知识”为主题的安全生产大型公开课。各乡镇、街道办事处、县住建委、县市政市容委、县商务委、县水务局等28个单位的主管领导、安全检查人员，以及县内部分重点企业主要负责人、安全管理人员，共计240余人参加了此次公开课。

（王　丹）

【“防灾减灾日”活动】 5月12日，全国第二个“防灾减灾日”，延庆县在妫川广场设立主会场，在15个乡镇和3个街道设立宣传站，举行防灾减灾日宣传活动。有关部门通过设置展板、发放宣传材料和展示消防器材等形式宣传了防灾减灾知识。

（史广清）

【法制巡回展活动】 1月22日上午，延庆县综治办牵头、县安全监管局等相关部门共同举办了法制巡回展活动。县安全监管局利用此次活动契机，对安全生产法、地下空间及人员密集场所相关的安全生产知识进行了宣传，共发放宣传画、知识读本、宣传折页等资料500余份，受教育群众达2000余人。

（王　丹）

【旅游服务质量提升年宣传活动】 3月27日，延庆县旅游局、八达岭旅游总公司等部门开展了以“品质伴你行，满意在北京”为主题的全国旅游服务质量提升年延庆宣传咨询日活动，县安全监管局、工商、城管、消防、公安、司法等10个职能部门和全县50余家旅游企事业单位的代表参加，宣传活动在风景秀丽的八达岭水关长城脚下隆重举行，此次活动面向广大游客介绍防范旅游低价陷阱、理性消费、依法维权方面的注意事项以及人员密集场所应急救援、自救逃生等安全方面的常识，来自全国各地的2000余名游客进行了旅游咨询，共计发放宣传材料近两万份。

（王　丹）

【安全生产月活动】 6月份，延庆县按照市《2010年北京市安全生产月活动方案》部署，制定了《2010年延庆县安全生产月活动方案》，成立了活动领导小组，制定了一系列宣传月活动的具体内容和安排。6月13日在县中踏广场开展咨询日活动，摆放各类宣传展板，悬挂横幅及各种宣传彩旗，部分安委会成员单位主管安全的领导共计30余人参加了此次咨询活动。县安全监管局会同教委、民防局、旅游局、质监局、交通大队、消防大队、卫生监督所等单位在安全生产知识、人防安全、旅游出行、特种设备使用、交通安全、消防安全、职业病防治等方面进行了宣传，并将各类宣传材料发放到过往群众手中，广泛深入的普及与人民群众生活密切相关的各类安全方面的基本常识。与此同时延庆县各乡镇、各单位共设宣传站38个，发放宣传挂图、各类折页等宣传资料6.2万余份。

（王　丹）

【安全生产“四进”普法宣传活动】 安全月期间，延庆县安全监管局积极组织开展了安全生产“四进”活动。即：安全知识进工地——使工作在建筑施工一线的职工了解安全生产的重要性，避免违规操作和危险作业，同时加强从业人员自身处置突发事件和自救互救的能力；安全知识进企业——提高生产经营单位从业人员安全意识和应急处置能力；安全知识进人员密集场所——在延庆县恒生市场设置宣传站，重点对突发事件应急逃生、火灾知识、公共安全等进行了广泛的宣传；安全知识进社区——在香水园街道的川北西区设置宣传台，向社区居民发放宣传材料，同时利用社区宣传栏、宣传橱窗等载体，开展安全生产普法宣传。

（王　丹）

【组织参加安全生产巡回演讲】 8月31日，延庆县组织参加安全生产巡回演讲活动。此次演讲活动由延庆县安全监管局、总工会、旅游局、商务委联合承办，全县范围内的旅游景区、宾馆饭店、商场超市等人员密集场所生产经营单位的职工共计200余人参加了此次活动。

（王　丹）

【“国务院23号通知”宣贯】 8月30日至9月3日，为全县《国务院关于进一步加强企业安全生产工作的通知》宣传周，9月3日，是全市确定的宣传日。延庆县在中踏广场设立《通知》宣传日分会场，副县长刘兵、县委宣传部、安全监管局、住建委、文委、商务委、农委、旅游局、卫生局、交通局、质监局、广电中心、新闻中心、交通大队、消防大队等安委会成员单位主管安全的领导共计30余人冒雨参加了宣传。与此同时，延庆县各乡镇、各单位共设宣传站28个，悬挂横幅54条，共发放《通知》读本、宣传挂图、各类折页等宣传资料1.3万余份，各单位充分借助电子屏幕发布宣传口号20条，受教育人数达2万余人。

（王　丹）

安全生产法制建设

【行政执法职权梳理】 2010年，延庆县安全监管局结合本单位自身职责，对照所执行的法律、法规、规章和本部门的“三定”规定，进行了梳理、归纳，经逐一审查确认，列举出行政执法主体、行政执法依据和每项具体行政执法职权及其依据的条款。县安全监管局行政执法主体执行的现行有效的法律、法规、规章共计33部；具体行政执法职权共223项，其中行政处罚215项，行政许可3项，行政强制5项。

（赵会鹏）

【建立健全依法行政配套制度】 2010年，延庆县安全监管局重新修订和完善了行政许可事项公示制度、听证制度、行政执法监督检查制度、行政执法过错行为责任追究制度和政务公开等一系列行政执法相关配套制度，通过制度的落实，确保了行政执法工作的规范性。

（赵会鹏）

【烟花爆竹行政许可联动配合机制】 2010年，延庆县安全监管局根据历年烟花爆竹现场审核和行政审批的工作经验，对提出烟花爆竹经营许可申请的单位，联合公安、消防、城管、工商等有关职能部门进行联合现场审查，并分别在联合检查表中签署意见，建立了烟花爆竹行政许可的联动配合机制，有效提升了烟花爆竹许可工作效率。

（赵会鹏）

企事业单位、社会团体安全生产工作

首钢总公司

2010年，首钢保持安全生产稳定局面，实现了杜绝死亡、重伤事故的目标。全年发生轻伤事故36起，轻伤38人，千人负伤率为0.536，工伤总人数同比下降11.63%，并实现了首钢北京地区钢铁主流程安全经济稳定停产。

“十一五”期间，首钢千人死亡率、千人重伤率、千人负伤率分别比“十五”期间下降了39.5%、86.9%和27.2%，伤亡人员总数同比减少63%。

[贯彻“国务院23号通知”精神　夯实管理基础] 首钢对“国务院23号通知”进行了传达；举办了专业系统宣传贯彻培训班。《首钢日报》、首钢电视台等加强宣传。下发学习宣讲材料，开展主题宣传日活动和全员考试，征集落实企业安全生产主体责任建议。按照《通知》精神，对现有安全生产规章制度进行全面清理，新增、修订《领导现场带班管理暂行办法》、《安全生产责任制》等16项安全专业制度，并对贯彻执行情况进行全面检查。

[科学统一指挥　实现安全停产] 切实将安全工作放在首位，坚持科学统一指挥，周密组织，逐项确认，实现北京厂区钢铁主流程“安全经济稳定”停产。总公司成立了以王青海总经理为组长的安全停产领导小组和各个层次的工作小组，周密细致地制定、落实停产安全工作方案和分系统、各环节相关措施。全面修订规程、制度，共修订、新增规制95项931条，完成21120人次停产操作人员的培训并考试合格。加强隐患排查治理，强化对重大危险源、危险化学品、特种设备的管理监控，确定了易燃易爆、有毒有害、放射物品等241个风险点，制定了处置措施和应急预案，组织专家逐一审核把关。建立风险点台账，按照停产进程，逐一检

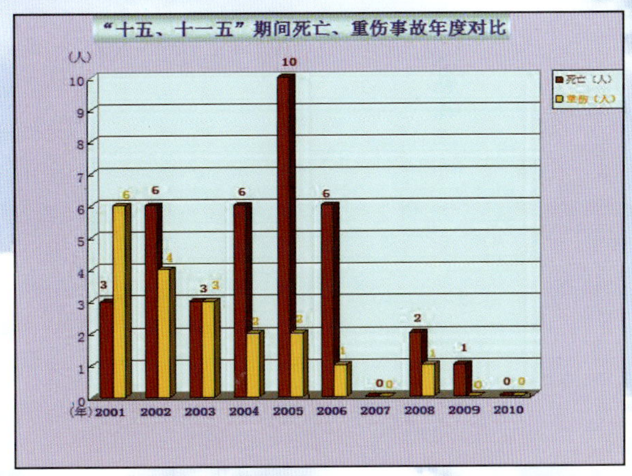

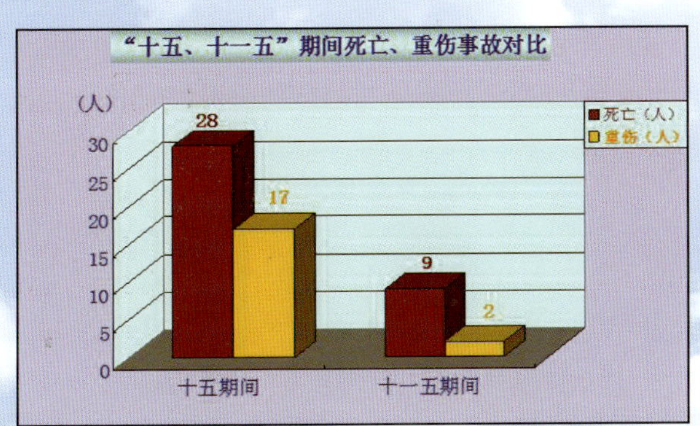

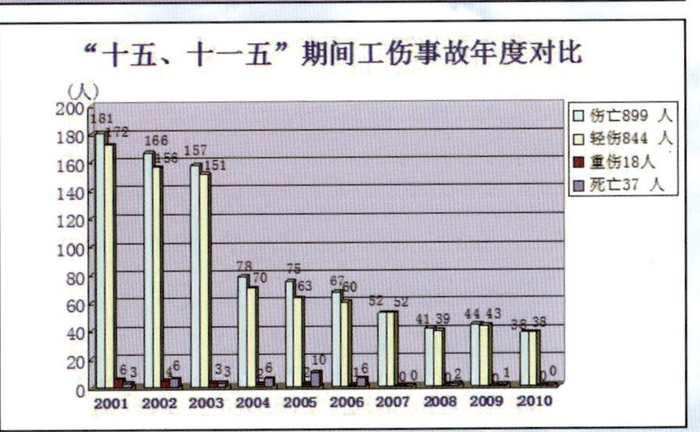

首钢总公司举办职业健康培训班。

首钢总公司开展安全宣传日活动。

查确认停产、处置情况。

首钢北京厂区于2010年12月31日实现全部停产。停产期间共进行停产操作约38600项，特别是在工业煤气系统共卡装煤气盲板182块，停产退出运行并吹扫合格煤气管线70482米、8万立方米干式煤气柜2座、排水器621个，组织对391个检测点进行了检测，全部合格。

为确保首钢北京厂区设备设施拆迁等工作顺利进行，下发了《关于加强停产安全保障工作的通知》，明确了单位和领导责任，组织各相关单位行政一把手签订了《首钢北京厂区停产处置安全生产保证书》，做到绝不给设备设施拆迁、新园区建设留下隐患。

[强化隐患排查和专项整治] 坚持日常检查与联合检查相结合，全面检查与重点检查相结合，常规检查与专项检查相结合，加强全方位、不间断的安全生产检查、隐患排查整改工作。对排查发现的冷轧镀锌薄板厂冷却水塔塔身部分护板与主体构件脱离、焦化厂熄焦水罐罐底腐蚀、二炼钢厂210号天车梁出现裂纹等3项市级挂账隐患，投入157万元进行整改，通过了上级安全主管部门验收。全年首钢各单位共查出各类隐患、问题4810项，全部落实整改。

结合季节特点，在汛期前对非煤矿山的作业面开采方式、边坡稳定性、防洪措施，机械设备、电气设备安全运行等情况进行全面检查。组织对北京厂区32条共3656米输送危险化学品介质的地下管道进行排查，做好标识。组织特种设备专项检查，共检查特种设备7244台次、压力管道183公里；对3089台特种设备进行了定期检验，确保全年特种设备事故为零目标的实现。

[强化安全教育培训工作] 编发“安全学习材料”、《首钢安全》等班组学习材料约35900份，制作《不能忘却的警示》事故案例教育片，组织全体职工收看，并荣获国家安监总局《首届中国安全生产电视作品大赛》优秀奖。组织万余名职工参加《全国职业安全健康知识竞赛》，获“优秀奖”。开展特种作业和特种设备作业人员培训工作，共培训11328人，新取证8411人。

首钢总公司召开安全生产大会。

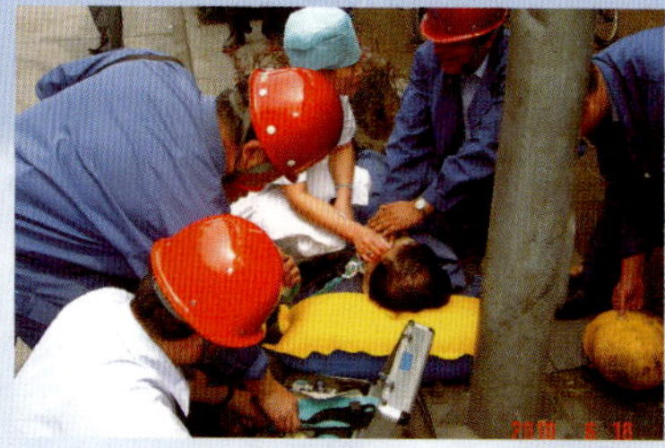

2010年安全月期间二炼钢厂开展应急救援演练。

首钢总公司领导与所属单位签订安全生产责任状。

北京金隅集团有限公司

2010年，金隅集团公司安全生产工作，以“平安金隅年”为主线，以安全生产标准化活动为载体，创新工作思路，强化责任落实，广泛开展宣传教育活动，加强安全检查，加大奖惩考核力度，全面落实集团公司各项任务要求，确保了“平安金隅年”工作目标的顺利实现，为集团经济快速发展，创造了安全稳定的环境。

[实施责任制签约，落实各级责任] 为细化落实2010年安全管理工作任务，夯实“平安金隅年”创建基础，金隅集团将安全生产责任进一步分解和细化，与71家单位签订了《2010年安全生产和保卫目标管理责任书》；与在京61个单位签订《烟花爆竹安全管理责任状》；在各单位中层层签订责任书，签约率达到100%，使安全工作做到了纵到底、横到边，职责清、任务明，责任到岗。

创新安全管理，推动预防机制不断完善

2010年年初，金隅集团对年度安全生产工作方案进行了研讨，认真分析了股份公司上市及集团快速发展、管理对象不断变化给安全生产工作提出的新任务和新要求，本着当务之急和长久之计相统筹的原则，突出预防机制建设。年内，金隅集团先后制定和完善了事故报告和调查处理报告等一批制度；在国务院23号文颁布后，组织各单位认真对照相关新要求，对有关制度进行了重新修订和确认，确保安全责任全面覆盖；在6月份组建成立了30名企业人员组成的内部专家队伍，开展专项检查和管理的审计工作。

[加大隐患排查力度，确保各项整改措施落实到位] 为落实企业主体责任，金隅集团各级领导在不同时期，采取不同形式参与到安全管理中来，先后在春节等重要时期组织并参加了多次领导带队检查等活动。在日常管理中，还充分发挥专项检查和企业安全检查组的作用，针对四季、重要时期特点和各单位的安全管理重点，认真组织实施。年内，在各类检查中共提出整改和完善意见460余项，各单位针对检查出的隐患均采取了积极认真有效的整改措施，使安全保障更加有力。

[继续推进安全生产标准化建设，提升

规范化管理水平］年内，金隅集团又有4家单位被市安全生产监管局公布获得达标企业称号，累计有13家单位通过了市级标准化达标。2010年度，集团公司共41家单位完成了年度自评工作，通过逐年的工作滚动，安全管理的规范水平不断得到提升。在此基础上，集团充分利用管理资源和经验，组织专家组对部分外埠等单位开展了标准化复评工作，收到了良好的工作效果，使安全生产标准化工作逐步成提升安全管理水平的重要手段。

［严格监管，确保锅炉压力容器等特种设备的安全运行］2010年，集团公司按计划扎实推进相关工作，全年在京单位共进行锅炉内外部检验226台，水压试验20台，压力容器全面检验171台，电梯检验1020部，管道全面检验7300米。外埠单位对440余台设备进行检验检测，确保了设备的安全稳定运行。

［提升安全意识，有针对性地开展宣传教育培训］2010年，金隅集团分期举办了安全生产标准化、消防、特种设备、交通、等专业培训，组织了安全生产大型公开课，聘请国家级专家学者讲课。年内，集团公司利用自身资源共计开展了1940人次的电工、焊工等复审、取证工作和1000人次以上的专业培训，通过培训，使培训对象提高了工作技能。

2010年，金隅集团安全生产工作得到了有关部门的肯定，集团公司和所属单位获得了多项荣誉和奖励。

市安全监管局领导检查金隅集团安全生产现场。

北京金泰集团有限公司

北京金泰集团有限公司是由北京京煤集团有限责任公司全资控股的国有企业集团，前身是北京金泰恒业有限责任公司，2001年由原北京市煤炭总公司改制而成。金泰集团公司注册资金8.42亿元，权属单位18家，2010年实现营业收入53.98亿元，资产总额53.18亿元。经营范围涵盖燃料流通、交易型物流、汽贸物流、旅游饭店、物业经营、厨房设备经营、节能环保技术产品等多种业态，共有经营网点340多处，覆盖北京全市区域。

随着公司的不断发展和壮大，以建设卓越的现代城市服务业运营商为企业发展目标。做好安全工作是企业生存与发展的基础和重要保障现已是公司上下共识。金泰公司的安全工作在各级党政领导的高度重视和组织领导下，始终坚持“安全第一、预防为主、综合治理”的指导方针，坚持以人为本，安全发展的思想理念，牢固树立“安全大于天”、“发展是大事，安全更是大事”的思想观念。通过不断加强单位安全工作主体责任和逐级安全稳定责任制和管理措施的落实，全面提升全员的安全素质和责任意识，确保了公司多年来未发生各类安全生产事故，实现了重大安全事故“零”指标，为公司的战略发展营造了良好的内部安全环境。

[建立并坚持安全办公例会制度] 为落实单位安全工作主体责任，做到安全工作常研究、常部署，常检查、常考核，公司和各权属单位均建立并执行了每月召开一次由党政主要领导主持的安全办公例会制度。真正形成单位内部安全工作自我管理、自我检查、自我整改、自我完善的工作机制，承担起单位安全工作主体责任。

[建立并坚持安全检查、隐患排查工作机制] 公司级检查、抽查。公司领导班子成员每月到分管联系单位检查指导，公司安全保卫部每周到各单位进行检查或重点抽查；片组互查。公司18个权属单位，分成三个片组，每半个月一个片组组织一次互查活动。单位自查，按规定单位均坚持三级安全检查、排查制度，落实逐级检查责任制，做到单位每月、部

金泰大厦中控室。

金泰集团油库应急队伍集结待发。

门每周、班组每日至少进行一次安全检查。通过坚持逐级安全检查和隐患问题的及时整改解决，单位内部的安全环境不断改善，安全系数不断提高。

［加强安全防范力度，实现防范“三位一体”］随着近几年公司的不断发展，安全工作在原有的人防、物防的基础上，不断提升技术防范水平，实施科技兴安。通过努力，全公司重点安全单位、重点生产、重点防火、防范部位基本实现技防设施的配置达标，到目前全公司共有电视监控系统411个，火灾自动报警系统77个，火灾自动灭火系统55个，防火排烟系统98个，有温感探头4466个，烟感探头1.5万余个。通过技防水平的不断提高，安全防范工作基本达到了人防、物防、技防“三同时”，做到“三位一体”，整体的综合防范能力不断增强。

公司在经济发展的同时，未忽视安全发展。不断加大安全资金的投入，改善安全生产条件，营造良好的安全环境。公司领导一再强调安全发展要与经济发展同步，安全工作要适应经济发展的保障作用，安全资金的投入必须得到保证。安全资金，特别是安全设施和隐患整改资金的投入，近几年来不断增长，公司安全资金投入2007年120余万元，2008年150余万，2009年近200万元，2010年达近300万元。2011年各单位做安全预算累计安全资金的预计投入总计1369万元。

根据单位的经济结构和经营业态的不断变化，为加强安全质量标准化建设，规范安全管理，公司于2009年和2010年先后制定颁发《北京金泰集团有限公司安全技术标准》和《北京金泰集团安全保卫规章制度汇编》，并组织了贯彻实施，对加强安全管理的规范化、标准化、制度化起到了很大的推动作用。

金泰集团燃料公司中油蓝天油库灭火演练。

北京京仪集团有限责任公司

2010年，京仪集团坚持“安全第一，预防为主”的方针，坚持“以人为本”的科学发展观，妥善处理好经济发展与安全生产的关系，贯彻落实安全生产责任制，加强安全生产监督检查，强化安全生产宣传教育，组织开展安全生产各项工作，使全系统全年安全生产形势继续保持了良好的状态。全年未发生重大伤亡事故，从而实现了全系统“十一五”期间未发生死亡及重伤以上生产安全事故，为京仪集团公司全面完成“十一五”规划目标创造了良好的安全稳定环境，也为“十一五”期间安全生产工作画上了圆满的句号。

[开展安全生产标准化工作] 京仪集团公司把安全生产标准化工作作为全系统2010年安全生产工作的重点工作。认真部署，精心组织，积极推动全系统 安全生产标准化工作的全面开展。为保证安全生产标准化工作的开展，京仪集团制定并下发了《开展安全生产标准化工作指导意见》和《创建安全生产标准化达标企业检评标准》，对下属单位开展安全生产标准化工作进行指导。各单位认真贯彻落实集团公司的部署，结合企业安全生产工作的实际，制定工作方案。加强组织领导，将工作分解落实到各个部门，充分调动和发挥企业各部门的力量，积极推进安全生产标准化工作。开展自评工作，找准工作中存在的问题和不足，采取措施整改，消除企业安全生产工作中存在的问题和隐患。对存在的问题，提出解决方案，督促有关部门实施整改，保证了安全生产标准化创建工作的稳步推进。2010年末，京仪集团公司已有10户企业通过了集团公司安全生产标准化达标企业的检评验收。2010年京仪世纪公司、京仪椿整公司还通过了丰台区安全生产标准化的考评，成为区级安全生产标准化达标企业。

9月20日，京仪集团贯彻“国务院23号通知”专题培训会议。

京仪集团公司党委书记、董事长侯子波到生产一线检查安全生产工作，了解企业安全生产情况。

京仪集团员工开展消防演练。

[开展安全生产检查，排查整改安全生产事故隐患] 2010年，京仪集团公司进一步加强了安全生产检查工作，组织全系统在节日和全国两会期间，安全生产月期间，等重点时期开展安全生产大检查。明确检查重点和检查要求。在全系统安全生产大检查期间，集团公司领导带队进行检查，领导班子成员各负其责，深入到企业一线进行检查，指导和督促企业搞好安全生产工作。

京仪集团公司将安全生产事故隐患排查治理工作作为安全生产工作的重要任务。2月，集团公司组织全系统集中开展了一次安全生产事故隐患排查整改工作。督促指导各单位开展安全生产事故隐患排查治理工作。各单位按照京仪集团公司的部署，加大安全隐患排查力度，逐项制定整改措施和整改计划，筹措资金进行整改。

[加强安全生产宣传教育，提高安全生产意识] 组织开展了“安全生产月”活动。成立以总经理为组长、党委副书记、副总经理、工会主席为副组长、党政工团有关部门负责人为成员的“安全生产月”活动领导小组。结合系统安全生产实际情况，确定了活动的重点和要求，提出了全系统开展安全生产月活动的安排计划和要求，对安全生产月活动进行了部署，组织各单位安全生产月活动。

京仪集团员工开展消防演练。

北京电子控股有限责任公司

2010年，北京电子控股有限责任公司（以下简称“电控公司”）继续坚持“安全第一、预防为主、综合治理”的工作方针，全面落实安全生产责任制，全力防范事故发生，各项工作取得良好成效。全年未发生大的安全生产事故，有力地促进了各项经济工作的开展，实现销售收入180余亿元。

[安全生产组织领导工作] 电控公司领导始终关注和支持安全生产工作，经常深入到重点企业的生产一线进行安全生产检查，分管领导、分管部门按照相关规定进行定期和不定期检查。重点时期、重要会议、重大节假日期间，圆满完成市政府、市国资委下达的各项安全生产工作要求。

安全生产责任制。2010年，按照 “谁主管、谁负责”、“谁审批、谁负责”的原则，层层分解落实安全生产责任。电控公司通过与各二级单位《2011年目标责任书》，对安全生产目标提出明确要求，全面落实安全生产的生产经营单位企业主体责任、部门责任及领导的责任，提高了各级抓安全生产工作的自觉性和责任感。同时电控公司责成各二级单位将目标责任层次分解，层层落实，同各单位领导的薪酬挂钩，实行一票否决制。

[安全生产标准化] 电控公司启动安全生产标准化工作，提出了2015年全部达标的目标。2010年北京宇翔电子有限公司通过了系统内的“安全生产标准化”验收工作。

[安全生产应急管理] 电控公司不断完善企业的安全生产应急管理工作体制和机制，企业进一步完善安全生产应急预案，。保证企业发生的安全生产事故第一时间反馈到相关领导、相关

北京电子控股集团有限责任公司对员工进行安全生产培训。

部门，对安全生产事故及时处置，切实做好安全生产的应急管理工作。

[安全生产宣传教育] 电控公司充分利用好系统内的各种媒体，宣传安全生产工作，使安全生产意识深入人心。利用“安全生产月”活动，在全系统开展各种活动，树立安全理念，普及安全生产法律法规和安全知识，弘扬安全文化，营造安全生产舆论氛围。组织各企业参观学习系统内的安全生产工作先进单位，互动交流，通过典型引路，以点带面，进一步推进安全生产工作。安全生产主管部门同电控公司法务主管部门密切配合，将安全生产法律知识的学习纳入到“五五普法”活动中。

[特种作业人员持证上岗] 电控公司开展特种作业人员和安全管理人员培训，保证了重点岗位持证上岗率达到100%。坚决禁止无证上岗。

[重点项目全过程安全管理]针对电控公司在建工程项目多，重点工程多的特点，重点抓了京东方8.5代线项目安全工作的检查，督促建设单位切实履行安全生产主体责任，督促施工方做好全过程的安全管理工作，有力的保证了该项目的安全建设。每月以简报形式上报市安全监官局、市国资委、市经信委、电控公司领导。

北京电子控股集团有限责任公司组织安全生产知识竞赛。

北京电子控股集团有限责任公司进行消防演练。

北京纺织控股公司

2010年，北京纺织控股公司安全生产重点工作是继续以创建“平安纺织”为目标，以全面落实企业主体责任、进一步加强安全生产长效机制建设、扎实有效推进安全生产标准化活动为主线，进一步完善各项规章制度，抓好科技创安和信息化工作。

为了进一步落实企业法人安全主体责任，控股公司继续坚持在每年安全汇报会上进行企业一把手对一把手的直接对话，始终强调经济工作和安全生产工作要一起抓，安全和经济永远是考核干部的两个硬性指标。

在控股公司落实目标责任大会上，控股公司与所属各集团公司、企事业单位党政一把手签订全年经济发展目标的同时，签订了安全目标责任书，为实现北京纺织持续、健康、平稳、较快发展提供了强有力的保障。

到2010年末，北京纺织控股公司逐步建立健全了安全生产情况台账，逐步将各级隐患排查整改工作动态化、长期化，逐步形成厂级、车间、班组和岗位隐患排查机制，形成“动态分类排查，动态评审挂账，动态整改销账”的长效工作机制；控股公司主管领导在年内还进行了两次与新履职领导干部的谈话，增强了领导干部的安全生产意识。

2010年，按照市安全监管局和市国资委的明确要求，控股公司所属各单位全面开展了安全生产标准化达标活动。据统计，全年各集团公司和直属企业共有11个单位完成了安全生产标准化自评工作，光华集团、铜牛集团、京工集团等单位正在进行安全生产标准化复评申请。

6月25日控股公司在北京铜牛股份公司召开了全系统安全生产标准化工作现场交流会，对一段时期安全生产标准化工作取得的成果和经验进行了交流。会上纺织系统安全生产标准化达标企业北京铜牛股份公司从集团、公司、车间和班组四个层面就开展安全生产标准化情况做了汇报，市安监局和市

北京纺织贯彻落实国务院《通知》精神会议。

纺织系统安全生产标准化工作交流会。

国资委有关领导出席了会议。

2010年，控股公司开展了以“坚持安全发展，落实安全责任，创建平安纺织，服务世界城市建设”为活动主题的安全生产月活动。各集团公司、企事业单位按照统一部署，积极营造安全生产月活动的宣传氛围。据统计，各单位共悬挂横幅92条、安全标语145张、壁报1021张、安全生产答题2700人次、宣传画近2300张，专栏板报86，观看安全宣传录像5800人次、派发安全学习书籍1600余册，极大地烘托出安全生产月活动的宣传氛围。

为了进一步落实安全生产责任，加强安全生产法律法规学习，强化企业在生产经营中的安全职责，控股公司举办了二次以“传播安全文化，共享安全知识，创建平安纺织”为主题的安全生产大型公开课。控股公司直属各集团公司、企事业单位主要领导、安全生产主管领导、工会主席、安全保卫部门负责人及各三级企业主要领导、安全生产专职管理人员150人次参加了培训。

为了进一步落实企业主体责任，编制安全生产“十二五”规划，根据国务院《通知》和北京市安全生产电视电话精神要求，控股公司积极开展各项活动，将精神逐级落实到各级领导干部和生产一线职工，明确了在“十二五”期间各单位就加强安全生产规范化建设、严格落实企业主体责任、进一步提高企业安全生产管理水平等方面所采取的具体措施和方案。

2010年控股公司安全生产工作继续保持着和谐稳定的发展态势，全年无死亡事故。

北京一轻控股有限责任公司

2010年，北京一轻控股有限责任公司以预防为主、落实责任为重点，继续深入开展“安全生产年”活动，深化安全生产“三项行动”，加强规范化、标准化、系统化的安全管理，努力提高安全生产工作水平，广泛开展“安康杯”竞赛活动，充分发挥员工的积极性和创造性，共同努力，实现了安全形势的总体稳定。

以构建安全文化为落脚点，加强安全宣传教育，组织开展了以“坚持安全发展，落实安全责任，服务世界城市建设”为主题的安全生产月活动。为企业发放了彩旗、安全挂图、横幅标语等宣传材料，推动企业开展丰富多彩的群众性安全文化活动。

[加强各级人员的安全培训] 开展了企业负责人、安全生产主管领导、安全生产管理人员的集中培训，坚持在例会上对企业安全生产管理人员进行日常培训，企业也采取多种形式，加强对员工的宣传教育和培训。

[编纂完成了《一轻安全文化手册》] 在总结、概括和归纳各单位现有安全做法的基础上，提炼出具有一轻企业共性的安全生产观念文化、行为文化、制度文化和物态文化，提出了一轻安全工作的方向和理念，形成了全员的安全共识，通过文化的力量促进企业安全生产的可持续发展。

[加强安全科技的应用]建立了一轻安全生产管理系统平台，通过网络实现安全生产信息化管理。平台实现了统计资料的实时填报、信息交流沟通、法规资源共享、通知发布、信息回复等主要功能，有效地加强了基础管理和源头治理，提高了工作效率和水平。积极推进科技兴安工作，一轻申报的“企业科技兴安标准化系统集

北京一轻控股有限责任公司安全生产大型公开课。

成”项目获第一届北京市安全生产科技成果一等奖。

[全面开展安全生产标准化工作]制定了《2010年安全生产标准化工作方案》，及时了解企业的实际情况，有针对性地指导和配合企业开展工作，2010年造纸试验厂湖苑山庄通过复评验收，成为一轻第五家安全生产标准化企业，也是服务行业的第一家。

[做好隐患排查整改工作]在安全生产月期间，采取分组互查与安全生产专业委员会和顾问单位的专家现场指导相结合的形式，取得了较好的效果，一方面保证了检查的覆盖率，提高了检查的技术含量，另外加强了各单位之间的交流学习。检查中共发现隐患90余项，各单位进行了认真地整改。在上海静安大厦“11·15”特大火灾事故发生后，为认真汲取事故教训，在全系统内开展了以消防安全为重点的安全生产大检查，在企业自查的基础上，控股公司进行了抽查，提出问题或建议20余项，进一步消除了安全隐患。

北京一轻控股有限责任公司将始终坚持“以人为本，安全第一，预防为主，全员参与”的核心理念，落实安全责任，强化安全管理，努力实现双零安全生产目标。

北京一轻控股有限责任公司代表在第一届北京市安生产科技成表彰大会上领奖。

北京隆达轻工控股有限责任公司

12月17日，北京隆达轻工控股有限责任公司安全生产培训班。

北京隆达轻工控股有限责任公司是经北京市人民政府授权由原北京第二轻工业总公司、北京印刷工业总公司和北京有色金属工业总公司三个总公司的基础上经两次重组成立的国有资产经营控股公司。经营产业涉及：印刷包装、塑料加工、有色金属、家用电器、厨房设备、皮革制品等。还包括宾馆、招待所、学校以及楼宇的物业管理等。由于行业跨度大，加大安全生产管理难度。隆达公司始终坚持“安全第一，预防为主，综合治理”的方针，贯彻落实安全生产法律法规文件通知，强化企业主体责任落到实处。

2010年，隆达公司安全管理工作围绕企业经营、改革、创新主题，在巩固已有成果的基础上，以安全生产标准化为主线，健全安全基础管理，补充完善安全保障体系，继续坚持隐患排查整改，企业主体责任得到强化落实，继续推进安全生产长效机制建设，确保企业安全稳定形势。2010年隆达公司未发生生产安全重伤和死亡事故。

[加强安全生产基础管理，提升企业安全生产管理水平]一是加强安全保障体系建设，确保机构人员投入到位。2010年8月初，隆达公司将生产安全职能调整到安全保卫部，随后组建了由所属二级公司直属企业的29人组成的安全保卫专业团队。二是各单位健全完善安全管理基础档案建设。三是定期排查事故隐患，确保整改规范有序。四是加强对危险源、危险作业场所等重点要害部位的安全管理。五是加强应急体系建设，健全完善了应急预案。

[加强安全生产宣传培训，提高全体员工的安全意识] 12月17日，隆达公司举办了

1月19日，北京隆达轻工控股有限责任公司安全稳定工作会。

2010年大型安全生产培训班。全系统共有64个单位的董事长、总经理、经理、厂长、主管安全工作的副职及安全管理人员140多人参加了培训。各单位结合安康杯、安全生产标准化、职业安全健康等项活动的开展，对从业人员进行了安全培训教育，使从业人员熟悉安全生产法律法规、规章制度和操作规程，掌握本岗位安全操作技能和应急处理能力。

[继续推进安全生产标准化活动，逐步建立安全生产长效机制] 3月，组织了24个单位37人参加由市安全生产协会举办的“安全生产标准化工作管理制度培训班”，通过培训，推动了企业安全管理工作。到去年底，已有10个企业经过控股公司复评小组的初步复评，有25个企业制定了自评标准，并通过了企业自评。有两个企业通过了区复评。隆达公司安全生产标准化活动领导小组和工作小组，进一步完善组织机构和人员，修订了复评办法标准等工作，组织召开了经验交流会、研讨会。

[积极组织开展了安全生产月活动] 2010年6月份在全系统组织开展了以“坚持安全发展，落实安全责任，服务世界城市建设”为主题的安全生产月活动。下发了隆达市安字[2010]46号《关于在全系统开展安全生产月活动的通知》，提出活动主题、制定活动内容、方法和要求。在安全月期间，各单位结合“安全生产标准化”、“安康杯”等项活动，按照活动方案要求，各公司、各单位认真组织开展内容丰富、形式创新、注重实效的宣传教育活动，达到预期目的。通过安全生产月各项活动的开展，营造浓厚的安全生产宣传氛围，达到安全生产宣传高潮。

8日17日，北京金鹰铜业有限责任公司举办“安全在我身边”演讲比赛。

6月10日，北京北泡塑料集团有限责任公司组织了消防应急演练。

5月29日，印包集团在北京富文新特联合公司举办了职工消防运动会，共有12个单位134名职工参加了比赛。

65mm×25M的2盘水带连接、回收整理比赛现场。

4×25M手提灭火器接力熄灭油盆的比赛现场。

北京住总集团

2010年，北京住总集团在安全管理工作中，坚持以人为本，加强安全监管，服务与监管并行，推行常态管理，推进企业安全文化建设工作，精心策划、严格实施，力求各项工作部署执行到位，保持了集团安全生产形势的总体稳定。

［健全安全体系建设］完善安委会工作制度，发挥组织领导作用。各单位在健全本单位安全生产委员会的基础上进一步制定、执行本单位的《安委会工作制度》，明确安委会的活动时间频次、内容、程序、纪律、组织和参加安委会活动的领导及单位等内容。二级公司级的安委会每月组织一次活动，特殊重要时期随时组织安委会活动，研究解决、协调处理本单位安全生产中存在的问题。

加强总分包一体化形式下的安全管理。随着集团一体化经营模式的不断深化，以地铁工程、自开发住宅项目为代表的一体化工程项目数量不断增多。安全管理也随着一体化经营模式而有所发展变化，总包单位切实履行总包职责，继续实施总分包安全员合署办公制度。发挥集团内部单位管理相通、标准一致、互相了解等优势，积极进行沟通交流解决工作中出现的问题。

［构建“五级防控”体系］有效落实集团“五级防控”管理要求，分两类进行班组建设，一是施工队伍的作业班组；二是项目、公司职能科室形成的管理型班组。各分包单位，在工程分包合同的基础上另行签订《安全生产协议书》、《环境保护协议书》、《临电协议书》，以明确总、分包单位各自的安全生产管理责任，并在工作过程中通过学习交流、教育、检查、奖惩等各种手段不断深化终端岗位人员的安全责任意识。

［开展安全培训教育］分层次、有针对性的开展各种安全培训教育及交流活动，提高各级管理人员、作业人员的安全责任意识、专业知识和管理能力。各单位协同人力资源部门认真做好农民工入场教育工作，复工伊始，严格规范施工作业人员的安全行为，切实通过考试把好入场工人素质关，为全年安全管理工作打下良好的基础。

［深入隐患排查与专项整治］重点工程重点监督检查。一是地铁工程，二是保障性住房工程，督促土建、市政公司及参建的各个单位完善安全管理组织机构、安全管理制度、工作程序标准以及各项内业资料，做好夯实安全生产基础工作。对重点工程的安全检查进一步规范化，

在北京市重大项目建设指挥部召开的“北京市轨道交通建设2010年上半年安全质量工作会议”上，13个在建轨道交通项目荣获2010年上半年北京轨道交通建设工程“安全优胜杯”，住总集团地铁10号线二期17标、6号线一期06标两个项目部受到表彰。

集团2010年“安全生产月活动”动员大会召开。

6月25日，集团组织开展质量安全公开课活动，总经理王宝申亲自授课。

集团安全监管部成立检查小组，根据工程施工情况制定检查计划，每次检查下发安全检查情况通知单，并对检查结果每周进行汇总，每月进行分析，对发现的问题严格要求整改。

隐患排查和安全教育相结合，实现常态管理。在日常工作中严格落实《住总集团安全生产事故隐患排查治理工作管理办法》及有关安全教育培训的规范要求，把隐患排查治理活动和安全教育活动有机结合，作为日常工作，实现常态管理。

[开展安全达标活动] 2010年，集团继续开展停复工期间的安全达标活动。停工工地要按集团规范做好各项安全工作，并及时上报公司和集团公司。二级单位对停工工地进行逐一检查验收，集团公司对停工工地进行抽查。在做好停工工程验收的基础上，将工作重点放在复工阶段的现场安全防护设施实物验收，劳务人员安全教育、素质把关和现场管理的全面检查验收。不达标的施工现场坚决不能复工，素质不合格的劳务人员坚决不能安排工作，坚决控制住复工期间事故高发的态势。

[推进实施项目安全管理信息化建设工作] 《住总集团工程项目综合管理信息系统》于2010年分阶段在集团所属各项目部、二级公司进行运行使用。信息化是项目管理、安全管理的必然趋势，是管理手段、管理方式的一次更新，也是集团2010年的一项重要工作。安全管理模块是集团工程项目综合管理信息系统的重要组成部分，安全模块的应用对整个信息系统具有重要的影响。通过系统应用进一步规范项目部各项工作流程，明确工作职责，确保安全系统的工作能够及时、准确、完整、真实的在系统中得到体现。

9月27日，住总集团首个质量安全监管大队成立

北京建工集团

2010年，北京建工集团安全生产管理工作的重点是："落实安全生产主体责任，狠抓安全生产培训教育，推进安全生产标准化管理，强化安全生产隐患排查，加强安全系统建设和绩效考核"。初步形成了"常态紧抓隐患排查，阶段性开展专项治理"的长效机制，保证了集团整体安全生产形势持续平稳受控。

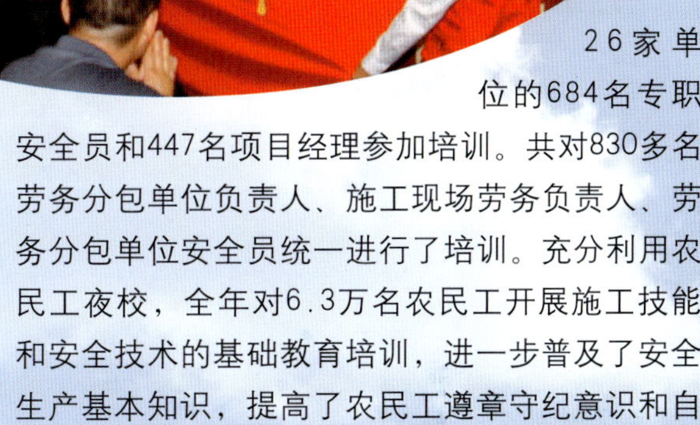

[明确责任，量化指标，完善安全责任保证体系] 集团公司坚持每年与各单位签订安全生产责任状，在明确"两创"目标的同时，进一步量化了安全生产、文明施工、消防安全和环境保护等考核指标。

[夯实基础，强化教育，有效提升全员安全意识] 集团公司把培训教育工作作为安全生产工作的重点，并将3月份确定为"安全生产培训教育月"，开展以"树立责任意识，提高安全素质"为主题的安全生产培训教育月活动。2010年，集团公司共举办六期安全生产培训班，26家单位的684名专职安全员和447名项目经理参加培训。共对830多名劳务分包单位负责人、施工现场劳务负责人、劳务分包单位安全员统一进行了培训。充分利用农民工夜校，全年对6.3万名农民工开展施工技能和安全技术的基础教育培训，进一步普及了安全生产基本知识，提高了农民工遵章守纪意识和自我保护能力。

[隐患排查，专项治理，有效改善现场安全状态] 以"查隐患、查漏洞、查交底、查措施"为原则，以压减事故，争创"零事故"为目的，以安全督导和检查为手段，把隐患排查贯穿在全年安全生产工作始终。通过隐患整改工作，推动了集团安全生产责任制和责任追究制的落实，建立健全了隐患排查治理长效机制。集团公司组织9次有针对性地专项治理活动，共检查145个施工现场，签发隐患通知单145份，查处各类隐患1160多项。

集团公司成立专项检查组，从11月14日至20日，对16个在施大学工程进行了消防安全专项检查，重点检查消防安全"四个能力"建设和消防安全责任制的落实情况。集团公司还对12个施工现场聚苯板夹心的彩钢板临建用房和4个存在重大消防安全隐患的施工现场实行隐患挂账督办措施，逐项督促整改。

［明确主题，精心部署，积极开展安全月活动］各单位通过学习贯彻集团以“安全发展，预防为主，落实安全责任”为主题的安全生产月活动方案。5月20日，召开安全生产月动员大会。要求各单位要紧紧抓住安全生产月活动的契机，结合本企业近期安全生产动态，用“安全发展”和“企业生存”的理念来提高对安全生产工作的认识。通过开展“事故回顾日”、“我为安全献一计”等活动，形成全员参与的氛围。

6月13日是全国“安全生产月”咨询日。集团公司各单位广泛开展各种安全宣传、咨询活动，再次掀起安全生产月活动新高潮。共有21个施工现场举办了各具特色的活动，8300多人参加。集团公司2010年度连续四年获北京市安全生产月优秀组织奖。并荣获“2010年全国安全生产月活动优秀单位”荣誉称号。

［文明施工，以点带面，促月保年推进安全生产］集团公司坚持“以文明施工促安全生产”的原则，全面推行了施工现场安全生产、文明施工标准化。集团全年创建北京市文明安全工地44个，创建集团级文明安全工地4个，其中有7个工地荣获北京市绿色样板工地，14个获集团文明安全标杆工地，这是集团公司近年来获此荣誉最多的一年。

［强化宣贯，认真落实，《通知》精神指导安全工作］宣传贯彻“国务院23号通知”精神，集团公司制定了“宣传教育培训工作方案”，成立了宣贯领导小组。共组织专题会议25次，各级开展有组织的宣传贯彻《通知》精神的活动31次，共有5700人次参加宣传教育活动。在活动中，发放招贴画、宣传彩图、标语、横幅、《通知》单行本等各类宣传材料6350余份。9月，举办两期专题讲座，380多人参加。

［绩效考核，强化队伍，着力提升系统业务素质］2010年，围绕“创新、提升、强化”六字方针，开展集团安全队伍建设工作，着力提高安全系统整体素质，努力改善“两低一高”的状况。一是集团公司坚持每个季度对建安企业、直属工程部和建安型事业部开展绩效考核。各单位已逐步实现隐患排查治理制度化、规范化和经常化。二是注重培养专家型的管理人才，提升系统专业技能。集团已有8人取得高级工程师职称，71人取得国家注册安全工程师资格。三是着力提升安全系统素质。集团公司安全系统始终注重“加强四项建设，提高三种能力”——即加强二级公司安全管理机构建设，加强安全管理人员队伍建设，加强安全教育体系建设，加强安全生产奖励机制建设；提高对改制公司的系统管理能力，提高规章制度执行落实能力，提高施工现场隐患整改能力。

2010年，集团安全系统检查施工现场3198个/次，签发隐患通知单3472份，查处各类隐患9044项，为实现“两创”目标，确保集团整体安全生产形势好于往年。

北京市市政路桥建设控股（集团）有限公司

北京市市政路桥建设控股（集团）有限公司始终把安全生产工作放在突出位置来抓。2010年结合住建部安全生产年活动，控股公司对全年的安全工作进行了部署，各集团公司、各单位层层签订安全生产责任书，逐级落实安全生产责任，确保了全年安全生产目标的实现。

[加强工程安全检查，开展专项治理活动] 控股公司对施工现场深槽施工、高空作业及危险性较大分部分项工程加大检查力度，特别是加强了对地铁等重点工程的检查管理力度。在城市道路桥梁运营养护方面，按照路政局有关部门要求深入开展桥下空间隐患排查，及时发现和消除各类安全隐患，并建立了“动态分类排查、动态整改消除、动态复审反馈”的工作机制，实行隐患整改与防控的动态管理。

[积极开展安全生产月活动] 安全生产月活动有力的促进安全生产工作。在市交通委的安全月活动总结大会上，北京市市政路桥建设控股公司被授予“安全月活动最佳组织单位奖”。

北京市市政路桥建设控股（集团）有限公司施工现场。

北京市市政路桥建设控股（集团）有限公司“安全生产月”启动及轨道交通工程应急抢险演练活动动员会。

［推进施工现场安全生产管理标准化］2010年，控股公司按照市住建委颁发的《北京市建设工程安全生产管理标准化手册》积极推进施工现场安全生产标准化管理工作，积极推进达标工作；同时，控股公司汇同市政集团共同编纂了与施工安全有关的国家、北京市的法律、法规和相关规范的文件汇编。极大的方便了各单位教育培训工作和日常安全管理工作。

［争创文明安全工地，推进绿色施工］2010年，控股公司各单位积极开展争创“绿色文明安全工地”活动，共有15个工地经过市住建委的检查验收，被授予“绿色文明安全工地”荣誉称号。其中，2个工地还被授予了“北京市绿色文明安全样板工地”的水平。

北京市市政路桥建设控股（集团）有限公司对工人进行安全生产培训。

北京市市政路桥建设控股（集团）有限公司“安全月”活动现场。

北京市热力集团有限责任公司

北京市热力集团有限责任公司于2000年6月成立，是北京市人民政府投资组建的国有独资公司，是首都重要的基础设施行业，是全国乃至亚洲最大的集中供热企业。负责党中央、国务院、驻京部队、各国驻华使馆、国家部委、北京市政府机关、大型宾馆饭店等公共建筑以及居民住宅的采暖、生活热水和部分工业用热。

随着北京市城市建设的快速发展，集中供热作为城市的一项重要基础设施，发展也是突飞猛进：

2000年6月，集团公司成立后，首都集中供热进入了高速发展的阶段，平均每年约增加1500万的供热面积，至2010年底，供热面积达到1.76亿，1055公里供热管网，2522座热力站，热力检查室8879座。集团下设3个分公司，15个子公司，担负着8座大型热电厂、3个调锋燃气供热厂和17座自营区域锅炉房热能的输配、运行与管理，现有职工总计4776人。

[为首都供热] 北京市热力集团所管理的供热设施，在首都的公用事业中占有举足轻重的地位。经过十几年的发展建设，基本形成了科学、安全、稳定的供热运行保障体系。

为实现热力集团“送京城温暖 给首都蓝天”的企业精神，从1998年开始，热力集团对部分自备热源厂进行煤改气的锅炉改造工程，目前有3家自备热源厂以清洁能源为燃料，对提高北京市的大气质量做出了积极贡献。此外，热力集团还通过并购分散锅炉房的举措，发挥行业龙头优势，积极推动北京市燃煤锅炉房资源整合工作，从2000年开始先后接收了北辰供热厂、宝能供热公司、花家地供热厂、恩济庄供热厂、小营供热厂和芍药居供热厂等多家供热厂，进一步扩大了集中供热市场份额。

[供热面积不断增大] 随着集团公司供热面积的不断增大，管网长度的快速增加，集团公司按照市政府要求组建了一支140人的常态化专业应急抢险队伍，在担负集团集中供热抢险任务的同时，还担负全市供热设施、设备的应急抢险职责。热力集团抢险救援队成立至今曾多次参与市政府应急抢险任务，并且圆满完成每次抢险工作。2008年，集团抢险救援队被北京市委、市政府、北京奥组委评为“北京奥运会

安全生产标准化达标证书。

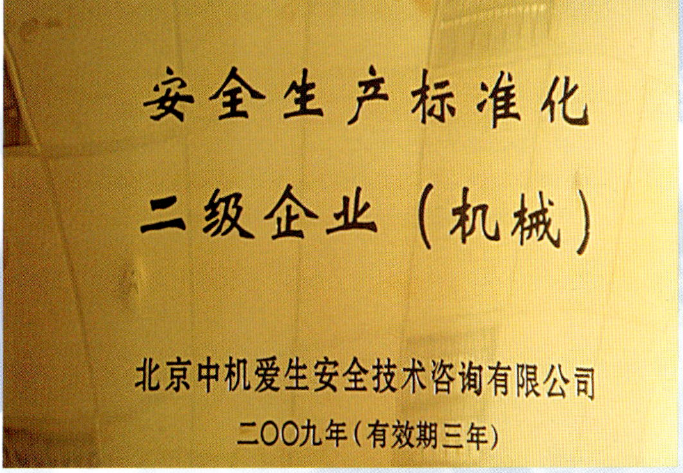

安全生产标准化达标牌匾。

安全生产标准化达标总结会。

残奥会先进集体”，多名应急骨干被评为“北京奥运会残奥会先进个人”；2009年，集团抢险救援队被北京市评为“新中国成立60周年庆祝活动安全生产应急保障先进集体”，多人被评为“新中国成立60周年庆祝活动安全生产应急保障先进个人”，2010年集团应急救援队接受胡锦涛总书记的慰问和检阅。

［领导重视安全生产工作］集团公司自成立至今，集团各级领导高度重视安全工作，制定了详细的安全生产责任制度和操作规程，集团公司并根据集团工作特点，制定了严格的考核标准，并根据不同时期的任务及时修订完善。集团公司每年年初与各单位签订安全保卫责任书，明确责任，落实要求，并在每年节假日以及敏感时期召开专项安全生产会，及时传达上级要求、部署具体工作，日常工作中，加大对各单位安全检查力度，重点查找隐患，每年投入大量专项经费整改消除隐患，确保供热系统稳定，在每年年底按照考核标准进行严格考评。

2008年，在集团各级领导的大力支持下，在广大职工的共同努力下，顺利通过了标准化的自评、初评、复评各个阶段的考核工作，终于在2008年12月3日至15日的终评中全部通过了复评，保证了集团公司创建工作的完成。2009年3月，热力集团顺利通过了北京市安全生产标准化复评机构组织的专家评审，取得了“北京市安全生产标准化企业”称号。同时，集团公司按照工作安排，力争在年底前完成所有所属单位的达标工作，达到安全质量标准化全覆盖。

北京市国资委副主任尹义省检查北京市热力集团有限空间作业。

北京市燃气集团有限责任公司

2010年北京市燃气集团在市委、市政府和北控集团的领导下，坚持推进科学发展，深化创新成果，努力提升企业核心竞争力，保持了健康稳定发展的态势。在安全管理工作上以职业健康安全管理体系建设为主线，以强化预防、细化管理为重心，加强事故隐患整治，开展专项培训，严格督查治理，实施风险评价，推行安全质量标准化，探索安全服务宣传新模式，提升安全管理水平。

[推进职业安全健康] 2010年，集团公司全面启动了职业安全健康管理体系推进工作，规范了安全管理工作标准，对事故管理、培训管理程序文件进行了修订。积极推进安全质量标准化管理，完善安全考核检查，启动了班组安全管理规范化、标准化试点。开展了安全风险评价试点工作，重点从安全管理、安全意识与行为、现场管理、作业环境和职业安全健康五大部分，查找安全风险，提出改进措施。建立了隐患数据信息库、事故分析信息库，强化统计分析，加强事故隐患管理，制定防范措施。落实安全指标考核，加强安全检查，强化对各基层单位安全管理主体责任的考核，初步形成科学的安全检查考核体系，提升安全管控水平。

[加大安全管理力度] 2010年，安全管理投入力度进一步加大，加强了对事故隐患的管理，通过建设事故隐患数据库，加大隐患整改资金投入力度，开展风险源辨识，及时消除事故隐患，降低事故率；大力开展全员安全上岗培训，提高职工素质，保证生产运行安全；加强劳动保护，合理制定标准，确保职工职业健康。

集团不断探索安全服务宣传新模式，创建成立了“燃气安全社区协作网”，推进平安燃气社区建设。通过与地方政府联手，实现企业资源与社会资源的有效整合和优势互补，打造政府牵头、企业出力、社区联动的三位一体式燃气综合服务平台，构建社会化安全用气防控体系，使燃气安全由企业单一管理向多方协同管理的转变。大力开展出租房屋燃气安全宣传工作，与我爱我家、搜狐焦点房地产网等机构合作，开展对房屋租赁用户的专项安全用气宣传，普及安全用气常识，使集团安全服务宣传途径不断拓宽，预防燃气事故的发生。

[安全生产月活动] 2010年，结合“安全生产月”活动，通过“理念宣贯、管理推进、专项整改、队伍建设、宣传培训、技术比武”六大板块主题内容的开展，不断提升安全管理实力，强化安全管理基础工作。完成了全员安全上岗培训，共开展培训29期，培训职工2390人，全员安全素质和操作技能得到普遍提高。

[加强有限空间管理] 2010年，开展有限空间专项治理工作。从有限空间的岗位界定、操作及安全规程、检测及防护仪器设备、安全标识、安全培训等各个方面。通过专项治理，进一步规范有限空间作业人员的安全作业行为，完善安全管理规章制度，推动安全生产责任制的落实，增强事故防范和控制能力，从而杜绝有限空间事故的发生。

[重大节日“两会”期间安全保障] 2010年，全力做好重大节假日及全国两会期间的安全保障工作。从保驾方案着手，加大检查和宣传力度，落实安全责任到位，加强预案演练，对燃气设备设施进行多次安全检查，圆满完成重点时期重点任务，树立企业良好形象。

在集团公司全体员工的努力下，圆满完成了各项安全生产指标和工作任务，保证了首都燃气的安全供应，为首都的经济发展、社会的繁荣稳定做出了贡献。

北京东联北方化工有限公司

北京东联北方化工有限公司始终把安全管理放在一切工作中的首位，坚持走：“安全第一，预防为主”“以人为本，全员参与”的管理模式，形成了一整套行之有效的管理体系，在日常的管理中，牢固树立以产品质量中求发展，以环境保护中求改进，以安全管理中求生存的管理理念。几年来公司没发生一起生产安全事故和人身伤亡事故，2010年6月，成为通州区化工行业中“金安企业”之一，总结经验最根本的一条就是，安全从基础做起，管理从实践中来，严格执行国家有关安全生产的法律，法规，不断改进和完善各种安全管理规章制度和安全操作规程，加强员工安全意识教育。变员工“要我安全到我要安全”的自觉行动。

[层层落实安全生产责任制] 公司层层制定落实安全生产责任制，签订安全责任书。制定了车间工段长，班组长及员工岗位职责，公司相关责任人实行带班，值班负责制，重点岗位作业实行安全负责人必须在作业现场监督。检查作业全过程，坚持做到每周一安全，生产例会，参加人员有公司经理，总工，主任，安全主管及各部室负责人。

[制定完善的规章制度，加强日常安全检查] 公司针对生产特点，制定了完善的规章制度和操作规程，杜绝违规指挥，违章作业，违反劳工纪律的三违行为，发生事故严格按照“四不放过”原则，不回避，不护短，严厉追究当事人和相关责任人实行问责制。在日常管理中，每日有巡检，每月大检查。重点查隐患，查防护，查消防设施，查环境卫生及安全死角，并

10月14日，北京东联北方化工有限公司组织应急救援演练。

10月14日，北京东联北方化工有限公司组织应急救援演练。

填写日、周、月检查记录，发现问题及时下发隐患整改通知书。整改有反馈结果，有复查。

[开展全员安全教育培训] 全员安全培训，培训内容有“国务院23号通知”，生产安全，消防知识，防火防爆，个人防护以及厂纪厂规教育，对新来员工我们做到来一个培训一个，认真做好上岗前培训，并且组织员工进行培训内容的问卷答题，认真做好培训存档工作。

[积极开展应急预案演练] 做好日常的应急预案演练，是确保应对突发事件的有力保障，每年不少于二次针对火灾，泄露和消防的演练，有完善的组织机构和预案响应，有公司领导参与，演练有总结，有照存档有严格的管理制定，日常的消防器材检查，保养有具体的负责人，每年初进行一次消防器材年检，而且每年月消防管理部门联系进行消防设施年检达标工作，确保设施，器材的完好率。

[做好员工劳动保护及环境保护工作] 做好员工劳动保护和环保工作，是关系到员工身体健康和保护生态环境的大事，对不同的工种配备不同的防护用品，并在日常的管理中加强监督，检查，发现违规行为进行相应处罚，对长期接触危化品的员工，我们每年都要进行身体检查和外出疗养，做好员工防暑降温工作，变动作息时间，采取一切措施保证员工的身心健康。做好环保工作是我们对员工和社会的一种负责的长期管理目标。不断改进和完善各种环保设施，先后对生产车间和原料罐进行了除味装置安装，大大降低了异味污染指数，对生产废白水严格按照公司标准进行回收，处理和排放，做到自行消化，确保对附近庄家，居民不伤害，不污染。

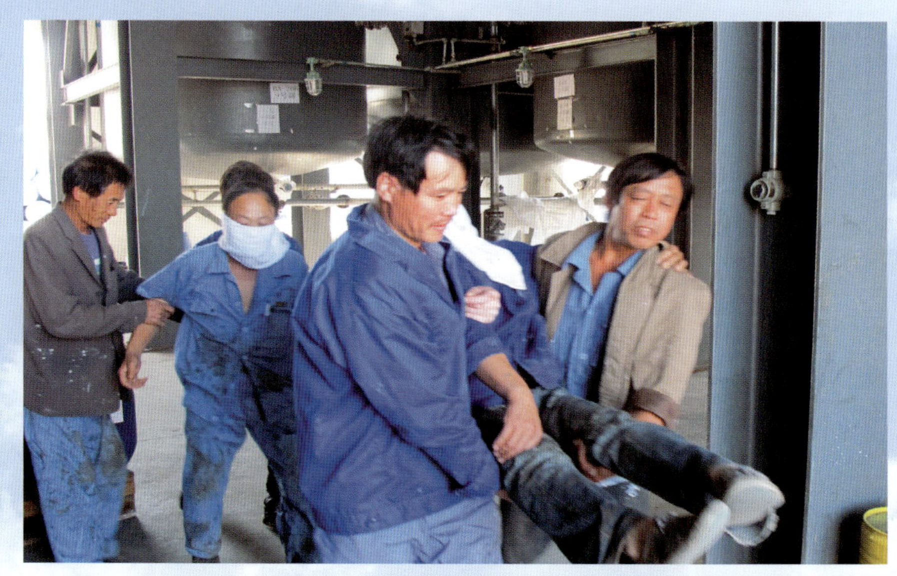

10月14日，北京东联北方工化有限公司组织应急救援演练。

北京八方达客运有限责任公司通州分公司

北京八方达客运有限责任公司通州分公司（原通州长途客运站），成立于1996年，经过近16年的发展，现已拥有驾驶员1597名，运营车937辆，运营线路30条，（含高速线路19条，平原线路11条），日平均运营23万余公里，日运送旅客46万余人。作为一家专门从事旅客运输的公益性企业，安全生产工作至关重要，为此，在企业的经营发展过程中，公司始终把安全工作放在首位，在公司成立之初，就制定了安全管理的十六字方针，即“安全第一、预防为主、从严管理、狠抓落实”。

［领导重视安全生产］设立驾驶员专项奖励。每年年底公司将给予全年无事故、无严重交通违法行为的驾驶员公司给予一次性现金奖励1200元。对累计安全行驶50万、80万、100万公里的驾驶员进行表彰奖励。制定驾驶员星级评定文件，50元为一档星级，被评为1星至7星的驾驶员，每月会享受50元至350元的星级奖励。

强大的安全专业管理力量。在硬件方面，分公司所属八个车队共配备安全检查公务车14辆，所有站点的调度室都安装了壁挂式酒精测试仪，共计18台，手持测酒仪25部，测速仪15把，配备安全专业电脑22台，其中台式机12台，笔记本10台。另外，分公司领导重视对安全专业管理人员的培训工作，除了参加上级公司组织的技能培训，分公司还定期请保险公司的理赔人员和交通队的民警到分公司为安全管理人员培训，以提高他们事故预防、事故处理和保险理赔方面的能力，分公司书记每月都会组织管理人员听讲专业讲座，以提高管理人员的理论水平和管理执行力。

［安全管理组织完备，规章制度健全］分公司现有安全管理人员31名，其中安全副经理1名，安全管理部长1名，安全管理部科员4人，分

5月份，八方达通州客运分公司组织开展“安全在我身边”演讲比赛选拔。

别为内勤管理岗、社会监督管理岗、宣教检查管理岗、行车事故预防管理岗。分公司下属8个运营车队，设安全副队长8名，各车队根据规模大小，设安全员1名至2名。

分公司成立了安全管理委员会组织，书记、经理亲自挂帅，安全经理主抓日常工作，同时为扩大安委会组织的覆盖面，分公司所属八个运营车队也分别成立了基层安委会组织，安委员会主任、委员全部由车队驾驶员担任，不断吸纳优秀驾驶员加入到安委会组织，目前，分公司各车队安委会成员已达到驾驶员总人数的64%。为了规范对驾驶员日常的管理，分公司严格执行《员工守则》和《驾驶员实施条例》。2006年分公司通过ISO9001质量管理体系认证。

[安全宣传培训到位] 分公司对所属1597名驾驶员进行了为期3天的脱产培训，培训内容包括交通安全法律法规、企业规章制度以及实际操作等，另外，在抓好一线驾驶员队伍的同时，对二三线驾驶员的培训教育也是安全管理的工作重点，分公司每月组织一次机关管理干部教育活动。

[安全检查监控到位] 分公司设有专门专项检查组，现有检查员18人，两人为一组，每天对所属的运营线路进行检查，及时发现和纠正交通违法行为及违章操作。同时，随着科学技术越来越多的应用于安全管理工作中，科技创安也是分公司现阶段安全预防工作的重要手段，分公司现有937辆运营车全部安装了内部和外部摄像头，加之3G网络的应用，实现了对运营车辆的全程监控。通过车载GPS、行驶记录仪数据的采集分析，进一步丰富我们进行安全检查与教育的手段。

自2001年北京八方达客运有限责任公司通州分公司成立以来，七次被评为市交通安全先进单位，三次被评为通州区交通安全先进单位。2008年4月，北京八方达客运有限责任公司通州分公司930三河城建新村线路被中华全国总工会授予全国“工人先锋号”。

成绩只代表过去，北京八方达客运有限责任公司通州分公司全体员工将在党政领导班子的正确领导下，一直追求卓越，永不止步，构建安全、稳定、和谐的公共交通环境，为乘客服务，为公交奉献，实现社会效益与企业效益的双丰收。

安全月防火演练。

八方达通州客运分公司开展安全生产教育。

北京地铁运营公司

2010年，北京地铁运营公司以建设“平安型地铁”为目标，不断强化安全生产管控能力。全年共安全行车1.81亿车公里，安全运送乘客15.95亿人次，分别比上年增长1.89%和16.24%。全线网发生折合A类一般事故36.5件，为全年控制指标的47.6%。延误5分钟以上两次事故间平均车公里达到290万车公里，保持世界领先水平。

[安全基础得到巩固] 深入学习贯彻“国务院23号通知”及北京市安全生产管理文件精神。广泛深入开展安全宣传“六个一”活动。以安全教育基地为依托，共组织8500人次参观“让过去告诉未来”安全展览。组织了安全大讨论、安全生产月、安全法规知识竞赛、“安全在我身边”演讲、职业技能大赛等活动，全年共开展各类教育培训5330次，组织应知应会和安全规章随机抽考480人次，营造学安全、讲安全、重安全的良好氛围。充分利用地铁网站、服务热线、移动电视、站台广播等媒介，持续向乘客宣传地铁的安全理念，减少不安全行为。加强运营生产现场管理，加大检查力度，全公司共开展安全检查3870次。

[隐患排查治理取得成效] 制定了隐患管理办法，明确隐患排查理责任主体、管理职责和流程。落实隐患动态分类排查、评审挂账、整改销账工作机制，完成4项公司级挂账隐患项目的整改。车辆、设备故障率同比分别下降0.95%和9.19%。

完成了13号线知春路站北厅扩建和外挂楼梯工程，初步缓解了一直困扰的换乘客流压力。完成了5号、13号线和八通线重点咽喉道岔加装融

北京地铁运营公司手指呼唤信号安全系统。

雪装置试点、霍营站加装防雪棚和站台南侧封闭工程，提高了应对大雪冰冻恶劣天气的能力。完成了市安全监管局2009年安全评估问题整改。超前防控，消除了10号线信号系统重大安全隐患。拆除5号线东单站南换乘通道内自动步道，消除了此处大客流拥堵危险点。对土建设施进行普查检测，自主完成了5号、13号线、八通线桥梁支座的病害整治。协调相关单位和部门，推进机场线车辆设备隐患整治。加大新线尾工督办和工程配合力度。加强消防安全“四个能力”建设，构筑消防安全“防火墙”，开展火灾隐患排查整治专项行动，进行拉网式排查。

[应对大客流的能力得到增强] 针对性地制定客运组织方案，增设导流设施，按照“客流服从安全”的原则，采取延缓进站速度、分流、封站等措施，疏导大客流；充分发挥“站车一体化”联动优势，增派了保安员、文明疏导员，强化始发站、换乘站及重点站早晚高峰客流疏导。加强行车组织，视客流情况适时加开临客。

[安全文化建设取得阶段性成果] 在总结、提炼公司40年来优秀安全管理理念、制度、经验和方法的基础上，借鉴和吸收国内外优秀的安全文化成果，创建了涵盖安全观念文化、行为文化、管理文化和物态文化的北京地铁安全文化体系，编制出台了《北京地铁安全文化手册》，以作为宣传地铁安全核心理念，安全理性价值观念、安全行为准则的指导性文件。这是安全运营从经验管理向科学管理和文化管理迈进的重要步骤。

[安检工作得到加强] 严格执行“逢包必检，逢液必查，杜绝漏检”的安检原则，最大限度地阻截各类危险品进站。全年共检查物品6.4亿件，查获违禁品总数2.7万件，占检查物品的0.04‰，劝离车站9870人，转公安处理1106人。

[突发事件处置能力不断增强] 修订完善《北京地铁发生爆炸等恐怖袭击事件应急处置流程》，在1号、10号线开展了应对恐怖袭击、爆炸事件等联合演练。加强日常抢险演练，共组织道岔故障、光缆接续、大客流疏散等公司级抢险演练活动6次。修订防汛工作预案，进行多层次的防汛现场演练和桌面推演。修订了相关预案，形成区域抢险与线路抢险相结合的抢险新格局。

北京地铁运营公司组织“安全在我身边”安全生产月演讲比赛。

中国北京同仁堂（集团）有限责任公司

2010年，中国北京同仁堂（集团）有限责任公司的安全生产工作，围绕着公司系统安全生产、交通、内保、防火、稳定与国家安全等工作不出现重大事故为管理目标。以“立足自身实力、科学规划发展、创新突破瓶颈、合力攻克难关”为指示精神，结合集团公司“12345”规划，进一步加强安全管理，全面落实各项安全责任制和事故应急机制，广泛深入开展安全教育，不断完善基础建设，确保全系统的安全和稳定，努力为集团公司“十二五”规划的实施提供有力的保障。实现了2010年安全生产工作无事故的管理目标。

[明确职责，落实逐级安全保卫责任制] 明确职责，落实责任是有效预防各类事故的重要手段。依据有关法律法规和集团有关规定落实安全责任，各单位的主要领导或主要负责人是本单位安全工作第一责任人。年初，公司主管领导分别与股份公司、科技公司及公司各直属单位，签订了《稳定与安全工作目标责任书》。各基层单位又逐级签订了安全保证书。

[领导重视、依法治企，确保安全与稳定] 2010年，公司领导在专题安全会和各种行政会议上多次强调安全工作的重要性，要求大家把安全工作提到讲政治的高度来认识。各子公司、各单位认真落实领导的要求，牢牢抓住安全工作的重点，使安全保卫工作取得了一定的成绩。

[以“安全生产月”为契机，全面开展安全宣传教育] “安全生产月”活动期间，集团公司制定了周密的活动方案，召开专题会议进行部署。各公司、单位充分利用多种宣传手段，围绕安全生产“综合治理，保障平安一人

安全培训。

同仁堂召开稳定安全工作会。

参加北京市大比武。

消防应急演练。

员密集场所、安全连着你和我”这一活动主题，组织开展多种形式的宣传教育活动。

7月15日，组织系统子公司、单位的安全部门负责人在通州培训中心进行了培训。为进一步贯彻落实“国务院23号通知”精神， 9月15日下午，组织系统子公司、单位的主管领导、安全部门负责人和保卫干部进行了培训学习。

[加强安全检查，落实各项管理制度] 元旦、春节等节日和两会期间，集团公司共进行了5次安全大检查，4次抽查，共检查单位52（个）次，对于重点单位做到每次必查，并找准重点。11月份针对吉林、上海等地重特大火灾事故教训，为全面贯彻落实“11·18”市国资委召开的市属国有企业消防及安全生产工作会议精神，立即开始对系统重点单位进行了安全大检查。

2010年，全系统共查出隐患及问题约85起，安全建议达380余条，安全工作投入资金近200万元，实现了100%的隐患整改率，为实现安全工作目标提供了有力的保障。

制定下发了《中国北京同仁堂集团有限责任公司安全生产事故综合应急救援预案》。各子公司、单位也制定了符合本公司实际的综合应急预案、专项应急预案和现场处置方案。

为配合全市的“11·9”宣传活动， 11月9日由安全保卫部组织，在股份公司配送中心举行了一次灭火应急演练。股份公司安全保卫部及所属主要生产基地、科技公司、商业公司、健康药业公司和配送中心的有关人员共50多人观摩了此次演练。成立建设工程安全生产管理小组，制定下发了《中国北京同仁堂（集团）有限责任公司建设工程安全生产管理办法》。

[严密组织，加强领导，确保安全度汛] 认真做好防大汛的各项工作准备，确保本系统经济建设的正常运行，充分发挥安全例会的作用，及时传达上级文件精神，并提出具体要求。加强对各单位防汛工作的监督检查，采取自查和抽查的方法，找出检查的重点和存在的问题，消除各种安全隐患，并密切掌握大的降水天气变化，及时采取相应的防汛措施，确保了本系统安全度过汛期。

同仁堂药店消防安全演练。

同仁堂科技公司119消防应急演练。

北京环境卫生工程集团有限公司

2010年，北京环卫集团安全生产工作紧紧围绕集团公司生产经营中心工作，坚持“安全第一，预防为主，综合治理”的工作方针，坚持以人为本，牢固树立安全发展理念，夯实基础，细化责任，强化现场监督监管，深化隐患排查治理，以法制化、标准化、规范化、系统化的方式推进安全生产，不断提高集团公司本质化安全水平，全年主业运输安全行驶4430万公里，比上一年度增加6.1%，交通安全、生产安全、消防安全、治安安全全面实现了集团公司的安全生产工作目标，集团连续四年荣获市级交通安全优秀系统荣誉称号，安全生产月活动荣获优秀组织奖和三个最佳实践活动奖，治安保卫工作集团各单位多个部门和个人获得市公安局集体嘉奖和个人嘉奖荣誉。

2010年集团公司进一步深化落实“安全生产年”各项工作，在全面总结2008年奥运会和2009年国庆60周年庆祝活动安全保障工作成功经验的基础上，继续紧抓安全基础管理，以生产经营和设施安全运行为主线，努力强化安全工作“五种意识”，注重加强环卫设施、车辆、设备、工艺的安全运营管，；认真贯彻上级管理部门各项安全生产部署，严格落实安全生产责任制，细化安全防范工作措施，加强安全生产教育培训，深入开展多项安全生产专项整治活动，为集团公司持续、稳定、全面发展创造了稳定的生产经营环境。

国庆节全力做好天安门地区环卫保障服务。

集团公司组织安全在我身边演讲比赛。

集团公司安全管理人员培训班。

集团公司组织首都安全生产演讲团走进企业宣讲。

在集团公司的统一部署下，安全管理工作不断强化靠前指挥的管理理念，充分发挥基层单位安全管理主体作用，发挥各岗位工作人员本质安全作用，突出重点，突出特色，年度安全工作以保“两节”“两会”“五一”“十一”节假日、“安全生产月”活动、夏季和冬季安全生产专项工作等重要时段和重大活动为主线，以人为本，全员参与，努力打造本质安全型职工，建设本质安全型企业，不断深化企业安全文化，提高安全生产意识，创新安全技术管理。

集团公司在“安全在我身边”演讲比赛中荣获优秀组织单位。

荣获安全月实践活动奖项。

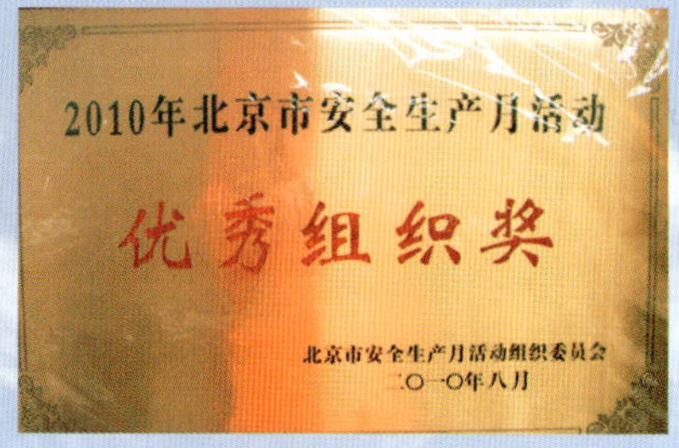

荣获安全月奖项。

为确保交通安全深夜奋战一线。

年初除雪铲冰确保安全。

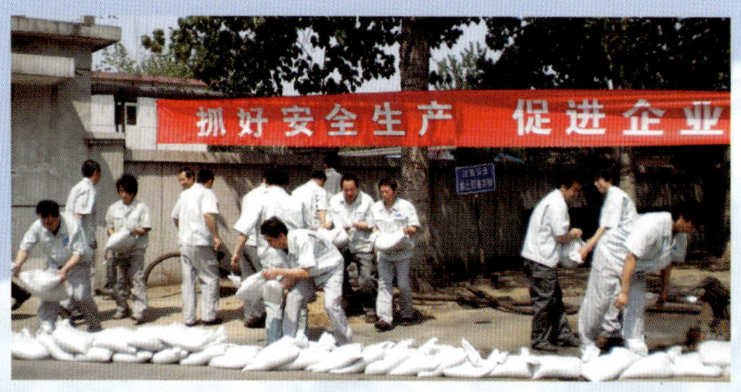

集团公司组织应急抢险防汛演练。

集团领导到盘锦视察外阜项目安全工作。

北京城市排水集团有限责任公司

2010年，排水集团围绕着集团总体工作部署，统筹兼顾、科学推进，从安全生产法律法规宣传、安全生产技能培训、安全责任体系建设、安全管理规章制度建立健全、应急预案完善、应急演练组织等诸多方面展开具体工作。

[抓安全责任落实，目标责任进一步明确] 2010年，坚持把责任制落实作为年度安全管理的中心工作。一年来，集团安全工作主要从两个方面入手，推动落实。

一是，按照“责任到人、以岗定责”的要求，完成了对下属单位和对职工个人的岗位安全责任书签订。

二是，抓建章立制工作。2010年集团开展安全管理制度的“废、改、立”工作。集团安全部对36项安全管理制度进行了梳理，确定了废除2项、修订23项、新建5项 。各单位共统计安全管理制度248项，确定了废除37项、修订175项、新建84项。

[提高规范化管理水平，消隐除患效果明显] 集团组织了40名安全员参加安全督导师（员）培训取证、鼓励安全管理人员参加注册安全师考试考证等活动。制定了《集团安全台账管理制度》，通过检查安全台账，对各级的安全管理活动开展情况一目了然。集团坚持了对重要节日、重要社会活动、季节转换和重点部位的安全检查，共进行安全检查35次。一年来，集团通过组织召开3次安全形势风险分析会，对基层单位安全生产状况进行多角度、多方位的分析掌握，找出违章、隐患的多发类型、原因和安全管理工作中的薄弱环节，制定相应措施，总结经验教训。开展厂级每周安全巡查2次检查和每月1次专项检查工作，每次检查后都及时发送通报，全年共发通报 35 次，起到了很好的警示效果。全年各单位上报集团的安全隐患为203项，完成整改201项全集团共投入隐患整改资金636万元。

[组织实施“安全生产月”系列活动]

7月2日，北京排水集团2010年安全生产大型公开课。

全集团共悬挂横幅42条，悬挂串旗80串，张贴各种宣传画1000张左右，设置专栏、板报等宣传园地，组织观看安全宣教片，在活动期间，广泛开展了“我为安全献一计”征集活动，共征集安全建议1195条，切实营造了活动氛围，调动方大职工参与热情和为安全工作献计献策的积极性。

集团专门举行了大型安全公开课。从事故发生后的上报程序、事故处理程序等方面进行讲解，在多个事故案例分析过程中，阐述了事故原因、事故性质、相关责任人的处理等等。集团共有235参加听课。

[抓应急常态管理工作，快反能力进一步提升] 集团注重把应急管理的各项工作至于常态管理中，主要体现在采取具体工作措施，对应急预案的管理进行完善、组织应急演习提高快速反应能力和把关口前移抓防汛抢险中安全制度落实这三个方面。起草了集团应急预案管理办法，此办法，着眼于克服在应急预案编制上出现要素不全、针对性不强、可操作性弱和备案不及时等问题，使集团应急预案管理得到规范和统一。集团制定详细的演习计划，在汛期前和汛期内，其中管网类应急抢险演习4次，水厂专项演习6次。集团各单位累计共组织了53次涉及防汛、生产、消防、行政安全等课题的演练演习。集团共应对了污水管道抢险45起，对雨水管道抢险17起，对泵站进行的抢险事故1起，对其他管线抢险和配合17起，汛期内应对险情40起。通过关口前移落实汛期安全，坚持做好安全管理和应急管理的职责。全年在处置与应对突发汛情与险情中，共出动17571人次和1592车次的车次。

[抓安全文化建设，提高全体职工的安全意识] 2010年，围绕“坚持安全发展，落实安全责任，服务‘三全’目标实现”这个主题开展各类活动，引导和激励了职工参与集团的安全文化建设上来。

北京排水集团进行安全生产应急救援演练。

北京排水集团进行安全生产应急救援演练。

北京排水集团进行安全生产应急救援演练。

北京一商批发配送中心

一商大厦安全生产消防基础知识培训。

2010年，北京一商集团有限责任公司所属的北京一商批发配送中心的安全生产管理工作，坚持以人为本，牢固树立安全发展的理念，把经济发展建立在安全生产有可靠保障的基础上；坚持“安全第一，预防为主，综合治理”的方针，加强企业安全管理，健全规章制度，完善安全标准，夯实安全生产工作基础，坚持依法依规生产经营，切实加强安全监管，落实企业安全生产主体责任。

[健全完善严格的安全生产规章制度] 企业根据安全生产工作要求，不断建立完善各项规章制度，建有各项管理制度及应急预案共27部，结合属地管理部门工作要求，进一步修订完善了“生产安全管理、宣传教育培训”等3部规章制度。同时，按制度规定，加强了对企业内装修施工、更换电源线路等现场的监督检查，杜绝了“三违”行为的发生。

[落实责任制，责任到人] 贯彻落实一商集团关于落实责任制工作要求，企业在抓好生产安全制度落实的同时，认真做好企业员工责任书签订工作，以签订责任书的形式，落实“一岗双责”的安全责任。从法人到员工逐人、逐岗、逐级签订安全责任书，重点部门、重点岗位在签订岗位责任书的同时，还要签订本岗位专项安全责任书，确保安全责任到岗到人。

市场、写字楼的承租单位在签订承租协议的同时，与企业保卫部门签订“承租安全协议书”，划清各自的安全管理范围，承担各自的安全管理职责。

[加强日常检查及隐患排查整改工作] 在日常工作中，各责任区域、岗位责任人，认真做好营业期间的检查巡查工作，做到反复查、查反复、仔细查、查仔细，及时发现诸如：用火用电、违章施工、动用明火、违章吸烟、占用消防疏散通道、圈占围挡消防设施设备、易燃易爆危化物品的进入存放、杂物堆积、设备的跑冒滴漏等各种违法违规及企业设施运转存在的隐患，一经发现，坚决制止，立即整改。对不能立即整改

的隐患，按照隐患整改“五定”原则落实，确保生产安全。同时落实“谁主管、谁负责、谁在岗、谁负责”的问责规定，由责任人一抓到底，使安全检查、隐患整改责任到岗到人。

坚持做好日常检查、做好每日的班后检查、是企业做好安全生产工作的重要部分。每天茶城市场结束营业后清场检查，由保卫部门按区域落实人员进行检查、复查，确认无误后签字备案。前半夜由保卫值班人员、内保值班人员进行措施检查，保证每一小时对企业内部检查一次，后半夜每两小时检查一次，确保企业安全。

［严格落实持证上岗制度］企业的重点岗位人员按生产安全规定，严格落实持证上岗制度，电工、直燃机操作人员，由工程部负责做好每年的专业培训，证照年审复核工作，专业用设施设备年审检验均须按规定严格落实，消防中控室值机人员与其他重点岗位相同，必须持证上岗，并按规定参加上级管理部门进行的各种专业培训及考核，同时由保卫部门进行相关的检查监督。

［加强宣传教育及培训的力度］由于企业是以出租场地为经营形式，因此，从业人员多数是外地人，文化水平参差不齐，安全意识、防范意识较弱。针对这种情况，在2010年宣教工作中，结合本年度安全生产工作要求，制定了相应的宣传教育和培训考核发证工作计划，结合构筑社会安全防火墙工程和“四个能力”建设工作，开展了以观看生产安全事故案例影像资料、人员密集场所从业人员从业须知、安全生产法有关规定、消防疏散逃生、消防设施使用等为内容的培训，培训后发卷考试，考试合格后发放有本人照片、相关信息资料、学习内容、考试成绩并加盖保卫部公章的上岗证。

企业从领导到职工，出租场地从承租人到从业人员进行了全员培训考核，分11批次共培训了1300余人次，发证1300余件，从而使此项工作做到深入细化、具体实际，收到较好效果，为企业安全打下良好的基础。

企业领导多年来把安全生产工作摆在重要位置，高度重视，利用各种会议，通过各种形式把安全生产工作摆在首位，贯彻始终，确保了企业安全，为企业的发展提供了有力保障。

北京一商集团进行消防演练。

北京一商集团进行消防演练。

北京工美集团握拉菲首饰有限公司

北京工美集团在生产一线紧抓安全生产。

握拉菲首饰有限公司是北京工美集团有限责任公司唯一生产加工型企业，生产均为贵金属工艺产品。几年来，握拉菲首饰有限公司领导重视安全生产管理工作。成立了安全生产工作领导小组，由总经理任组长，统领全局，副书记直接负责指导落实部门安全工作，并在公司内部形成了一套完整的职责管理体系，从领导到员工做到职责明确，目标层层落实。在公司各项管理中，始终将安全管理工作放在首位，并坚持深入生产一线。

[创新安全生产管理，完善安全生产制度建设] 为了更好地适应公司发展，全面落实安全标准化管理，在原有的基础上，结合具体岗位、具体责任人，从总经理到员工层层签订安全生产责任书，建立安全生产的长效机制。

[注重加强自我排查和整治安全隐患力度] 在重点部门重点岗位加强排查和隐患整治，完善记录整改落实情况，确保生产安全运行。生产车间各工序、工种和各类设备制定了相应的安全操作规程，并将相应的内容制作成版面挂在各区域明显部位，使各项安全操作规程在全面、实用、布置规范的基础上落实，保障了制度执行的规范有效。扎实开展了《安全事故应急救援预案》和《消防应急疏散预案》等预案的应急演练，并设立了专项工作小组，应对突发事故的发生，保障安全有序的工作环境。

[严格执行《安全生产检查制度》] 定

北京工美集团在生产一线紧抓安全生产。

期对生产车间、办公区和外包单位进行“拉网式”安全检查，对不符合安全生产的部门、班组，当场下发“事故隐患整改通知书”，并在通知书中明确整改责任部门和期限，公司有关部门按期限进行复查。

[创造和谐氛围和良好的人际关系] 在安全生产管理中，树立“以人为本”的管理理念。用心关注了解每一位职工状况，发现问题及时解决，化解不良影响，良好的人际关系氛围有助于安全生产，人在一个良好的氛围下，带着愉快的心情去工作就可以抑制不良情绪的产生，而不良情绪也是一种安全的隐患，它的存在极易造成事故的发生。人与人的和谐，人与设备的和谐，都将为企业的安全生产创造良好的基础。

2010年，握拉菲首饰有限公司参加北京市朝阳区工业企业安全生产标准化活动完成了企业自评。通过朝阳区安全监管局“安全生产标准化”的复审程序，获得了“朝阳区工业企业安全生产标准化合格企业”的称号，从而夯实了公司安全生产工作的基础。

按照“安全生产标准化”达标企业的要求，还有许多不完善之处，需要改进提高。随着企业不断发展壮大，还要进一步加大安全生产投入，将安全目标责任做实做细，强化安全生产管理措施。握拉菲首饰有限公司从濒临倒闭到现在可持续发展，历经了十年的打拼，无论是过去困境期，还是现在蓬勃发展期，在安全管理上始终牢固树立安全第一、预防为主的思想，注重安全工作的基础管理，依靠广大干部职工齐心协力，共同努力做好安全生产工作，为企业发展起到强有力的保障。

北京工美集团在生产一线紧抓安全生产。

北京工美集团在生产一线紧抓安全生产。

北京首都旅游集团有限责任公司

首旅集团总经理刘毅与企业安全第一责任人签订安全责任书。

北京首都旅游集团有限责任公司是隶属北京市国资委的大型国有企业，成立于1998年，是集吃、住、行、游、购、娱六大旅游要素的专业旅游集团公司。下属二级公司有北京首商集团股份公司、中国全聚德(集团)股份公司、北京首汽（集团）股份公司、北京首都旅游国际酒店集团有限公司和北京首都旅游股份公司以及北京神舟国际旅行社集团有限责任公司、中国康辉旅行社有限责任公司、北京古玩城市场集团有限责任公司、北京东来顺集团有限责任公司、北京西单友谊集团有限责任公司、北京农业集团有限公司等集团公司。现有职工5万余人，机动车1.2万余部。

首旅集团领导始终把安全工作作为最重要的工作来抓。在安全生产工作,坚持“没有安全就没有旅游”的理念，坚持“安全第一，预防为主，综合治理”的工作方针，坚持“谁主管，谁负责”、“谁在岗，谁负责”、“谁操作，谁负责”和“谁主办，谁负责”的工作原则，以落实“三化”、“四到位”（即：安全队伍专业化、安全管理制度化、宣传教育全员化；安全人员配置到位、工作标准制定到位、检查监督机制到位、奖惩制度落实到位）为工作标准，全面落实《首旅集团安全保障管理制度》。通过不断的经验积累，逐步建立和完善了一套行之有效的安全管理机制，建立了《北京首都旅游集团有限责任公司安全管理制度》，明确了安全管理责任和工作职责，严格落实企业安全生产主体责任，为全集团的安全管理提供了有力的管理依据，形成了良好的安全文化氛围。

首旅集团安全工作的指导思想是：以党的方针、政策为指导，以维护国家安全和利益，维护社会稳定和发展，以保障企业、职工和宾客生命财产安全为出发点，与时俱进，开拓创新，锐意改革，深入细致的抓好“三化”、“四到位”建设，落实安全责任，强化安全管理，深化安全教育，消除安全隐患，积极开展安全文化建设和标

首旅集团举办平安首旅杯安全知识竞赛。

首旅集团党委书记董事长段强在燕莎奥特莱斯检查安全工作。

首旅集团举办"安全在我身边"演讲比赛照片。

准化建设，努力提高安全防范能力和突发事件的处置能力，为实现无安全生产事故、无火灾事故、无责任性重大交通事故、无责任性刑事治安案件、无危害国家安全和政治稳定事件的目标而努力工作。

在组织建设上，首旅集团根据有关法规要求和集团公司的具体情况，建立了比较完整的管理机构，成立了各级安全委员会和安全生产事故应急救援等领导机构，全面负责安全生产工作的组织和实施；在管理工作上，实行三级管理的管控模式，即以首旅集团总部为核心、二级公司为主管、三级企业为主责的安全管理组织体系；在工作落实上，实行逐级管理责任制度，逐级负责、逐级管理、逐级落实。在企业安全管理工作中，强调了第一责任人的负责制度，由所属企业的第一责任人全面负责安全工作，每个年度对第一责任人的安全管理工作进行目标考核，统一评比，进行表彰和奖励。

多年来，首旅集团贯彻执行国家和北京市的各项安全生产法律、法规，落实安全责任，深化宣传教育和培训，加大安全检查力度，消除安全隐患，努力提高安全设施设备的科技含量，制定、完善各项安全防范措施和应急预案，不断的提高了安全防范能力和应付突发事件的能力。

面对安全生产工作的新形势、新问题和新使命，首旅集团的全体员工有决心在各级政府管理部门的正确领导下，逐步加大安全工作的管理力度，全面宣传、贯彻国家及北京市有关安全生产工作的各项法律法规，完善、落实安全管理制度，广泛深入的开展群众性宣传教育，克服工作中的不足，再接再厉，奋发进取，全面提升安全管理工作水平，为实现首旅集团未来发展战略目标的实现，提供良好的安全生产环境。

北京饭店总经理检查安全工作。

首旅集团表彰先进企业。

北京西单友谊集团

2010年，北京西单友谊集团深入贯彻落实“安全第一，预防为主，综合治理”的方针，以落实安全生产主体责任为重点，认真学习贯彻《国务院关于进一步加强安全生产工作的通知》精神，深入开展隐患排查整治。积极推进社会消防安全“防火墙”建设工程，不断强化安全生产检查考核，有力地保证了集团经营发展工作的顺利进行。

[强化企业主体责任] 年初，集团对安全生产责任书进行了全面修订，形成了以“五无”为总目标。即：无安全生产事故，无火灾责任事故，无刑事案件事故，无涉外责任事故，无重大交通安全事故的安全主体责任体系。明确了企业在安全责任、安全管理、安全投入、安全制度等方面的安全生产主体责任。集团主要领导与各单位主要领导分别签订了《安全生产责任书》。

加强组织领导，消除安全隐患。每逢重大节日和重大活动，集团都要召开专门安全工作会议，研究部署安全工作，开展专项安全大检查，落实重要时节期间安全生产例会制度，使各阶段各时节的安全生产工作得到及时研究，重要时节安全措施得到及时加强，安全漏洞得到及时弥补。

集团所属企业在主体责任的落实要体现在隐患排查治理工作上。全年，投入170余万元资金整改了一处配电设安全隐患，彻底消除了存在多年的安全隐患。

[结合“安全生产月”，开展“安全康”杯活动] 按照集团将“安全生产月”活动与“安康杯”竞赛活动相结合，紧扣“坚持安全发展，落实安全责任”的主题，开展了“安全在我身边”职工演讲比赛活动，员工踊跃参与。6月23日，集团进行了演讲比赛决赛，经预赛选出的13位选手参加了决赛。

[学习贯彻“国务院23号通知”] 集团对

北京西单友谊集团“居安思危警钟长鸣”安全生产大讲堂。

《通知》内容进行了宣讲，专门制定并下发了贯彻落实“国务院通知的宣传教育培训工作方案”，。集团所属各单位按照要求，普遍组织开展了“学习宣传周”活动，营造了浓厚的学习氛围，通过集中学习宣传，各单位提高了各级管理者安全思想认识，统一了思想，领会了《通知》精神。各单位对照《通知》找差距，在单位内部持续开展了隐患排查整改活动。全集团共整改了不符合安全要求的各类隐患百余处，使营业现场、各项安全设备设施、重点部位达到了规定的要求。

[启动“防火墙”建设工程] 集团把消防安全“防火墙”建设工程作为重点，加强了消防安全工作。制定了《北京西单友谊集团关于深入开展平安北京建设全面构筑社会消防安全“防火墙”工程三年规划实施方案的通知》。重点把“四个能力”建设作为“防火墙”建设的重点，集团提出了要筑牢“责任防火墙、整改防火墙、监管防火墙、素质防火墙”为重点的“四面防火墙”，为各单位开展建设工作提供了明确的目标。各单位在“四个能力”建设活动中，制定符合本单位情况防火墙“四个能力”验收标准。将“四个能力”内容和有关安全知识印制成安全卡片，发员工和信息员。

西单友谊集团以《国务院关于进一步加强企业安全生产工作的通知精神》为指导，深入贯彻落实科学发展观，牢固树立企业主体责任意识，为构建和谐西友，创造良好的安全环境。

2010年北京西单友谊集团“安全在我身边”演讲比赛。

北京市安全生产宣传教育中心

2010年，市安全监管局宣教中心本着“打基础、求创新、抓落实、重实效”的指导思想，以营造良好社会氛围，坚持正确舆论导向为目标，组织开展全市安全生产宣传教育工作。

紧密围绕安全生产中心工作开展宣传

宣传国务院《通知》。制定《关于贯彻国务院通知精神宣传教育培训方案》，召开宣传贯彻工作会议。举办贯彻国务院《通知》宣传日暨大宣讲活动启动仪式。组织安全生产讲师团，开展专题宣讲。深入区县和企业宣贯国务院《通知》专题巡回演讲。面向公众，开展落实企业主体责任意见征集活动。

宣传12350投诉举报电话。录制《12350安全生产公益宣传片》，在北京电视台滚动播出。在报刊刊登关于安全生产举报投诉特服电话“12350”有关事项的公告。在城管广播《安全新干线》栏目开辟“12350安全播报”。在城市服务管理广播和北京交通广播，播出12350安全生产宣传口播语。

宣传不同时期重点工作。烟花爆竹安全生产集中宣传。农民工返程安全生产集中宣传。“城南行动”安全保障工作集中宣传。小煤矿关闭整治集中新闻宣传。有限空间专项整治集中宣传。

与媒体通力合作做好安全生产新闻宣传

电视媒体宣传。在《北京新闻》继续开辟“直击安全现场”专栏，配合安全生产执法检查，对生产经营单位违反安全生产法律法规的行为和发生重特大事故的单位进行曝光。加大《北京新闻》报道安全生产工作力度，对执法检查、安全生产月等重点工作进行了宣传报道。加强电视新闻的深度报道，策划了“小煤矿整顿关闭”“城南行动保障工作”等专题报道。

报刊媒体宣传。与《中国安全生产报》合作，办好“首都安全”专版。组织《北京日报》、《北京晚报》等多家媒体，对安全生产执法检查、隐患治理等重点工作、重大活动进行宣传报道。

广播媒体宣传。做好城市服务管理广播《安全新干线》栏目。做好城管广播城市零距离“市民对话一把手”栏目。联系广播媒体，录制播出安全生产公益节目及宣传口播语。

政务网站管理。加强信息发布。对点工作、公文公告以及基层安全生产工作，及时向社会发布。加强网站管理。建立信息发布流程，严格信息发布审批程序，严格密码管理，确保网站信息发布和网站安全。

7月6日，安全文化下基层活动走进开发区。

安全生产舆情监测。9月1日起，创刊《安全生产每日舆情》，每天收集整理各类媒体关于安全生产工作的新闻报道情况，进行系统分析。

安全生产月宣传内容

举办安全生产月宣传咨询日活动。活动于6月14日在北京现代汽车有限公司取得圆满成功。与此同时，各区县及开发区都设立了咨询日分会场，街道、地区

安全影视片展映。

办事处也相应设立宣传咨询站。

开展安全生产大型公开课。安全生产大型公开课着眼于贴近基层，增加了社区安全讲师团和企业班组安全管理讲师团成员。

举办“安全在我心中”演讲比赛。联合市总工会 举办“安全在我身边”演讲比赛。根据全市统一安排，各区县、各行业、重点大型企业都组织开展了演讲比赛。经过初赛、预赛、决赛，于7月至9月前往基层和企业进行巡回演讲。

组织开展“安全伴我在校园，我把安全带回家”主题征文活动。

举办安全文化下基层活动。联合北京城市服务管理广播，通过安全生产专题文艺节目、现场安全知识问答等形式宣传安全生产理念和知识。举办安全生产影视片巡回展映活动。联合北京市广播电影电视局借助广电系统基层的数字电影厅和流动放映设施，在企业、街道、乡镇、社区巡回放映安全生产影视片。

举办第四届北京安全文化论坛。联合中国石油大学，以“创新安全监管，建设平安北京”为主题，举办了第四届北京安全文化论坛。

加强环境氛围的营造。充分利用设置在公共场所的大型电子显示屏，滚动播放了安全警示语、宣传口号、主题宣传片。

安全社区建设扎实推进

为做好本市安全社区创建工作，宣教中心重点开展三个方面的工作：一是根据《国家安全监管总局关于深入开展安全社区建设工作的指导意见》，明确由安全监管部门负责牵头、指导本市开展安全社区建设。二是制定了安全社区三个指导性文件。包括《关于开展安全社区建设工作的实施意见》、《市级安全社区基本条件》、《市级安全社区评定管理办法》。三是召开了全市安全社区建设动员部署大会。会同市安全社区促进委员会成员单位，全面部署本市安全社区建设工作。

首届安全生产文化节文艺演出。

宣教中心组织工作人员参加文艺活动。

北京市安全生产信息中心

重点为京安工程和物联网示范工程

2009年，市安全监管局启动了北京市安全生产信息化“京安工程”建设。2010年，按照全市统一安排，启动了安全生产监管系统物联网应用示范工程建设。

北京市安全生产信息化“京安工程”

按照市领导指示精神，为进一步提高安全监管水平，创新安全监管模式，按照首善之区的标准为“三个北京”建设提供安全稳定发展环境，2009年，市安全监管局启动了北京市安全生产信息化“京安工程”建设。

“京安工程”总体框架可以概括为“17114”，即：一个门户、七类应用、一个数据中心、一套基础支撑平台、四套保障体系。

北京市安全生产监管系统物联网应用示范工程

按照《北京市城市安全运行和应急管理物联网应用建设总体方案》要求，市安全监管局确定了以安全生产重大危险源监管为核心的物联网应用示范工程建设思路，启动了项目立项前期可行性研究，目前可研报告初稿已经编制完成。

物联网应用示范工程总体框架物联网应用示范工程总体框架可以概括为“5124”，即：5类高危行业领域、1个传输网络、2级预警调度中心、4套支撑保障体系。

重点为烟花爆竹流向监管和物联网监管系统

为提升烟花爆竹储存、销售安全监管工作的水平，2010年，市安全监管局建设了烟花爆竹流向监控和烟花爆竹物联网管理系统，采取物联网、电子标签等技术手段，进一步强化和全面提升了对烟花爆竹储存和销售各环节安全监管。

利用电子标签、无线网络技术实现全市烟花爆竹流向的全流程监管

将批发单位所有的烟花爆竹综合信息纳入系统管理，通过电子标签识读器对烟花爆竹品种、含药量等信息进行读取、录入和统计，然后将流向数据直接上传至烟花爆竹流向监控系统。一方面，市区两级安监部门通过系统随时掌握批发单位存储、出入库和零售网点的配送销售情况。另一方面，执法人员通过具有无线联网功能的电子标签识读器，可以随时检查烟花爆竹产品是否在系统备案，确保所售产品的合法、安全、合格。

利用温湿度感应、红外线、视频图像等物联网技术实现对批发单位仓库和零售网点的全面监控

在我市11个烟花爆竹批发仓库建设温

“京安工程”总体框架

湿度检测、入侵监测和视频监控系统，通过网络将各类监测数据和图像上传至市区两级安全监管部门。结合地理信息系统，动态显示每个仓库的温湿度等物联数据和越界报警信息。同时，在五环路以内共529余个零售网点建设了视频监控系统，每个零售网点架设3~4个摄像机，对零售网点的销售区、存储区以及周边环境进行实时监控。

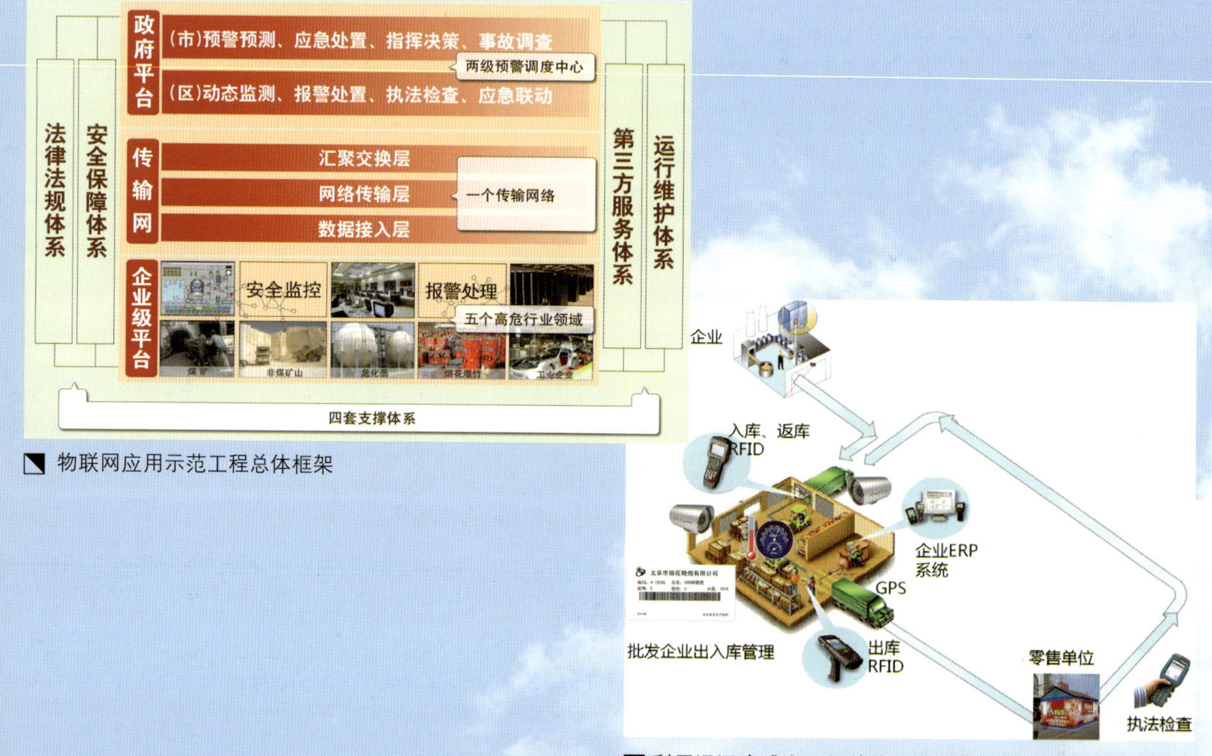

物联网应用示范工程总体框架

利用温湿度感应、红外线、视频图像等物联网技术实现对批发单位仓库和零售网点的全面监控

北京市工伤及职业危害预防中心

北京市工伤及职业危害预防中心（简称“市安全监管局预防中心”）。2010年，市安全监管局预防中心充分发挥自身职能作用，完成了以特种作业考核管理和技术支撑实验室建设为重点的各项工作。

推广考核管理创新技术应用

2010年，市安全监管局预防中心加大特种作业实操考官和理论教师年度教育，注重在考务组织管理中新技术应用推广。一是扩大“北京市安全生产相关人员考核管理系统”应用范围。在原两个区县试点运行的基础上，通过3个月的测试完善，在全市18个区县试运行，实现了特种作业安全技术考试考生报名、资格审核、考场安排、准考证打印、组卷、阅卷等考务工作的网络化管理。二是将身份证信息采集技术应用到全市特种作业报名系统中。将此项技术嵌入“北京市安全生产相关人员考核管理系统”，并在全市35家培训学校投入使用身份证信息采集器，提高了考生报名信息录入准确率，实现了附带电子照片的准考证打印，降低了考生的替考作弊行为。三是在高危行业相关人员安全资格考试组织管理中，全面推行计算机化考试。实现考生报名、考生资格审核、考场安排、考试组卷、实施考试及成绩生成的全程计算机网络化管理。同时，

4月3日，市安全监管局副局长蔡淑敏到预防中心检查安全生产培训工作。

市安全监管局领导检查预防中心安全生产工作。

在首都安全生产信息网上部署“高危行业相关人员安全资格考试模拟考试系统”，既满足考生进行考前网上学习，也使考生通过该系统模拟计算机在线考试操作流程，提高了考生计算机考试操作能力。四是严格考核管理，维护考试公平公正。落实双人阅卷、专人复核的阅卷程序，严格组卷管理和保密责任，合理设置考试报名点和考场，确保了考核的公平和公正。五是加大特种作业实操考官和理论教师年度继续教育。分6期，对499名特种作业实操考官和420名理论教师进行了年度继续教育。

2010年，市安全监管局预防中心圆满完成各类安全生产考试76期，其中，非煤矿特种作业人员安全技术考试16期，煤矿特种作业人员安全技术考试11期，高危行业相关人员安全资格考试7期，轨道交通施工人员等非行政许可类人员安全生产考试40期，烟花爆竹安全资格考试2期。

开展检验检测工作

2010年，市安全监管局预防中心充分发挥自身技术人才集中优势，完成了作业现场检验检测工作。一是检测生产经营单位11家，检测项目包括化学毒物、粉尘和物理因素三大类职业病危害因素，现场采集样品106件，现场检测21件。二是全年

安排百余人次下现场检测，历时5个月，出具典型实验报告55份，顺利通过市卫生局组织的机构年检和市质监局组织的计量复评审和扩项认证的现场审核。预防中心实验室开展危险有害因素的检测能力和资质项目由18项扩展到31项。三是预防中心危险化学品登记办公室在首都安全生产信息网上发布了10期危险化学品登记证书公告。同时，按照国家安全监管总局及国家化学品登记中心工作要求，分3轮对75家危险化学品生产单位应急咨询电话的设置情况进行了检查，对不符合设置要求的30家生产单位名称、存在的问题等内容与有关区县安全监管局进行了沟通，整改合格7家。四是推动技术支撑实验室建设。编制完成了《北京市安全生产技术支撑中心建设初步方案》，确定了一个平台三个支撑点的技术支撑中心架构，即以技术支持综合管理平台为运行主体，以专业中心实验室为硬件支撑，以相关法规标准制度为软件支撑，以中介机构和技术专家为资源支撑，组织协调和综合利用各方资源，形成行政部门、技支中心与社会资源三方联动，市区两级相互补充的全市安全生产技术支撑体系，为行政监管工作提供必要的技术支持和服务。五是完成非矿山安全实验室10台电气安全检测设备的选型、购置、计量检定或者校准工作。

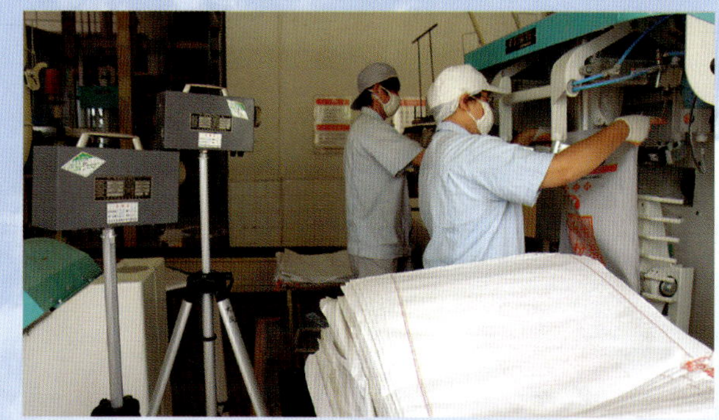

职业安全健康粉尘监测。

11月9日，北京市特种作业实操考官继续教育班。

北京市安全生产举报投诉中心

2010年，市安全监管局所属北京市安全生产举报投诉中心共接收举报投诉线索2245件，其中，举报投诉1047件，已办结971件，办结率92.7%；咨询建议类1198件，已进行电话回复。

根据国家安全监督管理总局要求，2009年12月20日北京市安全生产举报投诉中心在全国率先成立，开通安全生产举报投诉特服热线12350，24小时人工值班。

根据北京市机构编制委员会办公室批复中规定，中心承担本市安全生产领域的举报与投诉受理工作；承担安全生产举报投诉工作体系建设相关工作；承担安全生产领域的举报投诉信息的统计分析工作；向公众提供有关安全生产方面的信息咨询。

“12350”全国统一标志LOGO，采用了安全帽、电话听筒及球形元素等。标志含义是用安全帽代表安全生产，电话听筒突出安全举报的主题，球形体现以大局为重，从长远利益出发，依法行政，服务民生。电话听筒的流线型变异，体现了沟通便利的高效工作方式。橙色代表工作热情，蓝色代表公正理性。整体寓意安定稳定，社会和谐。

举报投诉中心为正处级全额拨款事业单位，目前在编人员八名，聘用人员四名，中心下设三个科室，分别为办公室、受理科、协调科。办公室主要负责中心管理、内部培训、计划总结、奖励发放、负责催办督办中心内部重要事项。受理科主要负责信息接收、信息发布、投诉举报受理与转办。协调科主要负责外部培训、志愿者队伍建设、信息化建设、督办和统计分析。

举报投诉中心共制定28项制度，其中内部管理制度22项，外部工作制度6项。并且依据工作内容

北京市安全生产监督管理局局长张家明、副局长蔡淑敏做客城市零距离，向公众介绍“12350“举报投诉电话。

制作了工作流程6项。

举报投诉中心定位于联系公众、企业、政府的桥梁；发现隐患、消除隐患的途径；展示安监系统形象的窗口；发挥综合监管作用的平台。本着有举必查，查实必纠，究其必严工作原则，为社会公众服务。

举报投诉中心着力于建设一个学习型团队，制定了完整学习机制，每日利用半小时的时间进行学习，采用授课式、案例式、观摩式等方法，学习党的方针政策、安全生产、举报投诉业务。并且每月组织考核，考核结果公开。还定期进行话务质量点评，互相学习。同时为了加强管理，每周召开例会，对工作进行总结和部署。

工作中，已形成和区县安全监管局的分办机制，初步形成和委办局间的转办机制。

安全生产举报投诉电话“12350”开通新闻发布会。

北京市安全生产协会

协会受市安监局委托，编纂了2003—2009 年的《北京安全生产年鉴》。2008年版及2009年版《年鉴》荣获全国年鉴评选三等奖。

北京市安全生产协会安全生产工作概况北京市安全生产协会自2007年12月17日成立三年来，牢固树立安全发展理念，恪守坚持发挥助手参谋作用、坚持发挥桥梁纽带作用、坚持发挥服务功能作用。

围绕城市运行安全保障大局发挥助手参谋作用

协会根据市安全生产监督管理局修订《北京市安全生产条例》的工作安排，组织专家和部分会员单位开展调研和论证工作，召开座谈会10余次，完成了《北京市安全生产条例》立项论证中的第二章“生产经营单位安全生产保障”，并担负《北京市安全生产条例》中“从业人员权利和义务”修订工作征求意见工作，组织召开了六次40多个会员单位参加的座谈会。

协会组织部分安全生产专家研讨并提出了安全生产监督管理工作10个方面的意见和建议，调动会员单位和安全生产专家队伍的积极性，征集安全生产工作调研报告65篇；开展安全生产论文征集活动，共征集论文50篇，荣获中国安全生产协会论文征集优秀组织奖。

协会组织编制了《生产经营单位安全生产管理基本制度指南》，内容既符合安全生产标准化的要求，又具有较强的指导作用，印发出1.1万册并下发会员单位。在会员单位中举办了5期培训班，并对安全生产管理制度的修订进行跟踪和指导，对15家员单位的安全生产管理制度进行会审，其中5家达标，为推进安全生产标准化工作的进展创造有利条件。与此同时还就抓好班组建设工作提出了建议，着手编写班组安全建设工作指南。

协会聘请国家安监总局领导为会员单位讲解分析安全生产新政策。

围绕全市安全生产中心工作发挥桥梁纽带作用

协会围绕全市安全生产中心工作，为政府部门和会员单位在安全生产工作沟通方面起到了桥梁作用。协会组织专家对《国务院关于进一步加强企业安全生产工作的通知》和国家安监总局《关于进一步加强企业安全生产规范化建设，严格落实企业安全生产主体责任的指导意见》、《北京市政府关于进一步加强企业安全生产工作的通知》进行讲解，举办了各类培训班13期。协会还派专家到各会员单位帮助开展隐患排查理工作，派专家到区县和大型企业（集团）授课80余次，使近3万人次的各类管理人员和一线员工得到了培训。

协会将收集的1800条安全生产各类信息编印了50期《北京市安全生产协会简报》，发给各会员单位并提供给市安全监管局领导和各处室。

围绕协会章程所定宗旨发挥服务功能

协会组织编制了《生产经营单位安全生产基本管理制度指南》，协会服务于会员单位，帮助46个会员单位建立和完善安全生产管理制度，应会员单位的要求派专家进行现场咨询服务40余次。

北京市安全生产监督管理局（北京煤矿安全监察分局）编制的《北京安全生产年鉴》编辑部设在市安全生产协会。为了客观的记录下全市安全生产工作的全貌，大量的历史资料和工作纪实需要收集和整理，完成了3部《北京安全生产年鉴》编纂工作，汇集了北京市安全生产方面的信息，记载了不同年份的安全生产监督管理和安全生产大事记，完成了2970千字465副图片的编辑工作，为社会和各有关单位提供了查阅北京市安全生产工作历史资料的便捷服务。2009版《北京安全生产年鉴》在全国地方志和年鉴评比中，荣获三等奖；2010版《北京安全生产年鉴》在第五届全国年鉴编校质量检查评审中，获得三等奖。

协会组织会员单位学习《北京市安全生产条例》。

协会在开展安全质量标准化工作中，对5户达标的会员单位颁发牌匾。

协会在会员单位中组织开展安全生产信息工作评比，对积极供稿的单位和个人颁发奖牌和证书。

安全生产统计资料

2010年及“十一五”期间安全生产统计分析

一、2010年安全生产死亡事故情况

2010年全市共发生道路交通、生产安全、火灾、铁路交通、农业机械死亡事故1062起，死亡1176人，事故总量与2009年相比略有上升，增加13起19人，上升1．2%和1．6%（见表1）。

表1　2010年安全生产各类死亡事故总体情况统计表

序号	项目	事故起数			死亡人数（人）		
		实际（起）	同比（±起）	同比（±%）	实际（人）	同比（±人）	同比（±%）
1	生产安全	119	+18	+17.8	136	+13	+10.6
2	道路交通	884	-17	-1.9	974	-7	-0.7
3	火　　灾	26	26	持平	32	26	持平
4	铁路交通	32	21	+52.4	33	21	+57.1
5	农业机械	1	0	+100.0	1	0	+100.0
合计		1062	1049	+1.2	1176	1157	+1.6

（一）总体情况

1. 各类事故死亡人数未突破国务院安委会下达的控制考核指标，但事故总量同比上升。2010年度国务院安委会下达本市各类事故死亡总人数的控制指标为1311，实际死亡1176人，与控制指标相比减少135人（见图1），占全年控制考核指标的89.7%。但是全市各类事故与2009年同期相比上升1.6%，事故总量结束“十一五”期间连续4年的下降趋势。

一次死亡3人以上较大事故多发，部分地区安全生产形势严峻。2010年共发生一次死亡3人以上较大事故24起，与2009年同比增加5起，超出年度控制指标。部分区县事故多发，超过年度控制指标。其中：昌平区道路交通事故死亡人数超过年度控制指标；

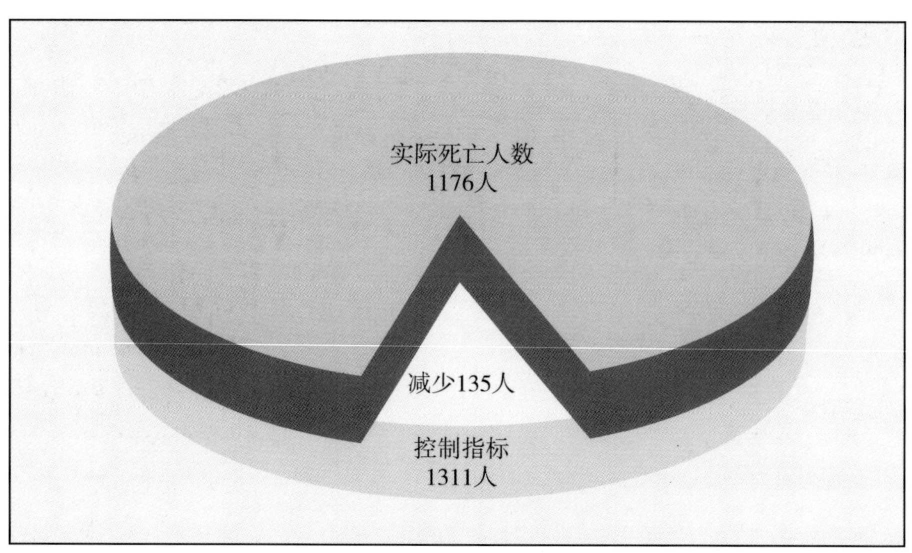

图1　2010 年安全生产事故情况对比图

大兴区、怀柔区、开发区生产安全事故死亡人数超过年度控制指标；丰台区火灾事故死亡人数超过年度控制指标；门头沟区、怀柔区铁路交通事故超过年度控制指标。京煤集团煤矿死亡人数超过年度控制指标。（见表 2）

表 2　2010 年度各区县安全生产事故指标落实情况统计表

单位名称	合计		生产安全		火灾		道路交通		铁路交通		农业机械	
	指标	实际	指标	实际	指标	实际	指标	实际	指标	实际	指标	实际
东城区	14	14	5	4	1	2	8	8	0	0	—	—
西城区	17	17	6	3	1	2	10	12	0	0	—	—
朝阳区	208	205	29	26	4	4	171	171	4	4	—	—
海淀区	118	105	25	20	4	4	85	80	4	1	—	—
丰台区	95	95	15	14	3	5	69	69	8	7	—	—
石景山区	27	20	9	5	1	1	14	11	3	3	—	—
门头沟区	22	20	5	5	1	1	14	11	2	3	—	—
房山区	117	112	10	6	1	1	103	103	3	2	—	—
通州区	108	105	6	6	1	1	99	97	2	1	—	—
顺义区	124	117	8	6	1	1	113	108	2	2	—	—
大兴区	64	58	8	9	1	1	53	46	2	2	—	—
昌平区	105	141	7	6	1	1	95	132	2	2	—	—
平谷区	28	26	2	2	1	1	24	23	1	0	—	—
怀柔区	36	40	5	8	1	0	29	29	1	3	—	—
密云县	51	44	4	2	1	1	43	38	3	3	—	—

续表

单位名称	合计		生产安全		火灾		道路交通		铁路交通		农业机械	
	指标	实际	指标	实际	指标	实际	指标	实际	指标	实际	指标	实际
延庆县	36	32	3	1	1	0	31	31	1	0	—	—
开发区	6	8	2	5	0	0	4	3	0	0	—	—
京煤集团	5	7	5	7	—	—	—	—	—	—	—	—
其他	103	9	3	1	6	6	94	2	0	0	2	1
总计	1311	1176	165	136	32	32	1072	974	40	33	2	1

（二）重点行业领域事故情况

1. 道路交通事故稳中有降。2010 年全市共发生交通死亡事故 884 起、亡 974 人，与去年同期相比，事故起数减少 17 起，下降 1.9%，死亡人数减少 7 人，下降 0.7%。其中：外埠来京人员死亡事故多发，占死亡人数的 36.6%；远郊区县亡人事故多发，占死亡人数的 64%；大货车肇事事故同比增加，与去年同比，事故起数增加 49 起，上升 25.7%，死亡人数增加 46 人，上升 20%。2010 年，全市生产经营性车辆共发生亡人事故 218 起，亡 249 人，同比事故起数减少 11 起，下降 4.8%，死亡人数减少 22 人，下降 8.1%。其中本市牌照车辆发生事故 121 起，亡 135 人，事故起数持平，死亡人数增加 6 人，上升 4.7%；外地牌照车辆发生事故 95 起，亡 112 人，事故起数减少 11 起，下降 10.4%，死亡人数减少 28 人，下降 20%（见图 2）。

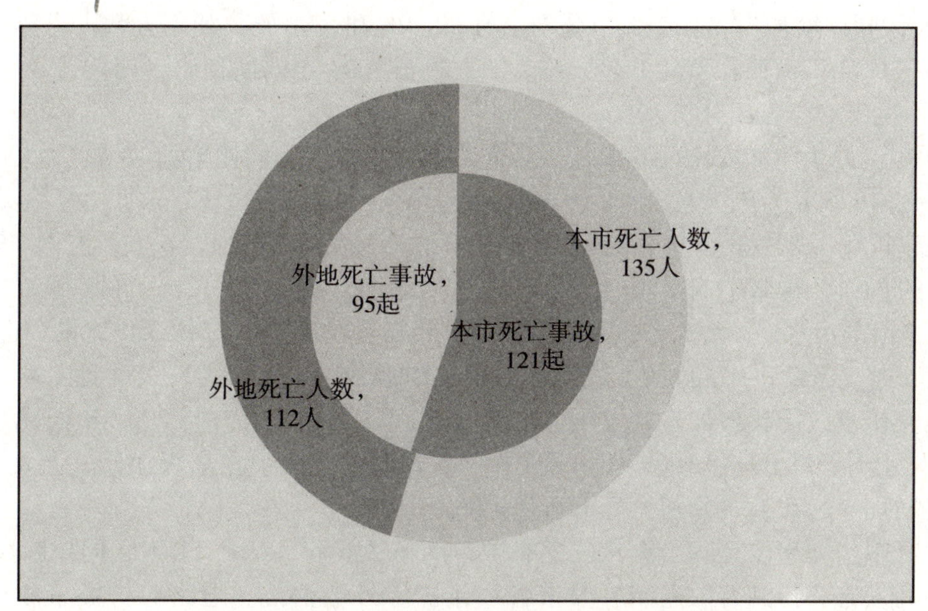

图 2　2010 年生产经营性车辆死亡事故情况分布图

2. 火灾事故总体平稳。2010 年，全市共发生火灾 5307 起，其中死亡事故 26 起，死亡 32 人。与 2009 年相比，火灾起数减少 308 起，下降 5.49%（见图 3）；死亡人数同比持平；受伤人员下降76%，直接财产损失下降74.39%。全年未发生重特大火灾事故和群死群伤火灾事故。其中：住宅宿舍火灾事故依旧多发，共2057起，占全市火灾总数的38.76%。人为、电气依然是造成火灾的主要原因，共2022起，占全市火灾总数的38.1%。火灾发生随气候变化明显，与防控工作力度成反比。

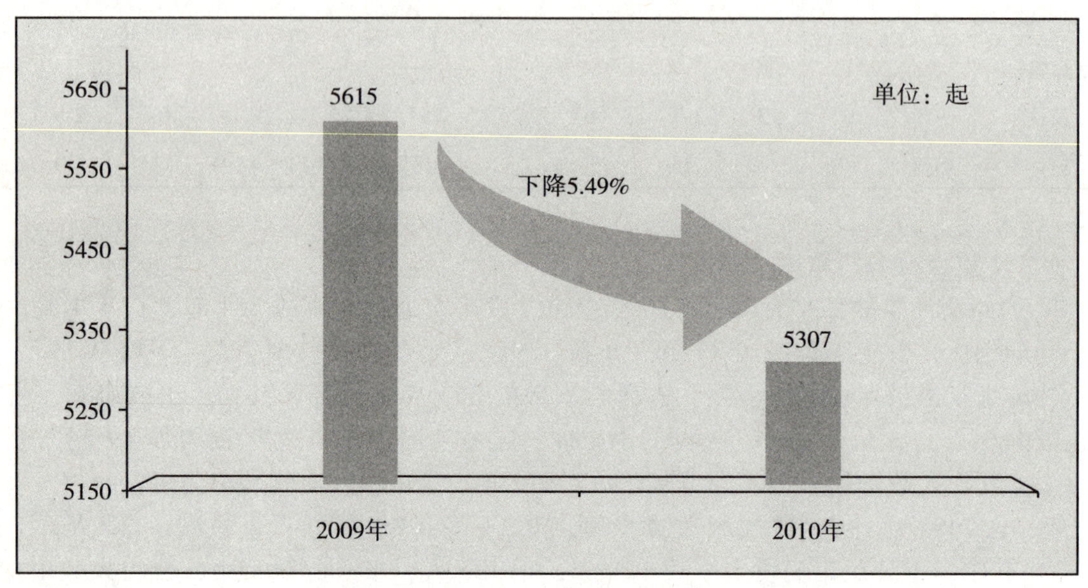

图3　2009年至2010年火灾事故情况对比图

3. 铁路交通和农业机械事故同比上升。2010年全市发生铁路交通死亡事故32起，死亡33人，同比增加11起12人，分别上升52.4%和57.1%，死亡人数占全年控制指标的82.5%。农业机械死亡事故1起，死亡1人。与2009年同期相比，死亡人数增加1人。

（三）生产安全事故分析。

2010年，发生生产安全死亡事故119起，死亡136人，同比增加18起13人，分别上升17.8%和10.6%，安全生产形势严峻。

一是建筑业事故多发。全年共发生建筑业死亡事故73起，死亡84人，占生产安全事故死亡人数的63%，与2009年同比上升40%。其中：建委系统34人，水利建设8人，电力建设7人，市政污水建设2人，铁路建设2人，市政热力建设、园林绿化建设、道路建设、桥梁建设、电信建设和有线电视建设等各1人，其他小型建设工程24人（见图4）。

二是煤矿事故同比增加。共发生煤矿事故6起，死亡8人，与2009年同比增加3起5人，分别上升100.0%和166.7%（见图5）。事故主要集中在京煤集团，共发生5起7人，同比增加3起5人，分别上升150.0%和250.0%。

三是有限空间事故下降，全年发生有限空间事故6起，死亡11人，同比减少5起12人，事故高发态势得到有效遏制。城市管线维护、外墙清洗、道路养护类事故突出。全年共发生事故18起，死亡19人，分别占城市运行事故的81.8%和79.2%。外墙清理维修事故上升200%，但城市管线维护尤其是化粪池、污水管沟的疏通清理作业过程中发生的有限空间中毒窒息事故和空调及广告的安装作业事故分别下降45%和71%。

四是季节、类别事故特点显著。事故多发生在夏季的6月、7月、8月和冬季11月、

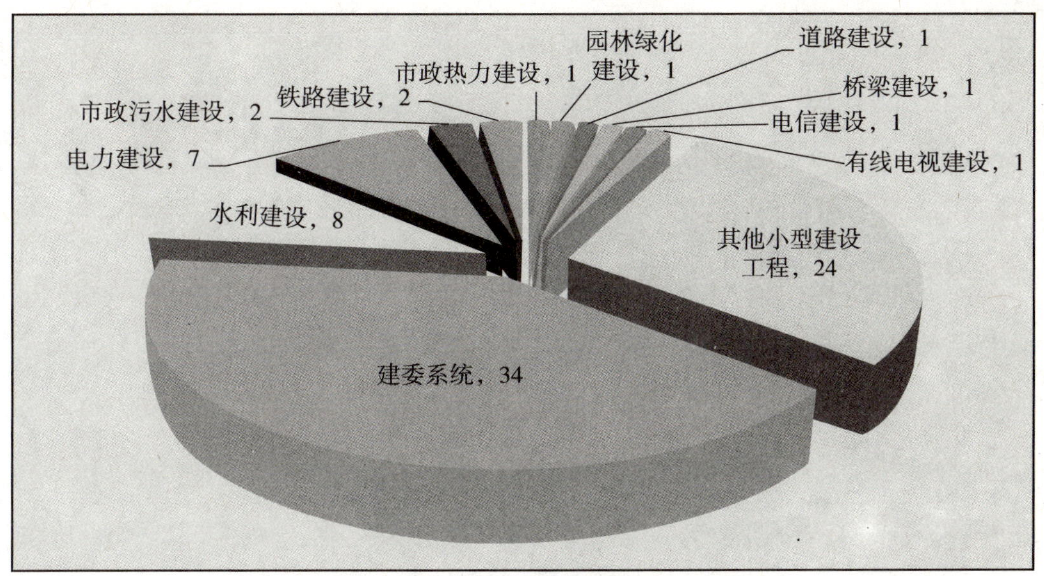

图 4　2010 年建筑事故类别情况分布图

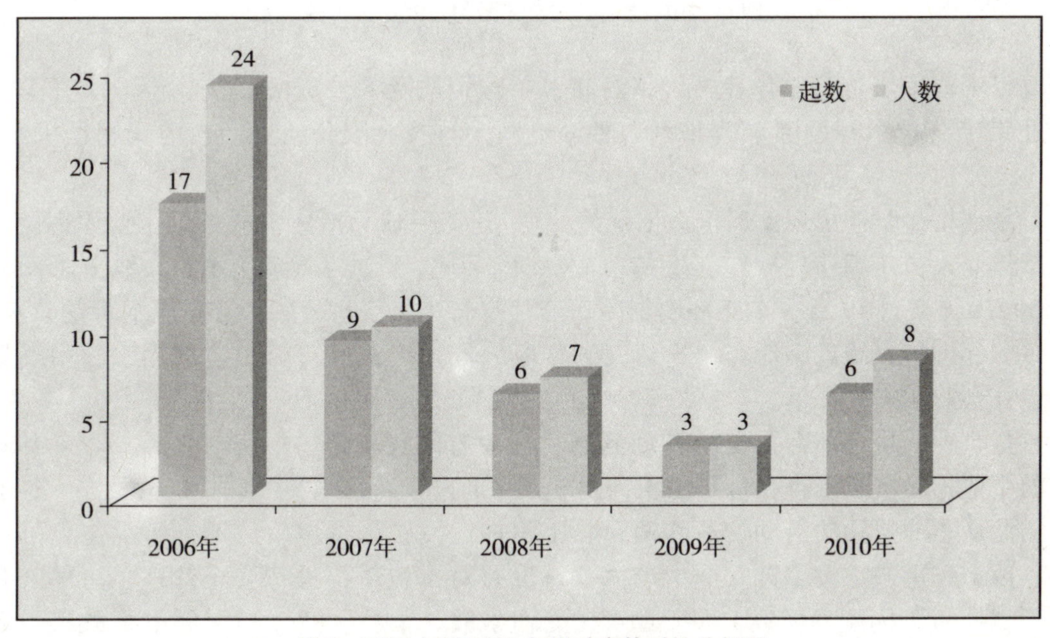

图 5　2006 年至 2010 年煤矿事故对比分析图

12 月，事故死亡人数分别占总死亡人数的 30% 和 20%（见图 6）。事故集中高发在建筑业，6 月至 8 月建筑事故死亡 25 人，11 月至 12 月建筑事故死亡 21 人，分别占建筑事故总死亡人数的 30% 和 25%。高处坠落、触电事故高发，分别占事故总死亡人数的 21% 和 20%。高处坠落多发于脚手架、拆除清理、外墙清洗等作业现场，触电事故多发于多雨潮湿的 6 月至 9 月。

（四）生产安全事故原因

1. 从安全生产管理方面分析：

一是企业安全管理层层衰减，挂靠或雇用无资格人员从事施工作业的问题严重，制

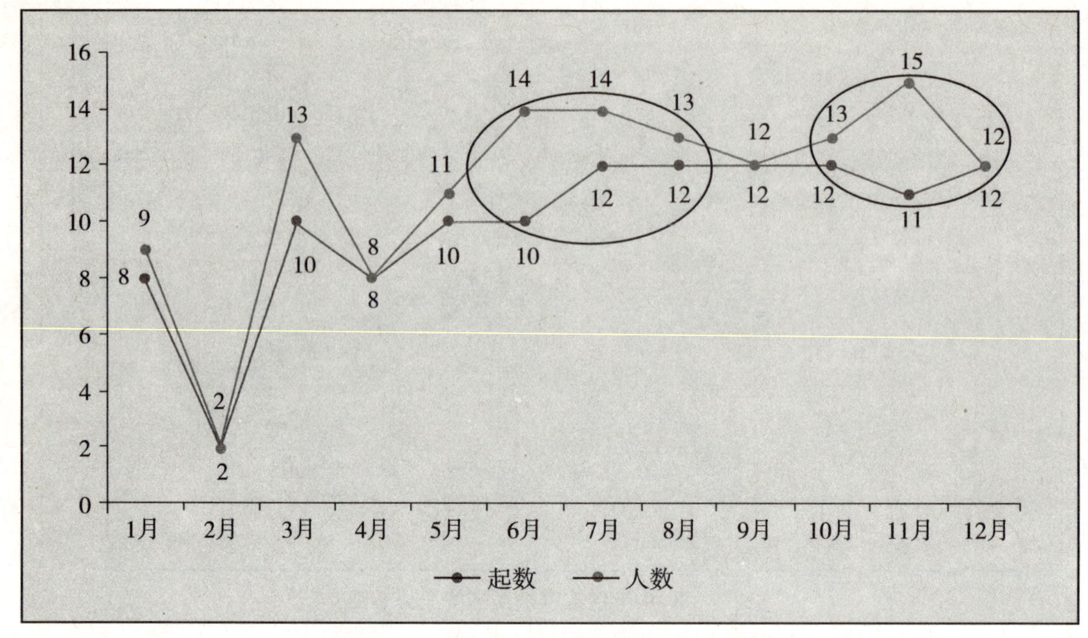

图6 2010年生产安全事故月度对比分析图

度和要求不能逐级传达至作业一线，对相关单位资质及人员资格审查不严。11月12日，位于北京经济技术开发区东区北京浩渺汇丰医药科技有限公司生产楼塔式起重机倾覆，造成3人死亡，2人受伤。

二是现场违章违规现象严重。据统计，“三违”已成为造成事故的最主要原因。2010年由于作业人员违章违规操作引发的事故共计57起，死亡69人，死亡人数占总死亡人数的50.7%。7月19日，东三环西辅路新建信息管道工程事故，造成自来水管挖破漏水，并导致相邻燃气管线破裂泄露，导致交通中断，周边居民和部分单位的用水、用气受到影响，社会影响极其严重。

三是企业租赁环节存在安全管理漏洞。一些有闲置场地、厂房的企业，对于有承租需求的企业不做资质审查，盲目出租，出现了“厂中厂”、“村中厂”的现象，一些承租企业借此从事非法违法活动。一些项目、工程违法发包，发包单位不查验承包单位资质条件，没有和承包单位签订安全生产协议，没有对承包单位进行安全管理。昌平区多彩印刷厂“4.11”丙酮爆燃致1人死亡4人受伤事故，丰台区“7.23”触电事故致1人死亡事故。

2. 从安全生产技术方面分析：

随着北京城市化进程的推进，众多基础设施建设项目集中启动。企业在快速发展的过程中，生产经营单位主体责任没有得到有效落实。一方面，在追求利润最大化的同时缺乏对安全保障的充分认识，安全生产投入不足。安全生产设备设施落后，必要的安全设备、设施和个人防护用品缺失，为安全生产埋下了隐患。另一方面，安全生产隐患查而未禁、禁后重犯、反复出现。对于发现的隐患问题，不能及时按照相关规定及时作出处理，冒险指挥。7月14日，位于顺义区地铁15号线07标段顺义站施工过程中，在基坑存在明显事故隐患的情况下，施工、监理、监测等单位均违反规定，指挥工人冒险作业，造成基坑东北角钢围檩及钢支撑坠落，导致 2 人死亡、8 人受伤。

3. 从安全生产教育方面分析：

安全教育和培训是企业安全生产的关键一环。但是部分企业安全生产教育培训缺乏针对性，劳动用工极不规范，作业人员不具备相应作业资格、不熟悉作业现场、不能准确分辨作业现场危险因素，导致违章违规操作引发的事故屡次发生。此外，随着外来务工人员增多，低素质从业人员和企业对员工安全技能要求的矛盾日益凸显。人员的个人安全素质、安全行为责任和安全意识薄弱，自我防护能力差，且对安全存在侥幸心理，盲目实施作业。12 月 9 日，徐州市康苑建筑劳务有限公司作业人员在朝阳区盘古七星酒店 45 层清洁夹层设备房时，因缺乏安全培训知识导致发生高处坠落事故，1 人死亡。

二、“十一五”期间安全生产形势

（一）基本情况

1. 事故总量。2010 年全市各类事故同比 2005 年末减少 656 起 740 人，分别下降 38.2% 和 38.6%，平均年降幅达到 7.6% 和 7.7%。其中：生产安全事故减少 26 起 39 人，同比下降 17.9% 和 22.3%；道路交通事故减少 470 起 541 人，同比下降 34.7% 和 35.7%；火灾事故减少 17 起 18 人，同比下降 39.5% 和 36%；铁路交通事故减少 144 起 143 人，同比下降 81.8% 和 81.3%（见图 7）。

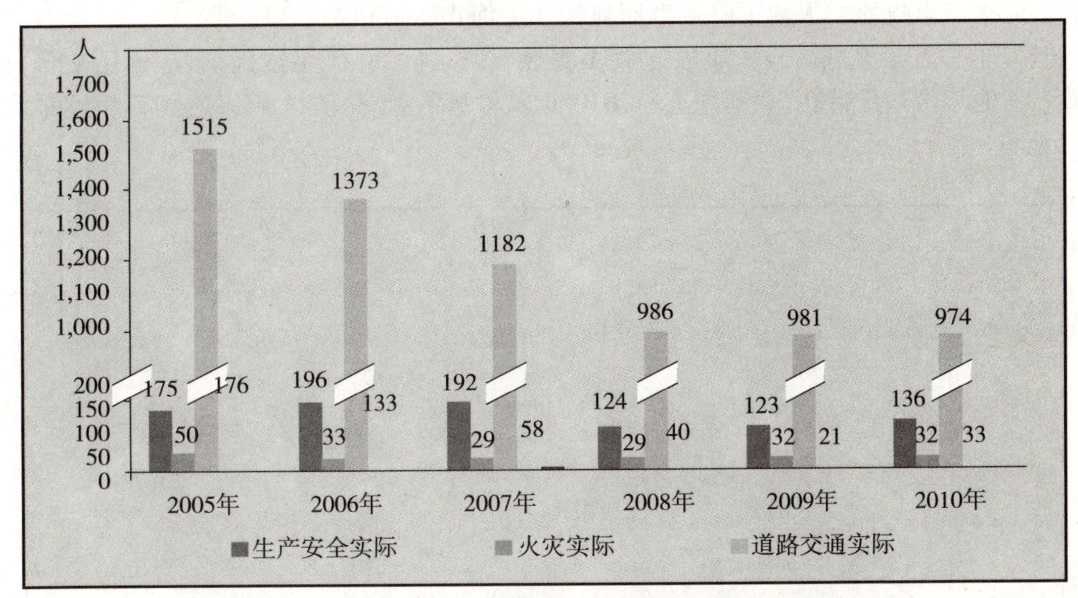

图 7 “十一五”期间安全生产死亡事故控制考核情况对比分析图

2. “十一五”指标。全市“十一五”安全生产重点指标同比降幅在 30% 以上。与 2005 年年末相比，亿元地区生产总值生产安全事故死亡率为 0.085，下降 67.3%；工矿商贸从业人员十万人生产安全事故死亡率为 1.45，下降 34.4%；道路交通万车死亡率为 2.03，下降 65.4%（见图 8）。

（二）主要特点

1. 重大死亡事故得到有效遏制，但较大事故依然较多。“十五”期间，发生多起社会影响较大、关注度较高的重大安全生产死亡事故。例如：2003 年密云县密虹公园发生

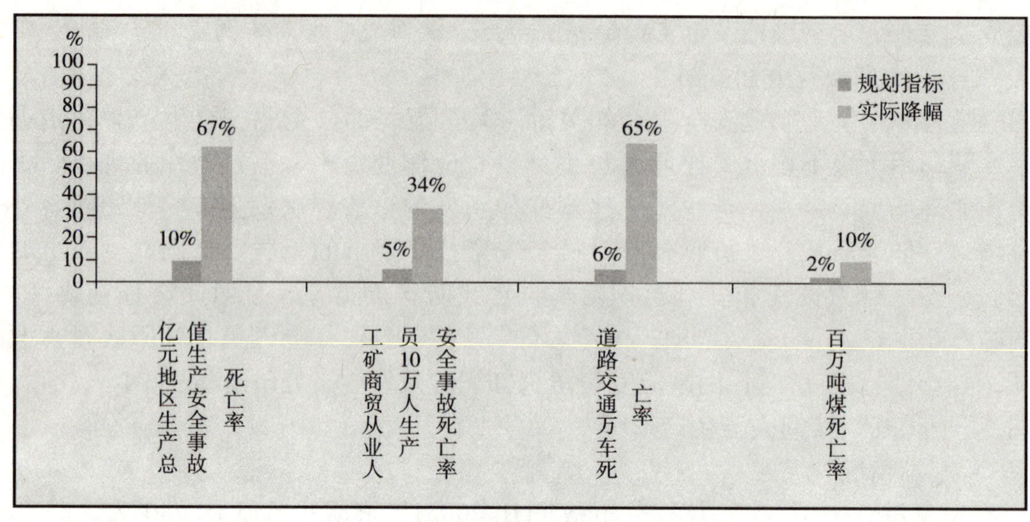

图8 “十一五”期间主要相对指标降幅对比分析图

踩踏事故；2004年北京京煤集团大安山煤矿发生坍塌事故；2004年北京京民大厦西配楼发生火灾；2005年昌平区八达高速发生重大交通事故。“十一五”期间，未发生重大生产安全死亡事故。与上海同等经济实力的特大型世界城市相比，北京市在“十一五”期间的安全生产事故死亡人数下降幅度明显快于上海市等城市。

但“十一五”期间，较大事故起数无明显下降。除2007年达到13起的历史最好水平外，其他年份均保持在20起左右。2010年较大事故起数为24起，达到5年间最高记录（见图9）。

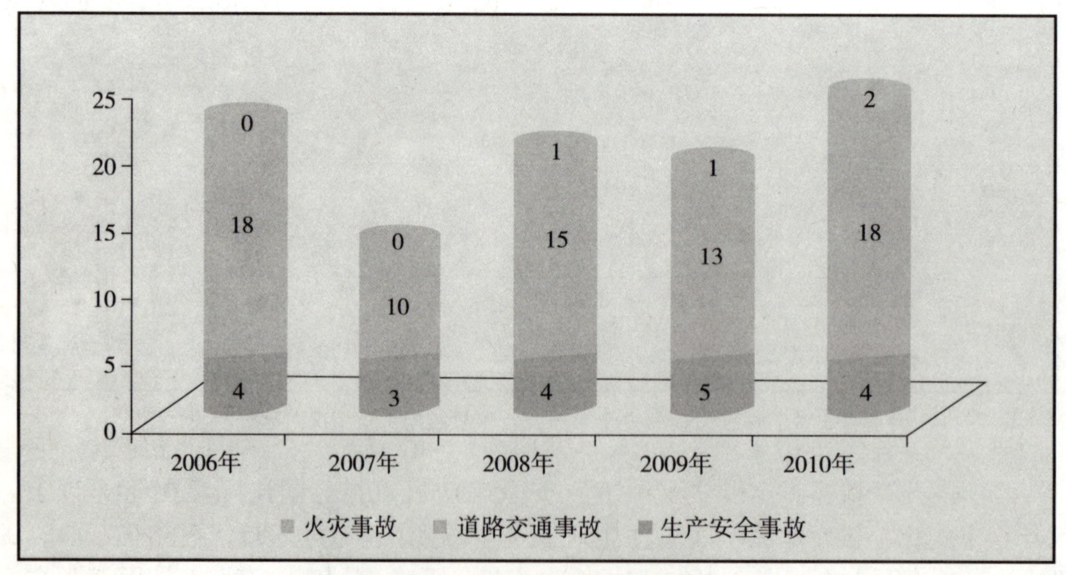

图9 2006年至2010年较大事故情况分析图

2. 首都功能核心区事故降幅较大，城市功能拓展区和城市发展新区事故多发。“十一五”时期，首都核心区事故下降幅度最大，四城区死亡事故人数由2005年年末的77人（未包括铁路交通事故）下降到2010年的31人，下降59.7%，平均降幅达11.9%。

城市功能拓展区和城市发展新区事故相对集中，每年两功能区的事故死亡人数均占到全年事故总量的80%左右。5年间，全市20个统计地区中，年度死亡人数超过100人的区县有6个，全部来自两功能区，分别是朝阳区、海淀区、房山区、通州区、顺义区和昌平区，6区县死亡人数占全市总量的六成以上（见图10）。

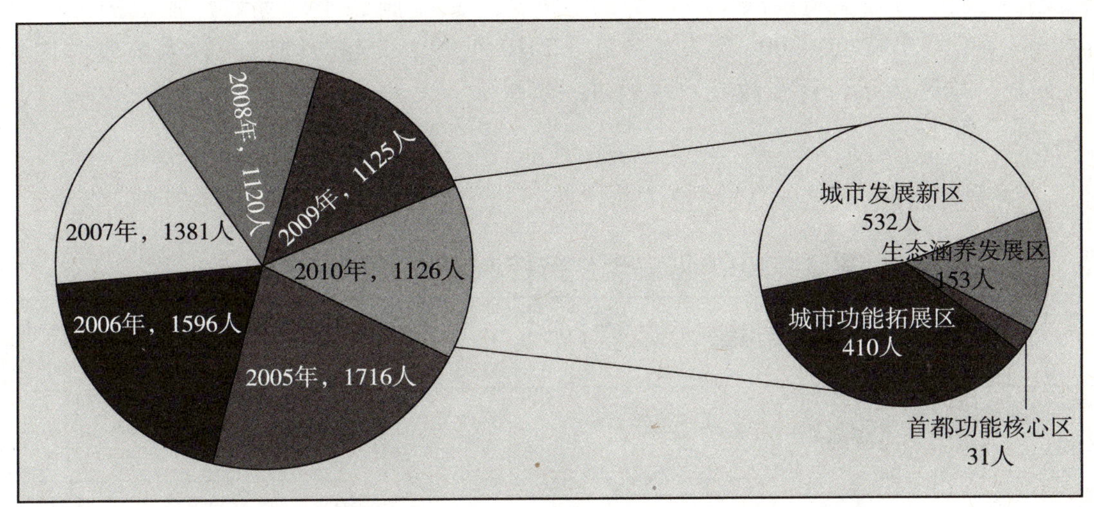

图10　2005年至2010年各功能区安全生产事故对比分析图

3. 事故总量下降趋势变缓，期末遭遇事故反弹。“十一五”期间，随着城市安全运行压力增大，事故下降速度逐步减缓，下降空间明显变小，且呈现小幅曲线波动趋势。虽然2008、2009年全市各类事故与指标相比取得了最大幅度的下降，但这是在特殊时期，采取的特殊措施，取得的特殊效果。到2009年年末，事故死亡人数为1157人，达到最低值，2010年事故开始出现触底反弹，结束前五年连续下降的态势（见图11）。

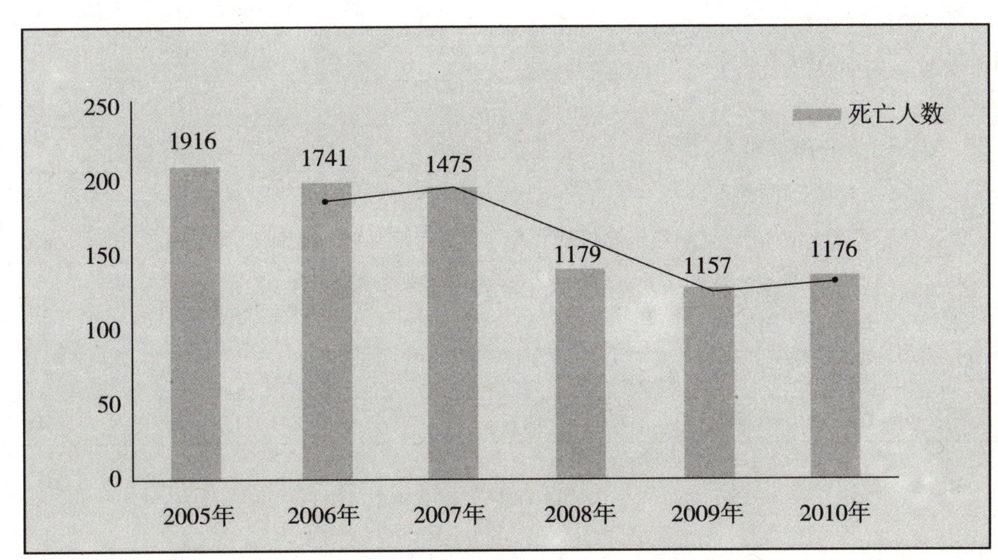

图11　2005年至2010年安全生产事故对比分析图

4. 城市运行维护保障工作难度加大。“十一五”时期，随着传统高危行业领域安全监管力度的不断加大，这些领域的事故总量相对稳定了下来，但城市运行领域问题日益凸显。人员密集场所、城市基础设施运行、地下空间经营场所、地铁运营与建设、城市维护保养、中心城区深基础施工和高层建筑防火等服务型行业的安全问题日趋严峻。其中有限空间安全生产事故逐年上升成为新时期生产安全事故的新问题。2007 年至 2010 年，全市共发生有限空间事故 25 起，死亡 55 人。由于施救不当导致伤亡范围扩大更是有限空间事故突出特点。2009 年发生 2 起、2010 年发生 1 起有限空间较大事故，共造成 13 人死亡，均是由于盲目施救导致事故进一步扩大。

（王晓杰　曾尧）

表 3　2010 年安全生产控制考核指标情况表

<table>
<tr><th colspan="3">项目内容</th><th>指标下达情况</th><th>全年落实情况</th><th>与控制考核指标相比（%）</th></tr>
<tr><td>总体控制考核指标（人）</td><td colspan="2">各类事故死亡总人数</td><td>1311</td><td>1176</td><td>89.7</td></tr>
<tr><td rowspan="6">绝对控制考核指标（人）</td><td colspan="2">生产安全</td><td>165</td><td>136</td><td>82.4</td></tr>
<tr><td rowspan="5">其中</td><td>煤矿</td><td>13</td><td>8</td><td>61.5</td></tr>
<tr><td>道路交通</td><td>1072</td><td>974</td><td>90.9</td></tr>
<tr><td>火灾</td><td>32</td><td>32</td><td>100.0</td></tr>
<tr><td>铁路交通</td><td>40</td><td>33</td><td>82.5</td></tr>
<tr><td>农业机械</td><td>2</td><td>1</td><td>50</td></tr>
<tr><td rowspan="6">控制考核指标（起）</td><td colspan="2">较大事故起数</td><td>18</td><td>24</td><td>133.3</td></tr>
<tr><td rowspan="5">其中</td><td>生产安全</td><td>—</td><td>4</td><td>—</td></tr>
<tr><td>道路交通</td><td>—</td><td>18</td><td>—</td></tr>
<tr><td>火灾</td><td>—</td><td>2</td><td>—</td></tr>
<tr><td>铁路交通</td><td>—</td><td>0</td><td>—</td></tr>
<tr><td>农业机械</td><td>—</td><td>0</td><td>—</td></tr>
<tr><td rowspan="4">相对控制考核指标</td><td colspan="2">亿元地区 GDP 生产安全事故死亡率（人/亿元）</td><td>0.10</td><td>0.085</td><td>85.0</td></tr>
<tr><td colspan="2">工矿商贸企业从业人员 10 万人生产安全事故死亡率（人/10 万人）</td><td>1.68</td><td>1.45</td><td>86.3</td></tr>
<tr><td colspan="2">道路交通万车死亡率（人/万车）</td><td>2.33</td><td>2.03</td><td>87.1</td></tr>
<tr><td colspan="2">煤矿百万吨煤死亡率（人/百万吨）</td><td>2.241</td><td>1.569</td><td>70.0</td></tr>
</table>

表 4　2010 年安全生产事故主要指标情况表

指标名称		全年	1月	2月	3月	4月	5月	6月	7月	8月	9月	10月	11月	12月
安全生产事故起数		**1062**	**80**	**56**	**65**	**72**	**94**	**81**	**89**	**104**	**96**	**94**	**120**	**111**
其中	生产安全	119	8	2	10	8	10	10	12	12	12	12	11	12
	道路交通	884	63	52	52	60	81	67	73	88	82	77	104	85
	火　灾	26	4	2	2	2	0	1	0	0	0	4	1	10
	铁路交通	32	5	0	1	2	3	3	4	4	2	1	4	3
	农业机械	1	0	0	0	0	0	0	0	0	0	0	0	1
安全生产事故死亡人数		**1176**	**91**	**60**	**81**	**77**	**105**	**94**	**99**	**116**	**104**	**96**	**134**	**119**
其中	生产安全	136	9	2	13	8	11	14	14	13	12	13	15	12
	道路交通	974	69	56	65	65	91	75	81	99	90	78	113	92
	火　灾	32	8	2	2	2	0	1	0	0	0	4	2	11
	铁路交通	33	5	0	1	2	3	4	4	4	2	1	4	3
	农业机械	1	0	0	0	0	0	0	0	0	0	0	0	1
安全生产事故死亡人数控制率（%）		**89.7**	**6.9**	**4.6**	**6.2**	**5.9**	**8.0**	**7.2**	**7.6**	**8.8**	**7.9**	**7.3**	**10.2**	**9.1**
其中	生产安全	82.4	5.5	1.2	7.9	4.8	6.7	8.5	8.5	7.9	7.3	7.9	9.0	7.3
	道路交通	90.9	6.4	5.2	6.1	6.1	8.5	7.0	7.5	9.2	8.4	7.3	10.5	
	火　灾	100.0	25.0	6.3	6.3	6.3	0	3.1	0	0	0	12.5	6.3	
	铁路交通	82.5	12.5	0	2.5	5.0	7.5	10.0	10.0	10.0	5.0	2.5	10.0	
	农业机械	50.0	0	0	0	0	0	0	0	0	0	0	0	50.0

表 5　2010 年生产安全事故类别情况表

月份	合计		物体打击		车辆伤害		机械伤害		起重伤害		触电		淹溺		灼烫		火灾		高处坠落		坍塌		冒顶片帮		透水		放炮		火药爆炸		瓦斯爆炸		锅炉爆炸		容器爆炸		其他爆炸		中毒窒息		其他伤害	
	起数	人数	起数	人数	起数	人数	起数	人数	起数	人数	起数	人数	起数	人数	起数	人数	起数	人数	起数	人数	起数	人数	起数	人数	起数	人数	起数	人数	起数	人数	起数	人数	起数	人数	起数	人数	起数	人数	起数	人数	起数	人数
1月	8	9	1	1	1	1	2	2	2	2	0	0	0	0	0	0	0	0	1	1	0	0	0	0	0	0	0	0	0	0	0	0	0	0	0	0	1	2	0	0	0	0
2月	2	2	1	1	0	0	0	0	1	1	0	0	0	0	0	0	0	0	0	0	0	0	0	0	0	0	0	0	0	0	0	0	0	0	0	0	0	0	0	0	0	0
3月	10	13	2	3	1	1	3	3	0	0	2	2	0	0	0	0	0	0	0	0	1	3	0	0	0	0	0	0	0	0	0	0	0	0	0	0	1	1	0	0	0	0
4月	8	8	1	1	0	0	2	2	1	1	1	1	0	0	0	0	0	0	2	2	0	0	0	0	0	0	0	0	0	0	0	0	0	0	0	0	1	1	0	0	0	0
5月	10	11	1	1	1	1	1	1	0	0	3	3	0	0	0	0	0	0	3	3	0	0	0	0	0	0	0	0	0	0	0	0	0	0	0	0	0	0	1	2	0	0
6月	10	14	1	1	1	1	1	1	0	0	2	3	0	0	0	0	0	0	2	4	1	1	0	0	0	0	0	0	0	0	0	0	0	0	0	0	0	0	1	2	1	3
7月	12	14	1	2	0	0	0	0	1	1	4	4	0	0	0	0	0	0	3	3	1	1	0	0	0	0	0	0	0	0	0	0	0	0	0	0	0	0	2	3	0	0
8月	12	13	1	1	0	0	0	0	1	1	3	3	0	0	0	0	0	0	4	4	0	0	0	0	0	0	0	0	0	0	0	0	0	0	0	0	1	1	1	2	1	1
9月	12	12	1	1	0	0	0	0	0	0	6	6	1	1	0	0	0	0	2	2	2	2	0	0	0	0	0	0	0	0	0	0	0	0	0	0	0	0	0	0	0	0
10月	12	13	1	1	0	0	1	1	2	3	3	3	0	0	0	0	0	0	3	3	1	1	0	0	0	0	0	0	0	0	0	0	0	0	0	0	0	0	0	0	1	1
11月	11	15	0	0	0	0	0	0	2	4	2	2	0	0	0	0	0	0	3	3	2	2	0	0	0	0	0	0	0	0	0	0	0	0	0	0	0	0	1	3	1	1
12月	12	12	1	1	1	1	1	1	0	0	0	0	1	1	0	0	0	0	5	5	3	3	0	0	0	0	0	0	0	0	0	0	0	0	0	0	0	0	0	0	0	0
总计	**119**	**136**	**12**	**14**	**5**	**5**	**11**	**11**	**10**	**13**	**26**	**27**	**2**	**2**	**0**	**0**	**0**	**0**	**28**	**28**	**11**	**13**	**0**	**0**	**0**	**0**	**0**	**0**	**0**	**0**	**0**	**0**	**0**	**0**	**0**	**0**	**4**	**5**	**6**	**12**	**4**	**6**

表6　2010年生产安全事故原因情况表

月份	合计		技术和设计有缺陷		设备设施工具附件有缺陷		安全设施缺少或有缺陷		生产场所环境不良		个人防护用品缺少或有缺陷		没有安全操作规程或不健全		违反操作规程或劳动纪律		劳动组织不合理		对现场工作缺乏检查或指挥错误		培训教育不够缺乏安全操作知识		其他	
	起数	人数	起数	人数	起数	人数	起数	人数	起数	人数	起数	人数	起数	人数	起数	人数	起数	人数	起数	人数	起数	人数	起数	人数
1月	8	9	0	0	0	0	1	1	0	0	0	0	2	2	5	6	0	0	0	0	0	0	0	0
2月	2	2	0	0	0	0	1	1	0	0	0	0	0	0	1	1	0	0	0	0	0	0	0	0
3月	10	13	0	0	0	0	0	0	1	1	0	0	0	0	9	12	0	0	0	0	0	0	0	0
4月	8	8	0	0	0	0	0	0	0	0	0	0	0	0	4	4	0	0	3	3	1	1	0	0
5月	10	11	0	0	0	0	1	1	0	0	1	1	1	2	5	5	0	0	0	0	1	1	1	1
6月	10	14	1	1	1	2	1	1	0	0	1	1	0	0	5	7	0	0	0	0	1	2	0	0
7月	12	14	0	0	0	0	2	2	3	4	0	0	0	0	5	6	0	0	1	1	0	0	1	1
8月	12	13	0	0	0	0	1	1	0	0	1	1	0	0	7	8	1	1	1	1	1	1	0	0
9月	12	12	0	0	0	0	4	4	0	0	2	2	0	0	3	3	1	1	1	1	0	0	1	1
10月	12	13	0	0	0	0	1	1	1	1	1	1	0	0	7	8	0	0	0	0	0	0	2	2
11月	11	15	0	0	0	0	3	3	1	1	0	0	0	0	4	8	1	1	0	0	1	1	1	1
12月	12	12	0	0	0	0	0	0	3	3	0	0	2	2	4	4	1	1	0	0	1	1	1	1
总计	**119**	**136**	**1**	**1**	**1**	**2**	**15**	**15**	**9**	**10**	**6**	**6**	**5**	**6**	**59**	**72**	**4**	**4**	**7**	**8**	**5**	**5**	**7**	**7**

表7 2010年生产安全事故死亡起数区县情况表

单位：起

区域		全年	1月	2月	3月	4月	5月	6月	7月	8月	9月	10月	11月	12月
首都功能核心区		**7**	**0**	**0**	**0**	**0**	**1**	**0**	**1**	**1**	**1**	**2**	**0**	**1**
其中	东城区	4	0	0	0	0	0	0	1	1	1	1	0	0
	西城区	3	0	0	0	0	1	0	0	0	0	1	0	1
城市功能拓展区		**63**	**4**	**2**	**4**	**6**	**5**	**3**	**5**	**9**	**6**	**7**	**5**	**7**
其中	朝阳区	25	3	1	1	3	1	2	3	3	2	2	0	4
	海淀区	20	0	1	2	1	1	1	0	3	4	2	3	2
	丰台区	14	1	0	0	1	1	0	2	3	0	3	2	1
	石景山区	4	0	0	1	1	2	0	0	0	0	0	0	0
城市发展新区		**29**	**2**	**0**	**3**	**2**	**3**	**4**	**3**	**2**	**3**	**1**	**4**	**2**
其中	房山区	5	0	0	0	0	1	1	1	1	0	0	0	1
	通州区	5	1	0	0	0	0	0	0	1	1	0	1	1
	顺义区	5	1	0	2	0	0	0	1	0	0	0	1	0
	昌平区	4	0	0	0	1	1	1	1	0	0	0	0	0
	大兴区	7	0	0	1	1	1	1	0	0	1	1	1	0
	开发区	3	0	0	0	0	0	1	0	0	1	0	1	0
生态涵养发展区		**14**	**1**	**0**	**2**	**0**	**0**	**2**	**3**	**0**	**2**	**1**	**1**	**2**
其中	门头沟区	5	0	0	1	0	0	1	2	0	0	0	0	1
	怀柔区	4	1	0	1	0	0	0	0	0	1	0	1	0
	平谷区	2	0	0	0	0	0	0	0	0	1	1	0	0
	密云县	2	0	0	0	0	0	1	1	0	0	0	0	0
	延庆县	1	0	0	0	0	0	0	0	0	0	0	0	1
其他地区和单位		**6**	**1**	**0**	**1**	**0**	**1**	**1**	**0**	**0**	**0**	**1**	**1**	**0**
其中	京煤集团	5	1	0	1	0	0	1	0	0	0	1	1	0
	其他	1	0	0	0	0	1	0	0	0	0	0	0	0
全市总计		**119**	**8**	**2**	**10**	**8**	**10**	**10**	**12**	**12**	**12**	**12**	**11**	**12**

表8　2010年生产安全事故死亡人数区县情况表

单位：人

区域		全年	1月	2月	3月	4月	5月	6月	7月	8月	9月	10月	11月	12月
首都功能核心区		**7**	**0**	**0**	**0**	**0**	**1**	**0**	**1**	**1**	**1**	**2**	**0**	**1**
其中	东城区	4	0	0	0	0	0	0	1	1	1	1	0	0
	西城区	3	0	0	0	0	1	0	0	0	0	1	0	1
城市功能拓展区		**65**	**4**	**2**	**5**	**6**	**5**	**3**	**5**	**9**	**6**	**8**	**5**	**7**
其中	朝阳区	26	3	1	1	3	1	2	3	3	2	3	0	4
	海淀区	20	0	1	2	1	1	1	0	3	4	2	3	2
	丰台区	14	1	0	0	1	1	0	2	3	0	3	2	1
	石景山区	5	0	0	2	1	2	0	0	0	0	0	0	0
城市发展新区		**38**	**3**	**0**	**3**	**2**	**4**	**6**	**5**	**3**	**3**	**1**	**6**	**2**
其中	房山区	6	0	0	0	0	1	1	1	2	0	0	0	1
	通州区	6	2	0	0	0	0	0	0	1	1	0	1	1
	顺义区	6	1	0	2	0	0	0	2	0	0	0	1	0
	昌平区	6	0	0	0	1	1	2	2	0	0	0	0	0
	大兴区	9	0	0	1	1	2	2	0	0	1	1	1	0
	开发区	5	0	0	0	0	0	1	0	0	1	0	3	0
生态涵养发展区		**18**	**1**	**0**	**4**	**0**	**0**	**2**	**3**	**0**	**2**	**1**	**3**	**2**
其中	门头沟区	5	0	0	1	0	0	1	2	0	0	0	0	1
	怀柔区	8	1	0	3	0	0	0	0	0	1	0	3	0
	平谷区	2	0	0	0	0	0	0	0	0	1	1	0	0
	密云县	2	0	0	0	0	0	1	1	0	0	0	0	0
	延庆县	1	0	0	0	0	0	0	0	0	0	0	0	1
其他地区和单位		**8**	**1**	**0**	**1**	**0**	**1**	**3**	**0**	**0**	**0**	**1**	**1**	**0**
其中	京煤集团	7	1	0	1	0	0	3	0	0	0	1	1	0
	其他	1	0	0	0	0	1	0	0	0	0	0	0	0
全市总计		**136**	**9**	**2**	**13**	**8**	**11**	**14**	**14**	**13**	**12**	**13**	**15**	**12**

表 9　安全生产控制考核指标情况表（2005—2010 年）　　单位：人

年份		2005		2006		2007		2008		2009		2010	
		下达	实际	下达	实际	下达	实际	下达	实际	下达	实际	下达	实际
合　计		2075	1916	1897	1741	1739	1475	1474	1179	1330	1157	1311	1176
一、工矿商贸合计		200	175	198	196	196	192	185	124	165	123	165	136
其中	1. 煤矿	50	13	26	24	22	10	13	7	13	3	8	8
	瓦斯	/	0	/	0	/	0	/	0	0	0	0	0
	乡镇煤矿	/	4	/	19	/	10	/	4	3	1	0	0
	2. 金属与非金属矿	6	7	5	9	9	1	7	0	0	0	0	0
	3. 建筑施工	90	93	98	105	106	100	100	58	100	60	100	84
	4. 危险化学品	/	3	1	0	2	0	2	0	1	0	0	0
	5. 烟花爆竹	/	0	2	0	/	0	/	0	0	0	0	0
二、火灾		60	50	55	33	33	30	29	29	29	32	32	32
三、道路交通		1639	1515	1478	1373	1373	1182	1182	986	1088	981	1072	974
四、铁路交通		176	176	166	133	131	58	69	40	48	21	40	33
五、农业机械		/	/	/	6	6	13	9	0	0	0	2	1

表 10　安全生产事故死亡人数月度情况表（2006—2010 年）　　单位：人

年份	指标类别	1 月	2 月	3 月	4 月	5 月	6 月	7 月	8 月	9 月	10 月	11 月	12 月
2010	生产安全	9	2	13	8	11	14	14	13	12	13	15	12
	道路交通	69	56	65	65	91	75	81	99	90	78	113	92
	火　灾	8	2	2	2	0	1	0	0	0	4	2	11
	铁路交通	5	0	1	2	3	4	4	4	2	1	4	3
	农业机械	0	0	0	0	0	0	0	0	0	0	0	1
	总　计	**91**	**60**	**81**	**77**	**105**	**94**	**99**	**116**	**104**	**96**	**134**	**119**
2009	生产安全	3	3	7	19	11	16	20	11	6	9	12	6
	道路交通	88	64	38	74	65	90	118	73	87	82	104	98
	火　灾	4	1	6	7	0	4	2	2	0	2	0	4
	铁路交通	1	2	0	3	3	1	3	3	2	1	1	1
	农业机械	0	0	0	0	0	0	0	0	0	0	0	0
	总　计	**96**	**70**	**51**	**103**	**79**	**111**	**143**	**89**	**95**	**94**	**117**	**109**
2008	生产安全	6	3	22	11	6	23	7	8	8	14	11	5
	道路交通	88	62	55	94	109	79	75	37	48	105	122	112
	火　灾	7	0	4	1	1	5	0	0	4	3	2	2
	铁路交通	5	4	4	5	5	2	3	0	1	3	4	4
	农业机械	0	0	0	0	0	0	0	0	0	0	0	0
	总　计	**106**	**69**	**85**	**111**	**121**	**109**	**85**	**45**	**61**	**125**	**139**	**123**
2007	生产安全	14	5	15	20	8	30	32	20	12	11	14	11
	道路交通	78	93	59	91	110	113	125	83	71	118	127	114
	火　灾	6	0	0	1	3	0	0	0	0	1	1	18
	铁路交通	0	0	0	21	4	5	1	4	6	4	4	9
	总　计	**98**	**98**	**74**	**133**	**125**	**148**	**158**	**107**	**89**	**134**	**146**	**152**
2006	生产安全	11	11	23	11	24	29	18	24	10	12	12	11
	道路交通	106	84	74	113	103	108	110	112	145	134	122	162
	火　灾	12	6	7	3	1	3	3	2	0	1	4	7
	铁路交通	0	0	0	37	7	9	14	16	10	8	11	21
	总　计	**129**	**101**	**104**	**164**	**135**	**149**	**145**	**154**	**165**	**155**	**149**	**201**

表 11 “十一五”期间主要相对指标降幅情况表

指标名称	2005	2010	规划指标	实际降幅
亿元地区生产总值生产安全事故死亡率（人/亿元）	0. 26	0. 085	下降 10%	67%
工矿商贸从业人员 10 万人生产安全事故死亡率（人/10 万人）	2. 21	1. 45	下降 5%	34%
道路交通万车死亡率（人/万车）	5. 86	2. 03	6. 0 以下	65%
百万吨煤死亡率（人/百万吨）	1. 736	1. 569	2. 0 以内	10%

案例一：

北京诺和兴水务建设工程有限公司“3·23”生产安全事故

一、事故发生经过

2010年3月23日14时10分左右，北京诺和兴水务建设工程有限公司在怀柔区庙城镇郑重庄地区排水工程工地，组织作业人员开挖沟槽作业过程中，局部土方发生坍塌，造成沟槽内作业的3名人员被埋压窒息死亡。

怀柔区庙城镇郑重庄地区排水工程，为怀柔区新农村水利基础设施建设工程。该工程建设单位为北京市怀柔区水务工程项目办公室（以下简称“项目办”），是区水务局下属法人单位；设计单位为北京市市政工程设计研究总院龙泰设计咨询开发公司；勘察单位为中铁工程设计院有限公司；监理单位为北京燕波工程管理有限公司；施工中标单位为北京诺和兴水务建设工程有限公司（以下简称“诺和兴公司”）。

2月25日，北京诺和兴水务建设工程有限公司怀柔分公司（以下简称“诺和兴怀柔分公司”）代表诺和兴公司与项目办签订了《合同协议书》和《安全生产协议书》。

3月22日上午8时30分左右，霍××（施工工长）带领诺和兴怀柔分公司的合同工孙××（班长）、万××、韩××、李××、雷××、孟××等6名工人和以公司名义租用的一台挖掘机到达施工现场准备施工。9时左右，霍××指挥施工人员，以勘探地下国防光缆名义施工时，被例行巡查的区路政分局执法人员杜××、高××发现。执法人员要求现场作业人员立即停止施工，并向区水务局下达了《违法行为通知书》。该通知书认定怀柔区水务局“擅自挖掘公路，责令其立即停止违法行为，恢复原状”。徐××（项目副经理）在施工现场将停工情况电话通知蒋××（区水务局供排水科科长），蒋××电话通知苏×（区水务局供排水科副科长）到现场处置。苏×赶到施工现场签收了

《违法行为通知书》，将情况向在党校学习的蒋××作了电话汇报，并按照蒋××的要求向主管副局长刘××汇报了相关情况。

3月22日下午，刘××和苏××带领诺和兴怀柔分公司主管生产经理赵××、项目副经理徐××与区路政分局彭××大队长、宋××队长及高××进行沟通协调。会议议定，施工单位暂停该项目施工，待补办相关占路许可手续后再行施工作业。

怀柔区路政分局执法人员杜××、姚××2人于22日下午到达施工现场查看停工落实情况，发现施工现场并未按指令要求停止施工，依法再次予以制止。16时30分，区路政局协调会议结束后，高××通知杜××、姚××“协调会议已确定停止施工，你们可以撤离”后，两人离开施工现场。此后，霍××为赶工期，继续指挥挖掘机和施工人员作业到18时左右。区水务局相关人员参加完协调会后，虽表示暂停施工，但未采取具体措施。

3月23日7时30分左右，霍××到施工现场巡视后回到办公室，要求孙××带领工人进行人工开挖探坑，继续查找光缆和地下管线。13时左右，挖掘机再次进入施工现场向西继续开挖沟槽。孙××指派李×、雷××、孟××3人在施工现场搭建围挡，自己带领万××、韩××2人下沟槽内配合挖掘机开挖过程中的清槽和测量作业。14时10分左右，挖掘机挖至沟槽最西边，未找到地下光缆确切位置后，按照孙××的要求，往东退回约6至7米，停在沟槽北侧，向南侧沟壁挖土时，距挖掘机东侧3至4米处南侧沟壁发生坍塌，将沟槽内孙奎石等3名清槽作业人员埋压，现场其他作业人员以及随后赶到的怀柔区桥梓部队官兵和当地消防官兵全力施救，3名被埋压的作业人员挖出，经抢救无效死亡。

截止事故发生时，该项工程的勘察、设计工作已经完成，相关图纸资料已交付建设单位和施工单位，但建设单位尚未办理开工许可、占路施工等相关行政审批手续，施工监理单位尚未正式进场，不具备正式开工条件。

二、事故原因分析

（一）直接原因

项目工长违章指挥作业，未按设计和施工方案规定放坡，是导致坍塌事故发生的直接原因。

（二）间接原因

1. 施工单位执意违规作业，施工安全管理混乱，现场缺乏有效的安全管理。诺和兴公司在明知未办理相关施工许可手续、施工管理人员和监理单位均未到位的情况下，放任作业人员的违规施工作业；在区路政分局和区水务局要求停止施工的情况下，未采取任何措施制止违规施工行为。

2. 怀柔区水务局对违规施工现象制止不力。在明知该工程未办理相关施工许可手续、不具备开工条件的情况下，尽管要求施工单位按照区路政分局的执法指令停止施工，但未采取有效措施制止违规施工行为。

三、事故处理意见

（一）诺和兴公司项目工长霍××，作为施工现场负责人，未按照本公司《安全生产技术交底制度》以及该工程《施工组织设计》和《土方开挖工程施工方案》的要求组织施工；在明知施工现场未按照要求放坡，也没有采取任何支护措施的情况下，未履行诺和兴公司《工长、施工员安全生产责任制》的规定，指挥作业人员违规冒险作业，对本起事故发生负有直接责任。其行为涉嫌违反《中华人民共和国刑法》第134条第1款的规定，由公安机关依法追究其刑事责任。

（二）诺和兴公司该项目部副经理徐××，明知施工现场未采取放坡或必要的安全防护措施，违反了本公司《安全生产技术交底制度》以及该工程《施工组织设计》和《土方开挖工程施工方案》的规定，没有落实区路政分局和区水务局的停工要求，放任作业人员的违规冒险作业行为，对本起事故负有直接领导责任。其行为涉嫌违反《中华人民共和国刑法》第134条第1款的规定，由公安机关依法追究其刑事责任。

（三）项目部经理宋×，作为本项目的主要负责人，是项目工程安全生产第一责任人，对承包项目工程生产经营过程中的安全生产负全面责任，对项目施工中的安全隐患监督检查不到位，未消除事故隐患，违反了《建设工程安全生产管理条例》第21条第2款的规定，对本起事故的发生应当负有主要管理责任，鉴于诺和兴怀柔分公司指定徐××为项目部实际负责人，宋×本人在事故发生前尚未承担项目部的实质性管理工作，根据《建设工程安全生产管理条例》第58条规定，由市住房和城乡建设委员会给予其停止职业资格一年的行政处罚。

（四）诺和兴公司法定代表人李××，作为本单位主要负责人，没有明确本公司分支机构管理人员的安全职责；未能及时督促、检查本单位的安全生产工作，发现施工现场的违章违规施工行为，及时消除施工现场存在的安全隐患。其行为违反了《北京市安全生产条例》第13条第1项、第14条和《中华人民共和国安全生产法》第17条第4项的规定，对本起事故负有重要领导责任。依据《生产安全事故报告和调查处理条例》第38条第2款的规定，给予其上一年度收入40%罚款的行政处罚。

（五）怀柔区水务局供排水科副科长苏×，在科长蒋××党校学习期间，主持该科室全面工作，负责该项工程的管理工作，对该工程施工过程中存在的无开工手续施工、施工单位未按有关部门要求停止施工等违法违规行为监督检查不到位，违反了《水利建设工程安全生产管理规定》第32条第3项、第4项的规定，对本起事故发生负有一定的监管责任。按照《安全生产领域违法违纪行为政纪处分暂行规定》第8条第2项规定，给予其行政记过处分。

（六）怀柔区水务局副局长刘××，作为分管供排水科的主要领导，对供排水科未认真履行职责情况失管失查，在发现该工程相关行政审批手续不齐全、违法施工的情况下，虽要求施工单位停止施工，但未采取有效措施制止违规施工作业行为，违反了《水利建设工程安全生产管理规定》第32条第3项、第4项的规定，对本起事故监管不到位负有一定的领导责任。按照《北京市国家公务员行政告诫暂行规定》第5条规定，给予其行政告诫处分。

（七）诺和兴公司未督促施工人员严格执行本单位的安全管理制度，在不具备开工手续的情况下擅自施工，对施工现场监督检查不到位，安全生产管理存在漏洞。其行为违反了《中华人民共和国安全生产法》第36条的规定，对事故发生负有主要责任。依据《生产安全事故报告和调查处理条例》第37条第2项的规定，给予诺和兴公司30万元罚款的行政处罚。同时，依据《建筑施工企业安全生产许可证管理规定》第22条的规定，由建设行政部门给予诺和兴公司暂停在北京水利建设工程市场投标资格90天的行政处罚。

此外，诺和兴怀柔分公司经理王××，作为诺和兴公司分支机构负责人，对施工前期准备工作的监督检查不到位，未发现并制止不具备开工条件擅自施工行为，对本起事故发生负有一定的管理责任。由诺和兴公司给予其撤职处分。

案例二：

北京地铁15号线07标段顺义站“7·14”生产安全事故

一、事故发生经过

2010年7月14日16时42分左右，中铁隧道集团有限公司在北京地铁15号线07标段顺义站基坑施工过程中，基坑东北角钢围檩及钢支撑坠落，造成基坑底部施工作业人员2人死亡、8人受伤，直接经济损失145.94万元。

北京地铁15号线建设单位为北京东直门机场快速轨道有限公司。其中，07标段设计单位为北京市市政工程设计研究总院；施工工程中标单位为中铁隧道集团有限公司，由其下属的北京中铁隧建筑有限公司人员组成项目部，以中铁隧道集团有限公司的名义承担工程施工，集团公司北京指挥部代表集团公司对项目进行监管并督导合同的履行，该工程使用三河圣祥诚诺人力资源服务有限公司劳务人员从事施工作业；工程监理单位为北京逸群工程咨询有限公司；工程施工监测和第三方监测单位均为北京勤业测绘科技有限公司。

顺义站换乘节点基坑于2010年3月采用明挖法开始施工，基坑分东西两个作业面，由东西向中间施工，事故地点钢支撑结构于7月11日前已完工。

基坑开挖过程中，北侧作为基坑开挖主要出土通道，在其地面大量堆积土方且长期停放重型车辆，基坑北侧地面沉降的六个监测点于5月22日至7月12日7时被覆盖，没有实施监测。此后，监测点上的车辆和土方清理后，开始恢复监测地面沉降数值。

7月11日上午，发现基坑北侧地面出现不规则凹陷，凹陷面长约10米，宽约2至3米，最深处沉降约200毫米，且基坑东北阳角处有裂缝。针对此情况，同日11时40分，项目监理单位组织项目建设、施工、第三方监测等单位召开专题会议，会议决定采取加强监测频率等措施。

7月12日，基坑北侧地表东北、西北阳角处均发现裂缝，基坑北侧凹陷区有裂缝；基坑北侧地表沉降速率为38.52毫米/天，地表累计沉降值为233.20毫米；桩顶水平位移速率为4.08毫米/天。当日地表沉降值和沉降速率已超过红色报警值。

7月13日，基坑北侧凹陷区的裂缝有所发展；基坑北侧地表沉降速率为62.15

毫米/天，地表累计沉降值为295.35毫米。当日下午14时，项目建设单位组织施工、设计、监理、第三方监测等单位召开专题会议，会议决定采取加强防护和数据监测频率等措施，施工单位尽快组织中间段底板施工。会后，项目经理李××组织项目部总工苏×、一工区负责人陈××等人另行召开会议，决定调其他工区工人到事故发生地进行抢底施工；指定陈××全面负责施工现场的管理工作，苏×负责技术管理。

7月14日零时至14时，地表沉降16.95毫米，地表累计沉降值达到312.20毫米。上午10时30分，建设单位组织施工、监理、第三方监测等单位再次召开专题会议，会议决定继续采取加强监测等措施和抢底施工。12时至14时，地面沉降速率为0.71毫米/小时；桩顶水平位移速率为2.69毫米/小时，水平位移累计值为6.83毫米。16时左右，第三方监测单位向建设单位、监理单位报告除地表沉降数据外，其他监测数据无异常。

此外，按照13日会议加强基坑监测的要求，监测单位在事故部位基坑东北角第一道最外侧的斜撑上布置了轴力监测点，监测数据显示，在7月14日12时至16时42分事故发生期间，该支撑轴力急剧减少了256.58kN。

7月14日下午，项目部安排作业人员继续到基坑底部中间段北侧进行施工作业。16时42分，基坑中间段东北角上层两根钢支撑与下层四根钢支撑发生坠落，在基坑底部作业的部分施工人员被砸。事发后，现场人员迅速展开自救和互救，施工单位及时组织救援。17时40分救出8名伤者立即送往医院救治。此时，仍有2名作业人员失踪。由于基坑存在异常，现场营救工作暂停。徐波副秘书长等市、区领导在听取专家意见后决定在加强监测和保证施救人员安全的前提下，加快实施救援工作，并组织消防队伍实施专业救援。21时50分，2名失踪人员被救出（已死亡）。

二、事故原因分析

（一）直接原因

违章指挥冒险施工、基坑钢支撑的施工不符合设计要求，是造成事故的直接原因。

1. 从7月11日发现地面沉降到7月14日事故发生，施工、监理、监测等单位均违反有关规定，在基坑存在明显事故隐患的情况下，施工单位仍指挥工人冒险作业。

2. 事故部位基坑钢支撑支护体系施工质量存在严重缺陷。

（二）间接原因

基坑施工相关各方管理不到位，是导致事故发生的间接原因。

1. 施工管理存在严重缺陷。施工单位对基坑事故部位支护体系存在的质量缺陷监督检查不到位；聘请的监测单位与建设单位聘请的第三方监测单位为同一单位，导致监测数据监督机制的缺失；对监测数据长期的缺失、断档，未采取有效措施；基坑北侧地表长期堆土和停放重型机械设备、基坑载荷过重的事故隐患未排查整改；基坑出现险情后，未按照相关要求及时停止施工作业。

2. 施工监理不到位。监理单位对未按照设计方案施工的基坑钢支撑结构体系没有实施有效监督和现场验收；对基坑北侧载荷长期超限以及部分监测点的监测数据长期缺失、断档等隐患未实施有效监理；在基坑地面出现凹陷、裂缝、渗水和监测数据超红色预警值等危险情况后，未按规定下达停工指令、组织专家论证。

3. 监测管理存在严重缺陷。监测单位未按照监测方案要求，对钢支撑初始安装时的轴力实施监测；未对基坑北侧桩体位移情况实施监测，在长达50天的时间内未监测基坑北侧地表沉降情况；在承接了第三方监测任务后，未及时终止与施工单位的施工监测合同，所派的施工监测组和第三方监测组人员职责不清；7月12日，基坑地表沉降值和沉降速率均超过红色预警值的情况下，未发布红色预警信息；未能严格落实监测数据报告和审核制度，事发当日桩顶位移、地表沉降速率和钢支撑轴力等监测数据发生急剧变化后，未及时报告参建各方。

4. 建设单位在基坑地表沉降值和沉降速率均明显超过红色预警值，以及地面出现裂缝的危险情况下，未督促监理单位下达停工指令。

三、事故处理意见

（一）施工单位及相关人员责任

1. 中铁隧道集团有限公司北京地铁15号线07标段项目经理李××，作为该项目部主要负责人，负责该项目部安全生产的全面工作，在明知基坑出现重大险情情况下，未能及时消除隐患，而是继续组织人员冒险施工。其行为违反了《建筑基坑支护技术规程》（DB11/489—2007）3.8.8条和建设部关于《建筑工程预防坍塌事故若干规定》（建质［2003］82号）第16条的规定，对事故发生负有直接责任。依据《中华人民共和国刑法》的规定，由公安机关依法追究其刑事责任。同时，由建设行政主管部门依法吊销其执业资格。

2. 中铁隧道集团有限公司北京地铁15号线07标段项目副经理兼一工区（顺义站）主任陈××，作为顺义站一工区施工现场负责人，全面负责该工区的施工安全和管理工作，在基坑出现重大险情，应当立即停止施工的情况下，仍然带领工人冒险施工。其行为违反了《建筑基坑支护技术规程》3.8.8条和建设部关于《建筑工程预防坍塌事故若干规定》（建质［2003］82号）第16条的规定，对事故发生负有直接责任。依据《中华人民共和国刑法》的规定，由公安机关依法追究其刑事责任。

3. 中铁隧道集团有限公司北京地铁15号线07标段项目技术员窦××，作为基坑支护体系施工的现场技术员和质量员，未按设计方案及施工方案要求对基坑钢支撑支护体系进行现场验收，对事故发生负有直接责任。依据《中华人民共和国刑法》的规定，由公安机关依法追究其刑事责任。

4. 中铁隧道集团有限公司北京地铁15号线07标段项目总工程师苏×，作为该标段的技术主要负责人，全面负责技术管理工作，对基坑支护体系存在的质量缺陷和施工监测管理不到位；在基坑地表沉降等监测数值超过红色预警值的情况下，未提出停止施工的建议，对事故发生负有主要技术领导责任。责成中铁隧道集团有限公司给予其撤销总工程师职务的处分。

5. 中铁隧道集团有限公司北京地铁15号线07标段项目部工程部长王××，全面负责工程管理和监测数据的收集、整理、分析工作，对基坑支护体系施工过程中存在的质量缺陷监督检查不到位；未对基坑施工监测数据和监测单位实施有效管理；在基坑地表沉降等监测数值超过红色预警值的情况下，未提出停止施工的建议，对事故发生负有重要管理责任。责成中铁隧道集团有限公司给予其撤销工程部长职务的处分。

6. 中铁隧道集团有限公司主要负责人郭××，在本单位组织的对北京地铁15号线07标段项目部定期安全督查和巡查工作过程中，没有发现和督促整改基坑支护体系质量缺陷，也没有发现项目施工监测管理混乱、基坑北侧长期超载荷堆土和停放重型机械设备等生产安全事故隐患。其行为违反了《中华人民共和国安全生产法》第17条第4项的规定，对事故发生负有领导责任。依据《生产安全事故报告和调查处理条例》第38条第1款的规定，由安全监管部门给予其上一年度收入30%罚款的行政处罚。

7. 中铁隧道集团有限公司未按照施工和设计方案组织基坑支护体系施工，对基坑事故部位支护体系存在的质量缺陷监督检查不到位；未对基坑支护体系及工程周边环境实施有效监测，施工监测数据长期缺失断档；基坑出现险情后，未按照规定及时停止施工作业；未及时消除基坑北侧地表长期载荷过重的事故隐患，其行为违反了《建设工程质量管理条例》第28条、《城市轨道交通工程安全质量管理暂行办法》第40条、《建筑工程预防坍塌事故若干规定》第16条、《建筑基坑支护技术规程》3.7.5的规定，对事故发生负有主要责任。依据《生产安全事故报告和调查处理条例》第37条第1项的规定，由安全监管部门给予其19万元罚款的行政处罚。同时，依据住房城乡建设部《建筑施工企业安全生产许可证管理规定》（建设部128号令）第23条、《建筑施工企业安全生产许可证动态监管暂行办法》（建质［2008］121号）第12、14条和市住房城乡建设委《北京市建设工程施工现场生产安全事故及重大隐患处理规定》（京建施［2009］889号），由建设行政主管部门暂停其在北京市建筑市场投招标资格60天；并将其违法事实函告河南省建设行政主管部门，建议暂扣其安全生产许可证30天。

（二）监理单位及相关人员责任

1. 北京逸群工程咨询有限公司总监理工程师刘×，全面负责北京地铁15号线07标段的监理工作，在基坑出现重大险情的情况下，未及时下达停工指令并组织专家论证，提出解决方案，其行为违反了《建设工程安全监理规程》（DB11/382—2006）6.1.5条和建设单位《土建工程监控量测管理办法》第24条的规定，对事故发生负有直接监理责任。依据《中华人民共和国刑法》的规定，由公安机关依法追究其刑事责任。同时，由建设行政主管部门依法吊销其执业资格。

2. 北京逸群工程咨询有限公司驻地监理组组长赵××，具体负责北京地铁15号线07标段顺义站的监理工作，未认真履行监理职责，在基坑支护体系施工不符合设计和施工方案的情况下，未按照《建设工程安全监理规程》（DB11/382—2006）4.2.4条第5项的规定到现场进行验收审查。其行为违反了《建设工程安全生产管理条例》第14条第3款的规定，对事故发生负有直接监理责任。依据《中华人民共和国刑法》的规定，由公安机关依法追究其刑事责任。同时，由建设行政主管部门依法吊销其执业资格。

3. 北京逸群工程咨询有限公司现场监理员李××，未认真履行监理职责，在基坑支护体系施工不符合设计和施工方案的情况下，违反《建设工程安全监理规程》（DB11/382—2006）4.2.4条第5项的规定，在施工现场验收时未严格审查基坑支护施工质量即同意验收。其行为违反了

《建设工程安全生产管理条例》第14条第3款的规定，对事故发生负有直接监理责任。依据《中华人民共和国刑法》的规定，由公安机关依法追究其刑事责任。

4. 北京逸群工程咨询有限公司监理职责履行不到位，在基坑支护体系出现重大险情的情况下，未要求施工单位停止施工并对事故隐患进行整改；对施工单位基坑支护体系施工现场验收的审查不到位；在基坑北侧布置的6个监测点长期被掩埋的情况下，未能督促施工单位采取措施，重新布置监测工作。其行为违反了《建设工程安全生产管理条例》第14条第2款、第3款和《城市轨道交通工程安全质量管理暂行办法》第54条的规定，对事故发生负有重要责任。依据《生产安全事故报告和调查处理条例》第37条第1项的规定，由安全监管部门给予其15万元罚款的行政处罚。同时，依据市住房城乡建设委《北京市建设工程施工现场生产安全事故及重大隐患处理规定》（京建施（2009）889号）的规定，由建设行政主管部门暂停其在北京市建筑市场投招标资格60天的行政处罚。

（三）第三方监测单位及人员的责任

1. 北京勤业测绘科技有限公司第三方监测组现场负责人李×，负责北京地铁15号线07标段顺义站的第三方监测工作，未认真落实7月13日和7月14日项目参建各方会议加强监测频率和监测报告的要求，在7月14日12时至16时42分事故发生期间，支撑轴力急剧减少且基坑地表沉降及桩顶位移等监测数值超过红色预警值的情况下，没有发出红色预警信息，对事故发生负有直接责任。依据《中华人民共和国刑法》的规定，由公安机关依法追究其刑事责任。

2. 北京勤业测绘科技有限公司副总经理焦××，负责北京地铁15号线07标段顺义站的第三方监测工作，审核第三方监测组的监测数据分析结果，决定是否向项目参建各方发出红色预警信息。在7月12日至13日期间基坑地表沉降及桩顶位移等监测数值超过红色预警值后，未发出红色预警信息，对事故发生负有直接责任。依据《中华人民共和国刑法》的规定，由公安机关依法追究其刑事责任。

3. 北京勤业测绘科技有限公司在7月12日基坑出现重大险情应当发出红色预警信息的情况下，未及时向参建各方发出红色预警信息；7月14日向建设单位提供的监测数据分析结论严重错误；违反规定承担了同一工程项目的第三方监测和施工监测；项目监测人员数量不能满足监测工作的需要，施工现场项目监测管理混乱。其行为违反了《城市轨道交通工程安全质量管理暂行办法》第64条第2款、第58条第2款、第61条的规定，对事故发生负有重要责任。依据《生产安全事故报告和调查处理条例》第37条第1项的规定，由安全监管部门给予其15万元罚款的行政处罚。

（四）建设单位、设计单位及相关人员责任

1. 北京东直门机场快速轨道有限公司安全质量监察室主任周××，作为7月14日会议主持人，在基坑出现重大险情的情况下，违反规定未提出停止施工的要求，对事故发生负有重要责任。责成北京东直门机场快速轨道有限公司给予其记大过处分。

2. 北京东直门机场快速轨道有限公司副总经理钱××，主管本单位安全质量工作，在基坑出现重大险情后，对周××未督促监理单位下达停工指令的行为失管失察，对事故发生负有一定的领导责任。责成北京东直门机场快速轨道有限公司给予其警告处分。

3. 北京东直门机场快速轨道有限公司在基坑出现重大险情的情况下，未按照《建筑基坑支护技术规程》3.8.8条和建设单位《土建工程监控量测管理办法》第24条的规定，督促施工单位停止施工。其行为违反了《建设工程安全生产管理条例》第7条的规定，对事故发生负有一定的管理责任。依据《建设工程安全生产管理条例》第55条第1项的规定，由建设行政主管部门给予其48万元罚款的行政处罚。

4. 北京市市政工程设计研究总院在基坑地表沉降监测数据超过红色预警值的情况下，未在参建各方参加的会议上提出停止施工的意见，未严格落实住房城乡建设部、国家安全监管总局等7部门《关于加强重大工程安全质量保障措施的通知》（发改投资［2009］3183号）对设计单位“驻场设计服务”以及“对施工安全提出具体的要求和措施”的要求。由市安全监管局给予其全市通报批评。

案例三：

东三环西辅路（劲松桥—光华桥）新建信息管道工程“7·19”事故

一、事故发生经过

2010年7月19日凌晨2时5分左右，北京华澳再创通信工程有限公司在朝阳区东三环国贸桥西北侧辅路新建信息管道工程施工挖掘沟槽时将自来水管挖破漏水，并导致相邻燃气管线破裂泄露。事故造成直接经济损失236556.07元，同时，造成东三环国贸桥下由北向南辅路、北向西主路和辅路交通中断，15条公交线路绕行，周边500余户居民和部分单位的用水、用气受到影响，社会影响极其严重。

东三环西辅路（劲松桥—光华桥）新建信息管道工程为随道路大修施工，在东三环辅路南起劲松桥北至光华桥区间新建一条容量为8根栅格管（2×4+6×9）的信息管道，以满足道路周边用户对电话通信、高速宽带网络及有线电视网络的使用需求。

该工程建设单位为北京信息基础设施建设股份有限公司；测绘单位为北京时正兴测绘工程技术有限公司；设计单位为北京电信规划设计院有限公司；施工单位为北京华澳再创通信工程有限公司；监理单位为北京网桥工程监理有限公司。

2010年6月，北京华澳再创通信工程有限公司在北京市公安局公安交通管理局朝阳交通支队办理了《占道施工许可证》（占用时间：2010年6月19日至7月28日，每日零时至5时），7月9日入场施工。北京信息基础设施建设股份有限公司于2010年3月8日取得了北京市规划委员会《建设项目规划条件（市政基础设施工程）》，施工前未依法取得规划许可证和施工安全许可。

7月18日晚，北京华澳再创工程建设有限公司施工班长李××和带工员王××在朝阳区东三环国贸桥西北侧辅路新建信息管道施工现场，确定好入孔井的开挖点后，李××用临时租来的破碎挖掘机，准备开凿路面的施工作业。19日凌晨2时5分左右，李××在指挥破碎挖掘机司机刘××开凿路面时，将一根自来水管线（埋深约1米、直径600毫米）西侧管壁凿破。高压水流冲刷管线西侧土层，致使西侧的燃气管线（距自来水管线1米）露出，坍塌的路面将燃气管线上抽水缸（燃气管线附属设施）砸掉，发生燃气泄漏。经过长时间冲刷，高压水流将西侧北京联通公司的通信管道井（距自来水管线4米）基础冲毁，造成通信管道井塌陷。

事故发生后，相关部门迅速启动应急预案，立即调动市自来水集团、市燃气集团、北京联通公司的应急抢险队伍，进行现场抢修；市公安交管局及时启动应急疏导方案，对沿途车辆实施交通导改措施。经全力抢修，5时30分左右，自来水和燃气的泄漏得到了控制；10时5分左右，燃气泄漏处第一遍焊接完成，三环主路北向西方向匝道放行；10时35分左右，国贸中心和中服大厦燃气恢复正常供应；15时30分左右，自来水管线修复完毕，开始进行路面回填作业；17时10分左右，西侧辅路开通两条机动车道，公交车辆全部恢复原线路行驶。

二、事故原因分析

（一）直接原因

施工班长在没有安全技术交底的情况下，盲目施工、违章指挥作业，是导致事故发生的直接原因。施工班长李××在没有进行安全技术交底的情况下，违反建设单位、施工单位、设计单位和监理单位于2010年6月28日召开的工程交底会决议的要求，擅自改变施工设计图中入孔井开挖点位置；组织机械作业时未通知监理人员到场监理，违章指挥破碎挖掘机实施机械开挖作业，打漏自来水管道，最终导致燃气管线破裂，燃气泄漏。

（二）间接原因

1. 测绘图纸与现场地下管线实际情况不符。北京时正兴测绘工程技术有限公司项目负责人邢金涛提供的测绘图中没有对地下燃气管线进行标注；被破坏的自来水管线标注的位置和管径与实际情况不符（标注位置较实际位置向东偏移约1米；标注的自来水管径为300毫米，而实际是600毫米。）；测绘完毕后，该公司未按照《信息管道工程测绘委托书》第3条“图中表示的各地下管线的数据成果应准确、清楚，内容需包括井盖名称、高程、井内管线高程及全线管线位置（尤其在路口范围内）”、第4条“图纸测绘完毕后，测绘单位应进一步核实无观察井的部分地下管线（如电力管线、燃气管线等）最新建设情况，包括及时到各地下管线相关管理单位（管网所）进一步查阅、核实或购置竣工成果资料，并向委托单位汇报”的要求，向自来水、燃气等相关地下管线产权单位进一步核实、确认。致使设计单位北京电信规划设计研究院在其提供的存在误差的测绘图基础上进行工程设计，施工单位依据工程设计图施工时，未准确掌握施工作业现场的地下管线设施情况。

2. 施工单位未履行安全管理职责，现场安全管理缺失。北京华澳再创通信工程有限公司未对施工作业人员进行安全生产教育和安全技术交底；未按照《施工组织方案》在施工现场配备专门的工程技术人员和专职安全管理人员，现场监督检查不到位，未能及时消除施工现场存在的事故隐患。

3. 北京网桥工程监理有限公司未认真履行监理职责、监理不到位。该公司未审查建设单位的开工手续，现场监理人员无监理资格且巡视中未能及时发现并制止施工单位的违章作业行为。

4. 在不具备开工条件的情况下施工作业。北京信息基础设施建设股份有限公司在取得《北京市规划委员会建设项目规划条件》后，未按要求到市规划委朝阳分局办理《建设工程规划许可证》，也未到建设行政主管部门办理开工手续，便要求北京华澳再创通信工程有限公司施工作业。

三、事故处理意见

（一）北京华澳再创通信工程有限公司未对施工作业人员进行安全生产培训教育；未对施工现场自来水管和燃气管道采取有效的保护措施；未落实《施工组织方案》关于地下管线施工的相关要求。其行为违反了《中华人民共和国安全生产法》第21条、《建设工程安全生产管理条例》第30条第1款的规定，对事故发生负有主要责任。依据《生产安全事故报告和调查处理条例》第37条第1项的规定，给予其19万元罚款的行政处罚。同时，根据《建筑施工企业安全生产许可证管理规定》第23条的规定，由建设行政主管部门暂扣其安全生产许可证2个月。

（二）北京时正兴测绘工程技术有限公司未按要求对测绘图中的测绘成果进行详细复核，致使测绘图与实际情况不符。其行为违反了《北京市测绘条例》第34条第1款和第《建设工程勘察质量管理办法》第3条的规定，对事故发生负有主要责任。依据《生产安全事故报告和调查处理条例》第37条第1项的规定，给予其15万元罚款的行政处罚。

（三）北京网桥工程监理有限公司未能认真履行监理职责，未按照《建设工程监理规范》的要求审查该项目工程的施工许可证；使用无资质的监理人员实施工程监理；监理人员在巡视中未能及时发现并制止施工单位的违章作业行为。其行为违反了《北京市工程建设监理管理办法》第9条和《建设工程安全生产管理条例》第14条第3款的规定，对事故发生负有监理责任。依据《生产安全事故报告和调查处理条例》第37条第1项的规定，给予其13万元罚款的行政处罚。

（四）北京信息基础设施建设股份有限公司未按要求办理相关规划和开工手续，在不具备开工条件的情况下擅自开工。其行为违反了《中华人民共和国建筑法》第7条的规定，对事故发生负有一定的责任。根据《建设工程质量管理条例》第57条规定，由建设行政主管部门对其处工程合同价款2%的罚款。

（五）北京华澳再创通信工程有限公司法定代表人张×，作为本单位主要负责人，未能全面督促检查本单位的安全生产工作，及时发现和消除本单位工程项目部存在的《施工组织方案》规定的安全管理措施未落实、没有施工技术交底、没有确定技术专职人员和专职安全员等安全隐患。其行为违反了《中华人民共和国安全生产法》第17条第4项的规定，对事故发生负有领导责任。依据《生产安全事故报告和调查处理条例》第38条第1项的规定，给予其上一年度收入30%罚款的行政处罚。

（六）北京华澳再创通信工程有限公司项目经理关×，作为本项目的主要负责人，未按照《施工组织方案》组织逐级技术交底，对项目施工中的安全隐患监督检查不到位，未落实《项目施工方案》，及时消除事故隐患。其行为违反了《建设工程安全生产管理条例》第21条第2款的规定，对事故发生负有重要领导责任。依据《建设工程安全生产管理条例》第58条规定，由建设行政主管部门给予其停止职业资格一年的行政处罚。

（七）北京华澳再创通信工程有限公司项目生产经理唐××，作为施工现场负责人，未落实《施工组织方案》中的地下管线保护措施规定，施工前未通知管线产权单位监护；未落实设计单位、监理单位和施工单位在《设计、安全技术交底》中"动用机械作业时，监理人员在场"的要求，未通知监理单位派人现场监督。对事故发生负有主要领导责任。责成北京华澳再创通信工程有限公司将其调离管理岗位，并作出严肃处理。

（八）北京华澳再创通信工程有限公司项目施工班长李××在按照设计图纸无法确定人孔井挖掘点的情况下，未将情况及时报告主管负责人，擅自改变设计方案确定的人孔井挖掘点，对事故发生负有直接责任。责成北京华澳再创通信工程有限公司对其严肃处理。

（九）北京网桥工程监理有限公司总监理工程师常××，全面负责该项目的监理工作，未能按要求审查该项目工程施工许可证，使用无资质的监理人员实施监理工作，对事故发生负有监理责任。责成北京网桥工程监理有限公司对其严肃处理。

案例四：

怀柔新城中高路道路工程"11·3"生产安全事故

一、事故发生经过

2010年11月3日23时40分左右，北京市市政二建设工程有限责任公司总包承建的怀柔新城中高路排水工程污水管线顶管作业工地，作业人员对已顶进的污水管线实施破管加装顶帽过程中，已破碎管体部位上方土体发生冒落，造成3名作业人员被困于管道内。事故发生后，该工程项目部立即组织人员救援，采取了向被困人员所在的管线区域内输入工业氧气等救援措施。4日凌晨3时左右，被困人员所在的管线区域内发生富氧燃烧，导致3名被困作业人员缺氧窒息死亡。

该工程建设单位为北京市怀柔区工务局；北京建智达建筑咨询有限公司实施工程的招标工作；工程设计单位为北京市市政工程设计研究总院，勘察单位为北京昆仑利时勘察基础工程有限公司；监理单位为北京中环工程建设监理有限责任公司（以下简称"中环监理公司"）；施工总承包单位为北京市市政二建设工程有限责任公司（以下简称"市政二公司"），该工程由市政二公司八分公司（以下简称"八分公司"，主要负责人为北京日月通达建筑工程有限公司总经理于××）具体负责实施。

7月23日，八分公司组建成立了怀柔新城中高路道路工程项目部。同月24日项目部施工作业人员正式进场施工。10月27日，项目部授权项目副经理邓××全面主持该项目工程的相关工作，并函告怀柔区工务局。

10月，市政二公司将该项目中污水工程的顶管作业专项施工工程发包给北京日月通达建筑工程有限公司（以下简称“日月通达公司”）和北京圣鼎天城置业有限公司（不具备建筑施工相关资质，以下简称“圣鼎天城公司”），并与双方签订了协议书。随后，日月通达公司与圣鼎天城公司达成口头协议，由圣鼎天城公司具体负责顶管专业工程的劳务。圣鼎天城公司将承接的劳务工程再次转包给邓×个人。此后，邓×带领自行雇用的26名顶管作业人员在雁栖镇乐园庄大桥南侧分别开挖39号竖井和41号竖井，安装顶管施工机械，并从39号竖井和41号竖井分头对顶水泥管，计划在40号竖井位置实施联通。10月20日左右，因41号竖井内实施顶管作业时常发生塌冒，项目部停止了41号竖井的顶管作业，仅从39号竖井一侧实施顶管作业。当39号竖井已顶进5根内径为1000mm水泥管时，现场作业人员发现顶进的水泥管质量存在问题，部分水泥管已有损坏，项目部便决定换用内径为1050mm的新水泥管继续实施顶进作业。

为保证施工的顺利进行，怀柔区工务局韩××在10月29日组织施工、监理等单位召开的现场会议上，针对施工过程中顶管不能正常顶进的情况，要求施工单位停止施工，分析原因并拿出可行方案经监理审批后，再进行下道工序施工。同时，在11月1日现场会上，监理单位也提出顶管作业施工过程中要按照施工方案施工，顶进中要注射水泥砂浆加固。但是，施工现场负责人邓×未按照会议的要求实施整改，而是继续安排人员实施作业，并要求作业人员用气焊把顶管最前端的钢帽割开并取出。

11月2日下午，项目部现场安全员王×发现39号竖井内已顶进的内径1000mm和1050mm水泥管的连接处有裂缝，且有流沙渗漏，便随即将情况向邓××汇报。11月3日11时左右，邓××、王×和项目部技术员孟××口头要求邓×立即停止施工，待制定专项方案之后，再行施工。邓×为加快施工进度，并没有执行停工指令。当日下午仍安排施工人员破碎连接处内径为1000mm的水泥管，以便在内径为1050mm的水泥管前端管口处加装顶帽后，继续实施顶管作业，用内径为1050mm的新水泥管全部替换内径为1000mm的水泥管。

11月3日19时左右，顶管劳务施工班长刘××带领工人王××、李××、张计×，到39号竖井下继续实施破管并加装顶帽作业。刘××、王××和李××3人在井下作业，张计×在地面负责看管物料并操作卷扬机。23时40分左右，张计×发现破管作业部位砂石料塌冒，将王××等3人困在水泥管内，便找人救援。顶管作业白班班长张胜×和工人张建×等人于凌晨零时左右先后赶到事故现场施救。张胜×下到井下后，将一根脚手架钢管捅过坍塌的砂石料区域，发现被堵管道内36V灯泡照明正常。在确认被困人员暂无生命危险后，继续实施救援。

11月4日凌晨2时30分左右，邓×等人赶到现场，担心被困人员缺氧，便指挥张建×等人先后向被堵管道内输送2瓶工业用氧气。此时，邓××等人也已赶到现场，在基本了解现场情况后，同意向被堵管道内继续输送工业氧气。11 月 4 日 3 时左右，当第 2 个氧气瓶内氧气输入一段时间后，被堵管道内发生燃烧并冒出烟气。随后，邓××组织挖掘机械，在顶管塌冒上方实施明槽开挖，井上、井下分头实施救援。凌晨 3 时 50 分左右，在将事故管道上方的土方和塌冒的砂石料清理完毕后，现场施救人员将被困的刘××救出。怀柔消防支队于凌晨 4 时 3 分接项目部报警后，立即赶赴现场实施救援，将另外 2 名被困人员李××和王××救出。经现场确认，3 名被困人员均已死亡。

二、事故原因分析

（一）直接原因

顶管作业施工未按照施工方案的要求加固土层，导致内径 1000mm 和 1050mm 管道连接处破碎部位上方土体塌冒，造成作业人员被困；塌冒事故发生后，救援现场指挥人员缺乏应急救援知识，盲目向被堵管道内输入工业氧气，施救不当，导致被堵管道内形成富氧环境，可燃物质发生燃烧是事故发生的直接原因。

（二）间接原因

1. 施工现场安全管理混乱。未对顶管作业人员实施必要的安全培训教育；未对直接作业人员实施技术交底，安全技术交底不到位；未按照规定配备有限空间作业必要的安全设备设施和劳动防护用品；未执行建设单位和监理单位的要求，在未制定破管作业专项方案和采取有效的防护措施的情况下，冒险组织破管作业。

2. 工程分包管理混乱。总承包单位确定的项目经理长期未能到岗履行管理职责，未对专业分包工程项目实施有效的监督管理，未明确总承包单位和专业承包单位对施工现场的安全管理职责；专业承包单位违反规定，将劳务工程发包给不具备相应资质的单位，且未设立项目管理机构管理所承包工程的施工活动；劳务工程承包单位又将劳务工程非法转包给不具备资质的个人。

3. 施工监理不到位。监理单位未有效督促专业承包单位按照有限空间作业和施工方案的要求组织施工；未监督发现劳务工程非法分包和转包行为；未能有效落实建设单位停止顶管施工的要求，及时下达停工指令。

三、事故处理意见

（一）怀柔新城中高路道路工程排水专项工程现场工长邓×，作为施工现场负责人，未按照《人工掘进顶管及其竖井专项施工方案》和《缺氧危险作业安全规程》的要求，组织作业人员实施顶管施工；在项目部已明确提出停止施工要求的情况下，仍然组织作业人员冒险施工；事故发生后，违反《缺氧危险作业安全规程》的规定，盲目组织施救，使用工业氧气对密闭空间通风换气，对事故发生负有直接责任。依据《中华人民共和国刑法》的规定，由司法机关依法追究其刑事责任。

（二）怀柔新城中高路道路工程项目部副经理邓××，作为该工程项目部的实际负责人，违反《人工掘进顶管及其竖井专项施工方案》的要求，顶管施工中对作业面未采取土层加固措施；未针对顶管施工制定有限空间作业的专项施工方案、安全作业操作规程和安全技术措施；在明知顶管作业时常出现砂石塌冒的情况下，未能有效督促施工作业人员立即停止施工；事故发生后，违反《缺氧危险作业安全规程》的规定，盲目组织施救，使用工业氧气对密闭空间通风换气，对事故发生负有直接领导责任。依据《中华人民共和国刑法》的规定，由司法机关依法追究其刑事责任。

（三）日月通达公司总经理于××，作为专业分包单位和八分公司的主要负责人，对顶管施工工程的监督检查不到位，没有发现施工现场未按施工方案组织施工的行为，未能及时消除施工现场的安全隐患；未按照《缺氧危险作业安全规程》第4.3.1条规定，针对顶管作业配备必要的安全设备设施和劳动防护用品。其行为违反了《中华人民共和国安全生产法》第17条第4项和第18条的规定，对事故发生负有主要领导责任。依据《中华人民共和国安全生产法》第81条第2款的规定，由安全生产监督管理部门给予其10万元罚款的行政处罚，并责成市政二公司给予其行政记大过处分。

（四）市政二公司总经理张××，作为本单位主要负责人，未能采取有效措施督促、检查本工程项目的安全生产工作，及时发现并制止工程项目部主要管理人员长期未能到岗履行管理职责等违规现象；未能及时消除施工现场存在的安全隐患。其行为违反了《中华人民共和国安全生产法》第17条第4项的规定，对事故发生负有重要领导责任。依据《中华人民共和国安全生产法》第81条第2款的规定，由安全生产监督管理部门给予其5万元罚款的行政处罚，并责成市政集团给予其行政记过处分。

（五）怀柔新城中高路道路工程项目部经理窦××，作为本项目的主要负责人，长期未到岗履行安全生产管理职责，未对项目工程实施有效的监督管理，对项目施工中的安全隐患监督检查不到位，未及时消除事故隐患，违反了《建设工程安全生产管理条例》第21条第2款的规定，对事故发生负有主要管理责任。鉴于项目部指定邓××为项目部实际负责人，窦××本人在事故发生前尚未承担项目部的实质性管理工作，根据《建设工程安全生产管理条例》第58条规定，由建设行政主管部门给予其吊销执业资格的行政处罚。

（六）市政二公司生产副经理段××，主管本单位安全生产工作，未针对怀柔新城中高路工程的安全生产情况实施有效的安全检查；对项目经理长期不到岗履行管理职责的行为失管失察，对事故发生负有重要管理责任。责成市政二公司给予其行政记大过处分。

（七）怀柔区怀柔镇南关村党总支部书记、村主任刘××，作为圣鼎天城公司的股东和实际控制人，在非法承揽怀柔新城中高路道路工程中污水管线顶管作业的劳务工程后，再次将工程非法转包给不具备资质的个人，对事故发生负有重要领导责任。其行为违反了《中国共产党纪律处分条例》第133条第1项的规定，给予其党内严重警告处分。

（八）日月通达公司未按照规定设立项目管理机构对所承接的专业分包工程实施管理；违反规定将劳务工程发包给不具备相应资质的单位承担，对圣鼎天城公司非法转包给个人的行为未实施有效的监督管理；违反施工方案要求，在顶管作业时未采取土层加固措施，未针对破管作业制定专项方案，采取有效的防护措施；未按照规定配备有限空间作业必要的安全设备设施和劳动防护用品；未对顶管作业人员实施必要的安全培训教育；未对现场直接作业人员实施技术交底，安全技术交底不到位。其行为违反了《房屋建筑和市政基础设施工程施工分包管理办法》第11条第1款和第14条第1项、《建设工程施工现场管理规定》第10条第1款、第12条、第25条和《中华人民共和国安全生产法》第18条、第21条和第41条的规定，对事故发生负有主要责任。依据《生产安全事故报告和调查处理条例》第37条第2项的规定，由安全生产监督管理部门给予其23万元罚款的行政处罚。同时，依据《建筑施工企业安全生产许可证管理规定》第23条的规定，由建设行政主管部门给予其暂扣安全生产许可证90日的行政处罚。

（九）圣鼎天城公司不具备劳务资质，非法承揽劳务工程；将劳务工程非法转包给个人。其行为违反了《房屋建筑和市政基础设施工程施工分包管理办法》第8条第1款和第9条第2款的规定，对事故发生负有主要责任。依据《生产安全事故报告和调查处理条例》第37条第2项的规定，由安全生产监督管理部门给予其23万元罚款的行政处罚。

（十）市政二公司安全管理不到位，中高路道路工程项目部经理长期未能到岗履行相应职责；未对专业分包单位和劳务分包单位实施有效的监督和管理。其行为违反了《建设工程安全生产管理条例》第24条第1款的规定，对事故发生负有重要责任。依据《生产安全事故报告和调查处理条例》第37条第2项的规定，由安全生产监督管理部门给予其21万元罚款的行政处罚。同时，依据《建筑施工企业安全生产许可证管理规定》第23条的规定，由建设行政主管部门给予其暂扣安全生产许可证90日的行政处罚。

（十一）中环监理公司对现场施工监理不到位，未监督发现劳务工程非法分包和转包行为；未有效督促分包单位及时整改未按施工方案组织施工的违规行为；在建设单位明确提出要求分包单位立即停止施工的情况下，未能及时下达停工令。其行为违反了《建设工程安全生产管理条例》第14条第2款的规定，对事故发生负有监理责任。依据《生产安全事故报告和调查处理条例》第37条第2项的规定，由安全生产监督管理部门给予其20万元罚款的行政处罚。同时，依据《北京市建设工程安全生产重大事故及重大隐患处理规定》第17条的规定，由建设行政主管部门停止其在北京建筑市场投标资格30日。

案例五：

北京浩渺汇丰医药科技有限公司生产楼等3项工程“11·12”生产安全事故

一、事故发生经过

2010年11月12日17时35分左右，位于北京经济技术开发区科创6街（东区B3M3地块）北京浩渺汇丰医药科技有限公司生产楼等3项工程施工现场，6名作业人员在实施塔式起重机安装作业过程中，塔式起重机发生倾覆，造成现场安装人员3人死亡，2人受伤。

北京浩渺汇丰医药科技有限公司生产楼等3项工程的建设单位为北京浩渺汇丰医药科技有限公司，经工程招投标，该工程总包单位为中国建筑技术集团有限公司，监理单位为北京中城建建设监理有限公司。10月12日，北京浩渺汇丰医药科技有限公司与中国建筑技术集团有限公司签订施工合同。同月27日，施工单位进场，并成立了以郝××为项目经理的项目部。

10月21日，中国建筑技术集团有限公司与北京宇辰鑫发建筑设备安装有限公司签订《塔式起重机租赁合同》、《建筑起重机械安装、拆卸工程安全协议书》，租用北京宇辰鑫发建筑设备安装有限公司一台QTZ630塔式起重机（登记编号：京PG17571），用于动物医药品生产厂房工地施工起重作业。根据双方租赁合同的约定，北京宇辰鑫发建筑设备安装有限公司负责该塔式起重机的安装工作。经调查，京PG17571号塔式起重机实际产权人为杨××个人。2010年6月，伍×个人以北京宇辰鑫发建筑设备安装有限公司的名义从杨××手中租赁该塔式起重机，并将该塔式起重机挂靠在北京宇辰鑫发建筑设备安装有限公司，每年向北京宇辰鑫发建筑设备安装有限公司缴纳管理费。北京宇辰鑫发建筑设备安装有限公司向伍×提供办理塔式起重机安装的相关资质和各项手续。

10月初，北京宇辰鑫发建筑设备安装有限公司法定代表人王××向伍×提供了《塔吊安装方案》样本。10月20日，伍×将安装方案上报给王××，经王××审核同意后，伍×在《塔吊安装方案》上伪造了方案编制人和审批人的签字。21日，伍×将《塔吊安装方案》交给北京浩渺汇丰医药科技有限公司生产楼等3项工程项目部。11月7日，王××向开发区建设发展局申报《施工现场起重机械安装告知》后，将该《安装告知》交给伍×，伍×向项目部报送《施工现场起重机械拆装报审表》和相关资料，申请批准该塔式起重机的安装作业。11月8日，中国建筑技术集团有限公司和北京中城建建设监理有限公司在《施工现场起重机械拆装报审表》中同意该项安装作业。11月9日，伍×将《施工现场起重机械拆装报审表》报送开发区建设发展局批准。

11月10日，伍伟带领自己临时雇用的罗×朋、吕××、赵××等8名人员进场实施立塔作业，当天完成了大臂、配重及9节标准节的安装。同月11日，由于大风，现场停工一天。12日上午，伍×带领6名人员完成了油泵、大钩及爬升架的安装。同日13时30分左右，现场人员在拆卸地面上连体标准节螺丝后进行顶升作业。15时左右，伍×离开塔式起重机安装现场外出后指定由罗×朋负责现场指挥。17时35分左右，罗×朋指挥现场5名人员进行第11节标准节顶升作业，当顶升到第2步时，塔式起重机突然失稳倒塌，将正在塔式起重机爬升架下方安装的3名作业人员砸压致死，2名爬升架上方作业人员摔伤。

二、事故原因分析

（一）直接原因

塔式起重机安装单位相关负责人未履行安全管理职责，在安装过程中未督促现场人员按照塔式起重机生产厂家《使用说明书》要求安装，未将顶升横梁两端的轴头准确地放入踏步槽内就位并扶正即实施顶升作业，致使顶升横梁轴头从踏步上滑落，产生侧向作用力，在侧向力的作用下，液压缸活塞杆端头发生脆性断裂，导致塔式起重机失稳倒塌，是本起事故发生的直接原因。

（二）间接原因

1. 塔式起重机的租赁和安装单位任由挂靠个人使用其公司资质及安装人员资格承揽和实施塔式起重机安装作业；在该塔式起重机安装过程中，未实施有效的安全管理。

2. 项目总包单位安全管理不到位，未按照《安装方案》及《施工现场起重机械拆装报审表》严格审查现场实际安装人员资格。在该塔式起重机安装过程中，未对顶升作业现场实施有效的监督和管理，未及时发现和消除安装现场存在的安全隐患。

3. 工程监理单位未严格履行安全监理职责，未对现场实际安装人员资格严格审查，致使无特种作业资格人员从事塔式起重机安装作业；未对安装单位执行建筑起重机械安装工程专项施工方案情况进行监督，及时发现和消除安装现场存在的安全隐患。

三、事故处理意见

（一）塔式起重机安装现场负责人罗×朋，在相关人员无特种作业资格的情况下，违章指挥安装作业，对该起事故负有直接责任。鉴于其在事故中死亡，不予追究。

（二）塔式起重机安装项目实际负责人伍×，通过挂靠使用北京宇辰鑫发建筑设备安装有限公司资质及其相关人员资格，雇用无相应资格人员安装塔式起重机；未对安装作业人员进行安全技术交底，未安排专业技术人员、专职安全生产管理人员进行现场监督，对本起事故负有直接责任。依据《中华人民共和国刑法》的规定，由司法机关依法追究其刑事责任。

（三）北京宇辰鑫发建筑设备安装有限公司法定代表人王××，同意伍×个人塔式起重机挂靠本单位，向伍×提供本单位起重设备安装工程专业承包资质和作业人员资格，承接该塔式起重机的租赁和安装作业，并收取一定管理费用，但未履行安全生产管理职责，放任伍×带领无资格人员进场安装作业，对本起事故负有直接领导责任。依据《中华人民共和国刑法》的规定，由司法机关依法追究其刑事责任。

（四）中国建筑技术集团有限公司该工程项目部经理郝××，疏于安全管理，长期未在项目部履行管理职责；未对伍×提供《安装方案》中的安装人员与实际安装人员资格进行核对。其行为违反了《建设工程安全生产管理条例》第21条第2款的规定，对事故的发生负有重要管理责任。依据《建设工程安全生产管理条例》第58条的规定，由建设行政主管部门给予其吊销执业资格的行政处罚。

（五）中国建筑技术集团有限公司该工程项目部生产经理金××，负责项目部安全管理工作。未对安装方案中提供的人员资格与实际安装人员资格认真审核，在塔式起重机安装作业时，未按《建筑起重机械安全监督管理规定》指定专职安全生产管理人员监督检查。对事故的发生负有重要管理责任。责成中国建筑技术集团有限公司按照《劳动合同法》有关规定终止其劳动关系。

（六）中国建筑技术集团有限公司主要负责人黄×，对所属分公司疏于安全管理，未明确其安全管理职责，对项目部的安全监督检查不到位，未能及时消除生产安全事故隐患。其行为违反了《中华人民共和国安全生产法》第17条第（四）项的规定，对事故的发生负有领导责任。依据《中华人民共和国安全生产法》第81条第2款的规定，由安全生产监督管理部门给予其5万元罚款的行政处罚。

（七）北京中城建建设监理有限公司工程总监理工程师代表李××，未认真履行监理职责，未对现场安装作业人员的资格进行监督检查。其行为违反了《建设工程安全监理规程》（DB11/382—2006）6.4.1条的规定，对事故的发生负有监理责任。依据《建设工程安全生产管理条例》第58条的规定，由建设行政主管部门给予其停止执业资格6个月的行政处罚。

（八）北京宇辰鑫发建筑设备安装有限公司，允许个人以本单位名义承接该塔式起重机的租赁和安装作业；未安排专业技术人员、专职安全生产管理人员对安装作业进行现场监督，未安排技术负责人定期巡查；在安装作业前未对作业人员进行安全技术交底，未对现场作业人员进行安全培训教育。其行为违反了《中华人民共和国建筑法》第26条第2款、《建筑起重机械安全监督管理规定》第13条和《中华人民共和国安全生产法》第21条的规定，对事故的发生负有主要责任。依据《生产安全事故报告和调查处理条例》第37条第2项规定，由安全生产监督管理部门给予其23万元罚款的行政处罚。同时，依据《建筑施工企业安全生产许可证管理规定》第23条的规定，由建设行政主管部门给予其吊销安全生产许可证的行政处罚。

（九）中国建筑技术集团有限公司作为总包单位，安全生产管理工作存在漏洞，未监督检查分包单位的施工现场活动；未按照11月2日建设单位、施工单位和监理单位的三方交底会会议纪要的要求，对塔式起重机安装入场作业人员资格进行审查，致使伍×雇用无特种作业操作资格人员在其施工现场违章作业；未指定专职安全生产管理人员监督检查建筑起重机械安装情况。其行为违反了《建设工程施工现场管理规定》第9条第1款和《建筑起重机械安全监督管理规定》第21条第3项、第6项规定，对本起事故负有重要责任。依据《生产安全事故报告和调查处理条例》第37条第2项的规定，由安全生产监督管理部门给予其21万元罚款的行政处罚。同时，依据《建筑施工企业安全生产许可证管理规定》第23条的规定，由建设行政主管部门给予其暂扣安全生产许可证90日的行政处罚，并停止其扣证期间在北京建筑市场的投标资格。

（十）北京中城建建设监理有限公司未认真履行监理职责，未对安装单位执行建筑起重机械安装工程专项施工情况进行监督。其行为违反了《建设工程安全生产管理条例》第14条第3款和《建筑起重机械安全监督管理规定》第22条第4项的规定，对事故的发生负有监理责任。依据《生产安全事故报告和调查处理条例》第37条第2款的规定，由安全生产监督管理部门给予其20万元罚款的行政处罚。同时，依据《北京市建设工程安全生产重大事故及重大隐患处理规定》第17条的规定，由建设行政主管部门停止其在北京建筑市场投标资格30日。

案例六：

北京华明远大供电工程安装有限责任公司“6·14”一般生产安全事故

一、事故发生经过

2010年6月14日13时15分左右，位于大兴区采育镇阳光波尔多小区进行井下电缆敷设作业过程中发生一起触电事故，造成2人死亡、2人重伤。

发生事故的工程为大兴区采育镇阳光美景花园一期南区配电室及外电源工程，工程造价为5611余万元。该工程由北京合天和信房地产开发有限公司投资兴建，施工总承包单位为大兴区供电安装公司（以下简称供电安装公司）。

该工程于2009年9月20日开工，由于工人不足，供电安装公司于2010年4月30日在工程进行中将该小区的10kV外电源电缆敷设，高、低压电缆敷设、安装项目分包给北京华明远大供电工程安装有限责任公司（以下简称“华明远大公司”）。华明远大公司与供电安装公司签订的合同中定于2010年4月30日开工，计划于本年6月30日竣工，工程造价411970元，项目经理张××。

6月14日13时许，华明远大公司人现场负责人李××，现场劳务负责人刘××指挥9名工人在大兴区采育镇阳光波尔多小区27#住宅楼南侧进行井下电缆敷设作业，其中两名工人在井上负责收电缆，五名工人负责在井下拉拽钢丝绳。13时15分左右，井下5名工人在井内使用钢丝绳固定住新电缆进行穿孔时，因孔内原有带电电缆（红、黄、蓝、绿四色线，380V）发生破损，并且钢丝绳与破损处相接触，造成拉拽钢丝绳的4名工人黄××、夏××、李×、肖××（均为女性，河南省人）触电。事故发生后，现场人员立即拨打了120和999求救，其中黄××、夏××二人经大兴区医院抢救无效死亡，李×、肖××被送往北京右安门医院救治，无生命危险。

二、事故原因分析

（一）直接原因

孔内原有带电电缆破损，且与新电缆敷设作业所用钢丝绳搭接。工人在进行新电缆穿孔作业时，由于同一个孔内已经存在临时使用带电线路，而在新电缆穿孔过程中，带电电缆其中一条线路被挤压摩擦至外皮破损，破损处又与拉拽新电缆所使用的钢丝绳搭接，导致拉拽钢丝绳的工人触电。

（二）间接原因

1. 违章指挥。北京市强制性标准DBJ01—62—2002《北京市建筑工程施工安全操作规程》20.4.6条中规定：“在已送电运行的变电室沟内进行电缆敷设时，电缆所进入的开关柜必须停电，并应采用绝缘隔板等措施。”现场有关负责人在对孔内有临时用电线路这一事故隐患未及时修改施工方案，也未采取任何安全措施的情况下，指挥工人下井作业，致使现场工人触电。

2. 未对作业工人进行安全生产教育和培训。华明远大公司未能根据安全生产法律、法规的要求，对有关作业工人进行安全生产教育培训，造成工人缺乏必要的安全操作知识，安全意识淡薄，出现冒险作业的行为。

3. 对电缆敷设的现场工作缺乏检查。华明远大公司主要负责人没有对施工作业现场进行安全检查，未能及时消除穿孔作业过程中的事故隐患。

三、事故处理意见

（一）项目经理张××，现场负责人李××，劳务负责人何××，现场劳务负责人刘××未按照北京市强制性标准DBJ01—62—2002《北京市建筑工程施工安全操作规程》的规定，及时修改施工方案，采取有效的安全措施，也未有效制止工人冒险作业，存在违章指挥行为。依据《中华人民共和国刑法》的规定，由司法机关依法追究以上几人刑事责任。

（二）华明远大公司未对作业工人进行安全教育培训，致使作业人员不具备必要的安全生产知识，安全意识淡薄，冒险作业导致事故的发生。其行为违反了《中华人民共和国安全生产法》第21条的规定，对事故的发生负有管理责任。依据《生产安全事故报告和调查处理条例》第37条第1项的规定，由安全生产监督管理部门给予其10万元以上20万元以下罚款的行政处罚。

（三）华明远大公司阳光美景花园一期南区高低压电缆敷设工程项目经理张××，对本单位施工作业现场缺乏安全检查，未能及时发现和消除作业孔内有临时带电线路的安全隐患，也未能制止工人的冒险作业行为，其行为违反了《中华人民共和国安全生产法》第17条第4项的规定，对事故的发生负有领导责任。依据《生产安全事故报告和调查处理条例》第38条第1款的规定，对其给予上一年度收入30%的行政罚款。

案例七：

北京市昌平区水务局施工总队沙河镇市政污水管线“6·2”生产安全事故

一、事故发生经过

2010年6月2日7时，北京市昌平区水务局施工总队3名作业人员在沙河镇市政污水管线第14排干20号污水井通堵过程中，因一氧化碳中毒，造成2人死亡，1人轻伤，直接经济损失76万元。

事故发生单位北京市昌平区水务局施工总队，单位性质为自收自支事业单位。

6月1日，项目部技术员黄××安排劳务负责人刘××到20号污水井通堵工作，同时简单交代安全注意事项，6月2日7时，刘××安排赵××、刘×、扈××三人具体施工，赵××等三人带着汽油抽水泵等工具到达现场后，因抽水泵进水管不够长，其三人就将抽水泵放置在污水井底部平台上进行抽水，大概9点钟左右赵××安排刘×、扈××下井底把堵头敲开，继续抽水。刘×、赵××、扈××先后在没有采取任何防护措施的情况下下井作业，因汽油抽水泵抽水过程中消耗大量氧气，排放大量一氧化碳等有毒气体，造成赵××、刘×、扈××一氧化碳中毒，扈××经抢救已恢复健康，赵××和刘×经抢救无效死亡。

二、事故原因分析

（一）直接原因

北京市昌平区水务局施工总队劳务分包负责人赵××在进行污水井通堵排水过程中，在汽油抽水泵进水管不够长的情况下，擅自安排将抽水泵放置在污水井内平台上进行抽水。因抽水过程中消耗了井内大量氧气，同时排放了大量一氧化碳，赵××在未进行气体检测，未采取任何安全防护措施，在井下有毒气体浓度超标的情况下，违章指挥、违章作业是导致事故发生的直接原因。

（二）间接原因

1. 北京市昌平区水务局施工总队施工现场安全管理和责任制落实不到位，没有及时发现并消除现场安全隐患，是事故发生的间接原因。

2. 北京市昌平区水务局施工总队对施工人员安全教育培训力度不到位，技术交底缺乏针对性、流于形式，导致施工人员对安全操作规范一知半解，安全生产意识淡薄，自我保护意识差，违章指挥并违章操作，是事故发生的间接原因。

三、事故处理意见

（一）按照《中华人民共和国安全生产法》、《生产安全事故报告和调查处理条例》等法律、法规规定，调查组结合调查情况和事故原因分析，认定以下责任人和责任单位负有相应责任，并提出如下处理意见：

1. 北京市昌平区水务局施工总队安全管理制度不完善；未制定有限空间作业相关管理规定；对工人缺乏有针对性的安全教育培训，对该起事故负有管理责任。以上行为违反了《生产安全事故报告和调查处理条例》第37条规定，依据《生产安全事故报告和调查处理条例》第37条第1项的规定，由安全生产监督管理部门给予其16万元罚款的行政处罚。

2. 北京市昌平区水务局施工总队劳务分包负责人赵××安全意识淡薄，自我保护意识不强，在下井作业前未进行有毒有害气体检测，未采取有效防护措施，违章指挥、违章作业，对该起事故负有直接责任，鉴于赵××已在事故中死亡，不予追究。

（二）根据北京市昌平区水务局施工总队安全生产责任制和安全生产管理制度，决定由北京市昌平区水务局施工总队对其公司相关人员给予以下处理：

1. 北京市昌平区水务局施工总队分包负责人刘××对现场施工人员疏于管理，未严格执行北京市昌平区水务局施工总队的相关管理规定和操作规程，对此起事故负直接领导责任，经北京市昌平区水务局施工总队决定，永不录用。

2. 北京市昌平区水务局施工总队工程项目经理郑××，对施工现场安全生产管理不到位，未做好日常安全生产检查工作，对此起事故负领导责任，经北京市昌平区水务局施工总队决定，给予其3万元罚款的行政处罚。

3. 北京市昌平区水务局施工总队分管安全领导刘×××，对现场安全管理、检查不到位，对总队的各项安全管理制度和安全操作规程贯彻不力，对事故负有领导责任，经北京市昌平区水务局施工总队决定，给予其1.5万元罚款的行政处罚。

4. 北京市昌平区水务局施工总队总队

长朱××，作为本单位安全生产第一责任人，未严格督促落实本单位各项安全生产监督管理制度，经北京市昌平区水务局施工总队决定，给予其2万元罚款的行政处罚。

案例八：

上海浦朝建筑安装工程有限公司“10·3”生产安全事故

一、事故发生经过

2010年10月3日，在朝阳区将台乡将台商务中心项目施工现场发生一起高处坠落事故，事故造成现场作业人员2人死亡、1人受伤，直接经济损失约130万元（含死者家属赔偿款93万元）。

将台商务中心项目位于朝阳区将台乡，建设单位为北京麟联置业有限公司，总包单位为中建国际建设有限公司，监理单位为北京银建建设工程管理有限公司。2010年5月17日，北京麟联置业有限公司与上海宝冶集团有限公司签订施工合同，将将台商务中心项目钢结构工程直接发包给上海宝冶集团有限公司，合同造价26202404元，工程款由北京麟联置业有限公司直接向上海宝冶集团有限公司支付。上海宝冶集团有限公司又将钢结构分包工程所需完成的所有安装项目劳务施工分包给上海浦朝建筑安装工程有限公司。

10月3日上午，上海浦朝建筑安装工程有限公司安装队长史××安排杨彦×、吴××和杨晓×三人到将台商务中心项目工地裙楼三层楼顶进行编号为4ACL—32的次梁（重278.9kg）吊装作业。8时许，承载手动葫芦和次梁的钢丝绳在一端固定点突然滑脱，手动葫芦和次梁一起坠落。由于杨彦×和吴××将安全带拴挂于滑脱的钢丝上，二人随之一起坠落至裙楼地下一层地面（坠落高度约17.5米）。杨晓×也被钢丝绳同时带落，但由于其安全带拴在安全绳上，因此并未坠落至地面，仅腿部被钢丝砸中受伤。项目部立即将三人送往华信医院，其中杨彦×、吴××经抢救无效死亡，杨晓×腿骨骨折无生命危险。

二、事故原因分析

（一）直接原因

在吊运安装次梁时，杨彦×负责将承载手动葫芦和次梁的钢丝绳一端固定在西侧钢结构中心立柱上，另一端固定在东侧混凝土柱子上。经查，杨彦×不具备起重司索作业资质，其违反施工方案要求，未按规定在承重钢丝绳绳头处使用绳卡正反固定，而是以打结方式固定，致使钢丝绳承重受力后于打结处脱落，是事故发生的直接原因。

（二）事故的间接原因

1. 吴保×、杨彦×自我保护意识不强，违章操作。

通过现场勘查发现，吴保×、杨彦×在进行高处作业时，违章操作，自身的安全带未系挂在生命线上，而是拴挂于承重的钢丝绳上，致使钢丝绳脱落时，安全带未起到保护作用，随起吊物一同坠落。

2. 上海浦朝建筑安装工程有限公司安装队长史××违章组织不具备起重司索作业资质的人员进行起重绳索固定和吊装危险作业，且未对工人进行专门技术交底。

3. 上海浦朝建筑安装工程有限公司对本单位作业人员安全教育培训不够，针对性不强。

4. 上海宝冶集团有限公司项目经理刘×，督促劳务分包单位安全管理工作不到位，未及时发现并消除劳务分包单位作业人员违章作业的事故隐患。

5. 监理单位北京银建建设工程管理有限公司驻项目总监理工程师代表白×，未及时发现并消除特种作业人员无证上岗的事故隐患。

三、事故处理意见

（一）上海浦朝建筑安装工程有限公司工人吴××违章操作，导致事故发生，对事故负有直接责任。鉴于其在事故中死亡，不予追究。

（二）上海浦朝建筑安装工程有限公司安装队长史××违章组织不具备起重司索作业资质的人员进行起重绳索固定和吊装作业，且未对工人进行专门技术交底，导致事故发生，对事故负有重要管理责任。依据《中华人民共和国刑法》第134条的规定，由公安机关立案侦查，依法追究其刑事责任。

（三）上海浦朝建筑安装工程有限公司对本单位作业人员安全教育培训不够，针对性不强，未教育和督促本单位从业人员严格执行安全操作规程，导致事故发生，对事故负有管理责任。其行为违反了《中华人民共和国安全生产法》第21条、第36条的规定，对事故负有管理责任。依据《生产安全事故报告和调查处理条例》第37条第1项的规定，给予其罚款的行政处罚。

（四）上海宝冶集团有限公司项目经理刘×，督促劳务分包单位安全管理工作不到位，未及时发现并消除劳务分包单位作业人员违章作业的事故隐患，导致事故发生。其行为违反了《中华人民共和国安全生产法》第17条第1款第2、4项的规定，对事故负有管理责任。依据《生产安全事故报告和调查处理条例》第38条第1项的规定，给予其上一年度收入30%罚款的行政处罚。

（五）上海宝冶集团有限公司未采取有效措施及时消除施工现场钢丝绳无防剪切措施的安全隐患，其行为违反了《北京市建设工程施工现场管理办法》第21条的规定，依据《北京市建设工程施工现场管理办法》第38条的规定，由建设行政管理部门给予其罚款的行政处罚。

（六）监理单位北京银建建设工程管理有限公司驻项目总监理工程师代表白×，未及时发现并消除特种作业人员无证上岗的事故隐患，导致事故发生。其行为违反了《中华人民共和国安全生产法》第17条第4项的规定，对事故负有管理责任。依据《生产安全事故报告和调查处理条例》第38条第1项的规定，建议给予其上一年收入30%罚款的行政处罚。

（七）北京麟联置业有限公司将该工程施工总承包单位中建国际建设有限公司承包范围内的钢结构工程直接发包给上海宝冶建设有限公司，其行为违反了《中华人民共和国建筑法》第24条的规定，依据《建设工程质量管理条例》第55条的规定，由建设行政管理部门给予其罚款的行政处罚。

（周　燚）

机关建设

机关党委、工会

【党的思想建设】 2010年，市安全监管局机关按照市委和市直机关工委的统一部署，结合安全生产监管监察工作实际，以深入开展“三进两促”活动为载体，着力开展创先争优、党员作风建设年和“读书、思考、创新”主题读书活动。紧紧围绕安全生产监管工作实际，全面加强机关党的思想、组织、作风、制度、反腐倡廉和干部队伍建设。进一步细化了“三进两促”活动实施方案，制定了创先争优、党员作风建设年和“读书、思考、创新”主题读书活动实施方案，明确了活动的指导思想、主要内容、原则、方法步骤和具体要求。

（耿 双）

【全面开展创先争优活动】 按照市委的统一部署，以“三进两促”为载体，市安全监管局党员中组织开展了“创先争优”活动。成立了创先争优活动领导小组，制定并印发了《开展创先争优活动实施方案》和《“群众心目中的好党员”评选办法》，积极做好“群众心目中的好党员”评选和纪念中国共产党成立89周年暨总结表彰大会的组织工作，全局有1人被评为市直机关“群众心目中的好党员”，5人被评为局级“群众心目中的好党员”。

（耿 双）

【党员作风建设年活动】 2010年市安全监管局成立了开展党员作风建设年和活动领导小组，制定并印发了《开展党员作风建设年活动实施方案》。以“三进两促”活动为载体，以提高素质、转变作风、推动发展、促进和谐为目标，着力解决党员在思想作风、学风、工作作风、领导作风和生活作风等方面存在的突出问题。

（耿 双）

【“读书、思考、创新”主题读书活动】 根据市直机关工委的工作安排，为推进学习型党组织和学习型机关建设，在全局党员干部中组织开展了“读书·思考·创新”主题读书活动，各支部和全体党员干部以“读书·思考·创新”主题读书活动为载体，认真开展读书活动，撰写并上报了一些优秀的读书心得体会文章，为推进学习型党组织、学习型机关建设，提升全市安全生产监管监察工作水平提供强大的精神动力和智力支持。

（耿 双）

【经常性思想教育】 市安全监管局注重把日常的政治理论学习和思想教育工作抓实抓细，采取看展览、上党课、专题辅导、观看教育片、制作宣传板、举办学习交流会等形式，不断丰富学习内容和方法，增强了学习的针对性和有效性，提高了经常性思想教育的效果。2010 年先后共举办以学习、宣传、教育为主要内容的报告会 3 次，上党课 3 次，组织党员看教育影片或光盘 2 次，制作宣传板 18 期。

（耿 双）

【党组召开民主生活会】 12 月 23 日，根据市纪委、市委组织部关于转发中纪委、中组部《关于以“贯彻落实〈党员领导干部廉洁从政若干准则〉切实加强领导干部作风建设”为主题开好县以上党和国家机关党员领导干部民主生活会的通知》（京组通［2010］117 号）文件要求，市安全监管局党组召开了局级领导班子党员领导干部民主生活会。市直机关工委委员、机关党委书记张晓辉，市委组织部市直干部处舒宇参加了民主生活会，10 名局级领导干部出席并开展了批评与自我批评。

（吴振宇）

【制订党员领导干部民主生活会工作方案】 市安全监管局党组召开会议，就如何开好民主生活会进行了专题研究，制定了《北京市安全生产监督管理局 2010 年度局级领导班子党员领导干部民主生活会工作方案》，并根据民主生活会的主题，细化了民主生活会前的各项准备工作，明确了方法和步骤。局党组统筹协调，合理安排时间，采取自学与集中学习相结合的方式，组织领导班子成员深入学习规定内容，并以个别谈话、支部组织生活会、印发征求意见函等方式，广泛征求党员、群众和各区县安全监管局的意见建议。

（吴振宇）

【领导干部作风建设】 市安全监管局局级党员干部以党的十七大和十七届四中、五中全会精神为指导，紧紧围绕“贯彻落实《党员领导干部廉洁从政若干准则》，切实加强领导干部作风建设”，紧密联系思想和工作实际，重点对照《廉政准则》规定的“52 个不准”和党政领导干部选拔任用工作四项监督制度，领导干部逐条进行对照检查，对应报告的个人有关事项逐项做出说明，提出了切合自身实际的整改措施，并通过开展批评与自我批评进一步明确了努力方向。

（吴振宇）

【抓学习制度的落实】 市安全监管局提高全局干部的综合素质和能力。进一步严格落实局党组中心组学习制度和党支部学习制度，提高理论素养，增强理性思维。深入研究安全发展科学理念，不断提高驾驭安全生产工作的能力。在搞好干部培训需求调查的基础上，科学拟制 2011 年度培训计划，采取请进来和走出去相结合、分层分类培训等形式，合理设置培训科目，注重培训效果。积极开展机关内部业务交流，适时选派人员外出学习或培训，全面提高安监干部队伍的综合素质和能力。

（吴振宇）

【进一步转变文风会风】 精简公文，提倡少发文、发短文；要倡导开小规模会，开综合性会，开电视电话会；加强局机关内部协调配合，规范工作流程，增强工作统筹和计划性，减少随意性盲目性。

（吴振宇）

【庆祝建党 89 周年】 6 月 29 日，市安全监管局召开了庆祝建党 89 周年暨加强党员作风建设大会。大会首先举行了共产党员献爱心捐款仪式，局级领导班子成员带头捐款，广大党员干部和群众纷纷慷慨解囊，踊跃加入到捐款队伍中来。随后进行了新党员入党宣誓、老党员重温入党誓词仪式。通过新老党员宣读入党誓词，激励全体党员恪守入党誓词，努力学习，积极工作，充分发挥共产党员的先锋模范作用。会上，党组书记、局长张家明围绕全局的中心工作，就如何加强机关作风建设作了重要讲话。首先对全局上半年的工作进行了回顾，肯定了成绩，找出了不足；并针对存在问题，围绕安全生产工作，从要提高认识、突出重点、狠抓落实和进一步抓好党建工作等几个方面阐明了如何做好创先争优工作。

（耿　双）

【发展党员工作】　2010年，市安全监管局机关党委根据《中共北京市委组织部关于印发〈北京市2006年—2010年发展党员工作规划〉的通知》（京组发[2006]1号）文件精神，按照“坚持标准、保证质量、改善结构、慎重发展”的方针，研究和确定了党员发展对象，制定了局（分局）2010年发展党员工作计划，做好入党积极分子教育、培养、考察和发展党员工作，指导有关党支部做好预备党员转正工作。全年共发展新党员8名，预备党员转正5名。

（耿　双）

【工会换届选举】　4月29日，市安全监管局根据《关于北京市安全生产监督管理局（北京煤矿安全监察分局）机关工会召开第二次会员大会请示的批复》（京直工复[2010]16号）文件精神，召开了机关工会第二次会员大会。本次会员大会应到会员182名，实到会员156名（因事、因病请假26名）。大会按照《中国工会章程》和《工会基层组织选举工作暂行条例》，以无记名投票和差额选举方式，选举产生了北京市安全生产监督管理局（北京煤矿安全监察分局）机关工会第二届委员会；以无记名投票和等额选举方式，选举产生了北京市安全生产监督管理局（北京煤矿安全监察分局）机关工会第二届经费审查委员会。

（吴振宇）

【首届系统艺术会】　7月中旬至9月下旬，市安全生产监管局举办了“北京市安全监管监察系统第一届艺术节”。7月中旬，成立了以张家明为主任、市局班子成员及各区县局长为成员的第一届艺术节领导小组，同时成立了组委会办公室，具体负责艺术节活动方案的制定及组织实施。艺术节共开展了四项活动：小合唱、软笔书法、硬笔书法、摄影比赛。全市安全监管监察系统共有1000多名职工参加了艺术节，其中处级以上干部有70多人。艺术节共征集书法摄影作品360余幅。

（吴振宇）

【送温暖活动】　市安全监管局机关党委工会以元旦、春节为契机，开展了形式多样的送温暖和慰问活动。采取多种形式广泛倾听职工的意见，准确把握职工的需求，做好服务工作。全年共慰问退休、困难职工31人次，发放慰问金15500元；先后组织召开不同人员座谈会3次，为全局51名女职工和45名转业复员军人赠送了慰问品；开展共产党员“献爱心”捐款活动，4月22日上午，市安全监管局机关、局属事业单位184名职工共为青海省玉树地震灾区捐款45600元。据统计，2010年度，全局党员干部共捐献爱心款70050元，捐献棉衣被等542件（套）。

（吴振宇）

【文体活动】　2010年，市安全监管局紧密围绕和谐机关建设，开展丰富多彩、富有特色、寓教于乐的文体活动。成功举办了“北京市安全监管监察系统首届文化艺术节”，推动了机关文化活动蓬勃发展，提升了安监队伍的文化品味和文化修养。先后举办了登山健身活动和春节团拜会，为全局职工购买了电影卡和书卡，组织全局职工参加市直机关工会工委举办的“市直机关第三届运动会”，荣获网球双打第二名，并荣获优秀组织奖。

（吴振宇）

机关人事

【制订机关干部培训计划】 为贯彻落实市委、市政府提出的继续大规模培训干部、大幅度提高干部素质的战略任务，结合北京市安全生产监督管理局干部队伍实际，经局党组研究决定，制定了《关于2010年局（分局）机关干部培训工作的实施意见》并制定了全年培训计划。

（钱　山　孙建军）

【公务员初任培训】 2010年，10月25日至12月17日，分3期组织2010年新录用且未经培训的10人，在北京行政学院进行了为期10天的公务员初任培训。参训率占总人数的100%。

（钱　山　孙建军）

【处级干部任职培训】 组织安排2009年、2010年新提任职的10名处级干部参加了市委组织部组织的任职培训。

（钱　山　孙建军）

【公务员业务培训】 围绕安全生产的法律法规、执法文书、保密工作、物联网知识等内容，进行了16学时的全员培训。组织举报投诉、有限空间作业知识、执法人员资格等专业知识的培训班。每月组织一期有关业务专业处室的人员，参加国家安监总局组织的视频专业知识讲座。

（钱　山　孙建军）

【专题课学习】 市安全监管局领导有12人次分别参加了传统文化与人文修养专题、公共管理前沿理论专题、领导干部依法行政素质提升专题、应急管理专题及学习贯彻党的十七届五中全会精神专题报告。

（钱　山　孙建军）

【电子政务学习】 按照市人力社保局、市经信委的要求，组织了信息化与电子政务知识培训和考核工作。培训内容涉及电子政务、信息安全、信息技术等，共34学时。培训采取自学与面授相结合的方式；面授分三期进行，每期2天。有66人通过考试。

（钱　山　孙建军）

【干部在线学习】 按照市委组织部、市人事局《关于北京市干部在线学习管理办法（试行）》的要求，参加2010年年终考核的95名局处级干部均达到40学时的考核要求。

（钱　山　孙建军）

【符合培训过渡条件人员培训】 4月28日，按照市人力社保局相关规定的要求，在北京经济管理干部学院举办了“北京市安全生产监督管理局符合培训过渡条件人员培训班”。预防中心32人参加了为期2天的培训。培训课程主要是围绕公务员法、公务员行为规范、公务员礼仪和公文写作等内容进行了辅导学习。培训结束后组织参训人员进行了考试，并将相关情况向市人力社保局进行了汇报。

（钱　山　孙建军）

【机构设置和人员编制】 3月15日，北京市编办京编办事［2010］29号文件批复，同意为市安全监管局成立北京市安全生产（12350）举报投诉中心，为正处级全额拨款事业单位，为该中心增加全额拨款事业编制15名，处级领导职数1正2副。

5月4日，北京市编办京编办行［2010］52号文件批复，为市安全监管局2009年度接收军队转业干部增加行政编制2名，我局机关行政编制从73名增至75名。

（钱 山 孙 雷）

【局级干部任免】 2009年12月29日，中共北京市委《关于蔡淑敏同志任职的通知》（京委［2010］585号）文件决定，蔡淑敏同志任中共北京市安全生产监督管理局党组副书记，市委建议，蔡淑敏同志任北京市安全生产监督管理局副局长。2010年1月8日，北京市人民政府《关于蔡淑敏同志任职的通知》（京政任［2010］6号）文件决定，蔡淑敏同志任北京市安全生产监督管理局副局长。

2月2日，中共北京市委《关于张树森同志免职的通知》（京委［2010］43号）文件决定，免去张树森同志中共北京市安全生产监督管理局党组副书记职务，参加第二期一年制领导干部研修班脱产学习。2月11日，北京市人民政府《关于张树森同志免职的通知》（京政任［2010］45号）文件决定，免去张树森同志北京市安全生产监督管理局副局长职务。

5月5日，北京市直属机关工会工作委员会《关于北京市安全生产监督管理局（北京煤矿安全监察分局）机关工会第二次会员大会选举结果的批复》（京直工复［2010］17号）文件决定：同意由蔡淑敏等7位同志组成的第二届工会委员会和由康勇等3位同志组成的第二届经费审查委员会；同意选举蔡淑敏同志为主席，李振龙同志为副主席；同意选举康勇同志为经费审查委员会主任。

5月12日第13次局党组会议研究决定，唐明明同志不再兼任北京市安全生产监督管理局事故调查处处长职务。

6月7日，中共北京市委《关于常纪文同志任职的通知》（京委［2010］341号）文件决定，建议常纪文同志任北京市安全生产监督管理局副局长（试用期一年）。2010年7月26日，北京市人民政府《关于常纪文同志任职的通知》（京政任［2010］200号）文件决定，常纪文同志任北京市安全生产监督管理局副局长（试用期一年）。

8月18日，中共北京市委《关于汪卫国同志职务任免的通知》（京政任［2010］229号）文件决定，汪卫国任北京市安全生产监督管理局副局长（试用期一年），免去北京市安全生产监督管理局副巡视员职务。

（钱 山 孙 雷）

【处级干部任免】 6月26日第18次局党组会研究决定：贾兴华、王保树、魏丽萍、孟庆武4位同志结束试用期，贾兴华任北京市安全生产监督管理局办公室（财务处）主任，王保树任北京市安全生产执法监察队队长，魏丽萍任北京市安全生产监督管理局安全监督管理二处处长，孟庆武任北京市安全生产宣传教育中心主任职务。

6月21日，中共北京市委组织部《关于同意王中堂同志赴藏工作的通知》（京组干［2010］36号）文件决定：同意你局王中堂同志赴藏工作三年，援藏期间只转组织关系，援藏期满后仍回原单位工作。

7月8日，第19次局党组会研究决定：王中堂任北京市安全生产监督管理局调研员职务。

7月22日，第20次局党组会研究决定：李东洲任北京市安全生产监督管理局安全监督管理三处处长，免去其研究室主任职务；李文洁同志任执法监察队调研员，免去其安全监督管理三处处长职务；免去阮营诗应急工作处处长职务；崔林任执法监察队副队长（挂职）；高建民任执法监察队调研员；孙雷任人事教育处副调研员。

10月18日，第25次局党组会议研究决定，薛国强任北京市安全生产监督管理局应急工作处处长；段纪伟任北京市安全生产（12350）举报投诉中心副主任职务（试用期一年）。

（撰稿人 钱 山 孙 雷）

【科级以下干部任免】 4月7日，第9次局党组会研究决定：唐亮同志结束公务员试用期，核定为副主任科员，任职时间从2010年3月起算；何明明、陈继伟核定为主任科员职务，任职时间从2010年4月起算。

6月26日，第18次局党组会研究决定：王成刚、白晓鸣、任卫红核定为主任科员职务，刘曦核定为副主任科员职务，任职时间从2010年6月起算。

7月22日，第20次局党组会研究决定：邵柏、张德武、朱伟核定为副主任科员职务，任职时间从2010年7月起算。王欣任应急工作处主任科员；王文哲任执法监察队主任科员；陈继伟任安全监督管理三处主任科员；闵绍辉任办公室（财务处）副主任科员。

（钱 山 孙 雷）

【接收安置军转干部】 7月，北京市委、市政府就2010年军队转业干部安置工作做出安排。按照工作计划，市安全监管局对103份军队转业干部推荐材料进行了筛选，通过笔试、面谈、考察、体检，确定录用赵争春、吴强2名团职转业干部到局预防中心工作。

（钱 山 陆金周）

【公开招聘工作人员】 2010年，面向社会公开招考事业单位工作人员13名，其中，工伤及职业危害预防中心8名（邱丹妮、李菲、李惠、嵇征、孙旭、张玉娟、张鑫、杨雪金），安全生产宣教中心2名（刘云熹、邓瑶），举报投诉中心3名（江华光、李阳春、雷恒）。

（钱 山 陆金周）

【干部转任】 2010年，处级干部转任1名（薛国强），科级以下干部2名（陈静、赵小川）。

（钱 山 陆金周）

【干部调入、调出】 2010年，安全生产宣教中心调入人员1名（高雅莉），举报投诉中心调入人员6名（段继伟、宋怀忠、周宁、焦宁、刘毅、岳欣颖）。局机关调出人员2名（阮营诗从应急处调出转任怀柔区金融局副局长，段继伟从执法队调出任举报投诉中心副主任）。工伤及职业危害预防中心调出人员1名（宋怀忠）。

（钱 山 陆金周）

【干部考核】 2010年2月，市安全监管局部署2010年年度考核工作，此项工作到3月9日结束。综合全局各处室、队的年度考核及民主推荐情况，在局年度考核领导小组提出的初步意见的基础上，经局党组决定，评定优秀人员18名，行政奖励人员22名（其中三等功4名，嘉奖18名）。

（钱 山 陆金周）

【外事工作】 2010年，共有4个出国团组，其中自组考察团1个，培训团组1个，双跨团组2个，出访人数7人次。

（钱 山 陆金周）

纪检监察

纪检监察综合工作

【北京市安全监管监察系统党风廉政建设大会】 3月24日，北京市安全监管监察系统2010年党风廉政建设大会在中环办公楼新闻发布厅召开，市安全监管局机关各处室队、事业单位、市安全生产协会、各区县安全监管局140余人参家。会议由市安全监管局党组副书记、副局长蔡淑敏主持；党组成员、市纪委驻市安全监管局纪检组组长郑晓伟代表局党组，总结回顾了2009年党风廉政建设和反腐败工作，部署了2010年六项重要工作，对开展反腐倡廉工作提出了明确要求。党组书记、局长张家明就增强反腐倡廉建设的责任感和紧迫感、健全完善安全生产领域反腐倡廉制度、模范践行《廉政准则》、加强党风廉政建设和反腐败工作领导四个问题进行了阐述。会议强调安全生产领域面临的诱惑呈现多样性和复杂性，需要不断地抓好教育、监督、预防和惩治制度建设，提高制度执行力，从而提高反腐倡廉建设的科学化和专业化水平。

（赵建林）

【通报市纪委监察局加强和改进派驻机构工作会议精神】 3月18日，市纪委监察局召开加强和改进派驻机构工作会议。会后，驻市安全监管局纪检组立即向党组进行通报了会议精神，着力进一步建立健全选拔任用干部事先征求派驻机构意见的制度、干部准入制度等工作，加强纪检监察干部队伍自身建设。

（赵建林）

【通报全国安全生产监管监察系统党风廉政建设暨队伍建设工作会议精神】 4月7日，在市安全监管局局务会和党组会上，驻市安全监管局纪检组通报了3月29日至30日召开的全国安全生产监管监察系统党风廉政建设暨队伍建设工作会议精神。局党组进行了认真学习，并要求将会议精神贯彻落实到本年度安全生产监管监察实际工作中。

（赵建林）

【贯彻落实国家安全监管总局纪检组座谈会精神】 8月21日至23日，中央纪委驻国家安全监管总局纪检组召开系统纪检组长座谈会，市安全监管局党组成员、市纪委驻市安全监管局纪检组组长郑晓伟参会。会后纪检组在党组会上将内容进行了通报，进一步强调要加强反腐倡廉内控和外控机制建设，强化廉政风险防范管理，建立有效的风险防控机制，从而推进惩防体系任务的完成。

（赵建林）

【纪检监察派驻机构五大建设】 年初，党组成员、市纪委驻市安全监管局纪检组组长郑晓伟提出，带好纪检监察干部队伍，要强调抓好五个建设。一是抓好党风廉政责任制建设。从基础性工作上落实“一岗双责”和“责任区”制度，在行政管理权、许可权、执法权和处罚权方面落实“九条纪律”、“双五条规定”以及“十不准”。二是抓好惩防体系建设。以廉政风险防范管理工作和效能监察工作为抓手，逐步将“四权”的监督纳入风险防控体系和绩效考核中。三是抓制度建设。在调研基础上，准备健全完善工作季度通报制度、党风廉政建设责任制追究制度、各处室重要事项季度报备制度、干部选拔任用调整沟通制度、财务监督制度等5项制度。四是抓规范化建设。纪检组每周至少召开一次组务会，研讨各个工作事项；将公文统一编号，定期整理档案，提高反腐倡廉规范化水平。五是抓干部队伍建设。充分了解纪检组每个人的特长及业务素质。

（赵建林）

纪检监察宣传教育

【《致局（分局）全体工作人员的信》】 元旦、春节前夕，驻市安全监管局纪检组监察处发出《致局（分局）全体工作人员的信》，要求大家在过节期间，进一步树立高尚的道德情操，遵守党纪政纪，遵守廉洁自律各项规定。

（赵建林）

【《廉政准则》学习】 3月11日，驻市安全监管局纪检组监察处为局机关每个人和局属事业单位中层以上干部发放《中国共产党党员领导干部廉政准则》一书，要求大家贯彻学习《廉政准则》。5月26日，市安全监管局党组召开理论中心组学习扩大会议，专题学习研讨《廉政准则》，邀请中央党校有关领导为大家做辅导报告。

（赵建林）

【《廉政准则》测试】 7月20日至8月10日，按照市纪委统一部署，驻市安全监管局纪检组监察处组织全局处级以上干部参加“《廉政准则》测试”活动。经判卷，应答卷的处级干部为50人，实交50人，其中85分以上22人，占44%；90分以上16人，占32%；80分以下9人，占18%；全局平均分为84.86分。

（赵建林）

【反腐倡廉建设“四有”活动】 4月26日，驻市安全监管局纪检组发出通知，要求机关各处室队及局属事业单位在反腐倡廉宣传教育工作中落实“四有”要求：分管局领导和处室领导在布置工作时候，要对反腐倡廉建设“有提示”；各部门和单位在规范工作程序和标准的时候，要对反腐倡廉建设“有要求”；各部门和单位在工作会的议记录中要对反腐倡廉建设“有记载”；分管局领导和处室领导对各部门和单位落实反腐倡廉建设上“有检查”。

（赵建林）

【反腐倡廉“四有”活动检查】 11月10至11月20日，各部门、各单位对开展“四有”活动进行了自查；11月20日至12月10日，驻市安全监管局纪检组对全局开展“四有”活动情况进行了检查，并将检查结果运用到党风廉政建设责任制考核中。

（赵建林）

纪检监察制度建设

【廉政风险防范管理工作实施意见】 4月，驻市安全监管局纪检组结合安全监管监察工作实际，制定《2010年廉政风险防范管理实施意见》，将廉政风险防范管理工作向局级领导班子及成员延伸，着力构建立体全面并重点突出的廉政风险防范管理工作“534”格局。

（赵建林）

【党风廉政建设任务分工】 5月，驻市安全监管局纪检组协助市安全监管局党组制定了《2010年全局党风廉政建设和反腐败工作重点任务分工方案》，结合2010年全局64项折子工程细化为三大类15子项，从而将反腐倡廉建设“责任区”和“一岗双责”具体落实到每一个局领导、每个业务处室，要求局领导和部门负责人将反腐倡廉建设和业务工作同时部署、同时落实。

（赵建林）

【有关重要事项报告的监督制度】 2010年，按照干部四项监督制度的要求，驻市安全监管局纪检组监察处要求有关部门制定《选拔任用干部事先征求派驻机构意见》；按照执行党风廉政建设责任制和推进惩防体系建设的要求，协助党组制定《领导班子决策“三重一大”事项风险防控实施细则》；按照构建廉政风险防控体制机制的要求，协调党组制定《廉政风险防范管理实施细则》。

（赵建林）

【两月通报重要情况的制度】 2010年，按照局党组的要求，驻市安全监管局纪检组监察处建立了两月通报制度，即每两月将党风廉政建设、推进惩防体系任务完成情况，在局务会或党组会上予以通报，从而提醒全局认真及时执行党风廉政建设责任制、推进惩防体系任务的完成。5月至6月通报将廉政风险防范、行政监察、专项资金使用、民主评议等列为重点；7月至8月通报将廉政风险、廉政准则测试、“小金库”排查、休假、警示教育等列为重点；9月至10月通报将效能监察、“小金库”排查、责任制检查、廉政风险防范考核检查等列为重点。两月通报制度，有力地提高了机关的行政效能，推进了惩防体系建设。

（赵建林）

纪检监察监督检查工作

【党风廉政建设责任制检查】 7月，驻市安全监管局纪检组监察处对上半年全局开展党风廉政建设和反腐败工作情况进行了责任制抽查；11月份，对全年开展党风廉政建设和反腐败工作情况进行了全面检查。经检查，市安全监管局全年共召开党组会31次、局务会议39次、专题会56次，研究重要议题437项。主要研究讨论构建廉政风险防范管理“534”工作架构、安全生产监管监察长效机制、安全生产执法检查工作格局、“十二五规划”等60余个重大问题。局领导班子坚持了12次中心组学习，坚持集体领导、民主集中、个别酝酿、会议决定的原则，保证了市委市政府关于安全生产重大决策的贯彻落实。

（赵建林）

【对折子工程完成情况的监督检查】 2010年，市安全监管局68项折子工程，已按时完成66项，占折子工程总数的97%；有1项由于国家安全监管总局推迟工作进程原因而延迟到2011年，另1项执法总队建设由于市编办要求进一步说明原因暂时没有完成。

（赵建林）

【经费支出和大额资金使用的监督检查】 2010年，市安全监管局专项经费支出执行进度为69%，其中局机关进度为70%，预防中心进度为68%，宣教中心进度为91%，信息中心进度为52%；2万元以上大额支出219笔，涉及资金2558.2万元；全年无招标项目，比选6次，涉及职安处、一处、二处、研究室、宣教中心、信息中心等单位，比选项目金额约188万元，占全年项目经费的15%；签署经济合同128宗，涉及资金2327万元，实际执行率约65%。

（赵建林）

【对干部招录、选拔、调整及培训的监督检查】 2010年，市安全监管局人事选拔任用调整51人次，其中招录10名年轻公务员，16名事业编干部，2名副团职军转干部，交流2名处级干部到区县挂职，提名1名正处级干部参加援藏建设，7名在局内交流轮岗，选任3名正处、1名副处岗位人选，晋升10名科级干部。全局组织271人次参加各类培训，其中局级15人次，处级11人次，科级17人次；电子政务100人次，在线学习128人次。未发现临时动议、违规操作等问题。

（赵建林）

【对行政许可实施情况的监督检查】 2010年，市安全监管局共接到行政许可129168件，受理129168件，办结129168件，受理办结率100%，满意率100%。经过驻市安全监管局监察处的网上监察，没有发现超时、越权和跳跃环节等办理异常问题。

（赵建林）

【对行政执法情况的监督检查】 2010年，市安全监管局共开展全国“两会”保障、城四区合并交叉执法检查等7项专项执法检查，参与科博会、世博会、亚运会等10余大型活动安全生产保障工作。全市共检查各类生产经营单位527943家，共发现各类问题和隐患58257项，实际事故隐患整改49747项，下达行政执法文书28588份，其中限期整改18443个，强制措施决定书415份，行政处罚2027次，实施经济处罚金额2690.79万元，实际收缴罚款金额2622.79万元。经过驻市安全监管局纪检组监察处的专项行政监察，没有发现违法违纪问题。

（赵建林）

【对煤矿执法及关闭情况的监督检查】 2010年，北京煤矿安全监察分局共开展“三项监察”51矿次，完成计划的137%。其中重点监察6矿次，专项监察26矿次，定期监察19矿次；排查隐患227条，完成事故隐患整改227条，整改率100%；制作煤矿安全监察执法文书128份，其中现场检查笔录55份，现场处理决定书55份，立案决定书4份，案件结案报告4份，行政处罚告知书5份，行政处罚决定书5份；实施经济处罚4次，罚款9.4万元，收缴率100%。6月底完成最后24个小煤矿的关闭工作，煤矿关闭工作顺利完成。

（赵建林）

【行政效能监察工作】 4月，驻市安全监管局监察处对《北京市安全生产条例》修订和煤矿关闭情况进行效能监察立项。通过研究制定方案、召开专题会、同步跟进监督等方式，开展监督检查工作，10月份，专项效能监察工作已经结项。按照局党组的要求，5月至6月，以回访等方式，监察处对执法监察队的行政执法情况进行了专项行政监察。从暗访的结果看，企业对安全生产执法检查行为满意度高，普遍反映较好。

（赵建林）

纪检监察信访办理与廉洁自律

【信访件办理情况】 2010年，共收到4封信访举报件（有2封属于一件多投）。其中2封信访举报件，一封反映的是区县局机关干部，一封反映的市属国有企业工作人员，按照干部管理权限进行了转办处理；另外1封，反映的是一名正处级干部，按照正处级重大线索上报的要求报送给了市纪委案件管理室，在等待答复中。另有1封投诉举报件，反映市安全监管局机关干部服务态度问题，已经进行了调查、核实和答复，投诉举报人满意。

【廉政风险防范管理“534”格局】 4月，驻市安全监管局纪检组结合安全监管监察工作实际，制定《2010年廉政风险防范管理实施意见》，将廉政风险防范管理工作向局级领导班子及成员延伸。具体思路为，将廉政风险防范工作架构扩大延伸为“534”工作格局，构建立体全面并重点突出的廉政风险防范管理工作体系。“5”指的是局机关各处室队和局属事业单位要以部门职位、编制及岗位要求，廉政风险识别表，工作事项分类表，工作流程图，风险防控措施实施办法等五个文本为基础建立风险防控机制，责任人为处长；“3”指的是局领导班子成员要以分管工作事项分类表、重大风险识别表、风险防控措施等三个文本为基础建立风险防控机制，责任人为领导班子成员；“4”指的是局领导班子要以领导班子任务分工表、工作事项表、重大风险识别表、风险防控措施等四个文本为基础建立风险防控机制，责任人为主要领导。通过构建“534”工作格局，将处长、领导班子成员、主要领导的风险问题进行了系统性的防控，形成了一个有效的立体防控体系。

（赵建林）

【廉政风险范围培训推进会】 5月17日，组织召开了廉政风险防范管理工作培训推进会，对推进廉政风险防范管理工作的操作规程、注意事项和存在问题进行了详细说明。

（赵建林）

【对廉政风险防范管理重点检查】 6月8日至13日，对5个部门和单位的廉政风险防范管理工作进行了重点检查，对其工作事项、延伸事项、依据以及责任落实情况进行了指导分析，并将存在的问题进行了通报。

（赵建林）

【廉政风险防范管理手册的编写】 7月份，对各部门、各单位的基础文本进行实质性审核，各部门、各单位对廉政风险防范管理完成修改；8月份，形成《2010年廉政风险防范管理工作手册》，并于月底报送市党风廉政建设领导小组办公室。

（赵建林）

【廉政风险防范管理纳入绩效考核评价体系】 11月10日至12月10日，在各部门、各单位对廉政风险防范管理工作自查基础上进行重点检查，提出考核意见，纳入绩效考核评价体系。经统计：领导班子重大工作事项24项，排查风险30个，制定风险防控措施14条，领导班子成员制定风险识别表10份，排查重大风险61项，制定风险防控措施119条；机关各处室队和局属事业单位制定风险识别表22份，排查廉政风险179个；制定风险防控措施278条，制作风险防范工作流程图179个。

（赵建林）

【拒收礼金、有价证券】 2010年，驻市安全监管局纪检组监察处继续抓好党政领导干部廉洁自律工作。全年，领导干部共上交礼金、有价证券3人次5.3万元，其中局级1人次，处级2人次，驻局纪检组监察处按照有关规定进行了登记与退还。

（赵建林）

纪检监察专项治理工作

【工程建设领域安全监管专项治理】 驻市安全监管局监察处作为成员单位，配合相关部门推进工程建设安全管理专项治理的各项工作。通过制定工作方案，组织协调召开部署会、专题会，督促排查整改，推进年度工作任务。

（赵建林）

【“小金库”专项治理工作】 按照《关于做好2010年“小金库”治理工作的通知》，驻市安全监管局纪检组监察处制定《2010年开展“小金库”专项治理工作实施方案》，在局机关和局属事业单位开展自查自纠和重点检查。7月12日之前，各处室队和局属事业单位完成了自查自纠，均承诺不存在“小金库”。7月至8月，按照市里要求对自查为“零申报”的单位至少要检查3家单位的要求，对会议费、培训费和调研费的管理和使用单位进行了全面梳理以及重点调查，就发现的一些苗头性、倾向性问题进行了及时通报、诫勉谈话，取得了较好的效果。8月至9月，局党组本着“自查从宽、被查从严”的态度，要求各部门、各单位再次自查，9月30日，各部门、各单位均再次承诺无“小金库”。

（赵建林）

【基层民主评议专项工作】 按照市纠风办的要求，市安全监管局党组学习研究《关于开展民主评议督导工作有关事项的通知》，成立开展民主评议工作领导小组，制订并印发《关于开展民主评议工作的实施方案》，确定执法监察队、行政许可窗口、12350举报投诉中心、预防中心四个站所队为民主评议重点。5月至8月，民主评议重点部门均做出了明确的服务承诺，对服务态度、服务质量、服务内容进行了进一步规范，行政许可窗口实现了对13项行政许可办事指南的全覆盖。市纠风办督导组对民主评议工作给予了充分肯定。

（赵建林）

【厉行节约专项治理工作】 按照《关于认真开展厉行节约各项工作的通知》，市安全监管局继续开展厉行节约专项治理工作。经过开展对压缩出国、车辆、公务接待、水电油等费用的清查工作，全年出国（境）团组申报数量在已压缩10%的基础上又减少了30%；经费支出在预算范围内又压缩22.5%，总体上严格执行了各项财务制度和相关规定，控制了一般性行政开支，完成了既定的目标。

（赵建林）

纪检监察反腐倡廉调研

【对安全监管权力实施再监督之路径初探】 经过对局机关、事业单位、区县局及企事业单位的走访调查，与兄弟省市安全监管局纪检监察部门、兄弟委办局纪检监察部门交流探索，驻市安全监管局纪检组监察处形成重点课题的调研报告《对安全监管权力实施再监督之路径初探》。文章从安全监管权力之一元迭加体制、二元甚或多元体制以及普遍情势并存的结构性特点出发，分析安全监管权力本身具有的聚焦性、重大性、分离性、合署性、集中性、过渡性、弱势性、差异性等八大属性特点，理清内部监督、外部监督以及专门监督的关系脉络，正视其各自的不足，同时结合反腐倡廉工作的具体实践，从主体权威性、客体规范化、手段信息化、执行严格化、氛围廉洁化五个方面实现再监督之路径探索。

（赵建林）

人　物

北京市安全生产监管监察系统各级领导

（以 2010 年 12 月 31 日在册在岗为准）

北京市安全生产监督管理局领导成员

局　长　张家明（局党组书记）
副局长　蔡淑敏（局党组副书记）
副局长　丁镇宽（党组成员）
　　　　陈　清（党组成员）
　　　　贾太保（兼）（党组成员）
　　　　汪卫国（党组成员）
　　　　常纪文
纪检组组长　郑晓伟（党组成员）
副巡视员　刘　岩
副巡视员　孟玺泉
副巡视员　唐明明

北京市安全生产监督管理局处室（队）、局直属事业单位领导

办公室（财务处）主任　贾兴华
　　　　　　副主任　康　勇
　　　　　　　　　　段辉建
法制处处长　杨春雪
研究室副调研员　路　韬（主持工作）
科技处处长　李玉祥
安全生产协调处处长　吕海光
应急工作处处长　薛国强

事故调查处副处长	曹柏成（主持工作）
安全监督管理一处处长	王树琦
安全监督管理二处处长	魏丽萍
安全监督管理三处处长	李东洲
副处长	丁大鹏
	刘　丽
职业安全监督管理处处长	贾秋霞
矿山安全监督管理处处长	贾克成
人事教育处处长	钱　山
机关党委专职副书记	李振龙
执法监察队队长	王保树
副队长	王俊玲
驻局纪检组、监察处处长	张志永（兼）
工伤及职业危害预防中心主任	赵　霜
工伤及职业危害预防中心支部书记	杨拯民
副主任	安宏伟　牛　捷
安全生产宣传教育中心主任	孟庆武
安全生产信息中心副主任	张震国（主持工作）
安全生产举报投诉中心副主任	段纪伟（主持工作）
北京市安全生产协会理事长	李国杰

北京煤矿安全监察分局领导成员

局　长	张家明（局党组书记）
副局长	蔡淑敏（局党组副书记）
副局长	丁镇宽（党组成员）
	陈　清（党组成员）
	贾太保（党组成员）
	汪卫国（党组成员）
纪检组组长	郑晓伟（党组成员）

北京煤矿安全监察分局处室领导

综合办公室主任	何多云
监察一室主任	杨庆三
监察二室主任	马存金
监察三室主任	董文同

区县安全生产监督管理局领导成员

东城区安全生产监督管理局领导成员

局　　长　韩卫国（党组副书记）
副 局 长　刘建平（党组书记）左效福　李　明　王寿永

西城区安全生产监督管理局领导成员

局　　长　刘成东
党组书记　陈国红
副 局 长　姚　猛　曲绍勃　毕军东　曹长春
副调研员　张庆地　张　蕊

朝阳区安全生产监督管理局领导成员

局　　长　关　伟
副 局 长　于洪涛　刘　洪　刘　伟

海淀区安全生产监督管理局领导成员

局　　长　陈国敢（党组副书记）
副 局 长　曾子锋（党组书记）　贾　宁　孙茂山

丰台区安全生产监督管理局领导成员

局　　长　沈瑞平（党组书记）
副 局 长　张建平　战　军　崔　林

石景山区安全生产监督管理局领导成员

局　　长　杨文明
副 局 长　李振华　张玉国

门头沟区安全生产监督管理局领导成员

局　　长　李有敏
党组书记　梁光学
副 局 长　辛瑞生

房山区安全生产监督管理局领导成员

局　　长　周德运（党组书记）
副 局 长　王桂正　刘继承　李劲松　李彦山
纪检组长　霍和平

通州区安全生产监督管理局领导成员

局　　长　朱志高（党组书记）
副 局 长　纪福民　杨文庆　吴宝祥
纪检组长　袁宝伶

顺义区安全生产监督管理局领导成员

局　　长　高士虎（党组书记）
副 局 长　王桂金（兼纪检组长）
工会主席　邱国庆
副调研员　张建明

大兴区安全生产监督管理局领导成员

局　　长　李建国
党组书记　张义祥
副 局 长　杨广生　李建军　丁开明
纪检组长　杨玲荣
副调研员　王志强　李长龙　胡贵平

昌平区安全生产监督管理局领导成员

局　　长　金东彪（党组书记）
副 局 长　赵桂生（党组成员）　徐立荣（党组成员）　张大鹏（党组成员）
副调研员　郑维久　刘国祥

平谷区安全生产监督管理局领导成员

局　　长　王浩文
副 局 长　于会民　赵承河
纪检组长　高永刚

怀柔区安全生产监督管理局领导成员

局　　长　李振林
副 局 长　姚怀峰　谢康纪
纪检组长　边振泉

密云县安全生产监督管理局领导成员

局　　长　于庭满
副 局 长　梁乃顺　龚显文
副调研员　刘海生　赵德民

延庆县安全生产监督管理局领导成员

局　　长　王忠东（党组书记）
副 局 长　王吉兴　张　鑫　王菊英

北京市安全生产委员会办公室北京市人力资源和社会保障局关于表彰2009年度北京市安全生产先进个人的决定

京安办发［2010］9号

各区（县）人民政府，北京市经济技术开发区管委会，市政府有关委、办、局，各有关单位：

一个时期以来，全市安全生产工作在市委、市政府的正确领导下，通过各区县、各部门、各单位的共同努力，圆满完成了“安全生产年”的各项工作，出色完成了新中国成立60周年庆祝活动安全生产保障任务，安全生产责任制得到了进一步落实，各类事故逐年下降，安全生产形势持续稳定，涌现出了一大批先进个人。

为表彰先进、弘扬正气，进一步激发和调动广大安全生产战线干部和职工的积极性、主动性和创造性，北京市安全生产委员会办公室、北京市人力资源和社会保障局决定：授予韩波等119名同志为“北京市安全生产先进个人”。

希望受到表彰的先进个人，谦虚谨慎，再接再厉，在各自的工作岗位上，努力创造出党和人民群众满意的新业绩。全市安全生产战线上的同志们，要以先进个人为榜样，学习他们恪尽职守、秉公执法、拼搏进取、开拓创新的奉献精神和良好风貌，为促进首都安全生产状况的持续稳定好转、推进“人文北京、科技北京、绿色北京”建设，做出新的更大的贡献。

2009年度北京市安全生产先进个人名单

韩　波　　东城区东华门街道办事处副主任
张洪道　　东城区安全生产监督管理局综合管理科副科长
姚　猛　　西城区安全生产监督管理局副局长
陈洪祥　　西城区德胜街道办事处副调研员
袁静文（女）　崇文区商务委员会科长
郑亚东　　崇文区文化委员会副局长
张　文　　宣武区安全生产监督管理局监督管理科科长
杨玉宏　　宣武区施工现场管理办公室副主任
郭　岩　　朝阳区安全生产监督管理局事故科科员
胡永锋　　朝阳区金盏乡人民政府安监科科长
刘红旗　　海淀区海淀乡人民政府副乡长
杨国柱　　海淀区学院路街道办事处安办主任
张林祥　　丰台区安全生产监督管理局综合科主任科员
刘建枝　　丰台区太平桥街道办事处副主任
张玉国　　石景山区安全生产监督管理局副局长
齐　兵　　石景山区苹果园街道办事处主任
马广明　　门头沟区军庄镇人民政府副镇长
李万勋　　门头沟区交通局副局长
齐文东　　房山区长阳镇人民政府镇长
周德运　　房山区安全生产监督管理局局长
董振瑞　　通州区张家湾镇人民政府副镇长
朱志高　　通州区安全生产监督管理局局长
高士虎　　顺义区安全生产监督管理局局长
张文生　　顺义区住房和城乡建设委副主任
金东彪　　昌平区安全生产监督管理局局长
张文涛　　昌平区回龙观镇人民政府副镇长
肖长信　　大兴区黄村镇人民政府武装部部长
杜　琳（女）　中共庞各庄镇党委委员
王东涛　　怀柔区怀柔镇人民政府安全生产科科长
庞凤国　　北京雁栖湖经济开发区管理委员会安全生产总监
王庆芳　　平谷区大兴庄镇人民政府副镇长
王胜利　　平谷区安全生产监督管理局监督检查科科长
邓晓东　　密云县安全生产监督管理局协调科科长
陈希海　　密云县河南寨镇人民政府安全科副科长
贾晓义　　延庆县安全生产监督管理局调研员
王剑英　　延庆县市政市容管理委员会副主任

刘建平　　　　北京经济技术开发区安全生产监督管理局局长
王新颖（女）　北京经济技术投资开发总公司安全生产办公室主任
赵长树　　　　北京市顺义区总工会党组书记
宋冰雪（女）　北京市劳动保护科学研究所安全技术中心助理研究员
董济呈　　　　北京市委宣传部宣传处副主任科员
张　凯　　　　北京市编制委员会办公室一处主任科员
郭连启　　　　北京市发展和改革委员会电力管理处副处长
李华勇　　　　北京市教育委员会学校后勤处副处长
马大海　　　　北京市科学技术委员会办公室副主任
夏存仁　　　　北京市经济和信息化委员会军工运行处副调研员
张京京　　　　北京市公安局治安管理总队危险物品管理处科员
崔燕霞（女）　北京市监察局执法监察室副处级执法监察员
王　陆　　　　北京市民政局机关后勤服务中心副主任
李子明　　　　北京市监狱管理局生产处主任科员
孙召亚（女）　北京市财政局经济建设一处副主任科员
李汉杰　　　　北京市人力资源和社会保障局工伤保险处副调研员
李　华　　　　北京市环保监察队副队长
春　风　　　　北京市规划委员会综合业务处主任科员
赵虹齐　　　　北京市建设工程安全质量监督总站主任
张　浩　　　　北京市市政市容管理委员会应急处主任科员
李海义　　　　北京市交通委员会安全监督与应急处处长
杨经博　　　　北京市气象局办公室副主任科员
张金有　　　　北京市水务局办公室副主任
张晋明　　　　北京市商务委员会安全监管处调研员
游广红（女）　北京市文化局综合业务处处长
张　伟　　　　北京市卫生局安全保卫处主任科员
肖志军　　　　北京市国有资产监督管理委员会综合处副处长
王太国　　　　北京市工商行政管理局机关后勤服务中心主任科员
陈　辉　　　　北京市质量技术监督局特种设备安全监察处主任科员
田志斌　　　　北京市安全生产监督管理局执法监察队副调研员
吴　爽（女）　北京市安全生产宣传教育中心宣传一室干部
马存金　　　　北京煤矿安全监察分局监察一室主任
钱富奎　　　　北京市广播电影电视局办公室副主任
李晓鸣　　　　北京市体育局产业发展处干部
苗国新　　　　北京市园林绿化局林场（花卉）处副处长
王　军　　　　北京市旅游局综合安全处副处长
韦　红（女）　北京市民防局工程建设处处长
王鸿剑　　　　北京市人民政府法制办公室法制一处副处长

罗福勤	北京市农业机械监理总站副站长
张　浩	北京市公安局消防局防火监督部政研指导处副处长
金雪飞	北京市公安交通管理局海淀交通支队副支队长
王宗亮	北京市人民政府办公厅车管处处长
路　靖（女）	共青团北京市委员会企业工作部副部长
尹占胜	北京铁路局安全监察室主任
韩立明	北京卫戍区司令部作训处参谋
王顺增	北京市石油流通行业协会秘书长
肖　远	北京市国土资源局矿开处副调研员
叶　凯	首钢总公司安全处劳动防护科科长
王　琪	北京汽车工业控股有限责任公司经济运行部副部长
韩长安	北京纺织控股有限责任公司安保管理部部长
王鸿志	北京京城机电控股有限责任公司安全主管
谭尊利	北京金隅集团有限责任公司安全生产部部长
孙宗辅	北京建工集团有限责任公司安全监管部副部长
刘劲松	中石化北京市石油分公司左家庄加油站经理
杨　勇	北京东方石化有机化工厂安全环保部主任
葛　春	北京市自来水集团第九水厂行政办公室安全员
高　原	中建一局（集团）有限公司安全主管
杨再山	北京昊华能源股份有限公司安全监察部长
李素燕（女）	北京普莱克斯实用气体有限公司安全质量部经理
于淑敏（女）	北京隆达轻工控股有限责任公司安全主管
马建秋	北京一轻控股有限责任公司安全行保部部长
童　松	北京市轨道交通建设管理有限公司安全质量监察室干部
郭海斌	北京市西单商场控股有限公司西单商场副总经理
武立雨	北京市烟花鞭炮有限公司总经理
李俊香（女）	中石油北京分公司宣武南下路加油站经理
史庆广	密云冶金矿山公司副总经理
王　英	北京首都旅游集团有限责任公司安全保障部经理
高进喜	北京翠微大厦股份有限责任公司安全保卫部部长
闫伟东	北京城乡建设集团有限责任公司安全部部长
周宝均	北京地铁运营有限公司运营二分公司副经理
安凤玉	京煤集团昊华能源股份有限公司矿山救护队队长
马文耀	中石化北京燕山分公司消防支队支队长
刘跃进	北京东方石化安全生产应急救援队队长
耿建国	北京建工集团安全生产应急救援队队长
周恩浩	北京市热力集团有限责任公司安全部经理
李占生	北京市自来水集团有限责任公司应急大队副大队长

赵保国　北京电力公司应急救援队书记
王武京　北京市轨道交通应急抢险大队大队长
刘旭东　北京城建集团有限责任公司抢险大队副队长
陈海涛　北京铁路局丰台机务段安全生产应急救援队队长
杨道江　北京市公联公司安全生产应急救援抢险大队副队长
张彦利　北京路桥瑞通养护中心安全生产应急救援队队长
关鸿鹏　北京市燃气集团有限责任公司调度中心副主任

先进集体、先进个人

市安全监管局

北京市安全生产监督管理局执法监察队被北京市参与2010年上海世博会工作协调小组和北京市人力资源和社会保障局评为“北京市参博工作先进集体”。刘岩、田志斌被评为“参博工作先进个人”。

吕海光被市直机关评为“群众心目中的好党员”称号。

贾兴华、段纪伟被市委信访办、市政府信访办和北京市人力资源和社会保障局评为“北京市信访工作先进个人”。

王成刚、侯占杰被首都绿化美化委员会办公室和北京市人力资源和社会保障局评为“首都绿化美化积极分子”。

栗晋春被市委组织部评为“讲党性、重品行、做表率带头创先争先先进个人”。

戴贺霞被北京市防火安全委员会评为“2010年消防工作先进个人”。

东城区

东城区安全生产监督管理局获得“北京市安全生产月活动优秀组织奖”。

朝阳区

朝阳区安全生产监督管理局荣获“2010年度全国安全生产月活动优秀单位奖”和“全国安全生产应急知识竞赛优胜单位奖”。

获得拍摄安全生产题材宣传片《殇》首届中国安全生产电视作品大奖赛二等奖。

获得2010年度全国普及法律常识办公室组织举办的第八届全国法律动漫作品征集活动三等奖。

获得北京市安全生产委员会颁发的“2010年度北京市安全生产工作先进区县”称号。

海淀区

海淀区获得北京市安全生产委员会颁发的“2010年度北京市安全生产工作先进区

县”称号。

丰台区

丰台区安全生产监督管理局李颖获得“2010 年度全国应急救援知识竞赛优秀组织者”奖。

石景山区

石景山区获得市安全生产委员会颁发的“2010 年度安全生产工作先进区县”称号。

门头沟区

门头沟区安全生产监督管理局被市安全生产委员会评为“2010 年度安全生产月活动优秀组织奖”、“最佳实践活动奖”。

房山区

房山区安全生产监督管理局获得北京市市安全监管监察系统第一届艺术节组委会颁发的团体铜牌、优秀组织奖、合唱比赛三等奖。

通州区

通州区安全生产监督管理局获得北京市安全生产监管系统第一届艺术节组委会颁发的团体银牌、合唱比赛二等奖。

获得北京市市安全生产监督管理局、市总工会颁发的“安全在我身边”演讲比赛优秀组织奖。

获得北京市安全生产监督管理局颁发的“第一届北京市安全生产科技成果二等奖”。

获得北京市安全生产月活动组委会颁发的“2010 年北京市安全生产月活动优秀组织奖”、“最佳实践活动奖”。

顺义区

顺义区安全生产监督管理局高士虎，获得全市“人民满意的公务员”称号。

获得全国安全生产月活动“优秀单位”称号。

获得北京市安全生产月组委会颁发的“2010 年度安全生产月活动优秀组织奖”。

获得北京市安全生产委员会颁发的“安全生产工作先进区县”称号。

获得北京市安全监管监察系统第一届艺术节组委会颁发的“优秀组织奖”、“合唱比赛优秀奖”。

大兴区

获得全国2010年安全生产月活动“优秀单位”称号。

获得北京市安全生产委员会颁发的“2010年安全生产工作先进区县”称号。

获得北京市安全监管监察系统第一届艺术节组委会颁发的“团体铜奖”、合唱比赛一等奖。

昌平区

昌平区安全生产监督管理局获得北京市安全监管监察系统第一届艺术节组委会颁发的“团体优秀组织奖”、“团体铜牌”、“合唱比赛一等奖”。

获得北京市安全生产月活动组委会颁发的“2010年北京安全生产月活动最佳实践活动奖”

平谷区

平谷区获得北京市安全生产委员会颁发的“2010年安全生产工作先进区县”称号。

怀柔区

怀柔区安全生产监督管理局电视作品《有限空间急性中毒事故应急救援演练》获首届中国安全生产电视作品大奖赛优秀奖。

获得北京市安全生产月活动组委会颁发的“2010年北京市安全生产月活动优秀组织奖”。

获得北京市安全监管监察系统第一届艺术节组委会颁发的“团体优秀组织奖”、“合唱比赛优秀奖”。

密云县

密云县被北京市安全生产委员会评为“2010年安全生产工作先进区县”称号。

密云县安全生产监督管理局与县广电中心联合拍摄的《安全发展的密云矿业》，荣获国家安全生产监督管理局安全生产电视中心颁发的“首届中国安全生产电视作品大赛优秀奖”。

密云县安全生产监督管理局获北京市安全生产监管监察系统第一届艺术节组委会颁发的“团体优秀组织奖”、“合唱比赛三等奖”。

张宏伟被国家安全生产监督管理总局评为“安全生产监管监察先进个人”称号。

延庆县

延庆县获得北京市安全生产委员会颁发的“2010年安全生产工作先进区县”称号。

北京市第三届安全生产专家组成员

根据北京市安全生产监督管理局（北京煤矿安全监察分局）《关于聘任张引等74名同志为北京市第三届安全生产专家组成员的通知》（京安监发［2009］147号），依据《北京市安全生产专家管理办法（试行）的规定》，经广泛推荐，市安全监管局（北京煤监分局）研究决定，聘任张引等74名同志为2009年至2010年北京市第三届安全生产专家组成员，分为法制、矿山、规划科技、危险化学品和民用爆炸品、职业卫生、机械冶金建材轻纺烟草、交通建筑消防特种设备、应急管理、安全培训安全文化和安全社区、信息化、安全生产政策理论和综合等12个专业组。具体名单如下：

张　引　北京市人大法制委员会副主任委员
石少华　国家安全生产监督管理总局政策法规司副司长、矿业大学（北京）兼职教授
赵小鲁　北京赵小鲁律师事务所主任、律师
王雨本　首都经济贸易大学法学院教授
吕淑然　首都经济贸易大学安全与环境工程学院教授
余　斌　北京矿冶研究总院矿山工程研究所所长、研究员
胡家庆　北京中安质环技术评价中心有限公司非煤矿山评价室主任、高级工程师
徐洪达　中冶建筑研究总院有限公司尾矿坝研究室主任、高级工程师
孙世国　北方工业大学建筑工程实验中心主任、教授
李建伟　北京市安全生产监督管理局高级经济师
王建昌　北京京煤集团有限责任公司总工程师、高级工程师
常宝才　北京昊华能源股份有限公司副总经理、助理工程师
何孔翔　北京昊华能源股份有限公司副总经理总工程师、教授级高级工程师
古庆如　北京京煤集团有限责任公司安全监察部部长、高级工程师
杨再山　北京昊华能源股份有限公司安全监察部部长、高级工程师
马　俊　国家安全生产监督管理总局职业安全卫生研究所所长、主任医师
胡燕祝　北京邮电大学网络安全监控研究中心主任、教授级高级工程师
朱　军　中国航空工业集团公司第304所副所长、研究员
姜　亢　首都经济贸易大学安全与环境工程学院教授
刘铁民　中国安全生产科学研究院院长、研究员
闪淳昌　国家安全生产监督管理总局国务院参事、教授级高级工程师
吴宗之　中国安全生产科学研究院党委书记副院长、研究员
高卫东　北京教育科学研究院职业教育与成人教育研究所研究室主任、副研究员
柴建设　首都经济贸易大学安全与环境工程学院院长、教授
杨文芬　国家安全生产北京劳动防护用品质量监督检验中心主任、研究员
王　立　北京城市系统工程研究中心主任、研究员
张　斌　北京市劳动保护科学研究所所长、研究员
汪　彤　北京市劳动保护科学研究所副所长、研究员

付　林　北京化学工业协会高级工程师
钱新明　北京理工大学机电学院安全与能源工程系主任、教授
韩国庆　中国民用爆破器材流通协会副理事长、高级工程师
李增义　北京市烟花爆竹质量监督检验站副站长、高级工程师
赵家玉　北京理工大学教授
白春光　兵器工业安全技术研究所总工程师、教授级高级工程师
周学勤　中国石化集团公司职业病防治中心主任、主任医师
王如刚　北京市疾病预防控制中心职业卫生所所长、主任医师
张岩松　国家安全生产监督管理总局职业安全卫生研究所职业病诊断中心主任、副主任医师
姚　红　3M 中国有限公司北京技术分公司工程师
费学威　北京松下彩色显像管有限公司工程师
吴景元　北京市安全生产监督管理局经济师
付培元　北京汽车工业控股有限责任公司高级工程师
俞盛章　北京市安全生产协会高级工程师
潘晓军　北京市地铁运营公司副总工程师客运营销部部长、高级工程师
张　元　北京市地铁运营公司副总工程师车辆部部长、教授级高级工程师
高晓斌　北京市公安局消防局高级工程师
赵克味　北京市公安局消防局高级工程师
金　淮　北京城建设计研究总院有限责任公司副院长、教授级高级工程师
邓云峰　中国安全生产科学研究院公共安全研究所所长、高级工程师
时训先　中国安全生产科学研究院工程师
王　良　北京城建集团有限责任公司二部副总经理、教授级高级工程师
马文耀　中国石油化工股份有限公司北京燕山分公司消防支队支队长、高级工程师
李春青　北京市燃气集团有限责任公司安全管理部副经理、高级工程师
杨　仑　北京市电力公司输电公司检修工区副主任、工程师
宋守信　北京交通大学校务委员会副主任、教授
欧阳梅　中国职业安全健康协会安全社区办公室主任、教授级高级工程师
罗　云　中国地质大学（北京安全研究中心）、教授
樊会文　中国电子信息产业发展研究院研究中心主任、副教授
聂大同　北京航空航天大学教授
石宇良　北京工业大学信息与服务工程系主任、教授
王明兰　市政府研究室副主任、副研究员
周　慧　中央党校《党政干部文摘》杂志社副主编、教授
邬燕云　国家安全生产监督管理总局政策法规司处长、教授级高级工程师
魏利军　中国安全生产科学研究院副总工程师、教授级高级工程师
丁传波　北京建工集团有限责任公司副总经理、高级工程师

唐　伟　北京建工集团有限责任公司副总工程师兼安全监管部部长、高级工程师
孙宗辅　北京建工集团有限责任公司安全监管部副部长、高级工程师
罗建忠　中国建筑一局（集团）有限公司高级工程师
李志强　北京市政建设集团有限责任公司总经理助理、高级工程师
王　军　北京市电力公司安全监督部高级工程师
郭鹏武　北京市电力公司变电公司高级工程师
常晓旗　北京市电力公司试验研究院总工程师、高级工程师
闫慧芳　中国疾病预防控制中心职业卫生与中毒控制所研究室主任、研究员
杜欢永　中国安全生产科学研究院检测中心副主任、副研究员

附　　录

附录一

三、四级安全生产培训机构名单

序号	培训机构名称	区县	证书编号	有效期	负责人、电话、通讯地址
1	北京市精安职业技能培训学校	宣武	AQPX－三级－2009－1	2012－8－18	金秋生 83111061 宣武区西便门西里 18 号 100054
2	北京自来水集团有限责任公司	西城	AQPX－三级－2009－2	2012－8－12	陈丽英 64630484 东城区东直门外香河园路甲 3 号（实际）
3	北京市丰台区鸿基培训中心	丰台	AQPX－三级－2009－3	2012－7－28	赵立志 63845455 丰台区小井村 395 号 100073
4	北京朝阳区北京电建职业技能培训学校	朝阳	AQPX－三级－2009－4	2012－8－18	刘忠楼 65793321 朝阳区定福庄西里 1 号 100024
5	北京市顺义区安全生产服务中心	顺义	AQPX－三级－2009－5	2012－8－30	李妍　81484146 顺义区仓上街 3 号 101300
6	延庆县安全生产培训中心	延庆	AQPX－三级－2009－6	2012－8－12	石为国 69141705 延庆县延庆镇西街 1 号 102100
7	北京金通远建筑工程公司	平谷	AQPX－三级－2009－7	2012－8－11	王秀君 69982437 平谷区平谷镇新平北路 75 号 101200
8	北京一轻特种作业技术培训有限公司	丰台	AQPX－三级－2009－8	2012－8－25	魏群 67578641 丰台区马家堡路 63 号 100068
9	北京公共交通控股（集团）有限公司	西城	AQPX－三级－2009－9	2012－8－12	宓小明 62032582 西城区德外新风街 3 号
10	北京市东城区职业技术学校	东城	AQPX－三级－2009－10	2012－8－25	穆全华 64177274 东城区东直门外新中街 19 号 100027
11	北京铁路局北京职工培训基地	海淀	AQPX－三级－2009－11	2012－8－23	尚贵友 88450670 海淀区闵庄南里 31 号 100195
12	北京金隅科技学校	房山	AQPX－三级－2009－12	2012－8－30	张志华 69320371 房山区琉璃河车站东街 22 号 102403
13	北京市大兴区立业培训学校	大兴	AQPX－三级－2009－13	2012－7－7	张君 69226957 大兴区旧宫西路 17 号 100076
14	北京市鑫华源机械制造有限责任公司	门头沟	AQPX－三级－2009－14	2012－7－28	李春兰 61814331 门头沟区门头沟路 47 号 102300
15	北京怀柔鑫世纪职业技能培训学校	怀柔	AQPX－三级－2009－15	2012－8－23	肖秋兰 13436580286 怀柔区大中富乐 758 号 101400
16	北京市机械工业局技术开发研究所	崇文	AQPX－三级－2009－17	2012－8－18	刘玲 67174586 崇文区东四块玉南街 28 号 100061
17	北京市技术交流中心	宣武	AQPX－三级－2009－18	2012－7－29	李红 83916702 宣武区虎坊路十三号 100052
18	北京市将台路职业技能培训学校	朝阳	AQPX－三级－2009－19	2012－8－16	王建民 64384223 朝阳区将台路 4 号 100016
19	北京容安特机电工程有限公司	朝阳	AQPX－三级－2009－20	2012－7－29	吉智鸿 67383866－3330 朝阳区化工路东口 100023

续前表

序号	培训机构名称	区县	证书编号	有效期	负责人、电话、通讯地址
20	北京凯通商贸有限公司	朝阳	AQPX－三级－2009－21	2012－8－18	江文英 65712404 朝阳区周家井大院 100024
21	北京水利水电学校	朝阳	AQPX－三级－2009－23	2012－8－18	高秀艳 65472097 朝阳区定福庄 1 号 100024
22	北京市叉车总厂	丰台	AQPX－三级－2009－24	2012－8－23	房卓 63573404 丰台区右安门外大街 158 号 100069
23	北京丰台区恒力职业技能培训学校	丰台	AQPX－三级－2009－25	2012－8－24	李亭 13901259209 丰台区花乡郑王坟 97 号院 100073
24	北京市兴南电气工程有限公司	大兴	AQPX－三级－2009－26	2012－7－19	范红霞 87961297 大兴区旧宫镇红化路甲 6 号 100076
25	北京市平谷区再就业园区培训中心	平谷	AQPX－三级－2009－27	2012－8－11	李中武 89995598 平谷区再就业园区培训中心 101200
26	北京市丰台区职业技术学校	丰台	AQPX－三级－2009－28	2012－8－11	刘国红白雪飞 63851656 丰台区东安街三条一号 100071
27	首钢总公司	石景山	AQPX－三级－2009－30	2012－8－27	朱继民 88292844　石景山区石景山路 68 号 100041
28	北京市昌平区安全生产培训中心	昌平	AQPX－三级－2009－31	2012－7－29	李奕 80110235 昌平区水屯村环球印刷厂院内
29	密云县工伤及职业危害预防中心	密云	AQPX－三级－2009－32	2012－8－24	于光凤 69081574 密云县鼓楼东大街 8 号 101500
30	北京市地铁运营有限公司职工学校	石景山	AQPX－三级－2009－33	2012－8－12	臧烁 62293911 石景山区福寿岭地铁技术学校 100041
31	北京市东城区文天职业技能培训学校	东城	AQPX－三级－2009－34	2012－8－24	马文一 64078012 东城区交道口北三条 57 号 100007
32	北京化工集团有限公司教育培训中心	朝阳	AQPX－三级－2009－35	2012－8－18	侯建军 67384729 朝阳区化工路甲 1 号 100023
33	北京市通州区安全职业技能培训学校	通州	AQPX－三级－2009－36	2012－8－25	马维杰 69517774 通州区新华北路 117 号 101100
34	北京市海淀区职业学校	海淀	AQPX－三级－2009－37	2012－6－28	程洪日 82374877 海淀区北四环中路 275 号 100083
35	北京市朝阳区电梯职业技能培训学校	朝阳	AQPX－三级－2009－38	2012－8－18	李秀云 67743626 朝阳广渠门外广和里八巷二号 100021
36	北京市崇文区技术交流站	崇文	AQPX－三级－2009－39	2012－8－17	杨宝成 13801236245 崇文区幸福大街 44 号 100061
37	北京科技高级技术学校	门头沟	AQPX－三级－2009－41	2012－8－18	王金华 86175172 门头沟路 47 号（实际办公）102300
38	北京市门头沟区职业技术学校	门头沟	AQPX－三级－2009－42	2012－8－18	王江 13241530088 门头沟新桥南大街 13 号 102300
39	北京朝阳区职业技能培训管理中心	朝阳	AQPX－三级－2010－43	2013－3－19	林聚坡 85837062 朝阳区八里庄南里 21 号 100025
40	北京市宣武区职业技术培训中心	宣武	AQPX－三级－2009－44	2012－8－9	唐斌 63170101 宣武区腊竹胡同 23 号 100050
41	北京建工培训中心	东城	AQPX－三级－2009－45	2012－7－6	党辉 64178087 东城区东直门外新中街 11 号 100027
42	北京城建集团培训中心	朝阳	AQPX－三级－2009－47	2012－8－16	王新菊 84256702 朝阳区东土城路 5 号 100013

续前表

序号	培训机构名称	区县	证书编号	有效期	负责人、电话、通讯地址
43	北京城乡建设集团职业技能培训学校	崇文	AQPX－三级－2009－50	2012－8－17	狄涛 67231735 崇文永定门外东滨河路 11 号（西院）100075
44	北京市劳动和社会保障局培训中心	西城	AQPX－三级－2009－51	2012－9－1	王敬波 68350662 西直门外南路二号 100044
45	北京市西城区职业技术学校	西城	AQPX－三级－2009－52	2012－8－27	66111861 西城区西四北三条 26 号 100035
46	北京市大兴区职业技术学校	大兴	AQPX－三级－2009－54	2012－12－8	崔光杰 69235866 大兴黄村镇兴业路北口/清源路东口南 102600
47	北京市丰台启明职业技能培训学校	丰台	AQPX－三级－2009－55	2012－8－24	赵大梅 63752811 花乡育芳园东里 22 号 100070
48	北京市房山区职业技术学校	房山	AQPX－三级－2009－57	2012－8－30	李磊 89368930 房山区良乡西路五号 102488
49	中国中建一局（集团）有限公司	丰台	AQPX－三级－2009－59	2012－7－28	姜允明 60261957 西四环南路 52 号 100073
50	北京市生产实习指导教师培训中心	朝阳	AQPX－三级－2009－63	2012－8－18	陈湛平 64920957 朝阳惠新东街 5 号 100029
51	北京市纺织工业总公司劳动保护教育馆	朝阳	AQPX－三级－2009－64	2012－8－18	韩长安 65570089 朝阳区十里堡二号（综合楼）100025
52	北京市思德职业技能培训学校	大兴	AQPX－三级－2009－66	2012－10－11	王志彬 60209985 大兴区西红门镇同兴园小区（实际办公）100076
53	北京市路政局技工学校	通州	AQPX－三级－2009－67	2012－11－11	杨建中 60523150－800 通州区梨园镇云景东路 90 号 101100
54	北京昊华能源股份有限公司	门头沟	AQPX－三级－2010－68	2013－9－14	张凤强 69842461－34491
55	北京供电培训学校	西城	AQPX－三级－2010－72	2013－11－14	赵振哲 63127544 西城区前门西大街 71 号
56	中－石化－北京燕山石油化工有限公司	房山	AQPX－三级－2010－73	2013－9－12	王立军 80343648 房山区燕山凤凰亭路 13 号 102500
57	北京京育华成教育咨询有限公司	海淀	AQPX－三级－2008－74	2011－5－11	张凤玲 88453485 海淀西大街 36 号昊海楼 424 房间 100080
58	中国—德国北京电器模具技术培训中心	西城	AQPX－三级－2009－75	2012－7－27	杨玲华 66151614 西城区西什库大街 31 号 100034
59	北京纪元绿港技术服务中心	朝阳	AQPX－三级－2009－76	2012－7－9	张庆刚 87102025 朝阳区广渠东路 6 号院西区 56/57 号（实际培训）100062
60	北京阳光城物业管理有限公司	朝阳	AQPX－三级－2009－77	2012－10－11	刘连池 13621264188 朝阳区安立路 68 号 100101
61	北京怀柔职业技能培训学校	怀柔	AQPX－三级－2009－78	2012－9－16	李秉仲 89684232 怀柔区开放路 119 号 101400

续前表

序号	培训机构名称	区县	证书编号	有效期	负责人、电话、通讯地址
62	北京排水集团职业技能培训学校	朝阳	AQPX－三级－2010－79	2013－6－6	王楠 51352100　朝阳区高碑店甲 1 号
63	北京市市政工程管理处（养护）	西城	AQPX－三级－2010－80	2013－6－6	严羽 66074830 石景山区八大处西便门南侧
64	北京市市政管理委员会培训中心	大兴	AQPX－三级－2010－81	2013－6－28	张国新 69202081 大兴区黄村镇康庄路 38 号 102600
65	北京市劳动保护科学研究所	宣武	AQPX－三级－2010－82	2013－7－18	张斌 63536974 宣武区陶然亭路 55 号
66	北京二轻培训中心	西城	AQPX－三级－2010－83	2013－7－20	张丽娟 66013928 西城区缸瓦市大酱坊胡同 3 号
67	北京新世纪科宇电脑技术培训有限公司	大兴	AQPX－三级－2011－84	2014－6－6	孙海霞 15901304515 大兴区黄村东大街 56 号 102600
68	北京石油化工学院	大兴	AQPX－四级－2009－1	2012－8－11	赵如松 81292124 大兴区清源北路 19 号 102617
69	北京职安健业科技中心	通州	AQPX－四级－2009－2	2012－7－6	孙世钢 84921903 通州区嘉创四路 2 号 1 幢
70	北京市通州区成人教育中心	通州	AQPX－四级－2010－3	2013－5－5	张绍武 69551297 通州区玉带河东街 358 号
71	北京市大兴区青云店镇成人学校	大兴	AQPX－四级－2010－4	2013－8－9	魏东 80221818 大兴区青云店镇霍州营村南
72	北京市大兴区西红门镇成人学校	大兴	AQPX－四级－2010－5	2013－8－9	赵永生 60208300 大兴区西红门镇同兴园小区
73	北京市大兴区礼贤镇成人学校	大兴	AQPX－四级－2010－6	2013－8－9	李建国 89272456 大兴区礼贤镇礼贸路 68 号
74	北京市大兴区北臧村镇成人学校	大兴	AQPX－四级－2010－7	2013－8－9	孙浩 60279227 大兴区北臧村镇北臧中学（东侧院）
75	北京市大兴区榆垡镇成人学校	大兴	AQPX－四级－2010－8	2013－8－9	宋兵 89218238 大兴区榆垡镇榆垡村福顺街 11 号
76	北京市大兴区魏善庄镇成人学校	大兴	AQPX－四级－2010－9	2013－8－9	赵洪彬 89236186 大兴区魏善庄镇魏善村北
77	北京市大兴区安定镇成人学校	大兴	AQPX－四级－2010－10	2013－8－9	赵文欢 89236186 大兴区安定镇定康路 1 号
78	北京市大兴区黄村镇成人学校	大兴	AQPX－四级－2010－11	2013－8－9	郭涛 61232009 大兴区黄村镇西芦城村
79	北京市大兴区庞各庄镇成人学校	大兴	AQPX－四级－2010－12	2013－8－9	张振雷 89282198 大兴区庞各庄镇繁荣村
80	北京市大兴区瀛海镇成人学校	大兴	AQPX－四级－2010－13	2013－8－9	魏化忠 69274380 大兴区红星中学五楼及东配楼
81	北京市大兴区采育镇成人学校	大兴	AQPX－四级－2011－1	2014－3－8	80272870 大兴区采育镇东半壁店村
82	北京市大兴区亦庄镇成人学校	大兴	AQPX－四级－2011－2	2014－3－8	67877057 大兴区亦庄镇贵园北路 6 号
83	北京市大兴区长子营镇成人学校	大兴	AQPX－四级－2011－3	2014－3－8	80262028 大兴区长子营镇河津村
84	北京市大兴区旧宫镇成人学校	大兴	AQPX－四级－2011－4	2014－3－8	87968414 大兴区旧宫镇成和园小区内南侧
85	北京市大兴区职业教育集团办事处	大兴	AQPX－四级－2011－5	2014－3－8	61201244 大兴区黄村镇后辛庄

备注：总共 85 家，其中 67 家三级，18 家四级。

附录二

北京市安全评价机构

甲级安全评价机构

序号	机构名称	办公地址	资质编号	业务范围 详见安全评价业务 范围第一类	业务范围 详见安全评价业务 范围第二类	联系人	联系电话
1	中国安全生产科学研究院	北京市朝阳区惠新西街17号	APJ－（国）－001	2a，b，c；3；4a，b，c，d	6；7；8；9；10a，b；11a，b；12a，b，c；13；14a，b，c；15a，b；17；18a，b；19a，b，c	谢英晖	64893297
2	北京交运安全卫生技术咨询中心	海淀区西土城路8号交通部水运科研究院	APJ－（国）－004	3；4a，b，c，d	7；8；9；11a，b；15a，b；16；17；19a，b，c	孙国庆	62079624
3	北京中油建设项目劳动安全卫生预评价公司	北京市海淀区志新西路3号938信箱	APJ－（国）－005	3；4a，b，c，d	8	王成良	82379917
4	首都经济贸易大学	朝阳区金台里2号首经贸大学1号楼314房间	APJ－（国）－007	2a，b，c；4a，b，c，d	6；7；9；14a，b，c；18a，b；19a，b，c	郑丽	65976434
5	兵器工业安全技术研究所	西便门内大街85号（广安门中医院北300米）	APJ－（国）－020	军工武器弹药制造业；5a，5b		刘英	83196731
6	北京实华油海工程技术有限公司	朝阳区安慧北里安园21号	APJ－（国）－028	3；4a，b，c，d	8	高恩黎	84876989
7	北京市劳动保护科学研究所	北京市宣武区陶然亭路55号	APJ－（国）－037	4a，b，c，d	9；14a，b，c；15a，b；18a，b；19a，b，c	张　宇	83519125
8	中国航天建筑设计研究院（集团）	丰台区西四环南路83号	APJ－（国）－064	军工武器弹药制造业（限：固体火箭发动机及其推进剂）	7；9；18a，b；19a，b，c	吕喜祥	68749928

续前表

甲级安全评价机构

序号	机构名称	办公地址	资质编号	业务范围 详见安全评价业务范围第一类	业务范围 详见安全评价业务范围第二类	联系人	联系电话
9	北京达飞安评管理顾问有限公司	朝阳区小营路9号亚运豪庭C座07A	APJ－(国)－074	2a，b，c；3；4a，b，c，d	6；7；8；9；10a，b；11a，b；12a，b，c；14a，b，c；15a，b；16；17；18a，b；19a，b，c	宋丽娜	64950473
10	中国水利水电建设工程咨询公司	西城区六铺坑一区北小街2号	APJ－(国)－176		7；9；10a，b；12a，b，c	肖长礼	51973260
11	北京中交华安科技有限公司	北京市海淀区西土城路8号	APJ－(国)－216	4a，b，c，d	16	郭艳	82026258
12	北京国科安联科技咨询有限公司	海淀区北沙沟108号景熙国际803室	APJ－(国)－278	5a，b		顾健	88380278
13	北京维科尔安全技术咨询有限责任公司	朝阳区慧忠北里311号天创缘大厦B1座1704室	APJ－(国)－292	2a，b，c；3；4a，b，c，d	6；7；8；9；10a，b；11a，b；14a，b，c；18a，b；19a，b，c	仲翠霞	64800086转2066
14	世纪万安科技（北京）有限公司	朝阳区和平街13区煤炭大厦1701	APJ－(国)－294	1a，b；2a，b，c；4a，b，c，d	6；7；9；11a，b；14a，b，c；19a，b，c	陈楠	84264019
15	北京天地大方安全科技有限公司	北京市朝阳区惠新南里2号院天建大厦3层	APJ－(国)－318	2a，b，c；4a，b，c，d	6；7；9；10a；14a，b，c；15a，b；16；17；18a，b；19a，b，c	贾立杰	80128276
16	中智国际工程技术（北京）有限公司	朝阳区安定路33号化信大厦A座1106室	APJ－(国)－353	2a，b，c；4a，b，c，d	6；7；8；9；10a，b；11a，b；12a，b，c；14a，b，c；15a，b；16；17；18a，b；19a，b，c	陈利华	64451955

续前表

甲级安全评价机构

序号	机构名称	办公地址	资质编号	业务范围 详见安全评价业务范围第一类	业务范围 详见安全评价业务范围第二类	联系人	联系电话
17	北京华海安科科技发展有限公司	海淀区上地十街1号院辉煌国际5号楼1517室	APJ－(国)－369	3；4a，b，c，d	8；11a，b；17；19a，b，c	李恩波	59704550转8015
18	北京国泰民康安全技术中心	朝阳区朝阳路69号财满街1－4－604	APJ－(国)－395	2a，b，c；3；4a，b，c，d；5a，5b	6；8；9；11a，b；14a，b，c；18a，b；19a，b，c	吕娟	52078605
19	北京百灵天地环保科技有限公司	西城区三里河东路5号中商大厦6层	APJ－(国)－396	4a，b，c，d	6；10a，b；11a，b；12a，b，c；19a，b，c	蔡玥	68535918
20	中环冶金总公司	东城区安外大街56号	APJ－(国)－409	2a，b，c；3；4a，b，c，d	6；8；14a，b，c	张禹	6452－2053
21	北京中安质环技术评价中心有限公司	朝阳区东三环南路58号富顿中心A座22层	APJ－(国)－461	2a，b，c；3；4a，b，c，d	7；8；10a，b；11a，b；12a，b，c；14a，b，c；15a，b；17；18a；19c	门哲清	58673490
22	北京国信安科技术有限公司	西城区西直门外文兴街1号22幢301室	APJ－(国)－493	2a，b，c；4a，b，c，d	6；7；8；9；11a，b；14a，b，c；18a，b；19a，b，c	褚志勇	88399233
23	北京华夏诚智安全环境技术有限公司	朝阳区拂林路9号景龙国际B单元1002室	APJ－(国)－495	2a，b，c；3；4a，b，c，d	6；8；9；11a，b；12a，b，c；14a，b，c；17；18a，b；19a，b，c	曹敬平	84932953
24	北京国石安康科技有限公司	朝阳区安慧里4区16号楼512室	APJ－(国)－506	2a，b，c；3；4a，b，c，d；5a，5b	6；8；9；11a，b；14a，b，c；18a，b；19a，b，c	王海鹰	84885576
25	北京中矿基业安全防范技术有限公司	西城区裕民东路5号瑞得大厦1106室	APJ－(国)－508	1a，b；2a，b，c；3；4a，b，c，d	6；7；8；9；10a；11a，b；14a，b，c；18a，b；19a，c	武剑锋	82031339

续前表

序号	机构名称	办公地址	资质编号	业务范围 详见安全评价业务 范围第一类	业务范围 详见安全评价业务 范围第二类	联系人	联系电话
甲级安全评价机构							
26	煤炭科学研究总院	朝阳区和平里青年沟东路5号	APJ－（国）－0087－2006	1a，b；2a，b，c；5a，b		郭立秋	84264858
27	国家安全生产监督管理总局研究中心	东城区和平里北街21号	APJ－（国）－0206－2006	1a，b；2a，b，c；4a，b，c，d；		王敏	64463490
28	中国职业安全健康协会	东城区和平里9区甲4号	APJ－（国）－0258－2006	1a，b；2a，b，c；4a，b，c，d；	6；7；8；9；11a，b；12a，b，c；14a，b，c；15b；17；18a，b；19a，c	周志良	64464716
29	北京安信兴业管理咨询有限公司	东城区和平里九区甲4号	APJ－（国）－0428－2006	1a，b；2a，b，c；4a，b，c，d；	6；7；9；12c；19	李振平	64464855
30	北京神龙安科技术发展中心	西城区教场口街1号	APJ－（国）－0509－2007	1a，b；2a，b，c	6；9；19	黄艳	62382040
31	核工业北京化工冶金研究院	通州区九棵树145号	APJ－（国）－0512－2008	核工业设施（核电站除外）		邓文辉	51674291
乙级安全评价机构							
1	北京市工业技术开发中心	东城区朝阳门北小街71号	APJ－（京）－301	4	7，9，11，14，18，19	何同心	64018468
2	北京龙安康华安全生产研究中心	东城区兴化东里甲9号	APJ－（京）－302	4		王志	64464483

附：安全评价业务范围分类

依据《安全评价机构管理规定》（安全监管总局令第22号）附件一划分安全评价业务范围。

第一类：

1. a 煤炭开采业
   b 煤炭洗选业
2. a 金属矿采选业
   b 非金属矿采选业
   c 其他矿采选业
3. 石油和天然气开采业
4. a 石油加工业
   b 化学原料、化学品及医药制造业
   c 燃气生产及供应业
   d 炼焦业
5. a 烟花爆竹制造业
   b 民用爆破器材制造业

第二类：

6. 尾矿库
7. 房屋和土木工程建筑业
8. 管道运输业
9. 仓储业
10. a 水利业
    b 水电工程业
11. a 火力发电业
    b 热力生产和供应业
12. a 风力发电业
    b 太阳能发电业
    c 再生能源发电业
13. 核工业设施
14. a 黑色、有色金属冶炼及压延加工业
    b 金属制品业
    c 非金属矿物制品业
15. a 铁路运输业
    b 城市轨道交通及辅助设施
16. 公路
17. 港口码头
18. a 机械设备制造业

b 电器制造业

19. a 轻工业

b 纺织业

c 烟草加工制造业

索　引

（本索引范围为安全生产监督管理部分）

A

B

C

D

M

N

O

P

Q

R

S

T

U

V

W

X

Y

Z